Die Gärten des Veneto

DIE GÄRTEN DES VENETO

Herausgegeben von
Margherita Azzi Visentini

Mit Beiträgen von

*Rosario Assunto, Margherita Azzi Visentini,
Manlio Brusatin, Paola Bussadori, Lia De Benedetti,
Vincenzo Fontana, Patrizio Giulini, Franco Posocco,
Lionello Puppi, Maria Francesca Tiepolo,
Eurigio Tonetti, Gianni Venturi*

Aus dem Italienischen von
Gina Beitscher und Heli Tortora

Diederichs

Die Originalausgabe erschien unter dem Titel *Il giardino veneto* bei Electa,
Milano
© Giunta Regionale del Veneto / Electa 1988

Die Deutsche Bibliothek – CIP-Einheitsaufnahme
Die Gärten des Veneto / hrsg. von Margherita Azzi Visantini.
Mit Beitr. von Rosario Assunto ... Aus dem Ital. von Gina
Beitscher und Heli Tortora. – München: Diederichs, 1995
   Einheitssacht.: Il giardino Veneto <dt.>
   ISBN 3-424-01232-7
NE: Azzi Visantini, Margherita [Hrsg.]; Assunto, Rosario; Beitscher,
   Gina [Übers.]; EST

© der deutschsprachigen Ausgabe Eugen Diederichs Verlag,
München 1995
Alle Rechte vorbehalten

Lektorat: Matthias Wolf
Redaktion: Barbara Imgrund
Bildzusammenstellung: Italo Zannier
Umschlaggestaltung: Zembsch' Werkstatt, München
Produktion: Tillmann Roeder, München
Satz: Uhl + Massopust, Aalen
Druck und Bindung: Fantonigrafica di Venezia
Printed in Italy

ISBN 3-424-01232-7

Inhalt

Vorwort der Herausgeberin

Im Jahr 1952 organisierte Giuseppe Mazzotti die berühmt gewordene Ausstellung, auf der er dem Publikum den unvergleichlichen künstlerischen Reichtum der venetischen Villen vorstellte. Zugleich aber schlug er Alarm, denn der Bestand der Villen war äußerst gefährdet, und rief die Öffentlichkeit auf, diesen Schatz zu retten, der so außergewöhnlich ist, nicht nur wegen der einmaligen Bedeutung der einzelnen Objekte, sondern vor allem auch wegen ihrer großen Zahl. Tausende von Villen verstecken sich im venetischen Hinterland, das einst die Terraferma, das sichere Festland, der Serenissima war, der Republik Venedig. Seitdem gab es zahlreiche Initiativen, das Wissen über die Villen und ihren Schmuck zu vergrößern und deren Restaurierung und angemessene moderne Nutzung voranzutreiben. In den letzten Jahren kann man sogar ein wiedererwachtes Interesse an der »Kultur der Veneto-Villen« feststellen, das sich in unzähligen Veröffentlichungen für die Fachwelt und den Laien niederschlägt.

In allen Initiativen wird dem Garten jedoch nur sehr wenig Raum gelassen: Wenn es hoch kommt, widmet man ihm ein Kapitel. Eine systematische Abhandlung fehlte bis jetzt; der vorliegende Band soll diese Lücke füllen. Der Garten ist tatsächlich ein wesentlicher und untrennbarer Bestandteil der Villa, eine echte »szenische Ergänzung« der Bauten in Stein, wie Giulio Carlo Argan es so treffend formulierte und wie die folgenden Seiten es uns beweisen.

Der Garten verändert im Laufe der Jahrhunderte seine Beziehung zum Haus; von der einfachen, unter freiem Himmel liegenden Fläche, nur wenig größer als ein Saal, entwickelt er sich und wächst, bis er zum eigentlichen Protagonisten der *villeggiatura* wird, des Lebens in der Villa, die selbst bald nur noch szenischer Hintergrund ist, wie im Fall der Villa Barbarigo in Valsanzibio.

Ein Garten war eine komplexe Schöpfung, zu dessen Erstellung ein ganzes Team von Fachleuten nötig war. Auch für die Studien des historischen Gartens ist die Mitarbeit verschiedener Spezialisten unerläßlich, von denen jeder das Objekt aus einem anderen Blickwinkel betrachtet. Deshalb hielten wir es für angebracht, im Anschluß an die mit philosophischen Überlegungen untermauerte Einführung von Rosario Assunto, dem wir auch unvergeßliche Werke über die Ästhetik des Gartens verdanken, und an das historische Profil und die Studien der einzelnen Gärten, verfaßt von Vincenzo Fontana und der Herausgeberin und Schreiberin dieser Zeilen, die Essays von fünf Spezialisten zu veröffentlichen. Wir beginnen mit Lionello Puppi, der mit seinem Beitrag zum Seminar über den italienischen Garten, 1972 in Dumbarton Oaks gehalten, die Studien über den venetischen Garten angeregt hat; es folgen Manlio Brusatin, Gianni Venturi, Patrizio Giulini und Lia De Benedetti, die sich dem Garten unter dem Aspekt der architektonischen Struktur, der figurativen und ästhetischen Komponenten sowie der literarischen und botanischen Komponenten widmeten und sich schließlich mit dem Dialog auseinandersetzten, den der Garten von Fall zu Fall mit der ihn umgebenden Landschaft führte. Auf die historische Untersuchung eines künstlerischen Produkts muß unweigerlich die operative Studie über die uns zur Verfügung stehenden Möglichkeiten folgen, das uns Überlieferte zu bewahren, mit dem wir in unserem modernen Lebensrhythmus nicht immer pfleglich umgehen. Diesem Problem widmen sich Franco Posocco und Paola Bussadori.

Die darauf folgenden Seiten nehmen für sich nicht in Anspruch, das Thema erschöpfend zu behandeln. Ihr Ehrgeiz ist es vielmehr, den Weg für neue Studien und Nachforschungen zu ebnen. Für diese Untersuchungen am historischen Garten existieren wertvolle archivarische Quellen, die uns von der gewissenhaften venezianischen Verwaltung überlassen wurden und bis heute noch nie entsprechend ausgewertet wurden. Diese Quellen werden hier von Maria Francesca Tiepolo und Eurigio Tonetti geprüft und vorgestellt. Vervollständigt wird diese Prüfung durch einen Exkurs über gedrucktes Quellenmaterial.

Unser aufrichtiger Dank geht an die Region Venetien, die uns in unserer Arbeit unterstützt und dazu beigetragen hat, daß eine idealistische Idee Wirklichkeit wurde. Ohne die Mitwirkung der Spezialisten, die trotz ihrer zahlreichen Verpflichtungen uns ihre Mitarbeit nicht verweigerten, wäre dieser Band nicht möglich gewesen; und deshalb gilt ihnen unsere tief empfundene Dankbarkeit. Wir danken auch den Besitzern der Villen, die uns großzügig ihre Wohnungen und Häuser geöffnet haben, den Archiven, Bibliotheken, den jeweils genannten Instituten, den Fachleuten, Kollegen und Freunden, die wir hier nicht alle anführen können. Und letztendlich danken wir Italo Zannier und Cesare Gerolimetto, die sich um die Koordinierung des Bildmaterials und die Fotoaufnahmen kümmerten. Den Mitarbeitern von Electa, die ebenfalls zur Verwirklichung dieses Bandes beigetragen haben, und insbesondere den Freundinnen Francesca Brusa und Natalia Grilli gilt unser letztes, aber nicht minder herzliches Dankeschön!

Margherita Azzi Visentini

Grußwort

»Wenn wir Venedig mit einem Fischbassin vergleichen wollten, dann wäre Venetien der Garten«, pflegte Giuseppe Mazzotti in Abwandlung des Ausspruchs eines trevisanischen Geographen aus vergangenen Zeiten zu sagen. Ebenjene historischen und monumentalen Gärten behandelt dieses Buch, das von einer Gruppe bekannter Experten verfaßt wurde.

Die Region Venetien ist besonders reich an »grüner Architektur«, wie man die Gärten auch nennt. Setzen wir also die unermüdliche Arbeit Mazzottis über die Villen fort und stellen die Gärten vor, damit sie ebenfalls als Orte des Vergnügens genossen werden und als wesentlicher Bestandteil und Schmuck der venetischen Landschaft.

Carlo Bernini,
Präsident der Region Venetien

Verzeichnis der Abkürzungen:

A. S. M. Ve.   *Archivio Storico Municipale Venezia*
               Historisches Städtisches Archiv, Venedig
A. S. Ve.   *Archivio di Stato, Venezia*
               Staatsarchiv Venedig
A. S. Ve., B. I. *Archivio di Stato, Venezia, Beni Inculti*
               Staatsarchiv Venedig, Amt für Brachland
A. S. Ve.,   *Archivio di Stato, Venezia, Savi ed Esecutori alle*
S. E. A.   *Acque*
               Staatsarchiv Venedig, Inspektorenkommission des
               Wasseramts
A. S. Vr.   *Archivio di Stato, Verona*
               Staatsarchiv Verona
B. B. Vi.   *Biblioteca Bertoliana, Vicenza*
               Bertolianische Bibliothek Vicenza
B. C. Pa.   *Biblioteca del Museo Civico, Padova*
               Bibliothek des Stadtmuseums Padua
B. C. Tv.   *Biblioteca Comunale, Treviso*
               Öffentliche Bibliothek Treviso
B. C. Ve.   *Biblioteca del Museo Correr, Venedig*
               Bibliothek im Museo Correr, Venedig
B. C. Vr.   *Biblioteca Civica, Verona*
               Stadtbibliothek Verona
B. M. Ve.   *Biblioteca Nazionale Marciana, Venezia*
               Nationale Bibliothek »Marciana« Venedig
C. I. S. A.   *Centro Internazionale di Studi di Architettura*
               »Andrea Palladio«, Vincenza
               Internationales Architektur-Studienzentrum
               »Andrea Palladio«, Vicenza
M. C. Vi.   *Museo Civico, Vicenza*
               Stadtmuseum Vicenza
R. I. B. A.   *Royal Institute of British Architects, London*
               Königliches Institut britischer Architekten, London

Aufbruch in die Zaubergärten

Rosario Assunto

Es wird niemandem mißfallen, so hoffe ich, und niemand wird sich wundern, wenn ich bei meiner Vorbereitung für die geistige Erforschung der venetischen Gärten in diesem von Margherita Azzi Visentini herausgegebenen Band versuche, die untrennbare Einheit von Subjekt–Geist und Objekt–Natur begriffsmäßig zu erfassen, so wie sie in den Gärten des Veneto gegeben ist – in dem Maße, in dem alle Gärten Gemeinsamkeiten haben, ob Lagunen- oder Flußgärten, Gärten in der Ebene oder auf den Hügeln, in der Stadt oder auf dem Land – und in dem Maße, in dem sich die Gärten wiederum unterscheiden. Ein altes Sprichwort sagt, jedes Faß kann nur den Wein geben, der in ihm ist. Und von einem Philosophen kann man keinen anderen als philosophischen Wein erwarten, obwohl Philosophen, ihrer Berufung gehorchend, der Berufung zur ästhetischen Philosophie, nicht selten auf die Poesie zurückgreifen, die zudem gern die in ihr Reich eingedrungenen Gäste empfängt, wenn ästhetisch philosophiert wird – besonders, wenn das Thema unserer Abhandlung eine Kunst ist wie die Kunst der Gärten. Tatsächlich verdanken wir es dem Gedicht, das uns einfällt, wenn wir einen Garten betreten oder uns seiner erinnern, daß der Genuß des Gartens Bewußtsein annimmt und sich zum Selbstzweck macht – »Genuß des Genusses«, nach der treffenden Definition von Friedrich Schlegel.

Auf unserem Weg zu den Gärten Venetiens und im Augenblick noch ohne die unvermeidliche Unterscheidung zwischen Lagunengärten und Gärten der Terraferma – wie sollte man sich da nicht, aus der *Leda senza cigno*, an die zweite *Licenza a Chiaroviso* erinnern, Seiten, die im Gedächtnis alles zu einem zusammenfügen, die Gärten Contarini dal Zaffo mit dem »sonnigen Garten« der Giudecca? Und im *Fuoco*, der Garten des Marcello Brandolin bei der Brücke von San Trovaso?

Oder, in der Nähe von San Simeone Piccolo mit der grünpatinierten Kuppel, der Garten Gradenigo, in dem das herbstliche Welken die schmerzlichen Töne einer sterbenden Liebe verströmt, die Liebe von Stelio und Foscarina? Auch können wir den Flußgarten in *Sogno d'un tramonto d'autunno* nicht vergessen. Ganz zu schweigen davon, daß wir in jüngeren Jahren und mit Worten, die uns näher sind, die Gärten der Giudecca einen Moment erblickten, und zwar in den Seiten des frühen Luzi.

Aber dies ist »hohe« Dichtung. Und wenn man von Gärten spricht und von die Gärten besingender Poesie, ist die Feststellung mehr als naheliegend, daß *arbusta iuvant humilesque mirycae*. So erbitten wir uns von der kleinen oder der winzigen Dichtung, von der uns das venetische 18. Jahrhundert so reiches Erbe hinterließ, Angaben und Hinweise über das, was ich in unserer, der philosophischen Berufssprache als die spezifische Beschaffenheit des venetischen Gartens als solchen bezeichnen möchte. Die Oktaven des *Parnasso veneziano* von Bettinelli, die elffüßigen Verse des Pindemonte in den *Poesie campestri* und den *Epistole*, die gepuderten und fast allzu eingängigen anakreontischen Gedichte des mißhandelten Jacopo Vittorelli (»Warum von der Kunst, o Freunde, / Eine ferne Blume erbitten / Heute, da das flache Land sich kleidet / In die Pracht des Gartens? / Schaut nur, wie mit Blumen / die Wiese sich schmückt! / Rose, Veilchen und Ringelblume / Narzisse und Jasmin . . .«), um nur einige der anmutigen Verse über Empfindungen, die uns allen wohlbekannt sind, zu nennen – noch heute liest man sie mit Vergnügen. »Wie süß ist der Anblick der tausend Bäche / Mit reinstem und immer klarem Wasser . . .«, oder »Diese ruhigen / Purpurnen Abende, diese blauen Nächte« – in der Vorstellung dessen, der die venetischen Gärten alle oder zum Teil kennt, aber fern von ihnen lebt, sagen diese Gedichte noch etwas: Sie fordern ihn auf, sich an das helle Leuchten zu erinnern, das die von Lorbeer, Platanen und Weiden eingesäumten Wege begleitet und das unverkennbar bunte Grün der Blumenrabatten schmückt, das der Luft strahlende Transparenz verleiht und den Wassern, in denen Kunde von anderen Ufern und anderen Gärten liegt – sie unterscheiden sich in ihrer Schönheit, die Gärten Venetiens, so wie die venezianische Malerei sich von der toskanischen unterscheidet und immer wieder daran erinnert: »Schönheit ist ewig nur eine, doch mannigfach wechselt das Schöne«, womit das berühmte Schillersche und Goethesche Epigramm beginnt.

Versuchen wir nun, die Besonderheit der venetischen Gärten zu erfassen, inwiefern sie sich unterscheiden, nicht von Gärten jenseits des Ozeans oder jenseits der Alpen, nein, von Gärten der anderen italienischen Regionen, und seien es jene im Tiefland des Po mit ihren Pappeln und Ulmen – eine Erinnerung an die Eliaden in ihrer Trauer um den Bruder Phaeton, und ohne Vergleichsmöglichkeit mit den nicht mehr existierenden Gärten von Posillipo oder den Gärten Siziliens, wo Klima und Flora so ganz anders sind. Die Kunst der Gärten zwingt die Kreativität des Menschen, sich mit den äußeren Gegebenheiten zu messen, wie z. B. mit jenen, die aufgrund der technischen Voraussetzungen nicht eine der Ernährung dienende Landwirtschaft schaffen, sondern eine Landwirtschaft, die dem schauenden Genuß gewidmet ist. Und Lastri, der toskanische Übersetzer des Gedichtchens *Les jardins* von Abt Delille, änderte nicht willkürlich den Untertitel, als er von der »Kunst, das Land zu verschönern« schrieb, wo der Verfasser »art d'embellir les paysages« gesagt hatte.

Der Garten als Natur, von dem eine Technik des Ästhetischen jene formale Berufung deutlich machte (ich verwende hier etwas frei einen Begriff von Henri Focillon), die indirekt der Landschaft innewohnt. Von hier setzt sich das Bild fort, nach dem jeder Garten in sich die Werte einer Landschaft trägt; und jede Landschaft ist, richtig betrachtet, ein potentieller Garten: Wo er in der Ästhetik der Bebauung, der Wege und Straßen und der Gebäude vorhanden ist, da verbreitet sich von selbst jener innere Determinismus der Idee von der Schönheit, er wird in den aus jener Landschaft entstehenden Gärten seiner selbst bewußt und von der Kunst als Selbstzweck verfolgt.

Der Garten als ästhetisch selbstbestimmte Landschaft und die Landschaft als Garten, der sich sozusagen in Expansion befindet: ein Garten im Großen. So erschien eines Tages im Mai des Jahres 1777 der französischen Schriftstellerin Marie-Anne Le Page du Bocage auf ihrer Reise nach Venedig jene Landschaft des venezianischen Hinterlandes, die sie in einem Brief *jardin* nannte und mit den gleichen Worten beschrieb, mit denen man einen Garten beschreibt: »Les vignes montent sur les arbres, et courent de l'un à l'autre en guirlandes. La terre labourée sous cet ombrage n'en est que plus fertile. Ce jardin nous conduisit à Padoue.« Und wenn persönliche Erinnerungen erlaubt sind, die zurückführen in Zeiten, da die Landschaft Italiens in Venetien und anderswo noch nicht bis zur Unkenntlichkeit zerstört war (vielleicht nicht nur in Italien), so sehe ich wieder die Wasser des Flusses Sant'Elena (manchmal von geräuschlosen Booten befahren), die in ihrem Malachitgrün die lange Reihe der Pappeln widerspiegelten.

Vor jenem Fluß stand jeder Besucher der Biennale, wenn er im Hauptpavillon angekommen war. Und in fast Leibnizschem *avant-goût* außerirdischer und zeitloser Glückseligkeit führte uns dieses unvermittelte Entzücken zurück in Jahrhunderte und Jahrtausende und Aberjahrtausende: bis zum Ursprung, als die Zeit noch nicht Zeit war und das Universum nur ein grünes und blaues Ganzes, grün von Wasser und Laub, blau von Wasser und Himmel, im Glanz goldenen Staubs; Licht, das auf den Städten und Kastellen Venetiens liegt, auf den Dörfern, den Feldern und vor allem auf den Gärten Venetiens, während der langen, nicht enden wollenden Herbstnachmittage, das in sich die ewigen Strahlen des Sonnenlichts trägt, die unzähligen, unspürbaren Tropfen verbreitend, die von der Lagune, den Kanälen und von den aus den Bergen strömenden Flüssen aufsteigen: »Sauf la lumière, on dirait d'un paysage hollandais; tout à l'entour les eaux luisent et dorment, et, vers le soir, les grenouilles chantent. Mais à gauche, une haute barrière bleuâtre, une draperie de montagnes frangées par la neige, se dégage avec une douceur infinie; le ciel se creuse clair et pâle, et la jeune verdure s'étend sur la plaine avec une teinte presque aussi fine.«

Diese Worte vom 19. April 1864 stammen aus *Voyage en Italie* von Hippolyte Taine, den Jean François Revel als »un des chefs-d'œuvre littéraires du XIX siècle« bezeichnet: und mit Recht, wie wir jetzt lesen werden, da sich hell und klar der Himmel über Venetien wölbt, über dem zarten Grün der Felder (so verschieden von dem der Lombardei, einem viel intensiveren Grün), und da die Alpen (damals immer sichtbar) die Ebene mit ihrem schneegesäumten Mantel begrenzen, dessen Süße unendlich ist. Und wenn er seine Ankunft in Venedig beschreibt, in das er über die gerade errichtete Eisenbahnbrücke einfährt, dann merken wir beim Lesen, wie tief er den Geist der venetischen Landschaft in seiner Einheit-Verschiedenheit in sich aufgenommen hatte – er, Taine, der Philosoph der Ästhetik, tiefer und genauer in seinen Reiseberichten als in seinen systematischen Traktaten: »Au lieu des teintes fortes, nettes, sèches des terrains solides, c'est un miroitement, un amollissement, un éclat incessant de teintes fondues, qui font un second ciel aussi lumineux, mais plus divers, plus charmant, plus riche et plus intense que l'autre, formé de tons superposés dont l'alliance est une harmonie.«

Während seines kurzen Aufenthalts in der Umgebung von Padua hatte Taine, der in seiner *Philosophie de l'art* die Gartenkunst nicht erwähnt, mehrmals Gelegenheit, sich als aufmerksamer Betrachter und Kritiker der von ihm besuchten Gärten zu erweisen: des Gartens der Arena, damals privat, wo die Kapelle der Scrovegni »dans un coin silencieux« steht (und wir beneiden ihn um jenen stillen Winkel, der heute vom Verkehr umtost ist), »un grand jardin bourgeois clos de murs, un peu négligé, où des vignes montent autour des arbres fruitiers sur une pelouse verte«; und dann Prato della Valle mit der Insel Memmia in der Mitte: »On revient vers le *prato* qui est tout vert et tout printanier. Un canal le traverse, et des statues s'ordonnent entre les troncs des arbres. A l'entour, de hauts murs de briques rouges, des dômes bleuâtres se profilent en masses puissantes sur le ciel clair, et, sur les corniches des églises les oiseaux chantent au milieu de la solitude et du silence«. Leider fehlt uns die Zeit, Taine weiter zu begleiten und von ihm die Eindrücke zu erfahren, die er bei seiner Rückkehr in die Landschaften des Festlandes hatte: Wenn man sie liest, ist es, als ob ein in seiner Vollständigkeit wunderbares Bild beschrieben würde, von dem heute nur mehr hie und da einige Farbtupfer übriggeblieben sind – denn seit langem hat uns die Industrialisierung unsere Visionen geraubt, die wir bei Fahrten zwischen Venedig und Verona heraufbeschwören wollten, »au nord, entre la grande verdure plate et la grande roindeur bleue, les Alpes hérissent leur muraille de noirâtre de rocs, leurs tours, leurs bastions«; es sind schon Tage von außergewöhnlicher Klarheit nötig, eine fast nie auftretende meteorologische Bedingung, um diesen Anblick genießen zu können – ein ungewöhnlicher Anblick heute und ein alltäglicher zu Taines Zeiten.

Wir haben jedoch in *Voyage en Italie* die Seiten über den Aufenthalt in Venedig und Venetien nicht allein deshalb aufgeschlagen, weil es Freude macht, Ausdrücke wie *miroitement* oder *douceur infinie* hervorzuheben und gewisse Seiten nochmals zu lesen. Taine ist der Theoretiker des *milieu*, und sein Versuch, sich über die äußeren Bedingungen der Kunst Aufschluß zu verschaffen, hat doch seine Gültigkeit, auch wenn er manchmal in einen kausalistischen Mechanismus verfiel – vor allem, wenn man von der Kunst der Gärten spricht, bei deren Studium es unmöglich ist, die geophysischen Bedingungen außer acht zu lassen, da doch die Gärten jeder Region diesen speziellen Bedingungen und keinen anderen ihr Aussehen und ihr Wesen verdanken; mit ihrer Vegetation und mit keiner anderen, mit dem Licht, das ihnen an dem Ort scheint, an dem sie sind, mit ihren bestimmten Jahreszeitenzyklen und keinen anderen; mit viel oder wenig Wasser und deshalb mit Feuchtigkeit oder Trockenheit des Bodens. Mit allen notwendigen Faktoren sollen sich die Architekten auseinandersetzen, jedesmal, wenn sie gerufen werden, einen Garten zu realisieren, nach der ihrem Berufsstand entsprechenden Idee von der Schönheit und unter Wahrung der Wünsche der Auftraggeber, die nicht unbeachtet bleiben dürfen. Die Gründe und Wünsche der Auftraggeber sind der soziale Aspekt des Taineschen *milieu*, so wie die geologischen, klimatologischen und hydrologischen Bedingungen den physikalischen Aspekt darstellen.

Der Giusti-Garten in Verona, die Insel Memmia in Padua und der Botanische Garten ebenfalls in Padua sind einige der Gärten, denen die

Herausgeberin dieses Buches, das zu lesen Sie im Begriff sind, bereits erschöpfende und liebevolle Studien gewidmet hat – Gärten, in denen auf die eine oder andere Weise die freie Kunstschöpfung, Phantasie und Kultur der Erfinder und Erbauer die Oberhand behielten gegenüber der Widerspenstigkeit dessen, was Taine *milieu* nannte, im zweifachen Sinn – materiell und sozial. Ein weiteres Beispiel: Bei Pietro Bembo, einem Meister der italienischen Schriften und Schöpfer des Gartens der Worte, finden wir den wahren Archetypus des venetischen Gartens der Renaissance: den Garten von Asolo mit jenen Alleen von hochgeschätzten Lorbeerbäumen, die »über dem Weg einen Bogen bildeten, dicht und in Form geschnitten, so daß kein Blatt aus der Ordnung auszubrechen wagte«; mit jenen beiden Fenstern in der Einfriedungsmauer, »breit und offen, von denen aus man, obwohl die Mauer groß war, von jeder Seite den Blick über die Ebene schweifen lassen konnte, über die sie hinausblickten«, mit »zwei kleinen und gleichen Wäldchen, die schwarz waren vom Schatten erhabener Ehrfurcht« und in denen »beiden eine wundervolle Quelle aus dem in den lebenden Berg gegrabenen Fels sprudelte«; ein Garten, in dem die Höhenunterschiede des Bodens, die Lage mit Blick auf eine Ebene und am Fuß eines Berges, das Vorhandensein einer Quelle, alle Bedingungen der natürlichen Umwelt von den Erbauern, die sich damit herumschlagen mußten, auch als Faktoren ihrer speziellen Schönheit miteinbezogen wurden – einer Schönheit, die in diesem wie in jedem anderen Garten aus der ästhetischen Individualität der umgebenden Landschaft kommt und die Bembo in seinen Ausführungen zum Symbol der Liebe macht, die alle Dinge zusammenhält und Grund für die Geburt aller Dinge ist: »Schaut euch um, ihr jungen Schönen, und seht, wie groß und reich die Welt ist, wie viele Arten von Lebewesen und wie unterschiedliche in ihr sind. Keines von ihnen wird geboren, von dem nicht die Liebe, als erster und heiligster Vater, der Anfang und die Geburt wäre [...].

Und diese Kräuter, die wir beim Hinsetzen niederdrücken, und diese Blumen würden den öden Boden nicht mit ihrem schönsten Teppich bedecken, wenn nicht die Liebe der Natur ihre Samen und Wurzeln mit dem Erdreich verbunden hätte.«

Ein humanistischer Platonismus, der Platonismus des Bembo als Kritiker und Interpret des Gartens von Asolo. In ihm können wir eine Poetik wiedererkennen, die sich in den Gärten Venetiens bewahrheitet, eine, aber nicht die einzige; es genügt, die Poetik des Cerato zu erwähnen, die ihn, den Erbauer der Insel Memmia, inspirierte, oder die romantische Interpretation, die im Garten von Treves de' Bonfili der Architekt Jappelli in beschränktem Raum von den Gärten »nach englischer Art« einbrachte, die Pindemonte so nannte, nachdem er

deren italienischen Ursprung ausfindig gemacht hatte: »Weite Perspektiven, unerwartete Begegnungen, / Schöne Pfade, kühle Höhlen, kräftige Sitze, / Ruhige Wasser, und stille...« Wenn wir im Rahmen der ästhetischen Kategorie, die allen Gärten Venetiens eigen ist, wenn auch in unterschiedlicher Ausprägung, je nach poetischer Auffassung der Auftraggeber und der Erbauer, einen Begriff erfassen wollen, der für alle venetischen Gärten gültig ist, so glaube ich, ist es der Begriff der Sanftheit, der Erhabenheit und Anmut in sich birgt, die beiden der Gartenkunst so treffend zugeordneten Eigenschaften, die nicht selten auch gegensätzlich sind und sich widersprechen, wie die Idee der Schönheit oft mit sich selbst im Widerstreit steht, auch wenn sie sich selbst treu bleibt. Und um die Bedeutung der venetischen Gärten für das Studium der verschiedenen Schönheitskategorien zu unterstreichen, sollte man die Entwicklung verfolgen, die die Theorie der Gartenkunst, genährt von der Erfahrung des Verfassers mit ihm vertrauten venetischen Gärten, im Aufsatz *Saggio di estetica* (1822) von Giovan Battista Talia nahm – eines gelehrten und in Venedig im Salon von Isabella Teotochi Albrizzi gern gesehenen Mannes und Professor an der Universität Padua zu der Zeit, in der Jappelli an den Gärten der Villa Treves arbeitete.

Alle Sinne, so schrieb Talia, werden von der Gartenkunst berührt, »von den Farben, den Formen, den Flächen und Bewegungen das Auge; vom Murmeln und Rauschen das Ohr; die Nase von den Düften der zartesten und feinsten Wesen des Gartens; der Tastsinn von der schattigen Frische, der Sanftheit der Gräser, den weichen Vermittlern der Träume; und letztendlich der Geschmack von jenen Früchten, die zwar die Mode gern aus den Gärten entfernt, die jedoch von der Vernunft wieder hineingeholt werden«. Im gleichen Buch liest man auch, daß die Kunst der Gärten das Herz zu rühren versteht. Vielleicht interessieren uns auch gewisse allgemeine Betrachtungen, die angesichts eines venetischen Gartens entstanden zu sein scheinen: »Es sitzt die Anmut an den Ufern eines Baches und betrachtet den unaufhörlichen Lauf des Wassers [...], und die Schönheit umgibt die Dinge des Landes mit ihrem Kleid; sie erfreuen das Auge durch ihren Anblick und dringen ins dankbare Herz, süßes Entzücken bereitend.«

So oft haben wir es genossen in den venetischen Gärten, jenes süße Entzücken, nun ist es Zeit, sich mit den natürlichen, historischen und kulturellen Hintergründen zu befassen. Margherita hat sie für uns entdeckt, in Dankbarkeit nenne ich sie beim Vornamen; sie hat alle Gärten studiert, einen nach dem anderen, mit scharfem Geist und leidenschaftlicher Hingabe, und machte auch nicht vor Archiven und verstaubten Botanikbüchern halt. Verlassen wir uns also auf sie: Wir könnten keine bessere, gelehrtere und liebevollere Führerin finden.

Vorhergehende Doppelseite:
1. Villa Verità, San Pietro die Lavagno

2. Castello die Soave, 13. und 14. Jh.
Innerhalb der befestigten Mauern entstanden die ersten »umzäunten Gärten«.

Der Garten des Veneto vom Spätmittelalter bis heute

Margherita Azzi Visentini, Vincenzo Fontana

Der Garten im 15. und 16. Jahrhundert

Die Tradition der altrömischen *scriptores rei rusticae* lebt während des Mittelalters fort, unterstützt durch das Beispiel der Klosterkreuzgänge als Erben des römischen Peristyls und der zeitgenössischen islamischen Patios. Das von den Langobarden um Verona und in der friulanischen Ebene verbreitete Modell des ländlichen Hofes leitet sich direkt von der spätrömischen Villa ab, so wie der fast immer vorhandene, eingezäunte Obstgarten vom *pomarium* abstammt. Die Benediktinerabteien verfügen ebenfalls über ein *pomarium*, das oft auch als Friedhof dient, und über einen Gemüsegarten mit Kräutern und Heilpflanzen, den Mittelpunkt der Kreuzgänge bildet meist ein Blumen- und Kräuterrondell. Der Klostergarten wird zum wichtigsten Ort der Arbeit, der Meditation und des Gebets. Im Peristyl wie im Kreuzgang und im Patio wird die Welt wie in einem persischen »Gartenteppich« *per exempla* zusammengefaßt und dargestellt; hier ersteht mit der neoplatonischen Symbolik die wissenschaftliche, aristotelische Tradition wieder auf.

Der Bologneser Pietro de Crescenzi schrieb vor 1505 sein *Opus ruralium commodorum libri XII* auf der Grundlage der Traktate von Varrone, Columella, Palladio (aber auch unter Berücksichtigung der in der Poebene gewonnenen, landwirtschaftlichen Erkenntnisse). Das Werk hatte in der ersten Hälfte des 16. Jahrhunderts großen Erfolg in Venedig, vor allem in der Übersetzung in die italienische Volkssprache diente es als Handbuch für die Anlage von Landvillen. Das achte Buch spricht von den Gärten »und den ergötzlichen Dingen wie Bäume, Pflanzen und deren kunstvoll zu züchtenden Früchte«. Es beginnt mit der Beschreibung (Kap. I) eines Gartens mit »kleinen Pflanzen«, der *verziere* (lit. für Garten) genannt wird und mit Kräutern oder Obstbäumen oder beidem bepflanzt ist. Seine Form ist quadratisch, der Duft von Salbei und Raute, Majoran und Minze liegt in der Luft, oder er ist mit Veilchen, Lilien, Rosen und Iris geschmückt. In der Mitte soll sich ein höherer Busch erheben, der »fast wie ein blühender Sessel zum Sitzen einlädt (...). Und wenn es möglich ist, errichte man in der Mitte dieses Gartens einen Brunnen, dessen klares Wasser zur Erheiterung und Ergötzung dient.« Blumen und Kräuter werden durch die nicht zu dicht stehenden, aber »duftenden und lieblichen« Bäume vor der Sonne geschützt. Dieses quadratische Grundmuster (Kap. II) kann beliebig oft wiederholt werden, so daß große, durch Hecken und Gräben eingezäunte Gärten entstehen. Die Hecken werden aus weißen Rosen oder Dornbüschen gebildet, in kälteren Gegenden kann man auch Haselnußsträucher oder Pfirsichbäume am Spalier verwenden, in warmen Gegenden den Granatapfelbaum. Das Motiv der Einzäunung ist grundlegend für den *hortus conclusus*, den die venetische Renaissance vom Mittelalter übernimmt. In diesem Garten dominieren die zu einem *quincunx* angeordneten Obstbäume (Birnen, Äpfel, Pfirsiche, Kirschen, Feigen, Mandeln und Maulbeerbäume), während Weinstöcke die Pergolen und Pavillons bedecken und somit eine grüne Architektur schaffen. Der »königliche« Garten (Kap. III) wird in der Ebene angesiedelt, umgeben von einer zinnenbekrönten Mauer und gegen Norden durch ein *viridarium* geschützt, in dem Wild für die Jagd gehalten wird. Hier gibt es einen Fischteich und eine Vogelvoliere, die wie ein Haus gebaut ist, mit einem Dach und Wänden aus einem Netz aus feinstem Kupferdraht, umgeben von Buschwerk. Die Seiten und die Vorderfront des schloßähnlichen Gebäudes werden von Obstgärten eingesäumt, die, durch ihre Einfriedungen in sich geschlossen, nie auf einen Blick erfaßt werden können und nur durch einen mit der Zeit entstandenen Fußpfad miteinander verbunden sind. Die nach der antiken *ars topiaria* gestutzten Beete und Büsche können von einem schattigen Weg aus betrachtet werden, einem aus Hölzern oder Pflanzen gebildeten, in Form von »Wegen« und »Zimmern« angelegten, mit Weinlaub bedeckten Laubengang. Wegen ihrer architektonischen Vorteile, ihrer jahreszeitlichen Beständigkeit und ihres wohltuenden Duftes sind immergrüne Pinien, Zypressen, Zedern und auch Palmen, wo das Klima dies erlaubt, die bevorzugten Bäume (de Crescenzi, 1534).

Die Titelseite von *De agricultura vulgare* von Pietro de Crescenzi, 1495 in Venedig gedruckt, ziert ein Holzschnitt, der nicht einen »königlichen« Garten zeigt, sondern eine schloßähnliche, von Zinnen bekrönte Villa mit einem zentralen Turm. Der Vorhof ist durch eine Mauer aus horizontal verflochtenen Weidenzweigen mit senkrecht eingefügten Pfählen und Bäumen abgegrenzt. Über dem Eingangstor thront zentral ein Markuslöwe inmitten frommer Darstellungen. Dahinter befinden sich links das gemauerte Landhaus des Verwalters mit einem Brunnen und diesem gegenüber der Backofen. Links führt ein Tor zum Gemüsegarten, wo auf der mit einigen Bäumen bepflanzten Wiese das Taubenhaus steht. Rechts betrit man einen eingezäunten Garten, in dem sich Kräuter und bunte Blumen mit Obstbäumen abwechseln und unter Lauben zahlreiche Bienenstöcke aufgestellt sind.

Diese Darstellung, die einige der im Traktat enthaltenen Beschreibungen vorwegnimmt, weist bereits manche der strukturellen Grundelemente auf, die von Architekten wie Palladio bis einschließlich Scamozzi in neue und originelle Form gebracht werden, ohne daß sie jedoch wesentlich verändert werden und somit weiterhin in der Tradition der geschlossenen Gärten bleiben.

Als Beispiel für den Übergang vom Schloß zur Landvilla kann das Schloß von Monselice gelten, das einst den Carraresi und später den Marcello gehörte, von Vittorio Cini restauriert wurde und heute im Besitz der Region Venetien ist.

Der Hof ist vom ursprünglichen, romanischen Gebäudekomplex abgetrennt, an den die Venezianer den aus dem 15. Jahrhundert stammenden Wohnkomplex mit seinen drei auf die Hügel blickenden Terrassen anfügten. Die unterste Terrasse bildet einen Hof mit Loggia und Brunnen und ist durch Treppen mit der mittleren Terrasse und ihrem kleinen, durch niedrige Buchsbaumhecken aufgeteilten Garten verbunden. Zu diesem Garten hat man vom Hauptgeschoß des Wohnkomplexes aus direkten Zugang. Die dritte Terrasse ist ein Belvedere mit Aussicht über die Stadt, die Hügel und die Ebene. Es ist schwer zu sagen, ob die mittlere Terrasse bereits im 15. Jahrhundert als Garten konzipiert wurde, ihre heutige Bepflanzung mit Hortensien und mexi-

3

kanischen Palmlilien zwischen den Buchsbaumhecken entspricht nicht dem Original, doch ihre durch hohe Steinmauern begrenzten Ausmaße geben den Eindruck eines *hortus conclusus*, eines privaten, intimen Platzes, eines Ortes für die Frauen und die Liebe, an dem die Sinne angeregt und erfreut werden durch Blumen und duftende Kräuter, durch den Gesang der Vögel und das Plätschern der Brunnen. Dieser intime Garten wird durch das *viridarium* ergänzt, dem für die Männer bestimmten Jagdgarten.

Die Vignette im Register eines anderen Werkes mit dem Titel *De agricultura vulgare* (Venedig 1511) zeigt einen *verziere*, einen Kräutergarten, auf dessen mit Blumentöpfen geschmückter Einfriedungsmauer ein Lautenspieler sitzt, dem eine Dame andächtig lauscht. Der Boden ist nach Art eines Gemüsegartens bearbeitet, mit schmalen Beeten, die wiederum durch einen niedrigen, aus ineinander gesteckten Hölzern bestehenden Zaun eingefriedet werden. Ein Kaninchen (Symbol der Liebe) knabbert an den zarten Pflanzensprossen. Im Hintergrund wird eine aus Holz erbaute Laube mit rundem Dach von Weinstöcken überwuchert, unter dem runden Kuppeldach plätschert ein Brunnen, seitlich wird der Blick durch eine Sprossenwand begrenzt.

In jener Epoche besteht kein wesentlicher Unterschied zwischen dem *giardino segreto*, dem eingezäunten, in sich abgeschlossenen Garten auf dem Land, und dem städtischen Garten. Die Ansicht von Jacopo de Barbari (1500) zeigt Gemüsegärten und Klöstergärten vor allem in den Randgebieten, aber auch innerhalb des dichten Stadtgefüges ist der gepflasterte Hof mit seinem Brunnen oft von einem kleinen Mäuerchen umschlossen, auf dem eine dünne Humusschicht liegt. Aus dieser wachsen Kletterpflanzen und Pfirsichbäume, Töpfe mit blühenden Blumen schmücken die äußere Treppe. Eine Mauer trennt den Hof vom Gemüsegarten, der mit seinen Laubengängen, den Obstbäumen und Sträuchern den mittelalterlichen Regeln folgt. Die Umzäunung kann auch zum ornamentalen Schmuck werden, wie im Hintergrund von Carpaccios *Congedo degli ambasciatori inglesi* (Verabschiedung der englischen Botschafter) (1495) im Zyklus der hl. Ursula in den Gallerie dell'Accademia in Venedig zu sehen ist, wo Renaissance-Girlanden auf die mit Zinnen bestückte Mauer gemalt sind. In diesen Gärten bildet sich ein Mikroklima, das es ermöglicht, in den geschützten oder am meisten der Sonne ausgesetzten Winkeln mediterrane oder aus dem Mittleren Osten stammende Pflanzen anzubauen (z. B. den aus Armenien kommenden Pfirsichbaum). In der Giudecca feiert Jacopo d'Albizzotto Guidi die mit »Weinstöcken und Feigen / mit Pfirsichbäumen und Muskatellerbirnen / und (...) / viel Buchsbaum, Blumen und schönen Rosen / Nelken aus Damaskus und zahlreichen Lilien« reich bestückten Gärten. (V. F.)

Der humanistische Garten und der herrschaftliche Hof
Zu Beginn des 16. Jahrhunderts wird der mittelalterliche Garten durch humanistische Motive bereichert, der künstlerische Baumschnitt weist neue Typologien und Symbole auf, auch wenn die in dem Buch *Hypnerotomachia Poliphili* (Venedig 1499) beschriebenen und abgebilde-

4. Ca' Marcello, Monselice.
Im 15. Jh. verwandelt die Familie Marcello das Schloß in eine Residenz. Der Hof erhält eine Loggia im humanistischen Stil und wird von Treppen umgeben, die zu kleinen Gärten und Terrassen führen; von der obersten Terrasse aus genießt man einen weiten Blick über die Ebene und die Euganeischen Hügel.

4

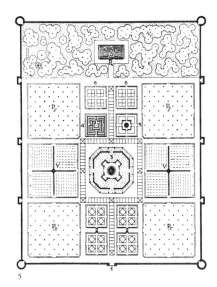

5. Schematische Rekonstruktion des
»realen« Gartens, Stich von Pietro de'
Crescenzi, De agricultura vulgare, Venedig 1495.
1) Eingang, 2) Blumenbeete, 3) Anlage
mit Brunnen, den ein Pavillon über-
dacht, 4) Labyrinth, 5) Pavillon mit Bad,
6) Kräuterbeete, Pr) Obstgärten,
Ps) Fischteich, V) Gärten,
Vr) viridarium (Jagdwäldchen).

6. Andrea Mantegna, Das Martyrium
des hl. Christophorus, Ausschnitt,
1457–59, Padua, Eremitenkirche.
Die städtische Szene zeigt neben den
klassischen Bauten ein hohes Gitterwerk,
um das sich Weinreben ranken.

5

6

7. *Frontispiz (Holzschnitt) von* De agricultura vulgare *von Pietro de' Crescenzi,
Venedig 1495.*
*Dargestellt ist der Hof einer schloßähn-
lichen Villa im Veneto, wie man an dem
Portal mit dem Löwen erkennen kann,
mit Backofen und Haus des Verwalters.
Rechts öffnet sich der Garten mit Laubengang, Obstbäumen und Bienen-
stöcken; links sind Wiesen mit einigen
Bäumen zu sehen und das Taubenhaus.*

8. *Register von* De agricultura vulgare
*von Pietro de' Crescenzi in der veneziani-
schen Ausgabe von 1511.*
*Die Abbildung zeigt einen Kräutergar-
ten, der durch eine niedrige, mit Blumentöpfen (vermutlich mit Nelken)
geschmückte Mauer begrenzt ist. Im
Hintergrund eine Pergola mit Weinlaube, sie bildet einen Pavillon, in dessen
Mittelpunkt ein Brunnen steht.*

ten ungewöhnlichen Vorschläge im Veneto weniger Erfolg finden als in der Toskana oder in Frankreich. Wie in der Architektur der Übergang von der Gotik zur Renaissance ohne Turbulenzen und Überraschungen verläuft, so verändert sich auch der Garten in den humanistischen Landvillen oder den vor den Stadtgrenzen gelegenen Palästen der Giudecca ganz allmählich, verleugnet aber trotz der neuen stilistischen Elemente seine mittelalterliche Herkunft nicht.

Im Einvernehmen mit Lionello Puppi (1980) erkennen wir in der Errichtung von Laubengängen im Parterre und ersten Stock die antiken Typologien der Lagunenstadt wieder. Vom geschützten Innern aus konnte man nach draußen blicken, wo die Trennung von Hof und Garten durch Gitterwerk und geschmückte Tore bereits transparent wird. Nun schafft man von der Loggia bis zum äußersten Ende des Gartens eine perspektivische Achse, die nicht nur durch die Bepflanzung betont wird, sondern vor allem durch immer reichere und vielgestaltigere kleine Bauwerke. Ein lombardisches Marmortor mit Schmuckelementen aus Porphyr bildet den Eingang zu dem von Vittore Carpaccio in seinem Gemälde *Annunciazione* (Die Verkündigung, 1504) in der Ca' d'Oro in Venedig dargestellten Garten; die Loggia öffnet sich auf einen Garten, dessen Lorbeerbäume und Zypressen jenseits einer zinnengeschmückten Umfriedung zu erkennen sind. In der Mauer befindet sich ein Fenster, durch das man ebenso wie durch das Gittertor den Garten vom Hof aus betrachten kann und das Luft und Licht eindringen läßt. Außenräume werden in Venedig gleich den Innenräumen behandelt. Noch deutlicher ist das auf dem Hintergrund des Bildes *Abschied Jesu von seiner Mutter* von Lorenzo Lotto (1521) in den Staatlichen Museen von Berlin-Dahlem zu erkennen, wo der Bogengang sich auf einen Hof öffnet und man durch ein leichtes Gitterwerk den ganzen Garten mit der hohen Umgrenzungsmauer und der kuppelförmigen Laube mit Laterne im Zentrum überblicken kann. An den Seiten werden Gärten mit niedrigem Buschwerk von vier einsamen Zypressen überragt, und am Fuß der hohen Mauer entlang schlängelt sich eine kleine Mauer, aus deren mit Erde bedeckter Oberkante Büsche wachsen, die eine unregelmäßige Hecke bilden. Die Geschicklichkeit bei der Bildung von grünen Säulen, deren sich bereits Pietro de Crescenzi rühmte (Buch VIII, Kap. IV), wird in Andrea Mantegnas *Kampf der Laster und der Tugenden* (1502, Louvre) noch übertroffen, wo Lorbeergehölze zu hohen, perspektivisch dargestellten Bogen geformt sind.

Auf dem Land öffnen sich die palastähnlichen Villen mit breiten Laubengängen (Porto Colleoni Thiene in Thiene), aber im 15. Jahrhundert sind Loggien hauptsächlich in den Gebäuden humanistischer Prägung um Verona zu finden (Villa del Bene in Volargne di Dolcè, Sella in Castelnuovo di Verona usw.), im Gebiet um Vicenza (Ca' Brusà in Lovolo di Albettone) und Treviso (Corner in Lughignano). Diese Loggien haben noch keine direkte oder perspektivische Beziehung zum Garten, die Frontseite der Villa wird fast immer vom Hof eingenommen (in Thiene und in Roncade) und der Garten oder die kleinen, in sich abgeschlossenen Gärten befinden sich an den Seiten, von Mauern umgeben und fast innerhalb der Villa selbst. Erst in späte-

7

8

9

10

ren Epochen wird der Hof zum Garten. Die Darstellung der Villa Trissino in Ca' Impenta (Vicenza; Kubelik, 1977) zeigt gegenüber der Vorderfront mit dem großen Vierbogenfenster im ersten Stock einen quadratischen Garten, dessen Mauern mit der Villa eine Achse bilden, auch wenn der dreifache Laubengang im Erdgeschoß aus dem Mittelpunkt gerückt ist. Der Garten ist in vier heckenumsäumte Beete aufgeteilt, er hat einen Brunnen in seinem Zentrum und einen direkten Zugang zur Hauptstraße Padua–Vicenza. An dieser Seite befindet sich neben der Villa ein kleinerer Hof mit einer Kapelle. In der Gartenmauer gegenüber der Villa öffnet sich ein Gemüsegarten, der mit in Quincunxstellung gepflanzten Bäumen umgeben ist und sich bis zum ebenfalls eingezäunten Obstgarten erstreckt.

Diese Einzäunungen sind bis heute erhalten geblieben, aber die großen Bäume haben den Garten erstickt. Auch der kleine, abgeschlossene Garten mit der von englischem Rasen umgebenen Loggia in der Villa Avogadro degli Azzoni in Silea (Treviso) zeigt sich nicht mehr in der Originalbepflanzung und -anlage. In einem Plan aus dem 16. Jahrhundert von der Villa Trissino in Trissino (Vicenza) ist der eingezäunte kleine Garten an der Seite der Villa zu sehen, der noch mit kunstvoll angelegten Beeten bepflanzt wurde und vollkommen getrennt war von dem äußeren System mit Vorhof und rückwärtigem, halbrundem Platz. Die Kraft des im Traktat von Pietro de Crescenzi konzipierten Hofsystems zeigt sich in der Ca' Querini in Pressana (Verona), wo die noch verbliebenen Grundelemente deutlich beweisen, wie sehr die venezianischen Formen seit dem 15. Jahrhundert auf dem Festland Fuß gefaßt hatten. Venezianisch ist die Krönung des vierseitigen Portikus mit dem Eingangstor aus dem Jahr 1501, während die Frontseite des Haupthauses mit den herkömmlichen Scaligerzinnen abschließt; der Brunnen an der Seite des Hauses trägt die Jahreszahl 1500 – er ist eines der bedeutendsten Beispiele dieser Art, auch wenn er »nur« von lokalen Künstlern geschaffen wurde; leider sind vom Garten keinerlei Spuren mehr vorhanden.

Wenn der Hof der Ort ist, an dem gearbeitet und produziert wird, dann ist der Garten der Ort der Schönheit und Muße. Er liegt oft in direkter Nachbarschaft zum Hof, jedoch immer durch eine Umzäunung von diesem getrennt, und hat meist die nützliche Funktion eines Lieferanten von vorzüglichem Obst und aromatischen Kräutern. Im Geiste Petrarcas entsteht im 15. Jahrhundert das Ideal des humanistischen Gartens, der in Anlage und Funktion nicht im Widerspruch zur mittelalterlichen Tradition steht. Er beinhaltet die Grundelemente der klassischen Antike und folgt vor allem Plinius dem Jüngeren und dessen Modell des Landhauses als »Lusthaus«, als Ausgleich zum *negotium*, zur Geschäftstätigkeit in der Stadt.

Bartolomeo Pagello stellt sich einen Portikus vor, der sich auf einen Hof hin öffnet; von diesem führen nur zwei Treppenstufen direkt zum Garten, der durch keinerlei Begrenzung vom Hof abgetrennt ist. Obstbäume (Apfel- und Birnbäume, Damaszenerpflaumenbäume, Pfirsichbäume und Weinstöcke) sind dort ebenso vorhanden wie Platanen, gestutzte Buchsbäume, Lorbeerbäume und ein klarer, »den Musen heiliger« Brunnen (Zordan, 1844). Im Gartenhintergrund der

11. *Andrea Mantegna*, Kampf der Laster und der Tugenden, *1502, Paris, Musée du Louvre.*
Die grüne Architektur aus zu Säulen und Bögen gestutzten Lorbeergewächsen hat ihren Ursprung im Mittelalter, Pietro de' Crescenzi spricht bereits davon in seinem Traktat. Hier jedoch wird die Darstellung zu einem »grünen Theater«, kennzeichnend für den formalen italienischen und später französischen Garten. Der neben diesem Theater sich erhebende Fels läßt vermuten, daß die Szene im von Pietro Bembo beschriebenen Garten der Caterina Cornaro in Asolano spielt.

11

12

13

14

24

13. Ca' Querini, Pressana.
Die Villa mit ihrer von Scaligerzinnen bekrönten Frontseite beherrscht die große, mit Ziegeln gepflasterte Tenne mit den einfachen Laubengängen und der Kapelle. Rechts der Garten und links der Brunnen.

14. Villa Porto Colleoni Thiene, Thiene, zweite Hälfte des 15. Jhs.
Dem vor der Villa befindlichen Hof entsprach der rückwärts liegende Garten, auf den sich die Villa mit einer ebenerdigen Loggia öffnet. Der Garten

wurde von einem Felsen überragt, in dem eine Grotte einen von Cristoforo Sorte gegen Ende des 15. Jhs. ausgeführten Brunnen barg. Dieser Brunnen existiert heute nicht mehr, der Garten weist eine moderne Anlage auf.

15. Ca' Querini, Pressana.
Das vierseitige Eingangstor zum Hof trägt die Jahreszahl 1501 und ist mit seinem Zinnengiebel ein einzigartiges Beispiel für den Export des venezianischen Stils auf das Festland.

kleinen Villa von Pietro Bembo in Santa Maria di Non, die noch vor 1476 fertiggestellt wurde (Puppi, 1969), erinnert ein Miniaturwäldchen an das *viridarium* des »realen Gartens« von de Crescenzi.

In den *Asolani* beschreibt Pietro Bembo einen mauerumgürteten Garten, der durch eine Laube in vier Sektionen geteilt ist. Die Buchsbaumhecken wachsen bis in Taillenhöhe, die Mauer ist von einem halbrunden Dach aus gestutztem Lorbeergehölz bedeckt. Nur zwei Fenster bleiben frei. Dahinter liegt eine Blumenwiese, an die ein Wäldchen aus ungestutzten Lorbeerbäumen grenzt. In diesem Wäldchen verbirgt sich ein Brunnen, dessen Wasser aus dem Felsen sprudelt und dann »in einem schmalen Bett aus Marmor [...] durch die Wiese fließt« (Bembo, [1505] 1932).

Viel großzügiger ist der Garten Guerrieri in Bardolino (heute Garten Rizzardi). In einer Beschreibung aus dem späten 16. Jahrhundert, in der er sich deutlich von seinem heutigen Aussehen unterscheidet, weist er eine archaische und konservative Struktur auf (wie es häufig im Gebiet um Verona der Fall ist); das Modell des eingezäunten Gartens mit Blick auf den Gardasee stammt von Bernardin Pellegrini, der nach 1568 einige Zeit der Besitzer war (Ruffo, 1975). Zuerst betritt man »einen kleinen, rechteckigen Garten von ausgesucht schöner und vielgerühmter Anlage, reich an duftenden und bunt blühenden Blumen, wie sie für diese Gegend bekannt sind: Im Mittelpunkt steht ein wohlgeformter Brunnen, dessen Wasser hoch in den Himmel steigt [...]. Der Brunnen und die blühende Vielfalt sind von vier dichten, in strenger Ordnung verflochtenen Hecken aus Lorbeer, Myrte und Lavendel umgeben. Über sie wachsen vier hohe Zypressen [...], und [...] es scheint, daß die Zedern und die Apfel- und Zitronenbäume zur Betrachtung einladen.« Etwas weiter gelangt man an den Fischteich, der »auf vier Seiten von einer drei Fuß hohen und 40 Fuß langen Mauer umgeben ist, die ganz überwuchert wird von Jasmin, Lorbeer, Myrte und immergrünem Efeu«. Noch etwas weiter »entdeckt man eine Nymphe, die in ihrer nur wenig bedeckten Nacktheit zu ewiger Gefangenschaft verdammt ist [...]. Wenn ihr den Weg fortsetzt, erreicht ihr eine Brücke, und von dieser aus könnt ihr [...] auf wundervolle, in wohldurchdachter und eleganter Ordnung gepflanzte Obstbäume blicken; und wenn ihr noch nicht müde seid, könnt ihr eine Anhöhe ersteigen, die von Mauern umschlossen ist und von den Landleuten als Belvedere bezeichnet wird; ihr steht unter einer Pergola und schaut über das Land, die Villen und Orte, die es dort gibt [...]; nachdem ihr von dieser Anhöhe herabgestiegen seid, kommt ihr zu einem Weg, der euch zu einem höchst kunstvoll geschaffenen Labyrinth führt: Dieses, da es in unseren Gebieten eine Neuigkeit ist, wird von allen gern besucht und mit großer Bewunderung betrachtet. Von dort aus kommt ihr über eine weitere kleine Brücke [...] und stoßt auf den vierten Hauptweg [...], der euch zwischen Feigen- und Granatapfelbäumen zum Haus führt. Vor dem Haus sieht man ein Spalier mit hohen Lorbeergewächsen [...], das von zwei hohen Säulen gestützt wird; so gut und mit solch schöner Ordnung ist der Lorbeer verflochten, daß man darunter von keinerlei Hitze belästigt wird [...]. Das Haus selbst ist ebenfalls mit Lorbeer bewachsen, den kleinen, quadra-

15

16. Ca' Corner, Lughignano, Ende des 15. Jhs.
Diese erste Renaissance-Villa, die Caterina Cornaro der Hofdame Fiammetta schenkte, öffnet sich mit der ebenerdigen Loggia heute auf eine von Bäumen umsäumte Wiese am Ufer des Sile.

16

17. Vigna Cornaro, Este.
Der Eingang zum Weinberg, ca. 1525, ist
ein Werk von Giovanni Maria Falconetto. Er erinnert an den Janusbogen in
Rom und führte als frons scenae zum
Freilichttheater von Alvise Cornaro, in
dem Ruzante auftrat.

tischen Hof umgibt eine Weinlaub-Pergola, neben dieser steht ein Turm, in dem Kaninchen und viele Vögel der unterschiedlichsten Art ihre Unterkunft gefunden haben [...].«

Hier ist die Tradition lebendig im Konzept mehrerer kleiner, in sich geschlossener Gärten, die früher nur durch einen Weg miteinander verbunden waren, die aber jetzt durch das Belvedere alle zusammen mit dem Blick umfangen werden können; neu ist auch das Labyrinth, das im Manierismus weit verbreitet ist und die unterschiedlichsten Formen aufweist. Das milde Gardaseeklima ermöglicht die Kultivierung von Pflanzen und Früchten, die später in Töpfen und Gewächshäusern angepflanzt, der Stolz der Gärten des Veneto sein werden. (V. F.)

Falconetto, Sanmicheli, Sansovino
Im 15. Jahrhundert war die Architektur der Gärten noch »grün«, d. h. gestutzte Hecken und mit Efeu oder Wein bewachsene Pergolen waren die gestalterischen Elemente. Im 16. Jahrhundert bestimmen die Architektur aus Stein und Ziegel und die Bildhauerkunst das Erscheinungsbild der Gärten. Es entsteht ein neuer Dialog mit der Natur, der jedoch die klassischen, Vitruvschen Wurzeln bald verlassen und in manieristischer Metamorphose zu bizarren Formen führen wird, die so vielfältig und überraschend sind wie die Natur selbst. Die Bühne, auf der diese Auseinandersetzung zwischen Kunst und Natur stattfindet, ist der Garten.

Alvise Cornaro und Giovanni Maria Falconetto sind die Wegbereitr dieser neuen, architektonischen Gartenidee, die vom alten und neuen Rom inspiriert ist: der Garten als Freilichtmuseum und -theater. Bereits 1525 hatten im Weingarten der Este, einem »lieblichen Garten [...] voller köstlicher Früchte und bester Weintrauben, die edle Weine liefern« (Fiocco, 1965), Angelo Beolco, Ruzante und Giacomo Zagarotto Theateraufführungen im Freien veranstaltet, vermutlich auf einer offenen, bühnenähnlichen Struktur, deren Überreste noch auf dem kleinen Platz zu sehen sind, oberhalb der Treppe, die vom Bogen des Valconetto (ibidem) ausgeht. Dieser Bogen ist die Rekonstruktion des berühmten Janusbogens in Rom, der von Falconetto vermessen wurde und im Palazzo d'Arco in Mantua (1521) im Saal der Tierkreiszeichen im Fresko des Löwen abgebildet ist. Will man jedoch die Existenz eines Theaters oberhalb der Treppe ausschließen, so könnte man den Bogen als Prospekt/Bühnenhintergrund des »lieblichen Gartens« betrachten und gleichzeitig als feststehende *frons scenae* des Theaters (Bresciani Alvarez, 1980), während die Sitzreihen dann wohl aus Holz waren. Ebenfalls *frons scenae* ist die Loggia Cornaro in Padua (1524), die gleichsam als Filter dient zwischen dem Hof und einer anderen, weiter hinten befindlichen Loggia, deren leuchtendgrüner Hintergrund durch fünf – heute blinde – Bögen eingerahmt wird. Der Garten war mit dem jenseits der (heutigen) Via Cesarotti gelegenen Haus – dessen Seele er laut Cornaro ist – durch einen unterirdischen Tunnel verbunden. Francesco Marcolini schreibt in seiner Widmung des *Libro quarto* (Viertes Buch) von Serlio an Alvise Cornaro am 1. Januar 1544: »Will [jemand] einen Garten schmücken, so

17

18

folge er Eurem Modell, dem es an nichts fehlt, denn Ihr habt es verstanden, Eurem Haus alle Annehmlichkeiten zu bereiten, indem man
die Straße unterirdisch in einem in Stein gehauenen Gang überwin-
det.« Dieser Tunnel weist bereits alle manieristischen Merkmale auf, er
ist halb Grotte, halb Keller, die römische *substructio*, die in der Villa
des Bischofs Pisani in Luvigliano zum beherrschenden Thema wird.
Der Bau ist im Veneto wohl einzigartig durch seinen quadratischen
Grundriß und durch seine Position auf einem kleinen, zum Tal hin mit
Weingärten terrassierten Hügel. Er wird 1542 von Cornaro und Falconetto fertiggestellt, unter Mitwirkung von Andrea della Valle, der den
rückseitigen Hof mit den drei Portalen und den von einer Mauer
umgebenen Loggien schuf (1562–65). Das von Giuliano da Sangallo in
Poggio a Caiano entworfene Modell (1488 begonnen und Anfang des
16. Jahrhunderts weitergeführt) wird durch zahlreiche Loggien und
Terrassen bereichert, die miteinander durch monumentale Treppen
kommunizieren. Diese Treppen stellen die organische Verbindung dar
zwischen dem Gebäude und der Natur; sie sind wie ein künstlicher
Garten, in dem die ländliche Ordnung (von Giulio Romano in Mantua
und dem Teepalast 1525–26 eingeführt) zum notwendigen Bindeglied
zwischen Mensch und Natur wird. Alvise stützt sich auch bei den
Mauern der großartigen, heute leider zerstörten Loggien von Campagna Lupia auf diese Ordnung. Der schöpferische Wille des Alvise
Cornaro zeigt sich ebenfalls bei der Trockenlegung der Sumpfgebiete
von Fogolana und bei den Vorschlägen für Venedig, die das heute so
vielfach propagierte *landscaping* in seinen Ansätzen vorwegnehmen.
Im Jahr 1550 schlägt Girolamo Fracastoro ihm vor, der drohenden
Verlandung der Lagune zu begegnen, indem rund um die Stadt
Dämme oder »längliche Hügel« aufgeschüttet werden sollen. Sobald
der Schlamm trocken ist, kann man diese Hügel mit Obst- und Weingärten bepflanzen, die der Stadt »Nutzen und Schönheit« bringen, ein
Aquädukt soll von Lizza Fusina bis zur Stadt führen. In seiner *Supp-
lica* von 1560 an das Wasseramt entwirft Alvise den Plan, Venedig mit
ebenerdigen Mauern zu umgeben, die ca. 700 Meter vom Stadtzen-
trum entfernt sein sollen. Zwischen ihnen und einem umlaufenden
Kanal befindet sich ein 70 Meter breiter Landstreifen, der mit Bäumen
bepflanzt werden soll – dorthin »kann man gehen, um zu speisen und
sich auf vielerlei Art zu unterhalten«; die Pflanzung dient als Holzre-
serve bei Belagerungen, als Filter zur Luftreinigung und als Aussichtsplatz. Auf einer erhöhten Stelle an der Mündung des Kanals der Giudecca stellt er sich ein aus Mauern errichtetes Theater »in der Art der
Antike« vor, an einer anderen Untiefe zwischen San Giorgio Maggiore
und San Marco soll aus Schlamm und altem Mauerwerk ein Berg
entstehen. Von den Flüssen Sile und Brenta kann man Wasser über
Aquädukte in die Stadt leiten, wo Brunnen errichtet werden könnten,
der wichtigste sollte auf dem Markusplatz zwischen den beiden Säulen
geschaffen werden. Mit diesem Brunnen, dem Theater und dem Hügel
wäre ein Dreieck entstanden, lange bevor Palladio sein Dreieck mit
den Kirchen realisieren sollte.

Soweit die Utopie; in der Realität zeigt sich der Manierismus von
Serlio und Sansovino in den kleinen, kostbaren Gärten von Venedig, in

19

19. *Jacopo Tintoretto,* Susanna im Bade,
1543–44. Privatbesitz.
Diese Szene zeigt wohl den rückwärtigen
Garten eines venezianischen Palastes, im
Stile der Architektur des Sebastiano Serlio. In der Mitte befindet sich eine Pergola für Gastmähler im Freien, rechts
eine Loggia mit ionischen Säulen,
ringsum von Bäumen eingesäumte Blumenbeete.

20. *Ludovico Pozzoserrato,* Liebeslabyrinth, *Ende 16. Jh., Hampton Court,
Royal Collections.*
Das Labyrinth wird im Manierismus
zum wesentlichen Bestandteil des Gartens. Die französischen und flämischen
Gartenarchitekten arbeiten viel umfang-
reichere Anlagen aus im Vergleich zu den
mittelalterlichen Prototypen.

20

21

22

21. *Villa Garzoni Michiel, Pontecasale,*
1537–50.
Der von Jacopo Sansovino geschaffene
herrschaftliche Hof der Villa wurde im
17. Jh. in einen Garten umgewandelt. Er
ist gemäß den architektonischen Achsen
der Fassade aufgeteilt, deren doppelte
Loggia den kompakten Bau unterbricht
und einen Einblick in den Innenhof ge-
währt.

22. *Villa dei Vescovi, Luvigliano.*
Ein Werk von Giovanni Maria Falco-
netto, wird die Villa 1542 unter Mit-
arbeit von Andrea Della Valle fertig-
gestellt, von dem die Loggien und die
Begrenzungsmauer stammen (1562–65).
Von der römischen Architektur inspiriert,

umfaßt die quadratische Anlage den Be-
reich um den Portikus und die weitläu-
figen Terrassen. Diese gleichsam hängen-
den Gärten wiederholen die den ganzen
Hügel bedeckenden, weinbepflanzten
Terrassen.

23. *Villa del Bene, Volargne di Dolcè.*
Das Portal (1551) stellt ein deutliches
Beispiel dafür dar, auf welche Weise der
Manierismus ins Werk der örtlichen
Handwerker Eingang fand; er fügte sich
harmonisch in die traditionellen Anlagen
der Veroneser Villen ein.

der Errichtung der Trennwand zwischen Hof und Garten mit klassischen, von Eisengittern eingezäunten Bögen und vor allem im architektonisch gestalteten Hintergrund mit kleinem Tempel auf der perspektivischen Achse zum Eingang. Das kann man in der *Verkündigung* von Paolo Veronese sehen, in dem in den Gallerie dell'Accademia von Venedig hängenden Gemälde, das an den Palazzo Trevisan in Murano erinnert; im *Wunder von San Marco* (1548) von Jacopo Tintoretto in derselben Galerie oder im Werk *Landung an einem Lagunengarten* mit der von Karyatiden getragenen Pergola und der im Hintergrund durchsichtigen Loggia, aus dem Umkreis des Veronese in der Accademia Carrara in Bergamo. Eine *Susanna im Bade* von Jacopo Tintoretto zeigt einen Palast, der dem von Serlio in seinem *Quarto Libro* für Venedig vorgeschlagenen Palast ähnlich ist; man blickt vom hinter dem Palast liegenden Garten auf eine Pergola mit einem gedeckten Tisch und auf einen seitlichen Tempel mit ionischen Säulen; die Bäume wachsen knorrig und ungestutzt neben den Gartenbeeten. Zum ersten Mal erscheinen im *Quarto Libro* (Venedig 1537) vier komplex gestaltete Gartenmodelle; ein Garten nach Art des Serlio existierte bereits hinter dem Palazzo Zen, von dem nur noch undeutliche Spuren eines freskoverzierten Hintergrunds übriggeblieben sind. Noch zu Beginn des 17. Jahrhunderts ist die Umzäunung des BenciPalastes bei der Madonna dell'Orto (heute ein Sanatorium der Barmherzigen Brüder) manieristisch geprägt, ebenso wie das Tempelchen des Foscarini-Palastes von Carmini, im hinteren Teil eines großen, im 17. Jahrhundert wegen seiner seltenen Pflanzen und antiken Statuen bekannten Gartens. An Giulio Romano (Bassi, 1976) erinnert die Gartenfassade des heute zerstörten Palazzo Morosini in San Canciano, mit der Loggia zwischen den seitlichen Türmen, die Palladio zugeschrieben wird und von Antonio Visentini entworfen wurde. Im 17. Jahrhundert wurde der Garten in einen Hof verwandelt, in dem eine heute längst verschwundene Sammlung von Statuen Aufnahme fand.

Gleich Bildern in einem Freiluftmuseum zeugen ein riesenhafter Herkules und ein mächtiger dorischer Bogen des Bartolomeo Ammannati von einer großen Vergangenheit; sie blieben übrig von Hof und Garten des Marco Mantova Benavides in Padua (1540–48), einem »Tempel der Rhetorik« (Puppi, 1982). Gänzlich verschwunden ist der Garten des Girolamo Gualdo bei Vicenza, eine von Rom inspirierte »Wunderkammer« mit einem berühmten, von Ammannati geschaffenen Brunnen, und verschollen ist auch der alte Entwurf für die Gärten der Vorstadtvillen von Giangiorgio Trissino in Cricoli, der von einem von Isabella Gonzaga 1537 beauftragten Fachmann angefertigt worden war. Manieristisch und flämisch zeigt sich auch der Eingang zum Labyrinth im Garten des Ottavio Thiene um die Jahrhundertmitte; Ludovico Pozzoserrato (halb Venetier, halb Flame) liefert uns mit seinem Liebeslabyrinth *(Labirinto d'Amore)* der Royal Collections von Hampton Court eines der schönsten Beispiele. Es stimmt zwar, daß das grüne Labyrinth bereits im *Hypnerotomachia Poliphili* (1499) auftaucht, aber dort ähnelt es mehr den französischen, englischen oder flämischen Typen des *Hortorum viridariorum formae* des J.V. de Vries (Amsterdam 1583) und nicht den von Serlio 1537 vorgelegten

23

24

25

Typen, die allerdings für Deckengemälde (wie im Palazzo Ducale von Mantua) und nicht für Gärten gedacht waren. Noch in den ersten Jahren des 17. Jahrhunderts hat die Villa Contarini in Este neben dem Wohntrakt einen kleinen, in sich geschlossenen Garten, der bis heute intakt geblieben ist. Er ist von einer Mauer umgeben, in der sich elegante, mit Sitzbänken versehene Ziegelsteinbalustraden und kleine, intime Nischen abwechseln. Die Anlage der kleinen Buchsbaumbeete stammt ebenso wie die jahrhundertealten Zypressen noch aus der Zeit.

Im großen landwirtschaftlichen Unternehmen auf dem Festland wird laut Cambrai die Villa zum wirtschaftlichen und sozialen Kernstück der ländlichen Gebiete, die von der führenden städtischen Bürgerschicht in Besitz genommen wurden; das Schema des Hofes, wie ihn de' Crescenzi konzipierte, behält jedoch weiterhin seine Gültigkeit. Anton Francesco Doni beschreibt um 1555 »einen von Mauern gut umschlossenen Hof mit breitem, gut geformtem Eingang und zu beiden Seiten Gemüsegärten, auf deren Mauern man sich bequem setzen kann; Pfirsichbäume, Zedern, Blumen und duftende Kräuter füllen den Garten, Erdbeeren und alles andere, das den Herrn erfreut, dessen Haus am Kopfende [des Gartens] sein soll, so daß es beim Betreten des Gartens einen wohlgefälligen Anblick bietet [...]. Obst- und Gemüsegärten, Pergolen und Haine um das Haus sollen am zweckmäßigen Ort angelegt werden.« Vielleicht führten zu solchen »Gärten und Hainen« die beiden einfachen Toreingänge an den Seiten der von Michele Sanmicheli 1540 erbauten Villa Soranzo in Treville (heute zerstört, aber in den Aquarellen des Trezza in der Stadtbibliothek von Verona noch gut erkennbar). Hier wird die für den Palast und für die Loggien angewandte ländliche Ordnung zum strengen Symbol für den funktionellen Charakter der zu Produktionszwecken dienenden Anlage.

In der Tiefebene von Padua legt die Villa Garzoni Michiel des Jacopo Sansovino (1537–50) ein großartiges Zeugnis ab für die Trockenlegung und Urbarmachung dieser Sumpfgebiete. Vermutlich war das große Rechteck vor der Villa, das von einer mit auf dem Kopf stehenden Bögen gekrönten Mauer umgeben ist, von Anfang an bereits nicht als ländlicher Hof gedacht. Es sollte wohl vielmehr als Garten und Empfangshof in einem dienen, aufgeteilt durch eine Hauptachse, die vom Eingangstor über die bequeme breite Treppe führt mit ihrem elegant gezeichneten Pflaster aus istrischem Stein und Trachyt und den Statuen aus der griechischen Mythologie an den Seiten. Diese Achse trifft auf einer Querachse, die den Garten in vier große Bereiche teilt.

Die Zeichnung der vier Bereiche läßt an phantastische, durch geheime manieristische Zauberkünste zu Stein verwandelte Blumenbeete denken. Den Hof umgibt ein Laubengang, der eine Terrasse trägt. Die Terrasse ist durch eine mit Statuen geschmückte Balustrade begrenzt und öffnet sich zum rückwärts liegenden Gemüsegarten mit vergitterten Fenstern und einem Tor, von dem eine Treppe mit doppelter Rampe herabführte. Der grüne, von allen Seiten umschlossene Gemüsegarten bildet den Schlußpunkt der architektonischen Linie. Die Zypressenpappeln stammen nicht aus der Zeit, fügen sich jedoch harmonisch in das Gesamtbild ein; man wird dabei an das Gemälde der *Venus*

26. Tizian, Venus, 1548, Madrid, Museo
del Prado.
Der Bildhintergrund zeigt einen Garten
aus der Gegend um Padua mit einem
Satyrbrunnen im Zentrum und einer langen, von Zypressenpappeln gesäumten
Allee.

26

27

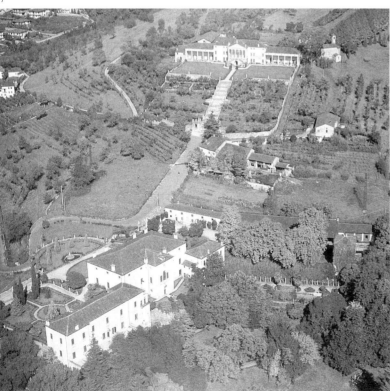

28

von Tizian im Prado erinnert, wo sie in doppelter Reihe einen Brunnen einrahmen und sich dann in der weiten Landschaft im Hintergrund verlieren. Das ländliche Portal in der Einzäunung und das kleine Fenster an der Seite der Loggia sind zusammen mit dem Brunnen im Mittelpunkt eine der originellsten Schöpfungen des Manierismus.

Das »Groteske« findet im Garten seinen idealen Ort, so als ob gelehrte Personen und Architekten sich in einer Satire als Bauern gebärden wollten, wie z. B. im manieristischen Portal der Villa del Bene in Volargne (Verona), wo die Masse der Steinquader zum Paradox wird und die verlängerten, den Bogen unterbrechenden Scheitelsteine die Spannung der Materie verdeutlichen. (V. F.)

Palladio und der Garten

Palladio läßt bei der Planung seiner Villen und Paläste die Bedeutung des Gartens keineswegs außer acht, dieser spielt vielmehr bei der Konzeption der Villa eine grundlegende und herausragende Rolle, was ab dem zweiten der *Quattro libri dell'architettura* (Vier Bücher zur Architektur), seinem nach einer langen Entstehungszeit im Jahre 1570 veröffentlichten Werk, ersichtlich ist.

Der vicentinische Architekt nimmt auf der einen Seite die klassische Gegenüberstellung wieder auf zwischen der Stadt als Ort der »Geschäfte und des Handels« *(negotium)* und dem Land als Ort der Flucht vor diesem städtischen Leben und Treiben, welcher der Literatur, dem Vergnügen und der gelehrten Unterhaltung, der »Muße« *(otium)* gewidmet ist. Dieser Funktion, die seit Alberti auch in Mittelitalien verbreitet war, fügt er jedoch andererseits noch eine zweite hinzu, nämlich die der Verwaltung eines leistungsfähigen, landwirtschaftlichen Betriebes. Sie ist für die Region des Veneto spezifisch und spiegelt nach der Niederlage von Agnadello die wirtschaftliche Wende der Republik Venedig wider, die verordnet hatte, enorme Summen öffentlichen und privaten Kapitals in das Land, seine Trockenlegung und landwirtschaftliche Nutzung zu investieren.

Hieraus ergibt sich ein doppelter Grund für den Aufenthalt in der Villa, wobei der wirtschaftliche Faktor vorrangig zu sein scheint, da er erst die Voraussetzung für den zweiten schafft. Der Besitzer wohnt auf dem Lande, um »seine Besitzungen im Auge zu haben und sie zu vervollkommnen sowie mit Fleiß und mit Hilfe der Kunst der Landwirtschaft sein Vermögen wachsen zu lassen«, weil gerade hier »hauptsächlich das private und familiäre Geschehen abläuft« (1. II, Kap. XII). Aber auf dem Land ist auch der Ort, an dem »schließlich die von den Geschäften der Stadt ermüdete Seele Erfrischung und Trost findet und sich ruhig den Studien der Wissenschaft und der Kontemplation widmen kann. Zu diesem Zweck begaben sich die antiken Denker sehr häufig an solche Orte, wo sie von tugendhaften Freunden oder Verwandten besucht wurden. Sie besaßen Häuser, Gärten, Brunnen und andere ergötzliche Orte. Und diese Denker besaßen vor allem eine solche Tugend, daß sie leicht in jener Seligkeit leben konnten, die man hier unten auf der Erde überhaupt erlangen kann« (1. II, Kap. XII). Um diese beiden Aufgaben zu erfüllen, sind folglich »zwei Arten von Gebäuden bei der Villa notwendig: eines zur Wohnung für den

29. Andrea Palladio, Entwurf dreier geradliniger Baumalleen, Zeichnung. London, Royal Institute of British Architects.
An dem Punkt, an dem die drei Straßen
im rechten Winkel zusammenlaufen,
steht ein Rundtempel. Diese Zeichnung
ist mit einer Skizze Palladios für den
Park des königlichen Palastes in Turin in
Verbindung gebracht worden.

30. Andrea Palladio, Villa Godi Val-
marana in Lonedo di Lugo Vicentino,
Tafel, aus I quattro libri dell'architet-
tura, Venedig 1570.
Allein der Mittelteil des dargestellten
Komplexes wurde realisiert. In diesem
Jugendwerk, das der ersten Romreise

vorauszugehen scheint, schlägt Palladio
auf der Rückseite, wo das Gebäude eine
serlianische Fassade präsentiert, einen
»hängenden« Hof vor, der der rückwärtigen, suggestiven Landschaft vorgelagert ist, welche im Hintergrund die Voralpen einrahmen.

Herrn und seine Familie und das andere zur Verwaltung und Bewa-
chung der Eingänge und Tiere der Villa« (1. II, Kap. XIII).

Man wird also bei der Auswahl des Ortes immer im Gehorsam
gegenüber dieser doppelten Rolle der Villa verfahren, einer Auswahl,
die also nicht nur aus ästhetischen Gründen – wie bei den Residenzen,
die damals in anderen Teilen Italiens entstanden –, sondern auch von
funktionellen Betrachtungen her vorgeschrieben war. Der Ort sollte
nämlich »in möglichst günstiger Lage zu den Besitzungen oder gar
mitten in ihnen« entstehen. »Wenn man die Villa an einem Fluß errichten kann, ist dies eine sehr schöne und angenehme Sache«, weil die
»Erträge zu jeder Zeit mit Booten in die Stadt gebracht werden können
[...]; abgesehen davon, daß er im Sommer Kühlung bringt und einen
wunderschönen Anblick bietet. Mit größtem Nutzen und Schmuck
wird man den Besitz bewässern können, vor allem die Zier- und Kü-
chengärten, die die Seele der Villa sind und der Zerstreuung dienen«
(1. II, Kap. XII). Wenn erst einmal ein »heiterer, anmutiger, zweckmä-
ßiger und gesunder Ort gefunden ist, mache man sich eine elegante
und zweckmäßige Aufteilung« (1. II, Kap. XIII), eine »Aufteilung«,
die sich offensichtlich nicht nur auf einzelne Teile des Mauerwerks
beschränkt.

Die Villa Palladios gestaltet sich wie ein organisches Ganzes von unterschiedlicher Wirkung mit schönen, zur Schau gestellten und mit weniger schönen, aber nützlichen, versteckten Teilen. Verbunden sind
beide durch einen unerschütterlichen Zusammenhang, der nichts ganz
dem Zufall überläßt. Ihre Ordnung ist zweckmäßig, folgt genau definierten räumlichen Koordinaten und stimmt mit den Längs- und Querachsen überein. Die Stütze oder, besser gesagt, das Herz dieses Organismus ist der große Saal des Herrenhauses, der von außen im allgemeinen
durch die tempelartige Wirkung der Vorhalle mit Giebel (in dessen
Mitte das Wappen der hier wohnenden Familie hervortritt) angedeutet
wird und, in seltenen Fällen von einer Kuppel bedeckt, erhöht ist, so daß
er auf diese Weise die umliegenden Räume so dominiert wie der Hausherr, der hier wohnte, in gesellschaftlicher, kultureller und wirtschaftlicher Hinsicht über seine Untergebenen herrschte. Dies ist die große
Erfindung des vicentinischen Architekten.

Der Ordnung und dem Schmuck der verschiedenen Teile des Gebäudes liegt ein Prinzip zugrunde, demzufolge die Proportionen zwischen den Bereichen der Repräsentation und der Dienstleistung bestimmt und so aufgeteilt sind, daß beide Funktionen »einander nicht
im Wege stehen« (1. II, Kap. XIII). Ihre Verbindung besteht aus Säulengängen, unter denen man, vor Regen und Schnee geschützt, von
einem zum anderen gelangen kann. Der schrittweise Durchgang von
der vornehmeren ionischen oder korinthischen Ordnung des Herrenhauses zu der einfacheren und zurückhaltenderen dorischen oder toskanischen der Nutzungsräume erstreckt sich auch über die Mauern
der Anlage hinaus ins Freie, in den Garten, der als eine Fortsetzung des
Herrenhauses den exklusiven und intellektuellen Vergnügungen des
berühmten Besitzers vorbehalten ist. Gegenübergestellt sind der Gemüsegarten, der Obstgarten und die Felder, die wie Nutzungsräume
entsprechende Funktionen übernehmen, und sie umfassen alles, was in

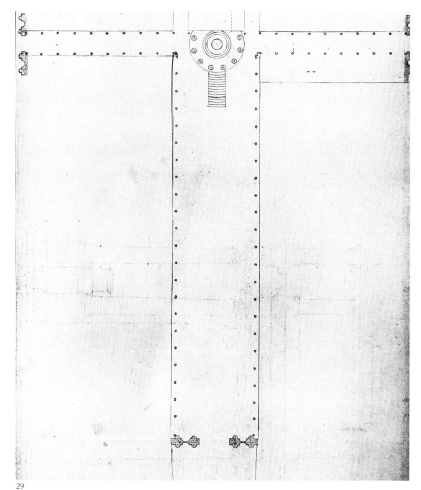

29

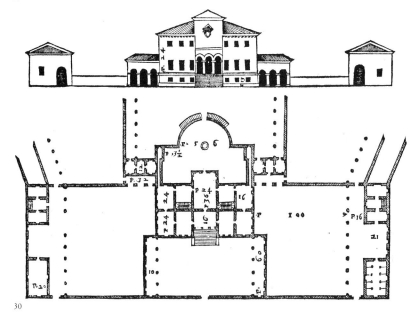

30

31

32

der Einfriedung eingeschlossen ist. Eine solche bestand in jedem Falle, wenn auch wenig auffällig, und war oft durch einen Graben mit Mäuerchen gekennzeichnet; ihre Überreste sind zumindest teilweise erhalten. In einigen Fällen scheint sogar der Verlauf der Straße, welche die Villa mit der nächstgelegenen öffentlichen Verkehrsader verband, von Palladio festgelegt worden zu sein, der sich auf eine interessante Gegenüberstellung zwischen Elementen der Architektur und der Natur einläßt. »Und wie in den Städten«, bemerkte er, »die schönen Bauten der Straße Schönheit verleihen, so werden sie außerhalb der Stadtmauern mit Bäumen geschmückt, die, wenn man sie auf der einen wie auf der anderen Seite pflanzt, mit ihrem Grün unsere Seele erfreuen und mit ihrem Schatten größte Annehmlichkeiten bewirken« (1. III, Kap. I).

Lange Baumalleen finden wir auch vor den Villen Emo in Fanzolo und Barbaro in Maser als eine Verlängerung der Mittelachse des Komplexes, während eine spärliche Zeichnung von Palladio mit drei Straßen, die, von Baumreihen begrenzt, im rechten Winkel auf einen Rundtempel zulaufen, mit einer Skizze für den königlichen Park von Turin in Verbindung gebracht wird, was jedoch nicht allzu fundiert erscheint (R. I. B. A. VIII, 13 r).

Hier auf dem Lande, wo es vorher keine Bautätigkeit gegeben hatte, die der freien Entfaltung der Ideen hätte hinderlich sein können, kommt die wahre (stadt-)planerische Konzeption Palladios zum Ausdruck. Über die Existenz des Gartens und über die Bedeutung, die dieser im Bereich der Villa innehatte, bestehen also keinerlei Zweifel. Palladio bemerkt dies in seinen Kommentaren zu den Bildtafeln, in denen er sich jedoch häufig darauf beschränkt zu betonen, daß der Komplex mit all jenem »Schmuck« und jener »Zweckmäßigkeit«, den Ziergärten, Höfen, Obstgärten, Taubenhäusern und anderen für die Villa notwendigen Dingen ausgestattet wird. Anhand einiger spezieller Beispiele liefert er ausführlichere Informationen. Dabei handelt es sich um die Villa Emo in Fanzolo, hinter der »ein Garten ist, der achtzig trevisische Felder groß ist, durch seine Mitte fließt ein kleiner Fluß, der den Ort schön und lieblich macht« (1. II, Kap. XIV), und um die Villa Poiana in Poiana Maggiore, bei der an der einen Seite »der Hof und andere Nutzungsräume der Villa liegen, auf der anderen Seite ein Garten, der dem besagten Hof entspricht, nach hinten erstreckt sich der Küchengarten und ein Fischteich« (1. II, Kap. XV), während die Villa Valmarana in Lisiera »zwei Höfe hat, einen nach vorne, zum Gebrauch des Hausherrn, und einen nach hinten, auf welchem das Korn gedroschen wird« (1. II, Kap. XV).

Bei den äußeren Räumen und bei den Gärten einiger besonderer Komplexe hält Palladio sich etwas länger auf. Die Villa Godi in Lonedo »liegt auf einem Hügel mit herrlicher Aussicht und an einem vorbeifließenden Wasserlauf, der der Fischerei dient. Um diesen Ort für den Gebrauch der Villa geeignet zu machen, sind mit nicht geringen Kosten Höfe und Straßen über Gewölben errichtet worden« (1. II, Kap. XV). Palladio bezieht sich gewiß auf den rückwärtigen, hängenden Hof mit einem Brunnen in der Mitte, von dem aus man einen wunderbaren Ausblick genießt und wo die von hier herabführenden Stufen auf eine mögliche Lösung mit Terrassen hindeuten, die auf

33

34

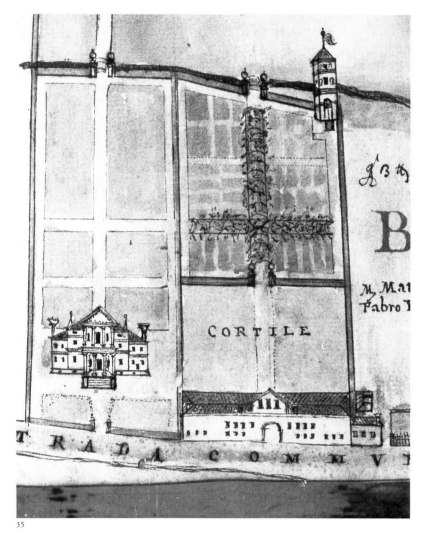

35

einer Bildtafel zwar vorgeschlagen, aber niemals realisiert wurde, wäh-rend die derzeitige Ordnung des Gartens vor der Villa in das 18. Jahr-hundert zurückgeht.

Auch die Villa Sarego in Santa Sofia di Pedemonte, in Valpolicella, ist »an einem wunderschönen Ort gelegen, nämlich zwischen zwei Tälern auf einem Hügel, der leicht ansteigt und von dem aus man einen Teil der Stadt erblickt. Die umliegenden Hügel sind anmutig und reich an besten Wassern, weshalb dieser Bau mit wunderschönen Gärten und Brunnen geschmückt ist« (1. II, Kap. XV), was eine Zeichnung von G. F. Galesi vom 10. September 1590 zeigt (Gargagnago, Archiv Sarego Alighieri). Schließlich hält sich Palladio mehr als gewöhnlich bei der Brunnenanlage, den Wasserläufen und den Gärten der Villa Barbaro in Maser auf, der eine der folgenden Karten gewidmet ist.

Palladio möchte zeigen, daß das Gebäude sich innerhalb eines orga-nisierten, vielseitig geplanten Zusammenhangs erhob, was von ihm zwar durchdacht, aber nur zum Teil – auch aus Platzgründen – in den Bildtafeln seines Werkes vermerkt wird. Die Erfindung Palladios, die am Beispiel der Villa Badoer in Fratta Polesine, der Villa Mocenigo in Marocco, der Villa Sarego in Santa Sofia di Pedemonte, der Villa Thiene in Cicogna – um nur einige davon zu nennen – deutlich wird, scheint sich nicht in der architektonischen Wirkung zu erschöpfen, was man aus den entsprechenden Stellen der *Quattro libri* leicht ver-stehen kann. Räume, die einmal auf viereckigem, einmal auf halbkreis-förmigem Grundriß entstehen, dann sich aus diesen beiden geometri-schen Formen zusammensetzen, dabei einem Schema folgend, das den römischen Thermen entliehen ist, manchmal an zwei oder drei Seiten oder rundherum von Laubengängen abgegrenzt werden und auf der Rückseite, an den Seiten oder vor der Villa versetzt sind, waren für den Garten vorgesehen.

Wir wissen jedoch wenig über die innere Gliederung und die Be-standteile dieser Gärten. Gewiß spielte das Wasser eine erhebliche Rolle. Wir entnehmen dies der lebhaften Anregung Palladios, wenn immer nur möglich entlang eines Flusses zu bauen (eine Tatsache, die sich in Wirklichkeit nur in zwei Fällen realisierte, nämlich bei der Villa Foscari, der »Malcontenta«, und der Villa Pisani in Bagnolo, deren Einbettung in ihre Umgebung heute durch die Errichtung eines davor-liegenden Dammes stark beeinträchtigt scheint, während auch noch eine platzraubende, aber prächtige Magnolia grandiflora, eine um die Mitte des 18. Jahrhunderts in Venedig eingeführte Magnolienart, den östlichen Hang regelrecht erdrückt). Wir schließen es auch aus dem Eifer, mit dem Palladio genauestens das Vorhandensein von Quellen, Flüssen und Kanälen in der Nähe der Villa bis hin zu ihren Umgren-zungen einträgt, und aus den Anmerkungen über Brunnen und Fisch-teiche, falls sie existiert haben.

Die Bildhauerkunst, die in den römischen Gärten des 16. Jahrhun-derts vor allem als kostbares archäologisches Fundstück und in einigen Fällen im Veneto, wie in den nachfolgenden Karten gezeigt wird, so stark verbreitet war – angefangen bei der Villa Brenzone in San Vigi-glio bis hin zum veronesischen Garten Giusti –, mußte auch in den Gärten der Villen Palladios gegenwärtig sein. Dieselbe Gottheit und

dieselben allegorischen Gestalten, die in den Fresken dargestellt waren, traten hinaus ins Freie, in den Garten. Unklare Anmerkungen
über »wildwachsendes Gestrüpp«, Weinstöcke und Obstbäume reichen nicht aus, um uns eine klare Vorstellung von den in den Gärten
vorhandenen Pflanzen und ihrer Verarbeitung zu dekorativen Zwek-
ken zu vermitteln. Andere Quellen sind jedoch in der Lage, uns über
diese Aspekte aufzuklären.

Sicher erscheint jedoch die Tatsache, daß der Garten, auch wenn er
vorhanden war, keine Hauptrolle spielte, wie dies in den zur selben
Zeit entstandenen Entwürfen für die Villa d'Este in Tivoli, die Villa
Lante in Bagnaia und in Pratolino – um nur einige Beispiele zu nennen
– der Fall war. Der Garten, in seinen Dimensionen im allgemeinen
maßvoll, ist der Rahmen für das Gebäude mit seinen Mauern, ein Ort,
der sich zwischen diesem und der umliegenden Landschaft erstreckt,
einer Landschaft, die von der architektonischen Gesamtheit eingeschlossen und nicht ausgeklammert wird. Die Villen Palladios sind
Bauwerke, die sich zu der Umgebung, in der sie stehen, öffnen. Äußere und innere Räume durchdringen sich gegenseitig zu vermitteln-
den Zonen aus Vorhallen, Loggien und Säulengängen, während die in
der Verlängerung liegenden niedrigen Anlagen der Nutzungsräume,
die sich von dem ungeheuren herrschaftlichen Baukörper entfernen
und einen zum Himmel offenen Raum aufnehmen, umschließen – ihn
bisweilen buchstäblich umarmen; gleichzeitig breiten sie sich hier aus
und verschmelzen fast mit diesem, um die Inbesitznahme des Landes
durch den Käufer, der sich zum Grundbesitzer gemacht hat, zu symbolisieren.

Aber bis hier befinden wir uns im Bereich der Villa, im Inneren
dieses privilegierten Mikrokosmos. Das Interesse Palladios geht jedoch über den eingefriedeten Raum hinaus, welcher nie den Ausblick
auf das weiter Entfernte verwehrt. Diese aristokratischen Wohnsitze
erhoben sich nicht abgesondert als rechteckige Blöcke mit Mauerwerk
auf dem nackten flachen Land, wie sie sich uns heute an einigen Beispielen darstellen. Sie hatten vielmehr einen Rahmen, der ihre Qualität
besonders hervorheben sollte, und diese Aufgabe übernahm, wie
schon betont wurde, der Garten, der bisweilen mit dem Eingangshof
zusammenfiel. Dieser Rahmen, der die Funktion hatte, alles, was er in
seinem Inneren enthielt, hervorzuheben – vergleichbar mit einem aus-
gerollten Teppich, der einen Eingang erhabener macht –, respektierte
die Architektur, indem er auf einem ziemlich niedrigen Niveau des
Bodens blieb und so als Gegensatz die Pracht des Gebäudes noch
verstärkte, das sich häufig auf einem hohen Sockel erhob. Die Villa,
schreibt Palladio, muß von weitem »gesehen werden«, und von der
Villa muß man »weit sehen« können (1. II, Kap. XII). Der Garten
behinderte also nicht jene offene, innige Zwiesprache zwischen Architektur und Landschaft, der Palladio so große Bedeutung beimaß.
Hierbei handelt es sich um eine Agrarlandschaft mit Weinbergen und
Obstgärten, aber auch von Flüssen durchfurchte Täler, um weite Ebenen, um bis zum Horizont hin abfallende Hügel und auch um städtische Ansichten, die allesamt die Ausblicke ausmachten, die man von
der Villa aus bewunderte.

36

37

Palladio machte sich die privilegierte
Lage der Villa auf einem Hügel zunutze
und konstruierte vier gleichartige Loggien auf den vier Hangseiten. Jede einzelne gewährt wunderbare Ausblicke
unterschiedlicher Art: Manche erfassen
nur die nähere Umgebung, andere reichen weiter, und wieder andere enden
erst am Horizont.

38

*39. Die Rotonda, Vicenza.
Vom Innern der Loggien aus hat man
einen wunderschönen Blick über das
weite Land ringsum.*

Ein bedeutendes Beispiel hierfür ist die »Rotonda«, die Vorstadt-villa des kultivierten Prälaten Paolo Almerico »auf dem Berg«, welcher in seinem Leben viel gereist war und sich lange in Rom aufgehalten hatte, um sich schließlich im vorgerückten Alter in sein Vicenza zu-rückzuziehen. »Die Lage«, schreibt Palladio, »gehört zu den anmutig-sten und erfreulichsten, die man finden kann. Das Haus liegt auf einem leicht zu besteigenden Hügel, der auf der einen Seite vom Bacchi-glione, einem schiffbaren Fluß, begrenzt wird, und auf der anderen Seite von weiteren lieblichen Hügeln umgeben ist, die wie ein großes Theater wirken und alle bestellt werden, reichlich Früchte sowie aus-gezeichnete und gute Weinreben tragen. Da man von jeder Seite wun-derschöne Ausblicke genießt, worunter einige die nahe Umgebung erfassen, andere wiederum weiter reichen und wieder andere erst am Horizont enden, so hat man an allen vier Seiten Loggien errichtet« (1. II, Kap. III).

Es scheint, als ob wir wie in einem Film jene selben idyllischen, so abwechslungsreichen und miteinander vertrauten Landschaften vor-beiziehen sehen, die den Gemälden von Cima, Giambellino, Gior-gione, Tizian und noch vieler anderer Maler jener Zeit als Hintergrund dienten, während sich der Einfluß der lateinischen Lektüre von Vergil bis Plinius auf das Lebhafteste manifestiert. Wenn sich dem, der sich in der Mitte der Rotonda befindet und sich um sich selbst dreht, immer wieder verschiedene Bilder des von der Natur gewährten fortwährend wechselnden Schauspiels darbieten, so erzeugt das Gebäude an sich, auch wenn es selbst stets unverändert bleibt – von welcher Seite man es auch betrachten mag –, ein eigenes Schauspiel, indem es durch seine absolute Gewißheit, ein vollkommenes klassisches Monument zu sein, beeindruckt.

Diese Empfindsamkeit gegenüber der nicht künstlich verdorbenen Natur sollte auch den jungen Goethe auf seiner italienischen Reise beeindrucken, als er die Rotonda über zwei Jahrhunderte nach ihrem Entstehen, am 21. September 1786, besuchte: »Dafür sieht man es [das Gebäude der Rotonda] auch in der ganzen Gegend von allen Seiten sich auf das herrlichste darstellen. Die Mannigfaltigkeit ist groß, in der sich seine Hauptmasse zugleich mit den vorspringenden Säulen vor dem Auge des Umherwandelnden bewegt [...]. Und wie nun das Gebäude von allen Punkten der Gegend in einer Herrlichkeit gesehen wird, so wird die Aussicht von daher gleichfalls die angenehmste.«

Es handelt sich dabei um eine Begeisterung, die mehr als berechtigt ist. Die Einbeziehung der Rotonda in die Landschaft folgte in der Tat den Regeln des Landschaftsgartens, der in England zu Beginn des 18. Jahrhunderts als Rahmen entstand, und ist keine zufällige Erschei-nung bei den neupalladianischen Villen, die von einer tiefen Abnei-gung gegen die Auswüchse des Gartens nach französischer Art geprägt ist und bei genauerer Betrachtung auf Prinzipien beruht, die schon Palladio in gewisser Weise vorweggenommen hatt. (M. A. V.)

Vincenzo Scamozzi und der Garten im 17. und 18. Jahrhundert

Im Gegensatz zu Palladio, der in seinen *Quattro libri* äußerst sparsam mit Angaben über die Gärten umging, die er sich als Bestandteil seiner

Villen vorstellte, widmete Vincenzo Scamozzi in seiner 1615 (40 Jahre nach Palladios Traktat) veröffentlichten *Idea dell'architettura universale* den Gärten viel Raum und registrierte jeweils Lage und Größe in den beigefügten Bildtafeln. Seine Beobachtungen sind äußerst wertvoll, da sie im Veneto die einzige systematische Behandlung dieser Thematik darstellen.

Scamozzi betont, daß die Gärten stets unerläßlicher Bestandteil der Herrschaftsvillen sind – und das nicht nur wegen ihrer besonderen Funktion als Ort der körperlichen Betätigung und der Entspannung, sondern auch, weil sie die Residenz schmücken, ihr Großartigkeit und Erhabenheit verleihen und außerdem den Bewohnern einen schönen Ausblick bieten. Scamozzi unterschätzt auch keineswegs die psychologische Wirkung und betont, daß das Grün der Vegetation eine beruhigende Wirkung auf die Seele ausübt.

Was nun die Lage betrifft, so soll der Garten in unmittelbarer Nähe zur Residenz liegen, damit man bequem zu ihm Zugang hat; vorzuziehen ist die Lage hinter dem Haus, das sich seinerseits nach vorn auf den Herrschaftshof öffnet, dem wiederum »ein weiter, großflächiger Platz vorgelagert ist, damit dort eine mit Pferden und Wagen ankommende Gesellschaft angemessen empfangen werden kann (*L'idea...*, Teil I, Buch III, Kap. 22).

Zur Villa führt eine geradlinige Allee, senkrecht zur Fassade und entlang der Mittelachse des Komplexes; diese Allee beginnt an der nächstgelegenen öffentlichen Straße. So werden die räumlichen Koordinaten des Mikrokosmos Villa festgelegt. Falls es nicht möglich sein sollte, den Garten hinter dem Haus anzulegen, kann er auch an einer Seite des herrschaftlichen Wohnhauses seinen Platz finden, während ihm gegenüber auf der anderen Seite sich dann der Obstgarten befindet. Falls es rechts und links des Herrschaftshauses keine Wirtschaftsgebäude oder Arbeitshöfe gibt, können auch dort Gärten angelegt werden. Der Plan des Gartens ist sehr einfach: Er nimmt eine rechtwinklige, meist längliche Fläche ein, in der Regel von der gleichen Größe wie der Hof auf der Vorderseite und wie das Gebäude selbst, und ist durch seine Wege in regelmäßige, schachbrettartige Felder unterteilt. Der von Scamozzi entworfene Garten ist meist eben. Scamozzis Auftraggeber, wie auch die Palladios, beziehen ihre Einkünfte zum großen Teil aus Grundbesitz, und die Villa, die oft mitten auf dem Besitz oder an seinem Rand errichtet wird, befindet sich somit in der Ebene. Auch wenn Scamozzis Auftraggeber die gleichen sind wie die Palladios, so haben sich doch die Zeiten geändert: Das Nebeneinander von Herrschaftshaus und Wirtschaftsgebäuden, die zusammen eine Einheit bildeten und die große Neuerung des Baumeisters aus Vicenza waren, sowie die erste der jahrhundertelangen Erfahrungen der Villen des Veneto, ist nun nicht mehr gefragt. Die zur Villa gehörenden Dienstgebäude werden, obwohl sie oft Teil des Komplexes sind, in angrenzende, aber deutlich vom Haupthaus abgetrennte Bereiche verlagert. Falls man sich gezwungen sehen sollte, an Orten zu arbeiten, »die tief liegen oder ausgehoben und wie Gräben sind, wo es sehr kostspielig und fast unmöglich wäre, sie aufzufüllen oder anzuheben, sollte man erfinderisch sein und eine kunstvolle Lösung anstreben,

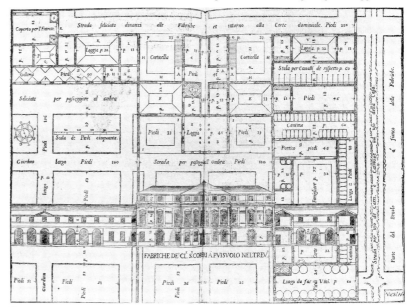

41

42

43

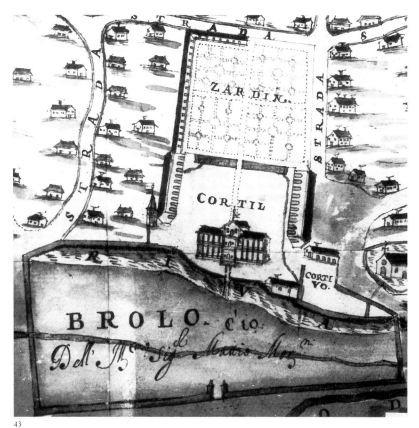

43

44

indem man nur die wichtigsten Straßen anhebt, die kreuz und quer durch das Gebiet laufen, und von ihnen in sanften Hängen zu den dazwischenliegenden Ebenen führt. Auf diese Weise ragen zwar die Straßen besonders hervor, aber sie werden immer trocken sein, und man wird von ihnen aus das ganze Gebiet frei überblicken können. Das Wasser wird vom umliegenden Land aufgenommen, was von großem Nutzen sein kann und eine Wohltat für die Pflanzen [...]. Auf diese Weise erscheint alles wohlgeordnet und vielleicht sogar besser als in jenen Gärten, die gänzlich eben sind« (L'idea ..., Kap. 23).

Interessant ist die Beobachtung, daß Scamozzi überhaupt nicht auf die Möglichkeit hinweist, die an Abhängen befindlichen Gärten in Terrassen aufzuteilen. Er hatte zumindest in zwei Fällen Gelegenheit, Villen an einem erhöhten Standort zu planen. Das sind die Villen Bardellini in Monfumo bei Ascolo aus dem Jahr 1594 und die Rocca Pisana. Erstere ist ganz von Hügeln umgeben, »welche mit ihren Höhen und ihrer Vielfalt eine Krone formen und einen großen Raum umfangen: fast eine Art Amphitheater« (ibidem, Kap. 14); letztere liegt auf einem Hügel, der »sehr anmutig anzusehen ist und der sich deutlich von den Hügeln rundum abhebt« (ibidem, Kap. 13). Beide Villen genießen eine »wundervolle Aussicht« auf allen vier Seiten. Dies ist auch der Grund, weshalb der Architekt ein Gebäude mit quadratischem Grundriß vorgeschlagen hat, mit einem kreisrunden, von einer Kuppel gekrönten Saal im Innern und mit Fenstern im Zentrum von zwei bzw. drei Seiten, während die anderen Seiten von einer Vorhalle beherrscht werden, die jedoch nicht vorspringend ist wie bei Palladios Rotonda. Bei beiden, als Belvedere konzipierten Villen, nimmt der Garten nur begrenzten Raum ein, jenseits davon erstreckt sich die natürliche Landschaft, der eigentliche Garten, dessen Vielfalt und Schönheit hervorgehoben und gelobt wird, wie Palladio es mit seinem Kommentar zur Rotonda gehalten hatte. Somit gilt für das Veneto bereits zwischen dem 16. und 17. Jahrhundert das William Kent zugeschriebene Prinzip, nach dem die ganze Natur als Garten verstanden werden kann, ein Prinzip, das zudem in Mittelitalien bereits vorherrschend war.

Die Gärten werden, im Vergleich zu früheren Jahrhunderten und zu den Gärten Palladios, jetzt größer. »Je größer die Gärten sind und je weiträumiger, um so erhabener wirkt das Haus«, bemerkt Scamozzi und stellt äußerst pragmatisch fest, der Garten müsse solcherart sein, daß er den »Beutel des Hausherrn nicht allzu stark belaste und dem Gärtner nicht zuviel Mühe mache mit der Verwaltung« (L'idea ..., Kap. 23). So geht man von den Maßen des Gartens der Villa Cornaro in Poisolo (140×196 venetische Fuß) zu denen der Villa Badoer in Peraga über (210×128 Fuß), zu den 204×ca. 80 Fuß der Villa Molin bei Padua, zu 250×98 Fuß der Villa Cornaro in Castelfranco bis zu den 300×200 Fuß des Gartens in der Villa Trevisan in San Donà.

Alles wird sorgfältig eingezäunt. Als rückwärtigen Abschluß des Gartens, besonders wenn er gegen Süden liegt, schlägt Scamozzi ein Wäldchen aus Zitronenbäumen oder ein Treibhaus für Zitrusgewächse vor, was zweifellos eine Neuheit darstellt. Er erklärt, daß »man diese seit nicht langer Zeit von der Riviera von Salò am Gardasee

45. Villa Fracanzan Piovene, Origano.
Der Bau ist ein Werk Francesco Muttonis
und geht auf den Beginn des 18. Jhs. zurück. Die Fassade der Villa, zu der ein
eindrucksvoller, mit Steinbuchen gesäumter Weg führt, erhebt sich wie eine
Bühnenkulisse aus dem Grün der umgebenden Hügel.

46. *S. Zucchi, Villa Sagredo in Marocco, Stich aus P. B. Claricis* Istoria e coltura delle piante, *Venedig 1726.*
Der Ruhm dieses heute verschwundenen Gartens ist Clarici zu verdanken, der ihn in seinem Werk erwähnte und sich auch persönlich um seine Gestaltung bemühte.

47. *Entwurf einer Barockvilla, Antonio Gaspari zugeschrieben, Venedig, Museo Correr, Gaspari-Sammlung.*
In dem Entwurf ist ein weitläufiger Park vorgesehen, der sich mit strahlenförmig verlaufenden Wegen in den umliegenden »Wald« ausdehnt.

48. *Villa Lezze, Rovarè di San Biagio di Callalta; die Zeichnung ist vermutlich von Baldassarre Longhena. Venedig, Museo Correr, Gaspari-Sammlung.*
Der Garten, in den der heute verschwundene Barockbau eingefügt wurde, weist in vereinfachter Form die traditionellen Merkmale des venetischen Gartens auf, so wie sie von Vincenzo Scamozzi festgelegt wurden.

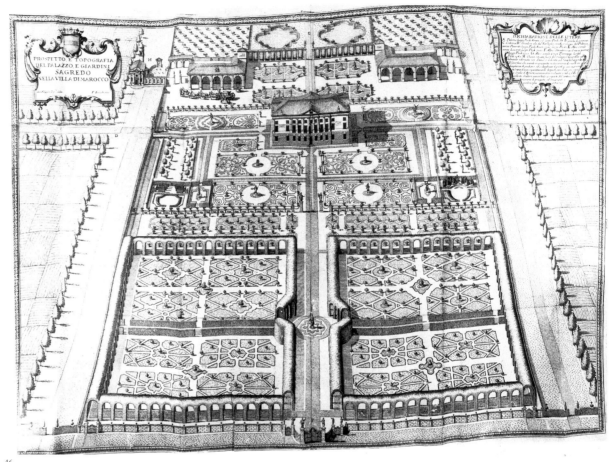

46

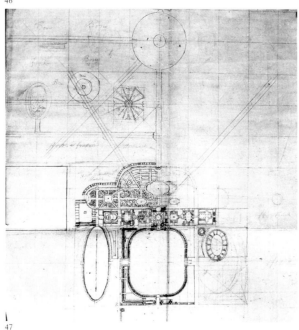

47

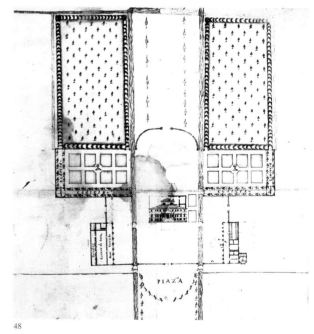

48

49. G. Tramarini, *Villa Sagredo in Samazza, Stich, 1738. Venedig, Museo Correr.*
Die Ansicht ist Teil einer Reihe von neun Stichen, die der Villa und den Gärten Sagredo gewidmet sind.

50. *Vogelperspektive der Gärten der Villa Sagredo in Samazza, anonymer Stich. Mailand, Civica Raccolta delle Stampe A. Bertarelli.*

eingeführt habe, wo sie ausgezeichnet gedeihen« (ibidem). Und er erwähnt auch, daß Sanudo zu Beginn des 16. Jahrhunderts von der Blütenpracht der Zitrusgewächse an der Gardasee-Riviera äußest beeindruckt war.

Für die nicht überdachten Straßen schlägt er eine Breite von 15 bis 20 Fuß vor, so daß vier bis sechs Personen bequem nebeneinander gehen können und noch Platz bleibt für Entgegenkommende. Was den Belag betrifft, so kann er aus »zerstoßenen Ziegeln oder kleinen Tonscherben bestehen oder aus einem Mosaik der verschiedenfarbenen Kieselsteine aus den Flüssen [...]«. An den Seiten der Straßen setzt man die Pflanzen in zweierlei Reihen: die »ständigen Pflanzen mit den Wurzeln im Boden in einem Abstand von vier bis sechs Fuß, die anderen Pflanzen in großen Töpfen und auf Podesten« (ibidem). Um das »aufwendige Gießen der Töpfe zu erleichtern, schlagen wir vor, die Töpfe bis zum Rand in den Boden einzugraben, wo sie die Feuchtigkeit der Erde aufnehmen und bis zum Herbst bleiben können. Dann werden sie herausgenommen und während des Winters in einem kühlen Raum aufbewahrt« (ibidem). Um schattige Wege zu erhalten, »kann man die Wege mit hohen Spalieren an den Seiten versehen, so daß man am Morgen oder am Abend spazierengehen kann, je nach Stand der Sonne, oder man bildet mit schnellwachsenden Kletterpflanzen oder Gemüseranken einen Bogen über den Weg, so daß man den ganzen Tag Schatten hat. Die Gemüseranken jedoch erfüllen die Wege mit dunklem Schatten und bieten oft einen melancholischen Anblick, zudem gedeihen die Pflanzen meist nicht besonders gut; die Spaliere am Rand der Wege dagegen machen den Ort heller und geben den Blick frei« (ibidem). Als Stützen für Spaliere und Pergolen nehme man »Holz von Ulme, Kastanie oder Lärche, oder wenn nötig auch Eisenstäbe« (ibidem). Der zum Anbau von Obstbäumen dienende, *brolo* genannte Teil des Gartens ist im Konzept des Scamozzi ein wesentliches Element des herrschaftlichen Teils der Villa. »Die Obstgärten«, so erläutert er, »sollen hinter den Gebäuden der Herrschaft angelegt werden und hinter den Gärten, und auf den Wiesen sollen Bäume jeder Sorte und der edelsten Früchte in schöner Ordnung gepflanzt werden; wenn sie groß sind, nennt man diesen Teil meist Park« (ibidem, Kap. 22).

Die am häufigsten verwendeten Pflanzen in den Gärten und Obsthainen, die sich am besten für Spaliere und Pergolen eignen, sind »Zedern, Zitronen- und Orangenbäume, Apfel- und Olivenbäume; sie bringen äußerst wertvolle Früchte und verströmen angenehmen Duft. Als nächstes folgen Lorbeergewächse, die Waldkiefer und der kleine Mastixbaum; dann Palmen, Zypressen und die Pinie sowie die Strandkiefer; die Tanne, Lärche, Kiefer und Eibe [...], Ginster, Myrte, Buchsbaum, die fast alle das ganze Jahr über grün bleiben« (ibidem, Kap. 23). Die Aufzählung geht weiter mit dem »Granatapfelbaum, mit Pfirsich- und Haselnußbäumen, mit Wein- und Rosenstöcken, die, auch wenn sie keine immergrünen Pflanzen sind, doch mit ihren Blüten den schönsten Schmuck darstellen« (ibidem). »Mit diesen Pflanzen kann man Spaliere, Nischen, Lauben, Pergolen und Loggien bilden« (ibidem). Abgeraten wird von Bäumen, die im Herbst ihre Blätter

49

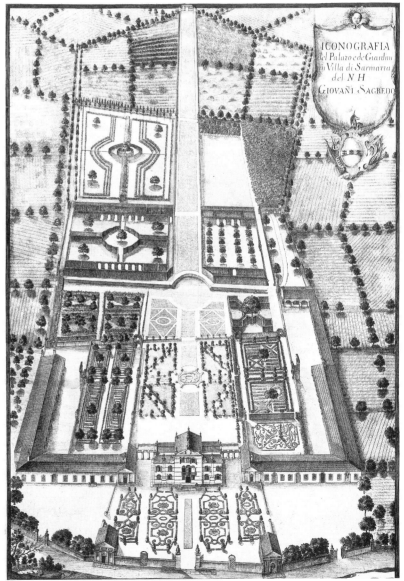

50

51. Villa Piovene Porto Goci, Lonedo di Lugo Vicentino.
Zu dem Bau aus dem 16. Jh., der wie die benachbarte Villa Godi Valmarana Andrea Palladio zugeschrieben wird, führt eine eindrucksvolle, im frühen 18. Jh. hinzugefügte Treppe. Das statuengeschmückte Portal und die Treppe sind ein Werk von Francesco Muttoni.

fallen lassen: Diese verschmutzen die Wege und ersticken die kleineren Pflanzen. »Andere Gehölze wie Buchen« (ibidem), die nördlich der Alpen sehr verbreitet sind, werden in den Gärten des Veneto noch nicht verwendet. »Dies möge genügen, was wir von den Pflanzen sagten, damit man weiß, wie sie angelegt werden sollen und wie man sie für seine Zwecke einsetzt; der Anbau ist die Aufgabe der Architekten, die Pflege und Sorgfalt obliegt dann den guten Gärtnern« (ibidem).

An besonders warmen und trockenen Orten rät Scamozzi dazu, Grotten anzulegen. Sie sollen vor Sonne und Feuchtigkeit geschützt sein, man »lege sie an den Hängen eines Berges an [...] und bilde sie in Form von quadratischen oder länglichen Zimmern, man kann sie auch als runde Räume anlegen oder als richtige Galerien, ähnlich den antiken gedeckten Wandelgängen, mit einem Gewölbe, so daß man sich dort im Kühlen ergehen kann« (ibidem, Kap. 24). Bei einigen seiner Villen schlägt Scamozzi vor, nicht die an der Gartengrenze entlangführenden Wandelgänge durch Pergolen und Kletterpflanzen zu überdachen, sondern richtige Loggien und Laubengänge zu errichten.

Das Wasser ist ein unentbehrliches Element des Gartens, notwendig, damit der Garten leben kann, und beliebt als willkommener Schmuck. Scamozzi befaßt sich eingehend mit Brunnensystemen, die aus der Antike noch bekannt sind oder die er auf seinen Reisen kennengelernt hat, wobei das Wasser auch aus größeren Tiefen heraufgepumpt wird; er studiert aber auch Möglichkeiten, wie man das Wasser aus nahen Flüssen oder Quellen durch Rohre an die gewünschten Orte heranführen kann. »Nicht weniger als Erhabenheit verleihen die Brunnen dem Ort auch Bequemlichkeit und Schönheit, man errichte sie in Loggien und Lauben, in Wandelgängen und Grotten auf und unter der Erde, verkleidet mit Kies und Tuffsteinen und anderem Steinmaterial, das uns die Natur in vielerlei Formen schenkt, geschmückt mit Vasen und Statuen aus Stein und Wasserspeiern aus Metall [...]« (ibidem, Kap. 28). Man kann auch »prächtige Wasserfälle und Fontänen errichten [...], Wasserorgeln und sich bewegende Figuren, Tiere, Vögel und ähnliche Dinge«. Die Brunnen »gelingen besser in länglicher Form oder in kombinierten Formen aus Rechtecken, Kreisen, Ovalen«. Die Wasser »müssen reichlich fließen, klar und frisch, mit Fontänen an verschiedenen Stellen, geschmückt mit Vasen, allegorischen Tierfiguren [...]. Als Brunnenfigur kann ein Moses dienen, der mit seinem Stab an den Fels schlägt, woraus Wasser entspringt; oder ein Apoll, über den das Wasser in glitzernden Fontänen plätschert, oder ein Neptun mit seinem Dreizack, der in seinem Muschelwagen von schwimmenden Pferden gezogen wird, aus deren Hufe, Nüstern und Maul ebenfalls Wasserfontänen sprühen. Ein Putto reitet auf einem Delphin inmitten des strömenden Wassers, ein junges Mädchen gießt Wasser aus einem Gefäß, oder sie hält einen Fisch, aus dem Wasser quillt, oder aus ihren Haarflechten oder ihren Brüsten steigen Fontänen auf. Ähnliche Dinge [...] sind immer dazu geeignet, den Betrachter heiter zu stimmen und alle Mühsal und Sorgen, die ihn plagen könnten, zu vertreiben« (ibidem).

Die Fischteiche müssen »groß, umfangreich und genügend tief sein [...], von länglicher oder rundlicher Form, die dem Auge gefällig ist und verkleidet mit Material, das den Fischen nicht schade« (ibidem). Neben den von Menschenhand geschaffenen Wasserspielen bewundert Scamozzi auch die von der Natur gebotenen Erscheinungen wie Wasserfälle, von denen er einige großartige in der Schweiz gesehen hat und die, wie er bemerkt, »uns als Modell dienen sollten für unsere Gärten und andere ergötzliche Orte« (ibidem).

Seine theoretischen Modelle, die jedoch in seinen venetischen Villen nie zum Einsatz kommen, sind die Gärten von Tivoli, Bagnaia, Caprarola und Pratolino sowie die Genueser und lombardischen Gärten und die Beispiele jenseits der Alpen. Zu den Bauten, die für einen Garten unerläßlich sind, zählt Scamozzi die Taubenhäuser, die den ländlichen Charakter der Villa unterstreichen. Sie sollen in Form eines Turms mit mehreren Stockwerken ausgeführt werden, das Erdgeschoß am besten als offene Loggia, unter der ein Bach dahinströmen kann und somit das Nützliche mit dem Schönen verbindet. »Sie müssen in den weniger stark besuchten Teilen des Gartens errichtet werden, denn die Tauben sind einfache Tiere und ängstlich allem Neuen gegenüber. Man kann die Taubenhäuser an den Seitenflügeln der Villa errichten, zwischen den Höfen, im Obstgarten oder auch an den äußersten Seiten der Höfe rechts und links des Hauses. Außerdem kann man Kaninchen und ähnliche Kleintiere halten und Vögel in einer aus feinmaschigem Netz und starken Eisenstäben gebildeten Voliere. Am schönsten ist es, wenn diese paarweise an den Enden des Gartens errichtet werden« (ibidem).

Die Nutzgärten dagegen »müssen so angelegt werden, daß sie bequem und leicht zu erreichen sind für diejenigen, die Haus und Garten pflegen [...], denn in ihnen werden die Kräuter angepflanzt, die man im Haus benötigt; sie sollen jenseits der Gärten liegen, die der Schönheit und Erbauung dienen, denn die zahlreiche Anwesenheit von Bediensteten und deren Familienmitgliedern kann der Herrschaft lästig werden, die nicht von Lärm und Geräuschen gestört werden und fern ihrer Dienerschaft leben will [...]« (ibidem). Hier zeigt sich die Distanzierung der Adelsschicht, die ihre landwirtschaftlichen Besitztümer nur geerbt und nicht selbst geschaffen hat.

Diese einfachen, von Scamozzi dargelegten Normen, die er auch bei allen seinen heute leider verschwundenen oder radikal veränderten Bauten anwandte, wie die zahlreichen Bildtafeln belegen, reflektieren genauestens den Charakter des venetischen Gartens während des 17. und fast des ganzen 18. Jahrhunderts. Es ist ein entschieden konservatives Schema; das Prinzip, das Baccio Bandinelli für die Errichtung von Gärten in Mittelitalien verkündet hatte, findet hier keine Anwendung, nämlich, daß im Garten mehr gebaut als angepflanzt werden soll. Erde, Pflanzen und Wasser sind die Bestandteile des venetischen Gartens, der, wenn auch weit verbreitet, doch nie landesweite Bedeutung erlangt und im Grunde immer seinen landwirtschaftlichen Charakter bewahrt.

Spaliere, Pergolen, Hecken, Labyrinthe mit aus Buchsbaum gelieferten Materialien benötigen ständige Pflege und Wartung, um ihren gleichbleibenden erfreulichen Anblick zu bewahren. Daher stammt die Besessenheit Scamozzis, gleich beim Anlegen eines Gartens auch die Betriebskosten in Betracht zu ziehen.

Aus diesem Grund kann man auch verstehen, warum die Begeisterung für den »englischen Geschmack«, einmal bekannt geworden, im Veneto so ansteckend wirkte wie sonst nirgendwo, sparte man sich dadurch doch eine Menge der so fragilen und anspruchsvollen Gartenelemente. Die intensive Urbanisierung von Gebieten wie die Ufer des Brentakanals und des Terraglio, einst berühmt wegen ihrer nahezu ununterbrochenen Reihe von Adelsresidenzen, und die Entstehung von Orten in unmittelbarer Nähe der Villen mit der einsetzenden Zergliederung des Landes taten ein übriges. Um das Aussehen der venetischen Gärten im 16. und 17. Jahrhundert zu studieren, muß man sich literarischer Quellen und Abbildungen bedienen, die zum Glück zahlreich vorhanden sind. Besonders wertvoll ist der reiche Bestand an Karten des Magistrato ai Beni Inculti, des Amts für Kultivierung brachliegender Ländereien, der mit den entsprechenden Schriften beim Staatsarchiv in Venedig aufbewahrt wird (siehe besonders das Kapitel von Maria Francesca Tiepolo). Dieses unvergleichliche Material, das vor allem die Standorte und die gebräuchlichen Maße der venetischen Gärten angibt sowie Herkunft und System der Wasserläufe, liefert eine reiche Auswahl an zur Verfügung stehenden Elementen und Bestandteilen: Fischteiche, Jagdwäldchen, Beete, Brunnen, Alleen und Wege und neben dem Garten der Hof, der Gemüse- und Obstgarten und die Felder.

Wie es scheint, hatte der Barock keinen allzu großen Einfluß auf die Gartenanlagen im Veneto. Dies beweisen Beispiele wie die Villa Lezze in Rovarè di San Biagio di Callalta bei Treviso, die von Baldassarre Longheno entworfen und mit Änderungen von Alfonso Moscatelli errichtet wurde (im vergangenen Jahrhundert zerstört, Bassi, 1965). Ein Longhena zugeschriebener Entwurf aus der Sammlung Gaspari im Museo Correr in Venedig zeigt die einfache geometrische Anlage des gesamten Komplexes (im Maßstab 1:50 trevisanische Längen). Die Fläche ist durch zwei parallel verlaufende Kanäle in drei Abschnitte eingeteilt. Auf dem mittleren Abschnitt wurde das Haupthaus errichtet, vor ihm liegt ein Hof, der durch längliche Loggien mit Kellern, Ställen und anderen Dienstgebäuden begrenzt wird und eine kleine achteckige Kapelle mit dahinter liegender Sakristei. Zu beiden Seiten des Palastes, zu dem man über die große, in einer Zeichnung der Sammlung wiedergegebene Treppe gelangte, befinden sich einige quadratische Beete. Hinter dem Haupthaus führt jenseits des im Hintergrund durch eine kleine, halbkreisförmige Mauer begrenzten Hofes eine Allee hinaus ins offene Land. An den Seiten dieses Mittelabschnittes erstreckten sich die symmetrischen Gärten, in quadratische Blumenbeete gegliedert, in deren Mittelpunkt Brunnen standen; an den Rändern lagen Zitronenwäldchen, und an den äußeren Ecken erhoben sich zwei würfelförmige Taubenhäuser. Außerdem befanden sich hier die Obst- und Kräutergärten, die zwei längliche Oberflächen besetzten mit in Quincunxstellung angelegten Bäumen und begrenzt durch einen dichten Laubengang. Ähnlich ist der Entwurf des Gaspari für den Garten der Villa Soranzo in Stra.

Dieses Gartenkonzept finden wir in unendlichen Varianten: im durch eine genau beschriebene Umzäunung eingefriedeten Garten,

52

durch mehrere sich rechtwinklig überschneidende Linien in verschiedene Abschnitte gegliedert, mit dem umliegenden Land wie bereits zur Zeit Palladios durch gerade verlaufende Alleen verbunden. Zu den schönsten und leider auch wenig beachteten Beispielen gehören die Ca' Borin in Este, die aus der ersten Hälfte des 16. Jahrhunderts stammt und in einem zeitgenössischen Aquarell wiedergegeben ist (Brunelli, Callegari, 1931). Der weitläufigen Einfriedungsmauer, die an der Straße entlangführt und vom eleganten Portal mit zwei symmetrischen Tempelchen an den Seiten unterbrochen wird (eines aus dem Jahr 1710) entspricht die langgezogene Fassade des Haupthauses, das über die eindrucksvolle zentrale Treppe erreicht wird. Zwischen Haus und Mauer liegt der Garten, an den Seiten durch gewundene Mäuerchen begrenzt und mit zierlichen Rabatten geschmückt, zwischen denen Vasen mit Zitrusgewächsen, Statuen und Brunnen ihren Platz gefunden haben. Hinter dem Haus befindet sich der Obst- und Gemüsegarten, durch den ein am Rand mit Zypressen und Statuen begrenzter geradliniger Weg zu einem Pavillon auf dem Gipfel eines Hügels führt.

Ehrgeizig, aber immer innerhalb deutlich gezogener Grenzen, ist der Komplex der Villa Dolfin in Mincana, wie er in einer Zeichnung von Bartolomeo Deverato erscheint (1777), einem Schüler des Cerato, mit Labyrinth, botanischem Garten, Fischteich und in komplizierten Windungen angelegten Blumenrabatten.

In all diesen Beispielen findet man nie einen Beweis für die Anwendung der revolutionären, von Le Nôtre eingeführten Kriterien für die Anlage eines Gartens. Diese Normen, die Le Nôtre 1657 mit Beginn der Arbeiten von Vaux-le-Vicomte aufstellt, bestehen nicht nur in der flächenmäßigen Erweiterung des Gartens, sondern vor allem darin, daß der Garten sich buchstäblich des Landes bemächtigt, es besetzt mit eindrucksvollen Perspektiven, die sich mit Hilfe von szenischen Kunstmitteln anscheinend bis »ins Unendliche«, tatsächlich nur wenige Kilometer weit erstrecken, während strahlenförmig ausgehende Wege sich in den dichten, umstehenden Wäldern verlieren. Das soziale und ideologische Gefüge des Veneto, die Zergliederung der Besitztümer und die intensive landwirtschaftliche Nutzung des Gebietes erlaubten keine derartige Konzeption eines Gartens, die für einen – dazu noch absolutistischen – Herrscher und für seine engsten Mitarbeiter gedacht war.

Wir haben nur ein einziges Beispiel im Veneto gefunden, das durch die revolutionäre Gartenidee, aus der Versailles entstand, beeinflußt sein könnte. Es ist der Entwurf einer nicht näher bezeichneten und vermutlich nie erbauten Villa mit Theater, Kirche und einer Reihe von Salons, der Antonio Gaspari zugeschrieben wird (aufbewahrt in der Sammlung Gaspari im Museo Correr in Venedig). Vor der Fassade erstreckt sich ein beeindruckender, rechtwinkliger Hof, auf der Rückseite des Gebäudes zeigen sich die in elegant verschlungene Rabatten gegliederten Gärten, wo eine Reihe von Wegen zusammentrifft, die strahlenförmig zu einem großen Park führen, mit dazwischen liegenden »Obst- und Gemüsegärten«, »Wäldchen« und »Apollogarten mit Brunnen und Grotte« (diese beiden letzten Wörter sind nicht gut

53. *Orazio Marinali,* Trionfo *für den
Garten der Villa Deliziosa in Montegaldella, Entwurf. Bassano, Museo Civico.*

54. *Orazio Marinali,* Trionfo, *im Garten
der Deliziosa in Montegaldella.
Der Garten der Villa wurde vollständig
neu angelegt. Die zahlreichen Statuen,
die von Marinali oder aus seiner Werk-
stätte stammen, wurden nach einem*

*Schema neu aufgestellt, das nicht ganz
dem Originalplan entspricht. Der hier
abgebildete, aus vielen Einzelheiten bestehende »Aufbau« diente einst sehr
wahrscheinlich als Brunnen.*

53

lesbar), im Hintergrund ein für die Jagd hergerichtetes Gelände, eine Parkrotunde mit rundem Becken im Mittelpunkt usw. Dies alles wird von einem »Wald« umgeben und von zwei Straßenachsen durchzogen, die dann in einem großen *rond point* am äußersten Ende des Komplexes aufeinandertreffen. Wenn diese Erfindung eine Ausnahme bildet, dann gibt es auch Beispiele für die Regel: die Gärten des Palastes der Familie Morosini in San Massimo bei Padua direkt am Fluß und der Villa Morosini in Sant'Anna, der Garten der Familie Sagredo in Sarmazza, der in den von Tramarini 1738 geschaffenen Ansichten wiedergegeben ist, sowie der Garten der Residenz des kaiserlichen Botschafters, des Prinzen Durazzo, in Mestre, der 1772 von Padre Boscovich beschrieben wird (Azzi Visentini, 1983). Man könnte diese Liste beliebig fortsetzen, in den folgenden Aufstellungen wurden einige Beispiele näher in Betracht gezogen. Nicht bei allen treffen die oben angeführten Erläuterungen zu. Jedes Werk ist individuell, mit einem eigenen Leben, und muß in einem weiten geschichtlichen Kontext individuell betrachtet werden. Zum Abschluß dieses kurzen Exkurses seien noch einige Bemerkungen über das Werk von Francesco Muttoni gemacht, das bisher wenig erforscht ist (Franco, 1962; Barbieri, 1972). Es gibt jedoch Beweise für seine Originalität und meisterliche Schaffenskraft: der Garten der Villa Francanzan Piovene in Orgiano, zu dem eine für das 16. Jahrhundert ungewöhnliche, doppelte Allee mit Hainbuchen führt, der beeindruckende Eingang der Villa Piovene Porto Godi in Lonedo mit der großen Freitreppe, die den Weg zur Villa weist, und schließlich die Beiträge zur Villa Loschi Zileri dal Verme in Biron di Monteviale und zur Villa der Familie Trissino in Trissino.

Die von Scamozzi so überzeugend vertretenen Prinzipien werden mehr als ein Jahrhundert später von Paolo Bartolomeo Clarici in seinem Werk *Isoteria e coltura della piante* wiederaufgenommen. Dieses 1726 postum erschienene Werk befaßt sich ausschließlich mit den Pflanzen, die aufgrund ihrer speziellen Eigenschaften, ihrer Schönheit und ihres Duftes vorherrschend in privaten Gärten eingesetzt wurden. Auch wenn sich Clarici eher allgemein ausdrückt, beziehen sich seine Ausführungen doch auf einen bestimmten Garten, wo die »seltensten und gegenwärtig bedeutendsten Pflanzen gezüchtet werden« *(Spiegamento della tavola tipografica)*. Es handelt sich um die Villa Sagredo in Marocco, der Beschreibung und Wartung ihres Gartens hat der Autor viel Sorgfalt gewidmet. Die Villa existiert nicht mehr, aber sie ist heute noch bekannt durch die Tafel im Werk des Clarici, auf der sie mit einzelnen Details abgebildet ist. »Man gelangt zu ihr«, so schreibt Clarici in seinem Kommentar, »über vier breite, von prachtvollen Bäumen eingesäumte Straßen [...]. Der Garten ist von einer Mauer umgeben, er mißt 770 Fuß in der Länge und 450 Fuß in der Breite und ist mit immergrünen Pflanzen geschmückt. Das Innere des Gartens ist in vier große und flächengleiche Quadrate aufgeteilt: Zwei von ihnen gehen nach Norden, auf ihnen erhebt sich der wundervolle Palast; zwei gehen nach Süden und wurden, von grünen Gehölzen umfriedet, die kunstvoll zu schattigen Loggien geformt sind, in verschiedene Formen gegliedert. Doch die an den Palast anschließenden Gärten

54

55. *Orazio Marinali,* Trionfo *der Deliziosa in Montegaldella, Detail.*

wurden am prächtigsten gestaltet.« Im nördlichen Hof befinden sich die symmetrischen Dienstgebäude und die Kapelle, die außerhalb der Gartenumfriedung liegt. Ein Teil der in Töpfen gezogenen Zitrusgewächse wird in den wärmeren Monaten in den einzelnen Gartenabteilungen aufgestellt. Ein »Waldtheater« und ein in »grüner Architektur« geschaffenes Amphitheater, »für Spiele und ähnliche Dinge bestimmt«, sind ebenfalls vorhanden, während viele Statuen hervorragender Bildhauer sich bald in gigantischer Größe auf hohen Podesten erheben, bald in den heimlichen Nischen des Gartens verstecken [...] und als Schmuck und zur Ergötzung in jeder Situation dienen« (ibidem).

Die Statuen sind tatsächlich ein wesentlicher Bestandteil der Gärten des Veneto im 16. und 17. Jahrhundert. Bereits zu Zeiten Palladios und Scamozzis spielten Statuen eine bestimmende Rolle bei der Ausschmückung der Gärten, aber in den folgenden Jahrhunderten werden die Gärten geradezu überschwemmt von diesen stillen, schweigenden Bewohnern (Semenzato, 1966). Es bilden sich ganze Dynastien von Steinmetzen, die Kunst wird von den Vätern auf die Söhne vererbt, die in geschäftigen Werkstätten mit einer Vielzahl von Handwerkern für Qualität und Quantität bürgen. Wir wissen, daß mindestens hundert Statuen das Paradies von Castelfranco bevölkerten, die beiden Villen Trissino in Trissino, die Villa Lampertico in Montegaldella, auch »Deliziosa« genannt, um nur einige der bekanntesten zu nennen, oder die am meisten Glück hatten; denn die Skulpturen erhielten bei der Umstrukturierung des Gartens nur eine neue Aufstellung oder, wie es bei

der komplexen »Maschine« des Marinali der Fall war, ihre einzelnen Teile wurden neu montiert und kombiniert und auch mit einer anderen Funktion versehen. Aus einer autographierten Zeichnung mit einer pompösen Konstruktion wissen wir, daß diese Komposition als Brunnen entstanden war (Bassano, Museo Civico, Zeichnungen des Marinali und seiner Werkstatt, Nr. 1146). Später wurde der Skulpturenschmuck oft im Ganzen verkauft, wie bei der Florentiner Villa Petraia, die mit einer homogenen, heute in Einzelteile zerlegten Statuengruppe aus der Werkstatt der Bonazza geschmückt war. So finden wir Statuen, die einst für einen venetischen Garten bestimmt waren, im Schloßpark von Nymphenburg, in Zarskoje Selo (Puschkin) und in Wien, zahlreiche Statuen in den Gärten von Dresden, Wien, Peterhof und St. Petersburg waren ebenfalls bei den venetischen Künstlern in Auftrag gegeben worden. Eine genaue Untersuchung der von den Statuen verkörperten Sujets, ihrer ursprünglichen Standorte und ihrer Bedeutungen wurde nie gemacht. Wir finden jedoch in den Gärten des Veneto keine jener geheimen, nur Eingeweihten verständlichen Botschaften wie in den römischen und toskanischen Villen, von der Villa d'Este in Tivoli über den »heiligen Wald« des Bomarzo bis hin zu Pratolino. Dort bewegen sich in den grünen Kulissen der Natur heidnische Gottheiten, Nymphen und Faune, Gruppen mythologischer Figuren, Verkörperungen der Tages- und Jahreszeiten, der Kontinente und andere Allegorien, Damen und Kavaliere, Pagen und Bedienstete, Bauern und Soldaten.

Interessant ist die Beschreibung des »philosophischen« Blumengar-

56. Villa Valmarana ai Nani, Vicenza.
Die Einfriedungsmauer der Villa wird
von einer Serie von 18 Zwergenstatuen
geschmückt, ein Werk von G. B. Bendazzoli (ca. 1765), dessen Idee auf Zeichnungen von Callot zurückgeht; von ihrem
ursprünglichen Standort verbannt, blik-
ken sie heute auf die Straße.

57. Villa delle Rose, Tramonte, Detail
des schmiedeeisernen Torgitters, das in
seiner filigranen Feinheit an venezianische Spitze erinnert.

tens, den der vincentinische Literat Nicolò Beregan um 1780 für seine Villa, den Moracchino, in den Vororten von Vicenza in Auftrag gegeben hatte: Die Statuen, die auf dem vom Eingangstor zur Villa und dahinter zum Fischteich und zum eigentlichen, traditionellen Garten führenden Weg in schöner Regelmäßigkeit aufgestellt sind, stellen eine Lobpreisung der Künste und zumal der Landwirtschaft dar, die dem Beregan ganz besonders am Herzen lag (Beregan, 1786).

Nicht immer waren die Statuen aus Stein (nur in sehr wenigen Fällen sind die Statuen im Veneto aus Bronze). Lange Zeit hindurch verwendet man weiterhin Buchsbaum und Gartenschere, um mit Hilfe der alten *ars topiaria*, des künstlerischen Baumschnitts, aus den Pflanzen die kompliziertesten Bilder zu schaffen. Der Russe Peter Andrejewitsch Tolstoi, gegen Ende des 17. Jahrhunderts auf Reisen in Italien, stößt in der Umgebung von Bergamo auf die »Einfriedung eines Gartens, die aus dicht wuchernden Pflanzen gemacht wurde, so daß sie fast einer Steinmauer gleicht [...]. Entlang dieser grünen Wand erstehen aus der Vegetation selbst verschiedende Figuren: ein Mann mit einer Lanze oder einem Schwert, ein bewaffneter Reiter, ein Engel mit Flügeln, eine französisch gekleidete Dame, man unterscheidet auch ein Segelboot, eine venezianische Gondel [...] mit einem Mann am Ruder, Brunnen in verschiedenen Formen, mit Tieren oder Vögeln, und prachtvolle Vasen. An den Ecken des Gartens wurden mit Pflanzen der gleichen Art Türme geschaffen mit bewaffneten Soldaten, die gleichsam Wache halten« (Piovene Cevese, 1983).

Die Werkstätten, die Statuen herstellten, lieferten auch Vasen, Podeste, Balustraden, Einfriedigungsmauern und Säulen mit Kapitellen und Gesimsen, die zusammen mit den wie Buranospitzen wirkenden schmiedeeisernen Gittern der Tore den Zugang zu diesen privaten Paradiesgärten verschlossen. (M. A. V.)

Der »englische« Garten im Veneto zwischen dem 18. und 19. Jahrhundert

Das Bild des englischen Gartens (vielleicht wäre es angebrachter, von einem englisch-chinesischen, unregelmäßigen, pittoresken und landschaftsartigen Garten zu sprechen) taucht im Veneto gegen Ende des 18. Jahrhunderts auf.

Bekanntlich entstand diese neue Gartenidee um das Jahr 1730 in England. Aber bereits zuvor, seit 1710, hatte man in den Schriften von Addison, Shaftesbury und Pope eine gewisse Abneigung gegen das von Le Nôtre geschaffene französische Gartenkonzept feststellen können, das die Natur ebenso tyrannisch in ein streng geometrisches Muster zwang, wie der absolutistische Herrscher seine Untertanen behandelte. Diese Wende in der Geschichte des Gartens nimmt also auch eine deutliche politische Färbung an, sie steht im Zeichen der Freiheit, die sich die Engländer als erstes Volk in Europa mit ihrer »Glorreichen Revolution« von 1688 erkämpft hatten. Und die Verantwortlichen für den neuen Trend sind fast alle an die nonkonformistischen Kreise der Whigs gebunden.

In den Werken von Switzer, Bridgeman und Pope bereits vorweggenommen, ist es vor allem der Initiative von William Kent zu verdanken

57

58

sowie den Gärten von Chiswick (seit 1730), Stowe (seit 1733), Clare-mont (seit 1734) und Rousham (1737), daß der neue Stil sich durch-setzt. In diesen Schöpfungen, in denen neben dem unregelmäßigen Garten auch ein geometrisch angelegter Teil vorgesehen ist, sind die Bestandteile, die später den wesentlichen Charakter des neuen Gartens ausmachen werden, bereits deutlich vorgezeichnet.

Der geometrischen Regelmäßigkeit und der alles bestimmenden Symmetrie werden nun Unregelmäßigkeit und unvorhersehbare Asymmetrie gegenübergestellt; die gerade Linie wird durch Kurven ersetzt; den rechtwinkligen Fischteichen mit ihren Mauern folgen si-nuskurvige Seen mit flachen Ufern, deren Begrenzungen man nicht sehen darf; der ebenen Berechenbarkeit der Fläche und den architek-tonisch gestalteten Terrassen stehen sanfte Hügel und liebliche Sen-kungen gegenüber; den künstlichen Fontänen und Wasserspielen das Rauschen der Bäche, Kaskaden und Quellen; dem ausgeklügelten Flechtwerk der Rabatten und der *ars topiaria* leichthin verstreute Blu-men, dichtes Gebüsch und hohe Bäume mit schweren Kronen; der Ordnung eine wohldurchdachte Unordnung. Die Langeweile einer Aufteilung, die nach dem ersten Eindruck rhetorischer *Grandeur* kei-nerlei Überraschung mehr bereitet, wird von Interesse und Neugier abgelöst, die durch das Auftauchen immer neuer Szenen geweckt wer-den; der Monotonie einer immer gleichen Komposition, die aufgrund von immer gleich gestutzten, ewig grünen Gehölzen fast wie aus see-lenloser Materie gemacht schien, steht nun die Vielfalt einer lebendi-gen Schöpfung entgegen, die nicht nur durch den Wechsel der Jahres-zeiten bunt und immer neu ist, sondern auch zu jeder Stunde des Tages: Der Garten löst sich von der Villa, die ihn jahrhundertelang an sich gefesselt hatte.

Aufgabe des geschickten Gärtners ist es nun, die örtliche Natur zu verstehen, ihr zu folgen und sie zu verbessern. Dabei will er alles aufnehmen, was die Natur an Schönem zu bieten hat, es in einem natürlich begrenzten Rahmen zusammenfassen und in der den Garten umgebenden Landschaft aufgehen lassen.

Verschiedene Komponenten philosophischer, literarischer, sozia-ler, politischer, psychologischer und wirtschaftlicher Art tragen nun zur Definition der neuen Gartenidee bei. Zu Beginn beabsichtigte man, den Spuren der klassischen Antike zu folgen. Aus den Briefen des Plinius, aus der neu entdeckten und sorgfältig wiederaufgelegten latei-nischen Literatur eines Vergil und Horaz lernt man, daß auch die von den Klassikern geliebten Landschaften ungeometrisch waren, ge-schmückt mit Tempelchen und Pavillons, Denkmälern und Gedenk-steinen, so wie die Maler Claude Lorrain, Nicolas Poussin und Salva-tor Rosa es in ihren Bildern gezeigt hatten. Diese Landschaften stellten schon seit geraumer Zeit die Szenarien des europäischen Theaters dar. Der neue Garten wird in meditativer Einsamkeit oder in kleinen Gruppen mit den engsten Freunden durchwandert. Er ist nicht mehr Bühne für rauschende Feste, Spektakel und andere Darbietungen, die große Menschenmengen anziehen, wie im Barock. Der Besucher wird auf seinem Spaziergang durch den Garten geführt und eingeladen, die verschiedenen »Bilder« in sich aufzunehmen, die sich ihm darbieten

59. Villa Rizzardi in Pojega di Negrar, Detail mit Belvedere.
Der zwischen 1783 und 1791 nach einem Entwurf des Veroneser Architekten Luigi Trezza geschaffene Garten weist eine Reihe traditioneller Elemente auf (Theater, Belvedere, einen »Tempel aus mit Stalaktiten geschmückten Mauern«, bevölkert mit Statuen mythologischer Figuren), die den Spazierweg entlang aufgestellt sind, zum Teil an verschiedenen lotrechten Achsen und mit Ausrichtung auf das malerische Panorama.

59

60

61

60. Ausstattung des Palazzo della Ragione in Padua für das Melodram Feste euganee, Stich aus Descrizione della festa drammatica offerta nella gran sala della Ragione . . . in onore di Francesco I., Padua 1816. Bei dem Fest zu Ehren von Kaiser Franz I. und seiner Gemahlin Maria Ludovica schuf Jappelli einen reichen, künstlichen Garten mit See, Grotte und Hügel.

61. Giardino Treves in Padua. Lithographie aus dem 19. Jh. In seinen in Padua geschaffenen Gärten verstand es Jappelli meisterhaft, alte Ansichten und große, berühmte Bauwerk einzubeziehen. So dient die Apsis des Doms zu Padua als Hintergrund für den malerischen Treves-Garten. Heute sind An- und Aussichten durch die wuchernde Vegetation zugewachsen.

62. Plan eines englischen Gartens, Stich von J. G. Grohmann, Recueil de Dessins d'une execution peu dispendieuse Contenans des Plans de petites Maisons de campagne, petits Pavillons de Jardins, Temples . . ., Venedig 1805, Tafel 37.

und in ihm ganz bestimmte Assoziationen wecken. Das erzielt man nicht nur, indem man die natürlichen »Zutaten« wie Erde, Wasser, Felsen, Formen und Farben der Vegetation geschickt verarbeitet, sondern indem man auch architektonische Elemente einfügt, wie Pavillons und Monumente, Skulpturen und Inschriften, mit denen man eine bestimme Atmosphäre beschwört. So entstehen neben Gebäuden im klassischen Stil auch gotische Bauten, die an die ruhmreiche britische Vergangenheit erinnern, sowie Werke im chinesischen, türkischen, maurischen Stil. In dem in seiner Idee noch vom Rokoko beeinflußten Garten zeigt sich zum ersten Mal der architektonische Eklektizismus.

Aus den Berichten der Jesuiten und anderer Reisender erfährt man nun, daß die unregelmäßige Anlage eines Gartens, wie man sie sich in England vorstellt, den Chinesen schon immer bekannt war. William Chambers fügt in sein 1757 erschienenes Werk *Designs of Chinese Buildings* einen ausführlichen Bericht darüber ein, wie die Chinesen ihre Gärten anlegen, wie sie mit den wenigen Elementen Wasser, Felsen, Pflanzen und Erde die unterschiedlichsten, bald fröhlichen, bald erschreckenden oder melancholischen Bilder und Stimmungen zaubern. Auch wenn Chambers' Zeitgenossen nicht ganz seiner Meinung sind, soll seine Darlegung doch eine entscheidende Rolle spielen bei der Behauptung des neuen Stils in Italien und seiner Verbreitung jenseits des Ärmelkanals. Neben dem Fremdartigen werden auch die pflanzlichen Bestandteile der neuen Gärten unter einem neuen Aspekt betrachtet. Die Suche nach seltenen Pflanzen und Kräutern wird fast zur Besessenheit, und das Repertoire der für die Gärten vorgesehenen Pflanzen vergrößert sich, im Vergleich zu den vergangenen Jahrhunderten, in nie gekanntem Maß.

Um das Jahr 1730 entstanden, wird der neue Stil sofort mit der ihm gebührenden Begeisterung aufgenommen und beginnt, seine italienischen Varianten zu entwickeln. Den elysischen Gefilden von Stowe und Stourhead wirft man die dichte Folge verschiedener Szenen vor, die den Besucher verwirren. Man möchte mehr Raum in der Komposition der Landschaft, mehr Abstand zwischen den einzelnen Bildern; man verlangt die Abschaffung der exotischen Architekturen. Erlaubt sind nur die Stilarten, die an dem Standort des Gartens einst tatsächlich existierten, wenn auch in längst vergangenen Zeiten. Von der Ära William Kents, die mit seinem Tod 1748 endet, geht man über zur mehr als dreißigjährigen Ära des Lancelot Brown, genannt »Capability« aufgrund seiner ausgeprägten Fähigkeit, die Besonderheiten eines Ortes zu erkennen und den *genius loci* zu beschwören. Von Brown stammt unter anderem das Grecian Valley in Stowe, die Parks in Blenheim und Claremont.

Ab 1788 wird Humphry Repton die Bezugsperson bei der Diskussion um den Garten, die sich nun um das Problem des Pittoresken und Sublimen dreht und die Persönlichkeiten wie Burke, Gilpin, Payne Knight und Updale Price mit einbezieht, nicht ohne philosophische Überlegungen und lebhafte Polemiken auszulösen. Die Ästethik wird als eigenständige Wissenschaft anerkannt. Repton ist der einzige der drei erwähnten Gartengestalter, der seine Idee in der Presse verbreitet. Bis 1770 war das Problem der neuen Kunst fast ausschließlich eine

A Maison d'habitation.
B Pavillon où l'on mange.
C Pavillon pour le jeu.
D Temple couvert de roseaux, pour servir de Salle de Concert.
E Petite Voliere.
F Bancs de repos de bois brut.
G Petites Cabanes, soit de paille, ou de bois.
H Pont couvert en bois.
I Autel en gazon, et en pierre.
K Banc de repos couvert.
L Pont découvert fait en bois.
M Temple d'Apollon.
N Panthéon.
O Pont découvert bâti en pierre.
P Vieux beffroi gothique.
Q Un Hermitage.

62

interne britische Angelegenheit. Und so erfolgreich die ersten Unternehmungen auch waren und täglich erneuerte Anleitungen und Abbildungen nicht ausblieben, so handelte es sich doch immer um Veröffentlichungen, die allein für das englische, in der Sache informierte Publikum bestimmt waren.

Auch der Band von Thomas Whately, *Observations on Modern Gardening* (1770), der sich auf die vor 1750 realisierten Unternehmungen bezieht und somit die Werke Browns nicht berücksichtigt, ist ursprünglich für eine interne Leserschaft bestimmt, für Kenner. Der Erfolg, der diesem Werk fast sofort beschieden ist, und die Übersetzung ins Französische, die nur ein Jahr nach der Erstausgabe erfolgt, geben den Auftakt zu einer Reihe von Veröffentlichungen über die neue Gartenkunst in England (etwa von Horace Walpole, dessen *History of the Modern Taste in Gardening*, 1771 zusammen mit *Anecdotes of Painting in Englang* erschienen, 1780 separat gedruckt wird) und vor allem in Frankreich und Deutschland gegen Ende des 18. Jahrhunderts. Es seien noch die Bände von Watelet (1774) genannt, von Morel (1776), Girardin (1777) und die illustrierten Berichte von Le Rouge (dessen *Nouveaux jardins à la mode* in 21 Heften zwischen 1776 und 1787 herausgegeben werden).

Zwischen den Jahren 1779 und 1785 erscheint in Leipzig gleichzeitig in deutscher und französischer Ausgabe das Monumentalwerk von Christian Cay Lorenz Hirschfeld, eines Philosophiedozenten an der Universität Kiel: *Theorie der Gartenkunst* oder *Théorie de l'art des jardins*, die erste umfassende Abhandlung über die moderne Gartenkunst, systematisch aufgearbeitet und mit Beschreibungen englischer, französischer, deutscher und anderer europäischer Gärten versehen, in denen die neue Idee Fuß gefaßt hatte.

In Deutschland wird die neue Gartenkonzeption vom jungen Fürsten von Anhalt-Dessau eingeführt, der nach seiner Rückkehr von einer Reise durch England mit dem Bau des Schlosses und Parks von Wörlitz beginnt.

Rousseau, der seit einiger Zeit seine »Rückkehr zur Natur« predigt, beschreibt in der 1761 veröffentlichten *Nouvelle Héloïse* das *Elisée* von Clarens, wo, so erläutert Wolmar, »es wahr ist, daß die Natur die einzige Schöpferin all dessen ist, aber sie hat alles unter meiner Ägide gemacht, und hier ist nichts, das ich nicht angeordnet hätte«. Auf der Linie Rousseaus bewegen sich auch Delille und Gessner, deren poetische Kompositionen mit ihrem tiefempfundenen Gefühl für eine unberührte Natur einen erheblichen Einfluß auf die zeitgenössischen Gärten ausüben. In der bald beginnenden Romantik wird die erhabene Schweizer Landschaft von den Gartenkünstlern und Malern entdeckt, angeregt von Albrecht von Hallers Gedicht *Die Alpen*. Da es sich um eine internationale Erscheinung handelt, die ganz Europa betrifft, war diese lange Einführung in die Anfänge und die Verbreitung des sogenannten englischen Gartens notwendig, um den ursprünglichen Beitrag zu definieren, den die uns interessierende Region dazu geleistet hat.

Das Gebiet des Veneto betritt die Szene in den achtziger Jahren des 18. Jahrhunderts. Tatsächlich könnte man erwarten, daß sich der Einfluß der neuen englischen Mode viel früher im Lande Palladios bemerkbar machte. Bestanden doch zwischen dem Vereinten Königreich und der Serenissima seit Beginn des Jahrhunderts engste Beziehungen, auch im Namen des vicentinischen Baumeisters, der mit seinem ungeometrischen Garten den zweiten künstlerischen Pol zum zeitgenössischen England darstellte. Man darf nicht vergessen, daß der englische Garten und der Neopalladianismus zusammen entstanden und eine enge Symbiose eingingen – zwei Seiten derselben Auseinandersetzung, unternommen im Namen der Klassik, der nationalen Tradition und vor allem der Freiheit. Doch dies ist nicht der Fall.

Die ersten Kontakte scheinen durch Frankreich zustande gekommen zu sein. Prato della Valle (1775) nimmt in seiner Dekoration Momente des englisch-chinesischen Gartens auf, auch wenn der Platz die *pleasure gardens*, die Lustgärten Londons, zum Vorbild hat. Der »philosophische« Garten der Villa Querini in Altichiero (1770–87) ist mit Voltaire verbunden, der französischen Aufklärung und den von ihr propagierten physiokratischen Lehren. Die 1780 vorgenommene Umstrukturierung des Gartens der Villa Dolfin in Mincana erfolgt nach in Paris verwirklichten Projekten, wo Andrea Dolfin sich als Botschafter Venedigs befindet. Giovanni Antonio Selva hatte 1781 eine lange Reise nach England unternommen und die bekanntesten Parks von Stowe bis Blenheim und Leasowes besucht, deren Gegenstück im Veneto die Villa Selvazzano von Cesarotti sein wird. Als er im April 1783 gebeten wird, ein Urteil abzugeben über die laufenden Arbeiten in Mincana und die Vervollständigung des »Englischen Wäldchens«, für das große Bäume und auch exotische Arten angelegt werden, eine »kleine Insel mit einem chinesischen Kabinett« und auf dem zuvor von einem Labyrinth eingenommenen Platz »eine Erhöhung in Schneckenform, auf der sich auch eine alte restaurierte Bacchusstatue unter anderen alten Statuen befindet« – da gibt er zu, daß sich alles an die von ihm in England besichtigten Parks anlehne (B. C. Ve., Ms. P. D. 255. b, II, III). Der Prinz von Colloredo wird nur wenige Monate später äußern, daß das, was man in Mincana errichtet, den in Wien zu bewundernden englischen Gärten in nichts nachsteht. Der Plan und verschiedene Ansichten des Gartens von Dolfin sind von Le Rouge auf dem Titelblatt seines 1784 erschienenen *Cahier XII* abgebildet. Erinnern wir uns daran, daß zu den ersten Beispielen eines englischen Gartens in Italien der Garten der Villa von Agostino Lomellini in der Umgebung von Genua gehört, der kurz nach 1780 begonnen wurde, nach der Rückkehr des Auftraggebers, des Botschafters am Hof von Frankreich; er wurde 1785 von Tagliafichi beendet. Es gehört dazu der englische Garten im Schloß von Caserta, der Teil eines ehrgeizigen, geometrischen Komplexes ist, dessen Errichtung von der Königin Maria Carolina auf Anraten von Sir William Hamilton dem englischen Gartenbaumeister Andrea Graefer anvertraut wurde. Und dazu gehört ebenfalls der Garten von Torre, realisiert von den Gebrüdern Picenardi in der Umgebung von Cremona. Diese drei Beispiele werden 1792 von Pindemonte als die einzigen ihm bekannten Werke Italiens im neuen Stil genannt. Der unregelmäßige Gartenabschnitt in der Villa Reale in Monza, ebenso wie in Caserta Teil einer

63. Parolini-Garten in Bassano.
Zu Anfang des 19. Jhs. beginnt der Na-
turalist Alberto Parolini, ein Schüler des
Brocchi, hier seltene exotische Pflanzen
zu sammeln, die er auf seinen zahlrei-
chen Auslandsreisen gefunden hatte. Der
Garten enthielt auch alte Bauwerke und
gewährte Ausblicke auf Bassano.

63

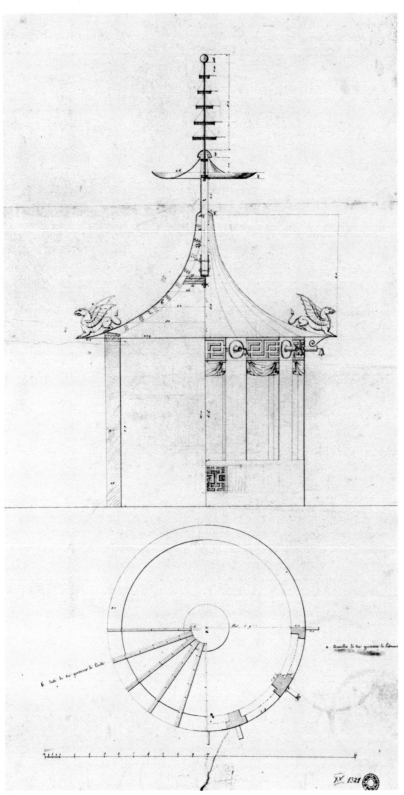

64

Anlage im traditionellen Stil, wird erst später errichtet und hat als Vorbild den englischen Garten von Caserta.

Inzwischen hatte im Jahr 1764 Pietro Verri die wesentlichen Merkmale des neuen Gartens in seinem Werk *Le delizie della villa* bereits vorweggenommen.

Wenn die Region Veneto auch in Italien keine Vorläuferin ist für die neue Gartenkunst, die von Scipione Maffei 1733 heftig abgelehnt wird und von Algarotti nicht besonders verteidigt, der doch ein »Mann von Welt« war, so spielt sie doch eine erhebliche Rolle in der theoretischen Diskussion über dieses heikle und heiß umstrittene Thema. Gegen Ende des Jahrhunderts werden aufgrund einer Initiative von Cesarotti zuerst der gerade aus England zurückgekehrte Ippolito Pindemonte (1792) und dann der Dozent für klassische Philologie und Ästhetik an der Hochschule von Padua, Luigi Mabil (1796), eingeladen, um in Padua an der dortigen Akademie Vorträge zu halten mit den Titeln *Dissertazione sui giardini inglesi* und *Sopra l'indole dei giardini moderni*. Diese Vorlesungen geben Anlaß zu heftigen Polemiken. Pindemonte nimmt, eingedenk seiner bereits 1788 in den *Prose campestri* beschriebenen Liebe zur Natur, eine vorsichtige distanzierte Haltung an. Er weist darauf hin, wie leicht man sich der Gefahr der Lächerlichkeit preisgeben kann, wenn man auf kleinen, begrenzten Flächen all das anhäuft, was die Engländer für große, weite Räume erdacht haben. Darauf spricht er seine Wertschätzung für den geometrischen Garten *all'italiana* aus. Warum sollten wir uns nicht zwei mögliche (alternative, aber nicht unvereinbare) Freuden in unseren Gärten gönnen? Nachdem er den Garten als Kunstgegenstand in Zweifel gezogen hat, da er in seiner Realisierung einen tatsächlichen Nachahmungsprozeß nicht erkennen kann, schließt er mit der Folgerung, daß Italien die Erfindung des unregelmäßigen Gartens für sich beanspruchen kann. Nicht nur hatte Torquato Tasso in seinem Werk *La Gerusalemme liberata* in der literarischen Beschreibung dieser Gartenart Milton und seinem *Paradise Lost* vorgegriffen, sondern, wie zeitgenössische, von Malacarne entdeckte Dokumente belegen, sich dabei auch auf einen tatsächlich existierenden Garten berufen, nämlich den Garten des Turiner Palastes von Carlo Emanuele I., Herzog von Savoyen. Mabil stellt sich Pindemonte entgegen und verteidigt den Garten als Kunstgegenstand und somit die Gartenkunst. Es handele sich nicht darum, die »Natur mit der Natur nachzuahmen. [...] Wenn unser Künstler ein Wäldchen pflanzt, dann beabsichtigt er nicht, die den Wald bildenden Bäume nachzuahmen, sondern er will ihre Formen, ihren Eigencharakter und jene glücklichen Umstände erreichen, die ein Wäldchen im Schutz der Mutter Natur wachsen lassen; die Nachahmung des Gartenkünstlers zielt nicht auf das Subjekt ab oder dessen Wesen, sondern vielmehr auf die Physiognomie, die Haltung und Anordnung, die das Subjekt haben muß, um die gewünschte Täuschung zu erzielen oder den leisen Zweifel hervorzurufen, ob Natur oder Kunst diese bestimmte Szene geschaffen, die Überraschung bereitet, dieses Bild gezeichnet haben.« Mabil verurteilt weiter »die unkontrollierte Anhäufung von frivolen, unharmonischen, fremden Gegenständen« erlaubt jedoch die Einfügung von Elementen, etwa »eine Hirtenhütte,

65. Giuseppe Jappelli, Plan des Gartens Minotto Gregoretti in Rosà. Rosà, Villa Gregoretti.
Der weitläufige traditionelle Garten wurde von Jappelli in der ersten Hälfte des 19. Jhs. in einen Garten im englischen Stil umgewandelt. Der Architekt bediente sich dabei ausschließlich der von der Natur bereitgestellten Grundstoffe wie Erde, Wasser, Pflanzen, um die gewünschten malerischen Effekte zu erzielen.

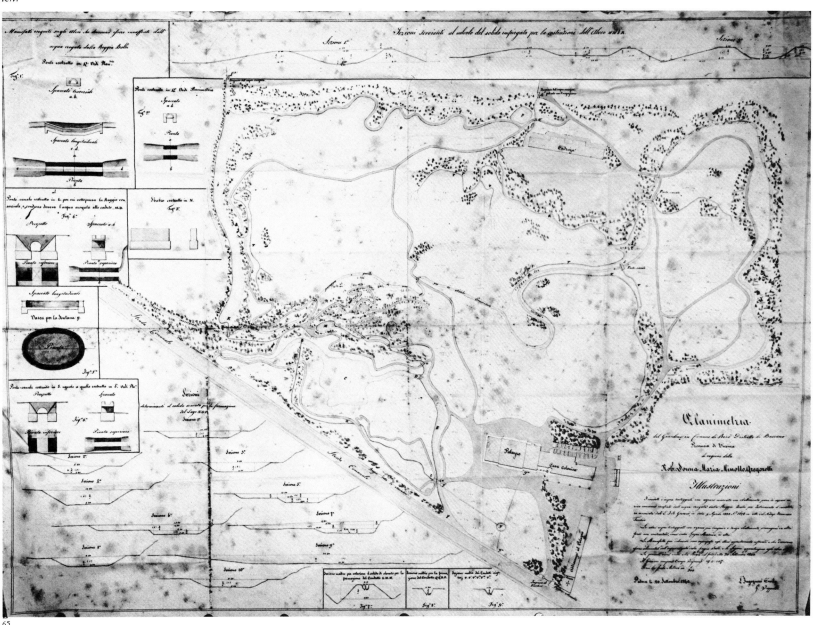

65

66

67

67. Brusoni-Park in Sambruson di Dolo.
Vor kurzem sorgfältig restauriert, zeigt
der Park heute noch unversehrt die ursprünglichen Elemente wie den mittelalterlichen Turm und die alte Hütte, die
typisch für die Gärten der Romantik
sind.

Reste eines gotischen Gebäudes, eine Eremitenklause, eine Kapelle, ein alter efeubewachsener Turm«, die jedoch wie »vom Zufall dort hinterlassen sein sollten und nicht bewußt errichtet, um eine bestimmte Vorstellung zu wecken oder die Seele in einen gewollten und angeordneten Zustand zu versetzen«. Weiter betont er, daß »der moderne Stil nicht für alle Situationen passend ist«, und rät ebenso wie Pindemonte zu einer Koexistenz der beiden Stile, des geometrischen und des unregelmäßigen, die beide auf dem Verständnis für die Gegebenheiten des Ortes basieren sollen. Der Besuch eines Gartens könne einen tiefen, moralischen Effekt erzielen. Cesarotti fungiert bei dieser Auseinandersetzung als geschickter Moderator zwischen beiden. Gianni Venturi behandelt dieses Thema ausführlich.

Die Begeisterung Pindemontes für die unberührte Natur – wobei er die Natur meint, die auf eine Art und Weise behandelt wurde, daß man die zur Umformung einer Landschaft in einen lieblichen Garten notwendigen Maßnahmen nicht bemerkt – findet sofort praktische Resonanz in der Umgebung von Verona, wo der Dichter lange Zeit gelebt hatte. Es handelt sich um die Villa Mosconi in Novare und den Park der Villa Perez Pompei in Illasi, der sich an der Seite der Villa aus dem 18. Jahrhundert erstreckt und als szenischen Hintergrund über eine echte Ruine verfügt, d. h. die mittelalterliche Burg von Illasi. Glücklich derjenige, der alte, von der Zeit gezeichnete Gemäuer sein eigen nennt und somit zum Schmuck eines Gartens nicht auf doch immer zweifelhafte Fiktionen zurückgreifen muß, so hatte Pindemonte geschrieben und die Familie Pompei war in dieser glücklichen Lage.

Der Garten der Villa am Terraglio, in der Gräfin Isabella Teotochi Albrizzi Literaten und Künstler versammelt, von Cesarotti bis Barbieri, Pindemonte, Bertola und Foscolo, gehorcht diesem neuen Stil sowohl in der Verteilung und Qualität der Schmuckelemente als auch in der Gesamtkonzeption. Unter anderem gibt es dort »eine kleine, sich durch dicht wachsende Kastanienbäume windende Straße«, die *Ippolita* genannt wurde zu Ehren des Dichters. Die Dichterin Angela Veronese beschreibt begeistert das lebendige kulturelle Klima jener Zeit und die für den neuen Gartenstil ausgebrochene Leidenschaft, die keinen Gartenbesitzer verschonte.

Um der ständig steigenden Nachfrage zu genügen, gibt Mabil eine Kurzfassung der *Theorie* von Hirschfeld heraus, die 1801 unter dem Originaltitel *(Teoria dell'arte de' giardini)* bei Remondini in Bassano erscheint.

Im selben Jahr wird in Mailand das Werk des Grafen Ercole Silva veröffentlicht, der ein überzeugter Anhänger des neuen Stils und erklärter Gegner des Gartens *all'italiana* ist; sein Werk *Dell'arte dei giardini inglese* ist ebenfalls eine gekürzte Fassung der Hirschfeldschen Abhandlung. In der 1813 folgenden, erweiterten Ausgabe fügt Graf Silva eine Beschreibung der zahlreichen, in der Lombardei realisierten Gärten ein. Einige dieser Abbildungen entstanden bereits vor 1801, viele waren bereits ohne Kommentar in der Erstausgabe des Grafen enthalten, und zahlreiche Abbildungen zeigen Gärten, die erst in der Zwischenzeit geschaffen wurden.

Im Jahr 1805 erscheint, wieder bei Remondini, jedoch in Venedig,

das Werk *Recueil de Dessins d'une execution peu dispendieuse Contenans des Plans de petites Maisons de campagne, petits Pavillons de Jardins, Temples, Hermitages, Chaumiers, Monumens, Obélisques, Ruines, Portails, Portes, Grilles, Bancs de Jardins, Chaises, Volieres, Gondoles, Ponts, etc.* von Johann Gottfried Grohmann. Es ist die erste und unseres Wissens einzige italienische Ausgabe des eindrucksvollen Werkes, das der Architekt und Dozent für Philosophie an der Universität Leipzig verfaßt hatte. Es erschien in deutscher und französischer Sprache in sechzig Schriften, in fünf Bände gebunden, zwischen 1796 und 1806, dem Jahr nach dem Tod des Verfassers. Das Werk enthielt ganzseitige Abbildungen vor allem von deutschen Beispielen und wurde mehrere Male neu aufgelegt. Die venezianische Ausgabe bestand aus 37 Blättern, denen der Plan eines ganzen Gartens beigefügt war, und enthielt zahlreiche Modelle, nach Thema zusammengefaßt und in stark verkleinertem Maßstab wiedergegeben. Ein typisches *pattern book* also, bestimmt für eine umfangreiche Leserschaft, die ohne große Ausgaben informiert sein will, ein ideales Instrument zur Verbreitung des neuen Stils, aber auch zur definitiven Festigung seiner Popularität.

1781 erscheint unter Leitung von Elisabetta Caminer Turra die italienische Erstausgabe der *Idilli* von Salomon Gessner, 1789 wird dessen von Bartola bearbeitetes Werk *L'elogio* in Bassano veröffentlicht. 1792 gibt Antonio Garzia in Venedig das ins Italienische übersetzte Werk des Abbé Delille *I giardini* heraus.

Während man sich in der Lombardei besonders bei den privaten Gärten vorbehaltlos auf das Novum stürzt, kann man im Veneto eine nur langsame Annäherung an den neuen Garten beobachten, vielleicht gerade um die unseriösen und lächerlichen Anhäufungen von Elementen zu vermeiden, von denen Pindemonte sprach. So vertritt Trezza die neue Linie im Garten der Villa Rizzardi in Pojega di Negrar und Graf Selva im Garten von Villa Manfrin in Sant'Artemio; letzterer schlägt jedoch vor, als er eingeladen wird, dem napoleonischen Dekret von 1807 zufolge einen weiträumigen Garten in Venedig in der Zone von Castello zu entwerfen, ein geometrisches, italienisches Schema zu verwenden und nur in einem begrenzten Randbereich, um einen kleinen, dicht bewachsenen Berg mit dem unvermeidlichen Tempelchen, einen Garten nach englischer Art anzulegen.

Das Interesse für Botanik und exotische Pflanzen, das im Veneto bereits von Farsetti geweckt wurde, erreicht zu Beginn des neuen Jahrhunderts seinen Höhepunkt. Alberto Parolini aus Bassano, ein Schüler des Brocchi, schreibt sein vielgerühmtes Traktat *Trattato delle piante odorifere e di bella vista da coltivarsi ne' giardini* (Bassano 1796). Er steht in Kontakt mit den Leitern des Botanischen Gartens von Padua und mit zahlreichen Fachleuten im In- und Ausland, die er auf seinen ausgedehnten Reisen besucht. 1805 beginnt er mit dem Bau seines eigenen Gartens, der von Anfang an dem Publikum offensteht. Der Garten ist nicht nur berühmt wegen seiner seltenen Pflanzen, sondern »der Entwurf dieses lieblichen und pittoresken Geheges ist ausgezeichnet gelungen, denn höchst kunstvoll sind die Begrenzungen verborgen, und man hat sich sehr bemüht, daß die Türme der Stadt

68, 69. Romiati-Garten, Padua.
Der kleine Garten hinter dem gleich-
namigen Palazzo in der Villa del Santo
schließt an die effektvolle Apsis der Kir-

che von San Francesco an. Vom oberen
Stockwerk des mittelalterlichen, in drei
Ebenen gegliederten Turms genießt man
einen wunderschönen Blick auf die Stadt.

68

und die fernen Berge als zauberhafter Hintergrund die Aussichtspunkte des Gartens schmücken« (Brentari, 1885).

Doch das bedeutendste Beispiel für die Verbreitung des »modernen« Gartens im Veneto stellt die Leistung von Giuseppe Jappelli dar. Neben seinen Werken, von denen einige in gutem Zustand auf uns gekommen sind, ist das schriftliche und graphische Material zu den Gärten bemerkenswert. In der Bibliothek des Museo Civico in Padua wird ein umfangreiches Dossier aufbewahrt mit Zeichnungen, Handschriften verschiedener Art, von wertvollen Briefen bis hin zum Tagebuch *Memorie pel Giardiniere e dell'Agricoltore*, in dem der Architekt in seinen späteren Jahren seine und anderer Gedanken und Ansichten festgehalten hat. Er beweist eine umfassende Kenntnis der einschlägigen Literatur, über Fragen der Botanik bis hin zum eigentlichen ästhetischen Aspekt (unter den »englischen Autoren für Gartenkunst« nennt er Kent, Payne, Knight, Uvedal Price, Repton, Henry Stewart) (B. C. Pa. Ms. CM 481, Nr. 14).

Der rasche Erfolg, den das Werk Jappellis in der zeitgenössischen Presse hatte, die mit zahlreichen Beschreibungen und Abbildungen seiner Kreationen uns vielfach das ursprüngliche Aussehen dessen wiedergibt, was wir heute oft nur in radikal verändertem Zustand betrachten können, und seine Wiederentdeckung durch die moderne Kritik – von den Studien des Brunelli, Gallimberti, Carta Mantiglia und Damerini bis zur 1977 veranstalteten Konferenz über Jappelli und seine Zeit – betonen die Bedeutung dieses hervorragenden Architekten für die Kunst des Veneto im frühen 19. Jahrhundert und stellen einen Ansporn dar, die Untersuchungen auf diesem Gebiet fortzusetzen, das zum Teil noch völlig unerforscht ist.

Man kann die ersten Erfahrungen dieses jungen Venezianers im Bereich des Gartenbaus ziemlich genau angeben. Seine Anwesenheit in Padua ist ab 1807 dokumentiert, als er das Studio von Giovanni Valle frequentiert. Über eine wiederholt erwähnte Lehre bei Selva in Venedig geben die Dokumente keinerlei Auskunft. Seine erste direkte Erfahrung mit den modernen Gärten macht der etwa dreißigjährige Architekt 1814 (er ist 1783 geboren) während seines erzwungenen Exils. Er tritt in das Heer von Eugène Beauharnais ein, erlebt mit der Ankunft der kaiserlichen Truppen die Geschicke des schwankenden italienischen Königreichs und bleibt dann in freiwilligem Exil jenseits des Flusses Adda. Hier scheint der entscheidende Kontakt mit dem berühmten Garten der Gebrüder Sommi Picenardi in Torre bei Cremona stattgefunden zu haben. Nach dieser Erfahrung »geschah es, daß in ihm die meisterhafte, zuvor nie gekannte Kunst erweckt wurde, Gärten zu komponieren«, wie Andrea Cittadella Vigodarzere in der Biographie des Künstlers schreibt. Neben dem Garten der Picenardi konnte Jappelli auch durch die anderen, zahlreichen englischen Gärten der Lombardei angeregt worden sein, für die das Traktat von Silva in seiner zweiten Ausgabe ein wertvoller Führer war. Nachdem er nach Padua zurückgekehrt ist, das 1815 dem lombardisch-venetischen Reich angeschlossen worden war, liefert er sofort einen Beweis dessen, was er gesehen und gelernt hat: Er stattet den großen Salon im Oberstock des Palazzo della Ragione aus für das Fest, das zu Ehren von

69

Franz I. und seiner Gemahlin Maria Ludovica am Abend des 20. Dezember 1815 gegeben wird. Für die Darstellung des Melodrams *Feste euganee*, nach einem Text von Antonio Sografi, mit Musik von Maestro Callegari – das von dem jahrhundertelangen Kampf der euganeischen Bevölkerung gegen die bedrohlichen, alles verwüstenden Überschwemmungen ihres Flusses Medoaco handelt, die nur nach der Ankunft Cäsars gebändigt wurden –, entwirft Jappelli eine Szene, die einen englischen Garten wiedergibt, mit einem kurvenreichen Wasserlauf (der Medoaco), an dessen Ufern sich ein lieblicher, dicht bewachsener Hügel mit einem Monopteros-Tempelchen befindet; das Tempelchen ist der Wahrheit gewidmet. Einer Höhle voller »Stalaktiten und Gebüsch« am Fuß des Hügels entströmt der Fluß, und im Hintergrund sieht man die Euganeischen Hügel. Eine imposante, klassische Triumphsäule erhebt sich im Vordergrund der Szene. Der gesamte Saal ist in einen Garten verwandelt, mit geraden, baumgesäumten Straßen an den Seitenwänden und einer offenen, von korinthischen Säulen getragenen Loggia an der Kopfseite, die als Ehrenloge für die königlichen Hoheiten dient. So wurde die subtile Rollenvertauschung zwischen den Zuschauern der Darbietung und den Darbietenden selbst erreicht, von der die zeitgenössische Presse sprach (*Descrizione della festa drammatica offerta nella gran sala della Ragione...*, Padua 1816). Von der Theaterkulisse zum Garten ist der Schritt nur klein. Auf der Woge des Erfolgs, den der illusionistische Garten in seiner kurzen Lebenszeit von einer Nacht errungen hatte, bearbeitet Jappelli zahlreiche Aufträge zur Anlage realer Gärten. Von Sant'Elena di Battaglia in Saonara über Rosà, Vaccarino, Rom und Tradate, ohne Padua zu vernachlässigen, schafft Jappelli während seines ganzen Lebens zauberhafte Szenarien, geschmückt mit mittelalterlichen Türmen und klassischen Tempeln, heidnischen Grotten und ursprünglichen Hütten, gotischen Gebäuden und chinesischen Pavillons, inmitten von Seen mit weich geschwungenen Ufern und kleinen Brücken, und er beweist mit der Schaffung dieser pittoresken Oasen eine leichte, elegante Hand bei der Verwendung des unerschöpflichen, eklektischen Repertoires. Die Gärten des Jappelli sind in Bilder verwandelte Romane, mal vom Hades des Vergil beeinflußt, mal von den Gefilden eines Ariost oder Tasso. Sein umfangreiches Schaffen geht vom winzigen städtischen Garten für die Familie Romiati bis zum weitläufigen Garten in Rosà; er beweist, daß er bereits bestehende Kulissen wie altes Gemäuer und ähnliches geschickt zu nutzen weiß, wie im Fall des Gartens der Treves und der Romiati, aber er kann sich auch nur der von der Natur gelieferten Elemente bedienen, wie beim Garten in Rosà.

Jappelli ist wohl der berühmteste der venetischen Gartenarchitekten in der ersten Hälfte des 19. Jahrhunderts, aber er ist nicht der einzige, auch wenn die Kritik ihm zahlreiche Werke zugeschrieben und ihm fast ein Monopol eingeräumt hat. Wir wissen jedoch, daß der Bühnenbildner zahlreicher Theateraufführungen in Venedig, Francesco Bagnara, für einige Gärten zumindest den Entwurf geliefert hat, so z. B. für die Papadopoli-Gärten der Villa von San Polo in Piave und für den venezianischen Palast von Tolentini, und daß Luigi Balzaretti und von 1843 an Antonio Caregaro Negrin mehrere »moderne« Gärten schufen.

Giambattista De Persico, Eigentümer eines bedeutenden englischen Gartens voll kostbarer Pflanzen am Fuße des Berges Baldo bei Affi, erwähnt in seinem 1821 erschienenen und 1838 aktualisierten Werk *Descrizione di Verona e della sua provincia* zahlreiche moderne Gär-

70, 71. Villa Miari de Cumani,
Sant'Elena d'Este.
In den siebziger Jahren des vergangenen
Jahrhunderts wurde die aus dem 18. Jh.
stammende Anlage im Stil der Romantik
verändert. Osvaldo Paoletti plante die

Umstrukturierung der Villa und des großen Parks, in dem neben exotischen
Pflanzen sehr exklusive, zierliche Bauten
zu bewundern sind, wie zum Beispiel die
aufwendige Grotte.

72. Gian Antonio Selva, Progetto per la
grandiosa passeggiata e Campo di Marte
sulla punta orientale della Giudecca,
Entwurf von 1807. Venedig, Bibliothek
des Museo Correr.
Der Garten mit seinen in regelmäßigem,
geometrischem Muster gepflanzten Bäumen öffnet sich halbkreisförmig auf die
südliche Lagune und auf San Giorgio.

73. Antonio Mezzani, Plan des Markusplatzes, Stich aus L. Cicognara, A.
Diedo, G. A. Selva, Le fabbriche più cospicue di Venezia, Band I, Venedig 1815.
Nach Abriß der Getreidespeicher von
Terra Nova im Jahr 1807 wurden auf der
ganzen Insel regelmäßige, an der äußeren Seite durch Bäume begrenzte Rabatten und eine Allee am Ufer der Bucht
von San Marco angelegt, mit einem coffee house im Hintergrund.

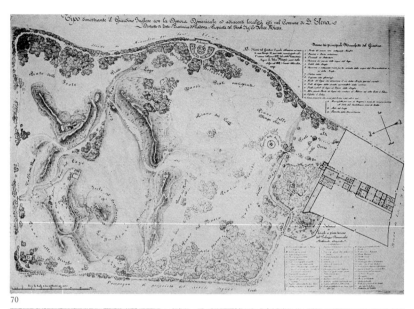

70

ten im Veroneser Gebiet. Einige Entwürfe von Francesco Ronzani,
der unter anderem für die Neustrukturierung des Parks der Villa Al-
bertini in Garda verantwortlich zeichnet, werden in der Biblioteca
Civica in Verona aufbewahrt. Und umfangreiches Material existiert
unseres Wissens nach in privaten Archiven. In ihren in der zweiten
Hälfte des 19. Jahrhunderts veröffentlichten Schriften führen uns Andrea Gloria, Antonio Caccianiga und Ottone Brentari auf Entdek-
kungsreise in die Provinzen von Padua, Treviso und Vicenza; von
vielen der von ihnen erwähnten modernen Gärten ging mit den Spuren
auch die Erinnerung verloren. Die von ihnen gelieferten Informationen könnten Ausgangspunkt sein für eine dringend notwendige Auflistung der Gärten der Romantik in der Region Veneto. Aber dieses
Kapitel muß erst noch geschrieben werden.

Die Geschichte endet jedoch nicht hier. Der Garten Miari de Cumani in Sant'Elena d'Este, 1883 von Osvaldo Paoletti entworfen, und
der zeitgenössische Garten der Lion in Altichiero beweisen, neben
unzähligen anderen, das Fortbestehen einer glücklichen, weil reichen
und pittoresken Gattung. (M. A. V.)

Der öffentliche Garten vom Prato della Valle bis zum Ende des 19. Jahrhunderts

Die Ereignisse bei der Planung der Gartenanlage von Prato della Valle
in Padua sind in der monographischen Darstellung enthalten. Was uns
hier interessiert, das sind die vielfältigen Funktionen, die der Park
ursprünglich erfüllen sollte, angefangen bei der Funktion eines Mark-
tes für den Handel mit Tieren und Waren, eines Ortes für Theateraufführungen im Freien bis hin zu den neuen Funktionen als Erholungs-
landschaft und Museum zur Aufstellung von Statuen. Ein Jahrzehnt
nach seiner Schaffung bietet sich »der überraschendste Platz Europas«
den Augen Goethes vollgestellt mit Holzbaracken dar. 1784 schließt
das Projekt von Domenico Cerato und der Architekturschule Scuola
Pratica di Architettura die Marktfunktion definitiv aus, um den Platz
mit vier *berceaux* auszustatten, denen Sitzbänke und ein im Zentrum
befindliches Tempelchen mit Brunnen hinzugefügt werden sollen. Die
Anlage wird nun endgültig zu einem öffentlichen Garten für Unterhaltung und Bildung, mit Statuen berühmter Persönlichkeiten, die im
Lauf der Zeit entlang den Kanalufern aufgestellt werden. Auch wenn
die von Cerato vorgesehene Ausstattung nicht ganz verwirklicht wird,
so zeigen doch die Platanen aus dem Jahr 1815 noch deutlicher die
neue Funktion, mit der die architektonische Tradition des Veneto die
Bühne der europäischen Aufklärung betritt, ohne jedoch auf die typischen venetischen Elemente zu verzichten wie den Kanal, der aus dem
mit Balustraden und Statuen geschmückten Fischteich gespeist wird.

Das Dekret Napoleons für Venedig vom 7. Dezember 1807 sieht die
Schaffung einer *piazza d'armi* auf der Giudecca vor, zwischen der
Spitze von San Giovanni und dem bereits zur *casa di forza*, zur ge-
schlossenen Anstalt umgewandelten Kloster. Der Auftrag wird Gian
Antonio Selva zugeteilt mit der Auflage, die Gebäudereihe am Kanal-
ufer und vor allem Palladios Ospizio delle Zitelle als Kulisse für die
Bucht von San Marco zu respektieren. Die grausamen Zerstörungen

71

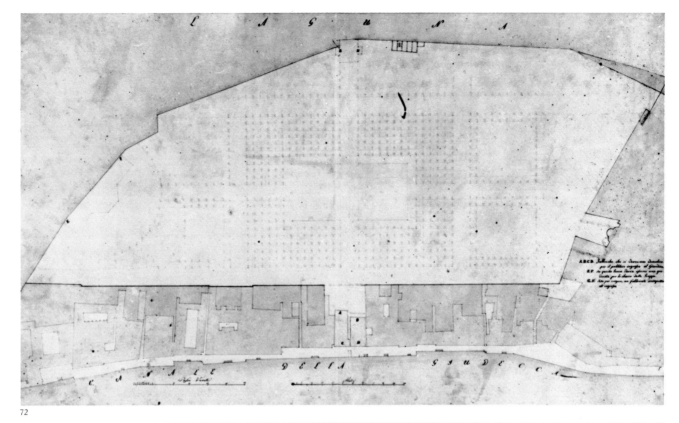

72

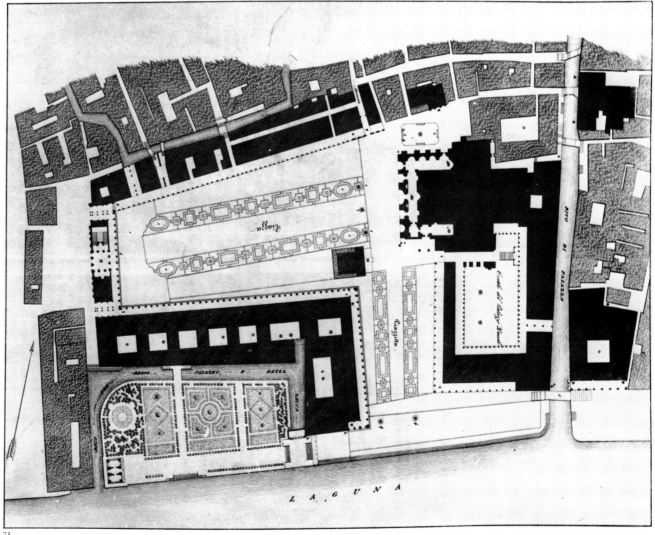

73

74. Castello di Castelfranco Veneto.
Gian Battista Meduna und nach ihm Antonio Caregaro Negrin wurden mit der
Gestaltung der Schloßmauern beauftragt
(1845–78). Der Graben wurde höchst

elegant in ein Fischbassin verwandelt,
und auf der kleinen, romantischen Insel
wurde eine Giorgione gewidmete Statue
errichtet; die Mauern dienten als malerischer Hintergrund.

74

75. Königliche Gärten in San Marco, Venedig.
In den Gärten befindet sich ein Lauben-gang mit gußeisernen Säulen, der gegen Ende des 19. Jhs. errichtet wurde.

76. Königliche Gärten in San Marco, De-tail des neuklassischen Gitters mit Blick auf die Bucht von San Marco.

von Castello wären nicht notwendig gewesen, wenn man private Gär-ten und die Klostergärten enteignet hätte. Selva beabsichtigte den Platz in der Größe des Markusplatzes zu gestalten, der Minister Aldini jedoch beschloß, ihn zu verdoppeln, da sich die »passegiata alla Giu-decca«, der Park von Giudecca, unmittelbar anschließen sollte. Das Projekt wurde Giuseppe Mezzani übergeben, weil Selva zu viele Auf-träge hatte, aber 1809 wurde es wegen der äußerst langsamen Arbeits-weise Mezzanis wieder Selva anvertraut. Am 11. Januar 1810 legt Selva einen Bericht mit zwei Zeichnungen vor: Die erste Zeichnung zeigt den aktuellen Stand, die zweite das Projekt (A. S. M. Ve., 1807, öffent-liche Gartenanlage auf der Giudecca). Zugang und Eingang zum Gar-ten unterbrechen die Kanalfront, wobei eine Kalkfabrik und eine Wachszieherei abgerissen werden; die Rückseite der Kanalfront wird durch eine geradlinige Mauer begrenzt, die dann in Höhe der *casa di forza* diagonal abbiegt. Vom Eingang führt eine gerade Allee bis zu einem Bau mit Terrassen und Uferanlagen, die auf die Lagune blicken und für Generäle und Offiziere als Erholungsort während der Übun-gen gedacht sind; ein zweiter, baumgesäumter Weg kreuzt den recht-winkligen Platz, der von einem mit Bäumen in Quincunxstellung be-pflanzten Bereich umgeben ist. Weitere kleinere Plätze werden von den Platanen an den Seiten der zweiten Allee begrenzt, die sich exzen-trisch mit einem großen grünen, nach San Giorgio und der Bucht von San Marco hin offenen Amphitheater verbindet. Schwach angedeu-tete, unregelmäßige Flecken entlang dem Rand der Lagune scheinen auf ein malerisch konzipiertes, flaches Gebäude hinzudeuten, das den Schiffern im Falle eines plötzlichen Unwetters Schutz bieten soll. Die Accademia Veneziana unter dem Vorsitz von Cicognara lobte den Entwurf und schlug einige Änderungen vor; 1811 wurde der Wert der zu enteignenden Grundstücke berechnet, doch wurde das Projekt letztendlich aus Geldmangel nicht mehr ausgeführt, auch wenn in den zeitgenössischen Plänen von Venedig in dem betreffenden Gebiet alle privaten Gärten gestrichen sind und ein weißer Fleck mit der Auf-schrift »eingeebnet« zu sehen ist.

Erst in diesem Jahrhundert wurden die königlichen Gärten von San Marco dem Publikum zugänglich gemacht; es wäre demnach nicht angebracht, sie in diesem Kapitel zu behandeln, aber sie stehen in direkter Verbindung mit dem napoleonischen Plan für Venedig. Das Projekt Giovanni Antolinis aus dem Jahr 1807 sah vor, den rückwärti-gen Teil der ehemaligen Procuratie Nuove, dem jetzigen Palazzo Reale, mit Blick auf die Bucht von San Marco zu öffnen und die gotischen Getreidespeicher von Terra Nova abzureißen. An ihrer Stelle sollte ein Garten italienischer Art entstehen mit kleinen, von Bäumen umgebenen Flächen. Auf der Seite gegenüber der Münze wollte Antolini ein symmetrisches Gebäude mit einem großen runden Saal im Inneren errichten. Die Getreidespeicher wurden 1807 abgeris-sen, aber das Projekt des neuen Gebäudes wurde nicht verwirklicht; die ganze Insel wurde zu einem Garten mit vier geometrischen Flächen im Mittelpunkt und anderen, einfacheren Rabatten an den Seiten; die entfernteren Ecken wurden auf englische Art angelegt (A. S. Ve., österr. Kataster 1838–42, Tafel IV). Während der zweiten Herr-

75

76

71

77. *Königliche Gärten in San Marco,*
Venedig, Ausblick auf den Fluß, der den
Garten auf der mit Bäumen bewachse-
nen Seite und hinter dem coffee house
umgibt.

schaftsperiode Österreichs versieht Lorenzo Santi die drei Bögen der
Läden von Sansovino bei der Münze mit einer eleganten Wendeltreppe
(Erinnerung an das Belvedere von Stra) und schließt das alleege-
säumte Ufer der Bucht mit dem *coffee house* ab, zu dem – wie auch
zum Gitter – ihn die Vorbilder von Percier und Fontaine inspiriert
hatten. Späteren Datums sind der Laubengang mit den eisernen Säulen, der den mittleren Weg bedeckt, und die Anlage der hochstämmi-
gen Bäume, die die Beete ersetzte. Dem Beispiel dieses Parks folgten
auch die privaten Gartenbesitzer, im 19. Jahrhundert entstehen neue
Gärten am Canal Grande an der Stelle der alten Lagerhäuser: z. B. der
Garten des Palazzo Balbi Valier Sanmartini an der Stelle des Palazzo
del Paradiso (der bereits zu einem Lager umfunktioniert worden war)
in San Vio, oder der Garten des Palazzo Cavalli Franchetti in San
Vidal.

In Vicenza hatte Bartolomeo Malacarne zu Ehren des Besuchs von
Kaiser Franz I. von Österreich 1816 den Campo Marzio, das Marsfeld,
mit mächtigen Platanenalleen versehen. 1822 plante er, den gesamten
Platz als öffentlichen Park im englischen Stil zu gestalten (M. C. Vi.,
inv. D. 988).

Platanen werden bald zur eindrucksvollen Baumkulisse auf allen
kaiserlich-königlichen Straßen im Veneto und prägen somit das unver-
wechselbare Bild dieser Landschaft.

Zwischen 1817 und 1823 entwarf Giuseppe Jappelli für Moisè Trieste die Anlage eines Teils des Thermalzentrums von Abano als Park,
mit zwei gerade verlaufenden Eingangsalleen. Die Säule des Monte
Irone mit der Tasse, um die sich die Schlangen winden, markierte mit
dem Äskulapzeichen die heilsame Quelle. Um das Jahr 1840 erhält
Giovan Battista Meduna vom Bürgermeister Luigi Revedin (siehe Beschreibung der Villa Cornaro) den Auftrag, den äußeren Teil des
Schlosses von Castelfranco Veneto als öffentlichen Park zu gestalten.
Meduna zeigt, daß ihm das Beispiel von Prato della Valle sehr wohl
präsent ist und vor allem auch die Anlage von Fischbassins in den
Villen, und verwandelt den Schloßgraben in ein solches Bassin, mit
einer durch Statuen geschmückten Balustrade (die Ausführung obliegt
dem Ingenieur Gaspare Palese). Die Gestaltung der Böschungen als
Garten ist das Werk von Antonio Caregaro Negrin, um 1874 begonnen und 1878 vollendet. Der Architekt aus Vicenza zeigt großes Geschick darin, das von den englischen Handbüchern gelieferte Material
sinnvoll einzusetzen: Er zeichnet einen unregelmäßigen Wasserrand
und bildet einen ovalen See mit der Statue des Giorgione von Benve-
nuti (1890) in der Mitte eines kleinen, felsigen Inselchens. Er legt auf
den sanft abfallenden Böschungen Wiesen an mit Baumgruppen, von
denen die im Hintergrund sichtbaren, restaurierten zinnenbekrönten
Mauern malerisch umrahmt werden.

Der Jacquard-Garten der Wollfabrik von Alessandro Rossi in Schio
ist ein frühes Beispiel für die Industrialisierung der Region Veneto, die
hier dem Vorbild Englands folgt. Industrie bedeutet Fortschritt und
Verwirklichung einer besseren Welt. Zwischen 1859 und 1878 schafft
Negrin zwischen der alten Weberei und den neuen Lagergebäuden an
der Via Pasubio einen Garten, der wie der Hintergrund eines zeitge-

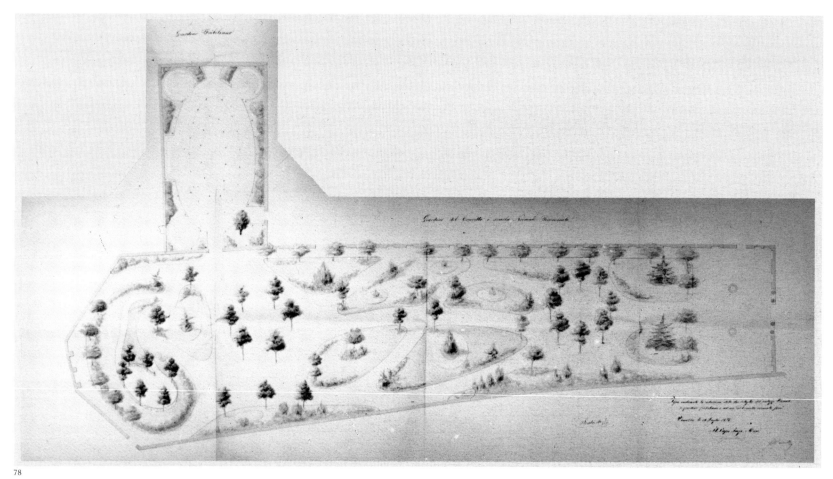

78

nössischen, kitschigen Ölgemäldes anmutet. Inmitten der architektonisch sehr abwechslungsreich gestalteten Fabrikgebäude (ein mittelalterlicher Turm enthält die sanitären Anlagen der Weberei) öffnet sich eine Idylle: ein kreisrunder Brunnen im Vordergrund, etwas dahinter die konkav gewölbten Gewächshäuser und hinter diesen die gotische Kirche von San Rocco mit einem neugotischen, achteckigen Turm vor hohen Zypressen. Typisch für die Gartengestaltung des 19. Jahrhunderts ist die Verwendung von künstlichen Felsen mit kunstvoll angelegten Gräben, Gängen und Grotten, in denen der Fels zum Teil roh gelassen und zum Teil mit Flußkieseln und Tuffsteinen zu malerischen Spitzbogen im orientalischen Stil gestaltet wurde. Exotik ist auch bei den Pflanzen gefragt. Sie wurden mit Hilfe des Gärtners Reschiglian vom Botanischen Garten in Padua ausgesucht, in dem Palmen und Zimmertannen jeder Art wachsen, die später in keinem venetischen Jugendstilgarten fehlen dürfen. Hart an der Grenze zwischen Ironie und Kitsch sind die Statuen von Frauen, Faunen, Zwergen und von monströsen Tieren, die überall im Garten aufgestellt sind. 1878 können nach dem Abriß der alten Weberei neue Rabatten und Bäume angepflanzt werden. Die in der Lithographie von Matscheg 1864 sichtbaren Gewächshäuser und die Pagode existieren heute nicht mehr.

1872 übergibt Negrin dem Fabrikanten Alessandro Rossi das Projekt des neuen Ortes Schio. Er besteht aus Häusern mit Gärten, die durch gewundene Straßen miteinander verbunden sind. Die Ein- und Mehrfamilienhäuser sind in vier Klassen eingeteilt, gemäß dem belgischen Vorbild: Der urbanistische Entwurf erinnert stark an das nordamerikanische *landscaping* eines Olmsted und Vaux und an das elegante Wohnviertel von Riverside in Chicago (1869). Der Garten wird hier zur Stadt, mit einem großen Vorsprung gegenüber der allgemeinen Entwicklung in Europa (Bournville und Port Sunlight entstehen erst 1879 und 1888). Aber Rossi entscheidet, daß das Projekt zu luxu-

riös ist, und wählt die Lösung einer Arbeiterstadt mit gerade verlaufenden Straßen und Reihenhäusern, die ebenfalls von Negrin realisiert wird. Von der ursprünglichen Idee bleiben nur die Villen mit Gärten für die Direktoren der Fabrik. Bescheidener ist die Gartenanlage Negrins am Ufer des Flusses Prekel in Recaoro Terme, die zwischen 1872 und 1876 entsteht. Auch hier finden wir künstliche Felsen an den Seiten der neuen Brücke, die die alte Holzbrücke ersetzt, Grotten und Blumenbeete begleiten den Spazierweg am Ufer entlang, gegenüber der ebenfalls von Negrin errichteten Therme, die sich auf einem pittoresken, mit Büschen und Bäumen dicht bewachsenen Hügel erhebt. (V. F.)

Vom Eklektizismus bis heute

Antonio Caregaro Negrin ist in der zweiten Hälfte des 19. Jahrhunderts der produktivste und originellste Schöpfer von Gärten im Veneto. Im Park der Villa Palazzi Taverna in Preganziol (Treviso) (1850–62) zeigt er, daß er das gesamte Repertoire an Pagoden, Hütten und Brücken beherrscht, einschließlich der Schweizer Almhütten aus den in Europa kursierenden Modellbüchern. Vor allem aber versteht er es, den Landschaftsgarten der venetischen Tradition anzupassen. Die Nutzgärten mit ihren Obstbäumen sind auf der Seite des Hauses angelegt, die nicht direkt zum Fluß zeigt; ein Park im traditionellen Stil ist dieser Seite vorgelagert, dahinter ein freier, spätromantischer Garten mit der Circe-Grotte an den Ufern eines kleinen Sees im Hintergrund. Im Mittelpunkt befinden sich ein elliptischer Hof für die gymnastischen Spiele und die Gewächshäuser für die Kamelien. Zu jener Zeit werden Kamelien, Azaleen, Bambus und Bananenstauden und viele andere exotische Pflanzen (die Cryptomeria aus Japan, der Cephalotexus Fortunei, die Palme Chamaerops) zu Protagonisten in den venetischen Gärten. Der Holländer van de Borre siedelt sich am

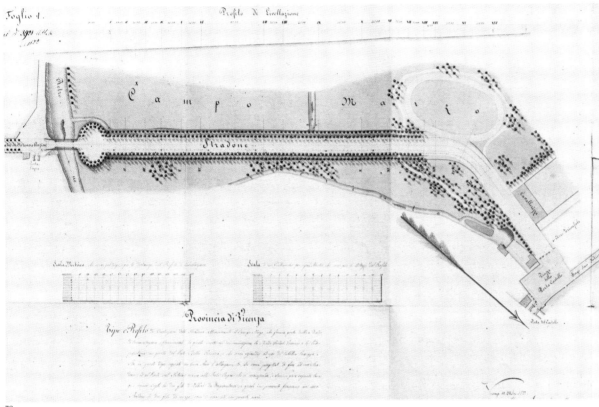

79

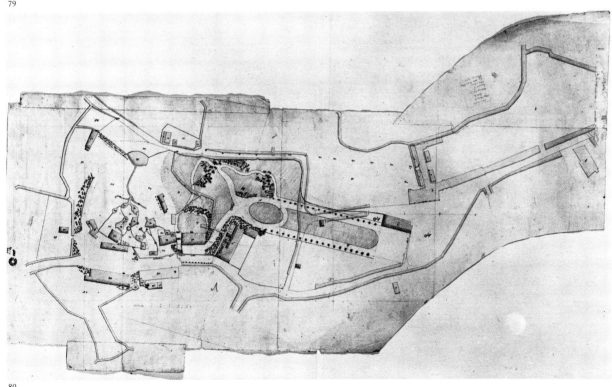

80

Terraglio an und trägt mit seinen Gewächshäusern viel zur Verbreitung dieser in den englischen Parks bereits heimisch gewordenen Pflanzen bei. Weitere Charakteristika des Parks sind die Volieren und Häuser für Fasane, Papageien und Falken und die Hütten für die Merino- und Barberiaschafe.

Vom ehrgeizigsten und komplexesten Werk Negrins ist nur ein einfaches Haus und ein Teil der Einfriedungsmauer erhalten: die Rekonstruktion der Villa Costantini in Vittorio Veneto (1862–85). Im hügeligen Garten dieser Villa entwirft er eine große hängende Mauer, die den Teil des Gartens mit den künstlichen Grotten und Quellen stützt. Der Manierismus läßt hier eine Alpenlandschaft entstehen mit Anklängen an die Mosaiken und Verkleidungen in den Grotten des 15. Jahrhunderts; der Geschmack der Belle Époque enthüllt sich in den Büsten berühmter Persönlichkeiten, die mehr in architektonischer denn in romantischer Anordnung zwischen Putten und anderen kleinen Figuren aufgestellt sind. Der Renaissance zugehörig ist die Idee des kuppelbekrönten Tempels mit einer Statue Tizians im Mittelpunkt, während der gotische, vieleckige *berceau* wie ein Belvedere angelegt ist; ebenfalls vieleckig ist der Körper der Villa im lombardischen Stil, der zum Garten hinweist. Die Wirtschaftsgebäude und Einfriedungen sind mit breiten, mehrfarbigen, horizontalen Streifen bemalt in einer Art *ferme ornée*, die in vollendeter Form von 1865–84 in Sant'Orso (Vicenza) auf dem Modellgut neben der Villa von Alessandro Rossi zu sehen ist.

Die Felsformationen, die Caregaro Negrin mit großem Geschick einsetzt, ohne jedoch den dem Felsengarten eigenen naturalistischen Aspekt aus den Augen zu verlieren, werden bei Peressuti im Park des Kollegs Antonianum in Padua zu originellen Jugendstilkreationen (1905–06). Aus Zement, Stein und Mörtel, alles mit Kies und Steinen überkrustet, sind phantastische Baumstümpfe eines versteinerten Waldes gebildet, die als Sitzbänke fungieren. Ein Berg erhebt sich auf einer künstlichen, bizarren Masse voll rundlicher Formen und Kanten, von horizontal verlaufenden Sedimentimitationen gezeichnet; aus verborgenen Töpfen wachsen Pflanzen und täuschen eine dichte, wildwuchernde Vegetation vor. Ein schmaler Wasserlauf plätschert zwischen künstlichen Stalaktiten und Felsen über vielfach gewundene Treppen und wird von dem dicht wachsenden Grün verschlungen.

Traditioneller ist der bunt blühende Garten um den Brunnen der Villa Tretti in Bevadoro (Padua), wo die weiße Jugendstilarchitektur von Giuseppe Torres gefällige Türmchen und Veranden in weichfließenden, einfachen Linien zeichnet. Der ausgewogenen Asymmetrie des Gebäudes steht die Symmetrie des Gartens gegenüber, in dem zwei Zimmertannen wachsen, die mit ihrer bizarren und geisterhaften Geometrie in den venetischen Gärten der damaligen Zeit weit verbreitet sind. Die Aquarellzeichnungen mit dem *Haus des Schweigens* und dem *Haus des Dichters* zeigen Architekturen mit Wiener Charakter, die sich vor einem Hintergrund aus Zypressen und blühenden Büschen im seichten Wasser spiegeln. Die Pergolen, die die Terrassen des letzten Hauses bedecken, scheinen die Kletterpflanzen einzuladen, als Gegenpunkt zu den glatten, weißen Oberflächen die Architektur mit ihren Ranken zu vollenden.

Stilisierte Blumen und Rankengeflechte schmücken auch die Gitter der Villa Ferro in Treviso, die um das Jahr 1905 in den Werkstätten von Alessandro Mazzucotelli in Mailand entworfen und ausgeführt wurden, ebenso wie die heute zerstörte Villa Ceresa Antonini in Crocetta del Montello.

Um das Jahr 1907 baut der Turiner Architekt Mario Ceradini für Antonio Fogazzaro die Villa Montanina in Velo d'Astico bei Vicenza. Trotz der seitdem durchgeführten Veränderungen zeigt das Bauwerk noch deutlich die von den österreichischen Villen Joseph Maria

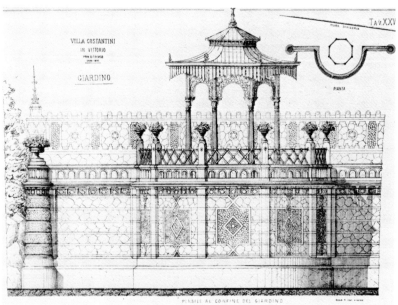

81

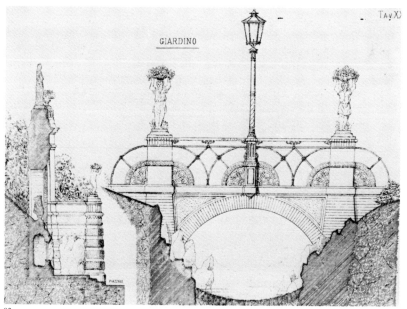

82

83. *Villa Tretti, Bevadoro.*
Palmen und Zimmertannen schmücken
den Garten der Jugendstilvilla, einem
Werk von Giuseppe Torres.

Olbrichs her wohlbekannten Jugendstilelemente (zu jener Zeit baute Ceradini auch das Haus der Salesianer in Wien und das Seminar in Laibach), auch die Kapelle mit ihrem einfachen Äußeren erinnert an den Steinhof von Moser in Wien. Der subalpine Garten mit Wiesen und Kieferngruppen ist ein passender Rahmen für diese geschmackvollen Bauten mit den tief herabgezogenen Dächern.

In Venedig führen die Beschreibungen ausländischer Besucher und die Begeisterung des Dichters D'Annunzio für verlassene Gärten dazu, daß der neobyzantinische kleine Nigra-Palast und der neugotische Palazzo Stern mit kleinen, zum Canal Grande blickenden Gärten umgeben werden. Bei der Restaurierung des Palastes Contarini an der Accademia öffnet Giuseppe Torres eine Veranda, die zum angrenzenden Garten Balbi Valier Sanmartini führt, und Ruppolo fügt an die Rückseite der Ca' Dario ebenfalls eine Veranda an. Doch genauso wie der Geist des humanistischen Gartens auf der Giudecca mit dem Garten Eden in neuen, modernen Formen wiederaufersteht (siehe die Beschreibung *Gärten der Giudecca*), so wird der venezianische, kleine, in sich geschlossene Garten mit dem Werk Carlo Scarpas wieder zum Leben erweckt.

Nicht von ungefähr beginnt dessen Auseinandersetzung mit der Typologie des Gartens mit dem kleinen, kostbaren Hof der Stiftung Querini Stampalia in Venedig (siehe diesbezügliche Beschreibung), um sich dann mit dem Hof von Castelvecchio in Verona fortzusetzen (1961–1964). Nach mittelalterlichen, arabischen und japanischen Vorbildern, nach den modernen Beispielen von Wright und nach Mies van der Rohes Pavillon in Barcelona entsteht im Hof der Scaligerburg eine große Wiese, von der aus der Besucher den Komplex in allen seinen Teilen und verschiedenen historischen Epochen auf sich wirken lassen kann. Auf dem grünen Teppich des Rasens befindet sich eine Plastik aus zahlreichen Steinen, den ewigen Lauf des Wassers darstellend, das von den schmalen Vorsprüngen und Kanten der Plastik herabhüpft und dabei die Farben des Himmels und der Erde widerspiegelt. Der alte Brunnen ist eine Hommage an den mittelalterlichen Garten; er erhebt sich aus einer glatten Wasserfläche, die sich im Spiegel an der entgegengesetzten Seite fortsetzt, wo ein großer, horizontaler Stein neben einem Blumenbeet steht. Vor einer Mauer, die gebrochenes Licht von draußen eindringen läßt, wachsen einige Büsche. Der Autor dieser Zeilen erinnert sich an eine Vorlesung Scarpas über die Alhambra und den meisterlichen Einsatz des Wassers (als sichtbaren und hörbaren Schmuck und zur Verbesserung des Klimas) in den maurischen Gärten; diese Meisterschaft ist hier wiedergefunden in der neuplastischen Sprache eines Mies van der Rohe und der machtvollen Konzeption eines Mondrian.

Bei der Gestaltung der Ausstellung von Arturo Martini im Kloster von Santa Caterina in Treviso (1967) wurde die Skulptur von Tobiolo in ein weites, gegenüber dem Parterre sichtbar erhöhtes Becken gestellt. 1969 beginnt das Projekt des Brion-Grabes im Friedhof von San Vito d'Altivole (Treviso), wo die Bauwerke in einem Garten stehen, dessen Einzäunung das umliegende Land und die Silhouette von Asolo fast verbirgt.

83

Man erreicht den Pavillon auf dem See über einen gepflasterten Weg, der bei jedem Schritt erbebt, und von dem aus die Wiese mit den Gräbern einer über dem Wasser schwebenden Fläche gleicht. Eine imposante Bogenbrücke führt über das Wasser, und trotz ihrer Monumentalität erinnert sie an die kleinen, lieblichen chinesischen Brücken in den Gärten des 19. Jahrhunderts.

Eine Mauer, so hoch, daß man sich gerade daraufsetzen kann, ist alles, was vom Projekt für die Literaturfakultät von San Sebastiano in Venedig verwirklicht wurde. Im Jahr 1974 begonnen, sollte sie den

84

85

Garten vom alten, hinter der Kirche befindlichen Nutzgarten trennen und so die klassischen Räume schaffen: Kloster, Garten, Nutzgarten. Zur Zeit arbeitet Scarpa an einem neuen Entwurf für die Tenne der Villa Palazzetto in Monselice aus dem 17. Jahrhundert, für die er statt einer zwei traditionelle Erhebungen vorsieht, die Sonne und Mond symbolisieren. Die Steinplatten von Nanto sind duch leicht gewölbte, mit Zementbändern eingesäumte Ziegelsteinflächen miteinander verbunden. Dadurch entsteht ein schräg versetztes Muster, das sich meisterhaft gegen die klassische Einfachheit des Quadrates abhebt, das die

Grundlage der Tenne und des Hofes bildet. Alle Themen aus der Tradition des venetischen Gartens in der Stadt und auf dem Land werden von Scarpa neu interpretiert und der zeitgenössischen Welt vorgestellt. (V. F.)

86

Bibliographie
Standardwerke:
V. Coronelli, *La brenta quasi Borgo della Città di Venezia luogo di delizie de' Veneti Patrizj delineata e descritta*, Venedig 1709.
J. C. Volkamer, *Continuation der Nürnbergischen Hesperidum*, Nürnberg 1714.
G. F. Costa, *Delle delicie del fiume Brenta espresse ne' Palazzi e Casini situati sopra le sue sponde dalla sboccatura nella Laguna di Venezia fino alla Città di Padova*, Venedig 1750–62.
G. Maccà, *Storia del territorio vicentino*, Caldogno 1812.
G. Pullé, *Album di gemme architettoniche, ossia gli edifizi più rimarchevoli di Vicenza e del suo territorio...*, Venedig 1847.
M. Moro, *Vedute di Verona*, Venedig o. J. (ca. 1850).
Derselbe, *Treviso e la sua Provincia*, Treviso 1851.
A. Gloria, Il territorio padovano illustrato, 3 Bde., Padua 1862–65.
E. Wharton, *Italian Villas and Their Gardens*, New York 1904.
J. Cartwright, *Italian Gardens of the Renaissance and Other Studies,* New York 1914, S. 102–134.
L. Dami, *Il giardino italiano*, Mailand 1924, S. 24–25, 40–41, 46, und Abb.
J. C. Shepherd, G. A. Jellicoe, *Italian Gardens of the Renaissance,* London 1925 (und 1986).
G. K. Loukomski, *Les villas des Doges de Venise*, 2 Bde., Paris 1926.
G. Damerini, *Giardini sulla laguna*, Bologna 1927.
P. Molmenti, *Storia di Venezia nella vita privata* (1905–07), Bergamo 1927–29 (überarb. Nachdruck, Triest 1973).
G. Fasolo, *Le ville del Vicentino*, Vicenza 1929.
B. Brunelli, A. Callegari, *Ville del Brenta e degli Euganei*, Mailand 1931.
G. Damerini, *Giardini di Venezia*, Bologna 1931.
Il giardino italiano, Ausstellungskatalog hrsg. v. U. Ojetti, Florenz 1931, S. 229–251.
G. Silvestri, *La Valpolicella*, Verona 1950.
Le ville venete, Ausstellungskatalog, hrsg. v. G. Mazzotti (1953), Treviso 1954 (Nachdruck 1987).
M. Muraro, *Les villas de la Vénétie*, Ausstellungskatalog, Venedig 1954.
L. Magagnato, G. Piovene, *Ville del Brenta nelle vedute die Vincenzo Coronelli e Gianfrancesco Costa*, Mailand 1960.
G. Masson, *Giardini d'Italia*, Mailand 1961, S. 201–215.
E. Sereni, *Storia del paesaggio agrario in Italia*, Bari 1961.
G. Mazzotti, *Ville venete*, Rom 1963.
M. T. Voriosi Cruciani, »Il giardino veneto«, in: *Antichità Viva*, V, 1966, 2, S. 41–52.
Il Veneto nelle litografie dell'Ottocento, Ausstellungskatalog, Vicenza 1966.
A. Alpago Novello, *Ville della provincia di Belluno*, Mailand 1968.
N. Gallimberti; *Ville e giardini nel Padovano*, Padua 1968.
L. Puppi, »Rassegna degli studi sulle ville venete« (1952–1969), In: *L'Arte*, Nr. 7–8, 1969, S. 215–226.
A. Ventura, »Aspetti storico-economici della villa veneta«, in: *Boll. C.I.S.A.*, XI, 1969, S. 65–77.
A. Canova, *Ville del Polesine*, Rovigo 1970.
R. Cevese, *Ville della provincia di Vicenza* (1971), Mailand 1980[2].
L. Puppi, »The Villa Garden of the Veneto from the Fifteenth to the Eighteenth Century«, in: *The Italian Garden*, hrsg. v. D. Coffin, Washington D.C. 1972, S. 83–114.
G. Cozzi, »Ambiente veneziano e ambiente veneto«, in: *L'uomo e il suo ambiente*, Florenz 1973, S. 93–146.
L. Puppi, »Ambiente veneziano e ambiente veneto«, in: *Ibidem*, S. 147–159.
C. Semenzato, *Le ville del Polesine*, Vicenza 1975.
La villa nel Veronese, (hrsg. v. G. F. Viviani), Verona 1975.
L. Zoppé, *Ville venete*, Mailand 1975.
G. Gollwitzer, »Interazione tra l'uomo e il paesaggio esemplificata nelle ville venete«, in. *Boll. C.I.S.A.* XVIII, 1976, S. 49–63.
G. Spezzati, *Le ville venete della riviera del Brenta*, Dolo 1976.
A. Ventura, »Le trasformazioni economiche nel Veneto tra Quattro e Ottocento«, in: *Boll. C.I.S.A.*, XVIII, S. 127–142.
G. B. Tiozzo, *Le ville del Brenta da*

Lizza Fusina alla città di Padova, Venedig 1977.

E. Concina, *Ville, giardini e paesaggi del Veneto nelle insisioni di Johann Christoph Volkamer...*, Mailand 1979.

L. Puppi, *Introduzione* a E. Concina, *Ville, giardini e paesaggi del Veneto...*, Mailand 1979, S. XI–XXXIV.

Derselbe, »L'ambiente, il paesaggio, il territorio«, in: *Storia dell'arte italiana*, Bd. IV, Turin 1980, S. 43–99.

A. Baldan, *Ville de' Veneti nella riviera del brenta e nel territorio della Serenissima repubblica*, Cassola 1981.

J. D. Hunt, »L'idea di un giardino nel bel mezzo del mare«, in: *Rassegna*, III, 8, Okt. 1981, S. 56–65.

A. L. Maniglio Calcagno, *Architettura del paesaggio*, Bologna 1983.

G. F. Viviani, *Ville della Valpolicella*, Verona 1983.

A. Foscari, »Torri e logge«, in: B. Dolcetta, *Paesaggio veneto*, Mailand 1984.

M. Azzi Visentini, »Per un profilo del giardino a Venezia e nel Veneto«, in: *Comunità*, 187, Nov. 1985, S. 258–293.

F. Borsi, G. Pamaploni, *Ville e giardini*, Novara 1985.

F. Fariello, *L'architettura dei giardini*, Rom 1985.

A. Baldan, *Ville venete in territorio Padovano e nella Serenissima repubblica*, Abano 1986.

M. Muraro, *Civiltà delle ville venete*, Udine 1986.

E. Bassi, *Ville della provincia di Venezia*, Mailand 1987.

M. Sgaravatti Montesi, *Giardini a Padova e manifestazioni floreali*, Padua o. J.

Über den venetischen Garten im 15. und 16. Jh.:

Rei Rusticae Scriptores, G. Merula curavit, ed. princ. Venetiis 1472.

P. de' Crescenzi, *Opera di agricoltura*, trad. it., Venedig 1534, Buch VIII, Kap. I–IV.

V. Rossi, »Jacopo d'Albizzotto Guidi e il suo inedito poema su Venezia«, in: *Nuovo Archivio Veneto*, V, 1893, S. 427.

C. E. Pauly, *Der Venetianische Lustgarten*, Straßburg 1916.

B. Rupprecht, »Ville venete prepalladiane, forme e sviluppe«, in: *Boll. C.I.S.A.*, VI, Teil II, 1964, S. 239–250.

M. Rsci, »Forma e funzione delle ville venete prepalladiane«, in: *L'Arte*, 2l 1968, S. 26–54.

Derselbe »Ville rustiche del Quatrocento venetio«, in: *Boll. C.I.S.A.*, XI, 1969, S. 78–82.

M. Kretzulesco Quaranta, *Les jardins du songe. Poliphile et la mystique de la Renaissance*, Rom 1976.

M. Levi d'Ancona, *The Garden of the Renaissance: Botanical Symbolism in Italian Painting*, Florenz 1977.

L. Puppi, »Il giardini veneziani del Rinascimento«, in: *Il Veltro*, XXII, 3–4, 1978, S. 279–298.

Über den humanistischen Garten und den herrschaftlichen Hof:

P. Bembo, *Asolani* (1505), hrsg. v. C. Dionisotti, Turin 1932, S. 9–11.

G. B. Giuliari, *Antico giardino sulle sponde del lago a Bardolino descritto da Bernardino Pellegini sul calare del sec. XVI, per le nobilissime nozze Giuliari-Revedin*, Verona 1882.

F. Zordan, *Poesie inedite di Bartolomeo Pagello... con biografia e note*, Tortona 1894, S. 54–55.

L. Puppi, »Le residenze di Pietro Bembo in Padoana«, in: *L'Arte*, 1969, 7–8, S. 30–65, bes. 35–38.

L. Bek, »Ut ars natura – ut natura ars. Le ville di Plinio e il concetto del giardino nel Rinascimento«, in: *Analecta romana instituti Danici*, VII, 1974, S. 109–156, bes. 130–139.

L. Puppi, »Funzioni e originalità tipologica delle ville veronese«, in: *La villa nel Veronese*, hrsg. v. G. F. Viviani, Verona 1975, S. 97–99.

C. A. Ruffo, »Il giardini delle ville«, in: ibidem, S. 189–190.

G. F. Viviani, »Ca' Querini a Pressana«, in: ibidem, S. 318–320.

M. Kubelik, *Die Villa im Veneto. Zur typologischen Entwicklung im Quattrocento*, München 1977: »Ca' Querini a Pressana«, Kat.-Nr. 71, S. 540–543, Abb. 407–413; *villa Porto, Colleoni, di Thiene a Thiene*, Nr. 211, S. 203–205, Abb. 851–855; *villa Trissino a Trissino*, Nr. 214, S. 797, Abb. 873; *villa Trissino a Ca' Impenta*, Nr. 218, S. 804, Abb. 885.

L. Puppi, »L'ambiente, il paesaggio, il territorio«, in: *Storia dell'arte italiana*, Bd. IV, Torino 1980, S. 81–85, 181–182.

E. Merkel, »Il mecenatismo e il collezionismo artistico dei Querini Stampalia dalle origini al Settecento«, in: *I Querini Stampalia, un ritratto di famiglia nel settecento veneziano*, hrsg. v. G. Busetto und M. Gambier, Venezia 1987, S. 135–137.

Über Falconetto, Sanmicheli und Sansovino:

A. F. Doni, *L'Attavanta*, (ca. 1555 B.C.Ve., Ms. 1423) Florenz 1857, S. 41–42.

L. Puppi, »La villa Garzoni a Pontecasale di J. Sansovino«, in: *Prospettive*, 24, 1962, S. 51–62.

G. Fiocco, *Alvise Cornaro, il suo tempo e le sue opere*, Vicenza 1965, S. 69, 201.

P. Santarcangeli, *Il libro dei labrinti*, Florenz 1967, S. 290–316.

M. Tafuri, *Jacopo Sansovino e l'architettura del '500 a Venezia*, Padua 1969, S. 99–131.

L. Puppi, »Un letterato in villa: G. G. Trissino a Cricoli«, in: *arte Veneta*, XXV, 1971, S. 79–80.

E. Bassi, *Palazzi di Venezia*, Venedig 1976, S. 268–277.

G. Bresciani Alvarez, »Le fabriche di A. Cornaro«, in: *Alvise Cornaro e il suo tempo*, Ausstellungskatalog, hrsg. v. L. Puppi, Padua 1980, S. 36–57.

L. Olivatio Puppi, »Il mito di Roma come rivendicazione di un primato. La patavinitas di A. Cornaro collezionista e promotore delle arti figurative«, in: ibidem, S. 106–110.

V. Fontana, »Venezia de la laguna nel Cinquecento«, in: *Casabella*, Nr. 465, 1981, S. 12–15.

L. Puppi, *Verso Gerusalemme*, Roma–Reggio Calabria 1982, S. 177–197.

M. Azzi Visentini, *L'orte botanico di Padova e il giardino del Rinascimento*, Mailand 1984.

Derselbe, »Per un profilo del giardino a Venezia e nel Veneto«, in: *Communità*, 187, Nov. 1985, S. 279–293.

M. Tafuri, *Venezia e il Rinascimento*, Turin 1985, S. 213–243.

Über Palladio und den Garten:

A. Palladio, *I quattro libri dell'architettura* (Venedig 1570), hrsg. v. L. Magnato und P. Marini, Mailand 1980, 1. II, Kap. III, XII–XV, S. 18–19, 45–46, 55, 58–59, 63, 65, 66–67; 1. III, Kap. 1, S. 7 und passim.

[F. Muttoni], *L'architettura di Andrea Palladio vicentino... corretta e accresciuta di moltissime Fabbriche inedite. Con le osservazioni dell'architetto N. N.*, 8 Bde., Venedig 1740–48.

O. Bertotti Scamozzi, *Le fabbriche e i Disegni di Andrea Palladio*, 4 Bde., Vicenza 1776–83.

J. W. v. Goethe, *Italienische Reise* (1816–17), Frankfurt/Main 1976, S. 74.

F. Franco, »Classicismo e funzionalità della villa palladiana, ›città picciola‹«, in: *Atti del I Congresso Nazionale di Storia dell'Architettura, 1936*, Rom 1938, S. 6 ff.

Derselbe, »Piccola urbanistica della ›Casa di villa‹ palladiana«, in: *Venezia e l'Europa, Atti del XVIII Congresso Internazionale di Storia dell'Arte*, Venedig 1956, S. 595–598.

S. Bettini, »Palladio urbanista«, in: *Arte Veneta*, XIV, 1961, S. 89–98.

L. Crosato, *Gli affreschi nelle ville venete del Cinquecento*, Treviso 1962.

W. Lotz, »La Rotonda: edificio civile con cúpola«, in: *Boll. C.I.S.A.*, IV, 1962, Teil II, S. 69–73.

S. J. Woolf, »Venice and Terraferma Problems of the Change from Commercial to the Landed Activities«, in: *Boll. dell'Istituto di Storia della Società e dello Stato veneziano*, 1962, S. 415–441.

P. Bieganski, »Il problemi della composizione spaziale delle ville palladiane«, in: *Boll. C.I.S.A.*, VII, 1965, Teil II, S. 23–34.

J. Ackermann, *Palladio's Villas*, New York 1967.

C. Semenzato, »Gli spazi esterni e il manierismo di Andrea Palladio«, in: *Boll. C.I.S.A.*, IX, 1967, S. 342–353.

Derselbe, *La Rotonda di Andrea Palladio*, Vicenza 1968.

A. Cavallari Murat, »Discorso sui rapporti tra razionalità, funzionalità e composizione nelle ville dell'epoca palladiana«, in: *Boll. C.I.S.A.*, XI, 1969, S. 174–196.

E. Forssman, »›Del sito da eleggersi per le fabriche di villa‹. Interpretazione di un testo palladiano«, in: *Boll. C.I.S.A.*, XI, 1969, S. 149–162.

M. Tafuri, »Committenza e tipologia nelle ville palladiane«, in: *Boll. C.I.S.A.*, XI, 1969, S. 120–128.

G. G. Zorzi, *Le ville e i teatri d'Andrea Palladio*, Venedig 1969.

R. Bentmann, M. Müller, *Die Villa als Herrschaftsarchitektur*, Frankfurt 1970.

G. P. Bordignon Favero, *La villa Emo di Fanzolo*, Vicenza 1970.

R. Bentman, M. Müller, »Materialien zur italienischen Villa der Renaissance«, in: *Architectura*, 1972, 2, S. 167–191.

L. Puppi, »Palladio e l'ambiente naturale e storico«, in: *Boll. C.I.S.A.*, XIV, 1972, S. 225–234.

Derselbe, *La villa Gadoer di Fratta Polesine*, Vicenza 1972.

Derselbe, *Andrea Palladio*, 2 Bde., Mailand 1973.

Andrea Palladio 1508–1580. The Portico and the Farmyard, Ausstellungskatalog, hrsg. v. H. Burns, London 1975.

N. Carboneri, »Il sito degli edifici secondo i ›Quattro Libri‹ nell' ambito della trattatistica rinascimentale«, in: *Boll. C.I.S.A.*, XXI, 1979, S. 199–210.
G. Barbieri, *Andrea Palladio e la cultura veneta del Rinascimento*, Rom 1983.
M. Azzi Visentini, *L'orto botanico di Padova e il giardino del Rinascimento*, Mailand 1984.

Über Vincenzo Scamozzi und den Garten im 17. und 18. Jh.:
V. Scamozzi, *L'idea dell'architettura universale*, Venedig 1615, Teil I, Buch III, Kap. XIII, XIV, XVII, XXII-XXIV, XXVIII, S. 272, 278, 300–301, 322–328, 343–345 und passim.
S. du Ry, *Œuvres d'architecture de Vincent Scamozzi …*, Leiden 1713.
P. B. Clarici, *Istoria e coltura delle piante che sono pe'l Fiore più ragguardevoli, e più distinte per ornare un Giardino in tutto il tempo dell'Anno*, Venedig 1726, S. d. 1v–d. 2r und passim.
N. Beregan, *Poesie diverse*, Padua 1786, S. 87–90.
F. Scolari, *Della vita e delle opere dell'architetto Vincenzo Scamozzi …*, Treviso 1837.
B. Brunelli, A. Callegari, *Ville del Brenta e degli Euganei*, Mailand 1931, S. 247 und passim.
R. Pallucchini, »Vincenzo Scamozzi e l'architettura veneta«, in: *L'Arte*, XXXIX, 1936, I, S. 3–30.
F. Barbieri, *Vincenzo Scamozzi*, Vicenza 1952.
C. Semenzato, »Giovanni Bonazza«, in: *Saggi e memorie di storia dell'arte*, 2, 1959, S. 281–314.
M. Botter, *La villa Molin di Vincenzo Scamozzi in Padova*, Treviso 1961.
F. Franco, »Francesco Muttoni l'architetto di Vicenza N. N.«, in: *Boll. C.I.S.A.*, IV, 1962, S. 147–155.
E. Bassi, »Episodi dell'architettura veneta nell'opera di Antonio Gaspari«, in: *Saggi e memorie di storia dell'arte*, 3, 1963, S. 55–108.
A. Cavallari Murat, »Appunti per la storia del Trattato dello Scamozza«, in: *Atti de Rassegna tecnica della Società degli Ingegneri e Architetti in Torino*, Neue Folge XVIII, 1964, 3, S. 1–24.
E. Bassi, »Villa Lezze«, in: *Critica d'Arte*, XII, Neue Folge, Heft 73, Sept. 1965, S. 42–53.
C. Semenzato, *La scultura veneta del Seicento e del Settecento*, Venedig 1966.
L. Puppi, »I Tiepolo a Vicenza e le statue dei nani di villa Valmarana a San Bastian«,

in: *Atti dell'Istituto Veneto di SS.LL.AA.*, 1967–68, S. 243–250.
M. Precerutti Garberi, *Gli affreschi settecenteschi delle ville venete*, Mailand 1968.
F. Barbieri, »Le ville dello Scamozza«, in: *Boll. C.I.S.A.* XI, 1969, S. 222–230.
A. Massari, *Giorgio Massari architetto veneziano del Settecento*, Venedig 1971.
F. Barbieri, *Illumnisti e neoclassici a Vicenza*, Vicenza 1972, S. 3–6.
L. Puppi, »La ›Morosina‹ d'Altavilla«, in: *Rivista dell'Istituto Nazionale d'Archeologia e Storia dell' Arte*, XIX–XX, 1972–73, S. 217–319.
Derselbe, »Le Esperidi in Brenta«, in: *Arte Veneta*, XXIX, 1975, S. 212–218.
Versch. Verf., *Gli affreschi nelle ville venete dal Seicento all' Ottocento*, Venedig 1978.
B. Aikema, »A French Garden and the Venetian Tradition«, in: *Arte Veneta*, XXXIV, 1980, S. 127–137.
M. Azzi Visentini, »Note sul giardino veneto: aggiunte e precisazioni«, in: *Arte Veneta*, XXXVII, 1983, S. 77–89.
G. Piovene Cevese, *Il viaggio in Italia di P. A. Tolstoj (1697–1699)*, Genf 1983, S. 160.
F. Barbieri, *La Rocca Pisana di Vincenzo Scamozzi*, Vicenza 1985.
M. Azzi Visentini, »Descrizioni di giardini e ville del Veneto«, in: *L' editoria veneta del Sei e del Settecento*, Vicenza 1988.

Über den englischen Garten im Veneto im 18. und 19. Jh.:
Operette di vari autori intorno ai giardini inglesi ossia moderni, Verona 1817.
S. Maffei, *Verona illustrata* (1732), Bd. IV, Mailand 1826, S. 152–153.
A. Cittadella Vigodarzere, »Elogio di G. Jappelli«, in: *Rivista dell' Accademia di Padova*, 1854, S. 163 ff.
G. Venanzio, »G. Jappelli, in: *Atti del R. Istituto Veneto di SS.LL.AA.*, 1863–64, III/IX, S. 1029 ff.
A. Caccianiga, *Ricordo della provincia di Treviso*, Treviso 1874 (1872).
V. Malamani, *Isabella Teotochi Albrizzi. I suoi amici. Il suo tempo*, Turin 1882, S. 48–53.
O. Brentari, *Guida storico-alpina di Bassano – Sette Comuni – Canale di Brenta – Marostica – Possagno*, Bassano 1885.
V. Betteloni, *Impressioni critiche e ricordi autobiografici*, Neapel 1914, S. 48–53, 103–110.
B. Brunelli, »Un romantico costruttore di giardini«, in: *Le Tre Venezie*, Aug. 1933, S. 473–483.

G. Damerini, »Un architetto veneziano dell'Ottocento, G. Jappelli«, in: *Quaderni della Rivista di Venezia*, XII, 1934, S. 12–20.
R. Carta Mantiglia, »Eredità dell'Ottocento. Giuseppe Jappelli«, in: *L'Architettura*, 4, 1955, S. 538–549.
G. Franceschetto, »Una villa di Giuseppe Jappelli: Ca' Minotto a Rosa«, in: *Boll. C.I.S.A.*, III, 1961, S. 116–118.
N. Gallimberti, *Jappelli*, Padua 1963.
F. Barbieri, *Illuministi eneoclassici a Vicenza*, Vicenza 1972.
A. Veronese (Anassilide A.), *Notizie della sua vita scritte da lei medesima (1779–1847)*, Florenz 1973.
L. Puppi, »Giuseppe Jappelli. Invenzione e scienza, architettura e utopia tra Rivoluzione e Restaurazione«, in: *Versch. Verf., Padova. Case a palazzi*, Vicenza 1977, S. 223–269.
B. Mazza, *Jappelli e Padova*, Padua 1978.
A. Alpago Novello, »Un' opera inedita di Giuseppe Segusini: la ›Torresella‹ di Agordo«, in: *Jappelli e il suo tempo*, Versammlungsberichte, hrsg. v. G. Mazzi (1977), Padua 1982, S. 529–547.
R. Assunto, »Teoria del giardinaggio nell' estetica romantica«, in: ibidem, S. 3–23.
F. Bernabei, »Il giardino, la grazia, il moderno. Premesse teoriche nel Veneto dell' attività di G. Jappelli«, in: ibidem, S. 681–699.
G. Mezzanotte, »Contributi di Jappelli all' architettura romantica nella villa Sopransi a Tradate«, in: ibidem, S. 151–174.
G. Pizzamiglio, »Reminiscenze arostesche e tassiane nei giardini di Giuseppe Jappelli«, in: ibidem, S. 377–397.
G. Venturi: »La cultura del giardino all'inglese nel Veneto tra '700 e '800«, in: ibidem, S. 331–354.
R. Bussadori, R. Roverato, *Il giardino romantico e Jappelli*, Ausstellungskatal, Padua 1983.
Il giardino e la scena. Francesco Bagnara 1784–1866, Ausstellungskatalog, hrsg. v. P. Bussadori, Castelfranco Veneto 1986.
M. Azzi Visentini, *Il giardino veneto tra Sette e Ottocento e le sue fonti*, Mailand 1988.

Über den öffentlichen Garten von Prato della Valle bis zum Ende des 19. Jhs.
A. Caregaro Negrin, *Raccolta di disegni autografati per edifici pubblici e privati*, 4 Bde., Vicenza 1882–86.
G. Bordignon Favero, *Castelfranco Veneto e il suo territorio nella storia e nell' arte*, Castelfranco Veneto 1975.
G. D. Romanelli, *Venezia Ottocento*,

Rom 1977, S. 58–61, 78–80, 123–126, 185–187, 519–522, Abb. 33–34.
B. Ricatti, *Antonio Caregaro Negrin. Un architetto vicentino fra eclettismo e liberty*, Padua 1980, S. 99–103, 104, 106–107, 112–114, 115–117.

Über den venetischen Garten von Eklektizismus bis heute
A. Caccianiga, *Ricordo della provincia di Treviso*, Treviso 1874, S. 105–107, 209–210.
A. Caregaro Negrin, *Raccolta di disegni autografati per edifici pubblici e privati*, Vicenza 1882–86, Bd. IV; Villa Palazzi, Taf. I–III, Villa Costantini, Taf. I–XXX.
P. Duboy, »Locus Solus. Carlo Scarpa et le cimitière de S. Vito d'Altivole (1969–1975)«, in: *L'Architecture d'aujourd'hui*, 181, 1975, S. 73–86.
I. Vercelloni, »Un restauro vissuto come felice storia familiare«, in: *Casa Vogue*, 62, 1976.
B. Ricatti, *Antonio Caregaro Negrin. Un architetto vicentino fra eclettismo e liberty*, Padua 1980, S. 86, 93–96, 124–128.
V. Fontana, *Il nuovo paesaggio dell'Italia giolittiana*, Bari 1981.
Carlo Scarpa a Castel Vecchio, Ausstellungskatalog, hrsg. v. L Magagnato, Mailand 1982.
P. Bussadori, R. Roverato, *Il giardino romantico e Jappelli*, Ausstellungskatalog, Padua 1983, S. 103–105.
Carlo Scarpa. L'opera completa, hrsg. v. F. Dal Co und G. Mazzariol, Mailand 1984.

81

Historische Analyse einiger Gärten
Margherita Azzi Visentini, Vincenzo Fontana

87

Zwischen dem 15. und 16. Jahrhundert entstanden in Venedig Gärten auf der Giudecca, die die Kultur des Humanismus widerspiegeln. Durch die Landgewinnung zwischen Ponte Lungo und Punta di San Giovanni Battista konnten Gärten zur Lagune hin nun großzügiger angelegt werden. Der Plan von de' Barbari (1500) zeigt Ca' Trevisan und ihren Garten neben dem Ponte Lungo. Die Fassade dieser ländlichen Villa blickt auf Venedigs berühmte Silhouette und die zugigen Kanalufer. Nach hinten aber liegt der windgeschützte Hof, der wie der Markusplatz mit hellen und dunklen Steinen gepflastert ist. Ein großer Portikus über die ganze Breite der Fassade verbindet das Haus mit dem Hof, der, umgeben von hohen Mauern, fast wie ein Innenraum wirkt. Entlang der Mauern laufen steinerne Sitzbänke, wachsen kleine Sträucher. In der rückwärtigen, zinnenbekrönten Mauer läßt ein breites Gitter Sonne und die linden Lüfte der Lagune in den Hof. Vor allem aber sollte das Gitter den Blick freigeben auf den dahinterliegenden Garten und seinen Laubengang. Bäume im Hintergrund verbergen einen Holzzaun, zwischen ihm und dem Ufer liegt ein noch nicht urbar gemachtes Stück Land. Am 5. September 1502 wurden Vincenzo und Marina Trevisan zu einer Strafe von 250 Dukaten wegen widerrechtlicher Urbarmachung verurteilt (A.S.Ve., S.E.A., reg. 377). Zu beiden Seiten des Laubengangs lagen Gemüsebeete. Mitte des 15. Jahrhunderts legte Jacopo Bellini in seiner im Louvre aufbewahrten *Deposizione* die Regeln für die Anlage von Gemüsegärten fest. Noch heute werden Gärten in der Lagune nach diesem Plan bepflanzt. Direkt nach der Renaissance-Villa der Trevisan steht ein spätgotisches Haus ohne Portikus im Hof und ohne ein Gitter, das Ausblick in den Garten gewährt. So vermißt man hier noch die in der Frührenaissance beliebte lange Blickschneise. In der Ca' Trevisan diente sie auch als Bühne bei der Aufführung »moderner«, anzüglicher Komödien. Am 7. und 13. Februar 1515 trat die Gruppe der Ortolani dort auf (Sanudo). Hof und Garten bildeten bis 1530 auch den Rahmen für prächtige Feste zu Ehren berühmter Gäste, wie Eleonora Gonzaga, den Herzog von Mailand, den Herzog von Urbino und Ranuccio Farnese. Heute gehört das Anwesen der Stadt Venedig, die es Theatergruppen für Aufführungen zur Verfügung stellt.

Die damals beliebten Klostergärten

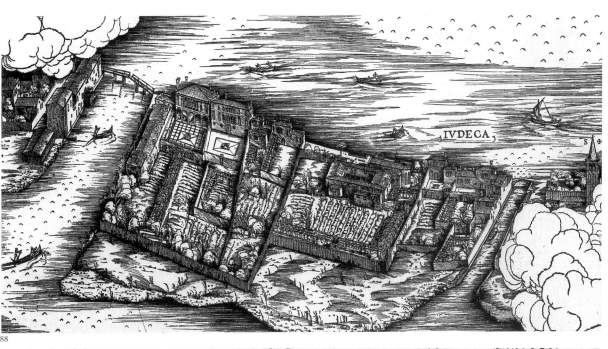

88

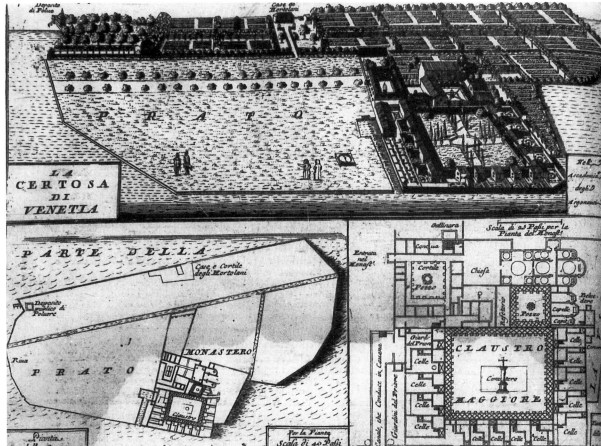

89

90. *Jacopo Tintoretto, Der verlorene Sohn, Ausschnitt, 1565–66, Venedig, Dogenpalast.*
Der Ausschnitt auf Tintorettos Gemälde zeigt eine Weinlaube. Damals wie heute wachsen Pflanzen in Venedig oft ganz unvermittelt zwischen Fußbodenplatten und Mauern. Bei den venezianischen Ortsbezeichnungen hat vida die gleiche Bedeutung wie calle und campo.

91. *Jacopo Tintoretto, Das Wunder des hl. Markus (Der hl. Markus befreit den Sklaven), Ausschnitt, 1548, Venedig, Gallerie dell'Accademia.*
Eine Mauer im manieristischen Stil trennt den Hof vom Garten. Das Portal ist mit Telamonen und einem Tympanon geschmückt, das Gitter in der Mauer ist typisch venezianisch.

92. *Antonio Visentini, Loggia des Palazzo Vendramin auf der Giudecca, Zeichnung, London, Royal Institute of British Architects. 1630 wurde dieses Tempelchen anstelle einer Palladio zugeschriebenen Rotunde gebaut. Es stand am Ende des Gartens und war für Konzerte gedacht.*

92

waren ähnlich angelegt wie die der Paläste. Francesco Marcolini schreibt in seinem Buch *Il giardino de' pensieri* (Venedig 1540): »Wo sonst findet man so dichten, erquickenden Schatten, Blumen, die so duften? Wo sonst ergötzen so viele zwitschernde Vögel die Seele und die müden Sinne?« In seinem Buch *La zucca* (Venedig 1551) beschreibt Francesco Doni die Accademia Peregrina. In diesem humanistischen Zirkel trafen sich Marcolini, Jacopo Sansovino, Tizian, Giuseppe Salviati, Danese Cattaneo und Enea Vico mal »in der hellsten Sonne« in einem Garten auf Murano, mal auf der Giudecca, auf San Giorgio, auf Santo Spirito, um Petrarca zu rezitieren und zu musizieren.

Der Palazzo Vendramin auf San Biagio, von einem Baumeister aus dem Lomardo-Kreis vollendet, hatte eine offene Loggia zum Garten. Gegen Ende des 16. Jahrhunderts reichte er bis zum Rio delle Convertite. Dort stand ein runder

90

Pavillon, der Palladio zugeschrieben wurde (Sansovino, 1663). Wahrscheinlich hatte er Säulen und Seitenloggien, wie das Theater, das Giovanni Antonio Rusconi 1564 für die Accesi erbaut hatte. 1630 wurde das Rundtempelchen in einen Portikus umgebaut, in dem man sich zum Musizieren traf, im 18. Jahrhundert war es ein Spielcasino, nach 1762 wurden dort Feuerwehrskörper hergestellt, im 19. Jahrhundert Weinstein. In der Mitte des 19. Jahrhunderts wurde der Portikus schließlich niedergerissen. Es kann nicht sicher behauptet werden, ob die Zeichnung von Antonio Visentini (R. I. B. A., f 6/61) zum Portikus oder zu einem anderen Gebäude des Gartens gehörte. Visentini hat ein Tempelchen *in antis* mit toskanischen Pilastern gezeichnet.

Ebenfalls am Rio delle Convertite lag die einstöckige Casa di Sante Catteneo. Eine mit Trompe-l'œil-Fresken geschmückte Säulenhalle führte in einen

91

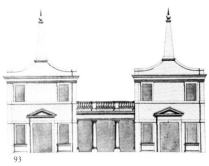

93

Hof mit Grotten und Brunnen, der mit Korallen, Muscheln und Muranoglas phantasievoll ausgeschmückt war. Unvermittelt zwischen den Fugen des Ziegelbodens aufschießende Wasserstrahle durchnäßten den Besucher. Der anschließende Garten reichte bis an die Lagune, und dort stand eine bemalte Loggia. Malamocco und Chioggia am Horizont bildeten den Hintergrund für Rabatten mit seltenen Pflanzen, Orangenbäumen, Zedern und Jasmin (Sansovino, 1663).

Auf Ludovico Ughis Plan von Venedig, gedruckt 1729 von Giuseppe Baroni, sind die Gemüsegärten der Giudecca in Ziergärten umgewandelt. Aber galt dies auch wirklich für alle? Es ist unwahrscheinlich, daß jedes freie Plätzchen der Insel im 18. Jahrhundert als französischer Garten mit *ronds points* und diagonalen Achsen angelegt worden ist. Eine Zeichnung der Contarina Barbarigo (B. C. Ve., anonym, inv. 8023) zeigt den Hof des Palazzo Sagredo, der von einer Mauer mit Exedren und Portalen umgeben ist, an denen Kletterpflanzen ranken.

Auf der Gartenseite führt ein Portal mit Rokokovoluten und Vasen auf einen traditionellen Laubengang.

1807 entwarf Selva die Passeggiata und den Campo di Marte. In dieser Zeit wurde zwischen Rio della Roce und der Punta di San Giovanni Battista ein ziemlich wertvolles Stück Land ertragreich mit Artischocken, Wein und Früchten bebaut, um Venedig rasch mit Obst und Gemüse versorgen zu können. Außerdem lag hier auch »la Botanica«, der botanische Garten, in dem alle Heilkräuter für

Venedig gezogen wurden. Vincenzo Zennier machte den Vorschlag, auf der Punta eine Pyramide zu bauen, die man vom Hafenbecken von San Marco aus gut sehen konnte, sie sollte mit Gedenktafeln für Politiker, Kriegshelden und Dichter geschmückt sein.

Frederick Eden erwarb 1884 zwischen Redentore und der Zitelle am Rio della Croce einen Garten mit Blick auf die Lagune. Dazu gehörte auch Casino Dolfin, wo Caterina Sagredo von 1747 bis 1767 einen Reitstall unterhielt. In nur 15 Jahren wurde Edens Besitz zum *garden in Venice*, der in dem 1903 von *Country Life* in London veröffentlichten Buch beschrieben ist. Darin wechselten Fotografien mit Holzschnitten aus *Hypnerotomachia Poliphili*. Eden holte sich für seinen Garten Inspirationen im Generalife in Granada und von Gärten der Frührenaissance, vor allem aber hielt er an venezianischen Traditionen fest. Daher klingt überzeugend, was Francesco Basaldella 1986 schreibt, nämlich daß ein gewisser »Jekil« [sic] Eden beraten habe. Vielleicht die berühmte Gertrude Jekyll? Ihre Handschrift trägt vor allem das Wasserbecken, das zwischen Vasen mit Zitronenbäumen und Lilienbeeten liegt. Weinlauben sind so gepflanzt, daß sie, vom Hof gesehen, die so beliebten klassischen Perspektiven bilden. Viele Elemente des antiken römischen Gartens werden aufgegriffen, etwa vier Zypressen zwischen verschiedensten Blumenbeeten. Krautköpfe und Artischocken müssen Blumen weichen, Pfirsich-, Aprikosen- und Maulbeerbäume werden gepflanzt, ein

Rosengarten, neue Wein- und Rosenlauben werden angelegt, um das Bassin wuchert Bambus. Nach vielen Anträgen erhält Eden die Erlaubnis, das Land zwischen Mauer und Lagune mit fruchtbarer Erde aufzufüllen. Dort pflanzt er dann Brustbeerbäume, Granatäpfel, Jojobabäume, Moschus, Anemonen und Wein in langen Reihen. Zypressen und Eiben wachsen entlang der Mauer bis an die Lagune, wo sich Eidechsen und Krebse ein Stelldichein geben. In den dreißiger Jahren unseres Jahrhunderts läßt die neue Besitzerin des Gartens, Aspasia von Griechenland, Olivenbäume, Pinien und Oleanderbüsche setzen – es sieht nun beinahe aus wie auf Korfu.

Von der Casa del Leone (früher Volpi) und dem Obstgarten der Kapuziner reicht der Blick über die Lagune weiter bis an den Rio della Croce. Erst der Blick hinter die heute archäologisch interessanten Werften führt uns weiter in Erinnerung, daß die Giudecca im 19. und 20. Jahrhundert nicht länger der Garten Venedigs war, sondern zum Industriegebiet wurde. (V. F.)

Bibliographie: F. Marcolini, *Il giardino de' pensieri*, Venedig 1540, S. 35; A. F. Doni, *La zucca*, Venedig (1551–52), 1580, S. 118v–120v; F. Sansovino, *Venetia, città nobilissima et singolare. Con aggiunta di tutte le Cose Notabili della stessa Città, fatte, Et occorse dall'Anno 1580 sino al presento 1663. Da D. Giustiniano Martinioni*, Venedig 1663 (1580) (Ausg. anastatica, Venedig 1978), S. 369–370; F. Eden, *A Garden in Venice*, London 1903; G. Damerini, *Giradini sulla laguna*, Bologna 1927; S. 33; H. De Regnier, *L'altana ou la vie vénitienne*, 1899–1924, Paris 1928, S. 156; F. Bassi, *Palazzi di Venezia*, Venedig 1976, S. 520–521; G. D. Romanelli, *Venezia Ottocento*, Rom 1977, S. 60–61, 125–126; L. Puppi, »I giardini veneziani del Rinascimento«, in: *Il Veltro*, XXII, 3–4, 1978, S. 279–298; M. Azzi Visentini, »Venezia in una sconosciuta veduta a volo d'uccello del Seicento«, in: *Antichità Viva*, XVIII, 1979, 4, S.–31–38; M. Brusatin, *Venezia nel Settecento*, Turin ²1980, S. 127–129; J. Dixon Hunt, »L'idea di un giardino nel bel mezzo del mare«, in: *Rassegna*, 8, 1981, S. 56–65; M. Azzi Visentini, »Per un profilo del giardino a Venezia e nel Veneto«, in: *Comunità*, Jg. 1985, S. 258–264; F. Basldella, *Giudecca. Storia e testimonianze*, Venedig 1986, S. 33–37, 39–52, 85–97.

94

95

96. *G. Donato, Karte der Region Trevignano von den Voralpen bis an die Lagune, Ausschnitt, aquarellierter Stich, 16. Jh. Venedig, Staatsarchiv. Der Ausschnitt zeigt Altivole und den Barco.*

97. *Anonyme Federzeichnung aus dem 18. Jh., Kopie einer Zeichnung aus dem 16. Jh. vom Barco und dem Palast von Altivole. Asolo, Museo Civico. Der große Palast mit den drei Toren in der Fassade (1500–02) hat nichts mehr von einer mittelalterlichen Burg; eine bemalte Mauer trennt den Palastbezirk*

vom Hof mit großem Brunnen in der Mitte (1491–1509). Rechts liegen die Unterkünfte der Schutztruppen, das Haus des Verwalters, die Kapelle und die Renaissance-Loggia, der einzige heute noch erhaltene Teil. Auf einer Insel in einem See stand ein einzelner Turm.

Als *barco* wurde bis zum Ende des 14. Jahrhunderts ein unkultiviertes, umfriedetes Stück Land bezeichnet, das an die Gärten grenzte; Dort wurde gejagt (Dami, 1924). Berühmt war der Barco der Montefeltro in Casteldurante (heute Urbania), von dem nichts erhalten ist. Glaubt man Antonio di Colbertaldo, so hat Pietro Bembo den Namen angeregt, als ein Synonym für Paradies.

Die Arbeiten am Barco von Altivole wurden 1914 begonnen (Puppi, 1962). Im Museo Civico von Asolo verwahrt man eine nicht inventarisierte Karte aus dem 18. Jahrhundert, in der verzeichnet ist, daß der Barco in nur 18 Monaten fertiggestellt wurde. Diese Karte basiert auf einer Zeichnung, die um 1571 entstanden ist. Die »königliche« Villa (nach einer Definition von de' Crescenzi, 1534, Buch VIII, Kapitel III) war von einer Mauer mit fünf Türmen umgeben. Der mittlere Turm an der Vorderseite mit dem Hauptportal stand nicht auf der Mittelachse. In der linken Wand gab es drei Türme in regelmäßigen Abständen. Die Loggien (eine einzige ist heute noch erhalten), die sich an den rechten Eckturm anschlossen, lehnten sich an die Umfassungsmauer. Die herrschaftliche Villa hatte einen zinnenbekrönten, vorspringenden Mittelbau und war von einer zweiten Mauer mit drei großen Bögen an der vorderen Seite umgeben. Die Fassaden der Villa, die Umfassungsmauern und die Loggien waren reich mit Fresken verziert, die dem Barco einen prächtigen, höfischen Charakter gaben. Man kann ihn vielleicht noch am ehesten mit dem Landsitz der Sforza in Vigevano vergleichen, den Bramante gebaut hat. Wahrscheinlich lag gleich hinter dem Haus, noch innerhalb der zweiten Mauer, der Garten, dahinter ein Fischbassin. In der Mitte des großen Hofes stand der Hauptbrunnen, nahe bei den Loggien und der vorderen Mauer eine Zisterne. Die Villa mit ihren Gärten lag in der hinteren linken Ecke des großen Hofes. Das gesamte Gebiet, das zum Barco gehörte, war etwa 86,5 Campi oder 45 Hektar groß eingezäunt. Mitten im Gelände ragte auf einer Insel in einem viereckigen See ein einzelner großer Turm auf. Es heißt, daß dieser See mit Wasser aus dem Tal des Ru gespeist wurde, das man über die Hügel von Crespignaga leitete. Sensationell war die »moderne« Rohrleitung, die der von Fra Giocondo 1503 in Blois installierten ähnelte.

Im Jahre 1500 schenkte Caterina den

96

Barco ihrem Bruder Giorgio. In der Schenkungsurkunde, die in der Marciana von Venedig aufbewahrt wird, wurden die fertige Umfassungsmauer erwähnt und einige im Bau befindliche Gebäude. Vor allem die Villa schien noch nicht begonnen gewesen zu sein, ebenso »wie die Wasserleitung von der Villa nach Crespignaga«. So ist in den besagten 18 Monaten lediglich das Gebiet des Barco eingegrenzt, aber weder Villa noch Wasserleitung gebaut worden, die das Gelände erforderlich machte. Die Bauarbeiten müssen rasch vorangetrieben worden sein und waren 1509 beendet. Am 9. Juni desselben Jahres drang das kaiserliche Heer in den Barco, legte Feuer und brachte den kaiserlichen Adler über dem Palastportal an, was auf der Karte von Asolo gut zu erkennen ist. Der schon zitierte Antonio di Colbertaldo berichtet weiter, daß Caterina trotzdem auf die Jagd ging und den Vögeln nachstellte. Sie hatte eine große Voliere, die ein Grieche betreute und von dem Bembo in den *Famigliari* (6. Oktober 1502) erzählt. Es gab »Rehe, Hasen,

Hirsche und Kaninchen, Gärten mit allen nur möglichen Bäumen, und mittendrin ließ [Caterina] einen wunderschönen Brunnen aus Natursteinen bauen«.

Die Invasionstruppen der Liga von Cambrai scheinen nicht am Untergang des Barco schuld zu sein. Auf der hydrographischen Karte für das Gebiet von Trevignano ist er als intaktes Ganzes eingezeichnet (A.S.Ve., S.E.A., Rolle 176, Div.-Nr. 5). Auch Vincenzo Scamozzi bezeichnet 1615 den Barco noch als einen »vielgenutzten Landsitz«. 1780 schreibt Giampiccoli dagegen, daß von der Villa lediglich einige Ruinen übrig seien. Heute findet man nur noch Reste der Mauer um den großen Hof. Sie bestätigen, daß das langgezogene Rechteck auf der ungelenken Karte von Asolo sich auf die Maße des antiken Militärlagers bezieht, daß also die Verwalterhäuser, die schöne Loggia mit den fünf Bögen, das große Portal und die Kirche auf einem Boden standen, der schon von den Römern bebaut war. Die anschließende Loggia ist auch zerstört. Diese Seite

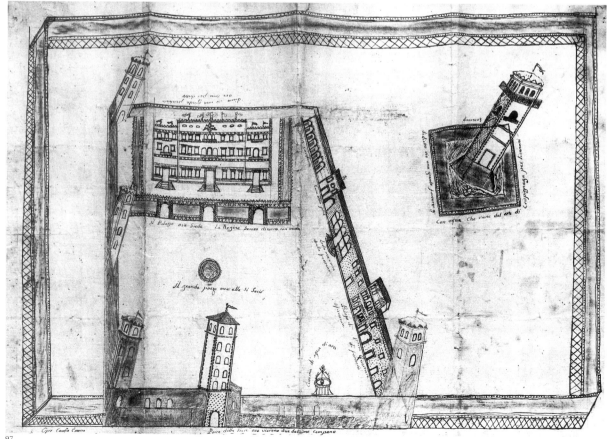

97

98, 99. *Der Barco der Caterina Cornaro, Altivole.*
Die große Loggia im Hof ist vielleicht ein Werk von Francesco Graziolo mit Kapitellen im lombardesken Stil und prächtigen Fresken. Die Doppelbogenfenster in der Rückwand der Loggia gingen früher vielleicht auf einen Garten oder auf den Barco (vgl. auch Abb. 279).

wurde durch ein durchlaufendes Dach architektonisch zusammengehalten, lediglich das Verwalterhaus und die Kirche ragen darüber hinaus. Die Fresken an der noch erhaltenen Loggia mit ihren geometrischen Mustern und mythologischen Szenen geben einen blassen Eindruck, wie die Villa und die Umfassungsmauern früher ausgesehen haben. Man kann diese Fresken mit denen des Fondaco dei Tedeschi vergleichen, der zur gleichen Zeit in Venedig entstanden ist. Infolgedessen sind nach Lionello Puppi (1962) Francesco Graziolo und sein Sohn Bartolomeo die Baumeister dieser manieristischen »Villa im Stil der Langobarden« in Asolo, und nicht der von Colbertaldo genannte Pietro Lugato. Die Graziolo standen mit Francesco Giorgi in Verbindung, der in den Jahrzehnten nach der Fertigstellung des Barco in der Villa im »orientalischen« Stil lebte. Die heute noch erhaltene Loggia mit ihren schönen Kapitellen verkörpert den humanistischen Zeitgeist und ist ein Überbleibsel humanistisch geprägter Architektur, die für alle Strömungen offen war. (V. F.)

Quellen und Bibliographie: Caterina Cornaro, Schenkungsurkunde an den Bruder Giorgio, Kopie (B. M. Ve., Cod. It. VII, 480 = 7785); A. di Colbertaldo, *Historia di D. D. Caterina Cornaro / regina di Cipro / del Sig...,* Kopie (B. M. Ve., Cod. It. VII, 9 = 8182, S. 86–87); Karte aus dem 19. Jh., Kopie des Originals aus dem 17. Jh. (Asolo, Museo Civico, o. Inv.Nr.); P. de' Crescenzi, *Opera di agricoltura,* Venedig 1534, Buch VIII, Kap. III; V. Scamozzi, *L'idea dell'architettura universale,* Venedig 1615, I, S. 280; M. S. Giampiccoli, *notizie istoriche e geografiche appartenenti alla città di Asolo e al suo territorio,* Belluno 1780, S. 630; L. Fietta, Caterina Cornaro del Dr. Enrico Simonsfeld«, in: *Archivio Veneto,* 1881, S. 80–81; L. Dami, »Il giardino italiano«, Rom 1924, S. 41, Nr. 24; L. Puppi, »Il ›barco‹ for Caterina Cornaro ad Altivole«, in: *Prospettive.* 25, 1962, S. 52–64; C. Lewis Kolb, *The Villa Giustinian at Roncade,* New York 1977, S. 157–166; M. Kubelik, *Die Villa im Veneto. Zur typologischen Entwicklung im Quattrocento,* München 1977, S. 73–75, Karte 22; L. Puppi, in *Giorgione. Guida alla mostra: I tempi di Giorgione,* hrsg. v. P. Carpeggiani, Florenz 1978, S. 109–110; M. A. Muraro, *Civiltà delle ville venete,* Udine 1986, S. 142–145.

98

99

100. Moderner Grundriß der Villa Giustinian mit Hof.
Es ist ziemlich sicher, daß der in seinen Proportionen ausgewogene Entwurf von Villa und Hof von Tullio Lombardo stammt. Die Villa Giustinian ist nicht nur von hoher künstlerischer Qualität, sondern auch noch ausgezeichnet erhalten.

101. Moderner Grundriß der Villa-Burg-Anlage Colleoni in Thiene.
Die Villa aus der zweiten Hälfte des 15. Jhs. blickt auf den Hof. Links liegt der Wirtschaftshof, der rückwärtige Garten wird von einem Wasserlauf durchzogen. Dort befindet sich eine Grotte mit Fontäne von Cristoforo Sorte.

102. Francesco Santacroce, Madonna mit Kind, dem Johannesknaben und Engeln, Ausschnitt. Venedig, Museo Correr.

Dieser vom humanistischen Geist geprägte Landsitz ist von einer »Burganlage« umgeben, wie die wuchtige Umfassungsmauer in den Urkunden aus dem 16. Jahrhundert beschrieben wird. Es ist ein harmonisches und vor allem ausgezeichnet erhaltenes Beispiel für die großen, ländlichen Hofhaltungen, wie sie nach Cambrai gebaut worden sind. Hier ist nichts asymmetrisch, wie etwa beim Barco von Altivole, man atmet die humanistische Atmosphäre venezianischer Färbung, wie sie in *Hypnerotomachia Poliphili* von 1499 wiedergegeben ist und in den *Scriptores rei rusticae*, die Aldo Manuzio 1514 herausgegeben hat. Fra Giocondo überarbeitete den Text und machte die Illustrationen dazu. Diesen humanistischen Zeitgeist setzte Tullio Lombardo, dem man die Architektur der Villa Giustinian zuschreibt (C. Lewis Kolb, 1977), in klassische architektonische Formen um.

Agnesina Badoer war in zweiter Ehe mit Girolamo Giustinian verheiratet und gab den Bau der Villa in Auftrag. Bis 1511 diente der kleine, aus dem 15. Jahrhundert stammende Palazzo Badoer am Marktplatz von Roncade der Familie als Landhaus. In der Steuererklärung von 1514 werden sechs Mühlen am Musestre und neun Bauernhöfe, sieben davon in Roncade, aufgeführt, während das neue Landhaus »noch nicht halb gebaut und für mich bestimmt ist«. Offenbar gingen die Arbeiten zügig voran. Im Mai und Juni 1522 war Leonardo Giustinian, der Sohn von Agnesina und Girolamo, in der Villa nach der Rückkehr von Barbaria (Sanudo) in Quarantäne. Bei ihm waren einige Freunde, darunter Ottaviano Bon und Agostino Foscari. Bembo schreibt, daß am 26. August 1529 Giovanni Corner und der Kardinal Francesco Pisani in der Villa Giustinian weilten. 1534, zwei Jahre nach dem Tod von Girolamo, ist der Bau fertiggestellt, er wird als »groß« bezeichnet »cum la sua casa et altre sue habitatione per stanciar per nostro uso cum li sui hortj et bruolj«. Das alte Haus der Badoer am Marktplatz wird als Schenke verpachtet. Die fünf Mappen mit aquarellierten Stichen von 1536, die in der Biblioteca Comunale in Treviso aufbewahrt werden, sind ein einzigartiges Zeitdokument. Sie zeigen, daß die Villa und ihre Umgebung bis heute beinahe unverändert geblieben sind.

Das Rechteck der Umfassungsmauer mißt 25 auf 20 Modul (ein Modul sind dreizehn venezianische Fuß). Die Mauer

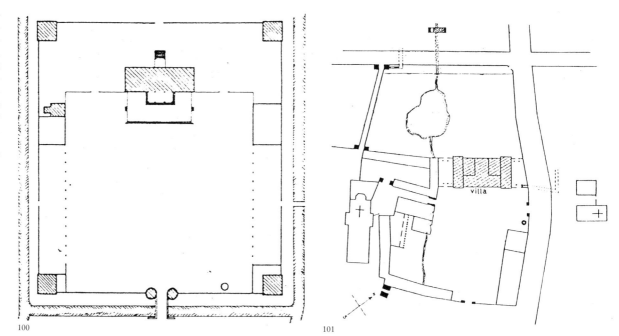

100

101

102

103. Liegenschaftsplan der Familie Giustinian in Roncade, anonym, aquarellierte Zeichnung auf Pergament, 1536. Treviso. Museo Civico.
Der Plan zeigt den großen Obstgarten mit Obstbäumen und Weinstöcken, die Villa Badoer aus dem 15. Jh., die neue

Villa Giustinian, die von einer turmbewehrten Burganlage umgeben ist, und den kleinen, quadratischen Gemüsegarten. Am Musestre liegen die Mühlen und die wenigen Häuser des Ortes. Seitlich neben der Villa befinden sich die geheimen Gärten.

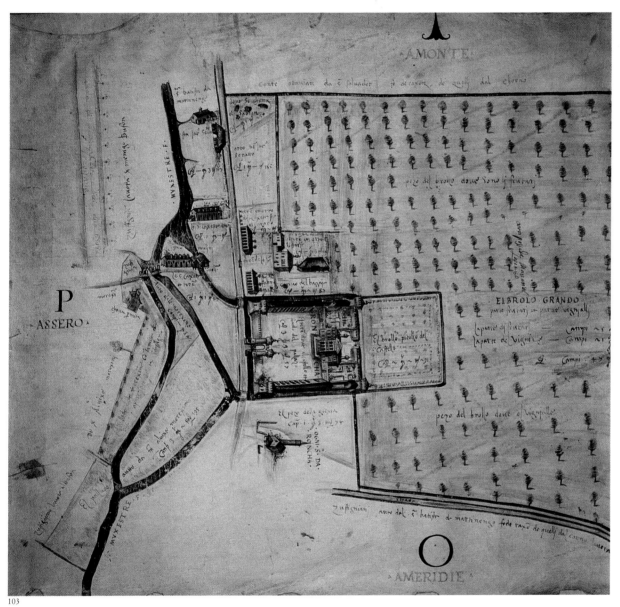

103

Libanonzedern und zwei Büsche Magnolia grandiflora gepflanzt. Links und rechts der Treppe wurden kleine italienische Gärten mit Zwergbuchsbaumhecken angelegt. Zwei runde, wuchtige Kamine auf dem Dach greifen die Türme der Umfassungsmauer wieder auf. Dieses frühe Beispiel einer »modernen« Villa auf der Terraferma kann vom Eingangsportal bis zum Garten der Venus von Poliphilo inspiriert worden sein, nicht nur in der Art, wie die Proportionen von Tympanon und darunter liegenden doppelstöckigen Arkaden gehandhabt wurden. Die Fassade mit ihrem Mittelrisalit hat klassische Proportionen. Die Wirkung dieses vorspringenden Arkadenmittelteils wird durch die gemalte Scheinarchitektur auf den Seitenteilen noch verstärkt. Andererseits dringt auch die Außenwelt in das Innere der Villa, vom Portikus über den Portego reicht der Blick bis in den rückwärtigen Hof. Zwei Bögen geben der hinteren Fassade ein gewichtiges Aussehen. Zum Anwesen gehörten auch noch eine Schmiede, eine Korbflechterei und der Kuhstall hinter der alten Villa Badoer. Außerdem der *brolo grande* mit einer Größe von 47 Campi trevigiani, 25 Campi waren mit Obstbäumen bepflanzt, der Rest mit Wein. Wegen der tonhaltigen Erde, die wohl gut für Weinstöcke ist, mußte für den Obst- und den Gemüsegarten anderes Erdreich herbeigeschafft werden. 1542–43 wurde links von der Villa die Kapelle gebaut, sie wird Santo Lombardo, dem Sohn des Tullio, zugeschrieben (D. Lewis, 1983). Heute gehört die Villa Giustinian den Baronen Ciani Bassetti. (V. F.)

Quellen und Bibliographie: A.S.Ve., *Dieci Savi alle Decime, Condizioni di Girolamo Giustinian e Agnesina Badoer, S. Pantalon, estimo 1514,* Reg.Nr.56, Teil 105; A.S.Ve., *Dieci Savi alle Decime, Condiziono aggiunti nuovi,* 1534, Mappe Nr. 90, Teil 690; *Cinque mappe della proprietà Giustinian Badoer a Roncade,* 1536 (B.C.Tv., o. Inv.Nr.); P. Bembo, *Nuove lettere famigliari...,* Venedig 1564, S. 120; M. Sanudo, *I diarii,* hrsg. v. N. Barozzi u. a., Venedig 1892, XXXIII, 257, 22. Mai 1522; 312, 20. Juni 1522; 320–21, 23. Juni 1522; M. Botter, *La villa Giustinian di Roncade,* Treviso 1955; C. Lewis Kolb, *The Villa Giustinian at Roncade,* New York 1977; G. Hersey, Bespr. von C. Lewis Kolb, »The Villa Giustinian at Roncade«: *Journal of the Society of Arch. Historians,* 39, 1980, 3, S.249–251.

ist mit ghibellinischen Zinnen bekrönt und von einem breiten Wassergraben umgeben, der aus dem Musestre gespeist wird. An den vier Ecken stehen quadratische Türme, zwei runde flankieren das Portal an der Brücke. Eine herrschaftliche Burganlage also, aber auch wirkungsvoll gegen Überfälle, wie die trutzigen Türme suggerieren. Weniger gut gesichert ist die Villa allerdings auf ihrer Rückseite. Hier ist sie nur durch eine einfache Mauer vom *brolo piccolo,* vom kleinen Nutzgarten getrennt. Der große Hof vor der Villa wird an den beiden Seiten

von langen Bogenarkaden umschlossen. Den rückwärtigen Hof trennen freskenbemalte Mauern von den symmetrisch angelegten »geheimen« Gärten, die sich bis zum Nutzgarten ausdehnen. Wege, angelegt wie ein lateinisches Kreuz, teilen die Gärten in vier Rabatten, an den Mauern stehen Büsche und Sträucher. Auch die damals in Venedig beliebte Sitzbank entlang der Mauer fehlt nicht. Der Nutzgarten ist etwa so groß wie der Hof vor der Villa und wird von einem Graben umschlossen. Innerhalb des Grabens wächst eine Hecke, ein Weg läuft daran

entlang, ein zweiter durchschneidet den Garten der Länge nach; in der Mitte wachsen niedrige Pflanzen. Heute ist noch gut zu erkennen, wo der Graben einmal verlief, aber der Garten ist nicht mehr so angelegt wie auf der Karte von Treviso dargestellt. Verschwunden sind auch die bemalten Mauern und der Hof zwischen den Gärten auf der Rückseite des Hauses. Und links und rechts vom Mittelweg im großen Hof dehnt sich nun englischer Rasen, auf dem Statuen aus dem 18. Jahrhundert stehen. Hier wurden im letzten Jahrhundert auch zwei

Am Ostufer des Gardasees liegt die malerische Punta San Vigilio. Sie ist der südlichste Ausläufer des über 2000 Meter hohen Monte Baldo und schließt im Norden die Bucht von Bardolino ab. Auf der Punta liegt eine der wenigen erhaltenen Villen, die uns noch heute den Geist des Humanismus nahebringen, aus dem heraus sie entstanden sind. Wir kennen diese Villen aus den Schriften von Navarego, Bembo, Doni und vielen anderen Autoren der Zeit.

Agostino, der Bauherr von Villa Brenzone, war der Sohn des Familiengründers, Stefano de Pontanidis. Dieser stammte aus Cremona, wo er um 1495 geboren wurde. Liebevoll wurde ihm von Bianca Fracastori, verwitwete Brenzone, das Verständnis für die klassischen Künste und die Jurisprudenz nahegebracht. Schließlich nahm er, zusammen mit einem großzügigen Legat, den Familiennamen seiner Wohltäterin an. Bianca Fracastoro schrieb in ihrem Testament von 1510, sie habe »über wunderbare Jahre

hinweg« für ihren Schützling »gesorgt, ihn angeleitet und ausgebildet« (Brenzoni 1960). Nachdem Agostino das Studium beider Rechte erfolgreich abgeschlossen und seine Studien in Rom noch vertieft hatte, ließ er sich in Venedig als Advokat nieder. Er blieb dort bis 1567, verkehrte in gelehrten Kreisen und verschrieb sich der Philosophie und Kultur.

Am 13. Dezember 1538 erwarb Agostino Brenzone von Nicolò Barbaro das Anwesen San Vigilio. Damit erhielten er und seine Nachkommen auch das Recht »di far hosteria«, also die am kleinen Hafen liegende Schenke weiter zu betreiben. Nicolò Barbaro war Landverweser des Gardasees und hatte die Punta 1517 von ihren »aufständischen« Vorbesitzern konfisziert, die zu den Anhängern Kaiser Maximilians zählten und nach dem Bund von Cambrai auf seiner Seite kämpften. Barbaro besaß ein Haus auf der Punta, man weiß allerdings nicht, wo. Das heute noch existierende Kirchlein San Vilio wird schon um 1439 im Flurbuch der

Veroneser Territorien aufgeführt. Dieses Verzeichnis wurde von Almagià illustriert und wird heute im Staatsarchiv von Venedig aufbewahrt.

Die Bauarbeiten für die neue Villa müssen sofort nach dem Erwerb des Grundstücks begonnen haben. Schon um das Jahr 1542 drückt Pietro Aretino in einem Brief aus Venedig an einen rechtsgelehrten Freund sein Bedauern darüber aus, daß er den Herzog von Urbino, Guidobaldo della Rovere, und seinen Hofstaat nicht nach San Vigilio begleitet habe. Wehmütig erinnert er sich der »vielfältigen Gärten, die den erfreuen, der sie besucht«. Üppig wuchsen dort »schwarze und weiße Myrthen, frischer grüner Lorbeer, große und kleine Zedern und eine Vielzahl von Orangen- und Zitronenbäumen«. Die Zeit verstrich angenehm, während man »unter schattigen Feigen-, Oliven-, Kirsch- und Birnbäumen lustwandelte«, man ging auf die Jagd, man fuhr zum Fischen, und man führte angeregte Gespräche (Aretino,

Ausg. 1957–60). Aretino hat Villa Brenzone nie besucht, und man glaubt, daß der Hintergrund zu Tizians Gemälde *Die himmlische und die irdische Liebe* ihn zu seiner anschaulichen Beschreibung der Gärten von San Vigilio angeregt hat. Detaillierter und genauer ist die Beschreibung, die Agostino Brenzone von »seinem San Vigilio«, »dem schönsten Ort der Welt«, in einem Brief an Silvano Cattaneo schickt. Dieser hatte ihn um nähere Einzelheiten für sein Buch *Salò, e sua riviera* gebeten. Cattaneo beendete das Buch 1553 und widmete es am 10. September desselben Jahres Marcantonio da Mula, verlegt wurde es aber erst 1745. Brenzones Brief ist im Buch vollständig wiedergegeben – ein wichtiger Leitfaden für den Besuch der Gärten, uns in die Hand gegeben von ihrem Schöpfer. Da Persico hat es schon befürwortet, heute wird allgemein angenommen, daß Sanmicheli der Architekt der Villa war. Sie ist ein quadratischer Bau und wird der Länge nach von der Sala durchschnitten.

Rechts und links davon schließen sich kleinere Räume an. Die Fassade über dem Seeufer ist durch eine doppelgeschossige Loggia gegliedert. Von hier aus kann man die unvergleichliche Aussicht genießen, die schon Cattaneo sehr bewundert hat. Die Anlage der Gärten und der Höfe scheint aber nach den Vorstellungen von Agostino Brenzone gestaltet worden zu sein, der in seinem Testament für den künftigen Unterhalt des Anwesens Sorge trug – »locum antea Sancti Vigilij super Lacum Garde cum hospitio, Domibus, campis, olivetis, veridarijs, Palatio« (Brenzoni, 1960).

Die schnurgerade Zypressenallee führt von der Küstenstraße direkt ans Tor. In ihrer Verlängerung liegt dahinter die Villa, umgeben von weiten Gartenflächen im italienischen Stil mit Blumenrabatten und eingefriedet von Hecken. Wahrscheinlich entspricht dies heute nicht mehr der ursprünglichen Anlage. Hinter der Villa führt ein schmaler steiler Weg, abgestützt durch hohe, bewachsene Mauern, hinunter in eine bezaubernde Bucht. Andere Wegachsen kreuzen diesen Steig, der parallel zur Doppelloggia der Villa und zur Küste über die ganze Länge des Grundstücks führt; Buchsbaum, Zypressen, Lorbeer und andere immergrüne Büsche bilden eine hohe grüne Mauer, aus der vereinzelt helle Statuen leuchten.

Die bedeutendsten Stellen dieser humanistischen Oase befinden sich alle auf der linken Seite der Villa. Zwischen der Straße, die vom Tor zum kleinen Hafen, zur Gastwirtschaft und zur Kirche San Vigilio führt, und dem zum See hin abfallenden Hang liegen sie hingestreut auf verschiedenen Ebenen, ohne ersichtliche Ordnung, fügen sich natürlich ins unregelmäßige Gelände ein. Man besichtigt die einzelnen Teile des Gartens am besten in der Reihenfolge, die Brenzone in seinem Brief an Cattaneo angibt. So beginnt er den Rundgang im kleinen Hafen, wo man ankommt, wenn man sich San Vigilio mit dem Boot nähert. Dort unten gibt es ein Relief, auf dem der hl. Vigilio die symbolische Vermählung des hl. Markus mit dem Gardasee vornimmt. Ein anderes Relief zeigt Neptun. Um sich dem Wasser des Gardasees anzupassen, hat man den Delphin gegen zwei Karpfen ausgetauscht. Ein leicht ansteigender Weg bringt den Besucher in den Garten der Venus. Er betritt ihn durch ein Portal, das an dem Weg liegt, der von der Gastwirtschaft zum Eingangstor führt. In Venus' Reich wachsen Myrten und Zitronen, um die Süße und die Bitterkeit zu symbolisieren, die jede Liebesqual hervorruft. »Die Göttin selbst steht hier in Marmor mit dem Cupido, der munter vor sich hinpinkelt und den Garten bewässert.« Es gibt Glashäuser, um die Zitrusgewächse in der kalten Jahreszeit zu schützen. Kurz darauf gelangt man in den Garten Adams, der so heißt, weil dort »Adamsäpfel« wachsen. Danach kommt der Besucher in den »Garten des Apoll, voller Orangenbäume und Zedern und mit einem Lorbeerbaum, so schön, wie es schöner und größer keinen an der Riviera gibt. Auf einer Brüstung steht eine Büste Petrarcas. Aus ihren Augen sprühen kleine Fontänen, die den Fuß des Lorbeers benetzen, und das Wasser dringt bis an die Wurzeln; auf einer anderen Brüstung steht ein Bildnis Apolls aus bestem Marmor, so groß, daß der Lorbeer nur noch halb so hoch wirkt.« Und Brenzone fährt fort: »Hier ist auch das Grab des großen Dichters Catull mit seinem Bildnis. Er blickt nach Sirmion, seinem Heimatort.«

Alle diese Gärten sind auch heute noch gut zu erkennen. Manchmal wurden sie zwar etwas verunstaltet durch Dekorationen des 16. Jahrhunderts oder durch »Bereicherungen«, die Brenzone nicht vorgesehen hatte. Lateinische Vierzeiler sollen die von Brenzone beabsichtigte Symbolik erläutern, die nicht immer auf den ersten Blick durchschaubar ist. Diese Verse haben im 18. Jahrhundert eine lebhafte Debatte ausgelöst, und Brenzone wurde des Plagiats bezichtigt. Maffei hatte nicht ausdrücklich gesagt, daß der Verfasser der Verse derselbe Brenzone war, der sie in seinem Brief an Cattaneo vollständig wiedergegeben hatte (Franzoni, 1981).

Der Höhepunkt des Gartens, der auch an der höchsten Stelle liegt, ist das runde Belvedere. Es ist von einer niederen Mauer umgeben, die in regelmäßigen Abständen von Tempelchen unterbrochen wird, in denen Büsten von römischen Kaisern oder bedeutenden Persönlichkeiten der Antike stehen. In der Antike war

der Humanist Brenzone sehr bewandert – er hegte uneingeschränkte Bewunderung für dieses Zeitalter. Ein Gürtel hochaufragender Zypressen umschließt diese der Antike geweihte Stätte und gibt ihr beinahe einen sakrosankten Anstrich. Im Brief an Cattaneo ist die Rotunde nicht aufgeführt, weil sie zu diesem Zeitpunkt noch nicht existierte. Die Anlage des Gartens und der Bau der Villa zogen sich über mehrere Jahre hin. So wurde kurz nach 1557 eine Rechnung bezahlt »für den Transport einiger Statuen von Venedig nach San Vilio«. In dieser Zeit wurde auch ein Kamin in der Villa gebaut (Brenzoni, 1960). Brenzone hat verschiedene Bildhauerarbeiten, wie die Reliefs im Hafen, die Büste des Petrarca und das »Grab« des Catull, extra anfertigen lassen, um sein humanistisches Programm zu unterstreichen. Daneben gab es aber auch einige antike Statuen, etwa die Venus, wahrscheinlich auch den Apoll und die Büsten in der Rotunde des Belvedere.

Im privaten Teil seines Gartens hat

Brenzone, quasi um sein Werk zu signie-
ren, seine Büste mit einer langen Inschrift
in die Fassade eingefügt. Sein Garten war
eine Folge von »Bildern«, die den Mo-
menten der Reflexion während des
Rundgangs entsprechen sollten, mit denen er seine kulturellen, humanen und
politischen Ideale ausdrücken wollte. An
erster Stelle steht da natürlich die Antike.
Dann Petrarca, der Brenzone zu seiner
nicht veröffentlichten Schrift »Vita solitaria« angeregt haben dürfte, die im Archiv der Villa aufbewahrt wird. Sollte dieses Archiv eines Tages zugänglich sein,
werden sich viele Rätsel, die der Garten
immer noch birgt, endlich klären. Brenzone beabsichtigte aber, sein Werk mit
einem gewissen Geheimnis zu umgeben.
Als mysteriös muß man die Inschrift bezeichnen, die er »Marmorrätsel« nannte,
für das es verschiedene Deutungen gibt:
Legt man die Mythologie zugrunde, so
hat sich Neptun am Ufer des Gardasees
niedergelassen, damit hier Ruhe und
Frieden einziehen und die den Menschen
nicht gewogenen Götter endlich schweigen. Deutet man das Rätsel aber vor dem

Hintergrund von Brenzones Leben, so
mag die Lösung lauten: die Weltstadt Venedig aufgeben für San Vigilio.

Es ist heute nicht einfach nachzuvoll-
ziehen, was im Laufe von vier Jahrhunderten im Garten alles verändert worden
ist. Teilweise begannen die Eingriffe
schon im 16. Jahrhundert. Offensichtlich
ist im 18. Jahrhundert Luigi Trezza hin-
zugezogen worden, es ist aber nicht bekannt, ob und was auf seinen Rat hin umgestaltet worden ist. Der Garten von San
Vigilio will die Vergangenheit als ein politisches und kulturelles Modell ins Gedächtnis zurückrufen und bedient sich
dazu der Antike. In einigen Gärten aus
der frühen georgianischen Epoche in
England ist diese Idee wiederaufgegriffen
worden. Der Gedanke, eine Folge von
Szenarien zu schaffen, die zur Meditation
einladen, die Denkanstöße geben, ist
schon in San Vigilio erfolgreich in die Tat
umgesetzt worden. Die Rotunde von San
Vigilio mit ihrer Versammlung bedeutender Persönlichkeiten der Antike scheint,
unter anderem, auch die Versammlung
der Helden Britanniens in Stowe angeregt

106

zu haben, von der wiederum viele analoge
Werke inspiriert wurden. Vielleicht hat
einer der zahlreichen Besucher die Kunde
von San Vigilios Gartenwundern nach
England getragen (eine Liste befindet sich
in Eccheli, 1957). Heute ist die Villa im
Besitz der direkten Nachfahren des Gartengründers, den Grafen Guarienti di
Brenzone. (M. A. V.)

Bibliographie: S. Cattaneo, B. Gratta-
rolo, Salò, e sua riviera, 2 Bde., Venedig,
1745, Bd. I, S. XXXIX–XLII, 78–80;
G. D. Marai, San Vigilio sopra il Lago di
Garda, Verona 1807; G. B. Da Persico,
Descrizione di Verona e della sua provincia, Verona 1820–21, Teil II, S. 198–202;
S. Maffei, Verona illustrata, Bd. III, Mailand 1825, S. 373–74, Bd. IV, Mailand
1826 (1731–32), S. 416; M. Wortley Mon-
tague, »Lettera alla Contessa di Bute so-
pra due deliziose ville del Lago di Garda«,
in: Il Poligrafo, IV/IV, 1841, S. 142–147;
C. Belviglieri, Verona e la sua provincia,
Mailand 1859, S. 657; A. Cerù, Lettera al
conte Agostino Vincenzo di Brenzone),
Per nozze Brenzone-Bevilacqua, Verona
1866; M. Lotze, Il Lago di Garda, 1880,
Tafel XXXII; O. Brentari, Guida del
Lago di Garda, Bassano 1896, S. 110;
C. Centorbi, »La villa Brenzone di San
Vigilio«, in: Il Garda, Okt. 1926,
S. 16–21, O. Sandri, »Problemi di storia
veronese: le origini della villeggiatura«,
in: Bollino della Società Letteraria di Ve-
rona, 1931, S. 3–20; L. Eccheli, »Punta
San Vigilio«, in: Vita Veronese,, 1957;
P. Aretino, Lettere sull'arte, hrsg. v.
E. Camesasca u. F. Pertile, 3 Bde., Mai-
land 1957–60, Bd. I. S. 249–252, 482–283;
R. Brenzoni, »Agostino Brenzone, umanista giureconsulto ricostruttore di S. Vigilio del Garda«, in: Atti e Memorie del-
l'Accademia di Agricoltura, Scienze e Lettere di Verona, 1960, 6. XIII (1962),
S. 37–52; L. Puppi, »The Villa-Garden of
the Veneto from the Fifteenth to the
Eighteenth Century«, in: The Italian
Garden, hrsg. v. D. Coffin, Washington
1972, S. 82–114, 95–96; La villa nel Veronese, hrsg. v. G. F. Viviani, Verona 1975,
S. 192, 226, 237–238, 329–333; L. Franzoni, »Antiquari e collezionisti nel Cinquecento«, in: Storia della cultura veneta.
Dal primo Quattrocento al Concilio di
Trente, III, 3, Vicenza 1981, S. 207–226,
244–247; L. Puppi, Michele Sanmicheli
architetto, Rom 1986, S. 114–119;
H. Frass, W. Dondio; Il Lago di Garda,
Calliano o. J., S. 84–89, 94–95.

107

Botanischer Garten, Padua

108. Grundriß des Botanischen Gartens von Padua, Stich von J. Ph. Tomasini, Gymnasium patavinum, Udine 1654.
Der Garten wurde 1545 angelegt, um Heilkräuter darin zu ziehen. Er ist der älteste seiner Art in Europa. Eine runde Mauer umschließt ein Quadrat, das durch Wege in kleinere Quadrate und Dreiecke eingeteilt wird.

109, 110. A. Tosini, Blick aus der Vogelperspektive auf den Botanischen Garten von Padua, Stich aus A. Centi, Guida al-l'Imperial Regio Orto Botanico di Padova, Padua 1854.
Der Plan zeigt die neue Anordnung der Beete nach der Höherlegung, um sie vor den häufigen Überschwemmungen zu schützen, den künstlichen Hügel außerhalb der Mauer und das Wäldchen, das 1736 gepflanzt worden ist. Die äußeren

Abmessungen des Gartens haben sich seit 1545 nicht geändert.
Der Vergleich zwischen den Stichen von Tosini und Tomasini zeigt die Veränderungen, die zwischen dem 17. und 19. Jh. im Garten vorgenommen wurden. Im Hintergrund sieht man die schmalen, hohen Gewächshäuser für Araukarien entlang der runden Mauer, den Hörsaal, die Werkstätten, Treibhäuser und die Kuppeln der Antonius-Basilika.

Am 29. Juni 1545 erließ der Senat von Padua den Beschluß, einen botanischen Garten anzulegen. Damit erhielt die Universitätsstadt Padua als erste einen Garten, der ausschließlich dem Studium der Heilpflanzen dienen sollte.

Die Idee zu diesem Garten stammte von Francesco Bonafede, dem 1533 der Lehrstuhl für Medizin übertragen worden war. Er hielt auch Vorlesungen über Kräuter, Pflanzen, Tiere und Mineralien, die in der Heilkunst Verwendung fanden. Dabei stützte er sich auf die Beschreibungen antiker Schriftsteller wie Galen, Dioskurides, Theophrast und Plinius. Es war nicht immer einfach, die Heilkräuter nach diesen Angaben zu bestimmen, und Bonafede bedauerte es, seine Ausführungen nicht an den Pflanzen direkt demonstrieren zu können. Er wünschte sich einen Garten, in dem alle damals bekannten Heilpflanzen angebaut werden sollten, um sie bei den Vorlesungen zeigen zu können.

In den Petitionen an die zuständige Behörde wurde auch die Einrichtung einer *speziaria*, also einer Apotheke, angeregt.

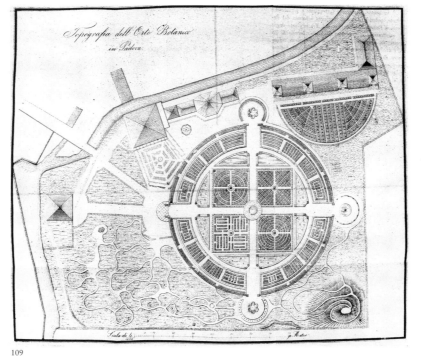

109

108

In ihr sollte alles zusammengetragen werden, woraus man damals Arzneien herstellte. Bonafede wollte damit den einträglichen Mißbrauch am Heilmittelmarkt unterbinden. Um dem Senat die Zustimmung zu erleichtern, hob er auch hervor, daß Venedig dieses Vorhaben unterstützen würde, da die Territorien im östlichen Mittelmeer zwischen Kreta und Zypern im Besitz der Republik seien – die Region also, in der seit jeher der Anbau von Heilpflanzen eine große Rolle gespielt hat. Die Serenissima erkannte sofort, daß ein wiedererwecktes Interesse

an den Heilpflanzen, ausgelöst durch den Garten in Padua, beachtliche wirtschaftliche Vorteile für sie bringen würde.

Der Botanische Garten von Padua ist ein Meilenstein in der Geschichte der modernen Medizin. Es ist wahrlich kein Zufall, daß 1545 an der Universität von Padua auch mit der Sektion von Leichen und der Erforschung der menschlichen Anatomie begonnen wurde und daß man ein Krankenhaus einrichtete. Im selben Jahr wurden auch die Botanischen Gärten von Pisa (das Padua den ersten Rang streitig machen will), und Florenz gegründet, gefolgt von Rom, Bologna (1568), Leiden (1587) und noch einigen anderen im 17. Jahrhundert. Dies zeigt, daß die Zeit reif war für derlei Einrichtungen. Nur wenige Tage nach dem Gründungsbeschluß, am 7. Juli 1545 schon, wurde in Padua der Pachtvertrag für das Gelände unterschrieben, auf dem der Garten angelegt werden sollte. Es maß fünfeinhalb Paduaner Campi, etwas weniger als zwei Hektar, gehörte dem Kloster Santa Giustina und lag zwischen dem Klosterbezirk und der Antonius-Ba-

110

111. Francesco Bacin, Plan vom südöstlichen Teil Paduas, Zeichnung, 1767. Padua, Biblioteca Civica.
Der Botanische Garten liegt zwischen den Kirchen Santa Giustina und Sant'

Antonio; rechts sieht man den tief gelegenen, morastigen Prato della Valle, der 1775 unter dem Statthalter Andrea Memmo radikal neugestaltet wurde (vgl. auch Abb. 389).

silika. An Lage und Größe des Gartens hat sich bis heute nichts verändert. Er ist aus der Geschichte der Medizin und der Pharmakologie nicht mehr wegzudenken.

Bonafede wollte mit seinem Garten, der nach den neuesten Regeln der Gartenkunst angelegt wurde, eine fortschrittliche wissenschaftliche Einrichtung schaffen, um Paduas Universität noch attraktiver zu machen. Der Pachtvertrag sah ganz allgemein vor, das Gelände solle man »distinguere in quadros secundum consuetudinem Hortorum simplicium«. »In Wirklichkeit geschah dies«, erklärt Guazzo 1546, »weil das Gelände nicht eben war. Bei einer quadratischen Anlage wäre etwa ein Drittel der Anbaufläche verlorengegangen. So hat man einen kunstvollen Grundriß mit den wichtigsten geometrischen Figuren ausgetüftelt: Der Kreis umschließt ein Quadrat, das wiederum in vier kleinere Quadrate geteilt ist. An den Außenseiten der kleinen Quadrate liegen acht dreieckige Segmente. Vier Portale schmücken diese solchermaßen gestaltete öffentliche Anlage« (Azzi Visentini, 1984). In dem unregelmäßigen Trapez zwischen diesem *hortus sphaericus* und der Einfriedung wollte man weitere quadratische Beete anlegen »mit einem Wald von hohen Heilpflanzen, bewundernswert in Reih und Glied angepflanzt, ein gerader Weg sollte in einen Teil des Gartens führen, der gestaltet war wie eine mittelgroße Pferderennbahn, wie in den Gärten der Antike.« Der Weg sollte weiterführen zu »einem natürlichen Tal, wo immergrüne Pflanzen ein Labyrinth bildeten«. »So hat man also«, fährt Guazzo fort, »eine Vielzahl von Standorten geschaffen. Ein Tal für die Pflanzen, die gerne feucht stehen, eine gerade Fläche für die Pflanzen der Ebene, einen Hügel für solche, die an hohen Stellen wachsen. Und die vier Himmelsrichtungen für die Pflanzen des Ostens, des Westens und so fort.« Eine Welt im kleinen also, für die man einen klaren Plan mit kosmologischer Prägung erfand.

Der Garten von Padua orientierte sich eindeutig an den gleichzeitig in Rom entstandenen Gärten, die die Idee des Gartens der Antike wieder neu belebten. Nicht umsonst waren klassische Elemente, wie die geometrische Ordnung, Hippodrom und Labyrinth auch in Padua vorgesehen. Der junge Daniele Barbaro wurde mit der Aufgabe betraut, den idealen Grundriß auszuwählen, der Arzt Pietro da Noale stand ihm dabei zur Seite.

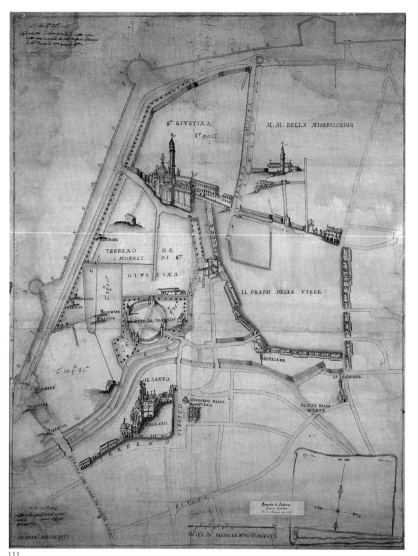

111

Andrea Maroni, der schon den Bau von Santa Giustina und den Neubau des Universitätsgebäudes betreut hatte, übernahm auch die Leitung der Konstruktionsarbeiten für den Garten. Rund um das Gelände wurde ein Graben gezogen, der, gespeist aus dem nahen Alicorno-Kanal, die Wasserversorgung des Gartens gewährleisten sollte. Eine Wasserpumpe wurde installiert, um die Arbeit zu erleichtern. Der Graben war aber auch anstelle eines Zauns als Schutz und Begrenzung des Gartens gedacht. Der einzige Zugang führte durch ein stabiles Tor am Ponte delle Priare, wo auch die Vorschriften für den Besucher angeschlagen waren. Die Heilpflanzen, die der erste Direktor des Gartens, Anguillara, 1546

setzen ließ, wurden schon nach kurzer Zeit gestohlen. So beschloß man, den *hortus sphaericus* mit einer hohen Mauer zu umgeben. Sie war 1552 begonnen, aber noch nicht fertiggestellt. Wir wissen nicht, was von dem, was Guazzo aufgezählt hat, wirklich realisiert worden ist. Es blieb nun noch, »die Heilkräuter auf die geometrischen Beete zu verteilen«. Die Aufgabe, diesen Pflanzplan auszuarbeiten, übernahm 1552 der venezianische Adelige Piero Antonio Michiel. Er war ein berühmter Heilkräuterkenner und hatte das Herbarium angelegt, das seinen Namen trägt (B. M. Ve., Ms. It., CI. II, XXVI–XXX = 4860–4864).

Der von Gerolamo Porro 1591 veröffentlichte Plan ist die älteste Ansicht des

botanischen Gartens. Er wird darauf von einem doppelten Mauerring umgeben, zuerst von einem etwa 45 Zentimeter hohen Mäuerchen und dann von der etwa dreieinhalb Meter hohen äußeren Mauer. »Wie bei einem Theater« sind Zeichnungen der vier »überdachten Gänge« angefügt, die an die Entwürfe der Beete erinnern, wie Serlio sie publiziert hat. Es folgt der Katalog der 1168 Pflanzen, die im Garten wuchsen. In der Hauptsache waren es Heilkräuter, es gab aber vereinzelt auch schon exotische Sorten, die in den verglasten Gängen an das hiesige Klima gewöhnt wurden, bevor man sie ins Freie setzte.

Porro hat uns das Programm des Präfekten Cortuso überliefert. Es sah Statuen vor und mehrere Springbrunnen, einer in der Mitte des Gartens sollte gleichzeitig das Gießwasser sammeln. Außerhalb des Mauerrings sollten die Werkstätten liegen und ein Museum. Alles, was Porro gezeichnet hat, steht auch heute noch. Nur die Anordnung der Beete ist im 18. Jahrhundert verändert worden, nachdem das Gelände angehoben worden ist, um es vor den häufigen Überschwemmungen zu schützen. Um den ernsten Charakter des Gartens etwas aufzulockern, hat man im 18. Jahrhundert die alten Tore durch neue Portale ersetzt. Sie waren mit Wasserbecken geschmückt, und auf den Pfeilern standen Vasen aus Stein mit eisernen Blumen. Die Mauer bekam als Abschluß eine Säulenbalustrade, und Büsten bedeutender Präfekten wurden aufgestellt. Am Nord-, Ost- und Südtor standen meist Arbeiten von Antonio Bonazza.

1824 wollte Giuseppe Jappelli den gesamten Komplex neu gestalten. Dies wurde jedoch abgelehnt. Nur zögernd drang außerhalb der runden Mauer der neue englische Stil vor, am »künstlichen kleinen Hügel etwa, von dem man den ganzen Garten überblickt, und von wo der Blick weit in das Land reicht, auf dem Koniferen wachsen«. Oder im Wald, dicht bestanden mit »prächtigen Bäumen, die meisten exotisch«. Dies geschah in der Amtszeit des Präfekten Roberto De Visiani, und Ceni hat es 1854 in seinem Buch beschrieben. Die Treibhäuser, Hörsäle und Werkstätten wurden auf der Nordseite gebaut, um den gestiegenen Erfordernissen des Lehrbetriebs und der Weiterentwicklung der Medizin Rechnung zu tragen.

Auch wenn er heutigen wissenschaftlichen Ansprüchen nicht mehr genügen

112. *Botanischer Garten, Padua.*
Blick auf den hortus sphaericus *innerhalb der runden Mauer. Diese Mauer war ursprünglich nicht geplant, man glaubte, der Graben rund um das Grundstück wäre Schutz genug. Da aber*

die ersten, 1546 gesetzten Heilkräuter schon nach wenigen Nächten geraubt waren, ging man daran, das runde Herzstück des Gartens durch eine Mauer zu schützen.

113. *Botanischer Garten, Padua.*
Blick auf den runden Garten vom obersten Stockwerk des Botanischen Instituts, ursprünglich das Haus des Gartendirektors. Die Säulenbalustrade auf der

Mauer und die Portale mit den Steinvasen und Eisenblumen sind Ergänzungen des 18. Jhs. Auch die Brunnen am Nord-, Ost- und Südtor und die zahlreichen Statuen wurden damals aufgestellt.

112

113

mag, so hat dieser botanische Garten aus dem 16. Jahrhundert seinen Renaissance-Charakter, zumindest in seinem Herzstück, bis in unsere Tage bewährt. (M. A. V.)

Bibliographie: M. Guazzo, *Historie di tutti i fatti degni di memoria nel mondo successi dall'anno MDXXIIII sino a questo presente con molte cose novamente giunte,* Venedig 1546 (1545); G. Porro, *L'horto de i semplici di Padova,* Venedig 1591; R. De Visiani, *Della origine ed anzianità dell'Orto Botanico di Padova,* Venedig 1839; G. Marsili, *notizie del pubblico giardino dei semplici compilate intorno all'anno 1771,* Padua 1842; A. Centi, *Guida all'Imp. Regio Orto Botanico di Padova,* Padua 1854; A. Beguinot, *Il Regio Orto Botanico di Padova,* Padua 1917; M. Velatta, »L'approvvigionamento idrico dell'Orto Botanico di Padova«, in: *Annuario della Regia Università di Padova,* 1938–39; E. Rigoni, *L'architetto Andrea Moroni,* Padua 1939; G. Gola, *L'Orto Botanico Quattro secoli di attività (1545–1945),* Padua 1947; M. Sgaravatti Montesi, »L'Orto Botanico di Padova«, in: *Padova e la sua provincia,* V, 1959, 2, S. 18–25; R. Gallo, »Due informazioni sullo Studio di Padova nel Cinquecento«, in: *Archivio Veneto,* LXXII, 1963, S. 17–100; M. Brusatin, »Costruzione della campagna e dell'architettura del paesaggio«, in: *La città di Padova,* hrsg. v. C. Aymonino, Rom 1970, S. 195–300, 276–278; G. Muratore, *La città come forma simbolica,* Rom 1975, S. 75–89; C. Smenzato, »Le statue dell-'Orto Botanico di Padova«, in: *Arte Veneta,* XXXII, 1978, S. 394–398; J. Prest, *The Garden of Eden. The Botanic Garden and the Re-creation of Paradise,* New Haven and London 1981, passim; L. Tongiorgi Tomasi, »Projects for Botanical and Other Gardens; a 16th-Century Manual«, in: *Journal of Garden History,* III, 1983, 1, S. 1–34; M. Azzi Visentini, *L'Orto Botanico di Padova e il giardino del Rinascimento,* Mailand 1984, S. 251–252, 258, und »Il giardino dei semplici«, in: *I secoli d'oro della medicina. 700 anni di scienza medica a Padova,* Ausstellungskatalog, hrsg. v. L. Premuda, Padua 1986, S. 57–66.

114. Michelangelo Mattei und Stefano Foin, Villa Della Torre in Fumane, Ausschnitt, Zeichnung, 1752. Venedig, Staatsarchiv.
Der Gemüsegarten, der Eingangshof, die Villa, das Fischbassin und der Garten liegen entlang der Mittelachse. Von den Brunnen des Peristyls fließt das Wasser in das Fischbassin und weiter durch die Grotte in den Garten. Danach werden damit noch die Felder bewässert.

115. Moderner Plan der Grotte der Villa Della Torre in Fumane von G. Conforti und G. Righetti.

116. Villa Della Torre, Fumane. Wo heute Weinreben wachsen, befand sich früher der tiefer liegende Garten, in dem viele Blumen blühten. Im Hintergrund sind die beiden Treppenrampen zu sehen, die vom Garten auf die Brücke über das Fischbassin führten. Zwischen ihnen liegt der Eingang zur Grotte.

Die Villa Della Torre liegt am nördlichen Rand der Ortschaft Fumane in der lieblichen Valpolicella, eingebettet in sanfte Hügel. Sie ist eine klare Alternative zur offenen Bauweise Palladios. Entlang einer Mittelachse, die den gesamten Komplex der Länge nach durchschneidet, sind Villa, Terrassen und Gärten am ansteigenden Hang aufgereiht. Ein Villentyp, der sich nicht durchsetzte.

Das Herzstück der Villa und nicht nur ihre architektonische Mitte ist das quadratische Peristyl, das dem Atrium eines antiken Hauses nachempfunden ist. Zwei symmetrisch gebaute Trakte liegen sich hier gegenüber. Allen vier Seiten des Peristyls ist ein Portikus vorgebaut, dessen Säulen mit Rustikaquadern verkleidet sind. Das rundherum laufende Gebälk ist höher, als es den üblichen Gepflogenheiten entspricht, wie es überhaupt einige architektonische Unebenheiten gibt, die aber im Gesamtgefüge des Ensembles nicht weiter ins Gewicht fallen. Um die Mitte des 16. Jahrhunderts wurden in Verona heftige Debatten um die Antike geführt. Die prominentesten Befürworter einer Wiederbelebung der Architektur und der Künste des klassischen Zeitalters waren neben Giovanni Caroto auch Serlio, Palladio und Daniele Barbaro. Die beeindruckenden römischen Bauwerke Veronas führten ihnen ja ständig die Größe längst vergangener Tage vor Augen. So war auch Villa Della Torre durch den Versuch, das Haus der Antike architektonisch wiederauferstehen zu lassen, mehrmals Gegenstand der Diskussion. Trotzdem blieben zwei wichtige Fragen bis heute unbeantwortet: wann die Villa gebaut wurde und wer ihr Architekt war.

Wir wollen hier die heikle Frage nach dem Achitekten nicht weiter vertiefen, es stehen einige große Namen zur Debatte. So könnte Giulio Romano, der 1546 starb, die Villa gebaut haben. Von ihm stammt der Palazzo del Tè in Mantua, bei dem der sorglose Umgang mit Rustikaquadern seine Entsprechung im Peristyl der Villa findet. Allerdings sind die Zitate antiker Elemente bei der Villa Della Torre willkürlicher, werden nicht so virtuos eingesetzt wie beim Palazzo del Tè. Auch Michele Sanmicheli wird als Architekt von Villa Della Torre in Erwägung gezogen. Giorgio Vasari schreibt ihm in der zweiten Auflage seiner *Vite* das Tempelchen zu. Ridolfi soll die fratzenhaften Masken der Kamine entworfen haben, die an die im Palazzo Thiene in Vicenza

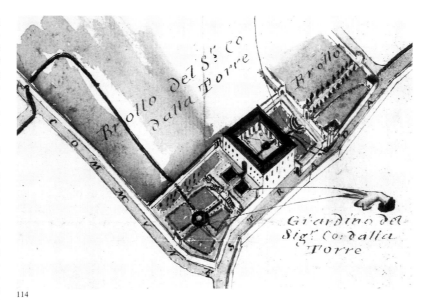

114

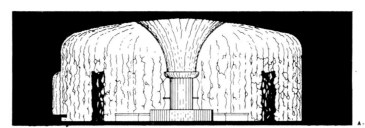

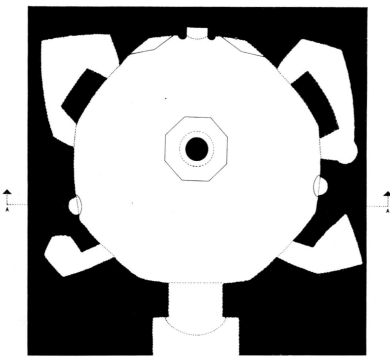

115

erinnern. Auch Cristoforo Sorte ist als Architekt der Villa im Gespräch. Er stand seit 1556 mit der Familie Della Torre in Verbindung. Zusammen mit G. B. de Remi hat er die Karte von Fumane gezeichnet, die von den Della Torre 1562 in Auftrag gegeben wurde (A. S. Ve., B. I., Vr. 44). Sorte werden auch die großartigen hydraulischen Anlagen der Villa zugeschrieben, die die notwendige Wasserversorgung garantierten (Conforti Calcagni, 1984–85).

Man muß die Villa als Ganzes sehen, als großen Wurf, mit einem Mittelpunkt, der gleichzeitig Höhepunkt ist, ein Gesamtkunstwerk.

Die Villa gliedert sich in fünf verschiedene Abschnitte, die entlang der Mittelachse aufeinanderfolgen. Man kann sie gut auf der Karte der Beni Inculti dell'Archivio di Stato di Venezia von 1752 erkennen (B. I., Vr. 137, B/6, Sachverständige M. Mattei und S. Foin). In einer Karte von 1766 ist der Garten hingegen erst angedeutet (B. I., Vr. 107/4, Sachverständige S. Foin und G. A. Tommadelli). Die einzelnen Teile folgen in einer auf- und absteigenden Linie aufeinander, das Peristyl ist der höchste Punkt der Anlage. Mit großem Geschick ist die Villa in die Landschaft eingebettet, harmonisch passen sich die einzelnen Ebenen dem natürlichen Gefälle an, die Verschmelzung von Kunst und Natur kann man geradezu manieristisch nennen. Die aufsteigende Linie führt vom Gemüsegarten durch den Hof in das Peristyl und weiter in den Hof mit dem Fischbassin, über das ein auf Bögen ruhendes Brücklein führt. Von dort leiten Treppen in den tiefer liegenden Garten, der von einer hohen Mauer umgeben ist, und aus dem kein Tor ins Freie führt: ein richtiger *hortus conclusus*.

Vom Eingangstor durch das Peristyl bis in den unteren Garten hat man entlang der Mittelachse einen großartigen Durchblick. Auf der Rückseite und an ihrer rechten Flanke wird die Anlage von öffentlichen Straßen begrenzt. Rechts liegt auch die kleine Kirche mit einem separaten Eingang.

Das Hauptelement von Villa Della Torre ist das Wasser. Veronica Franco hat dies während ihres Aufenthalts in der Villa kurz vor 1575 sehr anschaulich beschrieben: »Von kühlen Ufern und fröhlichen Brunnen / läuft Wasser scherzend in vielfältigen Wegen / murmelt beruhigend und leise auf dem Weg nach unten / um dann im sanften Wettbewerb / auf mancherlei Wegen sich zu versammeln /

116

auf einer schönen Wiese / und verwandeln sie in einen Ort der Wunder / durch ganz enge Kanäle. / Dort eingetreten, auf engem Raum / ist ein blühender, angenehmer Garten / süßen Zoll geben sie: / mit ausgestreckter Hand, gebeugt, langsamen Schrittes einhergehend / geben sie das süßeste und klarste / dem Gärtner, der am nahen Tor steht. / Die sich der Kunst unterordnen, läßt er eintreten / die anderen macht er darauf aufmerksam.«

Das Wasser wird von weither nach Fumane geführt. Die ausgeklügelte hydraulische Anlage wird Sorte zugeschrieben, den wir oben schon erwähnt haben. Panvinio schreibt um 1568 begeistert über die Wasserspiele von Fumane. Für ihn ist Villa Della Torre den Villen der alten Römer ebenbürtig und die schönste in der Gegend von Verona. Er erwähnt »hortis, fontibus per longas aqueductuum formas corrivatis, vivariis« und viel andere Köstlichkeiten. Das Peristyl war wie ein raffinierter Garten der Antike gestaltet. In der Mitte stand ein Springbrunnen, und aus vier Masken sprudelte Wasser in Brunnenbecken. Überall standen Töpfe mit üppigen Pomeranzenbäumchen, Orangen und Zedern, die Veronica Franco so poetisch besungen hat. Die heute leeren Nischen bevölkerten antike Statuen oder »moderne« Kopien.

Von den Brunnen des Peristyls floß das Wasser in den Fischteich. In ihm war ein solches Gewimmel von Fischen, daß er mit einer dicht besetzten Voliere verglichen wurde. Vom Fischbassin wurde das Wasser in die darunter liegende Grotte geleitet und dann weiter in den Garten. Der Eingang zur Grotte liegt zwischen den beiden Treppenrampen, die vom Fischteich nach unten in den Garten führen. Das Tor sieht aus wie eine riesenhafte Fratze im Moment der Metamorphose. Dieses Thema ist auch Gegenstand einiger Fresken im Inneren der Villa.

In der Antike waren künstliche Grotten in den Gärten sehr beliebt. Dichter von Homer bis Ovid haben sie besungen. Porfyrius hat sogar ein eigenes Gedicht *De antro nimpharum* geschrieben. Grotten steckten voll symbolischer Anspielungen, waren die strahlende Metamorphose des Kosmos in der Geborgenheit des Erdinneren. Die Neuplatoniker sahen in ihnen ein verzerrtes Abbild der Wirklichkeit. Sie galten als Wohnungen der Götter des Wassers und der Wälder, und unter dem Schutze Apolls und der Musen waren sie auch geistige Heimat der Künste und Wissenschaften. In der Renaissance erlebten die Grotten eine neue Blütezeit. Leon Battista Alberti hat als erster wieder den Bau von künstlichen Grotten in den Gärten angeregt. Bei ihrer Ausschmückung hat er sich an die Erfah-

rungen der Antike gehalten – »ad arte ruvido col mescolarvi minute scaglie di pomice ovvero spuma di travertinio«.

Im frühen 16. Jahrhundert tauchten in römischen Gärten die ersten »neuen« Grotten auf. Kurz danach fand man sie auch in der Toskana, in Ligurien, sogar in Frankreich. Giulio Romano schuf eine Grotte in den Gärten Mantuas, und im Veneto huldigten die Besitzer der Villa Maser, des Palazzo Trevisan in Murano und der Villa Della Torre in Fumane der neuen Mode.

Der Erhaltungszustand der Grotte in Villa Della Torre ist heute sehr schlecht. Ihre Lage unter dem Fischteich zeigt schon an, daß sie, wie auch das nahegelegene Tempelchen, in den Mußestunden ihrer hochgebildeten Besitzer und ihrer Freunde eine bedeutende Rolle gespielt hat. Sie ist achteckig, eine Mittelsäule trägt das Gewölbe. Um die Säule ist ein achteckiger Tisch gebaut, an den Wänden entlang laufen Steinbänke, sechs Nischen sind teilweise durch schmale Gänge miteinander verbunden.

Etwa um 1579 hat Cristoforo Sorte auch die Grotte im Garten der Villa Porto Colleoni in Thiene entworfen. Sie stand inmitten eines Fischteiches und war bedeckt mit groben Steinbrocken. Ihr Grundriß war ellipsenförmig, und im Inneren war sie raffiniert ausgestattet »mit

verschiedenen Wasserspielen, um den unbedachten Besucher gar anmutig naß zu spritzen«. Man sollte hier offenbar dem Mythos der Diana huldigen. Sortes Vorliebe für Natursteine und Wasserspiele ist erst durch neueste Studien bekräftigt worden (Morresi, 1986).

In zwei kleinen Wasserfällen strömte das Wasser aus dem Fischteich in die Grotte. Von dort floß es weiter in den »blühenden, erquickenden Garten«, in dem »hohe, immergrüne Bäume stehen« (Franco, Ausg. 1913). Auf der Karte von 1752 teilte ein Wegkreuz den Garten in vier Rasenflächen, an ihrem Schnittpunkt stand ein Springbrunnen, und in der rückwärtigen Mauer war ein Pavillon eingelassen. Heute sind hier Weinstöcke in geraden Reihen angepflanzt.

Ein ähnlich gestalteter Garten gehörte zur Villa von Papst Julius III. an der Via Flaminia bei Rom. Er ist zwischen 1550 und 1555 entstanden, und auch hier waren die verschiedenen Gärten, Terrassen und Baukörper auf unterschiedlichen Ebenen entlang einer Mittelachse aufgereiht. Es gab prächtige Grotten, die die Antike wiederaufleben ließen.

Villa Della Torre ist nur kurze Zeit nach der Villa des Del-Monte-Papstes gebaut worden. Der erste Antrag auf Wasserversorgung von Villa und Garten, im Zusammenhang mit dem Bau, stammt

117. *Villa Della Torre, Fumane.*
Um das Peristyl, an dem sich zwei identi-
sche Wohnhäuser gegenüberliegen, läuft
ein Portikus, dessen Säulen mit Rustika-
quadern verkleidet sind. Hier ist ver-
sucht worden, ein charakteristisches Ele-
ment eines Hauses der Antike nachzu-
bauen (vgl. auch Abb. 29).

118. *Villa Della Torre, Fumane.*
Das Fischbassin liegt an der Rückseite.
Eine auf Bögen ruhende Brücke führt zu
den Treppenrampen, über die man in
den Garten gelangt. Die vielfältigen
Wasserspiele und Brunnen der Villa wur-
den von Veronica Franco besungen, die
um 1775 hier zu Gast war.

aus dem Jahr 1557. Durch die Heirat mit Anna Maffei, der die Ländereien von Fumane gehörten, kam Giulio Della Torre 1504 in ihren Besitz. Er war in den antiken Künsten wohlbewandert und ein leidenschaftlicher Sammler, er schrieb Gedichte und entwarf eigenhändig für Caroto, mit dem er befreundet war, eine Gedenkmünze. Giulio begann mit dem Bau der Villa, der bei seinem Tode 1558 noch nicht vollendet war. Die Villa fiel an seinen Sohn, den hochgebildeten Prälaten Gerolamo. Er war im Umkreis des Bischofs Giberti erzogen worden und pflegte enge Kontakte mit Rom. 1573 ging Villa Della Torre in den Besitz von Gerolamos Neffen Marcantonio über, der Dompropst in Verona war. Die geistvollen Freunde von Marcantonio, die in diesen Jahren in Fumane verkehrten, machten Villa Della Torre zu einem wahren Musenhof. Auch Veronica Franco, die nicht nur Gedichte schrieb, sondern auch die Mätresse Heinrichs III. von Frankreich war, wurde aufs prächtigste empfangen.

Um 1569, nur wenige Kilometer von Fumane entfernt, begann Palladio mit dem Bau der Villa Sarego in Santa Sofia di Perdemonte. Sie ist unvollendet geblieben und unterscheidet sich klar und eindeutig von Palladios anderen Villen. Aber sie weist überraschende Parallelen zur Villa Della Torre auf – eine Tatsache, über die man nachdenken sollte.

Für einen anderen Zweig der vornehmen Familie Della Torre baute Palladio zwei Paläste in Verona. Die Villa Della Torre gehört heute der Familie Cazzola, die das ziemlich heruntergekommene Anwesen restauriert. (M. A. V.)

Bibliographie: O. Panvinio, *Antiquitatum Veronensium libri VIII*, Padua 1648, 1. I. S. 26; G. Stampa, V. Franco, *Rime*, hrsg. v. A. Salza, Bari 1913, S. 337–352; G. Silvestri, *La Valpolicella nella storia nell'arte nella cultura*, Verona 1950, S. 111–115; L. Magagnato, *Palazzo Thiene*, Vicenza 1966, S. 49; M. Tafuri, »Il mito naturalistico nell'architettura del '500«, in: L'Arte«, 1968, 1, S. 7–36 bes. S. 12; L. Puppi, *Michele Sanmicheli architetto di Verona*, Padua 1971, S. 87, 157; P. Carpeggiani, »Giulio Romano architetto di villa«, in: *Arte Lombarda*, XXXVII, 1972, S. 1–13 o. S. 11–12; M. S. Tisato, »Cristoforo Sorte per la cronologia di alcune ville veronesi del '500«, in: *Antichità Viva*, XV, 1976, 2, S. 45–52, bes. S. 5–47.

117

118

*119. Villa Barbaro, Maser.
Sie wurde um 1556 von Palladio gebaut
und schmiegt sich an einen flachen Hang.
Auf ihrer Rückseite liegt das Nymphäum, dessen Höhepunkt »die in den
Berg eingehauene« Grotte ist. Im Garten
vor der Villa gibt es zahlreiche Wasserbecken und Springbrunnen.*

Die Villa Barbaro in Maser schmiegt sich
an die sanften Hänge der asolanischen
Hügel. Sie ist das untypische Beispiel
einer Palladio-Villa, liegt nicht in der
Ebene »inmitten der Besitzungen«, wie
der Architekt es vorgeschlagen hatte,
sondern an ihrem Rand, an einem flachen
Hang. Wie bei der nahen Villa Emo in
Fanzolo oder der Villa Badoer in Fratta
Polesine sind auch in Maser die Wirtschaftsgebäude mit dem Herrenhaus verbunden. Im Unterschied zu den obener-
wähnten Villen oder zu vielen anderen
von Palladio erbauten oder nur entworfenen, repräsentiert Villa Maser nicht das
typische hierarchische Gefälle mit bescheiden dekorierten Wirtschaftsgebäuden, in deren Mitte sich majestätisch das
herrschaftliche Wohnhaus erhebt. Hier
wetteifern die beiden Taubenschläge an
den Seiten der Fassade an Größe und Eleganz mit dem weit vorspringenden Mit-
telblock des Herrenhauses.

Diese in Palladios Augen »architektonischen Widersprüchlichkeiten« sind auf
Wunsch des Bauherrn ausgeführt worden. Es ist derselbe Daniele Barbaro, der
uns schon beim Bau des Botanischen
Gartens von Padua begegnet ist. Er war
Prälat und gewählter Patriarch von Aquileia und hat die *Dieci libri* des Vitruv
kommentiert und 1556 herausgegeben. In
den Kreisen römischer Gelehrter war er
ein häufiger, gern gesehener Gast. Auch
in der Architektur hatte er seine eigenen
Ansichten und setzte sie beim Bau seines
Hauses gegen die Meinung seines Architekten durch. So scheinen die Wahl des
Standortes der Villa und ihr Grundriß auf
Wünschen von Daniele Barbaro zu basieren. Palladio erwähnt in seinen *Quattro
libri* eigens den »weit vorspringenden«
Mittelbau. Angeregt durch die Schriften
des Plinius wollte Barbaro eine Villa der
römischen Antike nachbauen. Einfließen
in dieses Bauwerk sollte die neue Interpretation der Antike, so wie Barbaros gelehrter römischer Freundeskreis sie verstand und pflegte.

Bedingt durch die Lage am Hang gelangt man vom Piano Nobile, dem ersten
Stock, nach rückwärts ebenerdig in den
Innenhof. Hier liegt der Teil von Maser,
der die Villa in eine Reihe mit den gleichzeitig entstandenen Bauwerken in Rom
stellte: das Nymphäum. Der rechteckige,
von einer hohen Mauer umgebene Hof
erweitert sich an der rückwärtigen Seite
zu einem Halbrund. In den Nischen der
Mauer stehen zahlreiche Statuen von
Wald- und Wassergottheiten des griechi-

119

schen Olymp, Putten reiten auf üppigen
Fruchtgirlanden. Die Arbeiten werden
Vittoria zugeschrieben, man erkennt aber
auch die dilettierende Hand Marcantonio
Barbaros, der sich als Bildhauer versuchte. Er war gleichzeitig mit seinem
Bruder Daniele Bauherr und Besitzer der
Villa. Durch das Tor in der geschwungenen Wand tritt man in einen geheimnisvollen runden Raum. Dieses kleine Was-
serheiligtum hat eine gewölbte Decke
und an der Rückseite ein etwas erhöhtes
Brunnenbecken. Darüber hingelagert ist
die Gottheit der im Garten entspringen-
den Quelle – in den Händen hält sie eine
Amphore, aus der sie großzügig Wasser
spendet.

Dieser heilige Ort war mit äußerster
Raffinesse ausgeschmückt. In die Seiten-
wände hatte man Nischen eingelassen, in
denen allegorische Figuren standen, die
Decke bedeckten Gemälde von Paolo
Veronese, die von stuckierten Rahmen

umschlossen waren. Die Apsis war rustikal mit Stalaktiten und künstlichen In-
krustationen verziert. Der ruhende
Quellgott, der Wasser verströmt, ist ein
Topos, ein fester Bestandteil des römischen Gartens geworden, nachdem im
Hof des Belvedere im Vatikan zwei antike Statuen aufgestellt worden waren,
die die Flüsse Tiber und Nil personifi-
zierten. Im Veneto dagegen war der
Quellgott von Maser der erste seiner Art.

Der Einfluß zeitgenössischen römischen Baustils in Maser wird auch von
Vasari bekräftigt, der in der Ausgabe von
1568 seiner *Vite* schreibt, daß »der
Springbrunnen von Maser dem von Papst
Julius III. im Weinberg seiner Villa Giulia
sehr ähnlich sei, mit Stuck und Malerei
bedeutender Künstler verziert.« Es ist
sehr wahrscheinlich, daß Daniele Barbaro, als er sich 1554 in Begleitung von
Palladio in Rom aufhielt, um die letzten
Korrekturen an den Kommentaren und

Illustrationen seiner Vitruv-Ausgabe zu
überwachen, die Baustelle der Villa Giulia besucht hat. Vielleicht hat ihn dabei
auch Bartolomeo Ammannati begleitet,
den er schon getroffen hatte, als dieser in
Padua für Marco Mantova Benavides
arbeitete.

Die Hauptrolle im Gesamtbild der
Villa Barbaro und vor allem ihrer Gärten
spielte das Wasser. Auch in römischen
Gärten war in diesen Jahren dem Wasser
eine tragende Rolle zugewiesen worden.
So besitzt auch Maser zahlreiche Springbrunnen und raffinierte Wasserspiele. Bei
ihrer Anlage konnte Palladio seine hydraulischen Kenntnisse einsetzen, was
Marcantonio Barbaro und Giuseppe Ceredi bezeugen. Nicht umsonst betont
Palladio in seiner Beschreibung der Villa
Maser in den *Quattro Libri* diesen
Aspekt: »Im hinteren Hof ist dem Haus
gegenüber in den Berg ein Brunnen mit
zahllosen Stuck- und Malereiverzierun-

120

gen eingehauen worden. Dieser Brunnen bildet einen Teich, der zum Fischen dient. Von hier aus teilt sich das Wasser. Es fließt in die Küche und dann, wenn es die Gärten, die rechts und links von der zum Hause hin langsam ansteigenden Straße liegen, bewässert hat, in zwei Fischteiche mit zwei Tränken, die sich an der öffentlichen Straße befinden. Von hier aus bewässert es den Küchengarten, der sehr groß und voll ausgezeichneter Früchte ist und wo auch verschiedene Wildarten gehalten werden.« Palladios

Stil ist knapp und nüchtern. Trotzdem enthält sein Text alle wichtigen Informationen über die Gärten, die sich zwischen der Villa (quasi dem theatralischen Hintergrund) und der öffentlichen Straße ausdehnen. Die sanft ansteigende Zufahrtsallee, die an der Terrasse vor dem Haus endet, teilt die Gärten in zwei Hälften.

Die Brunnen liegen fast willkürlich auf dem ganzen Gelände verstreut. Zwei stehen in den Höfen vor den Loggien, an den Seiten des weit hervorspringenden

Haupthauses, ein anderer auf der oben erwähnten Terrasse, zwei weitere in den Wiesen, die rechts und links der Auffahrtsallee liegen. Von hier aus wird auch der Neptunsbrunnen versorgt, der im Schnittpunkt der Mittelachse mit der öffentlichen Straße steht, am Beginn des Küchengartens, außerdem die beiden Fischteiche mit den Tränken an der Straße. Dies alles gibt nur ungefähr den ursprünglichen Ausdruck des Gartens wieder. Man bemerkt den behutsamen Übergang von der durchkomponierten

Architektur der beiden Höfe vor den Laubengängen bis an den Küchengarten und die Felder: Je weiter man sich von der Villa entfernt, desto natürlicher und ländlicher wird das Ambiente. Die Statuen schließlich, die an den Schnittpunkten der Wege stehen, stellen die gleichen Götter dar, die Paolo Veronese im Inneren von Haus und Grotte gemalt hat: Jupiter, Juno, Venus, Mars, Diana und Apoll.

Die Villa wurde zwischen den Jahren 1556 und 1559 erbaut, als Daniele Barbaro auch die Herausgabe von Vitruvs *Dieci libri* betreute. 1559 schrieb Giulia da Ponte an Daniele Barbaro und bedauerte, daß er sich so lange von der Lagunenstadt fernhielt. Sie stellte sich ihn vor inmitten der Annehmlichkeiten seiner Villa bei Trevignano, »wo er von angenehmer und unterhaltsamer Kurzweil zurückgehalten werde, von den anmutigen Gärten und von dem schönen und köstlichen Brunnen, den er dort mit so großer Erfindungsgabe und Kunstfertigkeit errichten ließ, den man, wie ich annehme, größer und erquickender nirgendwo findet. Und die Musen haben diesen herrlichen Ort sicherlich zu ihrem neuen Parnaß erkoren.« Auch Gian Battista Maganza betont in einem Sonett, das

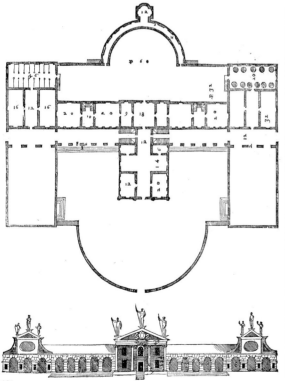

121

122

121. *Andrea Palladio, Villa Barbaro in Maser, Tafel aus* I quattro libri dell'architettura, *Venedig, 1570.*
Im Plan wird die Bedeutung von Nymphäum und Grotte im Gesamtgefüge der Villa deutlich.

122. *Längsschnitt der Villa Barbaro in Maser, Tafel aus O. Bertotti Scamozzi,* Le fabbriche e i disegni di Andrea Palladio, *Band III, Vicenza 1781.*
Man erkennt klar die harmonische Verbindung von Berghang und Bauwerk. In die Grotte hinter dem Nymphäum wird das Wasser der Quelle geleitet, die weiter hinten im Garten entspringt.

123, 124. *Villa Barbaro, Maser.*
Die Mauer des Nymphäums ist mit Figuren geschmückt, die Marcantonio Barbaro zugeschrieben werden. In der Wandmitte öffnet sich der Eingang zur Grotte, deren Decke Fresken von Paolo Veronese zieren. An der Rückwand liegt über einem Brunnenbecken ein betagter Flußgott. Aus einer Amphore in seinen Händen fließt das Wasser aus der Quelle im Garten, die auch die anderen Brunnen speist.

125. *Villa Rinaldi Barbini. Caselle d'Asolo.*
Die Decke des Nymphäums ist reich geschmückt. Wie in der nahen Villa Barbaro liegt es hinter dem Haus (aus dem 17. Jh.) am Hang. Hier sind die Wasserspiele aber noch phantasievoller als in Maser, sie lassen teilweise Musikinstrumente ertönen, was sehr eindrucksvoll und theatralisch wirkt.

er 1558 Daniele Barbaro widmete, daß die Villa in Maser fertiggestellt sei.

Im darauffolgenden Jahrhundert wurde die nahe gelegene Villa Rinaldi Barbini in Caselle d'Asolo nach dem Vorbild der Villa Barbaro gebaut. Auch Villa Rinaldi schmiegte sich an einen Hang, hatte ein Nymphäum und phantasievolle Wasserspiele. Villa Barbaro wechselte im Laufe der Jahrhunderte mehrmals den Besitzer und gehörte den Familien Basadonna, Giacomelli und Volpi. Heute ist sie im Besitz der Grafen Luling Buschetti. (M. A. V.)

Bibliographie: Magagnò, Menon und Begotto, *Rime rustiche,* Venedig 1558; *Lettere di diversi eccellentissimi Huomini raccolte da diversi libri…,* Venedig 1559, S. 464; G. Vasari, *Le vite dei più eccellenti pittori, scultori e architetti* (1568), hrsg. v. C. L. Ragghianti, 4 Bde., Mailand/Rom 1943, Bd. III, S. 620; A. Palladio, *I quattro libri dell'architettura,* Venedig 1570, 1. II, Kap. XIV, S. 51; O. Bertotti Scamozzi, *Le fabbriche e i disegni di Andrea Palladio,* 4 Bde., Vicenza 1776–83, Bd. III, S. 27–30, Tafel XX–XXII; A. Caccianiga, *Ricordo della Provincia de Treviso* (1872), Treviso 1874, S. 297–308; A. T. Bolton, *The Gardens of Italy,* London 1919, S. 344–345, 350–354; versch. Verf., *Palladio, Veronese e Vittoria a Maser,* Mailand 1960; J. Ackerman, *Palladio's Villas,* New York 1967, S. 55–58; G. G. Zorzi, *Le ville e i teatri de Andrea Palladio,* Venedig 1969, S. 169–181; R. Cocke, »Veronese and Daniele Barbaro: The Decoration of Villa Maser«, in: *Journal of the Warburg and Courtauld Institutes,* XXV, 1972, S. 226–246; L. Puppi, *Andrea Palladio. L'opera completa,* Mailand 1973, S. 314–318; N. Huse, »Palladio und die Villa Barbaro in Maser: Bemerkungen zum Problem der Autorschaft«, in *Arte Veneta,* XXVIII, 1974, S. 106–122; H. Burns, *Andrea Palladio 1508–80. The Portico and the Farmyard,* Ausstellungskatalog, London 1975, S. 195–196; R. Smith, »A Matter of Choice: Veronese, Palladio and Barbaro«, in: *Arte Veneta,* XXXI, 1977, S. 60–71; D. Lewis, »Il significato della decorazione plastica e pittorica di Maser«, in: *Boll. C. I. S. A.,* XXII, 1980, Teil I. S. 203–213; G. Larcher Crosato, »Considerazioni sul programma iconografico di Maser«, in: *Mitteilungen des Kunsthistorischen Institutes in Florenz,* XXVI, 1982, 2, S. 211–256.

123

124

125

1554 erbte Camillo Trevisan auf Murano ein Grundstück, auf dem er in den darauffolgenden drei Jahren einen Palast erbauen ließ. Als Trevisan im Oktober 1564 mit nur 49 Jahren starb und das Anwesen an seine Schwester Marieta vererbte, war der Bau gerade endgültig fertiggestellt.

Trevisan war von kultivierter, raffinierter Lebensart, ein hochgebildeter Jurist und glänzender Redner. Zu seinen Freunden zählten die wichtigsten Vertreter des kulturellen Lebens im Venedig des 16. Jahrhunderts, von Francesco Sansovino über Sperone Speroni, Bernardo Tasso, Clelio Magno bis zu Filippo Terzi. In Murano traf sich dieser illustre Kreis zu lebhaftem Gedankenaustausch.

Der Palast lag an den Fondamenta Andrea Navagero am Rio San Donato, einem der wichtigsten Kanäle von Murano. Die strenge Fassade war mit Fresken von Prospero Bresciano geschmückt. Nach rückwärts reichte das Anwesen bis an die offene Lagune. Da dieses Grundstück sehr tief, aber ganz schmal war, wurde der Palast als eine Abfolge verschiedener Teile entlang einer Mittelachse geplant. Zuerst kam der dreistöckige Palast, ein kompakter, rechteckiger Block. Darauf folgten die beiden symmetrischen »Türme« mit zwei Geschossen. In ihnen lagen die »großen Zimmer«. Verbunden wurden die Türme auf der Rückseite mit einer zurückgesetzten doppelgeschossigen Loggia, was ein U-förmiges Gebäude ergab. Darauf folgte der große, quadratische Innenhof. Er war mit Platten belegt und hatte wahrscheinlich einen Brunnen in der Mitte. Danach kam der Garten.

Diese einzelnen Baukörper wurden durch raffinierte architektonische Details zusammengehalten, ohne dennoch ein geschlossenes Ganzes zu ergeben, was in totalem Gegensatz zu Palladios Wahlspruch »ein Körper, in dem die einzelnen Glieder miteinander harmonieren« stand (I quattro libri, 1, I, Kap. I): So lag zwischen den beiden Palastblöcken der ovale Saal, der sich ursprünglich an den Seiten auf kleine überdeckte Innenhöfe öffnete. Zwischen Hof und Garten stand die flache Loggia, ein Bauwerk, das zuerst völlig umgebaut und dann abgerissen wurde und von der modernen Kunstkritik ziemlich ignoriert wurde.

Bis zu einem gewissen Grad läßt sich die Loggia aber dank Plänen aus dem 18. Jahrhundert rekonstruieren. Da namhafte Künstler, von Palladio bis Daniele Barbaro und Veronese, von Zelotti bis

126

Vittoria, Battista del Moro und Prospero Bresciano, an Bau und Ausschmückung des Palastes in Murano beteiligt waren, wurden auch die Verteidiger von Palladios Ideen im 18. Jahrhundert wieder auf ihn aufmerksam.

Im vierten Band seiner Architettura di Andrea Palladio von 1744, der sich mit den »Fabbriche inedite di Andrea Palladio nella città Venezia« befaßt, nimmt Francesco Muttoni viele Pläne des Palazzo Trevisan mit auf. Ergänzt durch kurze, informative Kommentare bilden sie die Hauptquelle für die Rekonstruktion der Loggia und der Grotte mit den raffinierten Wasserspielen. 1562 beschrieb Francesco Sansovino sie als »außergewöhnlich schön und nach römischem Vorbild« gebaut. Neben den Plänen von Muttoni kennen wir noch ein Bündel von Zeichnungen von Visentini (heute im R. I. B. A. in London). Auch im Museo Correr in Venedig werden Pläne verwahrt. So wissen wir, daß die Loggia an den Längsseiten zwei unterschiedliche Fassaden aufwies. Die Hoffassade war eine durchlaufende zweigeschossige Wand mit rechteckigen Fenstern und Balkenarchitraven. Der Mittelteil sprang etwas vor, das Eingangstor wurde von dorischen Halbsäulen und je einer Nische an den Seiten flankiert.

Auf der Gartenseite trugen acht dorische Säulen aus Rustikaquadern das Gebälk. Sein einziger Schmuck war ein in der Mitte sitzendes, nach unten offenes Tympanon. Blickte man von dieser rustikalen Fassade auf die dahinterliegende Innenwand, so verschmolzen beide zu einem harmonischen Ganzen, da die Innenwand gleichfalls aus Rustikaquadern gefügt war. In ihrer Mitte gab es einen tympanonbekrönten Rundbogen, rechts und links davon je ein Fenster.

Vom Garten aus gesehen war die Loggia, die man sich als Schauplatz prunkvoller Bankette vorstellen muß, meisterhaft eingebunden in ihre natürliche Umgebung. Bei Muttoni lesen wir, daß »die Loggia aus Säulen besteht, die eiserne Bögen zusammenhalten. Ihr Niveau ist etwas höher als das von Hof und Garten. Die Säulen sind mit schattenspendenden Kletterpflanzen berankt. Früher war die Loggia im Inneren auch sicherlich mit schönen Statuen geschmückt«. An diesen Ausführungen läßt sich das Ausmaß des Verfalls ermessen, in dem sich die Loggia schon damals befunden hat. Ein rustikaler Bogen an der rechten Schmalseite führte in die ovale Grotte. Ihre drei Nischen aus Tuffstein waren mit buntem Marmor und Meerestieren verziert. Putten spielten mit den Fontänen, die aus dem großen Wasserbecken aufstiegen, das alles beherrschend im Raume stand.

Die gegenüberliegende Seite der Loggia öffnete sich zu einer kleinen Apsis, in der eine Statue an einem Wasserbecken stand.

Sofort denkt man an die Grotte der Villa Barbaro in Maser, die, ungefähr zur selben Zeit entstanden, gleichfalls von herausragender Bedeutung im Veneto war. Man vermutet, daß Daniele Barbaro, der Besitzer von Maser und häufiger Gast im humanistischen Zirkel des Camillo Trevisan, entscheidend auf die Gestaltung des Palazzo von Murano eingewirkt hat. Auch von der Grotte und den Wasserspielen der Ca' Gualdo in Vicenza, die Bartolomeo Ammannati 1546 ausgeführt hat und die die erste ihrer Art im Veneto waren, existiert nur noch eine Beschreibung.

Der Garten zwischen Loggia und Lagune hatte eine Tiefe von etwa einhundert Metern. Muttoni notiert am Rande des Übersichtsplans auf Tafel XXXVII, daß er »nur einen kleinen Teil des sehr viel größeren Gartens« gezeichnet habe.

Von Hof, Grotte und Garten ist nichts erhalten. Die Società Veneziana Conterie e Cristallerie hat auf dem Gelände zu Beginn unseres Jahrhunderts eine große Halle errichtet. Steigt man auf das Dach dieser Halle, so bekommt man eine vage Vorstellung, wie weitläufig die Anlage gewesen ist und wie sie sich dem präsentierte, der sich ihr von der Lagune her

127. Francesco Muttoni, Palazzo Trevisan auf Murano, Hoffassade der Loggia; Eingang und Grundriß der Grotte, Zeichnung aus L'architettura di Andrea Palladio vicentino..., Band V, Venedig 1744.
Sansovino beschrieb die Grotte als »außerordentlich schön« und »römisch inspiriert«. Man konnte sie von der Loggia aus betreten.

näherte. Im Palazzo sind heute die Geschäftsräume der Glasbläserei Rossetto Estevan untergebracht.

Die Gesamtanlage des Palazzo Trevisan in Murano war typisch für viele Villen, die an der Peripherie Venedigs lagen. Die Nähe der belebten Stadt und die unberührte Lagunenlandschaft haben sich architektonisch in einer Mischung aus Palast und Landhaus niedergeschlagen.

Der Garten des Palazzo Trevisan dürfte dem ein Jahrhundert später entstandenen Garten von Sante Cattaneo auf der Guidecca ziemlich ähnlich gewesen sein. Martinioni hat ihn in Sansovinos *Venetia* aufgenommen, das er 1663 aktualisiert hat. Aus dem weiten, reichgeschmückten Gartensaal dieser »hochherrschaftlichen Villa«, der »etwas höher als der Garten gelegen war«, gelangte man nach hinten in einen ziegelgepflasterten Hof. Dort gab es Grotten und tuffsteinverkleidete Brunnen, die mit buntem Muranoglas, Muscheln und Korallen verziert waren, außerdem viele Statuen und Wasserspiele, die den Besucher unvermittelt naßspritzten. »Vom Hof aus geht man in den Garten, der bis an die Lagune reicht, von wo man bis Malamocco und Chioggia sehen kann. Im Garten wachsen edle Bäume, Orangen, Zedern, Jasmin und fremdartige Blumen. An der Lagune steht eine zart ausgemalte Loggia mit angenehm luftigen Kabinetten und Korridoren. Alles in allem kann man sagen, daß sich in Sante Cattaneo Festland und Meer, Gebirge und Ebene, Palast, Landhaus, Wald, Feld und Garten glücklich vereinen und Seele und Geist erfreuen und erquicken« (Sansovino, 1663). In den venezianischen Gärten des 16. Jahrhunderts wuchsen die exotischen Pflanzen üppig und ließen die Ungläubigen verstummen, die behaupteten, »künstlich angelegte Gärten könnten mit Salzwasser nicht gedeihen« (Sansovino, 1663).

Die Gärten, die wir betrachtet haben, sind charakteristisch für das Venedig des 16. Jahrhunderts. Sie finden sich auf zeitgenössischen Landkarten und inspirierten viele venezianische Maler, wie Paolo Veronese und Tintoretto. Auf der Karte von Riggisberg sind die Gärten am Stadtrand von Venedig gut zu erkennen. Ihre Grenzen wurden gegen Ende des 16. Jahrhunderts durch die befestigten Fondamenta festgelegt, die die unregelmäßige Uferlinie ablösten. Vergleicht man die Karte von Riggisberg mit der von de' Barbari, so erkennt man deutlich, daß

127

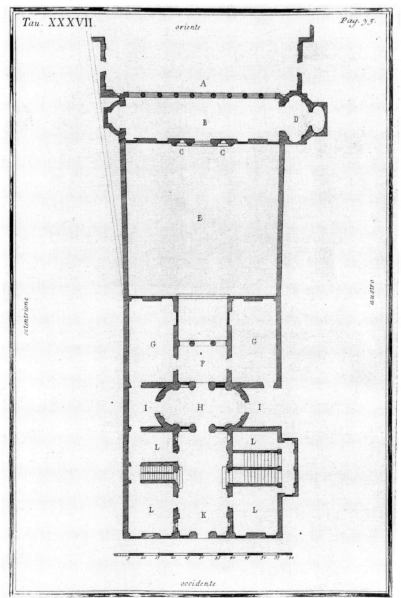

128

128. Francesco Muttoni, Plan des Palazzo Trevisan auf Murano, aus L'architettura di Andrea Palladio vicentino..., Band V, Venedig 1744.
Grundriß von Palast, Hof und Garten. Garten und Hof wurden durch die Loggia voneinander getrennt. An ihrer rechten Schmalseite lag die ovale Grotte mit den Wasserspielen, gegenüber befanden sich eine Statue und ein Brunnen in einer kleinen Nische.

die Gärten den neuen Verhältnissen angepaßt worden waren und daß die verbesserte *forma urbis* eigentlich nur Vorteile gebracht hatte. (M. A. V.)

Bibliographie: F. Sansovino, *Le cose più notabili di Venezia*, Venedig 1562, S. 28; C. Magno, O. Giustiniani, *Rime*, Venedig 1600, S. 16; F. Sansovino, *Venetia città nobilissima et singolare. Con aggiunta di tutte le Cose Notabili della stessa Città, fatte, e occorse dall'Anno 1580 sino al presente 1663. Da D. Giustiniano Martinioni* (1580), Venedig 1663, S. 369, 370; [F. Muttoni], *L'architettua di Andrea Palladio vicentino... corretta e accresciuta di moltissime Fabbriche inedite. Con le osservazioni dell'architetto N. N.*, 8 Bde., Venedig 1740–48, Bd. IV, 1743, S. 35–38, Tafel XXXVII–XLVI; V. Zanetti, *Guida di Murano*, Venedig 1866; G. M. Urbani De Gheltof, *Il palazzo di Camillo Trevisan a Murano*, Venedig 1890; A. Caiani, »Un palazzo veronese a Murano: note e aggiunte«, in: *Arte Veneta*, XXII, 1968, S. 47–59; L. Olivato, »Antonio Visentini su palazzo Trevisan«, in: *Boll. C. I. S. A.*, XIV, 1972, S. 405–408; E. Bassi, *Palazzi di Venezia*, Venedig 1976, S. 528–539; M. Azzi Visentini, *L'Orto Botanico di Padova e il giardino del Rinascimento*, Mailand 1984, S. 209–212; derselbe, »La grotta nel giardino veneto del Cinquecento« (vor der internationalen Versammlung über »Die Farnesischen Gärten auf dem Palatin« gehaltenes Referat), Rom 1985 (in: *Atti del Convegno*).

In der vom Bacchiglione durchzogenen Ebene, nordwestlich der Euganeischen Hügel, liegt auf einem ihrer letzten Ausläufer das Kastell Donà. Die Burg beherrscht die Kreuzung der Straßen Padua–Vicenza und Monselice–Lonigo. Im Hof der heutigen Anlage findet man noch Reste eines romanischen Wehrturms; er war mit einem doppelten Palisadenzaun befestigt. Zur Zeit der Langobardenkönige markierte der Turm die Grenze zwischen dem Gebiet der Langobarden und der Byzantiner, später die Grenze zwischen den Städten Vicenza und Padua. 1331 ging der Turm in den Besitz der Scaliger über. Sie ersetzten die alten Palisaden durch eine zinnenbekrönte Steinmauer mit Türmen und einer Zugbrücke auf der Westseite. 1387 wurde die Burg belagert und anschließend von den Visconti restauriert. In den Jahren, in denen Venedig gegen die Truppen des Bundes von Cambrai kämpfte, war das Kastell von großer strategischer Bedeutung für die Serenissima. 1455 schenkte die Republik das Kastell an die Familie Chiericati, die es bis 1555 besaß. In dieser Zeit begann die langsame Umwandlung des Kastells von einer wehrhaften Burg in einen Landsitz. An der Südwestseite wurde eine neue Zugbrücke gebaut, außerdem eine nach Süden geöffnete Loggia, in der viele Töpfe mit Zitrusgewächsen aufgestellt waren. Die Burg fiel dann an die Contarini und 1638 schließlich an die Donà; gegen Ende des Jahrhunderts legten die Donà die ersten Gärten an. Im Laufe des 18. Jahrhunderts wurden sie vergrößert und schöner gestaltet, indem man auch die ehemaligen Befestigungsanlagen mit einbezog, ohne sie zu schleifen. Scoto hat dies beschrieben und dabei das Kastell Donà mit dem Kastell in Alcina verglichen (Maccà, 1815).

Die nach Süden hin abfallende Böschung wurde terrassiert. Hier gediehen, windgeschützt durch die Mauer, empfindliche Orangen- und Zitronenbäume. In schmalen steinernen Kanälen floß Wasser in die entlegensten Winkel des Gartens, das ausgeklügelte Bewässerungssystem war nach islamischem Vorbild angelegt. Im leicht abschüssigen Gelände wurden große Gartenflächen angelegt, die ein breiter Weg trennt. Vor der niederen Stützmauer stehen Tontöpfe mit herrlichen Zitronenbäumen. Heute sind diese Rabatten recht einfach gestaltet, in der Mitte ein Kreis, das Rechteck geviertelt durch ein Wegkreuz. Auf einem alten Foto sieht man die barocke

129

130, 131. Kastell Donà Marcello Grimani, Montegalda.
Der tiefer gelegene Teil der italienischen Gärten wird rückwärts von einer offenen Halle mit rustikalen Säulen abgeschlossen. Die großartige barocke Auffahrtsrampe ist reich mit Statuen von Orazio Marinali und seiner Werkstatt geschmückt und fällt sanft zur Zypressenallee hin ab.

Anlage mit Mittelrhomben, verschlungenen Wegen und raffiniert beschnittenen Hecken. Wie heute noch unterstrichen auch schon damals viele Zitruspflanzen das Muster. Von der Zugbrücke führt der breite Mittelweg auf ein Belvedere mit Bögen zu. In der Mitte steht ein Pavillon, der teilweise aus originalen Teilen rekonstruiert worden ist. Der Blick auf die Euganeischen Hügel, auf Berici mit Montegaldella und auf die Villa Deliziosa wird von Zypressen und Buchen umrahmt. An der Schmalseite der untersten Terrasse steht eine Halle mit rustikalen Pfeilern. Ihr gegenüber führt ein bogenförmig beschnittener Buchentunnel in ein kleines »grünes Haus« mit runden »Zimmern«. Der Architekt Benedetto Marcello behauptet, daß die Idee für die prachtvolle Rampe von Antonio Gaspari stammt. Vom Tor steigt sie sanft bis zum breiten Mittelweg an und verkürzt dadurch optisch ihre Länge, Berninis imposante Scala regia im Vatikan dürfte das Vorbild gewesen sein. Ihr architektonischer Höhepunkt aber ist das Tor mit den vier auf Pilastern stehenden Obelisken, wobei es aussieht, als ob die beiden kleineren den größeren, in der Mitte stehenden Obelisken huldigten. Vor dem Tor wachen zwei Herkules-Figuren von Orazio Marinali, und aufgereiht entlang der Rampe runden viele Statuen das Bild effektvoll ab. Zahlreiche Statuen von unbedeutenden Künstlern stehen auf Brüstungen und Terrassen, mit Zitrusgewächsen abwechselnd, und schmücken die Pfeiler des Gartentors, die Zugbrücke und den Innenhof.

Uralte Zypressen wachsen im Norden außerhalb der Einfriedungsmauer. Strenge Winter in den letzten Jahren haben ihnen leider sehr zugesetzt. Am Hang stehen hohe Bäume, die einen Buchenhohlweg aus dem 18. Jahrhundert, der in einen »grünen Kuppelsaal« mündete, total überwuchert und erstickt haben. Ein zweiter Buchengang führte auf der anderen Seite direkt zu den zum Kastell gehörenden Feldern am Fuß des Hügels. Heute dürfen die Buchen wieder wachsen, wie sie wollen, und bilden kein grünes Gewölbe mehr. Der Südhang ist mit Wein bebaut, bis vor zwei Jahren gab es hier einen Weinlaubenweg.

Im 19. Jahrhundert wurde die Familie Grimani di San Polo Besitzer des Kastells. Damals regte Pietro Selvatico an, alles Barocke zu entfernen und der Burg wieder ihr mittelalterliches Aussehen zu geben. Diese Idee ist zum Glück nicht

130

131

ausgeführt worden. Wahrscheinlich wurde aber schon damals ein Teil der Weingärten aufgeforstet. In den sechziger Jahren dieses Jahrhunderts ging es mit dem Kastell etwas bergab; 1969 wurde die Waffensammlung gestohlen, 1971 brach ein Brand aus, und viele Statuen im Garten wurden danach durch Vandalismus zerstört. Der neue Besitzer, Luciano Sorlini, hat das Kastell in den letzten Jahren wieder restauriert. (V. F.)

Bibliographie: A. Fortis, *Il castel di Montegalda, Epistola al signor Abate conte Giovanbattista Gozzi a Roma (Nozze Donado-Badoer)*, Rom 1762; G. Maccà, *Storia del territorio vicentino*, Tafel VI, Caldogno 1813, S. 215–274, u. Tafel XII, Caldogno 1815, S. 232; P. Selvatico, »Il castello di Montegalda«, in: *Strenna veneta per l'anno 1839*, Venedig 1839; F. Lampertico, »Monte Galda nel vicentino«, in: *Studi storici e letterari*, Florenz 1888, S. 229–257; R. Cevese, *Ville della provincia di Vicenza*, Mailand 1971, Bd. I., S. 45–64; A. Canova, G. Mantese, *Castelli medievali nel vicentino*, Vicenza 1979, S. 86–88; G. Perbellini, *Castelli scaligeri*, Mailand 1982, S. 177–180; F. Barbieri, *Vicenza Gotica: le mura*, Vincenza 1984, S. 142–143; G. Perbellini, »Il castello di Montegalda da motto medioevale a villa veneta«, in: *Castellum*, Nr. 24, 1984, S. 111–122.

132, 133. Villa Badoer. Fratta Polesine. Palladio hat durch die mit Bogen ausgestatteten Loggien ein neues Element in die Architektur der Veneto-Villa gebracht. Zusammen mit der Villa trennten sie den Herrschaftsgarten vom übrigen Bereich. Hier wie in Luvigliano ersetzten verkehrte, kugelgeschmückte Bögen die zinnenbewerte Mauer (s. auch Abb. 275).

Villa Badoer ist eine der schönsten und besterhaltenen Palladio-Villen in Veneto. Lionello Puppi wies aufgrund von Steuerakten eindeutig nach, daß sie im Jahr 1556 erbaut worden ist. Im selben Jahr ist auch die von Daniele Barbaro kommentierte Vitruv-Ausgabe bei Francesco Marcolini in Venedig erschienen. Barbaro bezeichnete darin den Architekten aus Vicenza als den Mann, der dem venezianischen Adel die »wahre« Architektur nahebringen könnte.

Die Villa liegt in der Ortschaft Fratta, in der Via di Bonifica, am Ufer des Flüßchens Scortico, das aus dem Etschtal kommt. Francesco Badoer besaß dort zuerst zehn, später 50 Campi Land und errichtete auf ihnen seine Villa und seinen Obst- und Gemüsegarten. Badoer war schon früh Mitglied der Compagnia di Calza dei Cortesi und stets neuen Kunstströmungen gegenüber offen. So ließ er seine Villa von Giallo Fiorentino mit gro-

tesken Dekorationen ausmalen. Die Villa ist auch heute noch mit der von Palladio entworfenen Mauer umgeben: Verkehrte Bögen mit Steinkugeln schmücken die Mauerkrone. Eine ähnliche Mauer baute früher schon Sansovino in Ponte Casale, zur gleichen Zeit wie Andrea Della Valle beim Bischofssitz in Luvigliano. Der Garten vor dem Haus, ein typischer Palladio-Garten, wird umschlossen von der Freitreppe mit der ionischen Vorhalle und den halbkreisförmig daran anschließenden Wirtschaftsgebäuden mit vorgebauten Kolonnaden. Hier lagen die Wohnungen des Verwalters und des Gärtners und die Stallungen, die Ende des 18. Jahrhunderts bis an die Straße vorgezogen wurden. Leider läßt sich die Originalbepflanzung des Gartens nicht mehr rekonstruieren. Die beiden großen Magnolien neben der Freitreppe sind jedenfalls erst später gesetzt worden. Die Figuren von Neptun und Amphitrite (?) auf den bei-

132

den Brunnen stammen aus der ersten Hälfte des 18. Jahrhunderts. Man kann aber davon ausgehen, daß die heutige simple Gliederung – zwei Rechtecke mit je einem Kreis in ihrer Mitte und den Kolonnaden als Begrenzung – dem originalen Entwurf mit Beeten und Topfpflanzen entspricht. Die Tatsache, daß den Loggien Kolonnaden vorgebaut waren, weist ihnen eine tragende Bedeutung in der architektonischen Gesamtkonzeption zu; außerdem konnten hier die empfindlichen Zitrusgewächse überwintern. Beeindruckend ist die große Freitreppe: Unter ihrem ersten Absatz lagen ursprünglich der Brunnen und die Zisterne, die heute in den Garten verlagert sind. Vom zweiten Treppenabsatz zweigen seitlich die Treppen zu den Loggien ab. Rund ums Haus läuft eine Terrasse. Das ganze Gebäude ruht auf einem massiven Unterbau mit Gewölben, in denen Vorratskeller und Küchen untergebracht waren. Auch hier erkennt man wieder deutlich die Einflüsse auf die Villen der Vescovi und Garzoni in Poggio und Caiano. Da es häufig Überschwemmungen gab, sollte der hohe Sockel den darüber liegenden Piano Nobile schützen; gleichzeitig stieg in den heißen Sommermonaten kühle Luft aus den Gewölben nach oben. Schon die alten Römer hatten sich dieses Prinzip zunutze gemacht.

In den *Quattro libri* ist auch ein Portikus auf der Rückseite der Villa eingezeichnet, von dem aus man diesen Teil des Gartens und die Obst- und Gemüsegärten überblicken konnte. An der Mauer standen zwei tympanongeschmückte Tempelchen als Blickfang. Ihr Entwurf basiert auf Palladios Studium der Antike in der Villa des Maecenas in Tivoli (R. I. B. A., IX, 13v). Unter dem 7. Februar 1677 sind im Inventarbuch der Villa »in den Gärten« vor und hinter dem Haus viele »Töpfe auf Marmorsockeln mit Orangen- und Zitronenbäumen« aufgelistet, andere mit »Jasmin«, »Myrte« und »Nelken« waren auf »der Mauer des Fischteiches aufgereiht« (Puppi, 1972). Wo sich dieser befand, wissen wir nicht – wohl im rückwärtigen Teil, nahe beim Tor zum Obstgarten. (V. F.)

Bibliographie: A. Palladio, *I quattro libri dell'architettura*, Venedig 1570, Buch II, S. 46; O. Bertotti Scamozzi, *Le fabbriche e i disegni di A. Palladio*, III, Vicenza 1781, Tafel XLII–L; L. Puppi, *Villa Badoer*, Corpus Palladianum Bd. VII, Vicenza 1972, S. 62 und passim.

133

134. Villa Badoer, Fratta Polesine.
Unter der großen Freitreppe, die zum
Portikus führt, war die Zisterne für die
gesamte Wasserversorgung der Villa untergebracht. Auf den Seiten führen
schmale Treppen zu den Loggien, und
hier liegt auch der Eingang zu den Vor-
ratskellern und Küchen. Durch diesen
massiven Unterbau wurde das Gebäude
vor Feuchtigkeit und Hochwasser geschützt.

134

135. *Girolamo Dante, Karte der Giardini Salvi Valmarana al Castello, Vicenza, Zeichnung, 1659. Vicenza, Biblioteca Bertoliana.*
Die Karte zeigt die ursprüngliche Anlage des Gartens mit dem großen runden Labyrinth in der Mitte und den sternförmig angeordneten Wegen rund um das Tempelchen.

136. *Giardini Salvi Valmarana al Castello, Vicenza.*
Das Tempelchen im Palladio-Stil ist vielleicht ein Werk von Paolo Antonio Valmarana. Puppi behauptet, es sei vor 1571 erbaut worden. Schon 1592 wurde der Garten für das Volk geöffnet.

Giacomo Valmarana begann 1552 im Kastell von Vicenca mit dem »Bau der herrschaftlichen Villa mit Nutz- und Ziergärten« (Puppi, 1975). Auf den Fundamenten der alten Burgmauern stand schon ein Haus im lombardesken Stil. Daran grenzte, immer noch innerhalb der Mauer, ein Gemüsegarten. Der neue Garten lag im Westen vor den alten Scaligermauern, die im rechten Winkel abknickten und in Richtung Porta San Felice bis nach Roccetta reichten. Das große Rechteck des neuen Gartens wurde an der Nord- und Ostseite von einem Graben und einer Mauer begrenzt, im Süden verlief die Mauer entlang der Straße, die auf das Tor des Kastells zuführte (heute Corso Santi Felice e Fortunato) und traf auf der Westseite wieder auf die Straße nach Porta San Felice (heute Piazzale Giusti).

In den *Libri d'estimo* von 1563–64 (Battilotti, 1980) wird Giacomo Valmaranas Villa folgendermaßen beschrieben: »Es ist ein Haus aus Stein mit einer Kuppel, sonnenbeschienen, der Garten ist etwa drei Campi groß und umgeben von Mauern, mit Weinstöcken, Bäumen und Obstbäumen, mit einem Küchengarten innerhalb der Mauern, der die Freude der allerhöchsten Herrin ist. Es gibt ein Taubenhaus auf einem Turm der Befestigungsanlagen...« Vergleicht man diese Beschreibung mit dem Plan von Vicenza aus dem Jahr 1580, der in der Biblioteca Angelica in Rom aufbewahrt wird, so kann man rekonstruieren, wie der Garten wohl kurz vor dem Tod seines Gründers (Giacomo Valmarana starb 1583 oder 1584) ausgesehen hat. In der Mitte des Gartens stand ein Tempelchen mit einer Kuppel inmitten eines großen runden Beetes. Vier kleinere Beete darum herum machten den Kreis zum Quadrat. An den Seiten wuchsen hohe Bäume. Im Norden und Osten lagen die großen Fischbassins. Es ist nicht überliefert, ob der kleine Tempel aus Stein gefügt war oder aus »Grünpflanzen gewachsen«. Er ähnelte Poliphilos Venustempel, allerdings wie er in der französischen Ausgabe von 1546 beschrieben ist und nicht wie in der aldinischen Ausgabe von 1499.

Auf dem Plan von 1580 ist der Taubenschlag nicht eingezeichnet. Vielleicht war er im Turm an der Nordostecke der Mauer untergebracht, die heute Umfassungsmauer des Gartens und Schutz gegen die kalten Winde ist. Auch die Loggia im Palladio-Stil ist nicht verzeichnet. Lionello Puppi behauptete 1975, sie sei vor 1571 erbaut worden, da im Testament

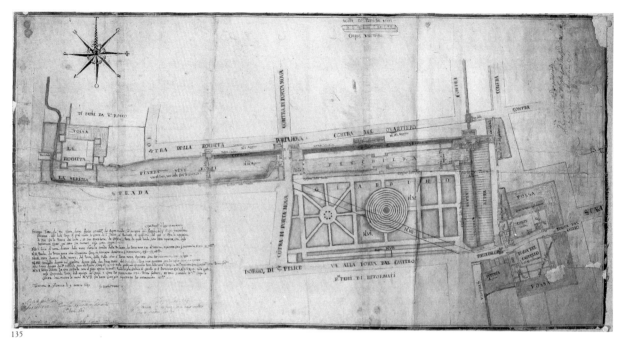

135

des Giacomo Valmarana vom 8. Juli 1571 die Arbeiten am Garten als abgeschlossen aufgeführt waren. In diesem Testament ist nicht erwähnt, daß der Garten an Lunardo, den Sohn von Giovanni Alvise und Bruder des Giacomo, vererbt worden sei, wie Magagnato 1956 behauptete, da Lunardos Name auf dem Gesims der Loggia eingemeißelt sei: Lunardo kehrte erst 1575 aus Spanien zurück und widmete sich sofort dem Bau des Teatro Olimpico. Er war ein Mann der Wissenschaft, kein Liebhaber-Architekt wie Giacomos Sohn Paolo Antonio. Ihn nannte Magrini 1845 als Architekten vieler Profan- und Sakralbauten »in der Architektur sehr sachkundig«. Er war Berater von Onorio Belli bei den Ausgrabungsarbeiten der antiken Theater in Kreta und auch maßgeblich am Bau des Teatro Olimpico beteiligt. Das Tempelchen im Palladio-Stil im Garten ist ins Wasser gebaut. Die Säulenanordnung der Vorhalle befolgt genauestens die Richtlinien, die Vitruv vorgegeben hat (Buch IV, Kap. V): Der Abstand der mittleren Säulen zueinander muß größer sein als der zu den seitlichen Säulen. 1592 machte Lunardo den Garten für die Öffentlichkeit zugänglich. Seine Söhne Giovanni Luigi und Massimiliano beauftragten Baldassarre Longhena, das Portal zum Campo Marzio zu bauen und die Loggia auf der Westseite des Fischbassins Richtung Porta San Felice oder Nuova. Longhenas

Loggia von 1649 war eine Verbeugung vor Palladio, dem Architekten der manieristischen Villa Sarego mit den rustikalen Säulen und ionischen Kapitellen. Zwischen den beiden Loggien, entlang dem Fischbassin und durch die Mauer geschützt, liefen die 1583 aufgeschütteten Dämme. P. F. Barbarano berichtete um 1650 von »einer sehr langen Zederenallee, durch die man Duft und Aussicht genießend spazieren kann«. Der Höhepunkt des Gartens aber war das Labyrinth. Ein Spiralweg wand sich zwischen neun Buchsbaumhecken ins Zentrum – »will man dorthin gelangen, muß man etwa eine Meile gehen«. Diese Beschreibung von Barbarano paßt genau zu Girolamo Dantes Karte von 1659 (Puppi, 1975), die in der Bertolina von Vicenza aufbewahrt wird. Auf dieser Karte ist das Labyrinth der Mittelpunkt des typischen »Liebesgartens«. Westlich davon steht ein rundes Tempelchen mit acht Säulen, auf das acht Wege sternförmig zulaufen. Sollte es sich hierbei um das Tempelchen auf der Karte von 1580 handeln, so beweist das erneut, daß diese Karte unvollständig ist, da das Labyrinth fehlt. Es könnte aber auch sein, daß der Garten erst nach 1580 verändert worden ist. In der Karte von Vicenza, die J. Monticolo Anfang des 17. Jahrhunderts gezeichnet hat, ist der Garten schon so dargestellt wie im Plan von 1659.

1816 wurde die Anlage total verändert

und in einen Garten im englischen Stil umgewandelt. Ein Kanal schlängelte sich diagonal über das Gelände, und die Fußwege liefen kreuz und quer. Einzelne hohe Bäume standen überall verstreut. 1845 wurde der Garten nach Osten hin geringfügig erweitert. 1907 vermachte ihn Girolamo Salvi der Stadt Vicenza, und die Öffentlichkeit erhielt Zutritt. In unserem Jahrhundert wurden noch einige Gebäude hinzugefügt, wie etwa 1947 der Ausstellungspavillon an der nördlichen Mauer. (V. F.)

Quellen und Bibliographie: Girolamo Dante, Zeichnung von 1659 (B. B. Vi., BBYi Karte = Nr. 164); P. F. Barbarano, *Historia ecclesiastica di Vicenza*, V, Vicenza 1761 (geschr. um 1650), S. 386; C. Semenzato, *Baldassarre Longhena*, Padua 1954, S. 27–28; L. Magagnato, in: F. Barbieri, R. Cevese, L. Magagnato, *Guida di Vicenza*, Vicenza 1956, S. 13–15, F. Barbieri, »Palladio e l'architettura del Seicento Veneto«, in: *Boll. C. I. S. A.*, XII, 1970, S. 92–93; L. Puppi, »La ›Morosina‹ d'Altavilla«, in: *Rivista dell'Istituto Nazionale di Archeologie e Storia dell'Arte*, XIX–XX, 1975, S. 283–285, Nr. 51; F. Barbieri, »Il Seicento architettonico urbano«, in: *Vicenza illustrata*, Vicenza 1976, S. 338; D. Battilotti, Vicenza al tempo di A. Palladio attraverso i libri dell'estimo del 1563–1564, Vicenza 1980, S. 206–207.

Giardino Giusti, Verona

Der Giusti-Garten war seit jeher der Öffentlichkeit zugänglich. Durch seine Lage und die unvergleichliche Aussicht über Verona, die man vom Belvedere aus genießt, war der Garten ein absolutes »Muß« für alle Besucher der Stadt an der Etsch. Viele haben ihre Eindrücke in Reisetagebüchern festgehalten.

Die Giusti kamen ursprünglich aus der Toskana. In Verona kann man sie bis ins Jahr 1405 zurückverfolgen. Das Gelände am Fuß des Hügels San Zeno in Mone, wo heute Palast und Garten liegen, hatte 1409 ein gewisser Provolo Giusti erworben. Damals lag das Grundstück noch am Rande der Stadt, Provolo Giusti richtete dort eine Wollfärberei ein.

150 Jahre später war die wirtschaftliche und gesellschaftliche Stellung der Familie fest im Gefüge der Stadt verankert. Graf Agostino (1546–1615) zählte in der zweiten Hälfte des 16. Jahrhunderts zu den bedeutendsten Persönlichkeiten im kulturellen und politischen Leben Veronas. Er baute zwischen 1565 und 1580 ein neues Haus für seine Familie und bezog dabei schon existierende Bauteile mit ein. 1591 fand das Werk einen krönenden Abschluß durch die Fresken, die Orazio Farinati an die Straßenfassade des Palastes malte. Eingefügt in Farinatis Scheinarchitektur stehen die Personifikationen von Glaube, Hoffnung, Mildtätigkeit und Gerechtigkeit.

Diesen christlichen Tugenden war am anderen Ende des Besitzes, »auf dem Hügel im Garten« (Farinati, Ausg. 1968), eine Venus gegenübergestellt, vom selben Künstler an die Fassade eines Venus-Tempelchens gemalt. So waren in diesem privaten Garten Eden der Tempel der Künste und der Garten der Liebe sinnbildlich miteinander verschmolzen.

Bei der Gestaltung des Gartens wurden die örtlichen Gegebenheiten berücksichtigt und geschickt genutzt. Ein großes, rechteckiges und ebenes Gelände geht über in einen sanft ansteigenden Hang, hinter dem eine steile Felswand einige Meter hoch aufragt. Oben schließt sich ein breites, nicht sehr tiefes und leicht welliges Terrain an.

Ein solches Gelände verlangte geradezu nach Terrassen, die durch imposante Treppenanlagen miteinander verbunden waren. In Mittelitalien, wo gewöhnlich viel Erdreich bewegt werden mußte und aufwendige Konstruktionen notwendig waren, waren diese Treppenkaskaden große Mode. Im Giusti-Garten hatte die Natur schon fast alles vorgegeben.

Die Giusti nutzten also – und sicher nicht aus wirtschaftlichen Überlegungen – die natürlichen Vorzüge ihres Grundstücks voll. Der untere Teil des Terrains wurde in gleich großen Rabatten im italienischen Stil angelegt. Rosenhecken umschlossen Wiesen, die derart mit Blumen übersät waren, daß sie mit dem Sternenhimmel oder mit orientalischen Teppichen in Wettstreit treten konnten. Francesco Pona beschreibt dies anschaulich in seinem Büchlein von 1620.

In seinem autographischen Manuskript *Silen*, das heute in der Biblioteca Medicea Laurenziana in Florenz aufbewahrt wird, hat Pona einige Blumenbeete des Gartens gezeichnet und die dort gepflanzten Blumen aufgezählt: Neben vielen anderen gibt es Hyazinthen, Anemonen und Tulpen.

Später, das genaue Datum ist nicht überliefert, wurde das Fischbassin mit dem Inselchen und der Venusstatue angelegt. Maffei schreibt sie Vittoria zu, da ihn die Anlage an den Garten der Villa Lante in Bagnaia erinnert. Vielleicht war das Ganze ein Werk von Agostino Giustis Sohn, Giovan Giacomo, der sich intensiv mit dem Garten beschäftigt hatte. Auch ein großes Labyrinth wurde angelegt, das heute aber nicht mehr existiert. Es ist 1786 von Luigi Trezza (B. C. Vr., L. Trezza, *Disegni di Fabbriche Civili*, Ms. 1784, Bd. 1, Nr. 25) nachgezeichnet worden. Auf den alten Ansichten des Gartens aus dem 18. Jahrhundert ist es noch zu sehen; sie werden heute im Staatsarchiv von Verona aufbewahrt. Selbst auf der Vedute aus der Vogelperspektive in den Büchern von Volkamer (1714) taucht es auf, ebenso in einem österreichischen Katasterplan. Das Fischbassin ist auf einem Druck von Marco Moro aus dem 19. Jahrhundert eingezeichnet.

Im unteren Teil des Gartens stehen viele Statuen und antike Grabsteine. Figuren von Apoll und Pallas Athene aus dem 16. Jahrhundert bewachen den Eingang zum Garten. Ceres, Bacchus und Venus sind von Gian Giacomo Giusti in Auftrag gegeben worden. Sie stehen in Nischen an den Treibhäusern der Zitrusgewächse, die sich an ein altes Mauerstück aus der Zeit Theoderichs anlehnen; diese Mauer schließt den Garten an der Ostseite ab. Erwähnt werden müssen auch die Statuen von Venus, Diana, Apoll, Adonis und Atalanta, die im 18. Jahrhundert Lorenzo Muttoni geschaffen hat. 29 von 43 römischen Inschriften sind auch heute noch im Garten

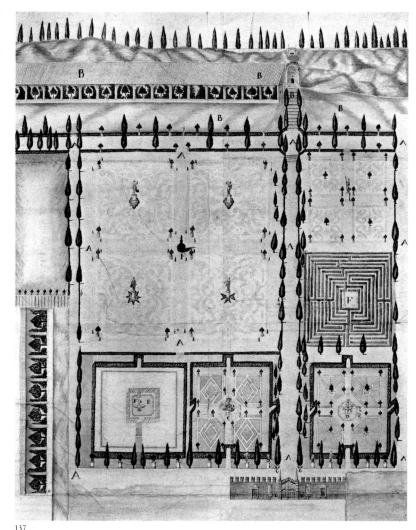

137

138

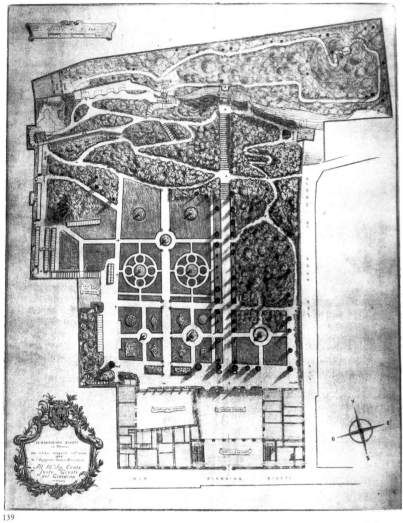

139

zu finden. Schon Agostino Giusti hatte begonnen, römische Antiken zu sammeln, sein Sohn ergänzte die Sammlung. Heute sind die Steine alle in die Umfassungsmauer eingelassen. Maffei berichtet, daß sie ursprünglich auch als Sockel für Blumenschalen benutzt wurden.

Der untere Garten wird in voller Länge vom Hauptweg durchschnitten. Er beginnt am Portal des Palastes, verläuft daher nicht in der Mittelachse des Gartens. Schlanke Zypressen, die seit jeher Gegenstand großer Bewunderung waren, säumen ihn. Am Eingang zur Spiegelgrotte, am Fuß der hoch aufragenden Felswand, endet der Weg. Durch geschickte optische Täuschung scheint er sich aber an diesem Hindernis vorbei zu winden und in gewagten Kehren nach oben zur Balustrade des Belvedere über der großen

Maske zu führen. Die Zypressen dahinter vermitteln den Eindruck, als ob der Garten noch endlos weiterreichte.

Die Giusti haben die Felswand belassen, wie sie war, und hier keine markanten Terrassen angelegt. Außerdem war der Fels ideal, um einige Grotten hineinzutreiben. Den Eingang zur Spiegelgrotte am Ende der Zypressenallee umrahmt ein klassisches Portal. Die Grotte selbst ist ein kleiner rechteckiger Raum mit Gewölbe, heute kahl und schmucklos. Aber dank spärlicher Reste der ursprünglichen Dekoration und dank Ponas Beschreibung und der Skizze von Schickhardt wissen wir, daß die Grotte mit Perlmutt, Korallen, Muscheln, Steinen und bunten Glasstückchen reich geschmückt war. Raffiniert angebrachte Spiegel und Landschaftsgemälde an den Wänden gaukelten

dem Besucher vor, sich in einer nach allen Seiten offenen Loggia inmitten des Gartens zu befinden. Ein Faun hielt eine Amphore hoch, aus der das Wasser floß. Den Wasserstrahl konnte man nach Belieben stärker oder schwächer einstellen.

Die Grotte präsentierte sich als eine Mischung aus Fiktion und Wirklichkeit, Natürlichkeit und Künstlichkeit, war also Manierismus in Reinkultur. Insgesamt liegen fünf Grotten entlang des Serpentinenwegs, für jeden der fünf Sinne eine. Die östlichste hat als Grundriß ein griechisches Kreuz und je drei Nischen in jedem Arm. In dieser Grotte wurden Töne und Geräusche künstlich verändert, sie täuschte das Ohr, wie die Spiegelgrotte das Auge irreführte.

Eine der Grotten diente als Kapelle, schreibt Coryat, in ihr gab es eine Inschrift mit der Jahreszahl 1591. Eine andere wurde als Orangerie für die kostbaren Zitrusgewächse benutzt.

Vom Belvedere, das mit Säulen aus dem 15. Jahrhundert geschmückt ist, hat man einen herrlichen Blick über das Tal. Im Westen stand eine Voliere, von der heute nur noch Reste zu finden sind.

Am geschützten Südhang und in reizvollem Gegensatz zum rauhen Fels gediehen die Pflanzen des Südens üppig. Es wuchsen hier neben allen Arten von Zitrusgewächsen wie Apfelsinen, Zitronen und Orangen auch Zedern, Jasmin, Lorbeerbäume, Feigen und Aprikosen, Taxus und Zypressen.

Im Glockentürmchen, das sich an die Felswand lehnt, windet sich eine Wendeltreppe nach oben. Sie ist die einzige Möglichkeit, in den oberen Teil des Gartens zu gelangen. »Der Garten reicht über den Felsen hinauf, es sieht aus, als lägen viele Gärten übereinander, bis sich vor uns schließlich das schönste, weite Bild ausbreitet«, rief Johann Gottfried Herder 1788 begeistert aus. Erreicht man den höchsten Punkt, so entrollt sich das aufregende Panorama Veronas vor einem, »als sei es auf eine Leinwand gemalt«, schreibt Pona. In diesem Teil des Gartens wuchsen wertvolle Pflanzen, berichtet Pona weiter, »verschiedene Kräuter (...), viele Sorten von Weinstöcken (...), Feigen (...), duftender Salbei, die scharfe Minze, der nützliche Rosmarin und die Artischocke, die früher nicht geschätzt war, dafür heute das ganze Jahr über genossen wird«. Ponas Ausführungen zur Bepflanzung dieses Teils des Gartens sind aber nicht ganz nachvollziehbar. Ein Weg führt bis zum Tempelchen der Venus. Er

wurde künstlich aufgeschüttet und verbreitet und war der Rampe am römischen Kapitol nachgebaut. Wahrscheinlich wurde er auch von Antiken gesäumt. Im Hof des Venus-Tempels stand ein Brunnen, in dem Regenwasser aufgefangen wurde. Von hier wurde es weitergeleitet in eine große Zisterne, die in den Felsen gehauen war. Dieses Zisternenwasser speiste auch »die Brunnen, die an vielen Plätzen des Gartens sprudelten« (Pona, 1620). Nachdem Giovan Giacomo Giusti die Erlaubnis erhalten hatte, Wasser aus dem Flüßchen Lori di Avesa zu entnehmen, baute er für 5000 Dukaten eine Wasserleitung von der Brücke in Pietra bis zu seinem Besitz und ließ neue Wasserspiele im Garten anlegen (Vallotto, 1955). Gegenüber dem Tempelchen der Venus, am anderen Ende des Gartens, stand ein Monopteros; auf den Fotos von Lotze vom Ende des vergangenen Jahrhunderts ist er gut zu erkennen. Heute existieren davon nur noch Reste.

Der Giardino Giusti vereint die Besonderheiten der Renaissance-Gärten von Mittelitalien und der des Veneto. Er war zugleich ein Freilichtmuseum, in dem die Antikensammlung der Giusti aufgestellt war. Und er war auch eine Art Bühne. So hatten sich die Giusti bei der Gestaltung ihres Gartens von zeitgenössischen Bühnenbildern inspirieren lassen. Außerdem zog die 1543 gegründete Accademia Filarmonica di Verona, die damals über kein eigenes Haus verfügte, 1565 in den Palazzo Giusti ein und residierte dort bis 1583. Agostino Giusti war seit 1566 Mitglied der Accademia. Als 1581 die dritte Aufführung von Tassos *Aminta* im Giardino Giusti gegeben wurde, war Agostino Präsident der Accademia. Die Kulissen für diese Vorstellung hat wahrscheinlich Brusasorci gemalt. Es wird behauptet, daß bei dieser und ähnlichen Gelegenheiten aus dem fürchterlichen Rachen der großen Maske Flammen züngelten. Im Garten wurden auch Konzerte gegeben und sicher auch in der Grotte, da man sie »Echo«-Grotte nannte. Nicht umsonst wurden Agostino Giusti zwei Madrigalbücher gewidmet.

Pona berichtet, daß auch unter Giovan Giacomo Giusti der Garten ein Parnaß, eine Heimstatt der Künste war.

Am Ende des verschlungenen Weges, der uns vom Eingangsportal im tiefer gelegenen Teil des Gartens bis ganz nach oben zum Tempelchen der Venus führt, glaubt man doch, eine Idee, ein Programm zu erkennen, das der Gestaltung

140

141

142

des Gartens zugrunde liegt. Mit etwas
Phantasie läßt sich auch heute noch, nach
so langer Zeit, die Reise des Poliphilo bis
nach Kythera, der Insel der Venus, nachvollziehen. Man könnte den Giardino
Giusti aber einfach auch als ein Spiegelbild vieler Renaissance-Gärten der Toskana und Latiums sehen. Heute gehört
der Garten immer noch den Grafen Giusti del Giardino, den direkten Nachfahren des Gartengründers.

Quellen und Bibliographie: H. Schickhardt, *Tagebuch der Reise nach Italien*,
Manuskript (Stuttgart, Württembergische Landesbibliothek, Cod. hist. Q 148,
a, b, c); F. Pona, *Il Sileno, overo delle bellezze del luogo dell'Ill.mo Signor Conte
Gio. Giacomo Giusti…*, Manuskript
(Florenz, Biblioteca Medicea Laurenziana, Ms. Ashb. 380, cc. 2r–37r); P. Farinati, *Giornale (1573–1606)*, hrsg. v.
L. Puppi, Florenz 1968, S. 31–32, 35;
S. W. Pighius, *Hercules Prodicius*, Antwerpen 1575, S. 293–294; T. Coryat,
*Crudezze, Viaggio in Francia e in Italia
1608*, (1611), Ausg. Mailand 1975, S. 346;
F. Pona, *Sileno, overo delle Bellezze del
Luogo dell'Ill.mo Sig. Co. Giacomo Giusti*, Verona 1620, S. 77, 80–81, 83; J. Furt-
tenbach, *Newes Itinerarium Italiae*, Ulm
1627, S. 245; S. Maffei, *Verona illustrata*
(1732), Teil III, Bd. IV, Mailand 1826,
S. 151–152; J. G. Keysler, *Travels…*
(1740–41), 3 Bde., London 1756–57,
Bd. III, S. 193–194; J. W. Goethe, *Die italienische Reise* (1816–17), hrsg. v. A. Fari-
nelli, Bd. I, Rom 1932, S. 257; hrsg. v.
A. Masini, Florenz 1970, S. 86; G. B. Da
Persico, *Descrizione di Verona e della sua
provincia* (1821), Bd. II. Verona 1838,
S. 178–179; F. Pizzichi, *Viaggio per l'Italia del Ser. Principe di Toscana poi Gran-
duca Cosimo III*, Florenz 1828, S. 115;
C. Cipolla, *Verona descritta da un pie-
montese nel 1782*, Verona 1895; *Handschriften und Handzeichnungen des herzoglich württembergischen Baumeisters
Heinrich Schickhardt*, hrsg. v. B. Pfeiffer
und W. Heyd, Stuttgart 1902, S. 43–44;
Comte De Caylus, *Voyage d'Italie*, Paris
1914, S. 65; J. Evelyn, *The Diary*, 6 Bde.,
Bd. II, Oxford 1955, S. 487; A. Vallotto,
Giardino Giusti, Verona 1955; *Deutsche
Briefe aus Italien. Von Winckelmann bis
Gregorovius*, hrsg. v. E. Haufe, Hamburg
1965, S. 89–91; I. Pindemonte, »I novelli
pastori nel superbo giardino dei conti
Giusti«, in: Versch. Verf., *Nella Bella
Verona*, Bologna 1972, S. 260 ff.; F. Pona,
Il gran contagio di Verona, hrsg. v. G. P.
Marchi, Verona 1972, S. XXIV–XXV,
XXXIV, LXV; R. Assunto, *Il paesaggio e
l'estetica*, 2 Bde., Neapel 1973, Bd. II,
S. 267 ff.; C. de Brosses, *Viaggio in Italia.
Lettere familiari*, Ausg. Bari 1973, S. 89;
E. Concina, *Ville giardini e paesaggi del
Veneto nelle incisioni dell'opera di Johann
Christoph Volkamer…*, Mailand 1979,
S. 141–142; L. Franzoni, *Le iscrizioni ro-
mane del Giardino Giusti*, Mailand o. J.
(1981); *Lotze. Lo studio fotografico
1852–1909*, Ausstellungskatalog, hrsg. v.
P. P. Brugnoli, Verona 1984, S. 85;
A. Poli, »Le Jardin Giusti: jardin de rêve,
jardin de mort, jardin d'amour«, in:
Versch. Verf., *Voyageurs français a Vé-
rone*, Genf 1984, S. 351–379; M. Azzi Visentini, »La grotta nel Cinquecento Veneto: Il Giardino Giusti di Verona«, in:
Arte Veneta, XXXIX, 1985, S. 55–64;
A. Conforti Calcagni, »Il Giardino Giusti«, in: *Civiltà Veronese*, I, 1, Febr. 1985,
S. 33–48; M. Azzi Visentini, »Il Giardino
Giusti de Verona«, in: *Il Giardino come
labirinto della storia*, Akten der Versammlung, Palermo 1984, Palermo o. J.
(1987), S. 177–181.

143

144

Pio Enea I. degli Obizzi, Condottiere im Dienst der Serenissima, begann den Bau der Burg. Sie liegt am Hang des Hügels Sieva, einem Ausläufer der Euganeischen Hügel, an der Brenta. Pio Enea hatte sich in die Aussicht verliebt, die man von hier oben hatte, und so beschloß er, einen Aussichtsturm am Berg zu bauen. Seine Mutter, Beatrice Pia, hatte am Kanal ein Landhaus mit Loggia und hielt dort ihre literarischen Zirkel ab. Der Bau, den Puppi (1972) dem Architekten Andrea della Valle zuschreibt, wurde ab 1570 mit großer Intensität vorangetrieben. Giuseppe Betussi schreibt 1573 in seinem Buch *Ragionamento sopra il Cataio*, daß der Bau vollendet und auch schon von Zelotti mit Fresken ausgemalt worden war. Die Fresken verherrlichen die militärischen Taten des Auftraggebers und seiner Ahnen. Der Bau muß das Aussehen einer wehrhaften Burg gehabt haben, mit Türmchen, Zinnen und Zugbrücke, so wie es sich für einen Condottiere geziemte, der hier mit seinen Söldnern lebte. Die verschiedenen Gebäudekomplexe lagen auf unterschiedlichem Niveau: Am Kanal blieb die alte Villa erhalten, der Hang dahinter wurde gerodet. Nach umfangreichen Erdbewegungen legte man dort mehrere Terrassen an, auf denen der neue, prächtige Palast errichtet wurde. Westlich davon erstreckte sich

der Park, etwa 400 Passi tief, mit einem Umfang von rund 1000 Passi. In dem weiten Gelände lagen kleine Hügel, der kleine Fluß Rialto floß mitten hindurch. Da die Gegend sehr wildreich war – es gab Hasen, Kaninchen, Hirsche, Rehe und viele andere Tiere –, wurden hier die Jagden abgehalten.

1648 erbte Marchese Pio Enea II., der Enkel des Erbauers, den Besitz. Auch er liebte Cataio sehr und schuf sich seinen ganz privaten Parnaß. Im Laufe von 18 Jahren ununterbrochener Bautätigkeit vergrößerte und veränderte er die Anlage vollständig. Seine Bauleidenschaft kostete ihn 60 000 Dukaten. Genaue Details über den Baufortschritt hat Francesco Berni im »Anhang« zur zweiten Auflage von Betussis *Descrizione* (1669) aufgelistet. In diesem Buch findet man auch die älteste erhaltene Ansicht von Cataio. Pio Enea II. ließ die Zufahrt höher legen, die von der Straße im Osten quer durch den Park nach Westen führte. Beim Palast lief sie auf derselben Höhe wie der vorgelagerte Hof. Entlang des Kanals wurde ein Garten angelegt, der auf der Vedute von Betussi noch nicht fertiggestellt war. Berni schreibt, der Boden habe »wie bestickt« ausgesehen. »Mit Blumen und Buchsbaum waren vier große Wappenbilder angepflanzt, nämlich die Schlüssel des Hl. Petrus, der venezianische Löwe,

die goldenen Kugeln der Medici und der Adler der Este, Symbole also der Fürstenhäuser und Staaten, denen die Familie der Obizzi Besitz und Wohlstand verdankte. Es gibt auch zwei von Mauern umgebene Fischbassins. An ihren Ecken und an den Ecken der Beete mit den Wappen stehen Zypressen und auf den Mauern um die Fischbassins, auf Sockeln und Balustraden viele Töpfe mit Pomeranzbäumchen. Alles ist umgeben von Laubengängen, an den Mauern blühen üppige Jasminbüsche, und Waldreben ranken zwischen den Säulen am inneren Rand der Fischbassins. Der dazwischen verlaufende Pfad ist dreißig Fuß breit und einhundertzwanzig Fuß lang. An seinem Ende gelangt man an einen Wasserfall. Zwischen zwei vasengeschmückten Pilastern fällt zwölf Fuß breit das Wasser wie in Schleiern. Außerhalb der Gartenmauer, dem Berge zu, wächst ein Ulmenwald, auch gibt es ein Labyrinth aus Buchsbaumhecken. Dahinter, nahe bei den Ställen, liegt noch ein Fischteich, der sein Wasser über unterirdische Kanäle aus der Brenta bekommt.«

Über diesem Garten türmt sich die hohe Südfassade des Kastells. Nach Osten zu, gegen die Brenta, staffeln sich mehrere Terrassen und Dachgärten auf verschiedenen Ebenen. Einige liegen auch auf der Nordseite, halb in den Berg

gegraben. Andere gehen über in den Park, der den Besitz nach Westen abschließt.

Der labyrinthische Weg durch das Kastell, die Höfe und Gärten beginnt im Eingangshof. Hier ist in die Rückwand der theatralische Elefantenbrunnen eingelassen. Dann wandert man auf verschlungenen Pfaden durch die Anlage. Auf freskengeschmückte Säle folgen große und kleine Höfe, Dachgärten, Loggien und Terrassen, die durch Innen- und Außentreppen und Korridore miteinander verbunden sind – manche Korridore sind direkt in den Berg gegraben. Cataio ist ohne architektonisches Konzept entstanden; das Ergebnis ist eher zufällig, bestimmt durch die Notwendigkeit, die Lage zwischen Hügel, Kanal und Straße zu nutzen und schon bestehende Baukörper mit einzubeziehen. Außergewöhnlich ist der große, tiefliegende Innenhof, 60×180 Fuß groß: Hier wurden früher Turniere abgehalten, man konnte den Hof aber auch mit Wasser füllen und Seeschlachten darin veranstalten. Die große quadratische Dachterrasse auf dem Bau von Pio Enea I. hat eine Seitenlänge von 62 Fuß. Die Schilderhäuschen in den Ecken dienen heute friedlichen Zwecken: Hier werden Tische und Stühle für improvisierte Mahlzeiten unter freiem Himmel aufbewahrt. Im Osten, entlang

145

146. Cataio, Battaglia.
Das Foto zeigt die Gesamtansicht der
weitläufigen Anlage. Links liegt der
langgestreckte Hof, in dem Turniere und
fingierte Seeschlachten stattfanden.
Rechts sieht man einen Teil des felsigen
Hangs, an den sich das Kastell lehnt. Im
Vordergrund, an der Südseite des Ka-
stells, erstrecken sich die Gärten. Der
große Fischteich wird von vielen Magno-
lienbäumen umrahmt (vgl. auch Abb.
286, 384, 396).

146

dem Kanal, ist nach umfangreichen Erdbewegungen ein Terrassengarten entstanden. »Drei Blumenbeete sind mit Buchsbaumhecken eingefaßt, an den Ecken stehen Zypressen. Darauf blühen alle nur
möglichen Arten von Zwiebelgewächsen
und exotischen Blumen. Inmitten der
beiden äußeren Beete stehen marmorne
Brunnen. Jeder schmiegt sich an eine
hohe Zypresse. Dieser Baum der Trauer
ist zugleich auch ein Zeichen der Hoffnung. Über die Äste rieselt das Wasser
des Lebens und sammelt sich in verschiedenen Schalen, strömt weiter aus den
Mäulern einiger Masken und fließt
schließlich in das Becken, das kunstvoll
die Brunnen umgibt.«

In Cataio gibt es viele Brunnen mit raffinierten Wasserspielen. Im Eingangs-
oder Gigantenhof stehen neben dem
Elefantenbrunnen zwei symmetrisch an-
geordnete Brunnen, die Flüsse symbolisieren. Ein weiteres Kuriosum ist das
Haupt der alten Gabrina: Ihr Hals ist mit
Korallen umwunden, und tritt man näher,
um die Inschrift zu lesen, so beginnt der
Kopf zu weinen und bespritzt den Leser.
Am Nordhang gab es »eine Voliere für
vielerlei Vögel. Als Tränke diente ihnen
ein marmorner Königsadler mit ausge-
breiteten Schwingen, aus dessen Schnabel
Wasser floß.« Man findet auch einen Zerberus aus Marmor, aus dessen drei Mäulern Wasser sprudelt. Auf der Dachterrasse von Pio Enea I. gibt es einen achtek-
kigen Brunnen, in dessen Mitte in einer
kannelierten Schale eine Figur von König
Giano steht. Sie ist mit einem Kranz stei-
nerner Lilien gekrönt, aus denen das
Wasser zwei Fuß hoch steigt. Schließlich
reckt in der Loggia mit den 17 Bögen, am
Kanal in einer Grotte, »eine Hydra ihre
sieben Köpfe. Um sich vor dem Feuer der
Alciden zu schützen, speien die Schlan-
genköpfe Ströme von Wasser. Vor der
Hydra hockt eine Kröte am Boden. Wer
ihr zu nahe kommt, den bespritzt sie mit
Wasser.« Um all diese Brunnen zu speisen, wurde für das Regenwasser eine Zisterne in den Berg gegraben. Auch vom
nahen Kanal wurde Wasser für die Brunnen abgezweigt. Zerberus, König Giano,
Adler und Hydra sind nicht zufällig als
Brunnenfiguren gewählt. Zusammen mit
den vielen Inschriften, die überall angebracht sind, erhalten sie im Gesamtgefüge
eine besondere Bedeutung. Berni hat
einige der moralischen und politischen
Sprüche aufgeschlüsselt. Überall stehen
auf den Brüstungen der Terrassen große
Tontöpfe mit Zitrusgewächsen, ebenso

147

148

zwischen den Zinnen und auf den Mauern im Garten. In den Treibhäusern, die sich an den Berghang lehnen und im Norden den unteren Garten begrenzen, werden Zitrusgewächse gezüchtet. Volkamer zeichnet Cataio einmal von Osten und einmal von Süden. Auf dem einen Kupferstich sieht man auch die Loggia mit den 17 Arkaden, unter denen der Hydrabrunnen steht, und die darüberliegende Terrasse. Pio Enea II., der am meisten an Cataio baute und veränderte, verdankt alles seinem »großen Talent«. Ohne sich einem Architekten anzuvertrauen, »zwang er den Berg, zurückzuweichen, zu verschwinden, er schüttete das Gelände auf, grub den Berg ab, zog Mauern, errichtete neue Gebäude, erweiterte und veränderte nicht nur die alte Villa, sondern auch den Palast«.

Pio Enea II. hat außergewöhnliche Feste in Cataio gegeben und Turniere abgehalten. Für die Theateraufführungen baute er im Palast ein Theater. Er ließ das Kastell mit unzähligen Fackeln taghell erleuchten; prachtvolles Feuerwerk erstrahlte am Himmel zu Ehren der illustren Gäste, und die Gästeliste war lang (Rizzoli, 1923).

Auch Tommaso, der letzte Obizzi, ließ dem Kastell viel Gutes angedeihen. Er vergrößerte die Sammlungen und pflanzte Ableger der Magnolien aus der Villa Farsetti di Santa Maria di Sala an. Noch heute stehen sie um den großen Fischteich. Bei seinem Tod 1803 hinterließ er seinen gesamten Besitz dem Herzog von Modena. Cataio fiel danach an die Habsburger, die es als Sommersitz benutzten; sie bauten am Fuß des Berges ein neues, imposantes Gebäude und brachten die Sammlungen nach Wien. Auch im 19. Jahrhundert war dem Kastell das Glück hold. Dalla Libera bezeugt dies, indem er die Terrassen von Cataio mit den babylonischen Gärten vergleicht. Heute gehört das Anwesen der Familie Dalla Francesca. (M. A. V.)

Quellen und Bibliographie: Lettere al marchese Tommaso Obizzi, (B.C.Pa., Ms. B. P. 1931, XXIII); Tommaso degli Obizzi, Biografia di Pio Enea I degli Obizzi (dito, Ms. B. P. 822, XIII); S. Speroni, »Laudi del Cataio« (1542), in: derselbe, Dialoghi, Venedig 1550, S. 132–137; G. Betussi, Ragionamento... sopra il Cathaio, Padua 1573; derselbe, Descrizione del Cataio Luogo del marchese Pio Enea degli Obizi... fatta da Giuseppe Betussi Bassanese l'anno

149

MDLXXII con l'aggiunta del Co. Francesco Berni Delle fabriche, & altre delizie accresciutevi in 18 anni dal Marchese Pio Enea, Ferrara 1669, S. 180v, 182–182v, 189v–190, 193, 198, 199–199v und passim; V. Coronelli, La Brenta, quasi borgo della città di Venezia..., Venedig 1709, Tafel 126–127; J.C. Volkamer, Continuation der Nürnbergischen Hesperidum, Nürnberg 1714; A. Dalla Libera, Dei giardini, del loro effetto morale e della scelta e coltivazione delle piante pei medesimi, Mailand 1821, S. 45–46; A. Berti, »Il Catajo« in: I Colli Euganei, Padua 1845, S. 100 ff.; A. Gloria, Il territorio padovano illustrato, Bd. III, Padua 1865, S. 102–107; P. Selvatico, Guida di Padova e dei suoi principali contorni, Padua 1869, S. 433–434; A. Benacchio, »Pio Enea 2. degli Obizzi letterato e cavaliere«, in: Bollettino del Museo Civico di Padova, IV, 1901, S. 61–72, 95–102, 123–130; L. Rizzoli, »Il Castello del Catajo nel padovano e il testamento del marchese Tommaso degli Obizzi (3 giugno 1803)«, in: Archivio Veneto-Tridentino, IV, 1923, S. 127–146; B. Brunelli, A. Callegari, Ville del Brenta e degli Euganei, Mailand 1931, S. 300–326; L. Crosato, Gli affreschi nelle ville venete del Cinquecento, Treviso 1962, S. 83–89; L. Puppi, »The Villa Garden of the Veneto from the Fifteenth to the Eighteenth Century«, in: The Italian Garden, hrsg. v. D. Coffin, Washington 1972, S. 81–114, bes. S. 103; C. Kolb Lewis, The Villa Giustinian at Roncade, New York/London 1977, S. 147–152; E. Concina, Ville giardini e paesaggi del Veneto nelle incisioni dell'opera di Johann Christoph Volkamer, Mailand 1979, S. 111–114; P. und P. L. Fantelli, »L'inventario della collezione Obizzi al Catajo«, in: Bollettino del Museo Civico di Padova, LXXI, 1982, S. 101–238; A. Baldan, Ville venete in territorio padovano e nella Serenissima repubblica, Abano 1986, S. 62–71.

Die Via Garibaldi in Lendinaria gibt schon einen Vorgeschmack auf die feierliche Würde von Ferraras Palästen: Zwischen den prachtvollen Fassaden kann man über die Mauern in die Gärten spähen. Der Palazzo Dolfin Marchiori stammt aus dem 15./16. Jahrhundert und wurde im 17. Jahrhundert großzügig umgebaut, Vicenzo Scamozzi soll der Architekt gewesen sein. Der Gartenhof auf der Rückseite des Palastes ist noch Renaissance in Reinkultur, auch der geheime Garten auf der linken Seite mit seinen geometrisch angelegten Beeten. Der Mittelweg des Gartenhofes führt durch ein Gittertor über eine Brücke in einen anderen Garten. Die Brücke stammt aus dem 19. Jahrhundert und hat statt eines Geländers zwei Holzbänke. Auf einem Gemälde im Stil Veroneses, das in der Accademia Carrara in Bergamo hängt, gibt es einen Bootssteg in einem Garten mit ebensolchen Bänken, allerdings aus Marmor. Den Garten begrenzen rückwärts zwei neoklassizistische Orangerien. Um die Rasenflächen stehen zwischen kegelförmig beschnittenen Buchsbäumchen Töpfe mit Zitrusgewächsen. Der Obst- und Gemüsegarten in den Tiefen des Gartens geht nach links über in einen romantischen Park. Er wird von Gräben durchzogen, deren grünschillernde Algendecke sie inmitten der Wiesen fast unsichtbar macht. In der Nähe des geheimen Gartens stehen noch Reste von alten Laubenhängen aus Buche, die aber heute völlig von großen Bäumen aus dem letzten Jahrhundert überwuchert sind. Es gibt eine Höhle, und eine kleine Holzpagode steht inmitten eines Sees. Durch einen neugotischen Bogen gelangt man in einen anderen, weitläufigen Teil des Gartens. Hier steht auf einem Hügel ein klobiger neugotischer Turm mit einem zierlichen hölzernen Aussichtstürmchen obendrauf.

Der romantische Park beginnt jenseits der Mauern, die die Gärten von den Nutzgärten trennten. Er wurde nach etwas merkwürdigen Modellen um 1860 für Domenico Marchiori entworfen, der 1866 Bürgermeister von Lendinara war. Die Annahme, daß Giuseppe Jappelli der Architekt des Parks war, muß daher aus zeitlichen Gründen ausscheiden. (V. F.)

Bibliographie: G. Marchiori, in: *Le ville venete*, Ausstellungskatalog, hrsg. v. G. Mazzotti, Treviso 1954.2, S. 482; A. Canova, *Ville del Polesine*, Venedig 1971, S. 61; C. Semenzato, *Le ville del Polesine*, Vicenza 1975, S. 59–60.

150

151

152

153

154. *Villa Nichesola, Ponton.*
Das Eingangstor am ältesten Teil des An-
wesens wurde von Fabio Nichesola über
dem Hang, der zur Etsch hinabfiel, ge-
baut. Ein gerader Weg führt von hier
zum Haus. Hinter Fabios Villa, dem
Kernstück des Ganzen, baute sein Sohn
Cesare einen Flügel an, der sich auf zwei
Abhänge hin öffnet. Auf der einen Seite
des Flügels trat man in den Innenhof, auf
der anderen gelangte man in die Terras-
sengärten.

155. *Villa Nichesola, Ponton.*
Der Garten erstreckt sich über drei Ter-
rassen. Auf der rechten Seite der obersten
Terrasse, genau dem Flügel von Cesare
gegenüber gelegen, steht eine künstliche
Grotte mit quadratischem Grundriß, die
vom Boden bis zur gewölbten Decke üp-
pig dekoriert war. An drei Wänden hatte
sie Brunnenbecken. In den Gärten des
Veneto sind solche künstlichen Grotten
eher selten. In Mittelitalien findet man
sie dagegen häufiger.

Die Inschrift FAB. NICHES. / I.C. VILLA auf den rustikalen Pilastern am Eingangstor besagt, daß Fabio Nichesola den Bau der Villa begonnen hat. Damals reichte der Besitz direkt bis ans linke Etschufer, heute haben sich eine Straße und einige Gebäude dazwischen gezwängt. Vom Tor am Fluß führt ein schnurgerader Weg zur Villa. Er wird eingefaßt von einer eigenwillig mit Bogen und Pilastern aus Rustikaquadern versehenen Mauer. Auf jedem Pilaster und in jedem Bogen liegen Steinkugeln. Vielleicht waren Mauer und Pilaster ursprünglich mit Kletterpflanzen bewachsen, die den Weg in eine schattige, blühende und duftende Pergola verwandelten, die bis an den herrschaftlichen Palast führte.

Da Persico (1821), Silvestri (1950) und Semenzato (1969) haben die frühesten Teile der gesamten Anlage dem Architekten Sanmicheli zugeschrieben, was chronologisch gesehen kaum möglich ist. Fabio Nichesola wurde um 1536 geboren, war also beim Tode Sanmichelis erst etwa 23 Jahre alt. Damit ist er zu jung, um als Auftraggeber für eine so weitläufige Anlage in Frage zu kommen. Auch aus stilistischen Gründen ist es fraglich, ob der große Veroneser Architekt hier gearbeitet hat. Nur der schon beschriebene Weg vom Tor zum Haus könnte von Sanmicheli stammen. Von dem, was Fabio Nichesola in Auftrag gegeben hat, ist nur noch wenig erhalten. Soweit man aus diesen schlecht erhaltenen Resten folgern kann, ist man damals ohne ein wohlüberlegtes Konzept vorgegangen. Auch das spricht gegen den berühmten Michele als Architekten der Villa Nichesola.

Die letzten Jahre des 16. Jahrhunderts waren für Villa Nichesola die Zeit höchster Blüte. Im September 1597 (Puppi, 1975) kaufte der Domherr Cesare Nichesola, Fabio Nichesolas Sohn, von den Madri di San Giovanni di Beverara zwei Campi Land. In diesen Jahren notiert Giovanni Pona »dictorum Nichesolarum [Vater und Sohn, denen sich vielleicht noch Fabios Bruder, der in der Botanik bewanderte Mauro hinzugesellte] perampla praedia, et egregiae aedes, aptae ad excipiendos propter varia illarum exculta ornamenta, verij generis supellectilem, et absolutas commoditates quosuis Illustriss. Viros, uti saepissime contigit; adjuncta huic nobiliss. domui duo pulcherrima Viridaria, in quibus praeter varios ordines frequentissimarum Cupressuum, et insertorum selectissimorum, diligenter

154

155

coluntur istae nobiles plantae.« Pona stellte auch eine Liste mit den Pflanzen zusammen, die im Garten wuchsen. Er kam auf 112 verschiedene Arten. Einige davon, wie der nach der Familie benannte »Cornus Nichesolae«, waren sehr selten (Pona, 1601). Die kostbarsten Exemplare stammten von Giovan Vincenzo Pinelli und Prospero Alpini.

Pona zählte allein sechs verschiedene Irisarten, zwei Pseudonarzissen, Lilien, Ranunkeln, Jasmin, Veilchen, Primeln, *impatiens*, außerdem Akanthus, Akazie und Tamarinde.

Der Garten muß vor 1595 fertig angelegt gewesen sein, denn die Widmung an Clusio, dem der Veroneser Arzt sein Werk zugeeignet hat, trägt dieses Datum (Pona 1601). Die Pracht dieses seinerzeit berühmten Gartens währte allerdings nur kurz. In der 1617 erschienenen italienischen Ausgabe seines Werks schreibt Pona, daß der Garten unwiederbringlich dahin sei.

Cesare Nichesola war auch kundiger und leidenschaftlicher Sammler von Antikem. Er besaß eine beachtliche Sammlung antiker Inschriften. Außerdem interessierte er sich auch für Numismatik. Bei seinem Tod 1612 fielen an die Accademia Filarmonica von Verona 28 lateinische Epigraphe. Sie bildeten ein Jahrhundert später den Grundstock für die Sammlungen des Museo Lapidario Maffeiano.

Cesare erweiterte auch die vom Vater geerbte Villa. Er ließ den Flügel anbauen, der den großen Hof im Süden abschloß. Dieser Flügel ist der bedeutendste Teil der ganzen Anlage, architektonisch und atmosphärisch. Man betrat den Hof nun durch einen neuen Eingang – er lag an der Seite des Herrenhauses zur Straße, die vom Valpolicella zur Etsch führt.

Am Portal empfängt den Gast ein Willkommensgruß in griechischer Sprache. Man tritt in einen engen, unregelmäßigen Hof. Linkerhand stehen, entlang der

Umfassungsmauer, einige Zypressen. Sie sind der Beginn der »schier endlosen Zypressenalleen, die schon manchen ausländischen Fürsten, der zum ersten Mal nach Italien reiste, dazu veranlaßt haben, den Fluß zu überqueren« (Maffei, 1732). Schon Pona berichtet von diesen Zypressenalleen, die bis weit in die landwirtschaftlich genutzten Gebiete des Besitzes hinauslaufen. Selbst heute werden die Felder teilweise noch von diesem grünen Gürtel umschlossen. Dem Eingangstor gegenüber (eine der wenigen Achsen in diesem asymmetrischen Baukomplex) führt ein Tor in den großen Hof. Beide Tore werden von Pilastern aus Rustikaquadern flankiert. Auf den Pilastern stehen schlanke Obelisken, von Steinkugeln gekrönt. Der große Hof hat einen ungewöhnlichen Grundriß mit schrägen Seiten und nur einem einzigen rechten Winkel. Die unterschiedlichsten Gebäude umgeben diesen Hof. Um den Anblick zu vereinheitlichen und eine gewisse Struk-

156. Villa Nichesola, Ponton.
Die drei Terrassen haben nur einen ge-
ringen Höhenunterschied und sind durch
kleine Treppen miteinander verbunden.
Ursprünglich war der Garten ein Para-
dies, voll von seltenen Pflanzen. Heute
ist die Anlage verfallen und verwildert.

156

vom Fluß nach Valpolicella führt. Auf der Südseite wird der Hof von der Loggia abgeschlossen, die auf den Hang und die Terrassengärten führt. Am hinteren Ende der obersten Terrasse liegt die quadratische künstliche Grotte.

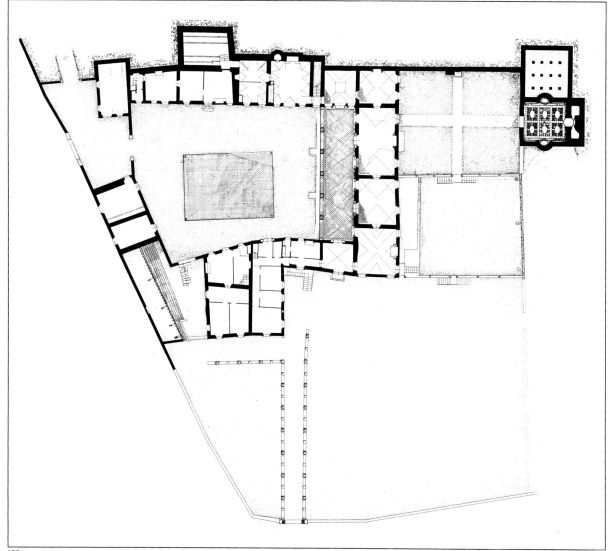

157

Fischteich liegt. Die Grotte von Ponton ähnelt aber mehr der etwa gleichzeitig entstandenen Grotte der Villa Verità. Ungeachtet des zeitlichen Abstandes, der aber durch die räumliche Nähe ausgeglichen wird, spürt man eine gewisse Verwandtschaft zu den Arbeiten Giulio Romanos in Mantua.

Der Garten der Villa in Ponton ist einzig in seiner Art im Veneto. Heute ist sein ursprüngliches Aussehen nur noch schwer rekonstruierbar, da verschiedene Gebäude in ihn hineingebaut worden sind, erst kürzlich noch einige kleine Landhäuser. Man weiß, daß er am Hang lag und in Terrassen gestaffelt war. Drei von ihnen kann man noch ausmachen, wahrscheinlich reichten sie aber bis an den Fluß hinunter. Der Höhenunterschied zwischen ihnen war gering und wurde durch Treppen ausgeglichen. Der Niedergang der Villa begann schon kurz nach dem Tod von Cesare Nichesola – seine Erben überließen 1612 das stark mit Schulden belastete Anwesen der Steuerbehörde. Kritische Stimmen in letzter Zeit haben bewirkt, daß man rettet, was noch erhalten ist. Mit großen Anstrengungen wird versucht, den gespenstischen Anblick, den die Villa Nichesola heute bietet, aufzuheben. Man besinnt und stützt sich auf die Zeugnisse aus früheren Zeiten, um wenigstens einen vagen Eindruck vom Glanz vergangener Tage zurückzuerhalten. Das Wiedergewonnene wird eifersüchtig beschützt.
(M. A. V.)

Bibliographie: G. Pona, »Plantae seu simplicia, ut vocant, quae in Baldo Monte et in via ab Verona ad Baldum reperiuntur«, in: C. Clusi, *Rariorum Plantarum Historia*, Antwerpen 1601, S. 321–348, bes. 323–324, 327–329; derselbe, *Plantae seu simplicia…*, Basel 1609, S. 9; derselbe, *Monte Baldo descritto*, Venedig 1617, S. 20; B. Dal Pozzo, *Le vite de'pittori, scultori e architetti veronesi*, Verona 1718, S. 128; S. Maffei, *Verona illustrata*, Verona 1732, Teil II, S. 225 u. Teil III. S. 285; derselbe, *Museum veronense*, Verona 1749, S. CXVI; G. B. Da Persico, *Descrizione di Verona e della sua provincia*, Teil II, Verona 1821, S. 173; G. Silvestri, *La Valpolicella nella storia, nell'arte, nella poesia*, Verona 1950, S. 116–117; L. Crosato, *Gli affreschi nelle ville venete del Cinquecento*, Treviso 1962, S. 174; P. Gazzola, »Il Barocco a Verona«, in: *Boll. C.I.S.A.*, IV, 1962, S. 156–180, bes. S. 165–166.

tur zu erhalten, hat man alle Fassaden mit Fresken bemalt. Dem Tor gegenüber steht der schon erwähnte Flügel von Cesare Nichesola: Eine Säulenhalle mit sechs Arkaden, die auf schlanken Pilastern aus Rustikaquadern ruhen, ist drei großen Sälen vorgelagert. Die Säle sind mit Türen untereinander verbunden, sind prachtvoll dekoriert und fraglos der bedeutendste Teil der ganzen Anlage.

Die Malerei der drei Säle zeigt Szenen aus der Mythologie und allegorische Figuren, eingebunden in einen kunstvollen architektonischen Rahmen. Die Arbeit wird aufgrund stilistischer Überlegungen dem damals schon betagten Paolo Farinati zugeschrieben. Er soll hier um

1595–96 zusammen mit seinen Söhnen Orazio und Giambattista gearbeitet haben (Crosato, 1962).

Farinati, von dem Dal Pozzo schreibt, daß er »auch als Architekt und Bildhauer Talent habe«, soll auch Cesares Flügel gebaut und die Außenwände bemalt haben. Welchem genauen Zweck die drei Säle dienten, ist nicht bekannt. Sicherlich waren sie für Feste und Empfänge gedacht, vielleicht hat man auch Gäste hier untergebracht. Vielleicht war aber auch die Antikensammlung hier aufgestellt, und man lustwandelte zwischen den Kunstwerken und ergötzte sich in diesen nach zwei Seiten auf den Hang sich öffnenden Räumen. Auf der Südseite gelangte man

in einen quadratischen Garten (wahrscheinlich ist es der zweite der beiden Gärten, die Pona aufzählt). An seinem entgegengesetzten Ende liegt eine bemerkenswerte künstliche Grotte. Sie ist in einem kleinen quadratischen, sehr rustikalen Gebäude untergebracht, den Eingang krönt ein kurioses Giebelchen. Im Inneren ist die Grotte mit Stalaktiten und heute ziemlich verwitterten Fresken geschmückt. Vielleicht hat auch Farinati die Grotte ausgemalt. An den Wänden gibt es drei marmorne Wasserbecken; besonders schön ist der Boden aus Marmormosaik. Als Vorbild diente möglicherweise der Fußboden in der Grotte der nahen Villa Della Torre in Fumane, die unter dem

158. Villa Duodo, Monselice.
Die sieben Kirchen, die nach Plänen von
Vincenzo Scamozzi zwischen 1606 und
1610 gebaut worden sind, beherrschen
Vallesella und die Ebene.

159. Villa Duodo, Monselice.
Hinter dem Garten vor der Villa liegen
die Terrassen, die Andrea Tirali 1730–40
als »heiliges Theater« gebaut hat.

Ein Garten kann im kleinen die ganze Welt beinhalten; ihn zu durchwandern ist ein intellektuelles und auch gefühlsbetontes Erlebnis. Aber fast immer, trotz der vielen Kapellen, die neben den herrschaftlichen Villen stehen, ist die Erforschung dieses Mikrokosmos weltlicher Natur. Die Kalvarienberge sind im Piemont und in der Lombardei im Zuge der Gegenreform in der 2. Hälfte des 16. Jahrhunderts meist aufgelassen worden, und inzwischen hat sich die Natur dieser Orte wieder bemächtigt. Villa Duodo in Monselice (Padua) ist daher heute ein Einzelfall. Hier hat man auf einem alleinstehenden Hügel mitten im Veneto die Pilgerfahrt zu den sieben römischen Hauptkirchen wiedererschaffen. Schon von weitem sieht man die entlang der Auffahrt zur Villa liegenden Kapellen, der Hügel wirkt gleichsam wie mit kleinen Kirchen gesprenkelt. Villa Duodo war geistige und religiöse Zuflucht für das venezianische Patriziergeschlecht Duodo, und glanzvoll offenbart und verherrlicht der Besitz die Verdienste der Familie.

Lionello und Loredana Puppi konnten 1974 aufgrund von Urkunden nachweisen, daß Francesco Duodo, der Befehlshaber der »schwerbewaffneten Galeeren« von Lepanto, und sein Bruder Domenico 1589 in Monselice Land kauften. Sie erwarben die »sogenannte Rocchetta von San Giorgio auf dem Berg Moncelese bei Padua« und einige angrenzende Felder. 1591 kauften sie noch mehrere Weingärten dazu. Die Familie besaß hier schon ein Haus, das in Steuerurkunden aufgeführt war. 1592 verfügte Papst Clemens VIII. den Abriß der baufälligen Kirche San Giorgio und ihren Wiederaufbau. Wahrscheinlich wurde schon zu diesem Zeitpunkt der Architekt Vincenzo Scamozzi mit der Planung betraut. Allerdings dachte man damals nur an eine Villa, in der man die Sommermonate verbringen wollte, und an eine Privatkapelle. Anfang 1593 wurde mit dem Bau der Villa begonnen. Sie entstand getreu den Plänen, die im Archiv des Museo Correr in Venedig aufbewahrt werden. Palazzo und Kapelle waren 1597 fertiggestellt. Die Kapelle stand ein wenig vom Palazzo entfernt, sie war ein einfacher quadratischer Bau, überwölbt von einer bleigedeckten Kuppel. Dies wurde bei einem Besuch Bischof Marco Cornaros 1602 besonders hervorgehoben. Auch in den *Descrizione* von A. Cittadella von 1606 ist dies vermerkt. Der Verbindungsbau

158

159

160. Tommaso Bonazza, Der Mittag, um 1740, Monselice, Villa Duodo.

161. Entwurf von Vincenzo Scamozzi für die Kapellen von Monselice, Zeichnung, Tinte auf Papier, datiert 2. und 8. März 1609, Venedig, Bliblioteca del Museo Correr.

162. Villa Duodo, Monselice. Die Dachgärten hinter der Kirche San Giorgio sind 1961 im italienischen Stil angelegt worden.

und der rückwärtige Hof sind deshalb nicht nach Entwürfen Scamozzis, sondern erst sehr viel später entstanden.

Am 12. November 1605 wurde Pietro Duodo, Gesandter Venedigs am Heiligen Stuhl unter Papst Paul V., die Gunst gewährt, auf eigene Kosten eine dem hl. Georg geweihte Kirche und sechs Kapellen zu bauen. Die Wallfahrer, die in Monselice um Gnade zu Gott flehten, sollten hier die gleichen Ablässe bekommen wie beim Besuch der sieben römischen Stationskirchen. Damit erhielt Villa Duodo eine völlig neue Bedeutung: Nicht länger war sie ein stiller Ort ländlicher Zurückgezogenheit für ihre Besitzer – fortan war Villa Duodo eine Wallfahrtsstätte, die die Herren von Duodo mit ihrem Glaubensbekenntnis und Glaubensverständnis erfüllten, das sich getreu an die Vorschriften des Tridentiner Konzils, an die Botschaft des hl. Karl Borromäus und an die Regeln der Societas Jesu hielt. Die Tatsache, daß dies alles am Vorabend des Interdikts (1606) geschah, das die konsequente Vertreibung der Jesuiten aus Venedig zur Folge hatte, läßt vermuten, daß Duodo einer gemäßigten, pro-römischen Partei angehörte. Pietro Duodo war die Entschlossenheit von Leonardo Donà fremd, mit der dieser in seiner Botschaft vom 16. Dezember 1605 die Politik der Republik verteidigt hatte. Duodos »römischer Wallfahrt« kam daher die Bedeutung eines Kreuzwegs zu. Er versuchte, das Rom Papst Sixtus' V. mit seinen neuen Straßenzügen und Obelisken in Monselice im kleinen nachzubilden.

Die Puppis datieren den Baubeginn der Kapellen auf das Jahr 1606, auch wenn im Archiv des Museo Correr in Venedig eine Urkunde aufbewahrt wird, die das Datum 8. März 1609 trägt.

Scamozzis Pläne zeigen zwei verschiedene Entwürfe für die Kapellen. Der eine Typ hat drei Altäre, eine Kuppel und an der Fassade ein auf zwei ionischen Pilastern ruhendes Tympanon. Für den zweiten Typ war nur ein Altar vorgesehen, die Rustikafassade hatte einen schlichten Bogen, darüber ein Tympanon. Der Bau der Kapellen fand offensichtlich nicht unter Scamozzis Aufsicht statt, da an seinen Plänen vieles verändert wurde. So baute man achteckige statt runder Kuppeln, korinthische Pilaster statt der von Scamozzi gezeichneten ionischen. Bei den kleineren Kapellen wurden die Rustika durch ionische Pilaster ersetzt. Von Scamozzi gibt es auch den Entwurf für einen Betschemel, der dem heute noch in den Ka-

160

pellen stehenden sehr ähnlich ist (B.C.Ve.). Die Wallfahrt von Monselice beginnt mit einer kleinen Kapelle, die Santa Maria Maggiore vorstellen soll. Darauf folgte eine Kapelle mit Kuppel für die Lateranbasilika. Die nächsten beiden Kapellen sind wiederum ohne Kuppel, sie stellen Santa Croce di Gerusalemme und San Lorenzo dar. Danach kommen San Sebastiano mit Kuppel und schließlich Santi Pietro e Paolo ohne Kuppel. Bis heute gibt es keine Erklärung für diese Besonderheit der Wallfahrt von Villa Duodo. Überdies sind es nur sechs Kapellen für sieben römische Stationskirchen. Heute wird angenommen, daß man die Kirche von San Giorgio dazurechnete, die als Wallfahrtskirche anstelle der Privatkapelle neu gebaut werden sollte. Im Museo Correr wird ein Plan aufbewahrt, der – wie Lionello und Loredana Puppi vermuten – ein Entwurf für den Neubau von San Giorgio in Monselice sein könnte. Die Vorhalle ruht auf drei Pilastern, die Kuppel ist achteckig. Dieses Blatt stammt allerdings nicht von Scamozzi, und auch die Anmerkungen nennen keinen Autor.

Möglicherweise waren die Umbettung von drei Märtyrern nach Monselice und die vielen Reliquien, die Papst Innozenz X. Alvise Duodo 1651 zum Geschenk machte, der Grund, warum man am Tor zur Via Romana die Inschrift ROMANIS BASILICIS / PARES anbrachte. Damals wurde auch der Glockenturm von San

Giorgio gebaut, vor allem aber gestaltete man den Platz vor dem Palazzo neu mit einer Rustikamauer und einem Brunnen. Auf der Mauer stehen die Büsten von Francesco, Domenico (1663) und Pietro Duodo (1670); heute sind die Originale durch Kopien ersetzt. Francescos Büste von A. Vittoria wird in der Ca' d'Oro in Venedig aufbewahrt, die von Domenico (ebenfalls ein Werk Vittorias) in der Burg von San Salvatore in Susegana. Dieses memorial könnte William Kent zu seinem »Theater bedeutender Persönlichkeiten« in Stowe in Buckinghamshire angeregt haben, das er um 1730 anlegte: Die großen Umbauten in Monselice begannen 1730. Vorher wurde aber schon die imposante Treppe am Hang zur Burg angelegt, der Hang vor dem Palazzo terrassiert, die Grotte mit dem hl. Franz Xaver und der Madonna unterm Kreuz gestaltet. Dies alles ist in einer flüchtigen Zeichnung von Domenico Munarato aus dem Jahr 1703 festgehalten, die im Museo Correr aufbewahrt wird. Etwa um 1682 begannen Nicolò Duodo, der Gesandter Venedigs in Rom war und sich als Architekt versuchte, und der »Maurer« Andrea Tirali mit den Verschönerungsarbeiten an schon Vorhandenem, indem sie Heiliges und Profanes geschickt miteinander verbanden. So wurde etwa die Grotte mit einem Nymphäum umgeben, das Statuen aus der Werkstatt Tommaso Bonazzas schmücken. Die vier Treppenabsätze erhielten einen kunstvollen Plattenbelag, so daß man nun den Eindruck hat, in einem Amphitheater zu stehen – keinem weltlichen allerdings. Man betritt diese Treppenkaskade über Rampen, die seitlich von drei Nischen in der rustikaverkleideten Stützmauer ansteigen. Die vier großen Statuen, die am Fuß der Rampen stehen, werden auch Bonazza zugeschrieben. Die Nordseite ist durch Tiralis Neuen Flügel abgeschlossen, der wie ein monumentales Bühnenbild wirkt, mit seinen Triumphbögen und seitlichen Nischen, in denen weitere Statuen von Bonazza stehen. Diese reich dekorierte Fassade greift jedoch Scamozzis verhaltene Architektur im Alten Flügel wieder auf. Der rückwärtige Dachgarten wurde in einen Innenhof umgestaltet, die Kirche San Giorgio mit dem Palazzo verbunden und wahrscheinlich in ihrer heutigen Form mit Chor neugebaut; 1720 kamen weitere Reliquien nach San Giorgio. Die beiden rückwärtigen Terrassen gestaltete man im italienischen Stil mit buchsbaumeingefaßten Beeten. Am Endpunkt der

Via Romana, um die Exedra und neben der Treppe, die den Hügel hinaufführt, wurden Zypressen gepflanzt, einerseits um das Gelände zu befestigen, andererseits aber auch, um für die Architektur einen ruhigen Hintergrund zu schaffen. Am 28. Juni 1737 stirbt Andrea Tirali in Villa Duodo. Der größte Teil der Umbauarbeiten ist 1741 beendet, es wird aber bis 1780 immer wieder etwas erneuert oder verbessert. Die halbrunde Hecke, die den Rasen vor dem Palast umgibt sowie die Dachgärten im italienischen Stil stammen wahrscheinlich nicht aus dem 18. Jahrhundert, sondern dürften während der Restaurierungsarbeiten von Vittorio Cini nach 1960 angelegt worden sein. Auch die Eichen und andere hohe Bäume sind erst um diese Zeit den Hang hinauf gepflanzt worden, denn auf alten Fotos ist der Berg von Monselice ein Weinberg, und entlang der Via Romana, am Nymphäum und an der Treppe stehen Olivenbäume und Zypressen. Im Zuge der Restaurierungsarbeiten wurde auch ein neugotisches Türmchen aus dem 19. Jahrhundert abgetragen, das neben

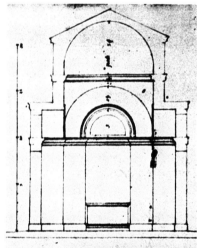

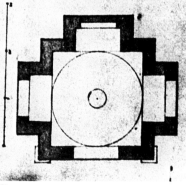

161

dem Neuen Flügel ins Tal blickte. Man empfand es als Mißklang im klassischen Gefüge der Anlage, auch wenn die ältesten Mauerreste in Villa Duodo gotisch sind. Mauerreste aus der Zeit der Carrara gibt es zwischen Vallesella und der Rocchetta auf der Nordostseite des Palazzo. Nach den Duodo waren die Balbi Valier Besitzer der Villa, von der man auf dem Hügel von Monselice einen eindrucksvollen Rundblick hat: Man beginnt am Castello Marcello Cini, streift dann weiter unten die hohe Mauer, die die Villa Nani Emo am Hang begrenzt. Dann erreicht man die eindrucksvolle Treppenanlage, die den Hügel hinaufklettert, gelangt auf ihrer anderen Seite zur Kirche Santa Giustina Vecchia, der ehemaligen Hauptkirche von Monselice im frühchristlichen Stil. Durch zwei Pilaster, auf denen große Steinlöwen sitzen, wandert der Blick auf den Platz vor der Villa Balbi Valier. Sie wurde zwischen 1703 und 1741 als Belvedere umgebaut, und hier beginnt die »Via Sacra«. Die drei großen Treppenfluchten von Ca' Marcello, Villa Emo und Villa Duodo, die den Berg von Monselice hinaufführen, sind das »Leitmotiv« dieser Villen. Das Streben nach Höherem, geistlicher oder weltlicher Natur, ist ein Symbol für Tugendhaftigkeit in Glaubensdingen oder profanen Belangen, die der Mensch nur mit Mühe erwirbt. Dies ist die These, die Anton Francesco Doni in dem Buch *Le pitture* vertritt, das 1564 von Percacino in Padua herausgegeben wurde. (V. F.)

Quellen und Bibliographie (Auszug): Besuch des Bischofs Marco Cornaro am 22. November 1602 (Padua, Archivio Curiale, Bd. XVI, c. 269r); V. Scamozzi, Villa Duodo, Plan für den Alten Flügel (B.C.Ve., Inv. Classe III, Nr. 1315); derselbe, Plan für die Kapelle, gez. »Vinc. Scamozzi Arch.«, dat. »am 2. und 8. März 1609« (B.C.Ve., Inv. Classe III, Nr. 1321); derselbe, Zeichnung für einen Betschemel, sign. »V.S. Arch.« (B.C.Ve., Inv. Classe III, Nr. 1324); anonyme Zeichnung für die Rotunde von San Giorgio, 18. Jh. (B.C.Ve., Inv. Classe III, Nr. 1322); D. Munarato, Zeichnung der sieben Kirchen, 1703 (B.C.Ve., Mss. PD 692 c/III); A. Cittadella, Descrizione compendiata dell'antico e moderno Castello di Monselice..., *1712 (B.C.Pa., Ms. BP 1606/XXV); C. Dabbo,* Descrizione compendiata dell'antico e moderno Castello di Monselice..., *1712, (B.C.Pa., Ms. BP 1606/XXV).*

Spärlich und widersprüchlich sind die Angaben zu Villa Verità in San Pietro di Lavagno. Sie wird auch »il Boschetto« genannt. Aufgrund verschiedener Quellen soll sie der Dichter Gerolamo Verità (1472–1552) gebaut haben. In einigen Strophen, die er schon in vorgerückten Jahren schrieb, besingt er Arbeiten, die an seinem »Paradies« in Lavagno ausgeführt wurden: »Caro soave albergo, / Grato riposo alla mia vita stanca, / Se, come il tetto tuo rinovo et ergo, / Così fesse anche il mio che invecchi e imbianca (...)« (Maffei, 1825).

Da Persico behauptete 1821, daß Sanmicheli der Architekt von Villa und Garten sei. Es gibt Befürworter und Gegner dieser Auffassung. Die Anlage wurde im Laufe der Zeit radikal verändert, und heute präsentiert sich Villa Verità im Stil des 18. Jahrhunderts. In einem Verzeichnis der Liegenschaften, das die Erben von Gerolamo Verità 1553 aufstellten, wird neben ausgedehnten Ländereien um Verona auch die Villa in Lavagno mit 136 Campi Grund angegeben (A.S.Vr., *Archivio Malaspina*, Bestand Verità, B. 207, Nr. 2215, und Borelli, 1982).

Den außergewöhnlich schönen Garten hat wahrscheinlich der 1562 geborene Gerolamo Verità in Auftrag gegeben. Hinter der Villa liegen drei Terrassen. Das Gefälle zwischen ihnen – immerhin mehrere Meter – wird durch eindrucksvolle Prachttreppen überwunden. Das Herzstück des Gartens, ein riesiger barocker Gartenhof auf der mittleren Terrasse, liegt auf der gleichen Ebene wie das Herrenhaus. Eine elegante Balustrade mit eingelassenen manieristischen Masken schließt die Terrasse zum Tal hin ab. Gerolamo Verità gilt auch als derjenige, der Girolamo Campagna mit der Figurengruppe *Herkules und Anteus* beauftragt hat. Diese Plastik steht in dem großen Wasserbecken, das den Mittelpunkt des Gartens bildet (Timofiewitsch, 1972). Sie stammt aus Campagnas bester Zeit, vermutlich um 1595, also kurz nach dem Tod von Gerolamos Vater Michele. *Herkules und Anteus* bilden jedoch nicht nur das Zentrum der mittleren Terrasse, sie stehen auch im Schnittpunkt zweier Achsen. Die eine Achse führt auf die Gartenfassade der Villa, die andere, quasi das Rückgrat des Gartens, reicht von der obersten zur untersten Terrasse. Auf der obersten Terrasse, so erinnert sich Da Persico 1821, gab es »bis in die Tage unserer Väter ein halbrundes Theater mit ansteigenden Sitzreihen. Davor stand eine Balustrade, die mit zwei antiken Statuen geschmückt war.« Zwei gegenläufige Treppenrampen verbanden die Terrassen miteinander. Theater und Treppen – es ist ganz offensichtlich, daß man sich bei der Gestaltung des Gartens in Lavagno an römischen Vorbildern des 16. Jahrhunderts

orientiert hat. Bramantes Hof des Belvedere im Vatikan und Raffaels Villa Madama belegen dies eindeutig. Auch Palladio hat sich von diesen beiden Bauten inspirieren lassen, die wiederum Anklänge an den antiken Tempel der Fortuna Primigenia in Palestrina aufweisen. Sein Reiz strahlt aus bis in die Gärten des Veneto. Da Persico (1821) untermauert dies noch, indem er schreibt, »daß darüber (über der untersten Terrasse) und auf anderen Ebenen am Hang das Haus mit wohlausgewogenen Proportionen gebaut werden sollte. Was man hier sieht, ist neugebaut...«

In der Quadermauer an der untersten Terrasse gibt es drei Öffnungen, die mittlere mit einem Bogen ist die größte. Sie führen in eine weitläufige Halle. Wie bei Villa della Torre liegt auch bei der Villa Verità die rechteckige Grotte direkt unter dem Wasserbecken der Mittelterrasse. Beim Eingang »in arcu maioris Viridarij« ist eine Inschrift angebracht, die mit den Worten endet: »Gaude, hospes, et felix habito.« Francesco Pola, der diesen Spruch ersann, starb 1616 – dies also ein Datum *ante quem*, für das Ende der Arbeiten (Novarini, 1645; Dal Pozzo, 1653). Eine andere Inschrift stammt gleichfalls von Pola und wurde von Novarini abgeschrieben – sie stand einige Zeit über dem Eingang der Villa und trug das Datum 1604. Wie in Fumane dient auch die Grotte in Lavagno als Trichter für die unendlichen Wassermassen. Sind die Becken und Springbrunnen auf den oberen Terrassen gespeist, so wird das Wasser in brausender Flut in die Grotte geleitet. Von dort strömt es weiter in den unteren Garten und dann auf die Felder. Das Wasserbecken vor der Grotte diente seit jeher als Reservoir für Zeiten der Wasserknappheit. Die Grotte selbst ist mit Stalaktiten geschmückt. Rustikale Pilaster umrahmen drei Nischen, in denen Brunnen stehen. Carlo Montanari hat die Grotte der Villa Verità mit den Grotten im Palazzo Pitti verglichen. Uns erinnert sie aber mehr an das Nymphäum in den Farnesischen Gärten auf dem Palatin oder an die Grotte des Herkules in der Villa Farnese in Caprarola. An den nie abreißenden Strom des Wassers knüpft in Villa Verità auch die Dekoration der Treppenbrüstung zur untersten Terrasse an: Über die tief in den Stein gekerbten Glieder einer endlosen Kette plätschert unentwegt das Wasser. Auch dieses Detail erinnert an die Villa Farnese. Dort ist es das immer wiederkehrende Motiv des

164

Delphins, das Gesimse und Geländer schmückt, während in Villa Lante in Bagnaia der »Gambero« den Schöpfer des Gartens, Kardinal Gambara verherrlicht.

Wer verstünde nicht die Botschaft, die Villa Verità mit ihren kunstvollen Wasserspielen vermitteln möchte? Das Wasser wurde vom Flüßchen Dugale bei Mezzane abgezweigt und hergeleitet und versorgte bis 1589 die Landwirtschaft, die die Familie Verità bei Lavagno betrieb. In einem Schreiben an die Behörden wird darum ersucht, das Wasser künftig bis an den Wohnsitz der Familie leiten zu dürfen: Eine ausgeklügelte hydraulische Wasserleitungsanlage solle gebaut werden. Auf der dem Schreiben beigefügten Zeichnung ist der Garten noch nicht vermerkt, so daß man das Jahr 1596 als sein Gründungsjahr annehmen kann. Die Wasserleitung wurde mit eleganten Skulpturen geschmückt. Zwei antike römische Statuen sind davon noch erhalten, ein Mann in einer Toga und ein Mitglied der julisch-claudischen Familie. Sie stehen am Fuß der Treppe, die von der mittleren Terrasse zum Theater führt. Auch einige Greifen und manieristische Masken sind im Garten verstreut. Am äußersten Ende des Dachgartens steht eine von Cavadini signierte Frauenstatue in einem Brunnenbecken, in der Nähe eine Arbeit von Agnesini aus dem 17. Jahrhundert. Derjenige, der Campagna den Auftrag für die Marmorgruppe *Herkules und An-*

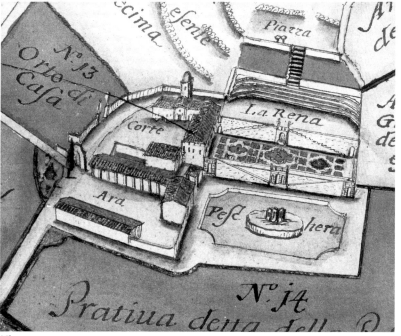

163

165

166. *Villa Verità, San Pietro di Lavagno.*
Die Grotte liegt genau unter dem Bassin
mit Herkules und Anteus. *An der Ein-*
gangswand ist vermerkt, daß die Grotte
vor 1616 gebaut worden ist.

167. *Villa Verità, San Pietro di Lavagno.*
Das Wasser fällt von der Decke der gro-
ßen rechteckigen Grotte und wird in drei
großen Becken an den Wänden gesam-
melt.

teus erteilte, wußte wahrscheinlich, daß es in den Medici-Gärten von Castello eine Bronzegruppe zum selben Thema gab. Sie schmückt den Brunnen, den Tribolo als Mittelpunkt des Gartens konzipiert hatte, und wurde von Girolamo Ammannati 1559 geschaffen. Herkules steht hier für Cosimo I., der die Feinde von Florenz bezwingt. Herkules ist ja bekanntlich der Held vieler Renaissance-Gärten, wie etwa desjenigen der Villa d'Este in Tivoli. In Lavagno bedeutet es aber nur, daß man sich hier in einem Garten der Hesperiden befindet. Das Theater deutet auf Gerolamos Leidenschaft für Theatervorstellungen hin. Er war seit 1590 Mitglied der Accademia Filarmonica, sein Vater Michele wurde 1583 zum *padre* gewählt.

Eine bisher nicht publizierte Zeichnung vom Besitz der Verità, 1742 vom öffentlichen Gutachter Bartolomeo Clesio angefertigt, wird in der Villa aufbewahrt. 1770 wurden die Angaben von 1742 noch einmal bestätigt. Auf dieser Zeichnung sieht man bis ins kleinste Detail den Garten, wie er um 1742 ausgesehen hat mit den verschiedenen Terrassen, mit der »Rena«, dem Sandplatz auf der obersten Terrasse. Daß es dort auch ein Theater gab, erwähnt 1653 schon Dal Pozzo in seiner genauen Beschreibung der Villa Verità. Darüber liegt die »Piazza«, ein Weingarten. Der Hang des San Briccio war bewaldet und gehörte auch noch zum Besitz der Grafen Verità. Bis ins kleinste Detail eingezeichnet sind die Gärten der mittleren und unteren Terrasse. Die mittlere hat drei Wasserbecken, darumherum sind die Rabatten angeordnet. Auf der unteren Terrasse erkennt man ein riesiges Wasserbecken mit eingezogenen Ecken und einer großen Skulptur in der Mitte. Heute ist das Becken schlicht rechteckig und von üppigen Büschen umwuchert. An diese Terrasse grenzte eine Wiese, die bis an die Straße reichte und im Plan »Prativa, detta della Peschiera« bezeichnet ist. Man sieht auch den Eingang zur Villa, die Auffahrt, die von der öffentlichen Straße bis zur Umfassungsmauer hochsteigt. Den Hof schließt nach rückwärts die herrschaftliche Villa ab. Ihre Fassade aus dem 18. Jahrhundert hat wahrscheinlich Alessandro Pompei entworfen. Er soll auch eine Zeichnung mit allen Teilen des Parks gemacht haben, die heute in den Uffizien aufbewahrt wird (Viviani, 1975).

An die linke Seite der Villa ist die kleine Kirche gebaut, nach rechts schließen sich

166

167

die weitläufigen Wirtschaftsgebäude an. Alle Gebäude gruppierten sich um einen quadratischen Hof. Man darf nicht vergessen, daß Villa Verità nicht nur für die Freuden des Landlebens gebaut worden ist, sondern daß von hier aus ein großes landwirtschaftliches Gut verwaltet wurde. Bis 1683 war der Besitz auf 348 Campi angewachsen, 257 Campi waren mit Wein, Maulbeeren und Oliven bepflanzt, 28 nutzte man als Weideland. Die

Decke des Treppenhauses mit der Jahreszahl 1779 und die Sala im Piano Nobile sind von dem Bologneser Maler Filippo Maccari und einem unbekannten Künstler aus Verona mit Fresken ausgemalt worden. Sie stellen Szenen aus dem Phaethon-Mythos dar und wurden zwischen 1775 und 1785 ausgeführt. 1787 malte Bernardino Bison im Raum neben der Sala vier Landschaftsfresken über den Türen.

Annamaria Conforti Calcagni, die über Villa Verità gearbeitet und mir freundlicherweise ihre Forschungsergebnisse zur Verfügung gestellt hat, schreibt die Gesamtplanung von Haus und Garten Domenico Curtoni zu und datiert seinen Entwurf kurz vor das Jahr 1604. Ende des 18. Jahrhunderts ging Villa Verità in den Besitz der Montanari über, heute gehört sie Domenico Fraccaroli. (M. A. V.)

Bibliographie: A. Novarini, *Varia opuscola*, Verona 1645, S. 382; G. Dal Pozzo, *Collegii Veronensis Iudicum Advocatorum doctrina, natalibus, honoribusque illustrium Elogia*, Verona 1653, S. 134; S. Maffei, *Verona illustrata* (1732), Bd. III, Mailand 1825, S. 378–379; G. B. Da Persico, *Descrizione di Verona e della sua Provincia*, Teil II, Verona 1821, S. 125–126; A. Avena, »Il viaggio d'Italia di Carlo Montanari con Carlo Alessandri«, in: *Atti e memorie dell'Accademia di Agricoltura Scienze e Lettere di Verona*, CXXIX, 1952–53, S. 235–236; P. Gazzola, »Il Barocco a Verona«, in: *Boll. C.I.S.A.*, IV, 1962, S. 156–180, bes. S. 173; F. Dal Forno, »Villa Fraccaroli«, in: *Vita Veronese*, 1967, S. 152–154; M. Precerutti Garberi, *Affreschi settecenteschi delle ville venete*, Mailand 1968, S. 441–442; P. Rossi, *Girolamo Campagna*, Verona 1968, S. 26–27; C. Semenzato, »Le ville del Sanmicheli«, in: *Boll. C.I.S.A.*, XI, 1969, S. 113–119, bes. S. 115–116; W. Timofiewitsch, *Girolamo Campagna*, München 1972, S. 205–206, 266; G. Borelli, *Un patriziato della terraferma veneta tra XVII e XVIII secolo. Ricerche sulla nobiltà veronese*, Mailand 1974, S. 346–355; F. Dal Forno, *Storia e arte della Valle di Mezzane*, Verona 1975, S. 53–61; *La villa nel Veronese*, hrsg. v. G. F. Viviani, Verona 1975, S. 539–544; AA.VV., *Gli affreschi nelle ville venete dal Seicento all'Ottocento*, Venedig 1978, S. 177–178; G. Borelli, »L'agricoltura veronese tra '500 e '600: una proposta di lettura«, in: *Uomini e civiltà agraria nel territorio veronese*, hrsg. v. G. Borelli, Verona 1982, S. 263–306.

Die ersten, noch sagenumwobenen Berichte über die Villa Cornaro in Castelfranco Veneto reichen zurück bis in die glanzvolle Zeit des asolanischen Exils der früheren Königin von Zypern. In der Tat wird Caterina Cornaro der Bau der Villa zugeschrieben, die besser unter dem Namen »il Paradiso« bekannt ist und nur rund zehn Kilometer von Caterinas berühmtem Barco von Altivole entfernt ist. Sie steht im Ortsteil Borgo Treviso von Castelfranco, in der Ebene, nach Norden steigen die nahen Hügel von Asolo an. Die älteste Zeichnung des »Paradiso« von Federico Beltramin stammt aus dem Jahr 1571. Das Anwesen liegt an der Straße, an der linken Seite steht zuerst ein schlankes Taubenhaus, davor ein riesiges Wasserbecken. Danach folgt der massive Block des Herrenhauses mit den Ecktürmen. Die Villa liegt etwas von der Straße zurückgesetzt. Schmale, niedrige Gebäude umschließen einen Hof und sind mit dem Hauptgebäude durch einen engen Gang verbunden.

1607 beauftragt Nicolò Corner den Architekten Vincenzo Scamozzi, Villa Cornaro neu zu gestalten. Scamozzi veröffentlichte seine Pläne und Absichten 1615 in dem Aufsatz *L'idea dell'architettura universale*. Im Gegensatz zu dem, was die Kritik einhellig behauptet, hat Scamozzi weder die bestehende Anordnung der Bauten total verändert noch zwei identische, symmetrische Paläste gebaut. Er beschränkte sich darauf, wahrscheinlich ohne größere Abbrucharbeiten, in das schon Vorhandene eine Linie

zu bringen. Preti erklärt mehr als eineinhalb Jahrhundert später mit diesen äußeren Bedingungen einige Unebenheiten im Entwurf. Die Zeichnung und der kommentierende Text belegen Scamozzis Vorgehen deutlich. Die Abfolge von Wasserbecken mit dem beherrschenden Taubenhaus, Herrenhaus und den Wirtschaftsgebäuden wurde beibehalten. Dem weiten Hof vor dem Haus, »mit Kieswegen inmitten grüner Flächen«, entsprach hinter dem Haus bis an die *fabrica Dominicale* ein anderer »gekiester Hof«, den Statuen schmückten, die auf hohen Sockeln standen. Es sollte auf diese Weise der Blick ungehindert den Hof durchschweifen können, der etwa 50 Fuß tief war. Dahinter erst begann der eigentliche Garten mit einer Tiefe von ungefähr 250 Fuß; ihn schloß im Süden ein Zedernwäldchen ab. Auf der Westseite gab es den »riesigen Fischteich mit fließendem Wasser, das Taubenhaus und eine Loggia, die Eindruck machte«. Östlich vom Herrenhaus standen die Wirtschaftsgebäude mit einem Hof davor. Dahinter lagen Obst- und Gemüsegärten, »voll mit Nutzpflanzen, die sich weit nach hinten erstreckten«. Villa Cornaro verkörpert, wie die meisten Veneto-Villen, ein harmonisches Zusammenspiel von Zier- und Nutzgarten, von Herrenhaus und Wirtschaftsgebäuden. Allerdings ist hier nicht mehr alles unter einem Dach untergebracht, wie bei den Palladio-Villen, so daß nicht nur ein feudaler Landsitz, sondern ein betriebsamer Gutshof entstand, in dem schwer gearbeitet wurde. Von

1660 stammt eine Zeichnung des Magistrato ai Beni Inculti »A.S.Ve., B.I.Tv., 407, 6,6), auf der die verschiedenen Baukörper von Villa Cornaro gut zu erkennen sind. Der Zeichnung ist ein Gesuch Nicolò Corners beigegeben, worin er bat, Wasser aus dem nahen Flüßchen Muson für private Zwecke nach Villa Cornaro leiten zu dürfen. Der Garten, der auf der Zeichnung noch wie zu Scamozzis Zeiten angelegt war, sollte nach rückwärts erheblich vergrößert werden, was einen erhöhten Wasserbedarf zur Folge hatte. Die Familie hatte zum Zwecke der Gartenerweiterung von den Soranzo und den Guidozzi in jenen Jahren Land erworben. Entlang der Straße veränderte Villa Cornaro zu diesem Zeitpunkt ihr Erscheinungsbild nicht.

Der neue »wunderschöne und große Garten« wird von dem Russen Peter Andrejewitsch Tolstoi beschrieben, der ihn 1697 besuchte. Er ist, so berichtet Tolstoi, »voller verschiedener Obstbäume, duftender Kräuter und Blumen aller Art. Vereinzelt stehen auf steinernen Säulen Statuen von Frauen und Männern, auch sie aus weißem Marmor. Um den Garten noch schöner zu gestalten, wurden zwischen die Blumen die Figuren von Vögeln und wilden Tieren gestellt. Und in der Mitte sprudelt ein schöner Springbrunnen. Im rückwärtigen Teil der Umfassungsmauer öffnet sich ein riesiges Portal. Auf zwei gewaltigen quadratischen Sockeln, die wundervoll gemacht sind, stehen zwei Pferde aus weißem Marmor. Sie sind groß wie deutsche Pferde und so

kunstvoll gearbeitet, daß sie wie lebendig wirken. Rechts und links vom Portal wurden kleine Hügel aufgeschüttet, etwa 20 Sazen hoch. Auf diesen Hügeln stehen Pavillons aus gelbem Marmor, die über und über mit Weinlaub bewachsen sind. Bänke und Tische sind achteckig und auch aus gelbem Marmor. Im Garten gibt es zwei schön angelegte Teiche [wahrscheinlich meinte Tolstoi das alte Fischbassin und ein weiteres, das auf neueren Karten eingezeichnet ist] mit klarem, sauberem Wasser und vielen Fischen. Kleine gemauerte Brücken schwingen sich elegant von einem Ufer zum anderen, hoch genug, daß ein Boot darunter durchfahren kann. Die Ufer entlang wachsen in hölzernen Gewächshäusern, die man leicht auf- und abbauen kann, das ganze Jahr über Zitronen, Orangen, Feigen und Kastanien. Hier werden auch besondere Gemüsesorten gezüchtet [...]. In der kalten Jahreszeit beheizt man die Gewächshäuser mit Kohlebecken, damit Blumen und Früchte nicht erfrieren. Wird es wieder warm, baut man sie ab und bringt sie weg« (Piovene Cevese, 1983).

Aufgrund der verschiedenen Dokumente und der Karte von 1660 kann man annehmen, daß die Erweiterung des Gartens bis über den Kanal und der Bau des zweiten Herrenhauses anstelle der Wirtschaftsgebäude in diesen Jahren stattfand. Tolstoi schreibt: Das »Haus [...] besteht aus zwei Teilen und hat glatte Wände«. Bartolomeo Scapinelli besang wenige Jahrzehnte später die Schönheit des Paradieses und erzählt, daß der alte Garten

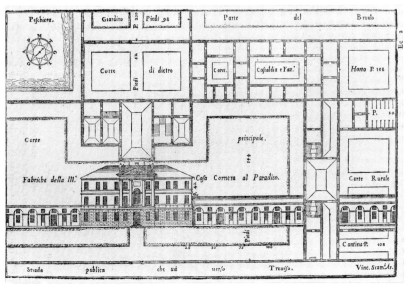

168

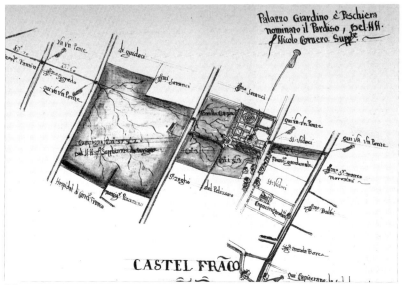

169

170. Antonio Caregaro Negrin, Entwürfe für den Garten Revedin, aus: Raccolta di disegni autografati..., Vicenza 1886.

171. Antonio Caregaro Negrin, Gewächshaus im Garten der Villa Cornaro in Castelfranco Veneto.
Das Gebäude im maurischen Stil wurde gegen Ende des 19. Jh. gebaut. Die Pläne dazu liegen im Archiv der Villa. Im Zuge der Neugestaltung im 19. Jh. wurden alle Spuren der früheren Gartenanlage beseitigt.

172. Villa Cornaro, Castelfranco Veneto. Viele Statuen (es sollen über hundert sein) haben Orazio Marinali und seine Werkstatt für den Garten im 17. Jh. geschaffen. Als im 19. Jh. die große Reitbahn angelegt wurde, hat man sie wie einen Zaun darum herum aufgestellt.

173. Villa Cornaro, Castelfranco Veneto. Zwei Pferde auf hohen Sockeln flankierten früher den Anfang der breiten, prachtvollen Zufahrt auf der Rückseite des Palastes. An den Wegrändern standen abwechselnd Statuen und Bäume.

vom neuen Garten im Norden durch einen Kanal getrennt war. Er wurde von »einer Brücke überspannt, die auf neun Bögen ruhte [...] und so breit war, daß vier Kutschen gleichzeitig nebeneinander darüberfahren konnten« (Bordignon Favero, 1958). Dahinter erhoben sich die Sockel mit den Pferden, die von den Hügeln flankiert wurden. Die ganze Anlage ist auf einer Zeichnung der Beni Inculti von 1713 festgehalten (A.S.Ve., B.I.Tv., 466, 48, 5). In einer anderen Karte von 1743, die im Archiv von Villa Cornaro aufbewahrt wird, ist neben den neuen Fischteichen und den Hügelchen auch der gerade, »breite Weg« eingezeichnet. Auf jeder seiner Seiten standen einhundert Statuen, die in der Hauptsache Arbeiten von Orazio Marinali (1643–1720) waren. Der aufmerksame Tolstoi erwähnt diesen Paradeweg nicht, da es ihn 1697 offensichtlich noch nicht gegeben hat. Warum war diese imposante Prachtstraße angelegt worden, an deren Rändern die hundert Statuen mit ebenso vielen Bäumen im Wechsel standen, vom Anfang bis zum Ende etwa »einhundert grüne Zedern«? Saverio Bettinelli preist 1781 in einer Hymne die Schönheit des Paradieses und widmet die Verse Andrea Cornaro. Wohin führte diese Straße den, der von der Villa kam? Oder wollte man nur eine eindrucksvolle Zufahrt schaffen mit dem »Portal« und den Pferden als

170

prunkvollem Höhepunkt, wenn man sich dem Paradiso von Asolo kommend näherte? Heute ist das Gebiet um Garten und Villa dicht bebaut, so daß der Zustand des 18. Jahrhundert nicht einmal teilweise rekonstruiert werden kann.

Monsignor Giovanni Cornaro beauftragte 1766 Francesco Maria Preti, die beiden symmetrischen alleinstehenden Palazzi mit einem Mittelbau zu einem einzigen, imposanten Gebäude zu verbinden. In den ausführlichen Erläuterungen zu seinen Plänen für diesen Bau bestätigt Preti, daß Scamozzi nur den »Palast im Westen« errichtet hatte, während der andere, symmetrische, später gebaut wurde und 1766 »noch nicht vollendet« war. Preti betont auch die Bedeutung des Gartens in der Gesamtanlage. Er schlägt deshalb vor, den geplanten mächtigen Mittelbau auf eine offene Loggia zu setzen, um schon in der Fassade eine Ah-

nung des hinter dem Palast liegenden Gartenwunders anklingen zu lassen. Preti wollte diese Lösung vor allem auch deshalb, weil »der prachtvolle Weg mit den Statuen, die hauptsächlich von dem berühmten Marinali aus Vicenza geschaffen wurden«, genau entlang der Mittelachse läuft. Man weiß nicht, warum Pretis Entwurf nicht realisiert worden ist. 1816 übernimmt Antonio Revedin den schon etwas heruntergekommenen Besitz von der mittlerweile verarmten Familie Cornaro. Einige Jahrzehnte später, um 1852, erstrahlt das Paradies wieder in neuem Glanz, prächtiger als je zuvor. Der prunkvolle Palast auf der Nordwestseite des Besitzes ist von Giovan Battista Meduna gebaut worden. Meduna regte auch an, den Garten in einen englischen Park umzuwandeln und die Aufteilung in regelmäßige Beete aufzugeben. Er wollte auch Teile der alten Umfassungsmauern in die Gartengestaltung mit einbeziehen. Die Mauer war »verfallen und mit Kletterpflanzen überwachsen« (Bordignon Favero, 1958), was der damaligen Vorliebe für künstliche Ruinen im Garten voll entsprach. Auf Meduna, der den See und ein Treibhaus entworfen hatte, folgten Francesco Bagnara und der Franzose Marco Guignon. Von ihm stammt die Idee für das Amphitheater. Darum herum wurden die vielen vorhandenen Statuen wieder aufgestellt. Um 1868 übernahm Antonio Caregaro Negrin die Neugestaltung des Gartens. Villa Cornaro war zwischenzeitlich in den Besitz der Familie Rinaldi übergegangen. Für sie entwarf Caregaro Begrin eine Höhle, ein Gewächshaus im spanisch-maurischen Stil und verschiedene andere Bauten, die verstreut im Park standen. Dazu zählte auch ein schlankes Aussichtstürmchen mit Pagodendach aus dem Jahr 1878. Alle Pläne und Unterlagen vom Aufbau werden im Archiv der Villa aufbewahrt.

Statt der viereckigen Wasserbecken legte man einen See mit unregelmäßigem Ufer an. Die kleinen Inseln im See wurden durch schmale Brücken miteinander verbunden, die eiserne Geländer hatten. Anstelle der geraden, breiten Wege schlängelten sich verschlungene Pfade durch das Gelände. Neben die einheimischen Büsche und Bäume wurden viele exotische gepflanzt, und alle durften wachsen, wie sie wollten. Die beiden Marmorpferde, die Tolstoi so sehr bewundert hatte, und viele der alten Statuen wurden um die Reitbahn der Revedin aufgestellt. Von ihnen stammt auch das

171

172

173

Stallgebäude im vorzüglichen *pre-liberty*-Stil.

Die Geschichte der Villa Cornaro geht aber noch weiter. Die Familie Bolasco hat Villa Cornaro der Universität von Padua geschenkt. Ein damit verbundenes Legat wurde erst kürzlich wirksam. Das hat aber leider die Probleme nicht gelöst, im Gegenteil. Eine Hiobsbotschaft aus allerletzter Zeit lautet, daß das Archiv Cornaro Revedin Bolasco, in dem wichtige Unterlagen und Kartenmaterial gesammelt sind, aufgelöst und sein Bestand in alle Winde zerstreut werden soll – vielleicht ist dies auch schon geschehen. Damit ginge unersetzliches Material verloren. Das Krankenhaus von Castelfranco hat vor einigen Jahren von der Familie Bolasco einen Teil des Gartens geschenkt bekommen. Statt des geplanten bescheidenen Pavillons ist dort aber die Poliklinik gebaut worden. Für einen Erweiterungsbau fordert die Kommune jetzt die Abtretung des Gartenteils, der direkt hinter der Pferderennbahn liegt. Seit Jahren wird der Garten nur noch sehr schlecht gepflegt und unterhalten, ja man muß leider sagen, daß er total verwahrlost ist. (M. A. V.)

Quellen und Bibliographie: B. Scapinelli, *Istoria di Castelfranco,* (B.C.Ve., Ms. Cicogna, 119); F. M. Preti, *Palaggio di Castel-Franco detto del Paradiso, appartenente a'NN.UU. Corneri,* Ms. (Castelfranco Veneto, Biblioteca Civica); N. Melchiori, *Repertorio di cose appartenenti a Castelfranco...,* Ms. (Castelfranco Veneto, Bibliotece Civica); V. Scamozzi, *L'idea dell'architettura universale,* Venedig 1615, Teil I, 1.III, Kap. XIV, S. 280–281; S. Bettinelli, *Opere,* Venedig 1780–82, Taf. VII, S. 64; A. Caccianiga, *Ricordo della Provincia di Treviso,* Treviso 1874, S. 354; A. Caregaro Negrin, *Raccolta di disegni autografi per edifizi pubblici e privati di città e di campagna (ville – chiese – teatri – giardini – stabilimenti – ecc.),* 4 Bde., Vicenza 1882–86, IV, 1885–86; G. Bordignon Favero, *Palazzo e Parco Revedin (ora Bolasco Piccinelli) al Paradiso di Castelfranco,* Treviso 1958, S. 9, 56; derselbe *Castelfranco-Veneto e il suo territorio nella storia e nell'arte,* 2 Bde., Treviso 1975, Bd. I, S. 338–353; B. Ricatti, *Antonio Caregaro Negrin. Un architetto vicentino tra eclettismo e liberty,* Padua 1980, S. 97; M. Azzi Visentini, »Note sul giardino veneto: aggiunte e precisazioni«, in: *Arte Veneta,* XXXVII, 1983, S. 77–89.

174. Villa Contarini, Piazzola sul Brenta.
Die großartige Anlage stammt aus dem 16. Jh. Marco Contarini hat sie in der zweiten Hälfte des 17. Jh. umgebaut und ihr das heutige Aussehen verliehen. Der Garten vor der Villa wurde 1868 von Eugenio Maestri für Luigi Camerini neu gestaltet. Auf der Rückseite der Villa legten Lupati und Oblach 1892 für Paolo Camerini einen englischen Garten an. Davon existieren heute nur noch die Rabatten am Haus und der See mit der Insel. Dort steht eine Christusfigur von Luigi Bistolfi. Vom Ende des 19. Jh. bis 1924 wurde Piazzola durch die Initiative von Paolo Camerini zu einem fortschrittlichen landwirtschaftlichen Zentrum mit Industriebetrieben und Arbeiterhäusern inmitten von Gärten.

Die älteste Ansicht von Piazzola stammt aus dem Jahr 1556. Villa und Hof sind mit einer zinnenbewehrten Mauer umschlossen, das Portal sitzt in der Mitte, an den Ecken stehen zwei Taubentürme. Das Haus ist zweigeschossig, es wird von zwei Türmen flankiert, die in zinnenbekrönte Seitenflügel übergehen. Diese wehrhafte Anlage läßt noch nichts von der Eleganz und Leichtigkeit einer Palladio-Villa ahnen. Gianna Suitner Nicolini vermutet, daß diese Villa aus dem Jahr 1546 stammt. Erst Ende des 16. Jahrhunderts wurden die beiden Türme durch ein drittes Geschoß miteinander verbunden, darüber kam ein durchgehendes Dach. Von den Seitenflügeln nahm man die Zinnen ab und verlängerte sie auf die ganze Breite des Hofes. Auf der Rückseite des Haupthauses wurde ein Flügel angebaut, der auf einer kleinen Böschung stand, da das flache Gelände durch den Reisanbau sehr sumpfig war. Wahrscheinlich wurden auch damals die Fensterläden in den Türmen und in dem Flügel, der auf die Felder ging, geöffnet. Auf einer Zeichnung von 1608 sieht man Villa und Hof von einem Wassergraben umgeben, der »Contarina« genannt wurde, nach Roggia Candola (oder Candela) al Brenta. Dem Gesuch an die Beni Inculti, um die ganze Anlage einen Wasserlauf ziehen zu dürfen, ging schon das Gesuch von 1557 voraus. Damals bat man die Beni Inculti um die Umleitung eines Baches, um »die Anlage zu verschönern«, hauptsächlich aber, um die Reisfelder hinter dem Haus zu bewässern. Zwischen 1608 und 1662 wurden die Loggien um ein Stockwerk erhöht. Das Gerinne Contarina floß von Westen nach Süden entlang der Umfassungsmauer, knickte dann nach Osten ab und mündete in ein großes Bassin. Es liegt heute noch hinter den Loggien und reicht bis an die Nordseite der Villa. Dort erweitert es sich zu einem halbkreisförmigen Nymphäum. Jenseits des Wasserbeckens ist ein L-förmiger Wirtschaftshof angelegt worden, wo an einem Seitenarm des Contarina von Pferden angetriebene Mühlen liefen. Da man nun den neuen Hof für landwirtschaftliche Zwecke nutzte, konnte der alte Hof vor der Villa zum Garten umgestaltet werden; das Eingangsportal wurde abgerissen. Auch an der Nordseite der Villa legte man drei Gartenflächen an, das Nymphäum schloß diesen Teil nach Osten ab. 1676 begann Marco Contarini mit Umbauarbeiten, die die Villa zur prächtigsten venezianischen Sommerresidenz auf der

174

Terraferma machten. Die Fassade des Mitteltraktes erhielt üppige Dekorationen, der Ostflügel wurde in eine Galerie umgewandelt, seine Fassade mit Telamonen auf Rustikapilastern gegliedert. Die neuangelegte Dachterrasse schmückten Statuen. Sie standen auch auf der Brüstung entlang dem Wasserbecken, die die alte Mauer mit den Zinnen ersetzte. Auch die geschlossenen oder mit Gittern verzierten Nischen der Tempelchen beim Nymphäum waren mit Statuen geschmückt. Über den Nischen wechselten halbrunde mit dreieckigen Tympanons. In dem Wasserbecken wurde 1685 zu Ehren des Herzogs von Braunschweig eine Seeschlacht veranstaltet, im Hain hinter dem Nymphäum fand das Bankett statt, und dort wurden auch die Bären gejagt. Diese Festlichkeiten illustrierte G. M. Piccioli in dem Bändchen *L'orologio del piacere*. Das Büchlein und wichtige

Opernlibretti, die man in den beiden Theatern der Villa aufführte, wurden in der eigenen Druckerei Luoco delle Vergini gedruckt. Jenseits der Umfassungsmauer im Südosten lagen die Wohnungen für die Frauen und Mädchen, die in der Seidenwirkerei oder in der Druckerei arbeiteten, viele wurden auch in Musik, Tanz und Gesang unterrichtet. Dort gab es auch einen Küchengarten und Gärten, die heute nicht mehr existieren. Jacques Chassebras de Cramailles beschrieb 1681 die Gärten von Piazzola: »Les jardins, le bois de citroniers, les allées couvertes, les labyrinthes, les mines ou chambres souterraines et enfin les lieux ou l'on élève de cailles et des faisans ont quelque chose de si merveilleux qu'il passent tout ce que l'on peut imaginer.« Marco Contarini hat seine Villa aber nicht nur als einen Ort der Sommerfrische und Vergnügungen verstanden. Der

Bach bringt Leben in den Garten, bewässert aber gleichzeitig die Reisfelder, treibt die Mühlen an, die Walk- und Spinnmaschinen und die Schmiedehämmer. Schon 1680 entwarf Marco Contarini den großen halbkreisförmigen Platz vor der Villa. Eine Markthalle mit wuchtigen Säulen sollte ihn umschließen, aber nur eine Hälfte ist bis zum Ende des 17. Jahrhunderts gebaut worden. 1788 wurde der Garten vor der Villa im barocken Stil angelegt. Zwei diagonale Wege liefen von der Fassade auf zwei kreisrunde Beete zu. Eine Brücke über das Bassin verband den Ostflügel mit dem Wirtschaftshof. Der Garten auf der Nordseite war nun als Halbkreis gestaltet und überblickte die Reisfelder. Hinter dem Nymphäum ging er in den Küchengarten »detto Castellaro« über. An der »Stätte der Jungfrauen«, dem Luogo delle Vergini, hatte Tommaso Temanza ein ovales Tempelchen gebaut, das bei Fossati (1760) erwähnt wird.

1837 gelangt Villa Contarini in den Besitz von Giovannelli Correr, 1852 wird Silvestro Camerini der neue Eigentümer. Das weitläufige Anwesen, sowohl das Herrenhaus wie auch Werkstätten und Landwirtschaft, sind ziemlich heruntergekommen. Aber nun beginnt eine Zeit der Erneuerung, die Piazzola das Aussehen eines Mustergutes, einer Gartenstadt gibt. Der Park und das Innere der Villa werden etwas willkürlich neugestaltet. 1868 schlägt der Architekt Eugenio Maestri dem Herzog Luigi vor, den Garten vor der Villa mit großen Rasenrabatten und einem Springbrunnen in der Mitte anzulegen. Er baut, zur Erinnerung an den Herzog Silvestro, ein rundes Tempelchen mit Kuppel, das links vor der Villa vor hohen Bäumen steht. Im Jahr 1892 wird der Sohn, Paolo Camerini, zum Abgeordneten gewählt. Er ist liberal und voller fortschritlicher Ideen. In Piazzola verwirklicht er seine politischen Überzeugungen. Die Reisfelder werden trockengelegt, Paolo legt dort mustergültige Bauernhöfe an. Im ehemaligen Gemüsegarten des Luogo delle Vergini werden eine moderne Seidenspinnerei und eine Fabrik zur Herstellung von Säcken eingerichtet. Der Lehm aus der Brenta wird in einer Ziegelei zu Ziegeln gebrannt, eine Konservenfabrik verarbeitet Obst und Gemüse von den Bauernhöfen. Die Verwaltung des Mustergutes zieht in den renovierten früheren Wirtschaftshof ein, auch Käserei und Molkerei sind dort untergebracht. Der Contarina, nun mit stärkerer Strömung, treibt die Turbinen für das zentrale Bewässerungssystem. Auch das Dorf wird nach Paolo Contarinis Vorstellungen neu angelegt. Entlang der Hauptstraße, die von der halbrunden Piazza vor der Villa abgeht, wird eine lange Reihe von Häusern mit Gärten für die Arbeiter gebaut. Dazwischen pflanzt man Magnolienbäume. Schulen, die öffentlichen Gebäude und die Wohnungen der Verwalter stehen auch an der Hauptstraße. Dagegen werden die modernen Industriebetriebe, wie die Zement-, Kunstdünger- und Schwefelsäurefabrik, außerhalb des Ortes an der Eisenbahnstrecke »Camerini« Padua–Piazzola–Carmignano angesiedelt. Eng verbunden mit der Trockenlegung des sumpfigen Geländes im Norden der Villa ist der Plan, einen englischen Park anzulegen. Architekt Lupati hat mit der Gestaltung begonnen, Ingenieur Oblach

175. *Hieronimo Rigetti, Plan der Villa Contarini in Piazzola sul Brenta, Zeichnung, 1556, aus* Liti di ca' Contarini contro ca' Morosini e Bevilacqua per il passo di Carturo. *Piazzola sul Brenta, Archivio Contarini Camerini.*
Die Villa gleicht noch einer kleinen Burganlage und ist von einer Mauer umgeben.

176. *Gian Antonio Businari, Katasterplan der Liegenschaften der Contarini in Piazzola sul Brenta, Ausschnitt, Zeichnung, 30. April 1788. Piazzola sul Brenta, Archivio Contarini Camerini.*
Im 17. Jh. wurde der Hof in einen barocken Garten umgewandelt, den ein Wasserlauf umschloß. Auf der halbkreisförmigen Piazza wurden die Märkte abgehalten. Rechts der Luogo delle Vergini, dort war das wirtschaftliche Zentrum des Anwesens.

177. *Topographische Generalkarte von Piazzola, 1924.*

175

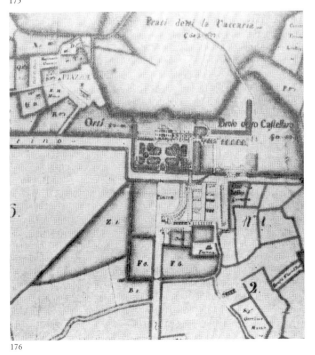

176

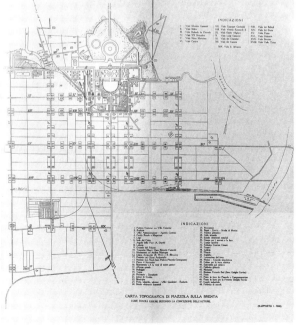

177

178. Villa Contarini, Piazzola sul Brenta.
Auf der Rückseite der Villa grenzt an die Rabatten das Wasserbecken aus dem 17. Jh. Es war Bühne für das prunkvolle Barockfest, das 1685 zu Ehren des Herzogs von Braunschweig stattfand.

178

führte die Arbeiten 1892 weiter. Vor der Nordfassade mit den Rabatten und dem Nymphäum aus dem 17. Jahrhundert wurde ein großer Kreis angelegt, von dem ein gerader Weg in das trockengelegte Gelände führt. Locker gesetzte Baumgruppen rahmen den Blick auf die Rasenflächen ein; das Wasser, das von den Feldern zurückfließt, strömt in einem natürlichen Bett (vielleicht floß hier früher einmal die Brenta), das in einen See im Nordosten mündet. Entlang des Seeufers stehen Bäume, auf der Insel ist ein kleiner Hügel aufgeschüttet, und eine Rampe führt zu einer Christusfigur von Luigi Bistolfi. Auf die prunkvollen Barockfeste im Park folgten im September 1907 die Feste des Arbeiterhilfsvereins und der Arbeiterbrüderschaften, die Paolo Camerini in seinen Park einlud. Für die mehr als eintausend Mitglieder wurden ganze Kälber am Spieß gebraten, danach gab es Feuerwerk, Lotterien, Tombolas und Tanz. Nach dem Ersten Weltkrieg geriet das älteste Industriezentrum in der Provinz von Padua in finanzielle Schwierigkeiten: 1933 wurde die Jutefabrik verkauft und die Landwirtschaft zwischen Padua und Vicenza aufgeteilt. Heute gehört das Anwesen der Firma Simes, die die Villa mit ihrem kostbaren Archiv restaurieren ließ und sich um die Pflege des Parks kümmert. Die ehemaligen Parkanlagen auf der Nordseite der Villa sind heute landwirtschaftlich genutzt, der See mit seinen baumbestandenen Ufern ist unverändert geblieben. (V. F.)

Bibliographie: J. Chassebras de Cramailles, *Histoire de mes conquêtes... Le Mercure galant*, Paris 1681, S. 213–251; G. M. Piccioli, *L'orologio del piacere...*, Piazzola 1685; G. Fossati, *Delle fabbriche inedite di A. Palladio*, Venedig 1760, Taf. 1a, S. 1–8; A. Gloria, *Il territorio padovano illustrato*, Padua 1862, Bd. II, S. 120; P. Camerini, *Piazzola*, Padua 1902; derselbe, *Piazzola*, Mailand 1925, S. 275, 278, 285, 295, 387, 396, 401 u. 13, 14; N. Gallimberti, *Ville e giardini nel Padovano*, Padua 1968, S. 61–72; L. Puppi, *Andrea Palladio*, Mailand 1973, Bd. II; S. 264–265; C. Semenzato, *Villa Simes, già Contarini (XVI secolo)*, Mailand 1978; V. Fontana, *Il nuovo paesaggio dell'età giolittiana*, Bari 1981, S. 149–156; G. Suitner Nicolini, *Le mappe e i disegni dell' archivio di Piazzola sul Brenta. Cartografia storica e analisi territoriale*, Padua 1981, S. 48, 50, 73, 79–80, 153, 170, 251, 268, 297 und passim.

Villa Allegri Arvedi, Cuzzano in Valpantena

179. Villa Allegri Arvedi in Cuzzano in Valpantena, Stich von J. C. Volkamer, Continuation der Nürnbergischen Hesperidum, *Nürnberg 1714.*

Fährt man die Landstraße, die durch die Valpantena nach Boscochiesanuova führt, so erblickt man kurz hinter Grezzana die Villa Arvedi inmitten ihrer Gärten. Hier liegt eines der bedeutendsten landwirtschaftlichen Gebiete von Italien. Die Villa und ihre Ländereien nehmen den ganzen Osthang des Berges ein, unterhalb dessen die Straße verläuft; das Gelände vor der Villa steigt sanft an und ist bis zur Gartenmauer mit Wein bebaut. Hinter der Villa wird der Hang steiler, hier wachsen Olivenbäume, und weiter oben, inmitten der Eichen- und Buchenwälder, steht ein Jagdturm. In Villa Allegri scheinen die Entwürfe von Pietro de' Crescenzi genau verwirklicht worden zu sein. Offensichtlich wurde seit 1717 innerhalb der Umfassungsmauer nur wenig verändert. Dieses Datum steht auf der Karte der Ländereien des Herzogs Carlo Allegri, die am Eingang des Palastes hängt und die Eugenio Turri, der Sohn des Gastalden, erst kürzlich bearbeiten ließ.

Die Villa liegt auf halber Höhe am Hang. Seitlich schließen sich direkt die Gebäude für den landwirtschaftlichen Betrieb an, wie Pferdestall, Ölpresse, Seidenspinnerei, Scheune, Unterkünfte für die Landarbeiter, Loggien und Trockenboden für den Tabak, Tenne und Ställe. Das heutige barocke Aussehen geht auf

Entwürfe von Giovanni Battista Bianchi aus dem Jahr 1656 zurück. Er vergrößerte die Anlage, indem er schon bestehende Gebäude mit einbezog, wie man am linken Flügel gut erkennen kann. Die nun sehr langgestreckte Anlage erhielt im Zentralbau eine Loggia vorgebaut, die Fassade des Piano Nobile wurde mit dorischen Halbsäulen geschmückt, am Attikageschoß stützen Telamonen eine Balustrade, auf der Statuen stehen. Die beiden Seitenflügel gehen über in eingeschossige Dachterrassenbauten, die den Palast mit den in Spitzen auslaufenden Taubentürmen an den Ecken verbinden. Im linken Flügel liegen die Wintergemächer, im rechten die für den Sommer, sie alle sind prachtvoll dekoriert, und zu ihnen gehört eine dreiflügelige Grotte. Sie ist teilweise in den Hang auf der Nordseite gegraben und öffnet sich zum Garten hin. Im Kryptoportikus ist mit einem Mosaik aus Muscheln verziert, die Nischen sind mit Stalaktiten überzogen. In der mittleren sprudelt ein Springbrunnen in Form einer großen Muschel, in den Seitennischen kämpft Herkules mit Hydra und Zerberus. An der niedrigsten Stelle des Ostflügels steht eine Voliere, die mit Phantasievögeln und Blättern verziert ist und deren Dach aussieht wie das eines riesigen Vogelkäfigs und die darüberliegende Terrasse durchstößt. In bester römischer

Tradition diente der Kryptoportikus der Grotte als sommerlicher Speisesaal für heitere Bankette, die das Plätschern des Brunnens und das Zwitschern der Vögel umrahmte. Villa Arvedi ist besonders für den Garten im italienischen Stil berühmt, den ein niederes Mäuerchen umgibt. Vor der Villa verläuft eine Stützmauer entlang der Terrasse, die sich zur Auffahrt und zu den Weingärten nach Süden hin öffnet. Im Tal stehen einzelne Zypressen; an der Nordseite schützt eine hohe Mauer die Grotte vor kühlen Winden. Riesige, kugel- und kegelförmig beschnittene Buchsbaumbüsche, die mindestens 200 Jahre alt sind, wachsen entlang der Auffahrt, dazwischen sind Kräuterbeete gepflanzt. In der Mitte des Hauptwegs steht ein Springbrunnen und bewässert die beiden großen Seitenrabatten. Niedere, vielfältig gewundene Buchsbaumhecken bilden ein verschlungenes, fächerförmiges Muster, das mit Kies in sorgfältig abgestuften Farben wie ausgemalt wirkt. Hier ergibt sich ein Problem: Fest steht, daß die Buchsbäume alt sind, wie aber steht es mit dem Muster der Rabatten? Volkamer zeichnet 1714 kleine rechteckige Beete – es gibt bei ihm keine Buchsbaumbüsche und Zypressen, dafür aber viele Töpfe mit Zitrusgewächsen. Vielleicht wurde in Italien die Anlage der Gärten in den Plänen ja nicht so wirklichkeitsgetreu wie-

dergegeben wie die Architektur der Häuser: Volkamers Buch hatte die verschiedenen Zitrusgewächse in den Gärten des Veneto zum Thema, vielleicht hat er deshalb auch den Garten der Villa Allegri Arvedi mit Zitruspflanzen bestückt. Entlang der Nordmauer zeichnete Volkamer Gewächshäuser ein, von denen heute keine Spur mehr zu finden ist. Auf der Zeichnung von Antonio Schiavi aus dem Jahr 1717 ähnelt die Anlage der Beete dem heutigen Zustand, ist aber nicht mit ihm identisch. In der Villa wird Giacomo Bozzas Karte auf Leinwand von 1824 aufbewahrt, in der eine dritte Version des Gartens zu sehen ist, und auf der Vedute von Ettore Fagiuoli aus dem 20. Jahrhundert sind die Beete nochmals neu arrangiert. Der heutige Besitzer, Ottavio Arvedi, konnte nie etwas über eine Neugestaltung in Erfahrung bringen, und so datiert Georgina Masson den italienischen Garten auf das Ende des 17. Jahrhunderts, was wahrscheinlich zutrifft. Es war nicht einfach, die heutige Anlage der Beete komplex zu gestalten, da man diesen Garten von der Terrasse vor dem Piano Nobile aus betrachten sollte, was zu Neuschöpfungen und Ungenauigkeiten führte. Hier sieht man sich einem Sonderfall gegenüber, der in Rom, der Toskana oder in Genua nicht seinesgleichen hat. Allenthalben findet man in den

180

181

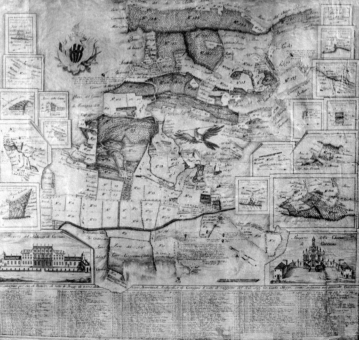

182

Gärten kleine quadratische oder runde Beete, hier aber ist ein Teppich aus Buchsbäumen im französischen Stil arrangiert, dessen barockes Muster die ganze Fläche bedeckt. Ohne Zweifel entspricht diese Anlage den französischen *broderies* und eilt der Gestaltung der Gärten im Veneto des 18. Jahrhunderts weit voraus.

Der Hof auf der Rückseite des Palazzo weitet sich am Hang zu einer Exedra mit einer theatralischen Treppenflucht aus, über der, eingebettet in Zypressen, Libanonzedern und Eichen, die Kirche San Carlo thront. Seitlich folgen die Ställe und das Haus des Gastalden; sie werden überragt von zwei Taubentürmen, die, zusammen mit den vorderen, den Hof abschließen. Nach Norden, zwischen Palazzo und dem Haus des Gastalden, steigt eine kurze doppelläufige Treppe zu einer zypressengesäumten Straße an, die vom Obstgarten heraufführt. Links davor steht der Hühnerstall aus den ersten Jahren unseres Jahrhunderts, der im Stil eines Schweizer Chalet gebaut ist, rechts liegt ein Wäldchen aus Eichen, Buchen und Zypressen, das die Sommerquartiere des Palastes überragt (die Terrasse, die Voliere und die Grotte) und den Hintergrund des Gartens bildet. Auf dieser Seite verläuft auch die Wasserleitung, die sich hinter dem Hühnerstall in zwei Arme teilt: Einer führt in den Garten und versorgt den Brunnen der Grotte und den Springbrunnen vor dem Haus und läuft dann weiter in das Bassin und die Wasserbecken im Obstgarten. Der andere Arm geht zur Ölpresse und zum Wirtschaftshof, wo die landwirtschaftlichen Erzeugnisse verarbeitet werden. Er führt dann weiter in den Weinberg, der nach modernsten Gesichtspunkten angelegt ist. Wein wurde in Villa Allegri Arvedi schon Anfang des 18. Jahrhunderts angebaut, wie eine Zeichnung von 1719, die im Eingangsbereich des Palazzos hängt, beweist. (V. F.)

Bibliographie: M. Balestrazzi, G. De Luca, A. Padovani, »Villa Arvedi a Grezzano presso Verona. Rilievo«, in: *L'Arte*, 128, Jun. 1966, S. 118–127; *La Ville nel Veronese*, hrsg. v. G. F. Viviani, Verona 1975, S. 43, 47, 89, 90, 176–177, 180, 182, 183, 187, 190, 194, 196, 259, 470–476, Abb. 101, 104; E. Turri, *Villa veneta. Conte, sior, paron, castaldo, fittavolo, contadin. Agonia del mondo mezzadrile e messaggio neotecnico*, Verona 1977, bes. S. 30–33; M. A. Muraro, *Civiltà delle ville venete*, Udine 1986, S. 366–369.

183

184

185. *Antonio Gornizai, Plan des Gartens der Villa Barbarigo in Valsanzibio, Zeichnung, 1717. Venedig, Staatsarchiv. Der Garten hat bereits das Ausmaß, das er bis heute behalten hat. Man erkennt deutlich die Wege und Wasserläufe, die*

den Garten in Quadrate teilen. Interessant ist die Gegenüberstellung einer Karte von 1678 (Beni Inculti Padua-Polesine). Zu diesem Zeitpunkt besaßen die Barbarigo noch nicht alles Land, auf dem der Garten angelegt werden sollte.

Die weitläufige Anlage der Villa Barbarigo in Valsanzibio liegt in einem runden Becken – die sanften Hänge der Euganeischen Hügel umschließen sie wie ein Amphitheater, dessen Nordflanke etwas steiler ansteigt als die anderen Seiten. Ihr Garten ist wohl der berühmteste Garten des 17. Jahrhunderts im Veneto: Er ist hervorragend erhalten und mit Archivmaterial ausgestattet wie kaum ein anderer. Gloria hat 1669 als das Jahr der Fertigstellung angegeben, was allgemein anerkannt und durch Dokumente bestätigt wird, und auch die hohe Qualität des Entwurfs spricht für diese Entstehungszeit. Von 1627 an begann das venezianische Adelsgeschlecht der Barbarigo, in der Gegend von Valsanzibio Land zu erwerben. Der Astronom Andrea Piccolomini beschreibt schon 1539 in einem Brief, wie schön es hier sei. In einer Karte von 1570, die im Museo Correr in Venedig aufbewahrt wird, ist das Gebiet teilweise noch voller *palludi*, also als sumpfiges, morastiges Gelände eingezeichnet. Während der Pest von 1631 suchte die Familie Zuflucht in den lieblichen Hügeln, und spätestens aus dieser Zeit stammt ihre Idee, sich hier einen Landsitz zu bauen, der ihrem Rang eines venezianischen Patriziergeschlechtes entsprach.

Die Anlage ist eine harmonische Einheit, obwohl sie wahrscheinlich in verschiedenen Abschnitten entstanden ist. Ihren letzten Schliff erhielt sie von Antonio Barbarigo, Bruder des Beato Gregorio, der zuerst Senator und dann Prokurator von San Marco war. Diese Urheberschaft bestätigt auch 1702 der Verwalter Domenico Rossetti in der Widmung des Vedutenbandes, den er über die Besitzungen der Familie Barbarigo verfaßt hat. Zwei Karten, eine von 1678 (eine Arbeit des erfahrenen Iseppo Cuman, A.S.Ve., B.I. Padua-Polesine, r. 19) und eine von 1717 (Antonio Gornizai, A.S.Ve., B.I. Padua-Polesine, 2/6 Maz. 45, B./), ermöglichen es uns, den weiteren Ausbau des Gartens zu verfolgen. 1678 waren die Erweiterungsarbeiten zwar schon voll im Gange, aber noch nicht lange nicht abgeschlossen. Daß Wasser die wichtigste Rolle im Garten spielte, war allerdings schon damals klar. Viele Brunnen und Becken sind in der Karte eingezeichnet. In einem Gesuch vom 12. Juli 1678, das Gianfrancesco Barbarigo der Zeichnung beifügte, erklärte er seinen Wunsch, (verschiedene Brunnen und andere Plätze) »zu graben, zu erweitern und zu vergrößern, um genug Wasser zu erhalten, ein Mühlrad an-

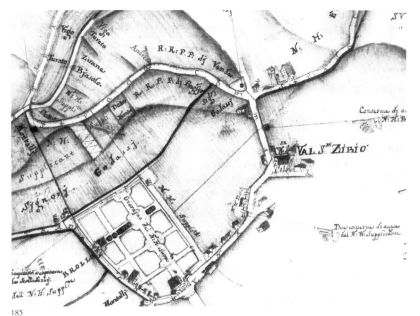

185

zutreiben, das er zu bauen beabsichtige« (A.S.Ve., Provveditori sopra B.I., B.274). Zu diesem Zeitpunkt gehörte noch nicht alles Terrain, das letztendlich der Garten bedecken sollte, den Barbarigo. Nach Süden scheint das Gelände von einem unregelmäßigen *paré di tole* begrenzt gewesen zu sein. Hier floß der

Rio della Chiesa, und hinter einem Stück Land, das der Familie Michiel gehörte, gab es einen Entwässerungskanal, den Degora. Er war mit Dämmen eingefaßt, damit das dem Sumpf abgerungene Gebiet auch trocken bliebe. 1717 übernahmen die Barbarigo den Besitz der Michiel. Der Garten erstreckte sich nun bis

an den Degora, grenzte an einen Damm und an Land, das den Godassi gehörte. Er hatte damit ungefähr seine endgültige Ausdehnung erreicht. Der Rio della Chiesa verlor an Bedeutung. Es scheint aber, daß die Babarigo alles Wasser, das sie von der nordwestlichen Seite ihres Besitzes in den Garten leiteten, geschickt dazu verwenden, die zahllosen Wasserspiele zu speisen. Sie sind auf den 12 Tafeln von Rossetti abgebildet, die Giovanni Campana in Verona gestochen hat: »die Stirnseite des Diana-Bades an der öffentlichen Straße, der Flüssebrunnen, ein Blumenbrunnen mit verstellbaren Wasserspielen, der Brunnen des Aeolus mit den Winden, der Brunnen mit dem Schwan, dessen Fontäne in der Sonne in allen Regenbogenfarben schillert, ein Muschelbrunnen, eine Treppenanlage am Hang mit Wasserläufen, ein Gehege für Kaninchen mit einer Voliere für Ziervögel in der Mitte, ein Brunnen im Hof«. Jenseits des Tores mit dem Familienwappen gibt es noch, ohne nähere Angaben von Rossetti, »eine Statue mit Sonnenuhr, die Zeit darstellend, Fontänen und Wasserspiele am ersten Weg mit den Zitrusgewächsen. Alle Brunnen, die auf die Treppe, die auf der Rückseite der Villa den Hang hinaufführt, und die letzten drei der oben aufgezählten, sind im Gedicht *Ad Elisa* besungen. Es wurde, kurz nachdem er die Villa in Begleitung der Contarina Barbarigo im Juli 1794 besucht hatte, von einem Unbekannten geschrieben, aber erst vier Jahre später veröffentlicht. Gloria hat in dem anonymen Dichter Vincenzo Marchi erkannt.

Der Fortschritt der Arbeiten ist in zahlreichen Dokumenten festgehalten, die in der Bibliothek des Museo Correr aufbewahrt werden. Unter anderem sind hier die im Jahr 1678 geleisteten Zahlungen für die eisernen Halterungen der Statuen aufgeführt. Auch vom Abriß eines Gebäudes wird im Jahr 1694 berichtet; das Gelände, auf dem es stand, wird in den Garten eingegliedert (MS., P.D., c.2392/6 und c.2490/1).

Das Rechteck des Gartens (ca. 320×240 Meter) wird von geraden Wegen in die kleinen Quadrate eines Schachbretts geteilt. Seine Mitte ist der Schnittpunkt der beiden Hauptachsen. Die Längsachse durchläuft den Garten in ganzer Tiefe, führt zum Palazzo und durch ihn hindurch, durchquert den Platz dahinter und klettert hinter der Exedra, die den Platz begrenzt, als Zypressenallee bis zum Gipfel des Hügels im Sü-

186

186. Anonymer Maler Ende des 17. Jhs. Idealisierte Ansicht von Villa und Garten Barbarigo in Valsanzibio. Turin, Privatsammlung.
Viele der Monumente, die auf dem Gemälde abgebildet sind, wurden auch tatsächlich realisiert. Durch die regelmäßige Anlage des Gartens und die Schloßfassade, die die Villa nie erhielt, ist das Gemälde das Abbild einer Idealvorstellung.

Rund um das Gemälde sind Frontalansichten oder Vergrößerungen, etwa des Dianabades oder des Flüssebrunnens abgebildet, deren Perspektiven nicht der Wirklichkeit entsprechen. Zusätzlich gibt es genaue Erläuterungen, die die Identifikation der einzelnen Teile erleichtern. Vielleicht sollte nach diesem Gemälde auch ein Kupferstich angefertigt werden.

187. Villa Barbarigo, Valsanzibio. Der Garten liegt, wie in der Mitte eines Amphitheaters, von sanften Hügeln umgeben.

den. Entlang des Einschnitts zwischen Hang und Ebene, der tiefsten Stelle, verläuft die Querachse. Hier stehen einige der spektakulärsten Monumente des Gartens, etwa das Bad der Diana, Wasserbecken und Brunnen in bunter Reihe.

Garten und Villa sind bis ins letzte Detail und in richtigem Bezug zueinander auf einem Ölgemälde festgehalten, zu dem es außerdem noch genaue Anmerkungen gibt. Hier finden wir viele Brunnen aus Rossettis Veduten am originalen Standplatz, daneben aber auch so manches, was Rossetti nicht illustriert hat, wie etwa das Labyrinth – oder Objekte, die nicht realisiert wurden oder vielleicht nicht erhalten sind. Dazu gehören »das Theater mit den grünen Kulissen und den schattigen Salons«, das »Wäldchen mit der Einsiedelei«, der »Barco für die Jagd auf wilde Tiere« und ein »Tiergehege mit in geraden Reihen gesetzten Pflanzen«. Natürlich gibt dieses Gemälde die Idealform des Gartens wieder: Die Wirklichkeit war anders, aber so hatte man ihn sich gewünscht, so hätte er werden können. Die Außenmauer verläuft zum Beispiel nicht so gerade und im rechten Winkel. Auch die Mittelachse lag lange Zeit nicht in der Mitte, weil der östliche Teil des Gartens erst relativ spät in den Besitz der Barbarigo gelangte. Und statt der gemalten hohen Südmauer mit den drei prächtigen Portalen und den beiden Ecktürmen gab es nur ein schmales Sträßchen und einen Damm. Heute steht hier eine Buchenallee. Im unteren Teil des Außenturms, der nie vollendet wurde, liegt heute der Eingang für die Besucher des Gartens, die von der Seitenstraße kommen (der Eingang war übrigens seit jeher auf dieser Seite). Auf dem Gemälde jedoch wirken die Villa und der dahinterliegende Hof mit den symmetrischen, prachtvollen Gebäuden durch das Hauptportal in der südlichen Mauer eindrucksvoller als in Wirklichkeit. Rund um das Bild sind die wichtigsten Details noch einmal gemalt, allerdings in falscher Perspektive und nicht in der richtigen Nachbarschaft. So kam etwa die Voliere für die Ziervögel neben den gemauerten Triumphbogen zu stehen, dessen Standort eigentlich am Decumano war und von dem wir nicht wissen, ob er überhaupt je gebaut worden ist. Vor der Terrasse vor dem Palast lagen die Blumenrabatten.

Eine Handschrift aus dem 17. Jahrhundert (B. C. Ve., MS., P. D., 2392/6) belegt, daß es unter den seltenen Blumen, die man hier anpflanzte, verschiedene Ar-

ten von Hyazinthen gab, Rosen, Jasmin, Veilchen, Ranunkeln, Tulpen, Binsen, Lilien, Nelken, Anemonen und Sykomoren. Paolo Bartolomeo Clarici berichtet, daß »unter den seltenen Pflanzen im Garten von Valsanzibio besonders die veredelten Veilchen berühmt waren. Sie waren außerordentlich groß und blieben, egal wie kalt es war, den ganzen Winter über in der Erde.« Neben den Blumen listet die Handschrift auch die Obstbäume auf. Es gab Weinstöcke, Zedern, Zitronen- und Pomeranzenbäume, Melonengewächse, Apfel- und Pfirsichbäume, Birnen-, Aprikosen-, Pflaumen- und Mandelbäume, Nuß- und Feigenbäume. Für jede Art war die Anzahl angegeben: 233 Baum- und 226 Blumenarten. Die Rabatten waren mit sehr kurzstieligen Blumen bepflanzt; auch um das Labyrinth war der Bewuchs niedrig gehalten, und um die verschiedenen Brunnen, die Rossetti gezeichnet hatte, wuchsen niedrige Büsche, oder Zitruspflanzen rankten an Pergolen und bildeten luftige Arkaden, wie etwa beim Kaninchengehege. Die Obstbäume und alle anderen

hohen Bäume standen am Rand, entlang der Gartenmauern, damit die Sicht auf die einzelnen Monumente nicht beeinträchtigt wurde.

Die ursprüngliche Ausgewogenheit zwischen der Natur und den vom Menschen geschaffenen Dingen ist allmählich durch die größer werdende Vorliebe für englische Gärten aus dem Gleichgewicht geraten; überdies wurden exotische Pflanzen mit in den Garten aufgenommen, die hier hervorragende Bedingungen vorfanden. Bis vor kurzem überwucherte ein dichter Teppich aus Schlingpflanzen das Kaninchengehege, die Statue der Zeit, das Labyrinth, ja eigentlich alles. Der gegenwärtige Besitzer hat nun mit verdienstvollen Aufräumarbeiten begonnen.

Als Gartenarchitekt wurde kein geringerer Name als der von Le Nôtre genannt. Aber es ist belegt, daß sich der französische Künstler 1679 nicht in Italien aufhielt. Außerdem entspricht der Garten, wie er bisher beschrieben wurde, mit kurzen Achsen und umgeben von einer Mauer, genau der italienischen und speziell der venezianischen Tradition.

Der Garten in Valsanzibio hat keine endlosen Blickschneisen, wie sie in Vaux-le-Vicomte zum ersten Mal angelegt wurden und danach in Versailles und in vielen anderen französischen Gärten nicht fehlen durften. Puppi stellt vielmehr Bezüge zu gleichzeitig entstandenen römischen Gärten her: Gregorio Barbarigo, der Bruder des Gartengründers Antonio, hielt sich viel in der Ewigen Stadt auf und war eng mit dem Kardinal Flavio Chigi befreundet. Dieser war seit 1660 mit der Neugestaltung seines Gartens an den Quattro Fontane beschäftigt, der unter anderem für seine Zitrusgewächse und die sprühenden Wasserspiele berühmt war. Auch wenn die von Semenzato aufgeworfene Vermutung nicht überzeugt, das Bad der Diana sei von Antonio Gaspari, oder besser noch, von Alessandro Tremignon, so stimmt die Kunstkritik doch mit ihm überein, daß der Figurenschmuck von Enrico Marengo stammt. Sein Aufenthalt im Veneto zwischen 1679 und 1714 ist dokumentiert, könnte vielleicht sogar noch etwas vorverlegt werden. Die Statuen auf der Terrasse vor der

187

188. *Giovanni Campana*, Cortile con fontana nel giardino dell'Ecc.ma Casa Barbarigo posto in Val San Zibio Tra Colli Euganei, *Stich, aus D. Rossetti*, Le fabbriche e i giardini dell'Ecc.ma Casa Barbarigo, *Verona 1702. Dies ist die Terrasse vor der Villa mit den Wasserspielen an den Treppenstufen, die in den Garten führen.*

189. *Giovanni Campana*, Garenna o Luogo di conigli con uccelliera per uccelli minuti nel Giardino dell'Ecc.ma Casa Barbarigo posto in Val San Zibio Tra Colli Euganei *(Kaninchengehege und Vogelvoliere in der Villa Barbarigo)*, *Stich aus D. Rossetti*, Le fabbriche e i giardini dell'Ecc.ma. Casa Barbarigo, *Verona 1702.*

188

189

Villa sind strenger im Stil und stammen von einem anderen Künstler aus einer anderen Zeit, nämlich einige Jahrzehnte früher. Vielleicht waren sie Teil eines älteren und kleineren Gartens. Ein Hinweis auf einen geheimen Doppelsinn des Gartens läßt sich vielleicht aus den Bemerkungen herauslesen, die auf dem Ölgemälde bei den einzelnen Monumenten stehen, doch nie genau studiert wurden. Puppi glaubt, die dem Ganzen zugrundeliegende Idee sei eine Reise ins Innere dieses makellosen Gartens Eden, in dem Mars die Waffen niederlegt und Frieden, Schönheit und Liebe regieren. Nach verschiedenen Etappen endet die Reise auf der Terrasse vor der Villa, auf die man über sieben Stufen gelangt. Sie stellen die sieben Planeten dar, und in jede Stufe ist ein passender Spruch eingraviert. Elémire Zolla hat die Reise dagegen ganz anders interpretiert. Sie beginnt am Bad der Diana, der Göttin der Jagd, die für die Neuplatoniker ein Sinnbild auf der Suche nach Wahrheit und Weisheit war. Weitere Hauptdarsteller auf dieser Bühne waren Atheon und Endymion und am Hang gegenüber Herkules und Merkur auf der einen Seite und Apoll und Jupiter auf der anderen. Die Reise war also eine beständige Suche nach Weisheit. Auch die Mitglieder der venezianischen Accademia degli Uranici, die auf die von Marsilio Ficino in Florenz gegründete folgte, widmeten sich in ihren, dem gepflegten Müßiggang geweihten Sommeraufenthalten ganz diesem Ziele. Villa Barbarigo ging in den Besitz der Martinengo über und gehört heute den Grafen Pizzoni Ardemani. (M. A. V.)

Bibliographie: A. Cremonese, »Un dipinto ci rivela come doveva essere un giardino veneto del Seicento«, in: *Bolaffiarte*, III, 17. Febr. 1972, S. 25–27; C. Semenzato, »Una proposta per il giardino di Valsanzibio«, in: *Arte Veneta*, XXIX, 1975, S. 219–223; B. Aikema, »A French Garden and the Venetian Tradition«, in: *Arte Veneta*, XXXIV, 1980, S. 127–137; M. Azzi Visentini, »Note sul giardino veneto. Aggiunte e precisazioni«, in: *Arte Veneta*, XXXVII, 1983, S. 77–89; L. Puppi, »The Giardino Barbarigo at Valsanzibio«, in: *Journal of Garden History*, III, 1983, 4, S. 281–300; F. Borsi, G. Pampaloni, *Ville e giardini*, Novara 1984, S. 213–216, 491; A. Baldan, *Ville venete in territorio padovano e nella Serenissima repubblica*, Abano 1986, S. 258–262; E. Zolla, »Un giardino da leggere«, in: *Corriere della Sera*, 28. Jan. 1987. S. 3.

190. Villa Barbarigo, Valsanzibio. Blick entlang der Querachse des Gartens. Im Hintergrund das Bad der Diana (vgl. auch Abb. 370).

191. Villa Barbarigo, Valsanzibio. Das Gehege oder die Insel der Kaninchen. Ein Vergleich mit dem Stich von Giovanni Campana, 1702 von Rossetti veröffentlicht (Abb. 189), zeigt, daß sich nicht viel verändert hat. Auch heute noch steht die Voliere für Ziervögel in der Mitte der ovalen Insel.

192. Villa Barbarigo, Valsanzibio. Der Hauptweg führt auf die Villa zu, vor der die etwas erhöhte Terrasse liegt. In die Treppenstufen sind Sprüche eingemeißelt, die den Doppelsinn des Gartens erhellen sollen. Der Besucher, der die Stufen betrat, wurde hier – ebenso wie an vielen anderen Stellen des Gartens – von Wasserspielen überrascht.

190

192

191

Villa Trento Da Schio, Costozza di Longare

193. Luca Zappati, Plan von Costozza di Longare. Zeichnung 1567. Venedig, Staatsarchiv. Auf dem Plan sind deutlich die Villa, der Garten und der Obstgarten von Francesco Trento zu sehen, so wie Zeitgenossen die Anlage auch beschrieben haben. Davon übriggeblieben ist nur die Villa Aeolia.

*194. Villa Trento Da Schio, Costozza di Longare.
Blick vom Eingangstor auf die Mittelachse. Der Garten zieht sich über mehrere Terrassen am Hang hin. Im Hintergrund sieht man zuerst das Quellheiligtum der Venus und dahinter jenes des Neptun. Hinter Bäumen versteckt liegt links oben am Hang die Kirche San Mauro und auf der rechten Seite die kleine Villa Garzadori.*

*195. Villa Trento Da Schio. Costozza di Longare.
Auf dem Geländer der Treppe zum Treibhaus stehen Zwerge, die Orazio Marinali geschaffen hat. Einige Jahre später wurde der Garten der Villa Valmarana ai Nani in der Nähe von Vincenza ebenfalls mit Zwergen geschmückt (vgl. Abb. 56).*

Nördlich der Straße steigt der Hang des Monte Berici zuerst sanft an und geht dann in eine steil aufragende Wand über. An sie schmiegen sich die alte Kirche San Mauro und die kleine Villa Garzadori Da Schio. Sie rahmen auf der rechten und linken Seite den Garten der Villa Trento Da Schio ein. Es ist dies einer der Fälle, wo mit viel Fingerspitzengefühl und Geschick die Gegebenheiten des Geländes in die Gestaltung des Gartens einbezogen wurden, so daß dieses köstliche Fleckchen Erde wie von der Natur selbst geschaffen wirkt. In Wirklichkeit ist fast alles, was wir heute bewundern, auf die behutsamen Eingriffe großer Gartenkünstler zurückzuführen. Sie verstanden es, den durch die Jahrtausende immer kahler und steiniger gewordenen schroffen Hang des Monte Berici in eine grüne Oase zu verwandeln. Die Gegend um Costozza ist seit langer Zeit besiedelt: Schon in der Antike war sie berühmt für ihre unterirdischen Höhlen. Dort wurden die weißen Steine gebrochen, aus denen man die Häuser in diesem Landstrich baute.

Costozzas Geschichte der letzten Jahrhunderte ist fest mit der Familie Morlini di Trento verbunden. Die Morlini siedelten sich Ende des 15. Jahrhunderts in Co-

stozza an und nannten sich fortan nach der Stadt ihrer Herkunft, Trient. Im 16. Jahrhundert erlebte die Familie durch Francesco und Camillo Trento eine sowohl künstlerische als auch wirtschaftliche Blüte. Ihre Landgüter waren Zentren einer wichtigen kulturellen Bewegung und gleichzeitig die bedeutendsten landwirtschaftlichen Betriebe Costozzas. Das Hauptaugenmerk der Zeitgenossen wie auch der jüngeren Forschung lag aber seit jeher auf der Villa Aeolia, die bis heute noch nicht alle ihre Rätsel preisgegeben hat. Das alleinstehende viereckige Gebäude wurde wahrscheinlich um 1570 von Antonio Fasolo mit Fresken ausgemalt: Die Decke der Sala schmückt die Mythologie des Kosmos, an den Wänden finden wir Personifikationen der Hauptwinde. Durch die Röhre aus Stein, in die Mitte des Fußbodens eingelassen, ist die Sala mit dem darunterliegenden Raum verbunden. Es ist dies eine Grotte mit vier Nischen, und wie die Nymphäen der Renaissance ist sie üppig mit Stuckapplikationen dekoriert. Durch ein Geflecht unterirdischer Stollen und Windkanäle, die Francesco Trento hat graben lassen, ist die Grotte mit den natürlichen Höhlen verbunden. Diese Höhlen sind seit alters her für ihre konstante, angenehme Tem-

perierung berühmt. Durch die Kanäle konnte die temperierte Luft in die Sala geleitet werden, im Sommer kam kühle Luft, im Winter warme. Weitere Besonderheiten der Villa Aeolia und vor allem ihres Gartens sind in Karten und Dokumenten verzeichnet. Zu den Ländereien, die Francesco Trento 1575 und 1576 (Barbieri 1983) erwarb, gehörte ein »Stück am Hang mit schwarzem Erdreich, felsig, etwa einen halben Campo groß, in Costoza, es wird Monte Parnaso genannt [...] grenzt an allen Seiten an den Besitz des Signor Trento«. Außerdem »zwei kleine Stücke auf dem Monte Costoza, ebenfalls mit schwarzem Erdreich und ohne Bäume«.

Francesco Trento hat ausgewählte Rebsorten und viele Obstbäume in Costozza gepflanzt, darunter gibt es eine Aufstellung (Barbieri 1983). In seinem Testament von 1583 schreibt er »mein Besitz in Costoza bot viel Angenehmes und Schönes. Ich habe eine Leitung für frische Luft ins Haus bauen lassen und zwei Springbrunnen bei den Wasserbecken [...], ich habe Nutz- und Ziergärten angelegt, den Monte Parnaso habe ich so schön gestaltet, wie er heute ist, genauso alle meine Besitzungen in der Gegend... und ich habe wohlgeordnete Terrassen

gebaut...« Nach seinem Tod sollte all seinen Besitz seine Frau Cornelia erben (Barbieri 1983). Maganza notierte, daß es eine den Musen geweihte Quelle gab, einen sogenannten »Topos«. Er schreibt auch, daß der Zugang zu ihr durch eine Mauer verborgen war. Die Villa, der Garten, der Hof, in dem die Villa Aeolia liegt, und die Gemüsegärten von Francesco Trento sind genau auf einer Karte vermerkt, die Luca Zappati 1567 gezeichnet hat (A. S. Ve., B. I. Vr-26/12). Der genaue Standort von Francescos Villa müßte demnach vor der heutigen Villa Trento Da Schio gewesen sein. Diese »hortos Hesperidum aureos« besingen 1579 Partenio und 1629 Ruggeri. Ruggeri erzählt von einem lieblichen Garten voller Blumen, kunstvoll in die Landschaft eingebettet, von einem großen Obstgarten, von Wasserbecken und Volieren, von freilaufenden Tieren für die Jagd im Park. Dies alles war auf drei Hügeln ausgebreitet. Nichts ist davon übriggeblieben, außer einigen Fragmenten der Villa Aeolia.

Der Garten, den wir heute bewundern, liegt dort, wo früher die antike Via da Sant' Antonio verlief. Er bedeckt ein rechteckiges Stück Land am Hang, etwa 130×60 Meter groß. An der linken Seite wird der Garten von der Straße begrenzt, die zur Kirche San Mauro hochklettert. An die Kirche schließt die steile Wand an, die zur kleinen Villa Garzadori auf der rechten Seite hinüberleitet. Sie besteht aus verschiedenen Baukörpern, die nacheinander errichtet wurden, und wie der Garten liegen die einzelnen Teile der Villa auf Terrassen, die durch Loggien miteinander verbunden sind. Der Garten Trento Da Schio besteht aus fünf Terrassen mit unterschiedlicher Tiefe, die eine Mittelachse zusammenfaßt; die Höhendifferenz zwischen den Terrassen schwankt zwischen einem und drei Metern. Blickt man vom Eingangstor an der Straße nach oben, so bildet die Villa Garzadori den malerischen Hintergrund. Sie wurde 1686 von Abt Alberto Garzadori erbaut und ist erst kürzlich von der Familie Da Schio erworben worden. Es ist dem gegenwärtigen Besitzer, Graf Alvise Da Schio zu verdanken, daß der Garten heute wieder seine ursprüngliche Form hat. Der englische Park, in den sich der Garten im Laufe der Zeit verwandelt hatte, ist durch geschicktes Eingreifen wieder verschwunden. Graf Da Schio konnte sich dabei auf eine nicht veröffentlichte Zeichnung von Antonio Trecco aus dem Jahr 1770 stützen. Otta-

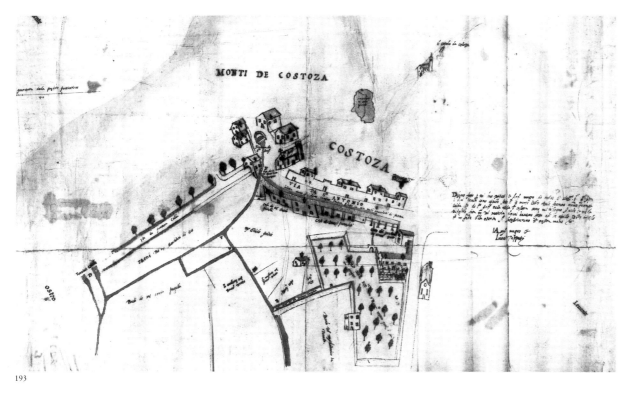

193

194

196. Villa Trento Da Schio, Costozza di Longare.
Im Garten stehen zahlreiche Statuen von Orazio Marinali.

196

195

vio Trento hat sie in Auftrag gegeben, gefunden wurde sie in der nahe gelegenen Ca' Molina. Auf dieser Karte ist die Anlage der Terrassen genau angegeben. Leider sind diese Details nur mit Bleistift eingezeichnet, mit bloßem Auge schon schwer zu erkennen und nicht reproduzierbar.

An den Treppen, die die unteren drei Terrassen miteinander verbinden, stehen Statuen auf Rustikapilastern. Die Treppen liegen in der Mittelachse, die zu den beiden Quellheiligtümern führt. Das erste ist Venus geweiht, der Göttin des Frühlings, der Liebe und der Fruchtbarkeit. Im anderen residiert Neptun, der Herr der Meere, dessen Gegenstück Aeolus, der Gott der Winde, von der Villa Aeolia ist. Die mit Rustikaquadern ausgekleideten Grotten, in denen die Götterstatuen stehen, zeigen noch Spuren ihrer originalen Dekoration. Neben der Neptungrotte standen zwei Volieren, von denen heute nur noch die Steinsockel vorhanden sind. Auf dem Geländer der Treppe, die zur Villa führt, stehen sechs Zwerge – die Vorläufer der Zwerge von der Villa Valmarana ai Nani in Vincenza. Venus, Neptun und die Zwerge sind Meisterwerke von Orazio Marinali. Der Künstler kam oft nach Costozza und arbeitete gern mit dem Kalkstein aus den Höhlen – so wird die Sala der Villa Garzadori heute »Grotte del Marinali« genannt. Es gibt dort ein Selbstbildnis Marinalis von 1770 (das Original hängt im

Museum von Vincenza), das zwei Putten einrahmen. Dieser Raum, den außerdem noch Fresken von Dorigny schmücken, ist ziemlich rustikal, da seine Rückwand aus dem nackten Fels des Berghangs besteht, an den die Villa sich schmiegt. Auf der obersten Terrasse, vielleicht auch auf den anderen, wurden in den kalten Monaten Gewächshäuser aufgestellt. Ihre Glasfronten gingen nach Süden, im Rükken und an den Seiten waren sie geschützt. So boten sie beste Voraussetzungen dafür, die duftenden Früchte zu züchten, die die Erinnerung an den geheimnisvollen Garten der Hesperiden neu belebten. (M. A. V.)

Bibliographie: B. Partenio, *Carminum libri III*, Venedig 1579, S. 81–82; F. Ruggeri, *Declamationum oratoriarum pars altera*, Mailand 1629, S. 19–21; *Le ville venete*, Ausstellungskatalog, hrsg. v. G. Mazzotti, Treviso 1954, S. 282–285; C. Semenzato, *La scultura veneta del Seicento e del Settecento*, Venedig 1966, S. 97, 141; R. Cevese, *Ville delle provincia di Vincenza*, (1971), Mailand 1980, S. 368–372; AA.VV., *Gli affreschi nelle ville venete dal Seicento all'Ottocento*, Venedig 1978, S. 157–158; G. Barbieri, »Il vento e la legge. Francesco Trento e il circolo di Villa Eolia«, in: *Studi Veneziani*, MCMLXXXIV, VII, 1983, S. 81–140; *Costozza*, hrsg. v. E. Reato, Vicenza 1983, S. 919–920; M. Muraro, *Civiltà delle ville venete*, Udine 1986, S. 362–365.

197

Am Südhang des Trissino liegen zwei Villen, die eine etwa in halber Höhe, die andere weiter oben, dazwischen dehnt sich ein weiträumiger Park. Wegen seiner wunderbaren Lage und des guten Erhaltungszustandes ist dies einer der bedeutendsten Landsitze des Veneto. Auch die Qualität der Gebäude und des Parks ist von erster Güte.

Die Geschichte dieser Villen reicht weit zurück. Vom Gipfel des Trissino beherrschte man nicht nur das am Fuß des Berges verlaufende Agno-Tal, sondern auch die weiter entfernt liegenden Gebiete zwischen Ghisa und Cornedo. Folgerichtig bauten sich die Herren der Gegend, das stolze Geschlecht der Trissino, ihre Burg auf der Kuppe des Berges. Als Anfang des 15. Jahrhunderts der ganze Landstrich an die Serenissima fiel und eine lange Zeit des Friedens anbrach, büßte die Burg ihre strategische Bedeutung ein. Die Trissino verloren aber weder ihren Reichtum noch ihre soziale und kulturelle Position, es gelang ihnen vielmehr, die Wertschätzung und Achtung der Venezianer zu erringen. Fortan zählten sie zu den ersten Familien der Terraferma. Als Beispiel für die hohe Bildung und Kultiviertheit dieser Familie möge Gian Giorgio Trissino dienen, dem Palladio seine humanistische Prägung verdankt. Auch Gian Giorgios Villa in Cricoli war ein Treffpunkt für die Gelehrten und Vertreter des Geisteslebens. Es lag daher nahe, auch die wehrhafte Burg der Vorfahren im Laufe der Jahre in einen mit allen Raffinessen ausgestatteten und nur noch dem friedlichen Sommeraufenthalt dienenden Landsitz umzuwandeln.

Die einzelnen Etappen dieser Metamorphose sind zum Teil bekannt. Erste Umbauarbeiten fanden bereits Ende des 15. Jahrhunderts statt, wie die Jahreszahlen 1484 und 1493 belegen, die in den Rand des Brunnens links vom Eingang bzw. in das neugestaltete Gebäude eingemeißelt sind. Das strenge Portal der oberen Villa trägt die Jahreszahl 1593.

In der ersten Hälfte des 18. Jahrhunderts beginnen dann die großen Umbauten unter der Leitung des Luganer Baumeisters Francesco Muttoni; sein Name taucht häufig in den alten Quellen auf. Er steht auch unter einer undatierten, kostbaren Zeichnung, die Cevese ohne Ortsangabe veröffentlicht hat. Eine Zeichnung des bekannten Giovanni Domenico Dall'Acqua trägt das Datum 8. 12. 1748 und zeigt das gleiche Sujet wie Muttonis Zeichnung, nämlich die obere Villa Tris-

198. Antonio Gornizai, Lageplan der Trissino-Villen in Trissino, Ausschnitt, Zeichnung, 1711. Venedig, Staatsarchiv. Dargestellt ist der Garten der oberen Villa mit der Zedernallee, die zum achteckigen Belvedere führt. Von dort genießt man den Ausblick auf das Tal des Agno.

199. Francesco Muttoni, Entwurf für die obere Villa der Familie Trissino in Trissino, Zeichnung. Verbleib unbekannt. Es ist genau vermerkt, was schon ausgeführt war. Was noch weiterhin geplant war, wurde zum großen Teil nicht realisiert.

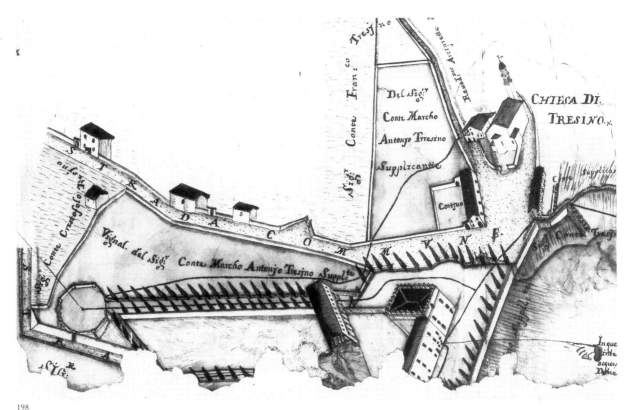

198

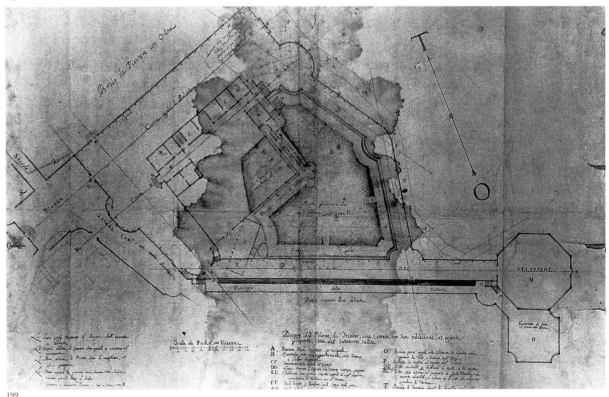

199

200. Die Trissino-Villen, Trissino.
Im Vordergrund der Luftaufnahme liegt
die obere Villa, die auf den Fundamenten einer mittelalterlichen Burg entstand.
Weiter hinten liegt die untere Villa, dazwischen die verschiedenen Gärten und
das Wäldchen. Ganz im Hintergrund ist
noch das Agno-Tal zu erkennen, das
man von mehreren Aussichtspunkten aus
bewundern kann.

201. Die Trissino-Villen, Trissino.
Die große Terrasse der oberen Villa beginnt in Höhe des Piano Nobile auf den
Arkadengängen, die den Hof abschließen. Im Minarett versteckt liegt die
Treppe zu dem breiten Weg, der zum
achteckigen Belvedere führt.

sino, die auf den Fundamenten der alten Burg errichtet worden ist. Eine dritte interessante Zeichnung aus dem Jahr 1711 stammt von Antonio Gornizai und ist leider teilweise beschädigt. Marcantonio Trissino hat sie einem Gesuch um Wasser beigefügt – er brauchte mehr Wasser, um die Brunnen in seinem Park zu speisen. Auf diesem dritten Plan sind einige der Muttoni zugeschriebenen Umbauten schon eingezeichnet, etwa die achteckige Aussichtsterrasse (A. S. Ve., B. I. Vi., 300, 103/16).

Studiert man diese Karten genau, so wird offensichtlich, daß der Künstler geschickt verstanden hat, sich, so gut es ging, die natürlichen Gegebenheiten des unregelmäßigen Geländes zunutze zu machen. Es lag zwischen zwei öffentlichen Straßen am Hang, die vielkehrig den steilen Berg hinaufführten.

Die Idee, vor der Villa einen weiten rechteckigen Hof zu bauen, stammt wahrscheinlich von Muttoni. Das Gelände dürfte von früher her schon planiert gewesen sein. Ob Muttoni die Einfassungsmauer mit Säulenfronten oder Arkaden abgeschlossen hat, ist nicht mehr mit Sicherheit festzustellen. Heute führen nur noch an den Seiten Durchgänge in das tiefer liegende Gebiet.

Man kann die Tätigkeit des Tessiner Baumeisters zwischen den Jahren 1722 und 1747, seinem Todesjahr, ansetzen. Schreibt man die Idee des achteckigen Belvedere auf Gornizais Zeichnung auch Muttoni zu, so muß man seine Mitarbeit in Trissino um weitere zehn Jahre vorverlegen. 1708 erreichte Francesco Muttoni, aus Rom kommend, das Veneto. Borrominis Baustil hat ihn sehr beeinflußt, was bei seinen Arbeiten in Trissino auch deutlich zu erkennen ist. Es scheint, daß er bei der Anlage der Gärten jedes Fleckchen Erde nutzen wollte, das sich zwischen dem neuen Flügel der Villa, dem Hang, an den sie sich schmiegt, und der Straße bot. So ergaben sich verschiedene Möglichkeiten für »Spaziergänge«, man konnte unter freiem Himmel lustwandeln, oder »unter dem grünen Dache der Bäume«. Es gab Routen mit verschiedenen »Schwierigkeitsgraden«, von der Höhe des Piano Nobile der Villa steil den Berg hinunter, ohne erkennbare Verbindung. Aber alle Wege waren zum Tal hin ausgerichtet, immer wieder stieß man auf Aussichtspunkte, von denen aus man das unvergleichliche Panorama bewundern konnte. Überraschende Durchblicke, Terrassen und Gärten, locker angeord-

200

201

net, ergaben vielfältige Szenarien und Parklandschaften. Auf der Zeichnung von Muttoni ist durch die verschiedenen Farben, die er verwendete, und durch ausführliche Anmerkungen genau unterschieden, welche Bausubstanz er vorfand, was abgerissen werden sollte und was er neu hinzufügen wollte. Aufwendige Treppenanlagen, durch Rampen gegliedert, auch mal versteckt liegend, sollten die vielen einzelnen Teile des Parks miteinander verbinden. Der gesamte Entwurf unterlag einem architektonischen Konzept und war ausgeschmückt mit Balustraden, Portalen, Belvederes, Terrassen, Statuen, Vasen, Wasserbecken, Brunnen und Blumenrabatten mit phantasievollen Mustern. Im Veneto gab es nichts Vergleichbares, einzig Frigimelicas Villa Pisani in Stra war annähernd prächtig.

Auf Dall'Acquas Zeichnung, kurz nach dem Tod von Muttoni entstanden, ist dargestellt, was von diesem gewaltigen Plan für den Garten tatsächlich ausgeführt worden ist – herzlich wenig. Der große rechteckige Hof war angelegt worden, auf einer Seite gab es einen Brunnen mit Fontäne, und ein Weg führte zum achteckigen Belvedere. Aber alles, was Muttoni im östlichen Teil bis zur öffentlichen Straße geplant hatte, die vielen Laubengänge, Wege und Aussichtspunkte, ist nie entstanden.

Die Bauherren der oberen Villa waren die Trissino Baston; über die untere Villa gibt es keine Dokumente. Sie wurde wahrscheinlich zur selben Zeit von den Trissino Riale, einem Nebenzweig dieser großen Familie, in Auftrag gegeben. Doch die Villa hatte kein glückliches Schicksal: Immer wieder stürzten Teile ein, 1841 brannte sie nieder, wurde aber in einem wunderlichen Stilgemisch wieder aufgebaut. Ein verheerendes Feuer zerstörte sie schließlich völlig. Die phantasievoll geschmückten Portale, die massiven Pilaster und die Belvederes entlang des Weges legen die Vermutung nahe, daß Muttoni auch bei der unteren Villa mitgewirkt hat. Auf der weiten Terrasse vor der Villa, die mit einem darunterliegenden Belvedere durch prächtige Treppenläufe verbunden ist, liegt ein großes Wasserbecken, an dessen acht Ecken Statuen stehen. Diese Komposition trägt eindeutig dieselbe Handschrift wie das achteckige Belvedere der oberen Villa, ebenso das phantasievolle Eingangsportal.

Von ganz besonderer Raffinesse ist der

202. Die Trissino-Villen, Trissino.
Die untere Villa wurde durch einen
Brand zerstört und ist heute Ruine. Davor liegt eine weite Terrasse mit einem
achteckigen Wasserbecken und zahlreichen Statuen auf der Brüstungsmauer.

203. Die Trissino-Villen, Trissino.
Fein kannelierte Steinprofile säumen die
eigenwilligen Rabatten des achteckigen
Belvederes.

204. Die Trissino-Villen, Trissino.
Die Pilaster des Eingangstores zur oberen Villa sind mit üppigen exotischen Vasen verziert. Francesco Muttoni hat das
Tor entworfen, das zu den phantasievoll-
sten Bauwerken des 18. Jahrhunderts im
Veneto gehört.

202

203

204

205. *Die Trissino-Villen, Trissino.*
Auch das kunstvolle Tor zur unteren
Villa ist ein Werk von Francesco Mut-
toni. Es sind einige Zeichnungen erhal-
ten, auf denen man die verschiedenen
Entstehungsphasen verfolgen kann. Die
Tore der Trissino-Villen sind im Veneto
nur denen der Villa Pisani in Stra ver-
gleichbar, die Frigimelica entworfen hat.

206. *Die Trissino-Villen, Trissino.*
Zahlreiche Statuen stehen auf der Brü-
stungsmauer, die den Garten der unteren
Villa begrenzt. Von hier aus hat man den
unvergleichlichen Blick ins Tal des Agno
(vgl. auch Abb. 383).

205

Entwurf für das Eingangsportal zur unteren Villa. Heraldische Motive im Rokokostil, mit einem Hauch Exotik in Stein gehauen, verbinden sich gekonnt mit den eisernen Gittern und Toren, langsam steigert sich die Architektur in einem rhythmischen Crescendo von den schlichteren Seitenteilen zum Mittelportal, wo die Phantasie des Künstlers ihren Höhepunkt erreicht und in überquellenden, überschäumenden Vasen, Federbüschen und Palmwedeln explodiert. Ein von Muttoni signiertes Skizzenblatt, das ohne Ortsangabe publiziert worden ist, erleichtert die Zuordnung der Portale und anderer Werke im Garten (Mazzotti, 1954).

Gärten und Terrassen schmücken zahllose Statuen, die auf zierlichen Sokkeln stehen. Sie werden Orazio Marinali, Giacomo Cassetti und anderen Künstlern zugeschrieben. Man vermutet, daß sie vor 1715 entstanden sind, also bevor Muttoni in die Geschichte des Gartens eingriff.

Auch wenn beide Villen die Auffassung des 18. Jahrhunderts verkörpern, ist es doch merkwürdig, daß ein innerer Zusammenhang, ein Dialog zwischen ihnen fehlt. Sie sind völlig verschieden orientiert, die einzige Gemeinsamkeit ist bei beiden die Ausrichtung auf den wunderbaren Blick ins Tal.

Nach dem Tode von Muttoni beauftragten die Trissino den Adeligen Gerolamo dal Pozzo aus Verona mit den weiteren Bauarbeiten. Ihm schreiben Milizia, Zannandreis und viele andere danach die heutige Anlage der Gärten und der Villa zu, »die auf dem Gipfel eines Hügels gelegen ist. Man bewundert den großartigen Palast, die weiten Höfe und Gärten in einem Gelände, das wohl eher künstlich gestaltet als naturbelassen ist. Der vielgestaltige Berg, die abwechslungsreichen Gärten auf verschiedenen Ebenen, die doch wie aus einem Guß wirken, lassen das große Genie des Künstlers, der dies entworfen hat, ahnen« (Zannandreis, 1891). Auf dal Pozzo geht wahrscheinlich auch die dreieckige Terrasse zurück, die heute Rasen deckt. Die Grundlinie des gleichschenkligen Dreiecks liegt auf dem gedeckten Gang, der den großen Hof abschließt, seine Spitze bildet ein Türmchen in Minarettform, in dem Treppen in die tieferen Teile des Gartens und in den Park führen.

1765 malte der schon betagte Andrea Porta in einem Korridor der oberen Villa ein Fresko, auf dem der Monte Trissino mit den beiden Villen gut zu erkennen ist.

Anfang des 19. Jahrhunderts gehörten beide Villen den Trissino Baston. Nach einem Plan von Ottone Calderari, veröffentlicht 1803 und vielleicht aus Anlaß der Übernahme beider Villen entstanden, hätten die bestehenden Teile der Anlage total verändert werden sollen. Wir ersehen dies aus einem Band mit Zeichnungen von Giacomo Verla, die er unter Anleitung des Architekten gemacht hat. Der Tod Calderaris im Jahr 1803 verhinderte die Realisierung seines Planes. Er hätte den Hang in eine Terrassenanlage mit vielen Treppen verwandelt und jegliche spontane Vegetation zwischen den Villen eliminiert.

Statt dessen entschied man nun, das Wäldchen mit den verschlungenen Wegen so zu belassen, wie es war. Zusätzlich wurden Zypressen, Buchsbaum und Tujen gepflanzt, um den Eindruck zu erwecken, man sei in einem Friedhof – denn es war zu jener Zeit eine weitverbreitete Vorliebe, zur Erinnerung an die Toten der Familie Grabsäulen und Stelen in den Gärten aufzustellen. Die Villen fielen später an die Familie Da Porto und sind heute im Besitz der Grafen Marzotto. (M. A. V.)

Quellen und Bibliographie: L. Trissino, *Memorie storiche e stato presente della villa di Trissino,* (B. B. Vi., Ms. 3150); G. Mugna, *La Villa di Trissino,* 1875 (dito); F. Milizia, *Memorie degli architetti antichi e moderni,* Bd. II, Bassano 1785, S. 284; derselbe, *Dizionario delle Belle Arti del disegno,* Bd. II, Bassano 1797, S. 183; B. Morsolin, *Ricordi storici di Trissino,* Vicenza 1881, S. 48–67; D. Zannandreis, *Le vite dei pittori scultori e architetti veronesi,* hrsg. v. C. Biadego, Verona 1891, S. 400; R. Cevese, in: *Le ville venete,* Ausstellungskatalog, hrsg. v. G. Mazzotti, Treviso 2, 1954, S. 333–337; R. Cevese, »Disegni inediti di Ottone Calderari«, in: *Venezia e l'Europa, Atti del XVIII Congresso Internazionale di Storia dell'Arte,* Venedig 1956, S. 391–393; P. Toniato, »La scuola dei Marinali: Giacomo Cassetti e Angelo Di Putti«, in: *Arte Veneta,* XVIII, 1964, S. 152–157; M. Tafuri, »Il Parco di Villa Trissino e l'opera di Francesco Muttoni«, in: *L'Architettura – Cronache e storia,* 1965, S. 833–841; C. Semenzato, *La scultura veneta del Seicento e del Settecento,* Venedig 1966, S. 36, 38, 105.

206

207. Karte der Villa Musella in San Martino Buon Albergo, Detail, Zeichnung, 1728. San Martino Buon Albergo, Archivio Grezzana Silvino.
Man sieht den Garten vor der Villa, unter dem die Grotte liegt. Seitlich von den Gebäuden liegen zwei Terrassengärten, und auch dahinter gibt es noch Gärten. Der ganze Komplex war von einer Mauer umgeben.

208. Lageplan von Musella, Ausschnitt, 1976. San Martino Buon Albergo, Archivio dell'azienda agricola Musella.

Der Hügel nördlich von San Martino Buon Albergo, auf dem die Villa Musella liegt, war schon in der Antike besiedelt. Dies bezeugt ein Stein, der im 19. Jahrhundert bei Bauarbeiten wieder ans Licht kam. Die frühesten Dokumente über die Villa stammen aus dem späten 16. Jahrhundert. Es heißt darin, daß die Familie Marioni etwa 40 Hektar Land »auf dem Berg de gratio« besaß (1572), »cum fabricis existentibus super« (1578).

Zu dem Besitz, »prativam cum vitibus moris et aliis arboribus«, den am 23. März 1607 die Familie Muselli erwarb, gehörten auch einige landwirtschaftlich genutzte Gebäude, dazu zwei Taubenhäuser und »domibus finili proticis et stabulo muratis copatis et solaratis«. Sie lagen um einen viereckigen Hof gruppiert. Die Muselli kauften noch mehr Land hinzu, 1632 besaßen sie schon 75 Hektar, und gleichzeitig begannen sie auch, die alten Gebäude in einen herrschaftlichen Landsitz umzubauen. 1655 müssen die Arbeiten schon ziemlich weit gediehen sein. Am 23. Oktober dieses Jahres richteten Cristofor und Giovan Francesco Muselli ein Gesuch an die Beni Inculti. Sie baten, Quellwasser aus Vaio della Vargiana die Castagné »...für überwiegend private Zwecke über den Berg leiten zu dürfen« (Verona, Arch. Ammin. d'Arquarone). Dieses Gesuch um Wasser hing sicherlich mit der Anlage der Gärten zusammen. Für Maffei gehörte Villa Musella zu den »schönen Villen« um Verona. 1654 ist auch die Kirche gebaut worden. Sie steht heute noch in der Südwestecke des Hofes und ist dem hl. Antonius von Padua geweiht.

Auf einer Zeichnung von 1728 ist die gesamte Anlage zu sehen, Villa, Hof und Gärten liegen auf dem breiten Rücken eines Hügels. Durch die Hanglage ergeben sich zwei Ebenen. Gewaltige Unterbauten befestigen die aufgeschütteten Flächen – besonders an der östlichen und westlichen Seite stützen diese riesigen Konstruktionen wahrhaft »hängende Gärten«. Das Eingangstor liegt auch heute noch auf der Südseite, auf seinen beiden Pilastern ist seit 1709 ein Willkommensgruß für die Gäste eingraviert. Hinter dem Tor zweigen nach rechts und links zwei breite Wege ab, die zur Villa führen. Geradeaus, in der Stützmauer der großen Terrasse, ist der Eingang zur Grotte. Genau über der Grotte liegt ein großes Bassin mit einer hohen Fontäne in der Mitte. Dieser Springbrunnen ist der südliche Abschluß der langen schmalen

Terrasse, die sich vom Eingangsportal bis zum Gittertor des Hofes vor der Villa erstreckt. Zu beiden Seiten des breiten Mittelweges vom Brunnen zum Hoftor stehen Statuen in dichten Reihen vor schlanken Beeten.

Der interessanteste Teil dieses Gartens aus dem 17. Jahrhundert ist zweifellos die quadratische Voliere. Sie liegt in einem eigenen Gärtchen südöstlich der Villa und ist auf der oben erwähnten Zeichnung deutlich zu erkennen, das kleine Gebäude ist ein gemauerter, fensterloser Kubus. Auf jeder Seite der Voliere führt eine Tür ins Innere, das nur aus einem offenen Hof mit einem dorischen Säulengang besteht. Durch die hohe Drahtkuppel fällt Licht in das geräumige Vogelhaus. Kürzlich wurde die Voliere restauriert und der üppig wuchernde Efeu entfernt; darunter trat das kleine Schmuckstück wieder rein und unverfälscht zutage.

Von den beiden seitlichen Terrassen, die auf der Karte von 1728 auch genau eingezeichnet sind, ist die westliche annähernd so erhalten, wie sie damals war. Um ein rundes Brunnenbecken sind Blumenrabatten arrangiert, Statuen stehen dazwischen, und gegen das Tal ist die Terrasse durch eine Balustrade abgegrenzt; dagegen ist die Aussichtsplattform auf der Ostseite teilweise zugeschüttet. Hinter dem Villentrakt lagen weitere, ausgedehnte Gärten mit Laubengängen und zypressengesäumten Wegen – noch heute gibt es hier zwei herrliche Platanen aus dem 18. Jahrhundert, man sieht sie schon aus weiter Ferne nördlich der Villa am Hang stehen. Die Villa bestand ursprünglich nur aus dem Nordflügel, seine Räume wurden um 1686–87 mit Fresken ausgemalt. Man nimmt an, daß Biagio Falcieri der Künstler war, es könnten aber auch Dorigny, Zanoni und Francesco Barbieri, genannt Sfrisato, in Frage kommen.

Das *Stima dello stabile Musella*, also eine Liste mit Schätzwerten für die Bauten, die bis ins Jahr 1859 zurückreicht, ist eine wichtige Quelle, um einiges über den Zustand der Gebäude zum damaligen Zeitpunkt zu erfahren. 1861 kaufte der Bankier Luigi Trezza, der damals schon in den Adelsstand erhoben war und sich di Musella nannte, das Anwesen. Er baute die alte Villa um und vergrößerte sie dabei. Die Arbeiten begannen 1862 mit der Neugestaltung der Ostfassade: 12 Statuen von römischen Kaisern wurden hier aufgestellt. Cesare, der Sohn von Luigi

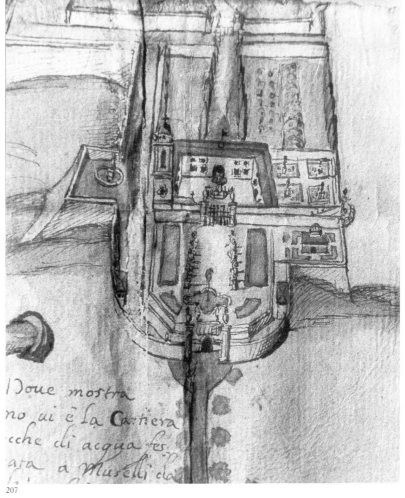

207

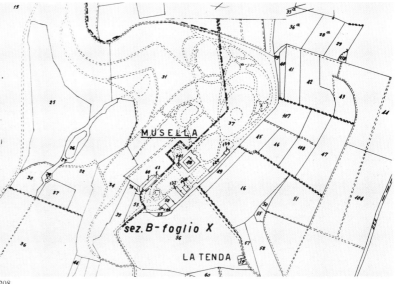

208

209

210

150

209. *La Musella, San Martino Buon Albergo.*
Blick vom Wasserbecken auf der Terrasse vor dem Haus. Im Hintergrund die Villa aus dem 17. Jh. Sie wurde nie zerstört, jedoch mehrmals erweitert und umgebaut, so daß sich ihr Aussehen heute völlig verändert hat.

210. *La Musella, San Martino Albergo.*
Eingang zur Grotte, die unter dem Wasserbecken der Terrasse liegt. Man sieht das Tor zur Grotte, wenn man im Portal steht. Dorthin führt eine gewundene Zypressenallee vom Dorf den Hügel hinauf.

211, 212. *La Musella, San Martino Buon Albergo.*
Volieren wie die von Musella waren in den Gärten des 17. und 18. Jhs. sehr beliebt. Aber nur jene von Musella ist erhalten geblieben. Sie wurde irrtümlich Sanmicheli zugeschrieben. Ihr Grundriß ist quadratisch, mit einem Innenhof und dorischem Säulengang.

Trezza, und die Enkelin Maddalena d'Acquarone setzten die Bautätigkeit fort. Maddalena baute den alten Hof in eine Art Kreuzgang um, den auf allen vier Seiten Säulengänge umgaben. Auf einem Stich, der im *Guida astronomica presentata alla cognizione dell'Europa* von 1753 erschienen ist, und auf einem Gemälde von 1862, das in der Villa hängt, ist die Villa von Süden aus gesehen, mit ihrer kleinen Kirche und der Voliere, so wie sie noch vor den Umbauarbeiten war. Danach erstrahlte die Südseite im damals modernen maurischen Stil.

Die Familie Trezza vergrößerte den zu Musella gehörenden Grundbesitz rasch. 1884 beliefen sich ihre Ländereien auf etwa 300 Hektar. Nordwestlich der Villa wurde auf rund 30 Hektar ein romantischer Park angelegt, dazu gehörten auch das Tal im Westen und der dahinter aufsteigende Hang. Zanoni hat den Park gestaltet und sich dabei vom Park der königlichen Villa in Monza inspirieren lassen. Das Bewässerungssystem war auf dem neuesten Stand der Technik und wurde vom Mailänder Ingenieur Ettore Paladini installiert. Immer noch wurde das Wasser von dem etwa acht Kilometer entfernten Castagné hergeleitet und in die Zisterne von Perlar gepumpt, die an der höchsten Stelle des Parks lag und 7000 Liter aufnehmen konnte. Sie gewährleistete, daß das Wasserbecken über der Grotte gefüllt war und die hohe Fontäne genug Druck hatte. Ein weitverzweigtes Netz kleiner Bäche durchfloß die Wäldchen und Lichtungen, und überall standen malerisch verstreut Statuen. Am 12./13. März 1893 erschien in *Arena* ein Artikel, in dem die Wunder des Gartens aufgezählt werden: »die schönsten Magnolien, Lorbeerbäume, hohe Koniferen, Bambus, Eichen (...), kleine Seen mit ruhigem Wasserspiegel, ein weites Gehege für Damwild, Treibhäuser für Kamelien, beheizbare Treibhäuser, Treibhäuser für die Aufzucht«, in denen »Zinerarien

211

blühten, Calceolarien, Petunien und Farne (...), Kaladien und Begonien usw. wucherten«. »Ein wunderschönes riesiges Glashaus, ein Wunderwerk moderner Technik ganz aus Glas und Eisen« steht heute noch hinter der Voliere. Palmen und Orchideen werden neben anderen seltenen Pflanzen in diesem beheizbaren Treibhaus gehegt und gepflegt. Alte Fotos aus dem venezianischen Atelier Jankovich zeigen den Park, als er ganz neu und der Baumbestand noch jung und klein war. Damit auch hohe Bäume auf dem felsigen Hang wachsen konnten, wurden ungeheure Mengen Erdreich angekarrt. Heute sind die Bäume unkontrolliert in die Höhe geschossen, die von Zanoni geplanten perspektivischen Bezüge sind verwachsen. Die Wasserbecken liegen ausgetrocknet, und die Bäume, hauptsächlich Pinien, Zedern und Eichen, stehen nicht mehr festverwurzelt in der Erde. (M. A. V.)

Quellen und Bibliographie: Informazione storico giuridica sulle acque della Vargiana che alimentano la fontana delle Musella (Verona, Archivio Ammin. d'Acquarone, c. 1); F. Bagatta, *Musella* (B. C. vr., Mss. Sgulmero, B. 14, Bd. III, *Poesie e prose*); F. Bresciani, *Elogio del nob. sig. Marchese Giacomo Muselli* (1768) (dito, Ms. 1.095); S. Maffei, *Verona illustrata* (1732), Teil III, Bd. IV, Mailand 1826, S. 415; *Guida astronomica presentata alle cognizione dell'Europa*, Verona 1753; G. B. Da Persico, *Decrizione di Verona e della sua provincia*, II, Verona 1821, S. 124–125; C. Bevilacqua, *Per le faustissime nozze della nobile sig. Eleonora Muselli con il nobile Marchese Carlo di Canossa. Sonetto*, Verona 1822, S. VII; G. Dal Pian, *La Musella. Idillio*, in: *Per le fastissime nozze delli nobili signori Matilde Muselli e Girolamo Orti Manara*, Verona 1825; Anonymus, »Gite in campagna. Alla Musella«, in: *Arena*, 12./13. März 1893; G. B. Stegano, *Guida di S. Martino Buonalbergo e Marcellise*, Verona 1928, S. 80–86; G. Silvestri, »Incanto della natura e tesori d'arte sulla verde collina de ›La Musella«, in: *Arena*, 3. Mai 1964; *La ville nel Veronese*, hrsg. v. G. F. Viviani, Verona 1975, S. 33, 523–528; AA. VV., *Gli affreschi nelle ville venete dal Seicento all'Ottocento*, Venedig 1978, S. 227–228; S. Spiazzi, *La Musella*, Ausstellungsprospekt, San Martino Buon Albergo 1987.

212

213. Andrea Pastò, Empfang in der Villa, Bergamo, Accademia Carrara.

214. Antonio Bonazza, Mädchen mit Spindel, *1742, Bagnoli di Sopra, Villa Widmann.*
Statuen von »einfachen Leuten« ersetzen die Götter und Göttinnen in diesem Gartentheater, so wie es Goldonis Theaterreform entsprach.

Die Villa steht auf den Grundmauern eines Klosters, das Papst Alexander VII. 1656 aufgelassen hat. Die Klostergebäude mit den dazugehörenden Ländereien wurden kurz danach versteigert, mit dem Erlös finanzierte die Republik Venedig den Krieg gegen Candia. Die Familie Widmann erhielt bei der Versteigerung den Zuschlag für das ehemalige Kloster und einen großen Teil des Grundbesitzes, rund 4350 Campi mit zwei Obst- und zwei Gemüsegärten (A. S. Ve., Redecima del 1661, 465, c. 228 Lodovico Vidman). Um 1711 gehörten zum Herrenhaus ein Obst- und ein Gemüsegarten mit fünfeinhalb Campi und ein großer parkähnlicher Ziergarten; alles war von einer Mauer umgeben (A. S. Ve., Reg. Nr. 1062, Mappe 289n Giovanni und Lodovico Vidman). Im Jahr 1740 sind Obst- und Gemüsegarten auf sieben Campi erweitert worden, ein eigenes Gästehaus war im Bau (A. S. Ve., Reg. Nr. 907, Mappe 322 Zuane Vidman). Noch im selben Jahr wurden die Nutzgärten auf 18 Campi vergrößert, und in der Nähe des Herrenhauses legte man noch einen zweiten Gemüsegarten mit etwa vier Campi an und einen Ziergarten mit zwölf Campi (A. S. Ve., Redecima 485, c. 469 Giovanni Vidman und Bruder). Bis zum Jahr 1797

waren die Gärten bis auf eine Größe von 24 Campi angewachsen (A. S. P., Polizza democratica, 389, Mappe 40, Vidman Giovanni und Bruder, Bagnoli). Es gab Obst- und Gemüsegärten, Taubenhäuser und Laubengänge.

Die Villa, die neben der Piazza des Dorfes liegt, stellt eine lange eindrucksvolle Fassade zur Schau; der Entwurf des Herrenhauses, dem eine großartige Loggia vorgelagert ist, wird Baldassarre Longhena zugeschrieben. Hier steht ein Brunnen aus dem 17. Jahrhundert mit einem hübschen Bogen aus Schmiedeeisen, Überbleibsel einer früheren Hofanlage. Die Gärten sind im französischen Stil des 18. Jahrhunderts angelegt: Beschnittene Buchenhecken bilden Räume und Plätze, und etwa 160 Statuen sind in diesen »grünen Zimmern« aufgestellt, allerdings nicht mehr in der ursprünglichen Anordnung. In diesem Garten spielt der Skulpturenschmuck die Hauptrolle. Die meisten Figuren, gleichzeitig auch die künstlerisch wertvollsten, stammen von Antonio Bonazza, Lodovico Widmann hat sie 1742 in Auftrag gegeben. Der Künstler hat immer zwei zueinander gehörende Figuren geschaffen, also zwei Soldaten, zwei Araber, zwei Mohren, einen Jäger und ein Bauernmädchen,

214

einen Herrn und eine Dame, einen alten Mann mit einem alten Weib. Dies sind die wichtigsten Charaktere, die nach Goldonis revolutionärer Theaterreform die Bühne bevölkern. Im Garten der Villa Widmann übernehmen sie nun teilweise den Part der antiken Götter und Allegorien. Bis ins Zeitalter des Humanismus war der Garten eine Bühne – die ganze Welt ist Bühne –, und in diesem Sinne haben ihn auch Alvise Cornaro und Falconetto definiert. Hier aber, in Bagnoli di Sopra, wird der Garten wirklich zum Theater, in den grünen Kulissen agieren Schauspieler aus Stein. Natürlich stehen im Garten der Villa Widman auch Statuen mythologischen oder allegorischen Ursprungs, etwa Zephir, Äolus, Ceres und Neptun. Ihr künstlerisches Niveau ist genauso hoch wie das der Figuren der Commedia dell'Arte, deren Witz und Vitalität übergreift auf die Skulpturen mit traditionellem Inhalt. Vor der Villa sind die Zeichen des Tierkreises aufgestellt.

In der Accademia Carrara in Bergamo hängt ein Gemälde von Andrea Pastò, einem Schüler von Pietro Longhi. Es zeigt Damen und Herren auf der Piazza von Bagnoli. All diese feinen Leute haben zusammen mit Pastò bei Goldonis Aufführungen im kleinen Theater der Villa Widmann mitgespielt. Ludovico Widmann war Arlecchino, Cecilia Querini Zorzi die Zofe, Lorenda Giovanelli Priuli die Dienerin, Pietro Priuli spielte den Pantalone. Dies hat Carlo Goldoni in seinem *Burchiello* notiert, einem genauen Spiegel des Zeitgeistes, aus dem heraus auch der Garten der Villa Widmann entstanden ist. So erhielt der Skulpturenschmuck in den venezianischen Gärten, der ursprünglich vom Florentiner Manierismus mit einem heroischen Stempel versehen war, einen komischen, modernen Ausdruck. Die Masken von Ottavio Marinali und *la macchina* in der Villa Deliziosa in Montegaldella, die Zwerge von Bendazzoli in der Villa Valmarana in Vincenza und die Indianer von Giovanni Bonaza in der Villa Breda in Ponte di Brenta sind Meisterwerke dieses Genres in den Gärten des Veneto im 18. Jahrhundert. Heute ist die Villa Widmann im Besitz der Familie Borletti. (V. F.)

Bibliographie: C. Semenzato, *La scultura veneta del Seicento e del Settecento*, Venedig 1966, S. 54–55; A. Mariuz, »La villeggiatura di Bagnoli e il pittore Andrea Pastò«, in: *Arte Veneta*, XXX, 1976, S. 197–200.

213

215

216, 217. Lageplan und Plan des Labyrinths der Villa Pisani, Stra.
1. Palazzo; 2. Garten; 3. Stallungen; 4. Wasserbecken; 5. Gewächshäuser; 6. coffee house; 7. Belvedere; 8. Labyrinth; 9. Säulenfenster; 10. Haus des Gärtners; 11. Lagerhaus; 12. Haus des Pfarrers; 13. Loggien zum Haus des Pfarrers; 14. Ca' Zane; 15. Holzlager;

16. Wohnung des Stallmeisters; 17. Nebengebäude der Stallungen; 18. Kleine Lagerhäuser; 19. Großes Lagerhaus; 20. Marstall; 21. Feuerwehr; 22. Nebengebäude der Feuerwehr; 23. Ca' Graziani; 24, 25. Rasenflächen; 26. Ca' Capello.
a a¹ = Parallelachse zu xx¹, von den Fenstern in der Umfassungsmauer zum Labyrinth.

bb¹cc¹ = die wichtigsten Diagonalachsen, die xx¹ kreuzen.
dd¹ee¹ = Diagonalachsen auf die Figurengruppen, kreuzen xx¹.
ff¹gg¹ = Parallelachsen, die auf die Portale in der Umfassungsmauer zulaufen.
hh¹ = Achse vom Portal zum Belvedere
xx¹ = Mittelachse.

Coronelli (1709) und Volkamer (1714) haben die alte Villa Pisani als ein einfaches Haus aus dem frühen 16. Jahrhundert beschrieben. Nachträglich wurde eine über zwei Stockwerke reichende Vorhalle angebaut, die von einem barocken Giebel bekrönt war. Eine halbrunde Balustrade, auf der Töpfe mit Zitrusgewächsen standen, grenzte den vorderen Garten zur Brenta hin ab. Den Garten hinter dem Haus durchschnitten im rechten Winkel zueinander verlaufende Wege.

1719 dürfte Girolamo Frigimelicas (1653–1732) Entwurf für eine monumentale Villa vorgelegen haben, die sich die Brüder Alvise und Almorò Pisani bauen lassen wollten. 1720 wurde die alte Villa niedergerissen, aber erst 1735 errichtete der inzwischen zum Dogen gewählte Alvise Pisani die neue Villa, und zwar nach einem Plan von Francesco Maria Preti (1701–1774). Von Frigimelicas Entwurf ist das Modell erhalten, das im Museo Correr in Venedig steht.

Hier werden auch die Modelle einiger Bauten aus dem Park der Villa Pisani aufbewahrt. Er ist geometrisch angelegt, mit langen perspektivischen Achsen, an denen kleine architektonische Schmuck-stücke die Blicke auf sich ziehen. Es sind Meisterwerke von Frigimelica und großartige Beispiele für die Gartenkunst im Veneto des 18. Jahrhunderts. Preti mußte seine Villa an der Stelle und in den Dimensionen bauen, die sein Vorgänger vorgegeben hatte, damit die Harmonie der Gesamtanlage nicht gestört wurde.

Der Park der Villa Pisani ist etwa zehn Hektar groß und hat die Form eines Sechsecks. Er liegt zwischen der Brenta, wenige Kilometer vor ihrer Mündung ins Meer und der rückwärtigen Straße. Am Südende des Parks steht der Palast, im Norden, zur Straße hin, bilden die Stallungen den architektonischen Abschluß. Dazwischen gab es Rabatten im französischen Stil. Wo Anfang dieses Jahrhunderts das lange Wasserbecken angelegt wurde, verliefen zwei baumbestandene Wege. André Corboz hat 1986 dieses langgezogene Rechteck, das das Herzstück des Gartens bildet, als Reitbahn definiert. Das Vorbild dazu sei im Garten der Villa Tuscorum von Plinius dem Jüngeren zu finden. 1699 publizierte André Félibien des Avaux *Les plans et les descriptions de deux maisons de campagne de Pline le Consul*; zum ersten Mal waren

Beschreibungen der Villen und Gärten des Plinius einer breiteren Öffentlichkeit zugänglich. Alvise Pisani hielt sich von 1699 bis 1704 als Botschafter der Republik in Frankreich auf, wo Ludwig XIV. sogar Pate eines seiner Söhne war. Alvise dürfte das Buch über die Plinius-Villen gekannt haben, diente Plinius' Hippodrom doch schon in den italienischen Renaissance-Gärten als Modell. Félibien bildete ein Hippodrom auch in seinem Buch ab und orientierte sich dabei an den Grundsätzen der klassischen französischen Gartenbaukunst, natürlich in erster Linie an den Ideen von André Le Nôtre. Veduten der von Le Nôtre gestalteten Gärten in Versailles, Marly, Chantilly und Vaux-le-Vicomte waren damals schon weit über Europa verbreitet. 1709 erschien in Paris *La théorie et la pratique du jardinage...* von Dezaillier d'Argenville, das umfangreichste Handbuch für den klassischen französischen Garten. Die ihm zugrundeliegenden Richtlinien galten auch für den Gartentyp, der nun in Europa vorherrschte. Die geheimen Gärten, die von Mauern umgebenen Höfe und Nutzgärten, die für das Veneto so typisch sind, wurden noch von Palladio

und Scamozzi bei ihren Gartengestaltungen mit einbezogen, aber Ende des 17. Jahrhunderts, im Garten von Valsanzibio oder der Villa Morosini Grimani in Martellago, nicht mehr verwendet.

Palast und Park von Stra stellen alles bisher Dagewesene in den Schatten. Der Landsitz an der Brenta sollte die Macht des Hauses Pisani auf der Terraferma demonstrieren, wie auch der Palast von Santo Stefano keinen Zweifel an der Bedeutung dieser Familie für die Serenissima aufkommen ließ. Seit 1711 war Alvise Prokurator von San Marco, 1735 wurde er schließlich zum Dogen gewählt. Graf Frigimelica war ein hochgebildeter Mann und ein gefeierter Dichter, für Antonio Caldara und Alessandro Scarlatti schrieb er Opernlibretti. Auch der Garten in Stra ist wie ein Gedicht, in dem man zu sich findet, in dem sich aber auch träumend verliert, wie die Helden in Ariosts *Orlando furioso*.

Diagonale Achsen verbinden die Ost- und Westseite miteinander, die durch das nordsüdlich verlaufende Hippodrom getrennt werden. An diesen Achsen stehen auch all die kleinen Gartengebäude, die die einzelnen Strophen von Frigimelicas

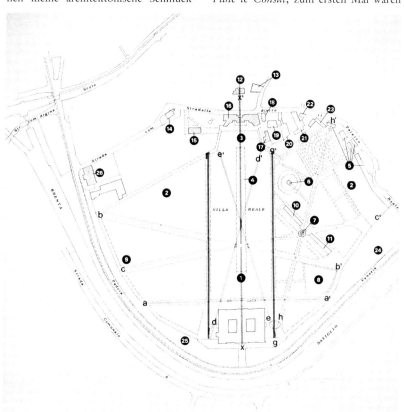

216

217

218. Villa Pisani, Stra.
Die Villa steht in einer Schleife der Brenta. Zwischen Palast und Stallungen liegt heute ein langgestrecktes Wasserbecken. Es teilt den Park in zwei symmetrische Hälften. Nur in der rechten sind die kleinen Parkbauten von Frigimelica verteilt (vgl. auch Abb. 392).

Gedicht bilden. Seltsamerweise befinden sie sich alle auf der östlichen Seite, was angeblich auf Le Nôtre und die Sonnensymbolik zurückgeht. Corboz sieht enge Zusammenhänge zwischen den Gärten von Stra und Versailles, die Alvise Pisani ja gut gekannt hat. Versailles ist eine Welt für sich, sehr viel größer als Stra und in einem ehemaligen Sumpfgebiet buchstäblich aus dem Boden gestampft. Stra, umgeben von Mauern und zwischen dem Fluß und der Straße Padua–Venedig gelegen, mit der Villa als Dreh- und Angelpunkt, mit den Portalen und Fenstern ist verglichen mit Versailles geradezu ein städtebauliches Monument.

Durch die Tore und Fenster erblickt man von außen die Hauptachsen des Gartens, und umgekehrt von innen, sieht man auf die Landschaft vor der Mauer. So übernehmen die Tore und Fenster hier die Rolle der Gitter in den Mauern um die Höfe und geheimen Gärten des 15. Jahrhunderts – eine alte venezianische Tradition, die im Manierismus des 16. Jahrhunderts zu großer Blüte gelangte und bis in die Anfänge der Barockzeit reicht.

Rechts und links von der Villa führen zwei gewaltige Portale in den Garten. Sie werden von je zwei Fenstern flankiert, die in die mit Rustikaquadern verblendete Mauer eingelassen sind. Durch die Gitter in den Toren fällt der Blick auf zwei Skulpturengruppen aus der Werkstatt von Bonazza. Sie stammen aus dem Jahr 1724, sind also älter als der Palast und der heutige Garten. Auf der linken Seite des Gartens, gegen Padua, wird die Umfassungsmauer durch das Belvedere-Portal unterbrochen. Auf seinen beiden Seiten steht je eine korinthische Säule, um die sich zierliche eiserne Treppen winden. Steigt man hinauf, so gelangt man auf eine kleine Aussichtsterrasse, auf der – über dem Mittelportal – eine giebelgekrönte Loggia steht; de Brosse (1739–40) hat diese Säulen des Herkules und die Säulen des Salominischen Tempels zitiert; Säulen symbolisieren aber auch die Macht und Weisheit des künftigen Dogen (Corboz). Vom Belvedere-Portal führt ein Weg diagonal durch den Park zum sechseckigen Belvedere, seinem bezaubernden kleinen Aussichtspavillon. In seinen nach innen geschwungenen Seiten öffnet sich je ein großer Bogen, woraus sich neue überraschende Blickachsen ergeben. Ein Treppentürmchen führt auf die statuengeschmückte Aussichtsplattform, in deren Boden ein kreisrundes Loch einen Blick ins Innere des Pavillons

gewährt. Im Museo Correr in Venedig
gibt es das Modell eines runden Belvedere
mit ionischen Säulen, dessen Aussichtsterrasse über Treppen zu erreichen war,
die sich wiederum um zwei dorische Säulen wanden. Man wird wohl nie heraus-
finden, ob dies eine Variante für das Belvedere-Portal oder den sechseckigen Pavillon ist. Vom Belvedere gehen zwei
Laubengänge in nordwestlicher und süd-
östlicher Richtung ab. Im Nordosten gewähren ihnen das Haus des Gärtners und
ein Lagerhaus Schutz, in den kalten Monaten werden überdies provisorische
Holzwände aufgebaut. Die prächtigen
Schaufassaden dieser beiden Wirtschaftsgebäude sehen aus wie Portale in Rustika-
mauerung mit kleinen Seitentempelchen,
bekrönt von einem Tympanon mit einer
Attika, auf der reichverzierte Vasen stehen. Seitlich davon stehen zwei statuengeschmückte korinthische Säulen.

Eine lange Blickschneise reicht vom
rechten Portal in der Gartenmauer über
das Belvedere bis zum eingezäunten
Orangenhain in der nordöstlichen Ecke
des Parks. Daran angrenzend liegen
Wirtschaftsgebäude entlang der Straße.
Wie der Park selbst und das Belvedere hat
auch diese Anlage einen wabenförmigen
Grundriß. Sechs Wege führen von zwei
ineinanderliegenden Kreiswegen ab. Eine
Magnolie, ein Baum, der wahrscheinlich
schon in der ersten Hälfte des 18. Jahrhunderts, aus Nordamerika kommend,
im Veneto kultiviert wurde, stand im
Zentrum. Aus Plänen wissen wir, daß auf
den Beeten Töpfe mit Zitrusgewächsen
und Statuen verteilt waren. Glashäuser
sind an die nordöstliche Mauer gebaut,
und ein großes Gewächshaus steht an der
Mauer zu einem Gemüsegarten.

Zwischen den Laubengängen und dem
Orangenhain thront auf vier hohen Stufen das *coffee house*, eine kleine quadratische Loggia, unter der sich der Eiskeller
verbarg. Auf der rechten Seite der Villa
und von der Straße durch die Fenster in
der Gartenmauer zu sehen liegt das Labyrinth. Es vereint alle Superlative in sich,
ist natürlich das berühmteste, das größte
und das besterhaltene im Veneto. Sein
Mittelpunkt ist ein rundes Türmchen, um
das sich eine zierliche Treppe zu einer
Aussichtsplattform emporwindet.

Den Abschluß des Gartenmittelteils
bilden die Stallungen. Frigimelica hat sie
geplant, gebaut wurden sie wahrscheinlich schon zwischen 1719 und 1721. Corboz vermutet, daß der Bau ursprünglich
als Triclinium, Lustschlößchen oder Pa-

219

220

221

219–221. G. Carboni, Villa Pisani in Stra: Das Belvedere zwischen den Laubengängen; das coffee house *auf vier heckenbewachsenen Stufen (heute verändert), Stich, 1792.*

222, 223. Girolamo Figimelica, das Belvedere zwischen den Laubengängen im Park der Villa Pisani in Stra und eine Detailansicht der Terrasse, 1719.

224, 225. Villa Pisani, Stra. Der Beginn der Laubengänge und das coffee house. Es ist heute von einem kleinen See umgeben.

222

223

224

225

226. Villa Pisani, Stra.
Das Belvedere-Portal, ein Meisterwerk
von Frigimelica, gleichermaßen bewundert von Montesquien (1724) und von de
Brosse (1739/40).

226

villon für luftige Sommersoupers gedacht war, keinesfalls aber als optischer Abschluß des Gartens. Bei Frigimelicas Entwurf für den Palast sollten die Stallungen auch im hohen Erdgeschoß unter dem ersten Piano Nobile untergebracht werden. Häufig wurden in Venedig und im Veneto auch Lesekabinette in kleinen Pavillons in den Tiefen der Gärten eingerichtet (Foscarini und Zenobio auf Carmini, Zen in San Stin etc.). Der Grundriß der Stallungen ist getreu nach Palladios Grundsätzen gegliedert, in der Mitte die Säulenhallen, an den Seiten gekrümmte Flügelbauten, die den Loggien der Villa Badoera nachempfunden sind. Das Attikageschoß und die Aufbauten sind allerdings barock. Der halbrunde Grundriß und ein Obelisk auf einem Stich von Costa bekräftigen die Theorie des antiken Zirkus. Wo allerdings die Mitte dieses Zirkus gewesen sein könnte, ist fraglich, da Costa den Garten vor den Stallungen mit kunstvollen *broderies* füllt.

Natürlich war der Park im 18. Jahrhundert ganz anders gestaltet als der Park von heute. Die *ars topiaria* regierte und schuf im Orangenhain viele Bögen und Säulen, die mit Kletterpflanzen berankt waren, und hohe Hecken aus Buchen, Ulmen oder Maulbeerbäumen, die lange Blickschneisen bildeten. Von den hochgelegenen Aussichtspunkten, also dem Piano Nobile des Palastes, dem Belvedere-Portal, dem Belvedere im Park, vom Turm des Labyrinths, vom *coffee house* und den Terrassen der Stallungen aus konnte man das Ordnungsprinzip der Gartengestaltung gut erkennen. Seltsamerweise liegen all die kleinen Parkbauten bis auf das Belvedere-Portal im Ostteil des Parks. Ob Frigimelica für den Westteil noch weitere Bauten im Sinn hatte? Möglich ist dies schon, da in seinem ersten Entwurf der Palast auch zwei Piano Nobili erhalten sollte, für jeden der Brüder einen. Folgerichtig hätte es auch zwei Gärten geben müssen, einen für Alvise und einen für Almorò. Trotzdem ist der Park, so wie er sich heute präsentiert, in sich schlüssig. Im linken Parkteil, der von der Nord-Süd-Achse zum westlichen Tor begrenzt wird, sind die Eingriffe, die im 19. Jahrhundert stattfanden, stärker sichtbar. Schon im 18. Jahrhundert wurden hier englische Ulmen und Platanen gepflanzt und ersetzten die Buchenhecken und die beschnittenen Ahornbäume. Linden und andere hohe Bäume haben diesen Teil des Gartens total verändert, der von diagonal verlaufenden Wegen in fünf Bezirke geteilt wird. Der Abschnitt, der dem Palast und der Brenta am nächsten lag, war eine Rasenfläche mit der Statue eines Bauernmädchens in der Mitte, um die Buchsbaumbüsche wuchsen. Der zweite Teil war von kleinen Wegen im Schachbrettmuster durchzogen, in seiner Mitte standen ein Tisch und Bänke aus Stein. Im dritten Teil bildete eine Statue des Bacchus das Zentrum. Bauernmädchen, Tisch und Bacchus waren entlang einer kurzen Nord-Süd-Achse aufgereiht, die beim Portal links vom Palast auf die Mauer stieß. Wie der vierte Teil gestaltet war, ist nicht mehr rekonstruierbar. Vielleicht lag hier das Heckentheater, das in Dokumenten des Staatsarchivs in Venedig erwähnt wird. Der fünfte Teil war ein Wäldchen mit verschlungenen Wegen und einem kleinen Hügel.

1797 hatte sich Napoleon mit Joséphine in der Villa Pisani aufgehalten, die er 1807 vom Königreich Italien requirierte, im November desselben Jahres übernachtete er einmal dort und schenkte Villa und Park danach dem Vizekönig Eugen Beauharnais. Als die Brüder Alvise und Francesco Pisani ihren Landsitz verkaufen wollten, ermittelte Giovanni Antonio Selva den Wert. Vielleicht hat er veranlaßt, daß die großen Platanen entlang der Nord-Süd- und Diagonalachsen gepflanzt wurden. Das Wäldchen, das im Norden ursprünglich angelegt worden war, um die Wirtschaftsgebäude zu verbergen, wurde vergrößert, nachdem 1809 auch noch Ca' Capello in der Nordwestecke und die kleinen Häuser Ca' Zuane, Codognola und Graziani entlang der Straße hinter den Stallungen in den Park mit einbezogen worden waren.

Im 19. Jahrhundert, während der Herrschaft der Habsburger im Veneto, dominierten Platanen und andere hohe Bäume über Buchsbaum und beschnittene Hekken und zerstörten teilweise die Gestaltung des 18. Jahrhunderts. Das *coffee house* wurde seiner vier hohen Stufen und der geometrischen Hecken beraubt. Statt dessen wurden hohe Bäume darum herum gepflanzt und rund um den Hügel ein kleiner See angelegt. Gegen die Hochwasser der Brenta schüttete man entlang der Umfassungsmauer Dämme auf. Den Damm von 1839 ließ der Vizekönig Ranieri wieder niederreißen, 1849 wurde der Palast Militärhospital, 1850 begannen Restaurierungsarbeiten im Garten. Man fällte 30 Platanen, die zu alt geworden waren und die Laubengänge bedrohten. Diese mit Zitronenbäumen bewachsenen Laubengänge waren im Ancien Régime nicht nur gepflanzt worden, um den Ruhm der Familie Pisani zu mehren, es wurden pro Jahr auch etwa 15000 bis 20000 Zitronen geerntet und mit Gewinn verkauft. Die Vielfalt der Zitrusgewächse (66 verschiedene Arten), der Kamelien und der subtropischen Pflanzen brachte dem Obergärtner Antonio Trevisan Auszeichnungen und Medaillen ein. Agostino Baroni wurde 1855 dafür geehrt, daß er sein ganzes Leben der Verwaltung der Villa Pisani gewidmet hatte, eine Aufgabe, die sein Sohn fortführte.

Die italienische Verwaltung ab 1866 war weniger tatkräftig als die österreichische. 1911 wurde das große Wasserbecken zwischen Villa und Stallungen betoniert, als Teststrecke für Schiffsmodelle. Um den Unterhalt von Palast und Park zu finanzieren, gründete man eine Firma. Ihr Zweck war, mit dem Verkauf von Pflanzen, Blumen und Holz aus dem Park und den Eintrittsgeldern von Besuchern die Unkosten zu decken und ohne staatliche Zuschüsse zurechtzukommen. Im Zweiten Weltkrieg wurde vieles zerstört, Personal fehlte, die Firma war total überschuldet und wurde aufgelöst. Das Finanzministerium übereignete Villa Pisani der Soprintendenza ai Monumenti del Veneto. 1979 sahen die Behörden sich gezwungen, die Villa für die Öffentlichkeit zu sperren, da keine Gelder mehr vorhanden waren, um Aufsichtspersonal zu bezahlen. Villa Cappello wurde abgerissen. Aber schon 1980 wurden die Gewächshäuser wieder in Betrieb genommen, die Laubengänge neu bepflanzt und das Labyrinth ausgebessert. Seit Jahren arbeitet man nun schon daran, den gesamten Park seiner Geschichte gebührend zu restaurieren und zu bewahren. (V. F.)

Bibliographie (Auszug): V. Coronelli, *La Brenta quasi Borgo della città di Venezia luogo di delizie de' Veneti Patrizj delineata e descritta*, Venedig 1709; J. C. Volkamer, *Continuation der Nürnbergischen Hesperidum*, Nürnberg 1714; Ch. de Brosse, *Lettres familières écrites d'Italie en 1739 et 1740*, it. Ausg., Mailand/Rom 1957, Bd. I, S. 173–174; G. F. Costa, *Delle delicie del fiume Brenta espresse ne' Palazzi e Casini situati sopra le sue sponde dalla sboccatura nella Laguna di Venezia fino alla Città di Padova*, Venedig 1750–62; J. J. de La Lande. *Voyage d'un français en Italie fait dans les années 1765 et 1766*, Paris 1768; G. Carboni, »La villa di Stra«, Zeitungsartikel, Paris 1792; G. J. Fontana, *Sulla villa di Stra*, Venedig 1874.

Villa Cordellina, Montecchio Maggiore

227. Villa Cordellina, Montecchio Maggiore.
Die Südseite der Villa blickt auf das freie Land, wohin sich der Mittelweg des Gartens fortsetzt.

228. Villa Cordellina, Montecchio Maggiore.
Der Garten vor der Villa wird von einem heckengesäumten Wegkreuz durchzogen. Die Skulpturengruppen stammen von Tiepolo und die statuen- und vasengeschmückten Portale von Antonio Bonazza. Die Höfe an den Seiten sind von Mauern umgeben. Die Wirtschaftshöfe zu beiden Seiten des rückwärtigen Gartens liegen hinter einer Mauer, auf der ebenfalls Statuen und Vasen stehen.

Die Villa des berühmten Rechtsgelehrten Carlo Cordellina Molin wurde 1735 nach einem Plan von Giorgio Massari und getreu nach Palladios Richtlinien begonnen, die ionischen Kapitelle der Säulenvorhalle und die Fensterumrahmungen sind jedoch schon reines Rokoko.

Palladianisch ist dagegen noch die Anordnung der Gärten vor und hinter dem Haus. Heute umsäumen niedere Buchsbaumhecken englische Rasenflächen, ursprünglich aber waren hier Rabatten angelegt, auf denen Töpfe mit Zitrusgewächsen standen. Alles andere als im Sinne Palladios sind wiederum die Stallungen und das Gästehaus gestaltet. Sowohl die Ställe als auch der Gästeflügel gruppieren sich jeweils um einen quadratischen Hof. Die Höfe sind eigene Komplexe und stehen getrennt vom Herrenhaus, so daß die Gärten vor dem Haus sich optisch mit den hinteren Gärten verbinden können. In den vorderen Garten, der viel größer ist als der hinter der Villa gelegene, gelangt man von der Straße aus durch ein monumentales Portal. Davor erweitert sich die Straße zu einem kleinen halbrunden Platz, an dem zwei große Steinkugeln auf Pilastern anzeigen, daß hier das landwirtschaftlich genutzte Gebiet der Villa beginnt. Eine lange Blickachse über das Eingangsportal und den Mittelweg verbindet die Felder mit der Säulenvorhalle der Villa. Der mittlere Teil des Gartens wird durch Hecken von den Seitenteilen getrennt, die an den

227

Mauern der beiden Wirtschaftshöfe enden. Hier wachsen Zitronenbäume am Spalier, die in den kalten Monaten durch vorgestellte Gewächshäuser geschützt werden. In die parallel zum Hauptweg verlaufenden Hecken sind zwei mit Vasen geschmückte Tore eingelassen, die Antonio Bonazzi zugeschrieben werden (Cevese, 1971). Die Tore öffnen sich auf dem zweiten Weg des vorderen Gartens hin, der den Hauptweg rechtwinklig in einem kleinen Mittelrondell kreuzt. Vor den Toren, zur Mitte hin, erweitert sich der Querweg zu zwei weiteren kleinen Rondells, in denen Skulpturengruppen von Giovan Battista Tiepolo stehen. Er hat 1743 auch den Saal der Villa mit der

Geschichte von Scipio und Alexander dem Großen ausgemalt. Die Anlage der Gärten ist traditionell, aber die Skulpturen, die niederen Hecken um die Rondells und die geschwungenen Heckenbögen, die die breite Freitreppe vor der Säulenhalle umrahmen, spiegeln den Geist des 18. Jahrhunderts wider. Bei der Gestaltung der quadratischen Wirtschaftshöfe zitiert Massari Palladios Entwurf der Villa Sarego in Santa Sofia di Pedemonte. Ihre Rustikafassaden zur Villa wirken manieristisch und atmen die Grazie des 18. Jahrhunderts, da sie leichter, ja beinahe schwerelos im Vergleich zu Rustikamauern des 16. Jahrhunderts sind. Sie erinnern ein wenig an Frigimelicas Rustika an den Portalen in Stra, sind hier aber noch zierlicher. Auch die rückwärtige Umfassungsmauer ist aus Rustika und hat ein sehr schönes Portal mit Rokokoverzierungen. Die Mauer geht auf beiden Seiten des Portals über in zweigeschossige Häuser. In der Mitte des hinteren Gartens liegt ein rundes Wasserbecken, das von Statuen umstanden ist. Auch auf der Rustikamauer stehen abwechselnd Statuen und Vasen, sie sind Hintergrund und Kulisse zugleich.

Statt schwerer Rustika und heroischer Statuen regieren erlesene Eleganz und arkadische Heiterkeit in diesem Garten. Üppig sind die Vasen und geflochtenen Körbe, die von Blumen und Früchten überquellen. Doch schon begehrt auch der Klassizismus Einlaß in dieses Paradies. Die Sockel der Skulpturengruppen im Garten weisen die gleiche Kannelierung auf wie die auf Tiepolos Gemälde *Continenza di Scipione* in der Villa. Gegenwärtig ist die Regionalverwaltung von Vicenza Besitzerin der Villa. (V. F.)

Bibliographie: G. Knox, *Catalogue of the Tiepolo Drawings in the Victoria and Albert Museum*, London 1960, S. 16–17, 55–56; L. Puppi, »Carlo Cordellina committente d'artisti. Novità e appunti su G. Massari, G. B. Tiepolo, F. Guardi, F. Lorenzi e O. Calderari«, in: *Arte Veneta*, XXII, 1968; R. Cevese, *Villa della provincia di Vicenza*, Mailand, 2, 1971, S. 257–271; A. Massari, *G. Massari architetto veneziano del Settecento*, Vicenza 1971, S. 68–70; R. Schiavo, *Villa Cordellina-Lombardi di Montecchio Maggiore*, Vicenza 1975; P. Borsi, G. Pampaloni, *Villa e giardini*, Novara 1984, S. 149–152.

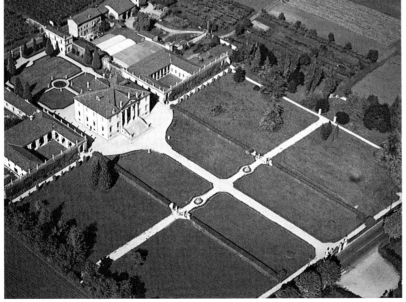

228

*229. Paolo Posi, Gewächshäuser der Villa
Farsetti in Santa Maria di Sala, Zeichnung. Venedig, Museo Correr.
Die Gewächshäuser waren mit den modernsten Heizungs- und Bewässerungsanlagen ausgerüstet. Ein Teil der seltenen Pflanzen des Botanischen Gartens
der Villa wurde hier kultiviert.*

Heute steht die großartige Villa Farsetti zwar isoliert, aber deshalb nicht weniger majestätisch auf einer kleinen Lichtung, um die herum die Staatsstraßen Padua–Treviso und Padua–Venedig verlaufen. Villa Farsetti war während einiger Jahrzehnte eine der glanzvollsten Villen des Veneto und ist es wert, daß man sich ein wenig mit ihr befaßt.

An der Stelle, wo heute die Villa steht, gab es lange Zeit vorher schon ein Herrenhaus. Im 17. Jahrhundert gelangte es in den Besitz der Grafen Cortizzos, die es am 6. Mai 1710 an die Familie Farsetti, die Herren von Sala, abgeben mußten. Eine Karte von 1722, die im Archiv der Villa liegt, zeigt den damaligen Zustand. Der riesige Grundbesitz, der zu dem Anwesen gehörte, scheint aufgrund der regelmäßigen Abmessungen noch auf antike römische Landmarken zurückzugehen. Die Geschichte der heutigen Villa ist eng mit der originellen Persönlichkeit Filippo Farsettis verknüpft. 1703 geboren, war er von seiner Familie für kirchliche Würden bestimmt. Als Kardinal war es ihm dann ein leichtes, sich den drückenden Pflichten seines Amtes zu entziehen. Er widmete sich ausschließlich dem Studium der Künste und Wissenschaften und war ein leidenschaftlicher Sammler. Zu diesem Zweck unternahm er mehrere Reisen: Er hielt sich lange in Paris auf und später in Rom, wo er vertrauten Umgang mit Gelehrten und Künstlern pflegte. Das Herzstück seiner Sammlung waren zahlreiche Gipsabgüsse von den bedeutendsten Skulpturen der Antike. Von 1745 an machte er – ganz Mäzen – diese Abgüsse jungen Künstlern in seinem venezianischen Palast zu Studienzwecken zugänglich. Auch Canova zählte zu diesem Kreis. Filippo Farsettis Erben verkauften die Sammlung nach seinem Tode geschlossen an Paul I. von Rußland.

1733 erbte Filippo Farsetti das Anwe-

sen in Sala. Durch ihn erhielt es eine neue, faszinierende Bestimmung. In wenigen Jahren vergrößerte der Kardinal den Grundbesitz beachtlich, und 1754 wurde auch das Recht, Wasser aus dem Flüßchen Muson zur Bewässerung der Ländereien zu entnehmen, erneuert. Es hatte schon eine Erlaubnis aus dem Jahrhundert davor bestanden. 1761 erhielt Farsetti zusätzlich das Recht, Wasser aus dem Flüßchen Tergola für seine privaten Zwecke abzuzweigen. Verbunden damit war die Erlaubnis, im Park einen See anzulegen. Farsetti wandte sich 1763 an Bartolomeo Ferracina, damit er mit entsprechenden hydraulischen Maschinen das unterschiedliche Höhenniveau von Flußbett und Garten überwinde, das ihn bislang daran hinderte, »zum Wohle von Haus und Garten« das nun vorbeifließende Wasser zu nutzen (Verci, 1777). Bauarbeiten, wahrscheinlich auf schon bestehender Bausubstanz, sind in Sala seit 1745 belegt. 1758 wurde mit dem Bau der neuen Villa begonnen. In diesem Jahr bekam der Kardinal von seinem Vetter, Papst Clemens XIII. Rezzonico, endlich die 42 antiken Säulen geschenkt, um die er die beiden Vorgänger auf dem Heiligen Stuhl schon mehrfach vergeblich ersucht hatte. Die Säulen waren zuletzt in Rom in einem antiken, nun vom Einsturz bedrohten Haus eingebaut und hatten alle die gleiche Höhe und den gleichen Durchmesser. Das neue, eindrucksvolle Herrenhaus, für das das vorher hier stehende Gebäude abgerissen wurde, blickt heute auf die Straße Venedig–Padua. Im Museo Correr in Venedig werden die Originalpläne des neuen Palastes aufbewahrt, eines für das Veneto untypischen Beispiels für ein Schlößchen aus dem späten Rokoko. Der Architekt war Paolo Posi aus Rom, der aber besser als Bühnenbildner und Ausstatter üppiger Feste bekannt ist.

Gleichzeitig mit den Arbeiten am Palast, vielleicht aber auch schon etwas früher, begannen die Arbeiten am Botanischen Garten. Den Wunschtraum eines Botanischen Gartens hegte der Kardinal seit Jugendtagen, als er die Idee aufgeben mußte, sich in Padua ein großartiges Domizil *alla romana* zu schaffen. Er wollte seine Paduaner Residenz auf einem Grundstück errichten, das der Familie Farsetti gehörte und an den Botanischen Garten der Universität grenzte. Anfang des 19. Jahrhunderts wurde es dann an die Pacchierotti verkauft, und Farsettis Plan scheiterte, weil die Mönche von Santa Giustina sich weigerten, ihm ein Stück Land abzutreten, das dem Komplex erst die angestrebte Weitläufigkeit gegeben hätte. 1760 wurde die Leitung des Botanischen Gartens in Sala Francesco Pomai übertragen, der 1774 bestätigte, dieses Amt 14 Jahre lang ausgeübt zu haben. Es gab viele Gewächshäuser für Zitrusgewächse und zahlreiche seltene exotische Pflanzen. Posi hatte auch sie entworfen und mit den modernsten technischen Vorrichtungen ausgestattet. Am auffälligsten war aber ein viereckiger Turm, in den Farsetti sich gern zu Studienzwecken zurückzog und wo er auch 1774 starb. Der Turm wird heute durch die Straße Padua–Triest vom übrigen Villenkomplex getrennt. Die vielen Mitarbeiter, die Zustimmung aus Fachkreisen, die Farsetti erhielt, und die umfangreiche Korrespondenz, die er mit Botanikern in aller Welt führte, schließlich auch die Pflanzenkataloge, die einige Jahre nach seinem Tod herausgegeben wurden (1793, 1796, 1798) und die rund 2800 Pflanzen enthielten – dies alles sind Belege dafür, daß Farsetti weder Kosten noch Mühen scheute, um seinem »Steckenpferd« den erhofften Erfolg zu bescheren. Auch die heute so verbreitete Magnolia grandiflora wurde von ihm im Veneto angesiedelt.

Ein riesiger Ziergarten gehörte natürlich auch zur Villa in Sala. Nachdem er am 1. Oktober 1760 in Begleitung von Clérisseau und Zucchi Villa Farsetti besucht hatte, notiert James Adam, ohne daß ihn das Gesehene sehr beeindruckt hätte, in sein Tagebuch, daß der Garten in einem französisch-holländischen Stilgemisch angelegt sei. Dies sieht man auch auf einer Karte von 1766, die im Museo Correr in Venedig liegt. Andrea Tosi besang im selben Jahr in heiteren Versen die Schönheiten der Villa Farsetti, ihre üppig blühenden Blumenbeete, die Laubengänge aus Zitrusgewächsen, die vielen Statuen, den See mit einer kleinen Insel, eine Pferderennbahn und römische Plätze, die aus Pflanzen nachgebildet waren. Sie waren beschnitten wie Triumphbögen, es ragte die Trajansäule auf, es gab Theater, Amphitheater, Brücken, Flüßchen und Fischteiche (*Capitolo scritto da Andrea Tosi...*). La Lande, der sich zwischen 1765 und 1766 in Sala aufhielt, lobte die hervorragende Kultivierung seltener Rebsorten, die zusammen mit dem Boden, aus dem sie stammten, aus dem Burgund eingeführt worden waren. Er war beeindruckt von der Vielfalt exotischer Pflanzen in den Treibhäusern und in den »bosquets charmans«. Dies waren Bereiche, denen sich Kardinal Farsetti nun mit der gleichen Leidenschaft widmete wie früher dem Aufbau seiner Sammlung von Gipsabgüssen. Auch für die Verfolgung seiner botanischen Ziele wurden die finanziellen Mittel geradezu hemmungslos ausgegeben.

Johann Joachim Winckelmann schrieb 1767 aus Rom an den Freund Charles Louis Clérisseau, der kurz vorher wieder zurück nach Prais übersiedelt war, wie sehr alle Bekannten in Rom seine Abreise bedauerten. »Mais un de ceux à qui votre départ a fait plus d'impression«, fährt Winckelmann fort, sei der Kardinal Far-

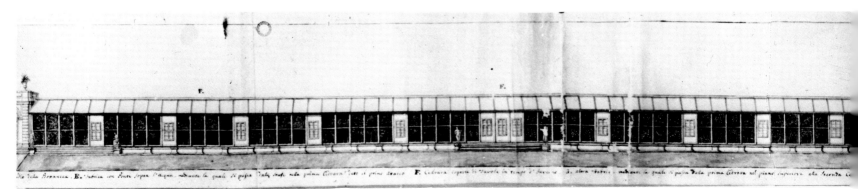

229

230

setti, »il craint que vous n'abbandonniez le magnifique projet dont il vous a chargé« (Winckelmann, 1789). Der Herausgeber von Winckelmanns Briefen, Jansen, hat auch nähere Einzelheiten über Farsettis ambitionierte Pläne herausgefunden. So sollte der Garten in Sala den Ruinen einer kaiserlichen Villa des antiken Rom, etwa der Hadrian-Villa, nachempfunden sein. Die große Straße, Cavin di Sala, die den Besitz durchschnitt, wollte Farsetti mit Brunnen, Statuen, Inschriften, Grabmälern und Sarkophagen schmücken, so wie es die alten Römer bei ihren Konsularstraßen machten. Den Kanal, der parallel zur Straße verlief, sollte eine Brücke überspannen, die gleichsam wie ein Triumphbogen Einlaß in den Garten gewährte. Außerdem war eine antike Wagenrennbahn geplant, 160 Meter lang, mit Obelisken an den Endpunkten und einem Brunnen in der Mitte. Überall dazwischen verteilt sollten Statuen aufgestellt sein, Vasen, Altäre und antike

Bruch- und Fundstücke. Als szenischen Abschluß des Gartens wollte Farsetti der Villa gegenüber und etwa 550 Meter von ihr entfernt, ein riesiges Gebäude im Ruinenstil bauen. Es sollte etwa 80 Meter lang und 30 Meter hoch werden. Ein großes Becken für Seeschlachten und ein Amphitheater vervollständigen die Liste von Farsettis geplanten Bauten für seinen Garten.

Zeichnungen von Clérisseau zeigen ein »projet de maison de campagne«, also künstliche Ruinen, die als Landhäuser genutzt werden konnten, wo, wie Clérisseau erläuternd anführt, »l'autheur a supposé avoir trouvé des constructions antiques dans lesquels on a formé des habitations (...) Il est possible pour l'Exécution de faire venir de Rome des fragments de colonnes, de corniches, de chapiteaux, de vases ou de carcophages [sic] le tout mutilé. Le tout étant placé avec art peut produire un très bon Effet« (Piranèse et les Français..., 1976). Es wird angenom-

men, daß Clérisseau diese Zeichnungen für Katharina II. gemacht hat, vielleicht sind sie aber auch für Sala entstanden. Mariette schreibt in seinem Abecedario, er hätte die Zeichnungen gesehen, die Clérisseau für Filippo Farsetti gemacht hatte, und bezeichnete sie »au dessus des forces d'un particulier«. Temanza behauptet, die Entwürfe seien eines Fürsten würdig gewesen. Wir wissen nicht, was alles von diesem eigentlich größenwahnsinnigen Vorhaben ausgeführt worden ist. Die Besucher, unter ihnen die Fürsten Melzi, loben Sala in den höchsten Tönen, erwähnen aber keine Einzelheiten. Auch ließ das direkte Interesse Farsettis nach, er war während seiner letzten Lebensjahre krank und seit 1769 geistig umnachtet. Als er 1774 starb, war sein Besitz total überschuldet. Tommaso Giuseppe Farsetti berichtet, daß der Kardinal in Sala mehr als eine Million venezianische Dukaten verbaut hatte. Durch das Gutachten, das der Architekt Pietro Checcia

1801 für Anton Francesco Farsetti erstellte, erhalten wir eine Vorstellung von der Quantität und der Qualität der Bauten und auch der Pflanzen, die zum Komplex der Villa gehörten: ein Turm, eine Grotte im See mit Ruinenmauer, eine Fasanerie, eine giazerra, das Amphitheater von Tassi mit Treppenanlagen und Befestigungsmauern, das immergrüne Wäldchen, ein bewaldeter Hügel, ein Vogelhaus inmitten von Elritzensträuchern, ein Buchenwäldchen, Linden, die den Garten umstehen, der See, ein Fischteich, eine Burganlage und vieles mehr (Santa Maria di Sala, Archiv der Villa Farsetti, 1967).

1807 hatte Demetrio Mircovich die Villa erworben. Er begann mit Restaurierungsarbeiten an dem fast aller seiner Schätze beraubten Gebäude, und für kurze Zeit kehrte beinahe der alte Glanz in die Villa zurück. In der Descrizione della deliziosa villa di Sala, die Emilio de Tipaldo 1833 in Venedig herausgab, ist die Villa beschrieben, so wie sie damals war, nämlich als matter Abglanz einstiger Pracht. »Gegenüber (...) dem Palast, beim Fischteich und der öffentlichen Straße, liegt die große weite Fläche, die das Kapitol darstellen sollte, abgerundet von einem Wäldchen und dem Tempel der Diana. Des weiteren gibt es ein zierliches Gebäude im griechisch-dorisch-römischen Stil mit unterirdischen Gewölben, mit Loggien, Türmchen und Säulen. Es ist von kleinen Hügeln umgeben, an deren Fuß der See liegt, in dem man gut fischen kann. Dieses Bauwerk wurde immer wegen seiner Eleganz gelobt, ein Musterbeispiel geglückter Architektur und guten Geschmacks« (De Tipaldo, 1933). Zweifellos hatte der Bau römische Thermenanlagen zum Vorbild. Zum Glück ist er auf einem Stich von Lazzari in De Tipaldos Buch abgebildet, sonst wüßten wir nicht, wie er ausgesehen hat.

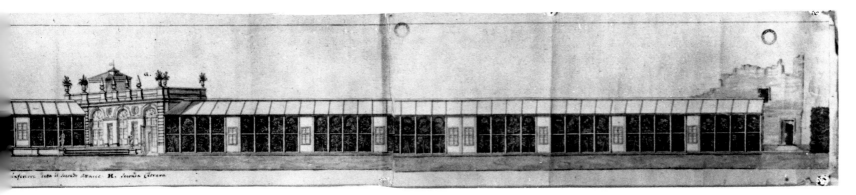

231. Villa Farsetti, Santa Maria di Sala. Blick auf die Villa von der »Cavin di Sala« genannten Straße, die den Garten in zwei Teile trennt. Ein Vergleich mit Lazarris Stich von 1833 (Abb. 230) bestätigt, daß man versucht hat, diesen Gartenteil wieder in seiner ursprünglichen Form anzulegen. Vom originalen Garten ist nichts erhalten geblieben.

232. Villa Farsetti, Santa Maria di Sala. Blick von der Villa in den Garten. Ein Entwurf von Clérisseau aus dem Jahr 1765 ist nur in Teilen verwirklicht worden. Entlang der Straße und im Garten verstreut sollten künstliche Ruinen gebaut werden, zwischen denen Farsetti auch antike Bruchstücke aufstellen wollte. Den krönenden Abschluß sollte ein gigantischer, halb verfallener Triumphbogen bilden.

Brusatin schreibt 1980, daß das Ende dieses Mausoleums unausweichlich war, da die finanziellen Mittel fehlten, vor allem aber auch die hochfliegenden Ideen nicht in die Tat umgesetzt werden konnten. Heute ist eine Hauptsorge der Verantwortlichen, für diese monumentalen Fragmente einer sehr persönlichen Utopie den angemessenen Verwendungszweck zu finden. Kürzlich ist die Villa sehr liebevoll restauriert worden. Sie gehört gegenwärtig der Gemeinde von Santa Maria di Sala. (M. A. V.)

Quellen und Bibliographie: Capitolo scritto da Andrea Tosi mentre villeggiava a Sala in Ca' Farsetti all'Amico Guarnieri (B.C.Ve., Ms. Gradenigo, 200, Bd. XIX, cc. 174–176), N. Dalle Laste, *De musaeo Philippi Farsetti...*, Venedig 1764; J. J. de la Lande, *Voyage d'un François en Italie fait dans les années 1765 et 1766*, (1769), Bd. VII, Yverdon 1788, S. 134, G. B. Verci, *Elogio storico del famoso ingegnere Bartolomeo Ferracina*, Venedig 1777, S. 20–21; G. T. Farsetti, *Notizie della famiglia Farsetti*, Padua 1778; J. J. Winckelmann, *Lettres familières*, hrsg. v. T. Jansens, 3 Bde., Yverdon 1789; Bd. II, S. 205, 222–225; A. F. Farsetti, *Catalogo delle piante che esistono nel giardino del N.H.S. Ant. Franc.co Farsetti nella Villa di Sala*, Venedig 1793; G. A. Moschini, *Della letteratura veneziana dal secolo XVIII fina ai nostri giorni*, Venedig 1806, S. 114–115; R. G. Boscovich, *Lettere pubblicate per le nozze Olivieri-Balbi*, Venedig 1811, S. 33; P. A. Paravia, *Delle lodi dell'Abate Filippo Farsetti*, Venedig 1829; G. B. Roberti, »Lettera II a sua Eccellenza Giuseppe Farsetti«, in *Opere*, Bd. XVIII, Venedig 1831, S. 40; E. De Tipaldo, *Descrizione della deliziosa villa di Sala*, Venedig 1833, S. 22; P. J. Mariette, *Abecedario*, Bd. I, Paris 1851–53, S. 379; *Works in Architecture of Robert and James Adam*, hrsg. v. J. Swarbrick, London 1959, S. 7; F. Haskell, *Mecenati e pittori* (1963), Florenz 1966, S. 549-553; E. Vio, *La Villa Farsetti a S. Maria di Sala*, Venedig 1967, S. 42–45; T. J. Mc Cormick, *Charles-Louis Clérisseau and the Toman Revival*, Univ. Microfilms, Ann Arbor (Michigan) 1971, S. 87, 130-136; *Piranèse et les Français 1740-1790*, Ausstellungskatalog, Rom 1976, S. 96; *Bartolomeo Ferracina 1692-1777. Miscellanea di studi nel bicentenario della morte*, hrsg. v. F. Rigon u. G. Vinco da Sesso, Solagna 1978, S. 156–163.

231

232

In einem kleinen Büchlein, das den Titel *Alticchiero* trägt, ist der Garten des Senators Angelo Querini genau beschrieben. Die Gräfin Justina Wynne Rosenberg hat das Büchlein auf Anregung des Genfer Malers und Kupferstechers Jean Huber in französischer Sprache verfaßt. Huber war eng mit dem französischen Philosophen Voltaire befreundet, den er unentwegt und in immer neuen Posen porträtierte – daher ist er auch als Huber-Voltaire bekannt. Querini besuchte Voltaire 1777 in Genf und traf bei dieser Gelegenheit auch mit Huber zusammen. Diesen Begegnungen widmete Querini die »Conversation Suisse«, ein heckenumstandenes Kabinett in seinem Garten. Die erste Ausgabe des *Alticchiero* erschien 1780 in einer kleinen Auflage in Genf. Sie war noch ohne Illustrationen und Anmerkungen, aber – trotz vieler typographischer Fehler – rasch vergriffen.

Mit diesem Erfolg hatte niemand gerechnet. Huber bat deshalb die Autorin, sich erneut an die Arbeit zu machen und alles, was man in der Zwischenzeit korrigiert und ergänzt hatte, in das Manuskript einzuarbeiten; so konnte 1787 in Padua eine zweite Ausgabe erscheinen. Ihr war ein Lageplan von Querinis Besitz beigefügt, den Antonio Sandi gestochen hatte. Außerdem wurden in das Büchlein 29 Stiche und ein Titelblatt von Giovanni del Pian mit eingebunden, die Details und Teilansichten des Gartens zeigen. Sie sind die einzigen bildlichen Zeugnisse, die vom Garten und von der Sammlung Angelo Querinis erhalten geblieben sind. Die Sammlung ist wahrscheinlich schon kurz nach seinem Tod im Jahr 1795 aufgelöst worden. Fachkundige Anmerkungen von Bartolomeo Benincasa finden sich im Anhang des *Alticchiero*, das Lord Petty gewidmet ist, dem Besitzer von Bowood in Wiltshire. Dessen Park hatte Capability Brown gestaltet.

Den beiden gedruckten Ausgaben folgte ein komprimierter *Auszug* der Ausgabe von 1787 in italienischer Sprache. Man wählte die Manuskriptform und erklärte in einem einfachen, eingängigen Ton die Hintergründe der Entstehungsgeschichte des Gartens in Altichiero und die Allegorien, die im Garten auftauchten.

Einige um 1920 entstandene Fotografien, die von Brunelli Bonetti veröffentlicht wurden, zeigen das Ausmaß des Verfalls, in dem sich Villa Querini schon damals befand. Kurz danach wurden die Ländereien parzelliert, was die völlige

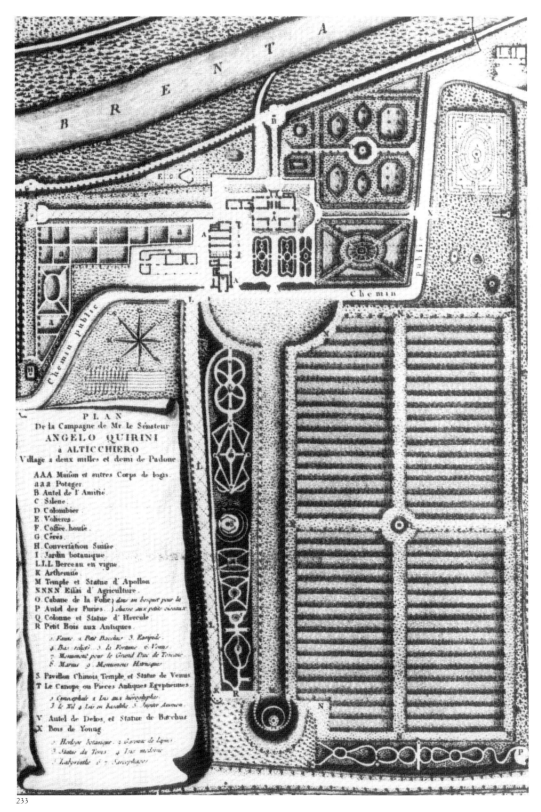

233

Zerstörung aller Überreste zur Folge hatte.

Angelo Querini ist 1721 geboren. Er entstammte einem der ältesten Adelsgeschlechter Venedigs und wurde so erzogen, daß er eines Tages eines der hohen Staatsämter übernehmen konnte, die Mitgliedern seiner Gesellschaftsschicht vorbehalten waren. Er gehörte in Venedig der »Lodoliana Conversazione« an, zusammen mit anderen Sprößlingen der vornehmen venezianischen Familien, wie etwa Andrea Memmo, der Cousin Andrea Querini und sein enger Freund Gerolamo Ascanio Giustinian – ihm war auch der Freundschaftsaltar im Garten in Altichiero gewidmet. Während seiner Studien in Padua besuchte er die Vorlesungen von Giovanni Poleni und Antonio Conti, er war bekannt mit Toaldo und vielen anderen. 1758 begann die politische Laufbahn Angelo Querinis. Sein erstes Staatsamt, schwierig und einflußreich zugleich, war die Stelle als *Avogador di Comun*. 1761 wurde er beschuldigt, an Umsturzplänen gegen die Regierung der Serenissima beteiligt gewesen zu sein: Er kam für zwei Jahre in Verona ins Gefängnis. Die Hintergründe, wie es zu seiner Verhaftung kommen konnte, wurden nie ganz geklärt. Nach diesem dramatischen Zwischenspiel nahm Angelo Querini seine politische Arbeit wieder auf, wurde 1765 Mitglied des Senats und bekleidete u. a. die Ämter des *Governatore al Sal* und des *Governatore alle Intrade*. Als *Provveditore sopra i Beni Inculti* war er für die Landwirtschaft zuständig. 1783 unterzeichnete er ein Papier für detaillierte landwirtschaftliche Reformen in Veneto.

Als 1765 sein Bruder Vincenzo starb, erbte Angelo Querini den Palazzo in Venedig und den Besitz in Altichiero, wenige Kilometer nördlich von Padua malerisch in einer Schleife der Brenta gelegen. Auf dem Anwesen stand ein ziemlich heruntergekommenes Landhaus, es gab auch einen verwilderten Küchengarten (A.S.Ve., Giudici di Petizion, B. 384/49, Nr. 66). Angelo Querini begann sofort mit Umbauarbeiten und übertrug Domenico Cerato die Verwirklichung seiner Ideen für Altichiero. Ein angeregter Briefwechsel seit 1765 über einen Zeitraum von 20 Jahren und einige Zeichnungen dokumentieren die enge Zusammenarbeit zwischen Bauherr und Architekt. Gleichzeitig war Cerato auch für Querinis Freund Andrea Memmo tätig und erwies sich beim Bau von Prato della Valle

als beharrlicher Bewahrer der Lehren Lodolis. So ist es nicht verwunderlich, daß etwa die meisten der Bildhauer bei beiden Bauvorhaben mitwirkten.

Die Landschaft um Altichiero ist nicht besonders schön. Es fließt dort zwar die Brenta, aber es ist nicht die berühmte »Riviera«, wie Coronelli sie nennt, die sozusagen schon einen Vorgeschmack auf die Herrlichkeiten Venedigs gibt, und wo all die luxuriösen, anspruchsvollen Landsitze der reichen Venezianer stehen. Die Brenta bei Altichiero war meist nur ein kleines Rinnsal in einem ausgetrockneten Flußbett, sie konnte sich aber auch in einen reißenden Fluß verwandeln. Die Folge davon waren verheerende Überschwemmungen, vor denen man sich durch hohe Dämme zu schützen suchte, die wiederum die Aussicht auf den Fluß verwehrten. Der rasche Verfall der Villa ist auf Hochwasserschäden zurückzuführen.

Außerdem war das Gelände, in dem Querinis Garten lag, völlig eben – »une plaine sans collines, sans sources d'eau, sans fontaines« (Rosenberg, 1787).

Es läßt sich heute nicht mehr mit Sicherheit sagen, ob die damals neue Mode des »englischen Gartens« in Altichiero schon ihren Einzug gehalten hatte. Laut Plan ist der Garten noch ganz traditionell angelegt. Die Längsachse verlief vom »Freundschaftsaltar«, der am Damm des Flußufers stand, bis ans andere Ende des Gartens, zum »Apollo-Tempel«, der einen kleinen, künstlich aufgeschütteten Hügel krönte. Von dort oben konnte man den Blick über den ganzen Garten genießen. Die Querachse führte vom *coffee house* zu einem Seiteneingang an der Straße. Die beiden Achsen kreuzten sich im Mittelsaal der Villa, wo die Statue einer Flora stand. Traditionell waren auch die dichtbewachsenen Laubengänge, *berceaux* und gerade mit Buchen und Linden gesäumte Wege. Es gab Pavillons aus Stein, aus Holzlattenwerk, die sogenannte *treillage*, andere wiederum waren mit Kletterpflanzen bewachsen. Einer dieser Pavillons war im Stil einer chinesischen Pagode gebaut, im Inneren aber mit Kopien von Fresken aus Herkulaneum ausgemalt. Er war Venus geweiht und stand über dem Eiskeller. Zahlreiche Statuen und Figurengruppen waren über den ganzen Garten verteilt, sie stellten Ceres, den Silen, Herkules und Bacchus dar – zeitgenössische Arbeiten, aber auch Kopien berühmter Antiken. Querini hatte auch Originale der alten Ägypter,

der Etrusker, Griechen und Römer gesammelt, die gesondert in einem kleinen Wäldchen mit verschlungenen Wegen aufgestellt waren – solch einen Antikenhain gibt es auch in Versailles, das ja ein richtiges Freilichtmuseum ist. Es gab Taubenschläge und Volieren in Altichiero, geometrisch angelegte Rabatten und ein Labyrinth. Die Heilkräuter aus dem Botanischen Garten durften sich auch die Leute aus der Nachbarschaft pflücken. Kaninchen wurden in einem eigenen Gehege gehalten und Singvögel in einem speziellen Wäldchen gejagt, Früchte gediehen in einem Obstgarten, und wie in Valsanzibio stand auch hier eine Statue der Zeit. Das gesamte Grundstück war von baumgesäumten Kanälen umschlossen.

Auf den ersten Blick wirkt dies alles recht traditionell, ohne bahnbrechende Neuerungen. Neu war allerdings die Bedeutung, die dem Garten als Gesamtkunstwerk zukam. Die ernste, schlichte Würde steht hier in krassem Gegensatz zu dem überbordenden Luxus, den die venezianischen Noblen üblicherweise in ihren Gärten zur Schau stellten. Getreu nach den Prinzipien des Horaz beabsichtigte man in Altichiero »le raisonnable et l'utile à l'agréeable« (ibidem) zu vereinen. Diesen Grundsätzen ist auch die Villa unterworfen. Die Ölgemälde, die Fresken, selbst das Mobiliar, alles atmet den Geist des Horaz, es werden die Kultiviertheit des Hausherrn und seine Interessen gezeigt, nicht aber sein Reichtum. Nicht länger also elegante, oberflächliche Vergnügungen, über deren Luxus und Übermaß man ins Staunen geriet, die den bezaubernden Rahmen abgaben für eine graziöse, gedankenlose Flucht aus einem überhaupt nicht drückenden Alltag. Dieser Garten dagegen barg in seinen Allegorien eine geheimnisvoll verschlüsselte philosophische Botschaft. Die Mythologien der antiken Gottheiten waren befrachtet mit einer tiefergehenden Bedeutsamkeit als bisher, der Schlüssel, den roten Faden zu finden und die Botschaft zu enträtseln, lag teilweise in den Inschriften versteckt. Neben den Statuen der alten Götter stehen römische Kaiser, Philosophen, Redner und bedeutende Persönlichkeiten aus dem Griechenland und Rom der Antike. Dazu kommen die Zeitgenossen, Bacon, Voltaire natürlich und Rousseau. Und dazwischen tummeln sich all jene, die in Arkadien nicht fehlen dürfen, Hirtenmädchen und Bauern, Damen und Salonlöwen, Masken und

Zwerge. Wissenschaftliche Geräte wie Blitzableiter, Sonnenuhren und ein Windzeiger belegen das Interesse und die Kompetenz Querinis auf diesem Gebiet.

Recht originell war das Wäldchen von Young, das mit dem Labyrinth verbunden war. Bis ins letzte läßt sich seine Bedeutung heute nicht mehr enträtseln, man nimmt aber an, daß es als Metapher gedacht war für die ewige Pilgerfahrt, der der Mensch unterworfen ist. Es war dem Dichter der *Notti* gewidmet, melancholischer Verse, die 1774 in Venedig in italienischer Sprache erschienen waren. Hier, zwischen »arbres touffus confusément épars avec un art dissimulé« (ibidem) fiel der schweifende Blick auf in Grün gebettete Säulen, Urnen und andere Dinge, die auf fromme Rituale anspielen. Am Eingang des Wäldchens wachten Heraklit und Demokrit, und es gab eine »Narrenhütte«, die aus Holz gezimmert und mit Kletterpflanzen bewachsen war. Innen sah sie aus wie ein Käfig, in der Mitte stand die hölzerne Büste eines verrückten alten Weibes, das damals in Venedig eine traurige Berühmtheit erlangt hatte. Dazu fand sich Montaignes Spruch »De la plus grande sagesse à la folie il n'y a qu'un demi-tour de Cheville«. Auch ein Stich von Huber mit verschiedenen Konterfeis von Voltaire war hier aufgehängt.

Ein weites Gelände war für den Ackerbau reserviert. Hier wurden die von Querini entwickelten Theorien in der Praxis erprobt. Er wollte beweisen, daß es nur kleiner Veränderungen bedurfte, um ein landwirtschaftlich genutztes Stück Land wie einen Garten aussehen zu lassen. Die Straße, die das Grundstück durchschnitt und nur von den Leuten aus der Umgebung benutzt wurde, gab dem ganzen einen zusätzlichen ländlichen Anstrich.

Mit seinem Garten hat Angelo Querini quasi ein Abbild seiner selbst geschaffen. Hier finden wir sie wieder, die Kultur der Antike und der Gegenwart. Der Garten war ein Spielfeld für Querinis archäologische und wissenschaftliche Interessen, er war aber auch der Kampfplatz für seine politischen Überzeugungen. Hier wurden seine landwirtschaftlichen Theorien erprobt, hier konnte sein aufgeklärter Geist sich austoben, und es war Platz für seine freimaurerischen Gedanken. Ein facettenreiches Spiegelbild des Auftraggebers also, seine ausgeprägte Persönlichkeit war überall in seinem Garten präsent. Schlendert man durch den Garten, »so erkennt man den Mann, der das Leben auf dem Lande liebt, der das Nützliche mit

234. Giovanni del Pian, Statue der Zeit
im Garten der Villa Querini in Altichiero, Stich aus Alticchiero von Justina
Wynne Rosenberg, Padua 1787.

234

dem Angenehmen zu verbinden weiß. Er ist wohlbewandert in den antiken Künsten, setzt sich aber auch für soziale Belange ein, sein Geist ist offen für Neues, für den Fortschritt, er hat geistreiche Ideen und versteht es, sie in einer noch nie dagewesenen Sprache vorzubringen. So wird sein Garten in gewisser Weise zu einem Gedicht mit moralischem und symbolischem Inhalt« (B.C.Ve., *Estratto...*). Damit nimmt er um einige Jahrzehnte das *poema vegetabile* von Selvazzano di Cesarotti vorweg. (M. A. V.)

Quellen und Bibliographie: Estratto dell' opera die Mad.la Contessa di Rosenberg sopra Altichiero (B.C.Ve., Ms. Cicogna 3306/37, S. 2); J. Wynne Rosenberg, *Alticchiero*, 1. Ausg. (Genf 1780); dieselbe, *Alticchiero*, Padua 1787, S. 2, 24, 31, 58 usw.; J. de la Lande *Voyage d'un François en Italie*, 7 Bde., Bd. VII, Genf 1790, S. 7, 133; I. Bianchi, *Marmi Cremonesi ossia Raggualio delle antiche Iscrizioni che si conservano nella Villa delle Torri de' Picenardi*, Mailand 1791, S. 1; G. Festari, *Giornale del viaggio nella Svizzera fatto da Angelo Querini... nel 1777*, hrsg. v. E. Cicogna, Venedig 1835, S. XI–XIII; A. Graf, *L'anglomania e l'influsso inglese in Italia nel secolo XVIII.*, Turin 1911, S. 129, 289, 343; B. Brunelli Bonetti, *Un'amica di Casanova*, Neapel 1923; derselbe, »Un senatore veneziano e una villa scomparsa« in: *Le tre Venezie*, 1931, S. 4–11; derselbe, »Un riformatore mancato«, in: *Archivio Veneto*, XLVIII-XLIX, 1951, S. 185–200; F. Haskell, *Mecenati e pittori* (1963), Florenz 1966, S. 559–564; M. Brusatin, *Venezia nel Settecento*, Turin 1980, S. 128–129, 138n; G. Ericani, »Domenico Cerato e Angelo Querini Senatore. Due disegni e alcune lettere per Altichiero«, in: *Arte Veneta*, XXXIV, 1980, S. 206–210; derselbe, »La storia e l'utopia nel giardino del senatore Querini ad Altichiero«, in: *Piranesi e la cultura antiquaria*, Atti del Convegno, Rom 1983, S. 171–185; K. Pomian, »Collezionisti d'arte e di curiosità naturali«, in: *Storia della cultura veneta. Il Settecento*, 5/II, Vicenza 1986, S. 67–69; M. Azzi Visentini, *Il giardino veneto tra '700 e '800 e le sue fonti*, Mailand 1988.

235. Francesco Piranesi, Blick auf Prato della Valle, Stich, 1786.
Piranesis Stich geht auf eine Zeichnung von Giuseppe Subleyras zurück, die dieser 1784 für Andrea Memmo in Rom anfertigte. Neben dem, was schon angelegt war, sieht man auch das, was Memmo noch gern gebaut hätte. Besonders ins

Auge fällt die Häuserzeile mit Arkaden an der Südseite des Platzes. Hier sollten die Läden untergebracht werden, die vorher in Holzbaracken auf der Insel standen. Memmo wollte die Insel in einen öffentlichen Garten verwandeln (vgl. auch Abb. 297, 310–313).

Prato della Valle hat seit jeher eine wechselvolle Geschichte. Dies ist ein trauriges Merkmal aller Utopien, deren Verwirklichung meist an der Verständnislosigkeit der Zeit oder ihrer Umgebung scheitert. Der Statthalter von Padua, Andrea Memmo, hatte 1775 seine Idealvorstellung von der Gestaltung des Prato della Valle dem Magistrat der Stadt vorgelegt. Er ist bei deren Umsetzung aber auf unendliche Hindernisse gestoßen und wurde gezwungen, sein Wunschbild zu ändern und zu reduzieren. So ist das, was wir heute sehen, nur ein blasses Abbild der ursprünglichen Idee.

In römischer Zeit standen auf dem Gelände des Prato della Valle ein Zirkus, ein Amphitheater und ein Tempel mit geschlossenem Friedhof. Über Jahrhunderte hinweg wurden dann auf diesem riesigen, aber feuchten freien Feld mitten

Principi di architettura lodoliana 1786 in Padua veröffentlichte. 1775 wurde Memmo die ehrenvolle Aufgabe übertragen, den Prato neuzugestalten. Er erkannte sofort, welche Möglichkeiten sich ihm damit boten. Mit einem ersten Entwurf wandte er sich an Domenico Cerato und beauftragte ihn mit der Durchführung, und schon am 3. August 1775 legte Cerato einen detaillierten Plan vor (A.S.Ve., Miscellanea Mappe, 420a). Gemeinsam lösten Memmo und Cerato das Problem der Trockenlegung des Geländes und gaben dem riesigen, annähernd dreieckigen Platz, auf dem nichts stand, eine Form. Die Mitte bildete eine kleine, ellipsenförmige Insel, die ein Kanal umgab; man wählte das Oval, weil es sich einerseits am besten in das Gelände fügte, andererseits wurde diese Form natürlich durch die Tatsache geadelt, daß auch in

Läden bauen, die sich zur Mitte hin öffneten. Teilweise sollten die Läden aus Stein gebaut werden, »ein Tor und zwei Steinsäulen mit einem festen Dach darüber, so daß sich von vorn der Eindruck eines Peristyls ergab, von dem aus man ungehindert auf die Statuen inmitten der Ellipse blicken kann« (Manfredini, 1870). Ein Teil der Bauten sollte aus bemaltem Holz gezimmert werden, das wie Marmor aussah.

Memmo sah als Dekoration »sechzehn Bänke« vor, die er im Kreis auf der Insel aufstellen wollte, und vier »*berceaux* im chinesischen Stil, mit aufgemaltem weißem Gitterwerk auf schwarzem Grund«. Des weiteren waren zwei Kaffeehäuser und zwei Orte zur Erfrischung geplant. Entlang der Wege wollte Memmo »zwölf Vasen auf Sockeln aus istrischem Marmor im antiken Stil« aufstellen, die vier klei-

wie Chiswick oder Stowe, die Vorläufer so vieler Gärten, die regionalen oder überregionalen Ruhm besingen. Die Wahl der Künstler war frei, von einer Kommission wurden lediglich die vorgeschlagenen Persönlichkeiten geprüft. Diese an sich sehr ungewöhnliche Idee nahm nur langsam Form an. Schon im Oktober 1775 war als erste eine Statue des Cicero aufgestellt worden. Sie war bei den Paduanern sehr umstritten, da die Beziehung des römischen Redners zu ihrer Stadt nie eindeutig geklärt werden konnte. Auf Vorschlag Memmos wurden dann die Ahnherren der Stadt aufgestellt, um den Nicht-Paduaner Cicero etwas in den Hintergrund zu drängen; die letzte der Statuen stammt aus dem Jahr 1838. Heute stehen noch 78 Statuen zu beiden Seiten des Ringkanals. Größtenteils sind es keine Meisterwerke, die von unbedeu-

235

im Stadtgebiet in unregelmäßigen Abständen Jahrmärkte und Märkte, Turniere und Versammlungen abgehalten. Auch schon vor 1775 hat es Versuche gegeben, den Platz architektonisch zu gestalten: 1767 ging der Prato in den Besitz der Stadt über, nachdem er bisher zu dem angrenzenden Kloster Santa Giustina gehört hatte, und als 1772 das gesamte Gebiet wieder einmal total überschwemmt war, beschloß man, dem Problem des Wassers mit technischen Mitteln Herr zu werden. Man gründete ein Notstandskomitee, die »Presidenti del Prato«.

Der venezianische Patrizier Andrea Memmo war ein überzeugter Verkünder aufklärerischer Ideen, die aus dem hohen Norden nach Italien gelangten. Memmo war auch ein Anhänger von Pater Carlo Lodoli, einem Vertreter des Rationalismus, dessen Lehren er in dem Bändchen

der Antike die Amphitheater einen ellipsenförmigen Grundriß hatten. Die Insel maß 97 x 66 Paduaner Ellen, über ein unterirdisches Röhrensystem wurde das Wasser in den Kanal um die Insel geleitet. Ein Wegkreuz teilte die Insel in vier Segmente, und die Wege führten über steinerne Brücken zu wichtigen Straßen, die auf den Platz mündeten.

Memmo wollte mit seinem gestalterischen Konzept den Prato nach dem Vorbild der englischen *pleasure gardens* in einen Platz verwandeln, an dem einerseits Waren und Geld umgesetzt wurden, wo man sich andererseits aber auch traf, um zu flanieren und seine Mußestunden zu genießen. Die neue Piazza sollte den Ruhm der Stadt mehren und viele Fremde anlocken, dabei aber den mageren Staatssäckel nicht mit Umbaukosten belasten – daher wollte Memmo am Rand der Insel

nen Brücken sollten aus Stein gebaut werden. Memmo träumte auch von »liegenden Statuen« und von »*corbeilles di trilliage* voll schöner Blumen, auch Springbrunnen sollten die Insel verschönern, die wie eine große Blume inmitten des Prato schwamm«. Die Statuen vieler Helden oder bedeutender Persönlichkeiten – aber keine Heiligen –, die in irgendeiner Form und irgendwann mit Padua oder seiner Universität in Beziehung standen, wollte Memmo auf hohen Sockeln aufstellen lassen. Im Februar 1776 wurden die Richtlinien erlassen, es stand jedermann, den Bürgern der Stadt oder Fremen, frei, einen »Säulenheiligen« vorzuschlagen. Die Statuen mußten aus einem Stück gearbeitet sein, nicht aus dem besten Marmor, aber mit vorgegebenen Maßen. Memmo schwebte ein »temple of Paduan worthies« vor, Gedenkstätten

tenden Künstlern geschaffen wurden, die Statue Giovanni Polenis allerdings ist ein Werk des jungen Canova. Die Vegetation spielte eine wichtige Rolle im ursprünglichen Entwurf, auch wenn ihr nur wenig Raum zugestanden wurde. »Die Wege waren mit niederen Hecken eingefaßt (…)«, es war vorgesehen, »Brunnen (…) aufzustellen und die Insel in einen annehmlichen, kostbaren Garten zu verwandeln, der so gestaltet war, daß nirgends die freie Sicht beeinträchtigt wurde« (A. Memmo, *Viste politiche*).

Die von Memmo vorgesehenen 56 Läden stießen bei den Händlern von Padua auf Skepsis. Als Memmo im Sommer 1776 Padua wieder verließ, stand die wirtschaftliche Seite des Unternehmens auf sehr wackligen Beinen, obwohl es nicht an großzügigen Spenden fehlte. Dies war in erster Linie durch die hohen

236. *Prato della Valle, Padua.*
Die Luftaufnahme zeigt, wie eng Memmos Insel heute in den Stadtbereich eingebunden ist. Ursprünglich sollte die Insel ein Garten für das Volk, ein Ort der Erholung, für Märkte und Feste sein. Die Platanen, die in Memmos »Inselgarten« nicht vorgesehen waren, haben alles andere verdrängt und sind heute ihr einziger Schmuck (vgl. auch Abb. 389).

236

237. *Prato della Valle, Padua.*
Ein Wegkreuz teilt die Insel, vier kleine
Brücken aus istrischem Marmor verbin-
den die von einem Kanal umgebene El-
lipse mit der Piazza.

238. *Prato della Valle, Padua*
Zahlreiche Statuen bedeutender Persön-
lichkeiten stehen an den Ufern des Ka-
nals aufgereiht. Sie alle haben dazu bei-
getragen, den Ruhm Paduas zu mehren.
Die Bürger der Stadt, aber auch Fremde
konnten die Statuen stiften, wenn eine
Kommission die Aufnahme der vorge-
schlagenen Persönlichkeit gebilligt hatte.

237

Kosten der Trockenlegung des Geländes bedingt. Auf dem *Plan von Prato della Valle*, den Antonio Sandi nach einer Zeichnung von Ceratos Schüler Daniele Danieletti gestochen hat und der 1778 in Venedig mit Erläuterungen veröffentlicht wurde, waren die Läden noch auf der Insel vorgesehen. 1786 erschien dagegen ein Büchlein, das Memmo angeregt und sein Sekretär Radicchio geschrieben hatte. Darin sind die Läden an den Rand der Piazza gerückt und als feste Ladengebäude aus Stein mit Arkaden um den Platz herum aufgereiht. Eine von Francesco Piranesi 1786 gestochene Ansicht des Platzes sollte Radicchios Ausführungen erläutern, wobei Piranesi sich auf ein Aquarell von Giuseppe Subleyras aus dem Jahr 1785 stützte: Die Insel ist nun einfach ein Garten, in dem man spazierengehen kann. Von Memmos ursprünglicher Idee sind übriggeblieben: die Bänke, die *berceaux*, die Vasen und die Statuen, außerdem die *corbeilles*, Körbe, die mit Blumen gefüllt werden konnten, um den öffentlichen Garten zu schmükken, die niederen, sauber beschnittenen Figuren aus Taxus, einige Brunnen und einige Pavillons.

Dies alles deutet darauf hin, daß auf der Insel keine Jahrmärkte mehr stattfinden sollten. Vielmehr tauchte nun, zunächst nur hypothetisch, die Idee eines Baumgürtels auf, auf den auch Radicchio verweist. Auf einer Zeichnung von Luigi Trezza aus dem Jahr 1796 sieht man eine doppelte Baumreihe rund um den Kanal stehen. Die Piazza ist hier mit der neuen Fassade von Santa Giustina im Hintergrund abgebildet. Von 1815 an gibt es auch im Inneren der Insel Bäume – sie stehen unregelmäßig, bedrängten die Statuen, wachsen zu dicht zusammen und sind überdies krank. Die Platanen von Prato della Valle sind heute die wahren und einzigen Protagonisten auf der Insel Andrea Memmos, sie und ein leeres Wegkreuz – mehr gibt es nicht. So bildet die Gestaltung der Insel auch heute wieder ein ernstes Problem für die Stadt. Seit Mitte des 19. Jahrhunderts wird darüber diskutiert, aber noch immer hat man keine zufriedenstellende Lösung gefunden. (M. A. V.)

238

Quellen und Bibliographie: »Composizioni sopra la costruzione del Prato della Valle al tempo di Andrea Memmo«, in: *Il puro omaggio. A sua eccellenza Andrea Memmo*, Padua 1776 (B.C.Pa., Ms. BP 16/4); A. Memmo, *Viste politiche* (B.C.Pa., Ms. BP 2230/XL); *Raccolta di poetici componimenti sopra la nuova isoletta eretta in Padova nel Prato della Valle*, erw. Ausg., Padua 1775; V. Radicchio, *Descrizione della generale idea concepita (…) dall'eccellentissimo signor Andrea Memmo sul materiale del Prato che denominasi della Valle*, Roma 1786; A. Neumayr, *Illustrazione del Prato della Valle ossia della Piazza delle statue di Padova*, Padua 1807; *Lettere inedite di Andrea Memmo e Domenico Cerato sui lavori del Prato della Valle*, Per le nozze Suman-Cristina, hrsg. v. C. Manfredini, Padua 1870, S. 3 ff.; M. Brusatin, »Costruzione della campagna e dell'architettura del paesaggio«, in: *La città di Padova*, hrsg. v. C. Aymonino, Rom 1970, S. 195-300, bes. S. 268-276; E. Scorzon, *Il Prato della Valle e le sue statue*, Triest 1975.2; P. Maretto, »L'urbanistica veneta del Settecento e il Prato della Valle«, in: *Boll. C.I.S.A.*, XVII, 1976, S. 191-206; A. Prosdocimi, *Il Prato della Valle*, Padua 1976; M. Brusatin, *Venezia nel Settecento*, Turin 1980, S. 119-127; J. Rykwert, *The First Moderns. The Architecture of the Eighteenth Century*, Cambridge (Mass.)/London 1980, S. 317-322; *Prato della Valle*, hrsg. v. L. Puppi, Padua 1986; M. Azzi Visentini, *Il giardino veneto tra '700 e '800 e le sue fonti*, Mailand 1988.

In San Fermo, sieben Kilometer von Belluno entfernt, liegt auf einer welligen Hochebene, die den Piave gegen Süden überragt, einer der großartigsten Landschaftsparks des Veneto. Die Voralpenlandschaft und der Blick auf die Dolomiten über Belluno geben ihm einen ganz eigenen Reiz.

Bis Anfang unseres Jahrhunderts gehörte der Besitz der Familie Pagani. Die Villa, damals noch ein bescheidenes Landhaus, wurde wahrscheinlich im 18. Jahrhundert gebaut und im 19. Jahrhundert umfassend erweitert. Schon 1789 wurden der ausladende Seitenflügel zum Hang hin angebaut und die Kapelle errichtet; aus dieser Zeit stammt auch der große, im französischen Stil angelegte Garten. Ihn hat Alexandre Poiteau le Terrier (1777–1850) gestaltet, Botaniker und späterer Oberhofgärtner von Fontainebleau. Er war zusammen mit Napoleons Truppen nach Oberitalien gekommen und hat auch den Park von Piloni di Cesa (Limana) geplant. Die heutige Anlage dieser Gärten geht auf ein Aquarell von Osvaldo Monti aus dem 19. Jahrhundert zurück. Der formale französische Garten vor dem Haus wurde durch ein halbrundes Wasserbecken abgeschlossen, das das sehr viel größere und prächtigere von Villa Pasole in Pedavena zum Vorbild hatte. Im Inneren gab es Rasenrabatten, auf denen viele Töpfe mit Zitrusgewächsen standen. Rechts vor den Loggien war und ist heute noch der geheime Garten, der von hohen Buchenhecken umschlossen wird. Die obere Kante ist nicht gerade geschnitten, dicke, kugelige Büschel ragen über sie hinaus. Dies ist ein typisch französisches Element, im Veneto aber häufig, wie zum Beispiel Tramarins Stiche der Villa Sagredo in Sarmazza belegen. Es erscheint seltsam, daß der französische Gartenkünstler am Ende des 18. Jahrhunderts noch immer an den Traditionen Le Nôtres festhielt, während doch in seiner Heimat längst die englischen Parks in Mode waren. Diese Treue Poiteau le Terriers seinem großen Vorbild gegenüber offenbart sich besonders auch in dem langen »Buchentunnel«, der auf die Villa zuführt und hinter ihr bis tief in den Park reicht. Kleinere Laubengänge zweigen von dieser Hauptgalerie ab und durchlaufen das landwirtschaftlich genutzte Terrain. Die Laubengänge und die geraden, baumbestandenen Wege stammen direkt aus den französischen Parks. In Villa Pagani Gaggia nutzt man sie, um das Gelände mit gartenarchitektonischen

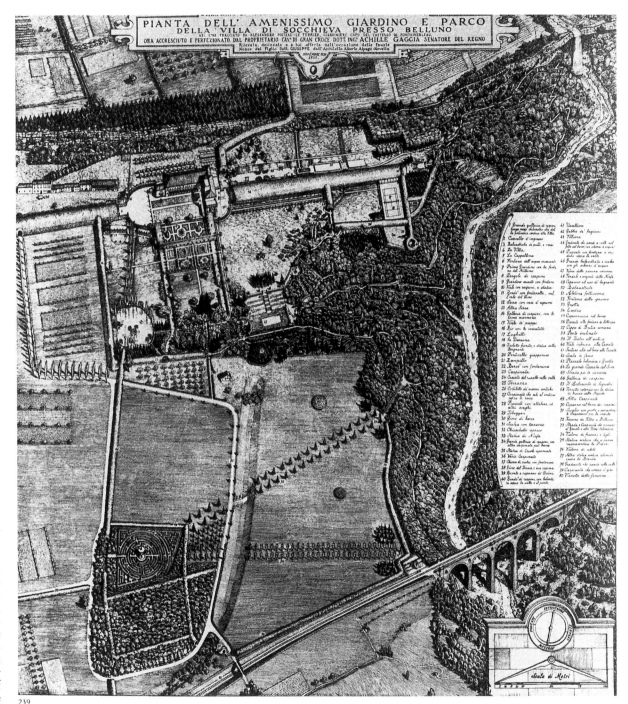

239

240. *Villa Pagani Gaggia, Socchieva.*
Die Villa, der Seitenflügel und der Gar-
ten vor dem Haus sind seit dem Ende des
18. Jahrhunderts unverändert.

241. *Villa Pagani Gaggia, Socchieva.*
Das romantische Amphitheater ist aus
rohen Steinen gefügt und liegt im Grü-
nen versteckt.

242. *Villa Pagani Gaggia, Socchieva.*
Der künstliche Wasserfall am Flüßchen
Siva.

Mitteln zu gestalten. Wahrscheinlich wurde schon damals an der Nordseite des Parks ein Gürtel hoher Bäume gepflanzt, um Villa und Ziergarten vor kalten Nordwinden zu schützen. Mit Sicherheit hatte der Park aber noch nicht den heutigen Umfang, da im Gelände hinter der Villa die Geleise der Eisenbahnstrecke Belluno–Montebelluna verliefen.

Während des Ersten Weltkriegs wurde die Villa geplündert und der Park ziemlich verwüstet. In den zwanziger Jahren erwarb der Industrielle Achille Gaggia einen Teil des Anwesens. Er übertrug die Restaurierungs- und Erweiterungsarbeiten dem Mailänder Ingenieur Sandro Mantegazza. Ihm und dem Ingenieurbüro S.A.D.E. ist die gelungene Vergrößerung des Parks in den zwanziger und dreißiger Jahren zu verdanken. Diese war möglich geworden, weil die Bahnlinie tiefer ins Tal verlegt werden konnte und nun auf einem hohen Viadukt den Fluß Siva überquert. Die nur grob behauenen Steine passen sich gut der Landschaft an. Wie bei den großen englischen Landschaftsparks aus der zweiten Hälfte des 19. Jahrhunderts verbinden sich auch hier die in verschiedenen Epochen entstandenen Gartenteile harmonisch mit dem herben Charme der sie umgebenden subalpinen Landschaft. Die daraus entstandene Vielfalt suggeriert unterschiedlichste Stimmungen und Reize. Von der Villa führt ein langer, früher zypressengesäumter Weg zum kleinen See, in dessen Mitte eine kleine Insel voll Blumen mit einem Springbrunnen liegt. Auf der Rasenfläche südlich davon stehen Töpfe mit Zitronenbäumen, vor den Gewächshäusern und entlang den Buchenhecken sind Hermen aus Marmor aufgereiht. Zu ihren Füßen murmelt ein kleiner Bach, der Mühlen antreibt. In den Gärten des 19. Jahrhunderts waren diese kleinen technischen Spielereien zur lehrreichen Erbauung sehr beliebt. Hier aber kommt ihnen eine besondere Bedeutung zu, da sie sich auf dem Besitz eines Magnaten der hydroelektrischen Industrie drehen. Linker Hand liegt ein romantisches Wäldchen, das an die geraden, heckengesäumten Wege des geheimen Gartens aus dem 18. Jahrhunderts stößt. Dort, wo früher die Eisenbahn fuhr, ist heute das Schwimmbecken; von hier aus fließt das Wasser malerisch durch ein schattiges Tal bis zum künstlichen Wasserfall, der sich in den Siva ergießt. Serpentinenwege schlängeln sich zwischen den Felsen, Ruhe- und Aussichtspunkte gewähren

240

241

243. Villa Pagani Gaggia, Socchieva.
Ein verwunschener Pfad führt durch ein
kleines Tal zu einem Becken, wohin das
Wasser aus dem Schwimmbassins fließt.

242

den Blick auf das herrliche Alpenpan-
orama und auf die Eisenbahnbrücke,
Symbol für die Macht des Menschen über
die Natur – in der Ferne erblickt man
noch das Piave-Tal. Vom sanft weiter ansteigenden Weg kann man den Blick auf
die Landschaft des Sivatals genießen.
Hier wachsen Büsche, während auf den
Wiesen hinter der Villa nur einsame Tannen und Arizonazypressen stehen. Laubengänge münden in den »Buchentunnel«, der weiter zu einem Belvedere führt.
Von hier aus lassen sich die verschiedenen
Aspekte des Parks mit einem Blick erfassen, der malerisch-wilde und der archi-
tektonisch-geordnete. Daneben liegen
der Tennisplatz und das Damwildgehege.
Am Ende des Buchentunnels ist ein Amphitheater in den Hang gegraben. Im
Hintergrund der Bühne wölbt sich der
Bogen einer steinernen Brücke. Ein Ser-
pentinenweg führt durch den Wald bis
zum Wasserfall, der am Ende des malerischen Tales liegt. Der Wasserfall wird
durch künstlich aufgeschichtete Barrie-
ren erzeugt, der Spazierweg führt durch
eine Reihe künstlicher Grotten und Höhlen hinter dem Wasserschleier vorbei und
gibt überraschende Ausblicke auf den
oberen Teil des Tales frei. Kehrt man
durch den Buchentunnel zur Villa zurück, so liegen auf der linken Seite die
Volieren, rechts ist die Bocciabahn. Südlich von der Villa wird auch heute noch
der geheime Garten von Laubengängen

243

244

244, 245. Villa Pagani Gaggia, Soc-chieva.
Einer der »Buchentunnels«, die Alexan-der Poiteau gepflanzt hat, und der Weg mit den Hermen.

245

und Buchenhecken umschlossen, die, wie im Barock, mit unregelmäßigen Kanten beschnitten sind; innen liegen die üppig mit Blumen bepflanzten Beete. Der obere Garten mit dem Neptunbrunnen in der Mitte ist hinter drei Meter hohen Bu-chenhecken verborgen. Steigt man in den unteren Garten hinunter, so werden die Hecken niedriger, auch die Bepflanzung der Beete ist nicht mehr so hoch.

In der Verlängerung des Weges vom Haus zum See führt ein Laubengang zum Labyrinth. Es ist ein getreues Abbild des Labyrinths von Stra, und die Mäander-wege zwischen den Buchenhecken füh-ren auch hier zu einem Aussichtsturm im Zentrum. Von hier aus ist der Blick auf die Dolomiten herrlich frei, im Vorder-grund verläuft nur ein tannenbestandener Weg und einer, parallel zu den Bergen, mit Linden und Eschen. Bronzestatuen, die auf den Biennalen erworben wurden, dokumentieren den Geschmack der Zeit und des Besitzers. 1927 waren Lord Eden und König Fuad von Ägypten Gäste des Senators Achille Gaggia. Am 9. Juli 1943 fand hier auch das letzte Treffen zwi-schen Hitler und Mussolini statt; das da-mals geplante Attentat, das vielleicht den Lauf der Geschichte geändert hätte, miß-glückte jedoch. (V. F.)

Bibliographie: M. G. Rosso, *Villa Maria,* Rom 1943; A. Alpago Novello, *Le ville della provincia di Belluno, Mailand 1968,* S. 188–190, 360–361.

Villa Manfrin, Sant'Artemio

246, 247. Giuseppe Barberi. Ansichten des Gärtnerhauses und der großen Hütte im Park, Federzeichnungen, 1805–1808. Treviso, Privatsammlung.
Das von Gian Antonio Selva gebaute Gärtnerhaus wurde von Barberi phantasievoll mit künstlichen klassischen Ruinenbruchstücken und gotischen Fenstern neu dekoriert.

Auf dem Gelände des heutigen Parks stand von 1706 an die Papiermühle Maffetti. 1775 wurden die Mühle und das angrenzende Terrain an Girolamo Manfrin verkauft. Manfrin war von 1769 bis zum Ende der Republik der offizielle Tabakhändler Venedigs. Er besaß bei Zara einen großen Gutshof und baute in Castelfranco, Conegliano und San Donà Tabak an. In Venedig gehörte ihm eine Tabakfabrik, und in seinem Palazzo im Cannaregio hing eine wichtige Bildersammlung. »Girolamo Manfrin war wie die Karikatur des Mannes, der zu allen Zeiten seine konservativ eingestellten Zeitgenossen kräftig vor den Kopf gestoßen hat. *Nouveau-riche*, ein findiger Geschäftsmann, entschlossen und schlau wie ein Geschöpf aus der Feder Balzacs, hatte Manfrin es verstanden, aufgrund seiner Intelligenz und ohne von Skrupeln geplagt zu sein, einen hohen Rang in der Gesellschaft zu erreichen, die normalerweise nur geringschätzig auf Emporkömmlinge seiner Art herabblickte und mehr an verfeinerten Sitten interessiert war. Männer wie Manfrin setzen immer Zeichen, aber es gibt Zeiten, in denen ihr Weg nach oben vorherbestimmt scheint« (Haskell, 1966).

Manfrin war in jenen Jahren der einzige Gönner, den die venezianischen Künstler hatten. Er beauftragte den jungen Gian Antonio Selva, kaum daß er von seiner Reise nach Frankreich und England zurück war, mit dem Bau der Villa in Sant'Artemio. Haus und Garten waren 1783 fertiggestellt, und als 1798 Villa Antonini dazugekauft wurde, konnte der Park noch vergrößert werden. Aber solange Selva die Arbeiten überwachte, erhielt der Park natürlich noch nicht sein endgültiges Aussehen, wie eine Karte aus den Jahren 1799–1801 dokumentiert. Damals vererbte Manfrin das Anwesen seinem Sohn Pietro. Der legte Wege an, die links und rechts von der Villa abgingen, sich zu Ellipsen und phantasievoll beschnittenen *bosquets* erweiterten. Diesen französischen Garten begrenzte ein breiter Weg, der parallel zur Straße Pontebbana verlief. Dahinter begann ein Landschaftsgarten, durch den das Flüßchen Limbraga floß und den im Westen eine Orangerie und im Osten ein runder Hügel mit einer kleinen Burganlage abschloß; diese hatte schon Selva gebaut. Die noch stehenden dorisch-neoklassizistischen Laubengänge orientierten sich eindeutig an Palladios halbmondförmigen Loggien der Villa Badoer in Fratta

246

247

Polesine. Wahrscheinlich um 1804 betrat Giuseppe Barberi (1746–1809) aus Rom den Schauplatz. Er war Architekt, zeichnete Bauwerke und war mit Giovan Battista und Francesco Piranesi befreundet. Zu jener Zeit war er ein begeisterter Anhänger Napoleons – dies dokumentieren drei Alben, die zu einer Privatsammlung in Treviso gehören. Barberi hat auch den dorischen Rundtempel entworfen, der schon Selva zugeschrieben wurde. Diese runden Tempelchen waren ein typischer Bestandteil der von England geprägten Landschaftsgärten des 18. Jahrhunderts. Außerdem zeichnete Barberi die Pläne zum Umbau des Gärtnerhauses. Selvas Pläne zum Neubau des Gärtnerhauses liegen im Archiv des Museo Correr in Venedig. Mit Barberi gesellt sich ein malerischer Eklektizismus zu Selvas Neoklassizismus, mit elegantem Rokokoeinschlag und palladianischen Spuren in der Architektur und französisch-strengen Gärten vor der Villa. Die Gotik stand Pate beim sonderbaren Haus des Gärtners, das Nebengebäude, eine Konstruktion aus Stämmen und Zweigen, war mit Stroh gedeckt. Einige von Barberis Bauten sind auf Fotografien festgehalten, die aufgenommen wurden, als Villa Manfrin der Familie Lichtemberg (1896–1915) gehörte. Heute sind sie im Museo Civico in Treviso. Barberi zeichnete auch Türkenzelte, Indianerwigwams, Pyramiden, aber nicht alle seine Entwürfe sind auch realisiert worden. Jedenfalls stammen sie alle aus den *pattern books*, die Engländer und Deutsche damals so populär gemacht hatten.

1838 ging Villa Manfrin in den Besitz der Familie Plattis über, 1853 wurden die Trezza die neuen Besitzer, 1859 kaufte die Familie Levi die Villa – sie besaß auch Barberis drei Alben mit Skizzen für die Gartenbauten. Nach Jahrzehnten der Verwilderung ließ die Familie Levi den Garten wieder in Ordnung bringen. Exotische Blumen und Pflanzen (Kamelien) wurden entlang den schattigen, geraden Wegen gepflanzt, die schon Selva angelegt hatte. Die alten Bauten im Park wurden ausgebessert, neue dazugebaut, vor allem aber setzten die Levi die Orangerie wieder instand. Sie wurde als luftiger Salon im Sommer genutzt und als geschützte Wandelhalle im Winter.

1896 kaufte Christian Adolph Lichtemberg die Villa und schenkte sie seiner Frau Margherita, weshalb man Villa Manfrin auch gern »Villa Margherita« nennt. Lichtemberg baute das kleine

*248, 249. Villa Manfrin, Sant'Artemio.
Das neugotische Kastell, der See und das
Pumpwerk (vgl. auch Abb. 411–413).*

Heckentheater im Stil Umbertos I. Das Pumpwerk war als architektonisches Schmuckstück im Garten gedacht und sollte die alten Papiermühlen ersetzen. Die Reliefs und Statuen der Villa wurden vergoldet, worüber man allerdings geteilter Meinung sein kann.

1915 wurde die Villa an das städtische Krankenhaus verkauft, 1937 ging sie in den Besitz der Gemeinde Treviso über. Heute hat der Park eine Größe von 118 500 Quadratmetern. Es gibt viele Brunnen, Wasserbecken wie in den Gärten der Renaissance und künstliche kleine Seen, die perfekt den Gegebenheiten des Geländes angepaßt sind. Der Baumbestand ist vielfältig: Es wachsen Linden, Magnolien, Ulmen, Taxus, Buchen, Stechpalmen, Tannen, Lorbeer, Pinien, Liguster, Eschen, Platanen, Ahorn, Zedern, Akazien, wilde Kakibäume, Jasmin, Eichen, Roßkastanien, Aucubae japonicae variegatae, Chamaecyparis, Wacholder, Buchsbäume, Catalpae, Thujen, Criptomeriae japonicae, Zypressen. Eine Hauptaufgabe der Verantwortlichen, neben der Erhaltung und Pflege von Park und Villa, ist es vor allem auch, die geschichtlichen Aspekte von Villa Manfrin lebendig zu halten. Obwohl es für die Bevölkerung angenehm, auch notwendig ist, sollte der Park nicht in erster Linie sportlichen Aktivitäten dienen. (V. F.)

Bibliographie: G. Bindoni, *La villa Levi, descrizione per le nozze Marco Levi–Emma Levi*, Treviso 1878; E. Bassi, *G.A. Selva architetto veneziano*, Padua 1936, S. 35 ff; *Villa Margherita un patrimonio da salvare*, hrsg. v. F. Frattini, Treviso 1962; F. Haskell, *Mecenati e pittori* (1963), Florenz 1966, S. 573; E. Casagrande, »Tre album di disegni di Giuseppe Barberi per il parco di villa Manfrin a Sant'Artemio«, in: *Arte Veneta*, XL, 1986, S. 204–205.

248

249

250. *Gian Antonio Selva, Umriß des Ge-*
bietes, auf dem die öffentlichen Gärten
in Castello in Venedig entstehen sollten,
Zeichnung, 1807. Venedig, Bibliothek
des Museo Correr, Abteilung der Zeich-
nungen und Drucke, Nr. 6333.
Selva hat das in Frage kommende Gebiet
markiert. Es lag im Bereich der Gärten
des Hospitals und Klosters von Sant'An-
tonio, des Kapuzinerkonvents, des Hos-
pizes di Messer Gesù Cristo und der Kir-
che San Nicolò di Bari.

251. *Gian Antonio Selva, Plan der öf-*
fentlichen Gärten, aquarellierte Zeich-
nung, 1807, Venedig, Archivio Storico
Municipale, 1807, Öffentliche Gärten in
Castello, I. Dies ist Selvas erster Ent-
wurf, im Zuge der Ausführung wurde er
geändert.

252. *Gian Antonio Selva, das Gebäude*
der bagni salsi an der Motta die Sant'An-
tonio (nicht realisiert) und der Eingangs-
bereich an der Via Eugenia, Venedig,
Archivio Storico Municipale, 1807, Öf-
fentliche Gärten in Castello, I; 5 V. 1808.

Daß Venedig einen Garten für die Bevölkerung erhielt, geht auf das Napoleonische Dekret vom 7. Dezember 1807 zurück. Er bestimmte dafür die Landspitze zwischen dem Rio di San Giuseppe und der Motta di Sant'Antonio. Die Gestaltung des Gartens wurde »Professor« Gian Antonio Selva übertragen. Er legte am 5. Mai 1808 der Stadtverwaltung einen Entwurf vor, den der Vizekönig Eugène Beauharnais bereits gebilligt hatte. Damit das Quartier zwischen Rio di Sant'Anna und Rio di San Giuseppe, in dem überwiegend Seeleute und Werftarbeiter lebten, von den Umbaumaßnahmen nicht berührt wurde, schüttete man den Rio di Sant'Anna etwa in Höhe des Rio San Daniele zu; die so neu entstandene Gasse erhielt den Namen Via Eugenia (heute Via Garibaldi). Fast am Ende dieser für venezianische Verhältnisse sehr breiten Gasse, zwischen den vielstöckigen Wohnhäusern der Matrosen und *arsenalotti*, steht man ganz plötzlich am Eingang zum Garten, einem Tor mit statuengeschmückten Pilastern aus dem 18. Jahrhundert. Dahinter beginnt, sozusagen als Auftakt und noch nicht als Teil des eigentlichen Gartens, ein breiter Weg, in dessen Hintergrund die Lagune schimmert und der auf dem Gelände des ehemaligen Klosters San Domenico liegt. Über den Rio di San Giuseppe führt eine Brücke ohne Stufen, ursprünglich der einzige Zugang zum Garten. Selvas Entwurf sah einen breiten Flanierweg entlang der Lagune vor, auf den im rechten Winkel zwei Querachsen stießen, die den Garten in drei Sektoren aufteilten. Im ersten Teil, am Rio di San Giuseppe, plante Selva einen baumbestandenen Kreis, von dem an zwei sich gegenüber liegenden Dreiecken je drei Wege abgingen. Der zweite Teil reichte, im Gegensatz zum ersten, schon bis an den Rio del Giardini; hier wollte Selva Bäume in regelmäßigen Reihen pflanzen. Der dritte Teil, die Spitze, sollte wie ein englischer Garten gestaltet werden, mit einem ionischen Rundtempelchen auf einem Hügel, das die Motta di Sant'Antonio überblickte. Selva wollte locker laufende Wege anlegen und die Büsche und Bäume natürlich wachsen lassen. Parallel zum Weg an der Lagune sah Selva einen zweiten Weg vor, der vom Kreis im ersten Teil zum Tempelchen im dritten Teil führte.
In seiner *Relazione* (Romanelli, 1977) erläutert Selva, daß er eine Lösung gesucht habe, die »symmetrisch und doch abwechslungsreich« sei. »Etwa, daß auf

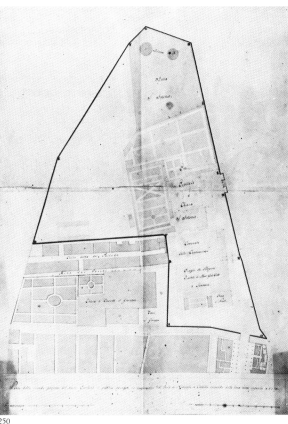

250

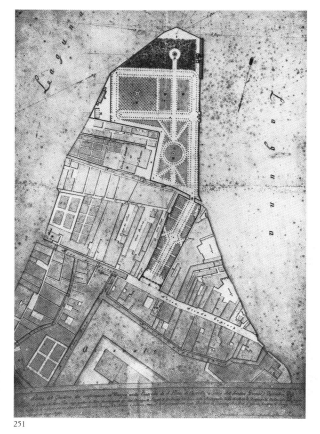

251

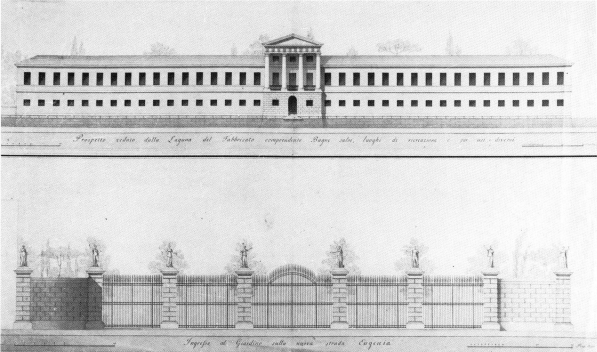

252

den schmalen Bereich bei San Domenico sich nach dem Überqueren der Brücke das Gelände überraschend erweitere, mit dem Blick auf die Lagune im Westen. Geht man weiter, so findet man alles Land vom Wasser umgeben, es ergeben sich malerische Ausblicke auf die verstreut schwimmenden Inselchen, auf den grünen Küstenstreifen am Horizont und auf die Silhouette der Stadt, die von hier aus gesehen am schönsten ist. Wäre dieser Entwurf für einen Privatmann entstanden, so hätte ich einen angenehmen englischen Garten konzipiert, dessen Merkmal die geplante Natürlichkeit ist. Viele kleine Parkbauten wären in diesem Garten verstreut gewesen. Da dieser Garten aber für die Öffentlichkeit bestimmt ist und über Jahrhunderte hinweg Bestand haben soll, habe ich gedacht (...), dieser Entwurf sei der bessere. Das Wäldchen auf dem Hügel ist für die Einsamkeit suchende und gefühlvolle Bürger bestimmt und soll mit immergrünen Bäumen gepflanzt werden.« Antonio Diedo fügte 1820 an, daß jede Form einer künstlichen Landschaftsgestaltung vor dem natürlichen Panorama der Lagune grotesk sei.

An der Landspitze sollten *bagni salsi* entstehen, also eine Badeanstalt, außerdem ein Kaffeehaus und ein Reitstall in einem gemäßigten neoklassizistischen Stil. Aber all diese Pläne wurden nicht verwirklicht, da private Grundbesitzer unverschämt hohe Ablösesummen verlangten und ehemalige kirchliche Gebäude den Streitkräften der Serenissima

253

gehörten und auch nicht zugänglich waren. Rasch wurde die Kirche San Nicolò di Bari niedergerissen, danach die Kirche und der Konvent Sant'Antonio Abate, das Kapuzinerkloster samt Kirche, das Pilgerhospiz und das Ospedale di Messer Gesù Christo mit dem Seminar des Patriarchen. Gaetano Pinali schrieb 1814, daß die eine oder andere Ruine dieser kirchlichen Gebäude oder die Windmühlen, die früher an der Motta di Sant'Antonio gestanden waren, sich im Garten viel malerischer ausgemacht hätten als etwa die bemalte Holzhütte, die schließlich statt Selvas Tempelchen auf dem Hügel aufgestellt wurde.

Die Arbeiten am Garten waren 1812 abgeschlossen. Selva verwandte große Sorgfalt auf den inneren, parallel zur Küste verlaufenden Weg. Er verwarf den Kreis und die Wegdreiecke des ersten Teils, wie man deutlich auf dem napoleonischen Katasterplan von 1808–11 sehen kann. Am Ende dieser Achse, beim Rio di San Giuseppe, wurde 1822 der Lando-Bogen wiederaufgestellt, den Diedo Sanmicheli zuschreibt. Er ist der einzige Überrest der abgerissenen Kirche Sant' Antonio.

G. A. Moschinis Stiche im *Guida* von 1815 und dann in der *Dilettevole passeggiata dall'atrio del Palazzo Reale fino ai pubblici giardini* von 1832 zeigen noch kleine Bäume, kurz nachdem sie unter Aufsicht des Botanikers Pier Antonio Zorzi gesetzt worden waren. Nicolò Bet-

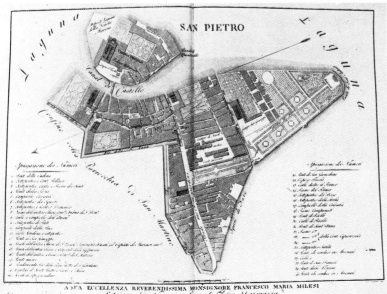

254

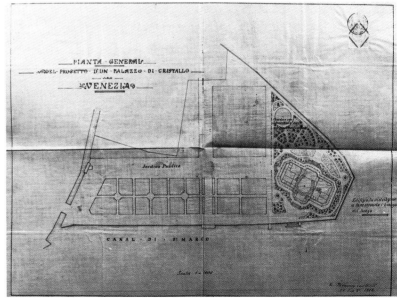

255

256

257

258. Die öffentlichen Gärten von Castello, Venedig. Der Lando-Bogen. Er wird Sanmicheli zugeschrieben und ist der einzige Überrest der Lando-Kapelle in der Kirche Sant'Antonio.

toni bedauerte es 1820, daß das Volk den Garten nicht liebt, auch 1847 interessierte sich die Öffentlichkeit immer noch nicht sehr dafür, wie Zanotto schreibt. G. B. Meduna hätte aber trotzdem gern eine Reitbahn dort gebaut. 1867 schlug Nicola Grimaldi vor, den Park in einen englischen Garten umzuwandeln mit Rasenflächen, gewundenen Wegen und verstreut stehenden Bäumen und Büschen. Nur den inneren, mit Platanen bestandenen Weg wollte Grimaldi beibehalten. Dieser Vorschlag wurde teilweise verwirklicht. Seit 1887 wird hier die Esposizione Artistica Nazionale, die jetzige Biennale, auf den hinteren beiden Teilen abgehalten. Zuerst waren die Ausstellungspavillons aus Holz und wurden immer wieder zerlegt, im Laufe der Jahre bauten die einzelnen Länder aber immer mehr und immer größere Pavillons aus Stein. Heute sind die Gärten, die 1815 noch völlig leer waren, regelrecht vollgepfropft mit Häusern, Pavillons und Monumenten. Die Eingangsallee, am Tor an der Via Garibaldi beginnend, liegt im Schatten der Linden, die die dahinterstehenden Häuser verbergen. Bis auf ein sperriges Standbild aus garibaldinischer Zeit ist sie leer und vermittelt noch, genauso wie der innere Weg mit den Platanen, den Eindruck eines öffentlichen Spazierweges, so wie er Selva vorschwebte. Platanen, wie die in den Gärten, wollte auch Louis Kahn 1969 um die von ihm geplante Kongreßhalle pflanzen. (V. F.)

Bibliographie: G. A. Moschini, Guida per la città di Venezia, Venedig 1815, S. 4–5, Taf. II; N. Bettoni, Lettere sui giardini pubblici di Venezia, Mailand 1820; L. Cicognara, A. Diedo, G. A. Selva, Le fabbriche più cospicue di Venezia..., Bd. II, Venedig 1820, Kap. I; G. B. Paganuzzi, Iconografie delle trenta parrocchie di Venezia, Venedig 1821 (Pfarrei San Pietro di Castello); G. A. Moschini, J. Crescini, Dilettevole passeggiata dall'atrio del Palazzo Reale, fino ai pubblici giardini, con cinque incisioni e descrizioni istoriche, 1832; F. Zanotto, Venezia e le sue lagune, Venedig 1847; Ch. Dickens, Pictures from Italy (1844–45), übers. v. L. Caneschi, Lanciano 1911, I, S. 130–131; H. Taine, Viaggio in Italia. Pagine scelte a cura di P. Arcari, Lanciano 1915, S. 50–51; G. Damerini, Giardini sulla laguna, Bologna 1927, S. 3–19; E. Bassi, G. A. Selva architetto veneziano, Padua 1936; A. Zorzi, Venezia scomparsa, Mailand 1972.

Villa Cittadella Vigodarzere, Saonara

259. Giuseppe Jappelli, Erste Entwürfe zum Saonara-Garten, Zeichnung. Padua, Bibliothek des Museo Civico. In diesem frühen Entwurf sind schon alle Hauptbestandteile des Gartens vorhanden: die Grotten-Kapelle der Tempelritter, die Wasserspiele und der See (vgl. auch Abb. 331).

Als ein Akt der Menschlichkeit, so berichten die zeitgenössischen Quellen, sei der englische Park von Saonara entstanden, denn der Auftraggeber, Cavaliere Antonio Vigodarzere, wollte die Landbevölkerung unterstützen. 1816 war ein Katastrophenjahr gewesen – auf eine Hungersnot folgte eine Epidemie. So beschäftigte der Cavaliere die Bauern und Tagelöhner bei der Anlage seines Parks und ließ als erstes 35 000 Bäume pflanzen. Vigodarzere besaß sehr viel Land in der Gegend, sein Park war etwa 14 Hektar groß.

Mit der Gestaltung des Parks war Giuseppe Jappelli betraut worden. Er hatte wenige Monate zuvor eine Probe seines Könnens gegeben, als er die *Feste euganee* glanzvoll arrangierte und dabei auch Gärten nach der neuesten Mode angelegt hatte.

Im Jappelli-Archiv des Museo Civico in Padua gibt es einen Lageplan der Gegend mit den *Primi studi del Giardino Saonara*. Die Bleistiftzeichnung stammt von Jappelli selbst und ist leider nur wenig mit Tinte überarbeitet. Es konnte nicht ermittelt werden, ob noch weiteres Archivmaterial zum Garten existiert, da die Familie Cittadella Vigodarzere in Padua den Zutritt zu ihrem Archiv nicht gestattete.

So ist die obengenannte Zeichnung derzeit das einzige authentische Dokument von Jappellis Hand zum Garten in Saonara. Jappelli war den gastfreundlichen Besitzern in aufrichtiger Freundschaft verbunden und griff während der nächsten Jahre immer wieder in die Gestaltung des Gartens ein. Auf der Karte sind die schon bestehenden Gebäude genau eingezeichnet, vor der Umfassungsmauer die »Caneva« und die »Ghiacciaja«, an der Straße das Pantheon, nach Plänen von Angelo Sacchetti gebaut und nach zwei Seiten offen, und schließlich die Villa mit den Wirtschaftsgebäuden, denen ein langer Portikus vorgebaut war; im Park versteckt lag noch ein kleines Haus. Vom Pantheon am Tor führte eine Allee zur ovalen Rasenfläche vor der Villa. Der daran anschließende breite, »mit Sand bestreute« Weg endete im Wald.

Der südliche Teil des Gartens ist auf der Karte mit Tinte ausgearbeitet und daher gut zu erkennen. Hier enthüllt sich voll und ganz, wie meisterhaft Jappelli die Anlage englischer Gärten beherrschte. Gekonnt ist die Folge von dichtbewachsenen Zonen und weiten, offenen Rasenflächen, die die umgebende Vegetation

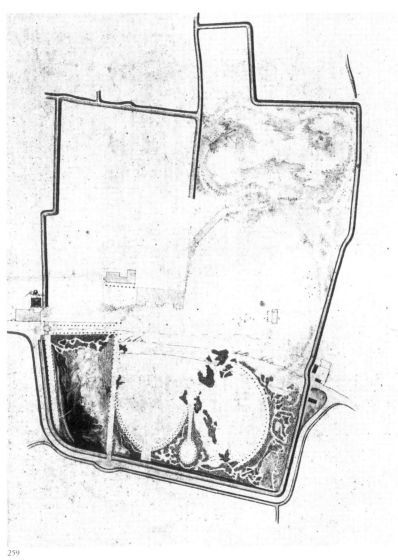

259

zum Halbkreis rundet, davor wie ein Zaun einfache, zwei- und dreifache Baumreihen. Die Unebenheit des Terrains und dichtes Buschwerk verhindern weite Blickschneisen und schaffen malerische Winkel und Verstecke. Heute ist dieser Teil des Gartens ganz anders angelegt als in den *Primi studi* beschrieben.

Der nordöstliche Teil des Gartens, auf der Karte nur flüchtig mit Bleistift skizziert, erregte und erregt seit jeher das größte Interesse; hier lagen die Höhepunkte. Man erkennt auf der Karte ganz gut den vielbuchtigen See mit der kleinen Insel, die Holzbrücken, den Hügel und die sogenannte *macchina*. Dies war die Grottenkapelle des Templerordens: ein dreischiffiges Rechteck mit zwei Säulenreihen, dahinter ein runder Raum, in dem die Ordensbrüder ihre Zeremonien abhielten. Auch wenn es Stimmen gibt, die etwas anderes behaupten: Dieses ungewöhnliche Bauwerk ist gleichzeitig mit dem Garten entstanden.

Nach Antonio Vigodarzeres Tod erbte sein Adoptivsohn Andrea Cittadella Vigodarzere die Villa. Man weiß, daß er 1835 die Grotte vergrößern ließ, vermutlich im Bereich zwischen Mittelaula und See. Vom großen Zentralsaal führt ein Geflecht unterirdischer Stollen bis an den See. Wahrscheinlich wollte man der Grotte, die wie eine riesige Ruine aussah, gleichzeitig eine symbolhafte Bedeutung für die Vergänglichkeit von Mensch und Zeit geben. Einige Fotografien von Da-

merini zeigen, wie Kapelle und Grotte vor dem letzten Krieg ausgesehen haben. Während des Krieges wurde die Villa von Soldaten besetzt, auf die Grotte fielen einige Bomben.

Vielleicht hat Andrea Cittadella Vigodarzere die riesige Statue des Baffometto in der Grotte aufstellen lassen. Schließt man von noch vorhandenen Fragmenten und der Abbildung im Büchlein von Giovanni Cittadella auf ihre Größe, so muß die Figur über vier Meter hoch gewesen sein. Nicht eindeutig erwiesen ist der etymologische Ursprung des Namens dieses Hermaphroditen, der seit Jahrhunderten die Schutzgottheit der Tempelritter ist. Manche behaupten, der Name leite sich vom griechischen *baphé* und *metis* – Feuertaufe – ab, es gibt aber auch Stimmen, die arabische Wurzeln vermuten, vom Goldenen Kalb bis Mohammed.

Der Garten ist in unglaublich kurzer Zeit angelegt worden. Auf einem Stein, der ursprünglich auf der Insel aufgestellt war und heute im Garten steht, ist folgender Spruch eingraviert: »Jappelli hat dieses Poem aus Bäumen, Rasenflächen, Statuen und Grotten im Jahre 1817 für Antonio Vigodarzere geschaffen.« In den um 1821 entstandenen Schriften steht, daß der Garten als ein romantischer Garten angelegt war. Man sollte, wenn man durch den Garten spaziert, in eine längst vergangene Zeit entführt werden, in das Mittelalter nämlich mit seinen geheimnisvollen Riten. Riten, die teilweise die Freimaurer in ihren Logen übernahmen und dort wiederaufleben ließen. Antonio Vigodarzere war Freimaurer, und in den geheimsten Kammern seines Herzens fühlte sich auch Jappelli den Freimaurern zugehörig. Offiziell hatte er allerdings 1817 seinen freimaurerischen Idealen abschwören müssen, um seine Karriere als Architekt nicht zu gefährden. Der Flammenstern, der Storch, der Buchstabe G für Gnostizismus und andere Symbole, die nur den Eingeweihten verständlich waren, sind überall in Garten und Grotte anzutreffen. Über die hohe Qualität des Gartens und besonders auch der Templer-Kapelle gibt es viele schriftliche Zeugnisse, unter anderem von Barbieri und Dalla Libera, von Dandolo und Cittadella. »Im Garten«, schrieb später auch Gloria, »hat der Architekt kleine Hügel und lockende Rasenflächen geschaffen, viele ansteigende und wieder abfallende Wege führen über Brücken und verlieren sich zwischen schattigem, dichtem Buschwerk. Dies erweckt den Eindruck,

260. *Die Kapelle der Tempelritter im Garten der Villa Cittadella Vigodarzere in Saonara, Lithographie aus A. Gloria:* Il territorio padovano illustrato, *II, Padua 1862.*
Giuseppe Jappelli hat die Kapelle entworfen. Sie ist eines der ersten Gebäude, die im Veneto im neugotischen Stil gebaut wurden.

261. *Innenansicht der Grotte im Garten der Villa Cittadella Vigodarzere in Saonara, Stich nach einer Zeichnung von G. B. Cecchini.*
Hier sieht man die riesige Figur des Hermaphroditen Baffometto, der Schutzgottheit der Tempelritter.

262. *Villa Cittadella Vigodarzere, Saonara.*
Über dem Eingang zur Kapelle der Tempelritter schweben die Insignien des Ordens. Im Schiff der kleinen Kirche lagen die Grabstätten der Tempelherren, mittelalterliche Grabplatten aus der Kirche Sant'Agostino in Padua, die während der Säkularisation abgerissen worden war.

263. *Villa Cittadella Vigodarzere, Saonara.*
In der Kapelle der Tempelritter gibt es auch einen Raum, in dem die Ordensbrüder den Eid ablegen mußten. Der deutsche Orientalist De Hammer hat die Ordensregeln genau niedergeschrieben.

als spaziere man in einem riesigen Gelände, was überhaupt nicht stimmt. In der Grotte vergißt man die Natur dann vollends. Durch das Portal eines antiken Tempels mit eleganter Fassade tritt man ins Innere, das aus zwei kuppelüberwölbten Räumen besteht – im ersten die Begräbnisstätte der Tempelritter, im zweiten leisten die Mitglieder den Schwur, den ihr Orden vorschreibt. Durch ein Labyrinth geheimnisvoller Pfade, das in den Fels gegraben zu sein scheint, gelangt man zur Stätte der Wasserprobe, die Geläuterten ziehen weiter zur Stätte der Feuerprobe. Durch eine Öffnung sieht man den ruhigen Spiegel des Sees, der bis an die Grotte reicht. Der Weg mäandert weiter unter künstlichen Stalagmiten, bis man schließlich vor der riesigen Statue des Baffomete steht, dem geheimnisumwitterten Götzenbild der Tempelritter. Tritt man aus diesem mysterienreichen Heiligtum, das Jappelli, getreu nach Hammer, den Tempelrittern geschaffen hat, steht man am Ufer des bezaubernden Sees, von wo aus man wieder in den lieblichen Garten zurückkehrt.«

Es gilt als erwiesen, daß sich Jappelli genau an die Beschreibung hält, die der berühmte Orientalist Joseph von Hammer-Purgstall von den Riten des Templerordens gibt. Hammer-Purgstall veröffentlichte 1821 den Bericht einer kurz vorher unternommenen Reise nach Venedig. Vielleicht sind bei dieser Gelegenheit Vigodarzere, Jappelli oder Freunde von ihnen mit dem deutschen Baron zusammengetroffen.

Daß Jappelli, der erfahrene Arrangeur und Bühnenbildner, in der Grotte mit Theatereffekten gearbeitet hat, ist nicht zu übersehen. Er setzte geschickt getarnte Lichtquellen ein und trennte die einzelnen Schauplätze oder Szenen durch Gänge. Auch das einfache Baumaterial, womit Jappelli die Grotte konstruiert hatte, fand beim Kulissenbau Verwendung: Das Gewölbe war aus Holz und mit viel Putz modelliert worden, einige echte Stalaktiten stammten aus der Postumia-Grotte, wurden mit Haken an die Decke gehängt und wie die falschen verputzt.

Die Idee, ein gotisches Grabmal zu bauen, hängt vielleicht mit der Zeit zusammen, in der der Orden eine gewisse Renaissance erlebte und in der gleichzeitig viele kirchliche Gebäude im Raum Padua durch die Säkularisation zerstört wurden. Viele Teile der ursprünglichen Ausstattung der Kapelle, etwa die Grab-

260

261

platten und die Sarkophage, möglicherweise auch einige architektonische Fragmente, stammen aus der Kirche Sant' Agostino in Padua. Gezielte Forschung brächte sicher noch mehr interessante Details über diese neugotische Schöpfung ans Licht – die Grotte der Tempelritter war ein erster Versuch Jappellis in dieser Richtung, noch vor seiner Reise 1836 nach England, noch vor dem Café Pedrocchino, das von der Grotte eindeutig inspiriert zu sein scheint.

Die Grotte fand die Bewunderung vieler. Kaum hatte Fürst Torlonia dieses seltsame Bauwerk gesehen, war ihm keine Summe zu hoch, damit Jappelli nach Rom käme, um auch seine Villa mit ähnlichen Wunderdingen zu verschönern (Checchetelli, 1842). In Rom mußte Jappelli sich jedoch den absonderlichsten Wünschen seines Auftraggebers beugen und vieles entgegen seiner Überzeugung ausführen. So legte Fürst Torlonia Wert auf die hemmungslose Demonstration von Prunk und Pracht, selbst bei so etwas Simplem wie den ja eigentlich nicht sicht-

baren Konstruktionen von Grotten und Gartenpfaden. Mit einem Anflug von Traurigkeit schilderte Jappelli seinem Freund Bernardi die vergeudete Gelegenheit: »Der große Aufwand hängt hier mit dem übertriebenen Anspruch zusammen, den man an alles stellt [...] Waren die Wege in Saonara ein bis eineinhalb Meter breit, so müssen sie hier sechs bis zehn Meter breit sein. Und entsprechend umfangreich sind die Erdarbeiten. In der Grotte sollte man eigentlich mit der Kutsche fahren können etc. etc. Du siehst, räumliche Größe erhöht die optische Wirkung nicht unbedingt. Der wahre intime, private Charakter eines englischen Gartens ist damit zerstört. Für derlei Effekte braucht es die Gärten von Versailles, die Gärten eines Le Nôtre.«

Die Hütte des Jägers und das Haus des Müllers, das als Umkleideraum diente, sowie ein Hirschgehege gehörten mit zum Garten. Um den vorgesehenen Wasserfall mit genügend Wasser zu versorgen, hatte Jappelli auch ein großartiges System unterirdischer Wasserleitungen

geplant, das mit einem artesischen Brunnen verbunden war. Dieser wurde erst um 1833 fertiggestellt. Dandolo lobte damals, daß »die fallenden Wasser in Kürze Jappellis Erfindungsreichtum enthüllen werden«. Schön gezeichnet in den *Primi studi* ist auch die Verbindung der Wasserspiele mit der Villa. Auch dies ein Beispiel für Jappellis Kunst.

In den Speisesaal fügte Jappelli einen bezaubernden Wintergarten ein. Er entwarf auch das gesamte Mobiliar dafür, und zwar nach dem Vorbild von Thomas Hope, indem er antike Quellen modern interpretierte. Als Beispiel seien die eleganten *klismos*-Sessel genannt, die sich harmonisch in das funktional-schlüssige Gesamtgefüge einpaßten, das wiederum den technisch orientierten Geist seines Schöpfers nicht leugnen kann. Heute gehört die Villa den Grafen Valmarana, die sie geerbt haben. (M. A. V.)

Bibliographie: G. Barbieri, »Il giardino«, in: *Opere,* Taf. I, Padua 1821, S. 150–151; A. Dalla Libera, *Dei giardini e del loro*

262

263

effetto morale, Mailand 1821; T. Dandolo, *Descrizione del giardino in comune di Saonara, distretto e provincia di Padova di proprietà del Nob. Cav. Antonio Vigodarzere, Non ti scordar di me, Almanacco per l'anno 1833*, Mailand 1833; derselbe, »Savonara«, in: *I giardini d'Italia*, I, Mailand 1834, S. 96–102; G. Cittadella, *Il giardino di Saonara*, Venedig 1838, N. de Lazara, *Le Frassanelle e Saonara, Per nozze Cittadella-Papafava*, Padua 1839; G. Cecchetelli, *Una giornata di osservazione nel Palazzo e nella Villa di S.E. il Sig. Principe D. Allesandro Torlonia*, Rom 1842; A. Gloria, *Il territorio padovano illustrato*, II, Padua 1862, S. 167–168; G. Damerini, »Un architetto veneziano del'800. Giuseppe Iapelli«, in: *Hefte der Rivista di Venezia*, XII, 1934, S. 20–31; N. Gallimberti, *Giuseppe Jappelli*, Padua 1963, S. 26–27; G. Toffanin, »La Villa e il parco Valmarana a Saonara«, in: *Padova e la sua provincia*, XV, 1969, 10, S. 13–17; L. Puppi, »Giuseppe Jappelli: invenzione e scienza, architetture e utopie tra rivoluzione e restaurazione«, in: AA.VV., *Padua. Case e palazzi*, Vicenza 1977, S. 223-269, bes. 263–264; B. Mazza, *Jappelli e Padova*, Padua 1978, S. 25–30; *Jappelli e il suo tempo*, Atti del Convegno hrsg. v. G. Mazzi, 2 Bde., Padua 1982, *Il giardino romantico e Jappelli*, Ausstellungskatalog hrsg. v. P. Bussadori und R. Roverato, Padua 1983, S. 36–41 (Karte von G. Pizzamiglio), 121; A. Baldan, *Ville venete in territorio padovano e nella Serenissima repubblica*, Abano 1986, S. 472–475.

264. Querini-Garten, Vicenza.
Die Luftaufnahme zeigt den kleinen See
mit dem Rundtempelchen von Antonio
Piovene (um 1820). Im Vordergrund
liegt die Araceli-Kirche.

Auf dem Stadtplan von Vicenza aus dem Jahr 1580, der in der Biblioteca Angelica in Rom liegt, stehen im Pusterla-Viertel die Häuser nur entlang der Hauptstraße. Hinter den Häusern dehnen sich Gemüse- und Ziergärten mit pergolaüberwölbten Wegen aus, die übergehen in Felder voller Maulbeerbäume. Die Nutzgärten sind von hohen Mauern umgeben, über die hin und wieder ein Taubenhaus ragt. Etwas aus dem Rahmen fällt der Garten der Ca'Gualdo. Er bildet ein kleines Freilichtmuseum mit humanistischen Ambitionen und archäologischen Fundstücken, dazwischen steht ein Brunnen von Ammannati (Puppi, 1972).

Laut der Eintragung in die *Libri d'estimo* von 1563–64 besaß Antonio Capra ein Haus mit zwölf Campi Maulbeerfeldern. Haus und Felder liegen jenseits des Flüßchens Astichello und sind auf dem Plan von 1580 gut zu erkennen. Das übrige Terrain teilten sich Lodovico Capra – auch er besaß viele Maulbeerfelder, die von Mauern umgeben waren – und die Klöster Araceli und San Bartolomeo. So war dieses Gebiet damals rein landwirtschaftlich genutzt und noch nicht auf die Hauptstraße des Viertels hin orientiert, welches wahrscheinlich erst später gestaltet wurde. Auf dem Plan in der Biblioteca Angelica ist inmitten der Capra-Felder die Wollspinnerei des Tommaso da Rella eingezeichnet, einer der wichtigsten Gewerbebetriebe der Stadt. Die Keimzelle der späteren Capra-Palazzi könnte ein Haus gewesen sein, das nach vorn einen Hof und nach hinten einen Küchengarten mit einem Taubenhaus hatte. Es stammte aus dem frühen 16. Jahrhundert und entsprach eher einer ländlichen Villa als einem Stadtpalais. Durch eine Brücke war das Haus mit den jenseits des Flusses liegenden Feldern verbunden.

Der Capra-Garten, der heute Querini-Garten heißt, war um 1820 der größte private Park Vicenzas. Ihm waren inzwischen sowohl die Wollspinnerei als auch die Felder hinter dem Araceli-Kloster angegliedert worden. Antonio Piovene stellte einen ionischen Tempietto auf ein Hügelchen, das von einem kreisrunden Wassergraben umschlossen wird. Der Wasserring ist durch einen geraden Kanal, der hinter der Apsis der Araceli-Kirche entlangläuft, mit dem Bacchiglione verbunden. Ein schmaler Kanal führt vom Graben weiter zum Flüßchen Astichello und gewährleistet, daß das Wasser des Bacchiglione abfließen kann. Vom Rundtempelchen, das damals zu den gern

und oft gebauten Gartenarchitekturen gehörte und auch in zahlreichen Publikationen zu finden war, führt ein breiter Weg bis an die Rückseite des Palazzos. Eine kleine Brücke überspannt den Astichello, ein Gitter aus dem 18. Jahrhundert schmückt das Tor. Entlang dieses schnurgeraden Weges, der sich in seiner Nüchternheit gut der klaren Geometrie der Wasserläufe anpaßt, wurden später Statuen aus dem 18. Jahrhundert aufgestellt. Möglicherweise sind dies Arbeiten von Antonio Gai, von den Marinali und von G. de Putti. In der *Topografia della Regia città di Vicenza*, die Forti 1821 herausgegeben hat, führt der Weg noch durch die Felder, die von Maulbeerbaumreihen durchschnitten werden. Erst in der Nordostecke, hinter dem Tempelchen, ist ein neuangelegter kleiner Wald eingezeichnet. Im Klosterbezirk von Araceli gibt es noch Obst- und Gemüsegärten, und hier stehen auch die Gewächshäuser, die vielleicht Jappelli gebaut hat (Magagnato, 1956). Im Lauf der Jahre hat der romantische Gartentyp die ursprünglichen strengen geometrischen Figuren verdrängt. An den Ufern des Astichello wurden hohe Bäume gepflanzt, ebenso hinter dem Tempietto, der sich heute malerisch vom Grün der Libanonzedern abhebt. Rechts und links des breiten Weges liegen große Rasenflächen, von denen man einen herrlichen Blick auf das Panorama der Dolomiten hat, während die hohen Bäume die Neubauten von Vicenza verbergen. (V. F.)

Bibliographie: G. Gualdo jr., *Giardino di Ca'Gualdo* (1650), hrsg. v. L. Puppi, Florenz 1972; L. Magagnato in F. Barbieri, R. Cevese, L. Magagnato, *Guida di Vicenza*, Vicenza , 2, 1956; D. Battilotti, *Vicenza al tempo di A. Palladio attraverso i libri dell'estimo del 1563–64*, Vicenza 1980, S. 34–36, 188–189.

264

Mirano ist im Veneto ein Einzelfall. Hier ist es nämlich gelungen, mehrere private Gärten zu einem öffentlichen Park zu vereinen, ohne daß dabei die einzelnen Gärten ihre historischen Besonderheiten eingebüßt hätten. Die Idee, die Mirano zugrunde liegt, scheint von Frederick L. Olmsteds Entwurf für die Parks von Boston (1879–85) inspiriert zu sein. Der kleine Fluß Muson fließt in vielen Windungen durch die Gärten der Villen Vivante Errera, Monico XXV Aprile, Erizzo Vendramin Belvedere, verbindet sie, schließt sie zu einer einzigen großen Grünfläche zusammen.

Villa Vivante Errera ist heute noch in Privatbesitz. Zwischen 1865 und 1877 wurden Haus und Garten von Antonio Caragaro Negrin völlig neu gestaltet. Die Villa im neolombardesken Stil steht unter Bäumen versteckt und blickt auf die Piazza von Mirano. Die Wirtschaftsgebäude hat Negrin im Schweizer Stil der *ferme ornée* gebaut, sie liegen etwas vom Herrenhaus getrennt. Der Park wird an zwei Seiten vom Muson umschlossen, die dritte Seite umplätschert der Bach, der die unteren Mühlen treibt. Dieser fließt weiter in den Garten der Villa Palazzi Taverna. Hier spielt das Wasser die Hauptrolle, auch wenn es ein großes Oval für leichtathletische Wettkämpfe gibt. Der Muson wird auch ins Innere des Gartens der Villa Vivante Errera geleitet. Er fließt hier in ausgeprägten Bögen und erweitert sich zu einem See, an dem eine Hütte steht. Die S-förmige Schleife des Flusses wird von Wegen umflochten, malerische Brücken wölben sich über das Wasser. Entlang der Ufer wachsen Bäume, und vor der Villa liegt ein Wasserbecken. Vor den unteren Mühlen ließ Negrin eine Mauer aus Felsbrocken hochziehen, die von Bäumen halb verdeckt ist, damit die kleine Industrieanlage verborgen liege und der Lärm der Mühlen gedämpft würde.

Am anderen Ufer des Muson liegt in einer Flußschleife und etwas am Hang der Park der Villa XXV Aprile. Gegenüber steht die Villa Belvedere. Die Villa XXV Aprile und ihr Park stammen aus dem 18. Jahrhundert, Anfang des 19. wurde der Park allerdings in einen englischen Garten umgewandelt; so ist er bis heute geblieben. Die hohen Bäume stehen alle am Fluß. Besonders auffällig sind einige kanadische Pappeln, die etwa 170 bis 180 Jahre alt sind. Sie wurden aus Setzlingen gezogen, die man im 18. Jahrhundert direkt aus Nordamerika einführte. Die ältesten Bäume stehen auf

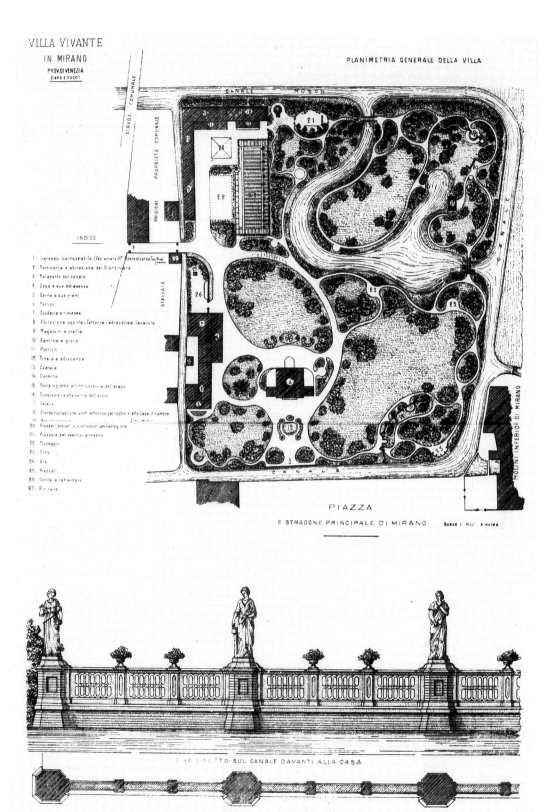

266. *Villa Monico, heute XXV Aprile,*
Mirano.
Rechts vom Haus steht die zweihundert-
jährige Magnolia grandiflora.

266

267

267. Villa Belvedere, Mirano.
Der neugotische Turm.

268. Villa Monico, heute XXV Aprile,
Mirano. Im Park hinter der Villa stehen
viele bedeutende venezianische Skulpturen, darunter auch ein Löwe von Canova.

dem Rasen vor der Villa: Die Magnolia grandiflora stammt aus der Zeit um 1736, von den beiden Libanonzedern kennt man die genauen Pflanzjahre, nämlich 1716 und 1736. Die Magnolie in Mirano scheint demnach noch älter zu sein als die Magnolien der Villa Farsetti in Santa Maria di Sala, von denen es immer heißt, sie wären die ersten im Veneto gewesen. Auf dem Rasen hinter der Villa wachsen Zypressen rund um einen Brunnen. Hier sind auch die vielen Antiken aufgestellt, die von der Familie Monico Anfang des 19. Jahrhunderts gesammelt wurden.

Die Villa Belvedere stammt aus dem 17. Jahrhundert, 1849 wurde sie von dem Architekt Sorzani umgebaut. Wahrscheinlich wurde auch damals der romantische Park neu gestaltet. Der Maler Giovanni Demin lebte hier, 1857 auch Maximilian von Habsburg. Vor dem Haus ist der Muson zu einem kleinen See aufgestaut. In einen Hügel ist eine Grotte gegraben. Zwischen ihr und dem Fluß steht auf einem anderen kleinen Hügel ein neugotischer Ziegelturm. Hier wachsen auch die ältesten Bäume des Parks, darunter eine 200jährige Eiche, eine 19 Meter hohe Roßkastanie, die rund 130 Jahre alt ist, und eine Platane von etwa 150 Jahren. Am Fluß entlang stehen überwiegend Weißbuchen und Pappeln. Im übrigen Park ist der Baumbestand jüngeren Datums. Hinter der Villa liegt ein Wasserbecken, von dem aus die oberen Mühlen angetrieben werden. Von hier aus führt ein Kanal als Begrenzung rund um den Park.

Neben der Villa XXV Aprile liegt, getrennt durch die Provinzstraße nach Salzano, Villa Giustinian Recanati. Durch ihren Park fließt kein Fluß, der die Nachbargärten verbinden könnte. Auch er ist als englischer Garten angelegt. Die Rasenflächen sind mit hohen Bäumen gesäumt, die den Hintergrund für die Prachtexemplare bilden, die darauf stehen: eine 200jährige Buche, 30 Meter hoch, ein 35 Meter hoher Tulpenbaum, der 165 Jahre alt ist, eine Linde von 170 Jahren mit einer Höhe von 40 Metern und, als eine ganz besondere Rarität, eine 27 Meter hohe Monterey-Zypresse. (V. F.)

Bibliographie: A. Caregaro Negrin Raccolta di disegni autografi per edifici pubblici e privati, Vicenza 1882–86, Bd. IV, Villa Vivante, Taf. I–II; B. Ricatti, Antonio Caregaro Negrin. Un architetto vicentino fra eclettismo e liberty, Padua 1980, S. 95–96; C. Semenzato, Mirano nella storia e nell'arte, Mirano 1985.

268

269. *Iacopo de' Barbari, Perspektivischer Plan von Venedig, Ausschnitt 1500. Venedig, Museo Correr.*
Der Ausschnitt zeigt die Insel San Giorgio mit den Gemüsegärten, die von Pergolawegen durchschnitten werden.

270. *Giorgio Fossati, Perspektivischer Plan von Venedig, 1743, Ausschnitt mit der Insel San Giorgio. Venedig, Bibliothek des Museo Correr.*
Man erkennt deutlich die neue, barocke Anlage des Gartens mit einem rond point *und den von hohen Hecken gesäumten geraden Wegen.*

Auf Jacopo de' Barbaris Vedute aus dem Jahr 1500 ist das Benediktinerkloster von San Giorgio Maggiore mit mehreren Kreuzgängen dargestellt; in dem vor der Kirche ragen Zypressen hoch über die Mauern. Hinter der Apsis steht das Dormitorium der Mönche, das Giovanni di Antonio Buora gebaut hat. Daran schließen, noch innerhalb der Klostermauern, Gemüsegärten und Laubenwege an. Alles Terrain im Süden und Osten, das nicht zum Klosterbezirk gehört, ist Obst- oder Gemüsegarten. Die Gärten sind gegen das flache, sandige Ufer mit einem Lattenzaun abgetrennt, was der Insel einen gewissen Zusammenhalt gibt. Der Ostteil wird von einem Entwässerungskanal in Nord-Süd-Richtung durchschnitten. Hier stehen Obstbäume in lockerer Anordnung, dazwischen läuft ein großer Laubengang. Auf der Seite zwischen Kreuzgängen und Giudecca liegt vielleicht ein *pomarium* mit unregelmäßig stehenden Bäumen.

Ludovico Ughis Karte aus dem Jahr 1729 zeigt die Insel, nachdem Palladio hier gebaut hatte. Das kultivierte Terrain ist um die urbar gemachten Küstenstreifen vergrößert. Auf der nördlichen Seite wird noch immer Obst und Gemüse angebaut, der südliche Teil ist nun als Ziergarten gestaltet. Fächerförmig strahlen von Palladios Refektorium fünf Wege aus, die von zwei Querachsen durchkreuzt werden. Auf dem Plan von San Giorgio hat Ughi die Anlage der Beete nicht so exakt ausgearbeitet wie bei anderen Karten, etwa der von der Punta di Sant'Antonio. Der französische Einschlag bei diesen Gärten auf San Giorgio ist allerdings unverkennbar und stellt für Venedig einen Einzelfall dar. Daß die strahlenförmige Anlage der Beete nicht nur Ughis Phantasie entsprungen ist, bestätigt eine Vedute von Giorgio Fossati aus dem Jahr 1743 – auf ihr sind es statt fünf allerdings nur noch drei Längsachsen. Vor der Stirnseite des Dormitoriums öffnete sich ein *rond point*, von dem der Hauptweg abging. Die durch die Querachsen gebildeten Karrees wurden von hohen Hecken umschlossen, in denen sich jeweils nur eine Öffnung befand. Dahinter wuchsen vielleicht Gemüse oder Heilkräuter, vereinzelt standen auch Bäume in den Beeten. Der Gemüsegarten war in rechteckige Felder unterteilt, auch hier standen einige Bäume.

Nach der Säkularisation wurde die Aufteilung in Nutz- und Ziergarten aufgegeben. Auf der Karte von Bernardo

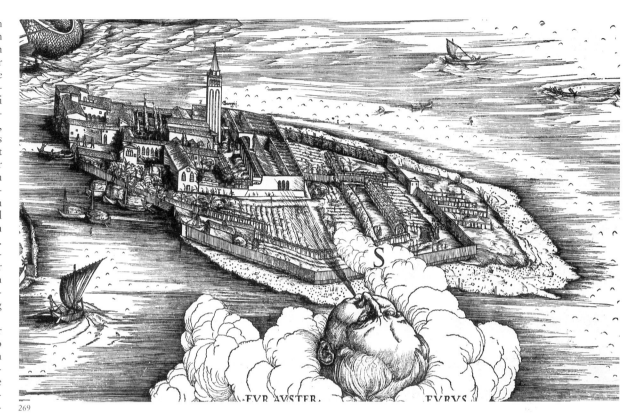

269

270

271, 272. Luigi Vietti, Entwürfe für die
Restaurierung der Insel San Giorgio in
Venedig, Zeichnungen des technischen
Büros der Stiftung Giorgio Cini, Vene-
dig.
Die Restaurierungsarbeiten der Stiftung
Giorgio Cini begannen 1952. Teilweise
wurden die alten barocken Achsen beibe-
halten. Zur Lagune hin liegt das
Heckentheater von Luigi Vietti und An-
gelo Scattolin (1952–54).

und Gaetano Combatti von 1855 ist die
ganze Insel mit Gemüse bebaut. Selbst in
den Kreuzgängen wird Gemüse gezogen.

Nachdem die Restaurierung der Gebäude in vollem Gange war, begann 1952
die Stiftung Cini, auch den südlichen Teil
der Insel wieder in einen Garten zurück-
zuverwandeln. Direkt an der Lagune
wurde ein Heckentheater angelegt, während an der Nordseite ein kleiner Yacht-
hafen mit einem Verwaltungsgebäude
entstand. Auf dem Gelände des ehemaligen Gemüsegartens an der Nordseite
baute man ein Schwimmbecken und
einen Sportplatz. In den Garten gelangt
man durch einen Hof, der zwischen dem
Refektorium und dem Gobelinsaal liegt.
Von hier aus gehen zwei Wege ab, einer
führt zu den Gebäuden im Norden, der
andere läuft in den südlichen Teil der Insel. Der nördliche Weg ist neu angelegt
worden, der andere dagegen dürfte eine
der alten Achsen wiederaufgreifen. Es ist
offensichtlich, daß die modernen Gartenarchitekten Anklänge an den barocken
Garten beabsichtigt haben. Die kreuz
und quer verlaufenden Wege und die frei-
wachsende Vegetation leugnen jedoch jedes gestalterische Konzept.

Das Gartentheater von Luigi Vietti
und Angelo Scattolin entstand 1952–54
und liegt zwischen den beiden Hauptwe-
gen. Wenn man darauf zugeht, wirkt es
wie ein kleiner Hügel, der mit Steineichen
bewachsen ist. Zwei Treppen führen das
Halbrund hinauf, die Sitzreihen sind
durch niedere Buchsbaumhecken, heute
teilweise auch durch Ligusterbüsche voneinander getrennt. Unter der achteckigen
Bühne verbirgt sich der technische Appa-
rat. Im Bühnenhintergrund wachsen Zypressen, die Kulissen sind Steineichen,
durch deren Laub das Wasser der Lagune
schimmert.

Im Innenhof des Kreuzgangs, den Palladio gebaut hat, wachsen heute auf den
Rabatten wieder Zwergbuchsbaumhek-
ken in konzentrischen Spiralen. Ihr Muster orientiert sich an den Beeten, wie sie
Vincenzo Coronelli Anfang des 18. Jahrhunderts auf der Vedute des Chiostro
degli Allori gestochen hat. (V. F.)

Bibliographie: Fondazione G. Cini, Il teatro dell'isola di S. Giorgio Maggiore, Venedig 1954; P. Maretto, Venezia. Architettura del XX secolo in Italia, Genua
1969, S. 110–111; G. Cassini, Piante e vedute prospettiche di Venezia (1479–1855),
Venedig 1971.

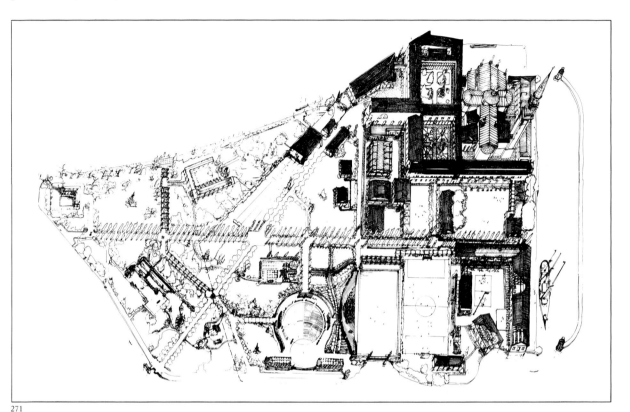

271

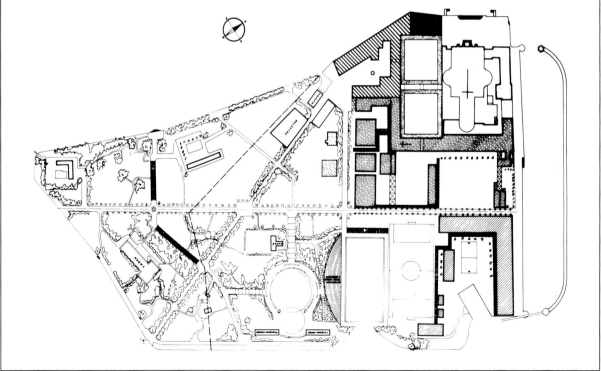

272

Giuseppe Mazzariol beauftragte 1961 den Architekten Carlo Scarpa, das Erdgeschoß des venezianischen Palazzos neuzugestalten, in dem die Stiftung Querini Stampalia ihren Sitz hat. Die mit dunklem Holz getäfelte Eingangshalle war mit Gipsfiguren vollgestellt. Sie sollte in einen Saal für Konferenzen und Ausstellungen verwandelt werden. Die verrotteten Holzportale zum Kanal wurden durch Gitter aus Schmiedeeisen und Messing ersetzt, um Licht in die Sala del Portego zu lassen. Es war daher nur konsequent, auch die gegenüberliegende Seite zum Hof zu öffnen. Der Hof ist schmal und liegt L-förmig um zwei Seiten des Palazzos. Die kurze Seite geht auf die Straße, die lange Seite wird von einer Mauer begrenzt, Überrest früherer Wirtschaftsgebäude. Hier standen einige antike Skulpturen.

Diese erschwerten räumlichen Vorgaben regten Scarpa zu einer bemerkenswerten Lösung an. Sein Gartenhof ist reich an mittelalterlichen Anspielungen und kleinen Wundern. Durch die Portale am Wasser oder durch das Gittertor an der Straße kann man ihn nur schwer einsehen, herrlich ist der Blick dagegen aus der Sala durch die Glastüren der gotischen Loggia, die in den Gartenhof führen, und kontemplativ die Aussicht aus den oberen Stockwerken. Wie bei den kleinen, kostbaren japanischen Gärten besteht auch beim Garten der Stiftung Querini Stampalia der Zweck nicht unbedingt darin, sich im Garten selbst zu ergehen, der Genuß liegt vielmehr im Betrachten, im Sich-Hineinversenken von außen. Scarpa umgab, wie in mittelalterlichen Gärten, die Beete mit niederen Einfassungen und ließ sie mit Humus aufschütten, um das Niveau des Gartenhofs auf das Niveau der Sala anzuheben. So ergeben sich verschiedene Ebenen, vom meerumspülten Portal am Kanal zu den Wasserrinnen des Vestibüls, zum Fußboden der Sala, bis zu den aufgeschütteten Beeten, in denen die Taxusbüsche so wachsen, daß sie von den drinnen Sitzenden gesehen werden können. Breite, flache Stufen, aus in Beton eingelassenen Flußkieseln und eingefaßt mit istrischem Marmor, führen auf die gotische Loggia mit ihrem alten Eichenarchitrav. Tritt man aus dem Portal, so stößt man an ein schmales Betonelement, das den Gartenhof der Länge nach durchschneidet. Es begrenzt die aufgeschüttete Rasenfläche, auf der ein Granatapfelbaum, ein Kirschbaum und ein japanischer Apfelbaum

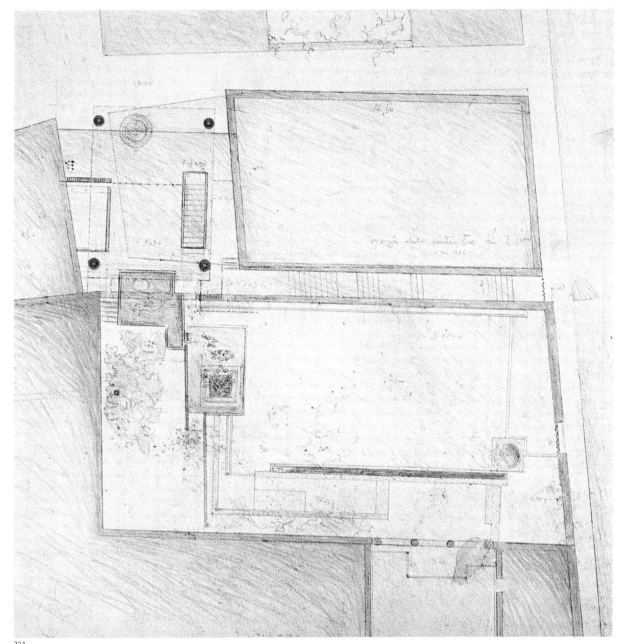

273

wachsen. In Wirklichkeit ist das Betonband ein kleiner Kanal, in dem das Wasser von einem Miniaturlabyrinth aus kostbarem Marmor in eine regulierbare Kupferrinne fließt. Von hier fällt ein dünner Wasserstrahl in ein flaches Marmorbecken, in das konzentrische Kreise gemeißelt sind, und verläuft sich dann glucksend zwischen Betonblöcken, auf denen ein wunderschönes Brunnenbecken aus der Frührenaissance steht.

Dieser kleine Wasserlauf ist Abbild des Paradiesstroms in den persischen Gärten. Möglicherweise war Scarpa von den vorgegebenen Proportionen des Gartenhofs nicht überzeugt, jedenfalls ließ er parallel zum Seitenflügel eine Wand aus Sichtbeton hochziehen, wodurch auch der Custode zu einem eigenen kleinen Gärtchen kam. In die rauhe Betonwand ist in Augenhöhe ein Band aus goldenen, silbernen und schwarzen Glasquadraten einge-

lassen, dessen Muster Mario De Luigi entworfen hat. Am Fuß der Mauer steht ein mosaikverzierter Betontrog, darin eingelassen ist ein bronzegefaßtes Becken, in dem Lotosblüten und Papyruspflanzen wachsen. (V. F.)

Bibliographie: G. Mazzariol, »Un'opera di Carlo Scarpa: il riordino di un antico palazzo veneziano«, in: *Zodiac*, 13, 1964, S. 26–59.

Vorhergehende Doppelseite:
274. Ludovico Pozzoserrato, Villa und
Garten am Ufer eines Flusses. Mantua,
Sammlung Arco.

275. Villa Badoer in Fratta Polesine, ein
Werk von Andrea Palladio.

275

Eine lange Geschichte
Lionello Puppi

Kaiser Maximilian II. schreibt in einem Brief vom 18. Dezember 1568: »Cum inter alia oblectamente quibus animum gravissimis ac asiduis [sic] curis et laboribus abrutum interdum ricreare consuevimus, etiam haud parum delectet cultura hortorum tum aedificorum [sic] aliorumque hortensium ornamentorum quae habentur intra vel extra civitatem Venetiam.«[1] Dieser anscheinend so simple Passus birgt doch in Wirklichkeit einen Reichtum an Informationen, die es wert sind, daß man sich mit dem Text etwas eindringlicher befaßt. Als erstes fällt der starke Gegensatz zwischen der Idee vom Garten und der Idee von der Stadt auf. Der Garten bedeutet Ruhe, Regeneration (»ricreare«) und Flucht vor dem Lärm der Stadt, dem Ort des Zorns. Er ist der Gegenpol, das andere Maß; er sprengt die steinernen Fesseln und die bedrükkende Beklemmung von Verkehr und Menschenansammlungen in der Stadt *(pólis-pólemos)*, er ist der Kosmos, in dem Heiterkeit und Muße *(otium)* gedeihen, in dem die vom Chaos der Städte geplagte Seele (»gravissimis ac asiduis curis«) ihre Ruhe findet. Das alles ist natürlich nichts Neues – des Kaisers Ausführungen können auf eine langjährige literarische und philosophische Tradition zurückblicken, die von Albertus Magnus über Petrarca bis zu Erasmus von Rotterdam reicht. Doch sucht er die Befreiung von der Mühsal der Stadt nicht in der reinen Natur, er sieht das »ubi consistam«, die Zuflucht nicht im einsamen Leben: Er sucht eine andere Dimension, eine künstliche, schmuckreiche (»hortensium ornamentorum«), eine Dimension des botanischen (»cultura hortorum«) und architektonischen Wissens dort, wo eine enge Beziehung, eine räumliche Einheit entstehen kann zwischen Garten und dazugehöriger Residenz (»aedificorum«). Eine solche Möglichkeit erkennt er in Venedig, der Stadt mit einer bewährten und originellen Gartenkultur, reich an exemplarischen und vollkommenen Lösungen. Aber auch hier erwähnt er nicht die abgelegenen und geheimen Winkel der Stadt (»intra«), sondern vielmehr ihre äußere Domäne (»extra«), die Inseln Murano und Giudecca oder die küstennahen Gebiete, wie den Flußlauf des Brenta. So bestätigt uns also Kaiser Maximilian in der zweiten Hälfte des 16. Jahrhunderts, eloquent und überzeugend, die Einzigartigkeit eines venetischen Gartens.

Wir verfügen natürlich über zahlreiche derartige Berichte und können anhand der schriftlichen Belege eine Art progressives Itinerarium über die charakteristischen Typologien und deren Etablierung verfassen. Leonardo Giustinian beschreibt in seiner mit den bedeutendsten Vertretern des Humanismus geführten Korrespondenz den petrarkischen Traum von einer unberührten und intakten Natur, einer Art Eden ohne Sündenfall, und läßt diesen Traum in den *litora* von Murano Gestalt annehmen und im Wunder der »in sterili et infecunda harena, [...] tot pomorum frugumque genera, tantem oleorum herbarumque omnium varietaten et copiam« (siehe den an Guarino im Sommer 1420 geschriebenen Brief); er besaß auf der Insel eine eigene »domus [...] cum horte et domuncula vinearii«[2]. Dieses Haus hinterläßt er seinem Sohn Bernardo, der sich über diese »loci iucunditas«, über die ländliche Lieblichkeit dieses Ortes, mit großer Begeisterung und mit Worten äußert, die in *De vita* von Ficino, in *Rusticus* von Poliziano

und vor allem im berühmten *De honesta voluptate et valtudine* des Platina[3] ihr Gegenstück finden könnten. Es mußte sich um eine Wohnstätte ähnlich der handeln, die gegen Ende des Jahres 1511 in der »domus in capite Muriani cum horte amoenissimo« des Francesco Amadi[4] verewigt wurde.

Partenio lobt die Muraner Residenz von Triffon Gabriele als Raum, der den feinsinnigen Gesprächen einer geistigen Elite vorbehalten ist, und spielt auf einen »Garten« an mit »Pergolen aus dichtem Weinlaub, umgeben von Jasmin, die von den Sonnenstrahlen nicht durchdrungen werden konnten«[5]; und Gaspara Stampa berichtet in ihrem bekannten Brief an Ippolita Mirtilla von der Freude, die sie empfunden habe, als sie den Blick »über das Grün der Blätter und das Weiß des Jasmins schweifen ließ«[6].

Triffon selbst hatte die Idee von einer physisch und materiell zu errichtenden Schutzsphäre vor der Stadt ausgesprochen. »Den Lärm und Tumult und die Menschenmenge in den Städten fliehe ich, zufrieden mit dem, was nur unser einfacher, natürlicher Zustand für uns bereithält, und lebe ein ruhiges und erholsames Leben. Die Menschenmenge behagt mir nicht, sondern die Einsamkeit, nicht Rialto, San Marco, nicht die Plätze«[7]. Dieser Gedanke wird durch die Erzählung bestätigt, mit der Cristoforo Longueil dem Pietro Bembo von einem Aufenthalt im März und April 1526 auf Murano berichtet und uns über die Villa des Andrea Navagero informiert: »Huius in suburbano, quum hortus ipse gratus nobis spectaculo fuit, ita dimensus et descriptus, ut omnes tum pomarii tum seminarii arborum ordines in quincuncem dirigentur, et exquisitissimo ambulationum topiario opera latera eius decumanique limitis camerae convestiantur.«[8]

Halten wir diese letzte Information fest – sie wird uns später noch nützlich sein – und befassen wir uns zunächst mit der gärtnerischen Pflege, die als unerläßlich erkannt wurde für die spezielle Qualität eines Gartens und seines Aussehens.

Wie bedeutend sie war, dokumentiert Navagero selbst. »Ich möchte«, so schreibt er an Ramusio aus der spanischen Gesandtschaft, »daß im schönen Murano die Bäume dichter gepflanzt werden, so daß sie zumindest in der untern Hälfte wie ein dichter Wald aussehen. An der Mauer mit den Körbchen, die Ihr jedoch nicht entfernen sollt, möchte ich, daß Ihr vor dem Winter kräftige Lorbeerbüsche setzt, so daß man mit der Zeit ein Spalier daraus machen kann; das gleiche macht Ihr an der Mauer mit dem großen Lorbeerbaum und an der Mauer, an der die Rosen stehen, ohne die Rosen zu entfernen. Bis der Lorbeer wächst, möchte ich, daß Ihr dicht stehende Zypressen pflanzen läßt, so daß man auch mit diesen ein Spalier bilden kann.«[9]

Mit diesem Brief teilt uns Andrea Navagero, offen oder zwischen den Zeilen, noch andere Dinge mit. Zum Beispiel, daß die sorgfältige Auswahl der Pflanzen von solider Kenntnis geleitet wird (das Interesse dieses Edelmannes während seiner diplomatischen Mission in Spanien für die Flora der Neuen Welt zieht sich durch den gesamten Briefwechsel; aber hat nicht bereits Petrarca in Valchiusa und auf seinen langen Reisen die verschiedensten »einfachen« Pflanzengattungen studiert und klassifiziert?) – daher die Entscheidung, seinem Studio in

Padua das wissenschaftliche Labor eines Nutzgartens mit einfachen Pflanzen anzugliedern. Andererseits erfahren wir auch, daß die Auswahl des Baum- und Blumenbestands der doppelten Notwendigkeit folgt, sich an die für die geplante Beschneidung und Stutzung geeigneten Bäume zu halten und als symbolträchtige Anspielung eine bezeichnende Botschaft zu übermitteln. Lorbeer, Rosen und Zypressen sind in den Anweisungen Navageros nicht nur die Komponenten einer grünen Architektur, sie sind auch der Kultur jener Zeit entsprechend voller Symbolgehalt – stellvertretend für die Tugend der Ausdauer (Zypresse), die paradiesische Schönheit und Erhabenheit (Rose), die Unsterblichkeit (Lorbeer). Planer und Ausführer des Gartens verbinden sich in dieser Phase noch in der Person des Besitzers (aber man denke bereits an den Fall des Francesco Gonzaga und die einschneidende Rolle, die er, nach dem wundervollen Aufsatz von Andrea Vivit, bei der Planung seines »hervorragenden Viridariums« in Rom gespielt hat; oder an die eigensinnigen Anweisungen für den ausführenden Francesco Maffei)[10]. Und gerade Navagero lobt einen Franziskanerpater als aufmerksamen und erfahrenen Gärtner (wir wissen, daß in den Klöstern das Interesse für die Botanik und die Beschäftigung mit den Pflanzen oft die finanziellen Mittel des Klosters erschöpften)[11]; in Venedig gab es – will man der bis jetzt nicht geprüften Nachricht von Tassini Glauben schenken – »sogenannte Gärtner, die nicht eine eigene Kunst darstellten, aber doch eine wichtige Arbeit verrichteten«. Dabei handelt es sich um Ausführende, um Arbeitskräfte.

Die kurze Beschäftigung mit den *suburbana* von Murano hat uns einige nicht unerhebliche Erkenntnisse geliefert über eine kulturelle Erscheinung, die von ihrem Anfang im 15. Jahrhundert weit ins 16. Jahrhundert hinein homogene Züge aufweist. Doch hätten wir zu den gleichen Ergebnissen kommen können mit einer ähnlichen Betrachtung der Insel Giudecca und ihrer Bebauung. Nachdem der Höchste Rat der Stadt 1328 beschlossen hatte, die Sümpfe neben dem Kloster von Santa Croce trockenzulegen und zur Bebauung durch Privatleute freizugeben, scheint man die Bebauung sofort darauf ausgerichtet zu haben, auch Raum für das persönliche »Vergnügen« zu schaffen, das im Garten seine entsprechende Verwirklichung erfährt. Bereits Jacopo d'Albizzotto Guidi begeistert sich in der »Chontrada« für die »vielen schönen Häuser«, die mit geschickt verteilten und angelegten Gärten geschmückt sind, die durch »Weintrauben, Äpfel und Feigen, / Granatäpfel und Muskatellerbirnen / und [...] viele Buchsbaumsträucher, Blumen und schöne Rosen, / Damaszenernelken und zahlreiche Lilien« erfreuen[12]. Nicht umsonst [...] so berichtet uns Vasari [...] nimmt Michelangelo, nachdem er 1529 Zuflucht in Venedig gefunden hatte, auf Giudecca Wohnung, »um den Besuchen und Zeremonien, deren größter Feind er geworden war, zu entfliehen«. Bis jetzt haben wir uns bei unserer Suche nach dem venezianischen Garten ausschließlich auf literarische Zeugnisse gestützt, da der Umfang graphischen Materials eher begrenzt ist. Doch ein Zeugnis gibt es, das weder fragmentarisch noch undeutlich ist: Ich beziehe mich auf die Vogelperspektive auf Venedig von Jacopo de' Barbieri, die er im Jahre 1500 auf Holztafeln anfertigte, auf der die Insel Murano weit entfernt und durch die Perspektive stark verkürzt erscheint, Giudecca dagegen im Vordergrund bis in die kleinsten Details, d. h. auch mit jeder *domus cum horto* sichtbar ist.

Und nun sind wir auch in der Lage, den unauflöslichen Zusammenhang zwischen den beiden Komponenten zu erfassen, die Einheit des inneren und äußeren Raumes. Die Wiederholung – in der *domus* – einer Portikusöffnung im Erdgeschoß und einer Loggia im Herrengeschoß ist nicht nur eine elegante, dekorative Erfindung, sondern eine gut überlegte, funktionelle Lösung für die Forderung, eine Verbindung herzustellen zwischen dem Inneren und der künstlichen äußeren Natur *(hortus)* – es ist die notwendige »szenische Ergänzung«, der zusätzliche Pol, unverzichtbar für den gesamten baulichen Komplex. Diese szenische Ergänzung beginnt mit dem Flechtwerk einer Pergola und ihren Blumen und grünen Ranken und reicht bis zum kleinen Wäldchen. Diese Komponenten wurden eine nach der anderen von dem unbekannten und so feinfühligen Illustrator der 1499 in den Druckereien Manuzios erschienenen *Hypnerotomachia Poliphili* vorgestellt. Und Lotto zeigt sie uns mit dem Hintergrund seines Gemäldes *Abschied Christi von seiner Mutter* in den Staatlichen Museen von Berlin-Dahlem, indem er die Szene im nach hinten offenen Säulengang einer solchen *domus* ansiedelt. Die Abschweifung zu den »lagunaren Vergnügen« scheint zu bestätigen, daß die festgestellte Typologie im wesentlichen eineinhalb Jahrhunderte lang beibehalten wird. Noch Mitte des 16. Jahrhunderts singt Andrea Calmo: »Ihr, die Ihr so wohl seid, in dem schönen Muran, / so daß ich Euch sagen muß, / daß ich versucht bin, das Meine zu verkaufen / und dorthin zu kommen, wo man gesünder lebt [...] / Jener Garten ist voller duftender Blumen / und der Kanal so klar und rein / mit diesen wundervollen, luftigen Häusern.«[13] – »Das Meine verkaufen«: Die Einkünfte aus dem finanziellen Kapital einsetzen, um ein kleines Stückchen Land zu kaufen. Diese Versuchung des Dichters erscheint uns überraschend anachronistisch zu jenem Zeitpunkt.

Wir wissen wohl, daß der rasche Angliederungsprozeß eines großen Teils des Hinterlandes durch Venedig zu Beginn des 15. Jahrhunderts nicht sofort zu einer klugen und geregelten, umfassenden Neustrukturierung des so gewonnenen Landes geführt hatte. Wenn die bereits den Herren von Padua und Verona und ihren höfischen Würdenträgern gehörenden Latifundien (»Gut der Carrara«, »Gut der Scaliger«) nach der Eingliederung zur Versteigerung gegeben werden und die Patrizierfamilien darauf mit umfassenden Erwerbungen reagieren (dort, wo noch am 17. April 1345 der Höchste Rat eine sehr vorsichtige Haltung eingenommen hatte gegenüber Investitionen in Grund und Boden, macht sich nun wachsende Begeisterung breit), so handelte es sich in Wirklichkeit jedoch um eine Art passiver Investition, die nicht in der Lage war, sich durch gezielte Maßnahmen in eine ertragreiche Unternehmung zu verwandeln.

Die Bereitschaft, dem Aufruf des Staates zu folgen (der damit seine Kassen füllt), besteht vor allem in Kaufmanns- und Seehandelskreisen. Die Gelegenheit wird in erster Linie dazu benutzt, Grundbesitz in

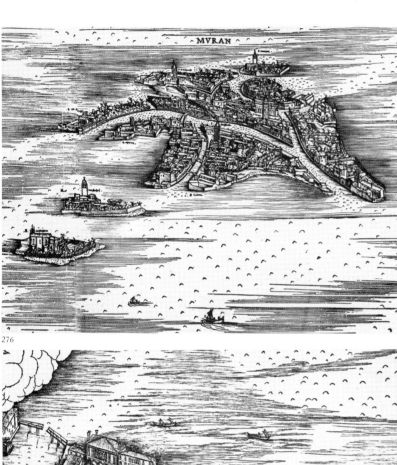

276

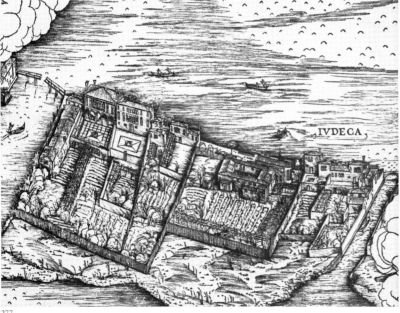

277

Sicherheit zu bringen und so, fern von Risiken und ungünstigen Kon-
junkturen, überschüssiges Geld fest anzulegen. Wir wissen auch, daß
die einträgliche und begehrte Möglichkeit, das komplizierte Geflecht
der Flüsse und der zahllosen Kanäle zu kontrollieren und zu verwalten
– welches wiederum in schlechtem Zustand und eine Gefahr für das
delikate Gleichgewicht der Lagune ist, von dem aber die Lebensfähig-
keit der Stadt Venedig abhängt (in den Mündungsgebieten der Fluß-
läufe führte die Vermengung von Süß- und Salzwasser zu einer gefährlichen Anhäufung des mit der Strömung herangeführten Gerölls) –,
durch die Erstellung eines globalen und zusammenhängenden Regu-
lierungsplans auf Regierungsebene nicht verringert wird. Die klare
Erkenntnis eines Marco Cornaro, in einer Reihe von ausführlichen
Schreiben um die Mitte des 15. Jahrhunderts verbreitet, zeigt kein
sofortiges Ergebnis: Tatsächlich splittert sich alles in verschiedene Unternehmungen auf, die mehr durch unmittelbare Notfälle diktiert werden (der Doge Tomaso Mocenigo z. B. gebietet am 16. Januar 1416 den
nachlässigen Neubesitzern der an den Gorzon grenzenden Grundstücke, sich an der Regulierung dieses Flusses zu beteiligen) als durch
das Bewußtsein einer langfristig für alle als problematisch betrachteten
Situation.

Und doch, trotz einer solchen Nachlässigkeit und unsicheren und
inkonsequenten Verwaltung sowohl durch den Staat als auch durch
die Privaten und ihre Interessen und trotz einer aufgrund – mit Ausnahme der Hauptverbindungswege – wenig ausgebauter Verkehrsver-
bindungen so eingeschränkten Bewegungsmöglichkeit können wir
eine Zunahme von Ansiedlungen feststellen, die meist aus einem
Grund entstanden waren: Flucht vor der Stadt, Suche nach Ruhe und
Muße für Studien. Der gleiche Grund führte auch zur Besiedlung der
Inseln um Venedig, und es ist kein Wunder, daß wir die gleichen
bewährten Typologien wiederfinden, wie sie schon zu Beginn des
15. Jahrhunderts das reiche und gebildete Patriziertum nach dem Aufruf des Staates zur Besiedlung der Terraferma verwendete. Pietro
Bembo beschreibt seine kleine Villa von Santa Mario di Non bei Padua, das vielgeliebte Nonianum, das vom Vater bereits um 1476 errichtet wurde, mit einem »Wäldchen [...] am Anfang des Obstgartens,
[...] sehr angenehm und schön [und wie] das Haus und alles den
ganzen Tag von Rosen [...] voll«, eine »kleine Pergola«, am Ende des
Gartens, ein »schöner und großer Pavillon« aus Efeu[14]. Es handelt sich
um »Erleuchtungen«, die in den erwähnten Holzstichen aus *Hypnerotomachia Poliphili* perfekt wiedergegeben sind, aber sicher inspiriert
von der Erinnerung an die Gärten, mit denen sich die Terraferma
bevölkerte und die auch an ein ganz spezielles, in gewissem Maße
verpflichtetes Modell gebunden waren. Der Vincentiner Humanist
Bartolomeo Pagello formulierte das in einem um 1470 an Bernardino
Leoniceno gerichteten Brief mit Klarheit und Strenge, was die Haupt-
punkte betrifft: »Sie [die Villenresidenz] sei nur fähig der [eigenen]
Dinge und des ehrlichen Vergnügens [...]. Es ist ausreichend, wenn
ein einziger Säulengang vom Haus zum lieblichen Garten führt, vom
Hof nur mit zwei Stufen erreichbar, rechts und links seien Zimmer, die
nicht luxuriös, aber zum üblichen Gebrauch geeignet sein sollen. An

278. Brunnen, Holzstich, aus Francesco
Colonna, Hypnerotomachia Poliphili,
Venedig 1499.
Die Illustrationen in dem von Aldo Manuzio in Druck gegebenen Buch sind sehr
oft eine wertvolle Quelle von Informationen über die Elemente des Gartens im
15. Jh.

279. Der Barco von Caterina Cornaro,
Altivole.
Von der prunkvollen Residenz, die Caterina Cornaro gegen Ende des 15. Jhs. in
der Ebene am Fuß der Hügel von Asolo
errichtete, blieben die Kirche, eine Loggia und wenige Wirtschaftsgebäude er-

halten. Der Barco ist ein eher untypisches
Beispiel in der Geschichte der Niederlassungen in Venetien aufgrund seiner
Pracht und der Weitläufigkeit seiner
Gärten, von denen jedoch keine Spur geblieben ist außer den literarischen, malerischen und graphischen Zeugnissen.

278

das Schlafzimmer schließe sich die elegante Bibliothek an, das einzig
[...] Überflüssige. Im Garten viele Apfel- und Birnbäume, Granatäp-
fel und Damaszenerpflaumen und großartige Weinstöcke: und viele
Platanen in der Nähe des Hauses und gestutzter Buchsbaum, schöner
Lorbeerbaum und ein klarer Brunnen, der den Musen heilig ist.«[15]

Es wäre müßig, hier nun die ganze Reihe möglicher Bestätigungen
anzuführen, wobei man Persönlichkeiten von der Bedeutung eines
Ramusio aus der Gegend um Padua (»viele schöne und erfreuliche
Bäume«), eines Fracastoro aus Verona und viele mehr nennen könnte.
Tatsache ist eine Ordnung von sich gegenseitig ergänzenden Szenen,
ein axial zum Säulengang und zur Loggia des Herrenhauses angelegter
Garten, der sich in den Hintergrund erstreckt, mit Pergolen oder von
Hecken eingesäumt, mit getrenntem Anbau von Weinstöcken und
Obstbäumen und an ein kleines, frei wachsendes Wäldchen grenzend,
das jedoch durch die *ars topiaria,* die Kunst des Beschneidens, mani-
puliert und in Pavillons und Loggien verwandelt werden kann. Varia-
tionen waren immer möglich: Sie ergaben sich z. B. bei der Anlage des
Brunnens oder der Quelle, die in den literarischen und graphischen
Dokumenten nicht immer genau angegeben waren. Das Schema, das
wir also anhand der wesentlichen Richtlinien entdecken konnten, ist
die verschlüsselte Antwort auf das Bedürfnis nach heiterem Genuß,
nach dem »ehrlichen Vergnügen« auf dem Land und in der Natur
(rus), die im kleinen Kreis zum privaten und fiktiven Arkadien wird:
friedlich, frei von unerwünschten oder unliebsamen Überraschungen,
zu Fuß zu durchstreifen in glücklicher Freiheit und zur Erbauung des
Geistes oder in gelehrter Konversation, bis zu den entferntesten Begrenzungen, die jedoch nie weit von der *domus* sind und gleichzeitig so
unbestimmt und vage, daß sie einen Hauch von Geheimnis bergen, den
Übergang zur Außenwelt bilden, zur Welt, die sich jeder künstlichen
Kontrolle und Verwaltung widersetzt. Tatsächlich ist diese Außenwelt
in Unordnung und voller Aufruhr, sie enthält Elend und Not, besonders in Form der hungernden Bauern, gegen die bereits Guario in
seinem paradiesischen Zufluchtsort am Gardasee wetterte und sie als
tierische Elemente bezeichnete, die den ländlichen Frieden störten,
weshalb hart und unerbittlich gegen sie vorgegangen werden sollte.

So wie in der venezianischen Lagune und auf ihren Inseln, so verhält
sich auch lange Zeit die Situation des Gartens auf dem Festland, was
jedoch nicht ausschließt, daß einige Störungen eintreten, die zur radikalen *virage,* zur Umkehr führen können. Die substantiellen Merkmale jedoch bleiben und behalten weiterhin ihren Wert. Eines davon
ist der trotz ähnlicher ideologischer Motivationen deutliche Unterschied zum toskanischen Garten; er kommt nicht von ungefähr, sondern hat seinen Grund in einer psychologischen Neigung zum Figürli-
chen, Konkreten, in der Abneigung gegen jede perspektivische Ver-
zerrung und dagegen, die Natur *more geometrico* zu »demonstrieren«.
Und dort, wo wir zuverlässige Quellen haben, erfahren wir von der
Vorliebe für die Farbe in der Verwendung der Pflanzen. Wir sprechen
von einer radikalen *virage:* Sie betrifft aber nicht so sehr die typologische und formale Neukonzeption der *domus* als vielmehr die des Gartens. Francesco Sansovino verdanken wir einen aufklärenden Hin-

weis, der uns in die Lage versetzt, die eingetretenen Veränderungen zu registrieren und vor allem die überhandnehmende Künstlichkeit als entscheidend für die Gestaltung der Residenzen im ausgehenden 16. Jahrhundert zu betrachten.

Die einfache Struktur des 15. Jahrhunderts, die bis zur ersten Hälfte des 17. Jahrhunderts noch vorhanden war, wird nicht nur erweitert, sondern erscheint auch viel komplizierter aufgrund der verbesserten gärtnerischen Fähigkeiten und eines beharrlichen und bedenkenlosen Einsatzes von plastischen und architektonischen Elementen *tout court.* »An der Vielfalt der Ornamente und dem Schmuck der Pflanzen und Skulpturen, an den Brunnen und anderen graziösen und angenehmen Erfindungen erfreut sich jeder, der [die Gärten von Murano und Venedig] betrachtet, und zwar nicht ohne Erbauung und Freude.« Dieses Zeugnis stammt aus dem Venedig gewidmeten Werk *Venetia città nobilissima et singolare,* das 1581 erschien. Aber bereits 1565 berichtet Francesco Sansovino von einem »Garten [...] mit einem römischen Brunnen von außerordentlicher Schönheit«[17] und meint damit die Muranoer Residenz von Camillo Trevisan – zu Recht.

Pietro Aretino bedankt sich seit dem 3. Juni 1537 wiederholt bei Francesco Marcolini für Geschenke und Blumen, die ihm des öfteren vermutlich aus dem Garten geschickt wurden, den der Verleger auf der Giudecca besaß. »Fächer des Sommers, der Atem seines Windes, der Schatten seiner Bäume, die Süße seiner Blumen und der Gesang seiner Vögel erfrischt, erheitert, erfreut und beruhigt.«[18] Im Jahr 1549 berichtet er vom »Garten, der die vornehmen Räume umwucherte« und

meint damit die Villa der Cornaro; er rühmt die von Guidobaldo della Rovere hochgeschätzten Früchte, bewundert die gärtnerische Geschicklichkeit des Besitzers Benedetto: »Wenn die Giudecca es nicht verdiente, bewundert zu werden wegen der Schönheit ihrer Paläste, der Kirchen und ihres Ortes [...], so wäre es allein der Garten der Cornaro, der sie allen Menschen wunderbar erschließen ließe.«[19] Wir stellen also fest, daß sich etwas verändert hat im Vergleich zu früheren Beschreibungen. Jener Calmo, der von seinem Traum spricht, seine »Einkünfte« in einen kleinen Garten zu investieren, begeistert sich – und hier kehren wir nach Murano zurück – für den »Garten [des Gianfrancesco Priuli], der wohl ein irdisches Paradies genannt werden kann wegen der Anmut der Luft und des Ortes, wegen seiner hervorragenden Pflege, er ist wunderbar angelegt, ein Ort der Nymphen und Halbgötter«[20]. Oder betrachten wir das Hinterland, wenn Silvano Cattaneo während seines Besuchs bei Agostino Brenzone in San Vigilio am Gardasee auf »einem schönen und geräumigen Weg [wandelt] zwischen Lorbeer und Myrten, und zwischen vielen Gärten voller Zedern, Orangen- und Zitronenbäume«, bis er zu einem »sehr schönen Palast [kommt], der auf einem hoch aufragenden Felsen errichtet ist«, und die Statuen von Venus, Cupido und Apoll bewundert, sowie die fiktive Grabstätte des Catull[21]. Etwas tut sich, so sagten wir bereits, und es ist deutlich.

Wir haben bereits von der weitgehend ungeordneten Situation auf dem Festland während des gesamten 15. Jahrhunderts gesprochen: von der Trägheit der privaten Landbesitzer hinsichtlich einer ordentli-

280. Giovanni Valle, Plan von Padua, Ausschnitt mit dem Hof der Cornaro, Stich, 1781. Padua, Museo Civico. Häufig wurden auch die Stadtresidenzen durch einen Garten ergänzt, wie z. B. der ab 1524 errichtete Hof des Alvise Cornaro in Padua, der für Theateraufführungen, Musikdarbietungen und gelehrte Konversation bestimmt war.

281. Villa Trissino, Crioli. Die von Giangiorgio Trissino in Crioli bei Vicenza errichtete Vorstadtvilla besaß einen Garten, der als Allegorie der Dichtung konzipiert war; eine Beschreibung seiner Schönheit und Ausgewogenheit erhalten wir von den Gedichten Lascaris. Der Garten war nach einer Ausschreibung von einem eigens dazu aus Mantua geholten Gärtner angelegt worden.

chen und einträglichen Organisation der Landwirtschaft, von den gelegentlichen, inkonsequenten Eingriffen des Staates. Beginnen wir hier (wir müssen weit ausholen) und nehmen wir zur Kenntnis, daß wir bis zum Ende des 15. und Beginn des 16. Jahrhunderts warten müssen (genau im Jahr 1501 wird das Wasseramt eingerichtet), um eine heftige und eingehende Auseinandersetzung zu erleben (an der sich auch Paolo Sabbadino, Pietro und Paolo Sambo und der eigens aus Paris geholte Fra Giocondo beteiligen) über das Problem – um es mit den Worten Roberto Cessis zu beschreiben – einer »vollständigen Vermeidung des Zuflusses von Süßwasser in die Lagune, wie immer man es auch erreichen möge«. Dies bedeutete eine geplante und gezielte Neuorganisation des gesamten Flußnetzes: Dazu gehörten z. B. die Umleitung des im 14. Jahrhundert von den Carraresi geänderten Laufs der Brenta, über die Stauung von Chioggia bei Fosson hinaus, und des Sile und seiner zahlreichen Nebenflüsse im Becken des Piave.

Im östlichen Mittelmeer lauerte ständig die Türkengefahr, wodurch die Venezianer in ihren Unternehmungen und Handelsfahrten entlang der traditionellen Routen behindert wurden; außerdem sahen sie ihren »Seemachtsstaat« in Gefahr: Die neuen Seefahrtswege im Atlantik, die Entdeckungen neuer Welten durch die europäischen Mächte und der ungeheure Zustrom an Edelmetallen, an dem Venedig nicht beteiligt war, bedrohten die Serenissima in ihren Grundfesten.

In ihrem Selbstverständnis erschüttert, konnten die Bürger Venedigs und Venetiens nur auf ein Gut zurückgreifen, um der Gefahr einer Paralyse und der drohenden Katastrophe auszuweichen, ein Gut, das sie bis dahin sträflich vernachlässigt hatten und das nun dringend einer Reform bedurfte: das Land. Wenn Girolamo Priuli (der höchst eindringlich die Nichtbeteiligung Venedigs an der Eroberung der Neuen Welt beklagte) noch die *virage* verwirft, d. h. die Wende vom immerhin stimulierenden und fruchtbaren Risiko des Handels zur antriebslosen, die Tradition verleugnenden Sicherheit der Immobilien- und Rendite-Aktivitäten, so wendet Domenico Morosini in seinem *De bene instituta republica* (politisches Traktat von 1497) ein, nur aus einer klugen Erschließung des Landes und einer ernsthaft betriebenen Organisation der Landwirtschaft könnten die Voraussetzungen für eine Wirtschaft entstehen, die allen internationalen Konjunkturschwankungen standzuhalten in der Lage sei[22].

In diesen Prozeß schaltet sich Alvise Cornaro ein: eine zentrale, emblematische Gestalt. Sein Familienzweig hatte durch mißliche Umstände den Patrizierrang verloren, er selbst muß nach Padua zum Onkel mütterlicherseits Alvise Angelieri fliehen, einem reichen Bürger, der ihm ein bemerkenswertes Erbe an Grundbesitz in der Umgebung von Padua, zwischen Este und Chioggia, hinterläßt; vergeblich versucht Alvise, den Adelstitel wiederzuerlangen, doch ist er entschlossen, das aufgrund seines Reichtums erworbene soziale Prestige auf polemische Art und Weise zu nutzen. Die »Sache«, wie er dem Freund Sperone Speroni anvertraut und dabei (denjenigen, die ihm den Zugang zum Patriziat, die *conditio sine qua non* für einen Einstieg in die Regierungsbereiche des Stadtstaates verweigert hatten) die Ethik des »Partikulären« predigt: Jene »Sache«, die man kauft, und er wird sie

280

281

kaufen, »mit dem besten Mittel und mit dem lobenswertesten dazu, dem Mittel der heiligen Landwirtschaft«. Im Jahr 1517 hatte Cornaro nach der Heirat mit Veronica Agugia seinen Immobilienbesitz noch erheblich erweitert. Der zerstörerische Sturm des Krieges von Cambrai, der seit 1509 über das Land hinweggefegt war, hat sich gelegt (von 1517 stammt das Traktat von Brüssel), und Alvise beginnt, seinen Grundbesitz durch kluge Arbeitsverteilung fruchtbar und einträglich zu machen. Man hat die Behauptung Alvise Cornaros in Zweifel gezogen, nach der er im Laufe von nur wenigen Jahren aus mehr als 1000 Campi Gewinne erzielt haben will; sicher ist jedoch, daß er zwischen 1518 und 1528 seinen Wohlstand beträchtlich mehrt. Auch sein Unternehmergeist läßt nicht nach. 1529 übernimmt er die Verwaltung von 4000 Campi, die zum Bischofssitz von Padua gehören, und arbeitet einen Plan zur Erzielung der größten Ertragsfähigkeit aus (Umwandlung der Miet- in Halbpachtverhältnisse; Aufteilung der Latifundien in Einheiten von je 50 Campi). Im darauffolgenden Jahr schließt er Verträge mit dem Venezianer Agostino Coletti und mit Francesco Forzatè aus Padua zur Urbarmachung (1533) von rund 1500 Campi im nahe der Lagune gelegenen Tiefland. Auch hier gerät er mit seinem »partikulären« Vorhaben in Konflikt mit dem Staat, der sich endlich entschlossen hat, den gefährlichen hydrologischen Zustand zu beenden und das gefährdete Gleichgewicht der Lagune wiederherzustellen. Die im Zuge der Urbarmachung von Alvise neu gezogenen Grenzen überschneiden sich mit den Programmen des Wasseramtes. So entsteht eine harte Auseinandersetzung, bei der im Grunde das Recht der Öffentlichkeit dem Recht des Privaten gegenübersteht. Alvise Cornaro läßt sich offen auf diese Auseinandersetzung ein und liefert mit unglaublicher Energie (vom Gesichtspunkt des Privaten aus) Argumente wirtschaftlicher, sozialer und sanitärer Natur, um seine Politik der Urbarmachung zu verteidigen; denkwürdig bleibt die sich über Jahre hinwegziehende Polemik, die ihn als Gegner des berühmtesten Fachmanns für Wassertechnik der Republik sieht, Cristoforo Sabbadino. Er kann nicht gewinnen. Sein Traum, die unendlichen Weiten der Sümpfe und wasserführenden Gebiete in fruchtbare Felder zu verwandeln, »beginnend bei Aquileia und entlang des Sees [Lagune] bis über Fosson und in die Gebiete von Treviso, Padua und Polesine und jenseits des Po«, findet die ersehnte und so eifrig betriebene Realisierung nicht, und auch sein in der Tiefebene bereits begonnenes Projekt schlägt fehl. Ein unwiderrufliches Urteil verpflichtet ihn 1541, die bereits errichteten Begrenzungen wieder niederzureißen; gleichzeitig bezichtigt ihn der Bischof von Padua schwerwiegender Unregelmäßigkeiten; er entzieht ihm die Verwaltung seiner Ländereien und zitiert ihn vor Gericht. Die Achtung seiner Prinzipien vom »heiteren Leben« verbietet es ihm, sich düsteren Überlegungen, dem »melancholischen Zustand« oder Zorn und Verzweiflung hinzugeben. Er zieht sich zurück, betreibt weiterhin die Verwaltung und Vermehrung der großen, weit von der Lagune entfernt liegenden Ländereien bei Codevigo (ein Ort »mit Brunnen und Gärten«) und wird im Lauf der Zeit mit Genugtuung feststellen, daß er mit der Verteidigung der »heiligen Landwirtschaft« Recht behält.

Immer mehr und immer überzeugtere »Privatpersonen« (und vor allem Mitglieder des Adels) blicken auf ihre so lange vernachlässigten Besitztümer; sie verstehen, welche unendlichen Gewinnmöglichkeiten für denjenigen daraus entstehen könnten, der sie nutzbringend zu verwalten vermag, so daß man den von der Preisrevolution entfachten Kostenanstieg bei den landwirtschaftlichen Produkten nicht nur ausgleichen, sondern sogar in einen Vorteil verwandeln könnte.

Es bilden sich Genossenschaften. 1556 gründet die Republik das Amt für unbebautes Land, das die Bedürfnisse des Staates mit den Forderungen der Privaten vereinbaren soll und das die weitschauenden Pläne des Alvise Cornaro zuletzt doch noch bestätigt. Nun kann Roberto da Spilimbergo mit Recht behaupten, daß es »die schönste und gerechteste Ware des Edelmannes ist, Land zu kaufen« (natürlich, um es zu bewirtschaften), während Memmo davon spricht, daß »die Bürger von ihren Renditen« leben werden. So schließt Falcone, daß »Villa, Land und Besitz dieselbe Sache sind, die aus verschiedenen Teilen besteht«. Der Garten gehört dazu; aber welcher Garten und unter welchen Voraussetzungen?

Die Veröffentlichungen *de re rustica* mehren sich (der Beginn war von dem Feuerkopf Fra Giocondo gemacht worden, aber weitere Verbreitung hatte seit 1490 das in »Vulgärsprache« verfaßte Traktat Pietro de' Crescenzis gefunden). Einer der glücklichsten und meistveröffentlichten Verfasser ist Agostino Gallo; er beruft sich auf Plato und mahnt, »da die Landvilla erhaben ist und ein Beispiel für Fleiß, Gerechtigkeit und Sparsamkeit, kann man auf dieser Welt nichts Nützlicheres, Süßeres, Erfreulicheres, Heiligeres finden, als in die Villa zu kommen, wo der Mensch allem Haß und Neid fern ist, allen Verleumdungen, Begierden, Ehrgeiz, dem Rauch und den falschen Schatten dieser Welt, die immer voller Mühen, Kummer und unendlicher Betrübnis ist [...]. Glücklich der Städter, der in der Villa lebt, / um seine Felder zu bebauen / mit der Reinheit der alten Vorfahren.«[24] Alte Themen (der Konflikt *urbs* und *rus*; *pólis* und *pólemos*; die alte Einladung, damit, gemäß Teophrast, *agricultura digna est homini libero* oder *nihil agriculum liberalior aut dulcius*, nach Columella; von Plinius ganz zu schweigen), die immer neu sind, und die, soweit es unser Thema betrifft, auf einen doppelten Wandel zurückzuführen sind.

Der vornehme Städter, der gebildete Kaufmann des Humanismus, der von Zeit zu Zeit in die wohltuende und erholsame Atmosphäre der Vorstadt oder des Landes ausgewichen ist, verwandelt sich (und somit Mentalität und kultureller Habitus) in die neue Gestalt des besitzenden Edelmannes, der aktiv beteiligt ist an der ertragreichen Verwaltung seiner Ländereien. Als Folge davon verändert die effiziente Ausstattung der kultivierten Besitztümer – in die ein großer Teil des Kapitals gesteckt wurde und die in immer stärkerem Maße zur Grundlage für soziale Würde und Prestige werden – die immensen, bis dahin wilden, sumpfigen und unzugänglichen Gebiete der Terraferma und macht sie zu einer reich gegliederten Landschaft mit funktionsfähigen Landgütern, deren Gebäude zwar praktischen Zwecken dienen, in ihrer architektonischen Vielfalt jedoch auch die adeligen Bedürfnisse eines Lebens in entsprechendem Rahmen erfüllen. Diese Entschei-

282. Andrea Palladio, Plan und Aufriß der Villa Poiana in Piana Maggiore, Tafel aus I quattro libri dell'architettura, Venedig 1570.
Zweifellos sah Palladio die offenen Räume der Gärten als unverzichtbare Ergänzung zu seinen im venetischen Hinterland geplanten und gebauten Villen. Der Architekt selbst spricht in seiner Abhandlung davon, ohne jedoch genaue Hinweise zu geben; leider sind uns auch kaum zuverlässige Dokumente überkommen, so daß wir nur vermuten können, wo er sich die Gärten gedacht haben mag: vor dem Herrenhaus liegend (Villa Emo), an den Seiten oder hinter dem Herrenhaus (Villa Poiana).

283. Villa Poiana, Piana Maggiore.

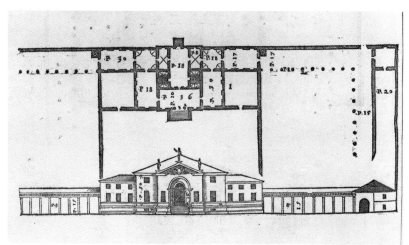

282

283

dung zum neuen Lebensstil des venezianischen Patriziats und Adels mußte unweigerlich zu einer radikalen typologischen Änderung der alten Villenstrukturen führen, die im 15. Jahrhundert eingeführt worden waren und nun als unzureichend empfunden werden, um den neuen funktionellen und repräsentativen Anforderungen zu genügen. Dieser aristokratische und neofeudale Prozeß verlangt Zeichen und Worte aus der Welt der Klassik, nicht historisch als vielmehr rhetorisch gemeint, als Garantie und Legitimation für die *virage*, die Revision. Man liest wieder Plinius und plagt sich mit Rekonstruktionen der Ideale, jedoch in neuer Form. Und exportiert Jacopo Sansovino für die Verlegerfamilie der Garzoni in Pontecasale nicht die neuen architektonischen Töne? Eine sogar oberflächliche und elementare Archivdurchforschung beweist den systematischen Abbau der *domus cum horto* des 15. Jahrhunderts und die Ersetzung, etwa mit Hilfe von hohen Mauern und anderen Elementen, durch das »Landgut zum Vergnügen des Edelmannes«, einschließlich des Gartens, der ebenfalls erneuert und vergrößert wird durch zahlreiche Wege und Komponenten. In seinem kurzen, 1550 erschienenen Traktat *L'Attavanta* zeigt Doni sehr wirkungsvoll die wesentlichen und unverzichtbaren typologischen Richtlinien auf: »Ein mit Mauern gut umschlossener Hof, ein breites und wohlproportioniertes Tor, auf zwei Seiten kleine Nutzgärten mit aus Quadern gebauten Mauern zum Sitzen, voller Granatäpfel, Zitronenbäumen, Blumen, Kräutern, Erdbeeren und anderen den Besitzer erfreuenden Gewächsen. Zwei kleine Loggien im Erdgeschoß, eine für den Sommer, die andere für den Winter, dazwischen der Eingang zum Haus, und das Gebäude sei an der Stirnseite des Hofes, so daß es beim Eintritt in denselben eine schöne und schmuckvolle Ansicht bietet; die Fenster seien so angeordnet, daß sie auf den Hof blicken, und die Zimmer über den Loggien mögen so angenehm wie nur möglich eingerichtet sein. Garten, Früchte, Pergolen und Wäldchen um das Haus herum sollen auf angemessene Weise angelegt werden.«[25]

In dieser Entwicklung spielt Palladio, worauf mehrfach hingewiesen wurde, natürlich eine erhebliche Rolle. Ehe wir auf den veränderten Charakter seiner konkreten Werke eingehen wollen, betrachten wir seine Handhabung der offenen Problematik, so wie er sie in seinen der Nachwelt in dem Werk *Vier Bücher über die Architektur* enthaltenen Überlegungen darstellt. Vor allem identifiziert er den Auftraggeber immer mit einem Bürger und »Edelmann von großer Pracht« und gesteht ihm die wesentlichen Prinzipien des »Nutzens und Genusses« zu, d. h. das zweifache Bedürfnis, »seine Besitzungen zu sehen und zu schmücken und mit landwirtschaftlicher Kunst und Tätigkeit deren Möglichkeiten zu steigern« und »seine Gesundheit und Kraft« zu bewahren, indem man »der von den Unruhen der Stadt [...] ermüdeten Seele viel Erholung und Erbauung gönnt«, sowie natürlich die Möglichkeit, »ungestört [...] die Studien der Literatur und jederlei Betrachtungen zu betreiben«. In der Synthese zwischen wirtschaftlicher Funktion und erhabener »Unterhaltung«, die Palladio aufstellt und dabei den historischen Bedingungen gerecht wird, die wir hier aufgezeigt haben, wird dem Garten die unveräußerliche Funktion eines

Ortes der »Erbauung« zuerkannt. Der Architekt zögert auch nicht, einen direkten Zusammenhang herzustellen zwischen »jenem glücklichen Leben, das man hier führen kann« und den »Häusern, Gärten, Brunnen und ähnlichen ergötzlichen Orten«; er verkündet auch, daß »die Gärten, Nutzgärten [...] die Seele der Villa sind« (und es ist kein Zufall, daß seine Behauptung durch die Feststellung Kaiser Maximilians II. bestätigt wird, von der wir ausgegangen sind)[26]. Es fehlen bei Palladio jedoch alle Hinweise auf mögliche Ausstattungen: Auch wenn wir die beim R. I. B. A. in London verwahrten Mappen mit Zeichnungen des Architekten durchforschen wollten, könnten wir einerseits häufig klar umrissene, weitläufige Flächen entdecken, die ganz offensichtlich für die Anlage von Gärten gedacht waren, doch andererseits werden wir feststellen müssen, daß jeder noch so kleine graphische Hinweis auf die Ausstattung dieser Gärten fehlt. So bei den Notizen auf Blatt X 1v (man beachte jedoch die achteckigen Entwürfe auf der linken Seite) oder auf Blatt XVI 4r (hier vor dem Herrenhaus gelegen) oder bei Blatt XVI 3 (wo der Standort des Obstgartens ausdrücklich hinter den Gebäuden angezeigt ist); als einzige Ausnahme kann die problematische Zeichnung VIII 13r gelten, die sich vielleicht auf jenen Parco Reale in Turin bezieht, den bereits Galiani Napione (1818) als Beweis für die aktive Beteiligung Palladios bei der Anlage von Gärten anführt.

284

Betrachtet man die zur Verfügung stehenden Werke, so würde ich mich tatsächlich nicht in der Lage fühlen, die Gärten von Villen wie der Villa Barbaro in Maser, der Villa Emo in Fanzolo, der Rotonda in Vicenza oder der Sarego in Santa Sofia di Pedemonte *tout court* auf, ich sage nicht, palladianische Entwürfe, aber doch Modelle aus dem 16. Jahrhundert zurückzuführen, auch wenn es durchaus glaubhaft erscheinen mag. Diese Organismen – und die Reihe könnte beliebig fortgesetzt werden: Villa Poiana in Poiana, Villa Badoer in Fratta, Villa Foscari oder Malcontenta usw. – sind derart konzipiert, daß sie als Ergänzung einen offenen szenischen Raum benötigen, der sicher nicht allein schon durch die einfache, den Standort umgebende Natur gewährleistet ist.

Wenn tatsächlich bei der Konzeption Palladios das Verhältnis zum »Standort« in der Bedeutung eines weiten Horizonts einer der unumgänglichen dialektischen Pole ist und wenn sein Werk von der Wechselwirkung der Innenräume und der umgebenden Landschaft lebt, so muß man eine exakt berechnete Beziehung zum Land wohl zugeben: Die präzise, überlegte Planung eines Außenraumes, der eine Art Verbindungsglied und Vermittler ist zwischen der inneren Gliederung des Gebäudes und den angrenzenden, aber bereits auf andere Weise beherrschten Räumen. Aus diesem Verfahren entsteht im allgemeinen der Garten, und es läßt im Grunde nicht die Konzentration auf die Werte der venetischen Kultur außer acht, noch verändert es die fundamentalen methodologischen Koordinaten dieser besonderen Tradition – auch wenn der Übergang vom Gebäude zum »freien« Land (aber tatsächlich handelt es sich um bei der Erschließung »kultiviertes« Land) mehr als ein stufenweiser betrachtet werden muß und die Vermittlung als komplexe, künstliche Maßnahme zur Schaffung der

285

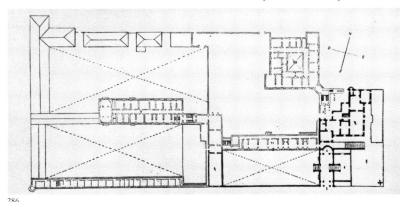

286

287

eigentlichen Nutz-, Obst- und Lustgärten, die der »Erbauung« und dem »hehren Vergnügen« vorbehalten sind. Der Garten vervollständigt die eigentlichen baulichen Strukturen der Villa (die Herrenhaus und Wirtschaftsgebäude zu einer Einheit zusammenfaßt) und ergänzt sie in einer historisch definierten und somit historisch gewordenen Dimension. Er ist ein notwendiges Moment in der von Palladio geforderten »formalen Triangulation« des Territoriums, der er selbst in seinen Werken auf exemplarische Weise gerecht wurde.

Wir haben auch anhand von literarischen und figurativen Dokumenten bewiesen, daß bei der Aufmachung des Gartens nunmehr viel mehr Komponenten in Erscheinung treten, als sie noch bei der Konzeption im 15. Jahrhundert üblich waren (Pergolen, Hecken, Wäldchen, Rabatten, Brunnen): Es erscheinen plastische Elemente – eine Mitteilung von Paolo Farinati informiert uns auch über das Vorhandensein von Elementen der Malerei[27] – und architektonische Elemente, wobei dem letztgenannten häufig die Aufgabe zukommt, nicht nur einen Rahmen zu bilden für die grünen Komponenten wie Bäume und Blumen, sondern auch die Achsen der Wege anzuzeigen, die einzelnen Räume – private und weniger private – abzutrennen und somit eine Art geheime Einfriedung zu schaffen.

Außerdem wird die Verwendung von Wasser wegen der Spiegel- und Leuchteffekte immer häufiger, wir finden bald vielerlei Arten von Bächen und Kanälen, Weihern und Becken sowie die springenden Fontänen der Brunnen. Die Dokumente liefern uns auch wichtige Beweise dafür, daß mit der Einrichtung dieses faszinierenden Themas ein zweifaches Ziel verfolgt wurde: auf der einen Seite folgt man dabei der Notwendigkeit, die Produktivität der landwirtschaftlichen Ländereien durch Bewässerungsanlagen *(utilitas)* zu erhöhen, aber gleichzeitig benützt man die zugeführten Wasserläufe auch, um das Bild des Gartens mit Hilfe von Wasserspielen zu verschönern *(pulchritudo)*. Es ist auf jeden Fall unzweifelhaft, daß in der Entwicklung des 16. Jahrhunderts und später diese venetische Lösung gegenüber den toskanischen und römischen Gärten ihre eigene Individualität behält – man erinnere sich noch einmal an Maximilian II. Diese Individualität besteht vor allem darin, daß Maß und Ziel eingehalten werden und überraschende, metaphysische Allegorien und trügerische und listige Spielereien fast vollständig fehlen; außerdem entwickelt sich der Garten meist in der Ebene oder in leichter Hanglage am schönsten, er ist viereckig und mit einem Blick überschaubar in seinen verschiedenen, durch die unterschiedliche Architektur gekennzeichneten Funktionen und in der Öffnung auf weite, aber durch Kultivierung und Erschließung bereits eroberte Horizonte. Die »Bequemlichkeit« (mit allem schmückenden und repräsentativen Überbau) ist von der »Nützlichkeit« nicht getrennt, sie ist ein Begriff, der von der Villa und ihrem notwendigen Rahmen voll respektiert wird. Nichts ist der venetischen poetischen Definition des Gartens fremder als die von Tasso aufgestellte Forderung (»nicht so sehr [...] um Nutzen daraus zu ziehen [...], als vielmehr [...] um die müde Seele zu erquicken«) oder die von Tolomei besungene vollständige Unterwerfung unter den »kühnen Geist« oder der künstliche Illusionismus, der von Lorenzo vertreten

288

289

wird; nichts entspricht dem weniger als die Reduktion auf eine *Wunderkammer* unter freiem Himmel, beschrieben von Armenini, oder der gigantische Mechanismus von Pratolino und die verwirrenden allegorischen Verwandlungen von Bomarzo.

Für die Veneter verlangt der Garten eine Einigung, eine Beziehung zu einer weiten, kontrollierten Fläche. Es ist logisch, daß man zu anderen Bereichen der Gartenkultur Beziehungen knüpfte, daß Einfluß genommen wurde, sowohl was Rhythmus und Gestaltung der Form betraf (das Auftauchen des wohl fröhlichen, aber auch beruhigenden Elements des Labyrinths) als auch im Bereich der immer spezielleren botanischen Kenntnisse und Experimente (man erinnere sich an die ausgezeichneten Beiträge von Tongiorgi Tommasi). Und wahr ist auch, daß wir im Lauf des 17. und 18. Jahrhunderts wertlose Entwicklungen feststellen, die als eine Art Anlehnung an das Universum des Gartens *all' italiana* beurteilt werden müssen. Wenn Palladio empfiehlt, daß »der Bereich, wo man das Korn drischt [...], nicht zu nahe am Herrenhaus gelegen sein darf, wegen des Staubs, aber auch nicht außerhalb des Gesichtskreises sein soll«, und dann darauf besteht, daß »die zur Arbeit in der Villa bestellten Menschen bequem und nicht zu eng untergebracht werden sollten«, so schlägt wenig mehr als ein Jahrhundert später Barpo vor, daß die Häuser der Bauern so weit wie nur möglich entfernt sein sollten wegen »des häßlichen Geschreis«, und er besteht darauf, daß sie »niedrig und dunkel sein sollen, damit man nicht gern darin lebt oder verweilt, sondern lieber auf dem freien Land ist und die Arbeit und Mühen vorzieht und nicht die Ruhe im Schatten

und Schutz der Behausung«. Die Anwesenheit der Städter auf dem Land bedingt manchmal eine hochmütige Trennung vom landwirtschaftlich bearbeiteten Territorium, in einer künstlichen Einsamkeit, die prunkvollen Festen den Rahmen gibt, wo die Zeit nur durch Nichtstun und durch eine Unterhaltung unterbrochen wird, die jeder Forderung nach kultivierter Konversation entgegensteht und sich in eitler Selbstbetrachtung gefällt.

Wenn also die Literatur über das Landleben, von Gallo bis zu Barpo und Agostinetti, weiterhin der Konzeption des Tasso von einem »wunderschönen Garten [jedem Vorsatz fremd] Nutzen daraus zu ziehen«, das Konzept vom »schönen Garten –, der nützlich ist und eine Erholung für jeden empfänglichen Geist« und von »Gärten [...] gemacht zur Zerstreuung und zum Nutzen« entgegenstellt, legt Vincenzo Scamozzi ganz entschieden die Betonung auf den großartigen Anblick und auf die vorherrschend für Erholung und Zerstreuung ausgerichteten Funktionen. »Je größer die Gärten sind und geräumiger, um so mehr gereichen sie dem Haus zur Ehre; am besten ist es, wenn dort Brunnen sind und Pergolen, Lorbeer und Ginsterspaliere und andere, wohlausgesuchte Pflanzen und als Krönung ein schönes Wäldchen aus Zitronenbäumen«; mit Gewächsen, aus denen man »Spaliere, Nischen, Bogen, Würfel, Loggien und ähnliches formen kann, die als Ornamente der Wege und Plätze und ähnlicher angenehmer Orte dienen«[28]. Es entsteht eine reiche Literatur über »das Leben in der Villa«; die Zeugnisse der Reisenden berichten von fröhlichen und erfreulichen Aufenthalten auf dem Land (dem *villeggiare* im Sinne

290, 291. *Villa Giovanelli, Noventa Padovana.*
Der Bau aus dem 17. Jh. ist vermutlich auf Antonio Gaspari zurückzuführen und wurde 1738 umstrukturiert, als Giorgio Massari die polygonale korinthische Vorhalle mit der davorliegenden Treppe und den Statuen des Tarsia an-

fügte, die der Villa barocke Monumentalität verleiht. Auf das gleiche Jahr ist der Garten zu datieren, der einst berühmt war mit seinem Labyrinth und den Pavillons und von dem heute leider nicht mehr viel übriggeblieben ist.

von »in der Villa sein«, gleichbedeutend mit unserem heutigen »Urlaub machen«).

Die praktische Tätigkeit der Architeken (die Figur des Gärtners und sein Berufsbild sind noch unerforscht; die Beteiligung des Eigentümers am Entwurf zeichnet sich dagegen ab) paßt sich offensichtlich an die theoretischen Darlegungen an, das zeigt sich in einer Reihe von konkreten Schöpfungen, die sich an die beabsichtigten, geplanten Lösungen anlehnen und manchmal auch bereits bestehende Strukturen von Villen übernehmen, die noch der vorhergehenden Stilrichtung des 16. Jahrhunderts angehören.

Der Garten erstreckt sich jetzt häufig hinter dem architektonischen Kern des Herrenhauses, das sich feierlich-imposant erhebt, die aus den früheren Jahrhunderten bekannten Maße unverhältnismäßig vergrößernd und somit den Wunsch seiner Besitzer nach stolzem Abstand verkörpernd. Dabei werden die Gefahren einer Unternehmung offensichtlich, die sich, da eine gewisse kulturelle Lücke besteht, unbekümmert auf fremde Anleihen und Vorschläge stützt, ohne diese zu überarbeiten oder sie tatsächlich assimiliert zu haben.

Das Vokabular der Komponenten vervielfacht sich, es tauchen Begriffe auf, die nach einem aufsehenerregenden Effekt haschen oder vom Versuch zeugen, Spiele, Überraschungen und andere Wunder in die Palette aufzunehmen. Man denke neben den vielen und vielfachen üblichen Elementen (wie Pergolen, Blumenrabatten, Fischbassins, Gewächshäuser, Statuen und architektonische Strukturen) an andere, bedeutsame, die ebenfalls auftauchen: die exotischen Blumen z. B., deren Einfuhr von Giorgina Masson gefördert wurde und die die Vorliebe für das »Pittoreske« des fernen, geheimnisvollen, märchenhaften Orients unterstreichen.

Die ikonographischen Programme werden komplizierter. Die Suche nach Schutz in einem unverdorbenen Universum fern der Geschichte, die nun zu pompösen allegorischen Festlichkeiten führt, zu prunkvollen Bootsfahrten nach Kythera, zu Wanderungen in den intakten und märchenhaften Wäldern von Armida, will voll befriedigt werden. Vor dem Garten der »Villa« Grimani Marcello in Montegalda, die im 17. Jahrhundert erneuert wurde, ruft Scoto aus: »Du wirst das Kastell von Montegalda entdecken, bereits ein mächtiges Bollwerk gegen die Feinde und nun in der Stunde dieses goldenen Friedens zum Kastell der Alcina geworden.« Die Tendenz des Scamozzi, den Garten in seiner bombastischen Dimension für ein sehr beschränktes Vergnügen zu konzipieren, wird hundert Jahre später von Clarici aufgenommen, der die Betonung besonders auf seinen Wert als Privileg setzt, als Symbol für eine soziale Stellung, die auf der tief verwurzelten, ideologischen und ontologisch garantierten Unterscheidung beruht. Jedenfalls scheint Scamozzi bei seinen praktischen Hinweisen für konkrete Realisierungen bestrebt, die Beachtung der Verhältnismäßigkeit bei den architektonischen Strukturen der Villa zu empfehlen und somit die Fäden eines traditionellen Gewebes fest zu knüpfen: »geadelt« vom »höchsten Schöpfer« und von diesem »als Gabe verliehen und zur Wohnung für seine edelste Kreatur«, sollen die »Gärten der Welt an lieblichen und offenen Orten gelegen sein«,

291

292

293

weit weg [...] besonders von den Tennen«, und »von mittlerer Größe«[29]. Tatsache ist, daß letztendlich in der allgemeinen Entwicklung die Veränderung der Bedeutung und die Vervielfältigungen der Komponenten die Linien des traditionellen, aus dem 16. Jahrhundert überlieferten Schemas nicht zu zerstören oder zu entstellen vermögen. Scapinelli berichtet von der zweiten Villa Priuli in Treville und nennt sie »einen vornehmen Palast [...] mit Gärten, Brunnen, Wegen, Gewächshäusern und schönem Hintergrund«, dann jedoch gibt er zu, daß »der eine dem anderen als Perspektive dient, da nur eine Straße zwischen ihnen verläuft und sie gegenseitig ihre Pracht und Herrlichkeit steigern«; darin erkennt er eine linguistische und formale, unverwechselbar venetische Gesetzmäßigkeit[30].

Gegen Ende des 18. Jahrhunderts und mit dem Fall der Republik Venedig tritt eine drastische Wende ein; sie basiert auf der totalen strukturellen, sozialen und kulturellen Umwälzung, einer Wende in der kulturellen Identität, in der Geschichte. Das ist zum Beispiel die Umstellung auf den englischen Garten, die von begeisterten Europäern und glühenden Verfechtern des Europagedankens betrieben wird, in erster Linie von Giuseppe Jappelli (aber auch von Pindemonte und Hirschfeld), oder der Erfolg der *parterres*, angeregt durch die britische Suche nach dem »Garten des Epikur« von seiten eines Bacon, Cowley, Temple oder von Hume und Voltaire. Oder alles zusammen, ähnlich jenem »völlig Neuen« des N. Beregan in Moracchio di Vicenza. Von all dem blieb wenig oder nichts, da es nur als Versuch gedacht war. Und so ist die Beschäftigung mit dem Garten ein hartes Unterfangen, denn das Objekt der Studie ist vergänglich. Es ist eine Art kompliziertester Archäologie, die mit Idealismus verschollene Dinge zu finden versucht und Fragmente zusammenfügt, die zwischen Traum, Immagination und Realität schweben, die eine Realität sucht, die doch in ihrer ursprünglichen Integrität nicht mehr vorhanden ist.

294

295. *Villa Piovene Porto Godi. Lonedo di Lugo Vicentino.*

296. *Ca' Marcello, Levada di Piombino Dese.*
Die geometrisch gegliederten Gärten der Villen sind mit Statuen, Brunnen und Wäldchen geschmückt. Manchmal lebt, wie im Fall der Ca' Marcello, der traditionelle Garten einträchtig neben dem »modernen« Garten im englischen Stil.

295

296

Anmerkungen

1 Von nun an beschränken wir uns darauf, bei den Anmerkungen auf die in unserer Abhandlung verwendeten Quellen zu verweisen, ohne auf die Situation des einzelnen Gartens näher einzugehen, da diese in den jeweiligen Beschreibungen behandelt wird, und auch ohne auf die Problematik einzugehen, die umfassend im bibliographischen Werk behandelt wird. Der Brief Maximilians, dem unser kurzer Abschnitt entstammt, wurde veröffentlicht im *Jahrbuch des allerhöchsten Kaiserhauses,* XIII, 1882, Reg. 8802, und der Text wurde aufgenommen von E. Neubauer, *Lustgärten des Barock,* Salzburg 1966, S. 88, Nr. 326 und L. Puppi, »I giardini veneziani del Rinascimento«, in: *Il Veltro,* XXII, 3–4, 1978, S. 280.

2 Guarino Veronese, »Epistolario«, Ausgabe R. Sabbadini, (Bd. I), in *Miscellanea di Storia Veneta,* Folge III, Bd. VIII, Venedig 1915, S. 292–297, passim, und G. Degli Agostini, *Notizie istorico-critiche intorna la vita [...] degli scrittori veneziani,* Bd. I, Venedig 1752, S. 139.

3 Siehe P. Labalme, *Bernardo Giustinian, a Venetian of Quattrocento,* Rom 1969, S. 24–25.

4 E. A. Cicogna, *Delle Inscrizioni veneziane,* Bd. IV, Venedig 1843, S. 300.

5 B. Partenio, *Della imitazione poetica [...],* Venedig 1560, S. 9.

6 Vgl. L. Carrer, *Anello di sette gemme o Venezia e la sua storia. Terza gemma: Gaspara Stampa,* Venedig 1838, S. 258.

7 *Vita di Triphone Gabriele, nella quale si mostrano le lodi della vita solitaria e contemplativa,* Bologna 1543.

8 Siehe M. Cermenati, »Un diplomatico naturalista del Rinascimento: Andrea Navagero«, in: *Nuovo Archivio Veneto,* XXIV, 1, 1913, S. 178–179 (aber wichtig ist der ganze Aufsatz: S. 164–205).

9 A. Navagero, *Opera omnia,* Ausgabe Padua 1718, S. 297–309 (für die gesamte Korrespondenz mit Ramisio aus der spanischen Mission).

10 A. Vivit, »L' ›insigne viridario‹ di Francesco Gonzaga in Roma«, in: *Bollettino del Centro di Studi per la Storia dell'Architettura,* 34, 1987, S. 7–33.

11 Vgl. M. Cermenati, S. 181–182, aber auch P. A. Michiel, *I cinque libri di piante,* Ausg. E. De Toni, Venedig 1940, S. 359–557.

12 U. Rossi, »Jacopo d'Albizzotto e il suo inedito poema su Venezia«, in: *Nuovo Archivio Veneto,* V, 1893, S. 427.

13 Vgl. *Il fiore della lirica veneziana,* hrsg. v. M. Dazzi, Bd. I, Venedig 1960, S. 243.

14 L. Puppi, »Le residenze di Pietro Bembo ›in Padoana‹, in: *L'Arte,* 7–8, 1969, S. 32.

15 B. Pagello, *Ep. XXI* (der Absatz ist in der Volkssprache von F. Zordan wiedergegeben in: *Poesie inedite di Bartolomeo Pagello celebre umanista con biografia e note,* Tortona 1894, S. 44–45.

16 G. P. Marchi, »Leterati in villa«, in: *La villa nel Veronese,* hrsg. v. G. F. Viviani, Verona 1975, S. 231–237.

17 F. Sansovino, *Delle cose notabili che sono in Venezia, libro due,* Venedig 1565, S. 31.

18 P. Aretino, *Lettere sull'arte,* hrsg. v. F. Pertile und E. Camesasca, Bd. I, Mailand 1957, S. 47–48.

19 Ibidem, Bd. V. S. 287–288.

20 A. Calmo, *Lettere,* Venedig 1534, I, III, S. 173.

21 S. Cattaneo, *Salò, e sua riviera,* Venedig 1745, S. XXXIX.

22 Es wird verwiesen auf M. Tafuri, *Venezia e il Rinascimento,* Turin 1985, S. 156 ff.

23 Es wird verwiesen auf die Essays von V. Fontana, P. Morachiello und E. Concina in *Alvise Cornaro e il suo tempo,* Katalog der Ausstellung, hrsg. v. L. Puppi, Padua 1980, Q. 120 ff., 130 ff. ud 136 ff.

24 A. Gallo, *Vinti giornate d'agricoltura [...] le quali tratta del piacere e utile della villa,* Ausg. Venedig 1628, S. 324.

25 A. F. Doni, *Attavanta,* Ausg. Florenz 1857, S. 35.

26 Zur Haltung Palladios (und zur Sammlung *Quattro libri dell'architettura,* Venedig 1570) vgl. L. Puppi, »The villa Garden of the Veneto from the Fifteenth to the Eighteenth Century«, in: *the Italian Garden,* hrsg. v. D. Coffin, Washington D. C., 1972, S. 98–99.

27 P. Farinati, *Giornale (1573–1606),* hrsg. v. L. Puppi, Florenz 1963, S. 139.

28 V. Scamozzi, *L'idea dell'architettura universale,* Venedig 1615, S. 325–327. Bezüglich der Haltung der Literatur zum Landleben vgl. L. Puppi, *The villa Garden...,* S. 108–109.

29 P. Clarici, *Istoria e coltura delle piante,* Venedig 1726, S. 2 und passim.

30 B. Scapinelli, *Historia di Castelfranco* (B. C. Ve., Cod. Cicogna 139).

31 L. Puppi, »Introduzione«, zu: *Ville giardini e paesaggi del Veneto,* hrsg. v. E. Cocina, Mailand 1979, S. XI ff.

297. *Giorgio Fossati, Rennen der Jockeys in Prato della Valle, 1767. Padua, Museo Civico.*
Das Gemälde zeigt eine der Veranstaltungen, die im 18. Jh. in Prato della Valle stattfanden, ehe Andrea Memmo und Domenico Cerato den Platz im Jahr 1775 neu gestalteten.

297

Der imaginierte Garten: Bild, Ort, Unort

Manlio Brusatin

Der verlassene Garten

Der venetische Garten erlebt seine Vergangenheit neu. Seine alle Möglichkeiten der Auflösung umfassende Ordnung ist Zeichen einer besonderen Vitalität, die ihm vorausgeht und ihm folgt. Gegen Ende des 15. Jahrhunderts wird die Vorstellung vom venetischen Garten durch die zahlreich im Hinterland von Venedig entstehenden Gärten geprägt, die ihre Heimat in den Euganeischen Hügeln oder um Asolo haben, in Montello oder an den Hängen des Cansiglio, wo eine fern ihres Reiches lebende Königin wie Caterina Cornaro, ein Literat und Dichter wie Pietro Bembo und ein Maler wie Tiziano Vecellio den Ort ihrer »Zuflucht« in einer Villa mit Garten gefunden hatten, ein kleines Stück Paradies, eingetauscht gegen etwas, das unrettbar verloren oder freiwillig aufgegeben worden war.

Gegen Ende des 15. Jahrhunderts geben auch die außerhalb Venedigs liegenden Gärten Zeugnis von der hohen Gartenkunst der Venezianer, deren städtische Gärten der Kanonikus Pietro Casolo auf seiner Reise nach Jerusalem 1494 in begeisterten Tönen beschreibt (»Nichts hat mich mehr überrascht als die vielen wunderbaren Gärten, die man bewundern muß und insbesondere [...] diejenigen, die den veschiedenen religiösen Orden angehören«).

Die Benediktinermönche von San Giorgio Maggiore, an Zahl mehr als zweihundert gegen Ende des 15. Jahrhunderts, präsentieren den Pilgern in ihrem Kloster als größte Wohltat für den Geist die Bibliothek und den Garten und diesen als idealen Ort für die Lektüre. Die Augustiner Domherren in der wohlbekannten Kirche der Madonna dell'Orto besaßen einen schattigen Garten mit Apfel- und Kastanienbäumen, und in der Niederlassung auf der Insel San Cristoforo wurde in einem weitläufigen Garten eine ertragreiche Bienenzucht betrieben, die das Wachs für »alle« Kirchen Venedigs lieferte. Die Gärten des Klosters von San Francesco della Vigna, dessen Name Vigna (Weingarten) bezeichnend war für seine Berühmtheit, wurden gern und häufig von dem bekannten Reformator des Franziskanerordens, Bernardino da Siena, aufgesucht, wenn er von seinen feurigen Predigten allzu erschöpft war.

Auch die Nonnenklöster wurden gerühmt wegen ihrer Gärten, wie das Kloster der Nonnen von Santa Chiara bei der Kirche der Madonna dei Miracoli, die Benediktinerinnen von San Zaccaria, die Jungfrauen der Gemeinschaft der Augustinerinnen in San Pietro di Castello, die in ihren Gärten auch festliche Aufführungen darboten, wie beim Besuch der Mutter von Isabella d'Este und Beatrice Sforza. Die munteren Klosterschwestern von Santa Maria della Celestia, die *Zelestre*, hatten im Mai 1509 ein ausgelassenes Fest mit Gesang und Tanz veranstaltet, das die ganze Nacht gedauert hatte und ihnen heftige Schelte von seiten des Patriarchen eintrug. Die kleine Insel Sant'Elena, in deren Klostergarten die Gebeine der Mutter von Kaiser Konstantin ruhten, war eine bevorzugte Grabesstätte, aber auch ein vielbesuchter Garten mit Ulmen, Pinien und Zypressen, mit Wiesen voller Veilchen und Immergrün. Dieser Ort, der bereits früher ein allgemein zugänglicher Park war, wurde auch in jüngster Zeit von Gian Antonio Selva in seinem Projekt für öffentliche Grünanlagen in Venedig vorgeschlagen.

Im frühen 16. Jahrhundert besaßen, laut Angaben von Francesco Sansovino, etwa hundert Paläste einen eigenen Garten, auch wenn es manchmal nur ein handtuchgroßes Stückchen Grün war, und zwar besonders im Gebiet von San Cancian und Cannaregio. Auf Inseln, die nicht unbedingt für ihre Gärten berühmt waren, wie Murano und die Giudecca, besaßen zahlreiche Persönlichkeiten einen privaten Garten, so der Kardinal Grimani auf Santa Maria Formosa, Marcantonio Michiel auf San Trovaso, Marcello Donati, ein Verwandter von Pietro Bembo, auf Vignole. In der Calle della Pietà hinter der gleichnamigen Kirche pflegte der Bildhauer Alessandro Vittoria mit eigenen Händen seine üppige Rosenzucht. Blumen wie Damaszenernelken, Lilien und Rosen schmückten zusammen mit Orangenbäumen die Gärten des Hauses, das Benedetto Cornaro auf der Giudecca besaß und das in allem »den Glanz dieses unglücklichen Ufers« (Aretino) in den Schatten stellte; oder der Garten des Druckers und Poeten Francesco Marcolini, in dem »man den dunkelsten und frischesten Schatten und die duftendsten Blumen finden konnte« (Aretino). Ein wahres Wunder an Garten, geschmückt mit Kolonnaden, Grotten und Brunnen voller Muscheln und Korallen, gehörte zu Santo Cattaneo und bildete einen idealen Rahmen, um die Lagune von Chioggia in der Ferne bewundern zu können, ein Anblick, der »Auge und Herz des Menschen« (Martinioni) gleichermaßen erfreute.

Der ferne Horizont mit den Bergen von Serravalle und dem Massiv des Antelao war vom Hause Tizians in Biri aus ebenfalls eine vielbewunderte Aussicht. Der Hausherr bereitete seinen Freunden üppige Festmähler im Garten um einen majestätischen Baum, den viele im Gemälde vom hl. Petrus als Märtyrer im Pfosten wiedererkennen und von dem man sagt, daß er noch zu Beginn dieses Jahrhundert als der »Baum des Tizian« existierte und bezeichnet wurde, so wie es andere berühmte Bäume gab (die Eiche Tassos, die Linde Corneilles), die für die Künstler zum Zufluchtsort wurden oder sogar zur Gedenkstätte.

Der Palast Contarini dal Zaffo (Name einer Familie, die den Pilgern Schutz bot und einen lebhaften Handel in Jaffa unterhielt), enthält den Garten, der einst dem hochgebildeten Gasparo Contarini gehörte, den Papst Paul III. zusammen mit Pietro Bembo zum Kardinal ernannte. Dieser Garten wurde zu Beginn dieses Jahrhunderts restauriert und bewahrt bis heute das seltene Bild eines venezianischen Gartens aus dem frühen 16. Jahrhundert. Die Rabatten sind mit Hecken umsäumt und von Brunnen umgeben. Jenseits der Lagune erheben sich grüne Hügel und in der Ferne blaue Berge. Im rechten Teil des Gartens in Richtung Lagune steht das berühmte Casino degli Spiriti, dessen Name Vermutungen nahelegt, die dem subtilen Gedankengang eines Kardinals nicht ganz fremd sind, welcher als einziger eine Antwort wußte auf die Frage der Matrosen des Magellan, warum sie »in drei Jahren den gleichen Weg zurückgelegt hatten, den die Sonne in vierundzwanzig Stunden zurücklegte«.

Welche Absicht Gasparo Contarini mit seinem Palast und dessen doppelter Funktion verfolgte, läßt sich heute nicht mehr feststellen. In seinen letzten Lebensjahren (1530–40) war er ständig unterwegs, doch war er immer an ein Haus und einen Garten gebunden. Die ebenfalls

298

299

im Besitz seiner Familie befindliche Villa in der Stadt Asolo weist eine mysteriöse Doppelseite auf: Das nach Süden gerichtete Haupthaus ist mit einem alleinstehenden, nach Westen blickenden Gebäude (dem Fresco) verbunden. Dieses Gebäude hat nur ein einziges Zimmer und ist die Fortsetzung des großen Hauses, das man durch eine unter dem Hügel verlaufende Grotte erreicht. Der baumbestandene Gipfel des Hügels überragt wie ein erhöhter Garten die geheime Straße zwischen den beiden Gebäuden. Ein derart kostbares und kluges Projekt, um ein Haus im Schatten und ein weiteres in der Sonne zu haben, ein offenes und ein geschlossenes, ist des Palastes und des Casino degli Spiriti und somit eines Gasparo Contarini würdig. Er selbst ist nach einer nicht bestätigten Meinung (R. Eisler) in dem jungen sitzenden Mann in Giorgiones Gemälde *Die drei Philosophen* zu erkennen, während er mit Winkel und Kompaß in der Hand aufmerksam den Hintergrund einer Grotte studiert und von oben unzählige welke Blätter herabschweben. Es sind seine Gedanken über die Sterblichkeit der Seele und die alexandrinischen Thesen, die ihn seinem Meister Pietro Pomponazi (1515) sehr entfremden, doch er bleibt ein unerreichbares Modell an philosophischem Wissen und frommer Lebensführung (nach Marcantonio Flaminio), so daß er melancholisch in seinem tiefen Zweifel äußert, er wolle »die Philosophie aufgeben, um der Religion zu folgen« (»philosophiam desero, religionem sequor«). Er konnte zum Schluß jedoch nur mehr im Geist die Entwicklung seiner Gärten verfolgen, da er im Sommer 1542 kurz vor seiner Abreise an den Hof

Karls V. in Spanien plötzlich verstarb. Der Horizont dieser Gärten der Künstler und Intellektuellen begann – so sagte man – mit der Insel Murano, die für ihre Gärten berühmt und von der Königin Cornaro (sie kehrte 1489 aus Zypern nach Venedig zurück) für Feste bestimmt worden war; diese empfing in ihrem Haus und Garten in Murano die Fürstin von Mailand, Beatrice d'Este, und später deren Schwester Isabella während eines denkwürdigen Festes mit einer wundervollen Ausstellung von Blumen und Obstbäumen, die die Königin von Venedig eingeführt hatte. Auch in ihre Villa in Altivole bei Asolo hatte sie fremde Pflanzen und Weinstöcke verschiedener Sorten gebracht, die heute die Sorte *bianchetta* darstellen.

Der Muranoer Garten des Dichters und »offiziellen Historikers der Republik«, Andrea Navagero (der auch den Nachruf auf die 1510 verstorbene und in der Kirche Santi Apostoli begrabene Königin Cornaro hielt), wurde nach besonderen Plänen gestaltet. In den Werken des jungen Dichters sind neben der ständig vorhandenen »Idee von der Rückkehr«, die immer wieder in seinen Briefen auftaucht, auch einige Grundkomponenten der »Figur« und des Schicksals jenes *hortus intellectualis* zu finden, der eine venetische Besonderheit ist. Man weiß von einem Besuch Pietro Bembos und Baldassar Castigliones zusammen mit Andrea Navagero in den Gärten der Hadriansvilla in Rom und von anderen Ausflügen nach Tivoli. Sicher gehörte zum Idealbild eines Gartens, wie Navagero ihn sah, die Zucht der duftenden fünfblättrigen Rose (ein Sonnensymbol) und des Buchsbaums mit seinem harten, langsam wachsenden Holz, auch dies ein Symbol für die intensive Arbeit, mit der ein so spontanes Gewächs wie die Poesie gepflegt werden muß.

Cristoforo Longolio (Longueil), ein – ebenso wie später Bembo (1521) – vor den unseligen Nachstellungen der römischen Kurie nach Padua geflüchteter flämischer Humanist, gibt in einem Brief eine kostbare Beschreibung seines erquickenden Aufenthalts in der Residenz des Navagaro auf Murano ab. Es ist im Sommermonat Juni 1520, und er beschreibt die Quincunxstellung als die bevorzugte bei der Anlage von Rabatten. Eine alte, aber immer wieder neu aufgegriffene Methode, die Pflanzen und Blumen in Form eines Rhombus anzulegen, mit einem Baum in der Mitte; dadurch erhielt man parallel und diagonal verlaufende Linien, die von allen Standpunkten aus immer wieder neue Bilder ergaben. Longolio erzählt in seiner Verwunderung auch von den Details einer in ihrer Gesamtheit äußerst harmonischen Architektur: Hecken und Bäume sind in vielerlei Formen gestutzt, als »exquisite Beispiele höchster Gärtnerkunst«. Obstbäume und Apfelbäume mit verschiedenfarbigen Früchten sind im angemessenen Abstand gepflanzt und herrlich gewachsen aufgrund der sorgsamen Pflege. Außerdem ist »Messer Andrea« in landwirtschaftlichen Arbeiten sehr bewandert und »tätiger als viele Agronomen« und, da er Freund und Verwandter von Giambattista Ramusio ist, auch jederzeit bereit Pflanzen einzuführen, die in jener Zeit nur zur Zierde dienten und erst in späteren Epochen auch in ihrem Nutzen erkannt werden sollten, wie der Mais. Die Wonne dieses Gartens, ebenso intellectualis wie aptus et utilis, wird durch die Antwort von Pietro Bembo an Longolio bestätigt, der berichtet, daß er ebenfalls äußerst angenehme Tage im Hause des Navagero verbracht habe. Bembo wird zur Leitfigur für alle, die (wie der Freund Andrea) »ihre Studien und die Gartenarbeit nicht in der Einsamkeit pflegen«, sondern »den Studien und den ländlichen Freuden zusammen mit den Freunden nachgehen«, im Schatten von fremden Bäumen wie den Zitronenbäumen, die von den Ufern des Gardasees geholt wurden. Das Bild des intellektuellen Gartens gewinnt an Umfang und Bedeutung durch die Besuche Navageros am Hofe von Spanien, wo er mit Baldassar Castiglione die Gärten bewundert, die »fast noch schöner sind als in Italien«. Eine merklich orientalische Aura zieht daraufhin in manchen Teilen des venetischen Gartens ein. Der Alcazar von Sevilla, »der perfekteste aller Paläste« nach Navagero, besitzt einen zweiten Patio, der mit schattigen Orangen- und Zitronenbäumen bepflanzt ist und von steinernen Brunnen erfrischt wird. Ein Kloster am Guadalquivir wird wegen seiner Rosen und Myrten berühmt, die guten Mönche verlassen ihre Gärten nie, »außer wenn sie ins Paradies eingehen«. Doch bald sollte die Zeit der Mauren vorbei sein und die Inquisition ihr grausames Szepter in der Stadt Granada schwingen, die in jener Zeit im Schmuck ihrer wundervollen Gärten voller Orangenblüten und Myrten stand. Der Gedanke, daß diese maurischen Gärten wohl bald verschwinden würden, bringt den Intellektuellen und Dichter auf die Idee, einige Fragmente als Erinnerung an eine denkwürdige Reise aufzubewahren. Er schickt von Barcelona aus seltene Pflanzen nach Hause, für seinen Garten auf Murano

300

301

302

und den (heute verschwundenen) Garten in Selva del Montello; dazu gehören verschiedene Zitrusfrüchte, ein Strauch und einige seltsame Wurzeln, »batate« (Kartoffeln) genannt, die erst vor kurzem aus Westindien eingeführt worden waren und an den Geschmack von Kastanien erinnerten, sowie eine weitere, sehr fleischige, nach Pfirsich schmeckende Frucht (vielleicht Mango oder Papaya), und vor allem ein Paradiesvogel, der besser als die kreischenden Pfauen in die beschauliche Stille der Lauben und Pergolen paßte; dieser seltsame Vogel sollte ein Geschenk für Gasparo Contarini sein. In der Korrespondenz Navageros mit seinem Schwiegersohn Giambattista Ramusio in den Jahren 1525 bis 1529 taucht immer wieder das Projekt eines »fernen« Gartens auf. Im Mai 1529 stirbt Andrea unerwartet in Blois in Frankreich am Hofe von Franz I. Er wird wunschgemäß in der Kirche Santi Maria e Donato beerdigt, neben dem Garten, in dem er so gern noch gelebt hätte, zusammen mit seinem Freund Baldassar Castiglione, der im selben Jahr in Toledo stirbt.

Der über die Vollkommenheit der Gärten des Navagero in Murano und Selva wachende »Frate Francesco« (wie er aus den Briefen bekannt ist) schlägt vor, die Rosen in regelmäßigen Reihen zu pflanzen, »nach der Mode, die ich in Spanien so sehr bewundere«, und er setzt Lorbeerbäume abwechselnd mit Obstbäumen, wodurch beide vorzüglich gedeihen. Dieser Frate Francesco könnte identisch sein mit Francesco Zorzi, einem reformierten (aber platonisch-kabbalistischen) Franziskanerpater, der seit 1521 zwischen den Klöstern San Francesco della Vigna und San Girolamo auf dem Berg Levrer (dei Frati) in Asolo hin- und herpendelte. Er war mit dem Wiederaufbau des Ortes und der Renovierung der Klostergebäude befaßt sowie mit der Anlage eines Gartens auf der Spitze des Hügels. Alle hierfür ausgesuchten Bäume standen, gemäß seinen *In Sacram Scripturam problemata* (1536), bereits in den Gärten Salomons, der Pflanzen und Blumen mit bestimmten, den Geist anregenden Eigenschaften enthielt: z. B. die Zypresse, ein legendärer Baum ohne Früchte neben dem symbolträchtigen Olivenbaum, der Licht für die Lampe und Öl für die Speisen liefert, oder der Nußbaum, hoch geschätzt wegen seiner aromatischen Früchte und seiner breiten, schattenspendenden Krone sowie wegen seines Holzes, das zur Herstellung von Tischen und Schiffsrudern geeignet war, und alle Arten von Pergolen und Weinlauben. Der Gipfel eines Hügels wird hier zur »Landschaft«, zu einem Ort, an dem man sich den höchsten Tugenden widmen konnte (»montes enim culmina sunt virtutis«), z. B. in einem nach Süden gerichteten kleinen Wäldchen die Stationen einer *via crucis* zu betrachten oder gegen Westen eine in den Fels gehauene Grotte zu besuchen und dabei die täglichen Gebete und Meditationen zu verrichten. Dies ist sicherlich der Ansatz zu einer innerlichen und verborgenen *Harmonia mundi* (1525), ein »geschlossener Garten«, der sich in Kreisen um den Hügel legt, der die Natur und die Pflanzen in ihrer Einfachheit der Interpretation durch die platonische Kabbala aussetzt. Das *Elegante poema* von Francesco Zorzi (in italienischer Volkssprache und nicht veröffentlicht) ist der genaue platonisch-kryptische Gegensatz zu den *Dialoghi Asolani* und beginnt mit der gleichen geographischen Be-

303

schreibung wie die Orte Bembos, nach einem Prinzip der *concordia discors,* wo das *verbum* schwierig ist, die *imago* der Natur jedoch einfache: »So wie ein Tuch seine Rückseite hat / und das Lied süß ist in seinem Kontrapunkt, / so ist die Welt schön weil unterschiedlich [...] und wird noch schöner und wohlklingender / durch Gerechtigkeit, die eint und heilt.« An diesem Ort der ethisch-ästhetischen Betrachtungen hatte Bembo in Begleitung seines Freundes Lavinello von einem »Einsiedler« einen wertvollen Rat bezüglich der schwierigen Frage erhalten, ob man »mehr dem Empfinden oder der Vernunft folgen solle«. Das Konzept eines solchen »Gartens des Geistes« mit seiner Forderung von der Rettung der Natur und Rückkehr zu ihr prägt sich Lorenzo Lotto unauslöschlich ein: Wir finden es in jenen so deutlich präsenten Gärten im Hintergrund von *Susanna e i vecchioni* (Susanna im Bade, in den Uffizien in Florenz) oder im *Commiato di Cristo dalla madre* (Abschied Christi von seiner Mutter, Berlin-Dahlem, Staatliche Museen) und ganz allgemein in den offenen Loggien vor dem grünen Hintergrund oder der mit Weinlaub bedeckten Pergola im Fresken-zyklus der Suardi-Kapelle in Trescore. Diese in sorgfältiger Harmonie gestalteten, durch Marmorportale zugänglichen und mit Weidenge-flecht und Rosenhecken eingezäunten Gärten sind den rauhen Felsen-gärten, in denen sich Büßer und Betende versammelten, geistig nicht fern.

Pietro Bembo ist mehr noch mit seiner Biographie als mit den Themen seiner *Asolani* – die doch eher ein stereotyper Dialog sind – ein Beispiel für alle, die den Garten als Ort der Zuflucht und Meditation suchen, zur geistigen und körperlichen Ertüchtigung und Erbauung, und den ungastlichen »Lärm« der Stadt sowie den ermüdenden und unsteten Dienst an den Höfen oder in der Kurie meiden.

Pietro Bembo verließ mit 50 Jahren den Hof von Papst Leo X. (1521) und zog sich, geistig erschöpft und in schlechter gesundheitli-cher Verfassung, nach Padua zurück, in die Villa Bozza in Santa Maria di Non. Dem kleinen, vom Vater vererbten Haus gab er den Namen Nonianum. Auf dem Lande konnte er den frenetischen Aktivismus seiner frühen römischen Tage vergessen, und er begann, in bereits reifem Alter, mit seinen Kindern »zu leben«, die ihm seine Lebensge-fährtin Morosina geschenkt hatte: Lucilio (1523), Torquato (1525) und Elena (1528). Aber er begann »zu sterben«, als ihm zuerst sein erster Sohn wegstarb, noch nicht zehn Jahre alt, und zwei Jahre später Morosina. Als er von Papst Paul III. überraschend zum Kardinal er-nannt wurde und fast siebzigjährig nach Rom zurückkehren mußte, um ein Leben und eine Tätigkeit wiederaufzunehmen, die er schon hinter sich gelassen zu haben glaubte, bleibt er im Geist seinem No-nianum doch weiter verbunden bis zu seinem Tode acht Jahre später.

Die Ernennung zum Kardinal 1539 verlieh seinem Leben, das er eigentlich auf dem Lande hatte neu beginnen wollen, einen düsteren Höhepunkt. Das findet sich in seinen letzten Briefen an den Gärtner Colà, den einzigen Gefährten, der ihm geblieben war und in dessen Obhut er seine Kinder geben konnte. »Ich verbringe viel Zeit in einem Rosenhain am Ende eines freundlichen und reiche Früchte tragenden Gartens«, manchmal ruderte er in einem kleinen Boot und erinnerte

304. *François Vivares und Antonio Visentini, Säulengang einer Villa mit Garten, Stich, London 1740.*
Es handelt sich hier um eine Studie zu einem Bilderzyklus für Palazzo Contarini Fasan in Venedig. Das architektoni- *sche Element des Säulengangs führt zum dahinterliegenden Garten. Antonio Visentini ist einer der größten venezianischen Graveure des 18. Jhs. und der langjährige Architekt des britischen Sammlers und Konsuls Joseph Smith.*

304

sich an die Brenta, die sich vor seinem Haus mit einem anderen Fluß vereinigte. Die Ernte der Erdbeeren und Rosen war ein Ritus, auch für die Sekretäre des Papstes, die ihn besuchten, Efeu wuchs zwischen den Eichen-, Kastanien- und Weidenbäumen. Luigi da Porto, der Verfasser der Erzählung von Romeo und Julia, besuchte die Villa Bozza häufig und brachte jedesmal als Geschenk einige erlegte Hasen und große Bündel Spargel aus Vicenza.

Der Garten war auch der Ort, der Geschenke lieferte: In den Körben voller Erdbeeren und Rosen, die Pietro Bembo seinen Freunden schenkte, befand sich immer ein Sonett oder ein kleines Gedicht; so an Gasparo Contarini, Trifone Gabriele, Giambattista Ramusio, Gerolamo Fracastoro und Giangiorgio Trissino sowie an Alvise Priuli, der eine sehr große Villa mit Garten nicht weit entfernt besaß, in Treville di Castelfranco, und der in seinem »Paradiso« die Philosophie ebenso wie die Landwirtschaft pflegte, wie Giorgio Cornaro in der nahe gelegenen Stadt des Giorgione. Das Werk der *Asolani* (Asolaner Gespräche), das die glücklichen Tage des Bembo mit der ersten (1505) und der zweiten Ausgabe (1530) begleitet, enthält eine ziemlich abstrakte Beschreibung des »Gartens für die Konversation«; es bedeutet eine einfache Pause im Leben des Bembo, das sich so anders entwickeln sollte, als es am Hofe einer zurückgezogen lebenden ehemaligen Königin begonnen hatte, mit den geruhsamen und sicheren Diskussionen über die »wahre ewige Liebe«, die man in den ruhigen Zeiten vor Ausbruch einer Pest führt.

Sicher ist, daß die Gärten und das Wohnen auf dem Lande zur Notwendigkeit werden, liest man die zahlreichen Ratgeber *Gegen die Pest* von seiten der Ärzte, Philosophen und Kirchenmänner (Fracastoro und Mercuriale, Ficino und Tomitano); die grünen Wege und Lauben, die duftenden Blumen und schützenden Pflanzen liefern die »gute Luft« gegen den Gifthauch der Pest, die in jenen Zeiten immer häufiger und immer folgenreicher wütete (vor allem in Venedig).

Die Bedeutung des ländlichen Lebens und der Gärten liegt zwischen dem 15. und 16. Jahrhundert auch darin, daß der Garten der Ursprung der Sommerfrische ist und ein kulturelles Selbstverständnis geschaffen hat, das wir hier nur kurz streifen konnten. Die Entwicklung des »geistigen« venetischen Gartens vollzieht sich immer dann, wenn Umstände eintreten, die einen Garten erstrebenswert machen, mit schnellen Besuchen und kurzen Aufenthalten, die heftige Sehnsüchte hervorrufen. Dann wird der Garten »ortslos«, er befindet sich an keinem bestimmten Ort, sondern streift durch die Gedanken und den Geist wie der Wind durch die Bäume. Zum Schluß bleibt der Garten den Gärtnern, die die in alle Winde zerstreuten Blätter zusammenfegen und zu den Hütern von Erinnerungen werden, während ihre unsteten Herren durch ihr Leben hasten, auf der Suche nach einer Zuflucht, die sie doch sogleich wieder verlieren. Und tatsächlich ist Venetien reich an verlassenen Gärten und an zurückblickenden Erinnerungen: das Bild des Bembo, der seinen Garten mit den Wiesen, Rabatten und zahlreichen Brunnen von den Fenstern aus bewundern wollte und dem nur mehr Erinnerungen blieben. Die Literatur und nicht das Leben ist kennzeichnend für die Situation der Gärten in Venetien.

Das Thema vom Garten war zu anderen Zeiten kaum so sehr zentraler Punkt philosophischer Überlegungen wie zu Zeiten des Bembo und seiner Freunde, die im *locus amoenus* gefangen waren, in ihrer geistigen Projektion vom ersehnten Garten. Es gibt auf der anderen Seite auch die positive Strömung einer Villenkultur, von Alvise Cornaro zu Falconetto, von Daniele Barbaro zu Palladio, bei der der Garten ganz einfach eine zur Villa gehörende Komponente ist, in dem die wichtigsten Elemente die Loggien, Taubenhäuser, die Nymphäen und Nutzgärten sind. Im Falle des Botanischen Gartens von Padua (1543) handelt es sich um ein Laboratorium auf Stadtebene, eine Studierstube und *Horto de' semplici,* ein Ort der botanischen Beobachtung und Herstellung von Heilmitteln.

Alvise Cornaro ist ein positiver Betrachter seiner Bäume und Früchte, er interpretiert und vergleicht sie in ihrem Wachstum mit seinem eigenen Leben und dessen Form (*Vita sobria o regolata,* 1555) und setzt Wertmaßstäbe und Vorteile fest (siehe das Verhältnis der Stadtresidenzen zum Villa-Gutshaus von Codevigo). An einem bestimmten Punkt seines Lebens angekommen, befreit sich Alvise Cornaro sogar von einem anerkannten und begehrten Adelstitel, um »freier« zu sein für alles, was sein Leben in Zukunft ausmachen sollte. Zu den irdischen Gütern kann er auch ein langes Leben zählen, in dem seine Erfolge sich genauso mehren wie sein materieller Reichtum. Sein weitverbreitetes Brevier über ein heiteres Leben (*Vita sobria*) wird zum Zeugnis eines erfolgreichen, ländlich-bürgerlichen Lebens, es beweist ein ethisches Gleichgewicht und eine Form von Sittlichkeit, die das Werk sogar als religiöses Buch empfehlen.

Es ist im Grunde jedoch das Modell für ein höchst weltliches Leben, »gemäßigt«, brillant und lustvoll in einer praktischen, epikureisch-stoischen Form, das möglich wird in der ruhigen und einträglichen Residenz auf dem Lande und unter Ablehnung des oberflächlichen Stadtlebens. Tatsächlich ist die Fläche um sein Haus in Padua (1524) bei der Basilika des hl. Antonius weniger ein Garten, in dem man die Einsamkeit suchen könnte, als vielmehr ein Theater, in dem fröhlich lärmende Scharen von glücklichen und glücklosen Freunden (wie Ruzante) aufgenommen werden, bis man ihnen sogar das Begräbnis bezahlt und zuletzt das Recht auf seiner Seite hat.

Der letzte Garten

Der »Garten des Geistes«, der der *Vita solitaria* von Petrarca ebenso nahesteht wie dem *De montibus, silvis, fontibus* des Boccaccio, wird zur Mode der Gärten und Villen am Brenta-Ufer. Er wird in den *Asolani* beschrieben wie auch in *Arcadia in Brenta ovvero la melanconia sbandita* (1667) von Giovanni Sagredo, wo »drei geistvolle Kavaliere drei muntere Damen aussuchen und sich von den anderen absondern, um die Ruhe des Landlebens in der ruhigsten und gemäßigten Jahreszeit zu genießen«; sie wählen dabei den Burchiello als »bewegliches Zimmer und schwimmende Wohnung«.

Die Villa Pisani von Stra mit ihren Gärten, den Orangerien, dem Labyrinth und dem Belvedere erscheint als die perfekteste aller Villen

305

306. *Unbekannter Maler, Ende des 18. Jhs.,* Der Baum der Freiheit auf dem Markusplatz in Venedig, *Venedig, Museo Correr. Das Gemälde ist ein Zeugnis des republikanischen Festes, das in Venedig bei der Ankunft der Franzosen gefeiert wurde (1797); die Aufstellung des Baumes symbolisiert die neue Freiheit der Bürger.*

307–309. *Antonio Visentini,* Konzert in der Villa; Das Sprechzimmer der Nonnen; Die Wäscherinnen, *um 1740. Venedig, Palazzo Contarini Fasan. Die drei Sujets sind Teil einer Serie von acht Bildern, die besonders durch die zum Garten hin offenen Säulengänge und phantastischen Architekturen gekennzeichnet sind; von Visentini für den venezianischen Palast gemalt.*

am Ufer des Brentakanals. Im Lauf des 18. Jahrhunderts wurde dieser »Ort des Entzückens« jedoch von der Residenz der Familie Manin in Passariano übertroffen, mit ihrem Garten, der reich ist an bis ins kleinste Detail ausgefeilten Rabatten, wo scharenweise Bauern aus den umliegenden Dörfern arbeiten, deren größter Arbeitgeber die Villa ist, welche zugleich das Sprungbrett für den Aufstieg der Familie Manin in Venedig bedeutet.

Das umgekehrte Konzept, nämlich die organisierte Fläche einer venetischen Villa in die Stadt zu verpflanzen und ihr die Form eines ganz speziellen Platzes zu geben, geht auf einen Entwurf und eine Idee von Andrea Memmo zurück, der diese Idee nach den architektonischen und ländlichen Vorlagen einiger Plätze in venetischen Städten wie Verona und Treviso verwirklichte. Projekt und Durchführung von Prato della Valle in Padua erfolgten ein Jahr vor dem sehr änlichen Projekt der Fiera della Sensa in Venedig, in der Zeit, als Andrea Memmo für siebzehn Monate (zwischen 1775 und 1776) zum außerordentlichen Verwalter der Stadt Padua ernannt wurde; in dieser Zeit erbaute er »den erstaunlichsten Platz Europas«, ohne daß er die Bürger der Stadt mit zusätzlichen Abgaben belastete. Das Projekt basierte auf der vollkommen neuen Idee von einem Platz oder Jahrmarktsplatz in Form eines ellipsenförmigen Gartens, der einem Theater ähnelt. Dieser neue Vorschlag ging nicht wie später die Fiera della Sensa in Venedig vom falschen Ausgangspunkt aus, eine hölzerne *piazza* innerhalb einer steinernen zu errichten, sondern verfolgte die Idee eines Theaters, gegen die ausdrücklichen Bestimmungen eines Gesetzes (1763), das die Errichtung von neuen Theatern in anderen Städten als der Hauptstadt verbot. Der Stadtverwalter realisierte den Bau, indem er ein großes Stück sumpfigen Landes innerhalb der Stadt trockenlegen ließ und einen weitläufigen Platz errichtete, der gleichermaßen geeignet war für Aufführungen wie für Spaziergänge oder als Jahrmarktsplatz. Die frühere Bezeichnung dieses Ortes, Pra' della Valle (sumpfiger Ort), ließ jede Bestimmung zu. Es wäre jedoch tatsächlich nicht passend gewesen, einen monumentalen Platz anzulegen; die Ausstattung dieser Fläche mit ländlichen wie städtischen Elementen dagegen wurde dem Charakter der Stadt selbst gerecht. Alles fügte sich in das bereits vorhandene architektonische und politische Bild des venetischen Landes ein: Einzelne Aspekte des Plans können z. B. in einem Zyklus großer Gemälde (und der entsprechenden vorbereiteten Drucke) des Architekten Antonio Visentini im Palazzo Contarini Fasan in Venedig betrachtet werden. Hier fanden die Botschaften des wichtigsten Buches für Architektur-Ethik und -Theorie des 18. Jahrhunderts glückliche Anwendung: *Elementi di architettura lodoliana o sia l'arte di costruire con solidità scientifica ed eleganza non capricciosa* (1786). Das Werk lobte den handwerklich vollkommenen Bau einer Gondel ebenso wie die Kunst der Gärtner und bildete somit das erste Gegenstück zur *pars construens* aus der Feder von Memmos Sekretär, einem gewissen Vincenzo Radicchio: *Beschreibung der allgemein gefaßten und zum großen Teil ausgeführten Idee [...] über das Material des Prato, della Valle genannt, damit es dem Volke zum großen Vergnügen gereiche und der Stadt zum Schmuck [...].*

Der Beginn der Arbeiten mit dem Aushub der Kanäle und der Ableitung des Wassers aus dem Alicorno sowie die Anlage der Hauptachsen des Ovals (»das so sehr dem universellen, antiken und modernen Amphitheater des Flavius, d. h. dem Colosseum gefiel«) löste einen kleinen Konflikt aus zwischen dem Stadtverwalter und dem beauftragten Architekten, Abt Domenico Cerato. Dieser hatte die Hauptachse des großen Weges direkt auf den Balkon des Verwalterhauses zulaufend gezogen (Palazzo Bessarione), als der Hausherr nicht anwesend war, und mußte heftige Vorwürfe einstecken für eine falsch verstandene Huldigung. Der Stadtverwalter sollte Prato della Valle nie so sehen, wie er es im Geiste erdacht hatte, auch wenn er nach Beendigung seiner Amtszeit bei seiner Abreise aus Padua genaue Anweisungen gab, ein Komitee mit der Weiterführung des Werkes beauftragte

306.

307.

308

309

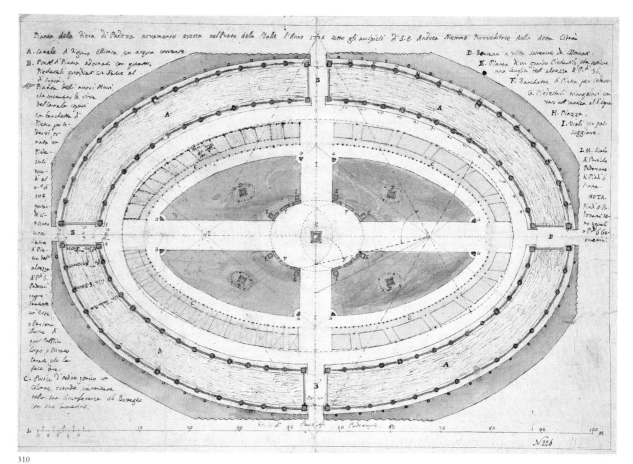

310

*310. Domenico Cerato, Plan des Fest-
platzes von Padua, neu errichtet in Prato
della Valle im Jahr 1775 unter dem
Schutz Seiner Eczellenz Andrea
Memmo, Verwalter der genannten Stadt,
Zeichnung. Padua, Museo Civico.
Die Zeichnung gilt als die dem Original-
projekt am nächsten kommende Darstellung von Prato della Valle vor der Ausführung.*

*311. Pietro Chevalier, Prato della Valle,
Aquatintastich, Anfang 19. Jh.
Die Anpflanzung von Bäumen auf der
inneren Umgrenzungslinie des Prato
geht auf einen Beschluß der Kommission
von Ornato von 1839 zurück; die Bäume
sollten eine gartenähnliche Ergänzung
des freien Platzes des Prato sein.*

*312. Luigi Trezza, Prato della Valle,
Aquarell, 1796, Padua, Museo Civico.
Das Aquarell des Veroneser Architekten
Trezza bezieht sich auf den Vorschlag
einer klassizistischen Fassade für die Kir-
che Santa Giustina, die auf das Oval des
Prato blickt, für dessen Begrenzung eine
Doppelreihe von Bäumen vorgesehen ist.*

311

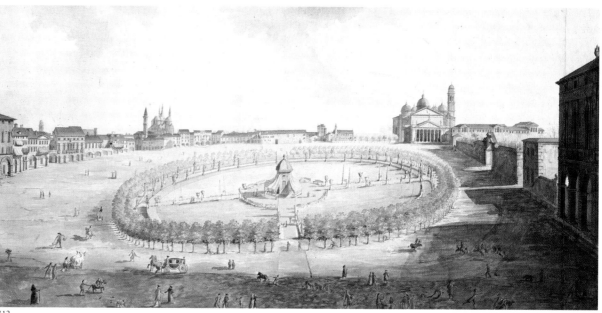

312

313

und bei Freunden, Mäzenen und europäischen Herrschern deshalb vorstellig wurde.

Enzyklopädismus und Rationalismus hieß das offensichtliche Gebot der Stunde für ein Regierungsprogramm, das sich höchste architektonische Maßstäbe gesetzt hatte. Auch wenn alles fast zu einer privaten Krankheit wurde, die Andrea Memmo an aufrührerische wie galante Freundinnen weitergegeben hatte: Contarina Barbarigo war damit beschäftigt, den Garten voller Wunder, den sie in Valsanzibio geerbt und in dessen Residenz sie sich für immer zurückgezogen hatte, auszuschmücken und zu vervollkommnen; Justina Wynne Rosenberg belebte und beschrieb den archäologischen Garten von Angelo Querini in Altichiero bei Padua und sollte in ihm eine symbolische Grabstätte finden mit einem kleinen Denkmal und dem einzigartigen Epigraph: »Sint omnia rosae.«

Das Konzept von Prato beinhaltete auch die Verwendung des Ortes für öffentliche Veranstaltungen, Rennen und Aufführungen wie den Palio, die aus Anlaß hoher Besuche (Erzherzog der Toskana und Prinz Albert von Sachsen) noch erweitert werden konnten. Man baute 60 hölzerne Stufen, die für jede Veranstaltung verwendet werden konnten. Mit dem Erlös aus den Eintrittskarten oder den Vermietungen konnte man den Aushub des ellipsenförmigen Platzes finanzieren,

außerdem wurde eine öffentliche Spendenaktion veranstaltet auf Anregung und unter Leitung des Professors für Nautik und Hydraulik, Simone Stratico, dem Nachfolger des bekannten Giovanni Poleni. Gleich bei den ersten Grabungsarbeiten wurde deutlich, daß dieser weite, bis jetzt unbebaute, leere städtische Platz bereits in der Antike als Standort für ein römisches Theater, das Zairo *(Satyrum),* gedient hatte.

Der Bau einer einzigen, kleinen Steinbrücke mit klassischer Balustrade sowie die gemauerten Uferteile des ellipsenrunden Kanals wurden Mitte des Jahres 1778 vollendet. Durch die Errichtung und Vermietung von sechsundfünfzig weißlackierten Holzbuden, innerhalb des Kanals im Halbkreis aufgestellt, war für ein festes Einkommen gesorgt, vor allem bei den Jahrmärkten zur Ehren der heiligen Giustina und des heiligen Antonius. Das Einkommen war auch für die weiteren Arbeiten notwendig: an der gepflasterten Straße von den Lauben in der Via Santa Croce zur Kirche Santa Giustina, die in jenen Jahren auch eine neue Fassade erhalten sollte. Ein Fußweg zu beiden Seiten des Kanals, mit Ziegeln in Fischgrätmuster gepflastert, sowie eine breite, ungepflasterte Straße außerhalb des elliptischen Runds für die Kutschenfahrten am Nachmittag würden »jeden Tag ein ergötzliches Schauspiel darstellen« und unfehlbar viele Neugierige und Schau-

314. Antonio Diziani, Garten mit Zelt,
Ende 18. Jh., Padua, Museo Civico,
Sammlung Capodilista.
Die galante Szene dokumentiert den
Übergang vom monumentalen Garten
der Villa zum Garten englischen Stils,
der gegen Ende des 18. Jhs. in den vene-
tischen Residenzen vorherrrschend war.

315. Grabdenkmäler für Justina Wynne
Rosenberg, Stich aus Altichiero, Padua
1787.
Ursprünglich waren die heute zerstörten
Grabdenkmäler im Kuriositäten- und
Antiquitätengarten von Angelo Querini
in Altichiero aufgestellt.

314

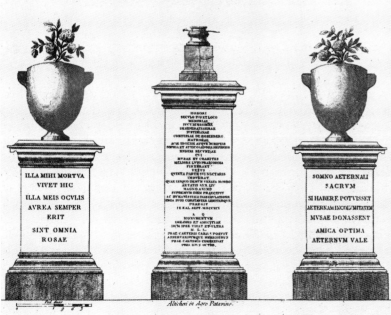

315

lustige anziehen. In doppelter, innerer und äußerer Reihe wird der Prato Memmio auf bereits entworfenen Podesten die Statuen (mit einer Höhe von zweieinhalb Metern) von italienischen und ausländischen Persönlichkeiten aufnehmen, die der Stadt in Freundschaft verbunden sind. Die Aufstellung der Statuen sollte durch Spenden ausländischer Regierungen, Akdademien und Förderer möglich gemacht werden, was auch innerhalb kurzer Zeit geschah.

Als Johann Wolfgang von Goethe im September 1786 nach Padua kam, war das Werk weitgehend vollendet; Goethe hielt steinerne Buden für geeigneter als hölzerne, aber diese sollten ja verschwinden, sobald sie ihren Zweck erfüllt hatten, nämlich durch ihre Vermietung die Kosten für den Bau der Brücken, Brückenpfeiler und Einrahmungen zu decken. Der große, von Antonio Sandi gefertigte Druck zur Vorstellung und Förderung des Projekts (1778) in der Art der *planches* der *Encyclopédie* schlug folgendes vor: eine Wiesenfläche, auf der man Statuen und archäologische Fundstücke aufstellen konnte, ein großer Brunnen in der Mitte, mit vier als Caféhäuser zu benützenden *berceaux* und Lederstühlen, die vermietet werden sollten. Und schließlich war, als Hommage an die Mechanik des Jahrhunderts, ein flaches Boot für den Kanal entworfen worden, das mit einer Pumpe ausgestattet war, welche den Prato bis auf eine Entfernung von 30 Metern besprühen sollte. Der Sprühmechanismus war eine Erfindung von Marco Leoi und wurde von Giuseppe Tommaso Farsetti finanziert.

Giuseppe Tommaso, Botschafter des Malteserordens in Paris, war ein Vetter jenes Filippo Farsetti, der in Santa Maria di Sala zwischen Venedig und Padua eine Villa mit Gärten, Gewächshäusern und Fischteichen besaß, die nicht weniger berühmt war und von James Adam und Clérisseau besucht wurde. Die Villa war entstanden, nachdem Papst Clemens XIII., sein Vetter, ihm rund 40 Säulen aus griechischem Marmor geschenkt hatte (1758); diese wurden in ein Projekt des Architekten der Apostolischen Paläste, Paolo Posi, eingefügt, der eigens dazu aus Venedig geschickt worden war.

In der Hoffnung, einige Teile des beträchtlichen Erbes der Villa und des Palastes Farsetti zu erhalten, das jedoch dann sehr schnell vom Neffen Anton Francesco (1774) verschleudert wurde, hatte sich Giuseppe Tommaso, ein enger Freund des Andrea Memmo und Schüler von Carlo Lodoli, eine Residenz in Sant'Artemio di Treviso errichtet, in der Straße von Porta San Tommaso. In nächster Nähe befand sich die Villa Manfrin (1783) des Tabakmagnaten, der erste Residenzkomplex im englischen Stil in Venetien. In den weitläufigen Gärten standen kleine Bauten (Orangerien, Tempelchen, das Gärtnerhaus), die von Gian Antonio Selva entworfen und von Giuseppe Barberi weitergeführt worden waren, zumindest in den nicht realisierten Teilen des weiten Parks. Dieser Bau ist eine der letzten venetischen Villen, bei denen der Garten eine deutliche Vorrangstellung einnimmt, wie bei der Residenz Revedin in Castelfranco (im alten »Paradies« von Nicolò Cornaro gelegen) und der Villa Papadopoli in San Polo di Piave in neugotischem Stil, zu der Zeit, als die mittelalterlichen Kastelle der venetischen Städte in Friedhöfe (Noale) oder öffentliche Gärten (Este) umgewandelt wurden.

316

317

Prato della Valle blieb während des ganzen folgenden Jahrhunderts der ideale Ort für Pferderennen mit kleinen Kaleschen (sogenannte *padovanelle*) oder Bigen, die auf der äußeren Rundstrecke ausgetragen wurden. Das Innere des Prato, das sehr bald mit Bäumen bewachsen war, wandelte sich von der Wiese zum Garten, was nicht ganz im Sinne Memmos war, der jedoch immerhin einen kleinen Zoo mit »ungewöhnlichen« Tieren geplant hatte – wie Wildschweinen, Bären, Hirschen, Rehen und Hasen –, und somit eine »Wiese und Wald« wie einen mythischen Garten Eden. Das endgültige Erscheinungsbild als öffentlicher Park wurde nach einer in der Kommission Oranto (1838) entstandenen Auseinandersetzung beschlossen; die Kommission war sich über das Fällen der zu schnell gewachsenen Bäume nicht einig, die der Architekt Giuseppe Jappelli zugunsten der Statuen und des ursprünglichen Konzepts des Platzes opfern wollte. Prato della Valle, »der erstaunlichste Platz Europas«, bleibt das absolute Bild einer Utopie: das Land in der Stadt, in Form eines Platzes und Gartens als letzte Fackel der Villenkultur. Urbane Objekte und Architekturen, von Per-

sönlichkeiten entworfen, erbaut und wieder verlassen, deren Wissen im venetischen Geist und im Respekt vor der Vernunft begründet ist.

Die Begeisterung des Andrea Memmo erlischt hier, in der närrischen Weisheit des Bruders Bernardo, wie zu Zeiten der Freundschaft mit Jacopo Casanova. Er verbrachte seine Zeit wie ein neuer *Momus*, hörte die zynischen Anweisungen des Frate Lodoli, des Meisters der vernünftigen Architektur und der »pythagoreischen Diät«, er aß gekochte Rüben auf einem Misthaufen, eng umschlungen mit zwei fröhlichen »Nymphen«, und ließ sich von einer Kinderdichterin keusche Epigramme reichen: »Zwei weiße Turteltäubchen / gab mir mein Hirte«, Reime, die er im letzten Arkadien ergötzlicher fand als die Milch. Eigentliche Zeugin dieses Epilogs war Angela Veronese, genannt Aglaia Anassilide »Gärtnerin des Parnaß« (1779 geboren). Sie erzählt in einer bewegten Biographie *(Notizie della sua vita)* von den Pilgerfahrten einer Gärtnerfamilie und deren verschiedenen Arbeitsplätzen in unterschiedlichen Villen. Die »wilde Tochter des Waldes« wird in einer Villa in Biadene geboren und betrachtet sich als Tochter

223

318. *Der Gärtner von Villa Zen Brisi-*
ghella in Asolo mit einer Riesengeranie,
Foto von 1903.

von Flora (der Vater ist Gärtner im Hause Grimani) und von Vulcanus (die Mutter ist Tochter eines Schmieds). Von Ca' Zenobio in Santa Bona di Treviso mit »einem Gemüsegarten, einem Obstgarten und einem von mythologischen Statuen bevölkerten *parterre*« zieht die kleine Familie in den Palazzo Zenobio ai Carmini in Venedig mit seinem weiten Garten und dem Häuschen des Tommaso Temanza, um dann nach mehreren Wanderjahren in Pontelongo zu bleiben, im Haus, das dem letzten Dogen Foscarini gehört hatte. Aber mitten in der Reise, in einem Leben zwischen Gärten, folgt die Ruhe des Aufenthalts in der Villa Albrizzi in Preganziol und in der Villa Spineda in Breda di Piave: Gärten, die von Isabella Teotochi Albrizzi und der Gräfin Spineda gepflegt wurden, zwei außergewöhnlichen Damen, die unsere »Sappho der Wiesen« mit Ippolito Pindemonte und Ugo Foscolo bekannt machen; von Foscolo zeichnet die junge Dichterin ein klares Bild: »In graues Tuch gekleidet ohne jedes modische Beiwerk, [...] sein ich weiß nicht ob von der Sonne oder von der Natur gerötetes Gesicht, seine kurzgeschorenen roten Haare [...], die blauen Augen halb verborgen unter schweren Lidern [...], die Lippen dick wie die eines Äthiopiers, seine sonore und laute Stimme.«

Aglaias Stil ist es, Isabella Blumen und Epigramme zu widmen: »Die Gunst, die ich verlange, / Ich bitte dich, sie mir nicht zu verweigern: / diese Blume / soll an deinem Busen ruhen.« Dieses so offensichtliche und letzte Arkadien, Werk einer Gärtnerin, erfüllt den Leser mit einer zarten Scheu. Die Verse der Aglaia, die ihr Leben an der Seite eines Kutschers beschließt, ohne je zu vergessen, daß sie »Tochter des Apoll« ist, sind wie Blumen, aus denen die Reime der *Sepolcri* (1807) entstehen – der letzten Gärten, die noch keine Friedhöfe sind, deren Blumen zusammen mit der Dichtkunst gedeihen, um sich einzureihen in die Phantasmen eines Canova.

Bibliographie

A. Cornaro, *Scritti sulla vita sobira, elogio e lettere* (1555), hrsg. v. M. Miliani, Venedig 1983.

G. Boccaccio, *Dizionario geografico (De montibus, silvis, fontibus, lacubus, fluminibus, stagnis seu paludibus, et de nominibus maris)* (Florenz 1598), ital. Übers. v. N. Liburnio, Turin 1978.

Ginnesio Gavardo Vacalerio (G. Sagredo), *L'Arcadia in Brenta, ovvero la melanconia sbandita* (1667), Venedig 1793.

A. Navagero, *Omnia*, Padua 1718.

P. Bembo, *Opere in volgare*, hrsg. v. M. Marti, Florenz 1961.

G. Masson, *Italian Gardens*, London 1961,

Derselbe, *Italian Villas and Palaces*, London 1966.

A. R. Turner, *The Vision of Landscape in Renaissance Italy*, Princeton 1966.

L. Puppi, »Le residenze di Pietro Bembo ›in padoana‹« in *L'Arte*, Nr. 7–8, 1969, S. 30–65.

Aglaia Anassilide (A. Veronese), *Notizie della sue vita scritte da lei medesima*, Ausg. Florenz 1973.

C. Kolb Lewis, *The Villa Giustinian at Roncade*, New York/London 1977.

F. Petrarca, *De vita solitaria*, ital. Übers. v. A. Bufano, Turin 1977.

Derselbe, »I giardini veneziani del Rinascimento«, in: *Il Veltro*, Nr. 3–4, 1978, S. 279–297.

Derselbe, »L'ambiente il paesaggio il territorio«, in: *Storia dell'arte italiana*, Bd. IV, Turin 1980, S. 43–99.

R. Assunto, *Filosofia del giardino e filosofia nel giardino*, Rom 1981.

M. Azzi Visentini, *L'orto botanico di Padova e il giardino nel Rinascimento*, Mailand 1984.

Versch. Verf., *Prato della Valle, due millenni di storia di un'avventura urbana*, Padua 1986.

R. Bentmann, M. Müller, *Uno proprio paradiso. La villa, architettura del domino* (1970), ital. Übers. E. Zambianchi, Rom 1986.

J. Dixon Hunt, *Garden and Grove, the Italian Renaissance Garden in the English Imagination: 1600–1750*, Princeton 1986.

M. Vercelloni, *Il paradiso terrestre. Viaggio tra i manufatti del giardino dell'uomo*, Mailand 1986.

V. Vercelloni, *Una storia del giardino europeo e il giardino a Milano, per pochi e per tutti, 1288–1945*, Mailand 1986.

Arte della cucina e alimentazione nelle opere a stampa della Biblioteca Nazionale Marciana dal XV al XIX secolo, Rom 1987.

F. Danesin, *Hortus Simplicium*, Cittadella 1987.

Ulitme dimore, hrsg. v. V. Pavan, Venedig 1987.

M. Brusatin, »L'armonico e il disarmonico. Costruzione di una casa d'artista nel primo Cinquecento«, in: *Venezia Arti*, Blatt der Abteilung für Kunstgeschichte und -kritik der Universität Venedig, Nr. 2, 1988, S. 31–40.

319

320

321. Pol de Limbourg, April, *Miniatur aus* Les très riches heures du Duc de Berry, *Anfang 15. Jh., Chantilly, Musée Condé.*
In der Miniatur wird die Verweltlichung des religiösen hortus conclusus *in dem ummauerten Gartenstück deutlich. Aus dieser Typologie entsteht in der Renaissance der geheime Garten, der nur von den Eigentümern genutzt wird, d. h. von den Fürsten eines Hofes oder Angehörigen des Hochadels, im Gegensatz zur Nutzung der öffentlichen Gärten durch die Allgemeinheit. Bemerkenswert ist, daß sich die Personen in diesem Bild außerhalb des Gartens aufhalten, in einer idealisierten Natur mit einem Kastell im Hintergrund. Wahrscheinlich handelt es sich hier um eine äußerst interessante szenische Trennung, bei der die »externe« Anordnung den Charakter des ummauerten Gartens und* hortus conclusus *noch stärker betont.*

321

226

Der Garten und die Dichtkunst
Gianni Venturi

Die Idee von einem Zusammenhang zwischen Garten und Literatur ist nicht neu und auch nicht besonders originell. Immer schon brauchte der Garten in seiner Realisierung als religiöses *primum* – und als eine spezielle, in gewisser Weise weltliche Religiosität – sowohl die lyrische als auch die epische Dichtkunst, um sich von der geistigen Vorstellung in den beschriebenen Ort verwandeln zu können. Mit der gleichen Selbstverständlichkeit, mit der man den Garten als architektonisches Produkt bezeichnet, hat die Literatur aus dem Garten einen ideologischen und kulturellen Topos gemacht, Anregung und Nährboden eben für jene Architektur, die das Ergebnis eines endlosen Prozesses ist; deshalb sucht und verfolgt man im entstandenen Werk – alte und bekannte Stimmen einer Baudelaireschen *correspondence* – das Symbol, die Metapher, die doppelte Natur, das Andere, die Zeichen, die mehr als zu jeder anderen Kunst zur Poesie gehören.

Es ist hier nicht der Ort, die faszinierende und zugleich schreckliche These von McClung[1] zu verteidigen oder zu kritisieren, die These über Dichter und Architekten, über Eden und Jerusalem, über zwei Begriffe, die in der Geschichte den Archetypus Garten mit Worten und Steinen wiedererrichten. Das Paradies als irdische Wohnstätte, aus Worten und Steinen von der kollektiven Vorstellungskraft des Westens errichtet, hatte in Italien eine glorreiche Tradition, die paradoxerweise mit der Geschichte der Literatur und der Kunst übereinstimmt. Warum ist der Kreis durchbrochen? Was sind die Ursachen für diesen unheilbaren Bruch, der die Poesie dem »architektonischen« Garten entfremdete und ein geistiges Universum von Gärten erschuf, die nur von *paroles* leben? Oder mit anderen Worten, die Rosen aus Armidas Garten, die nicht mehr in den florentinischen Hügeln blühen oder auf den Inseln der venetischen Lagune, blühen nun in den Parks des D'Annunzio oder in den kristallklaren Versen eines Mario Luzi.

Das 20. Jahrhundert hat das *ut pictura* (oder *architectura*) *poesis* vergessen und das Ende der Gärten als geistiges Universum besiegelt. Wenn die Studien heute wieder eine Parallele aufzeigen, die nach dem *Laocoonte* verloren schien, so können sie doch die Bedingungen jener Übereinstimmung und jenes Moments nicht mehr wiederherstellen, sondern können nur den historischen Gründen nachgehen, die zwischen Poesie und Architektur zur Schaffung einer Landschaft des Gartens geführt haben, welche in den betroffenen Gebieten wie eine kulturelle *koiné* (Sprache) verstanden wurde. Wenn man von einer Geschichte des venetischen Gartens sprechen kann, die anders ist und zugleich eine Ergänzung der Geschichte des toskanischen, italienischen oder abendländischen Gartens, so ist das nur möglich, weil die Kraft jener, ein *unicum* erschaffenden Idee aus einer Kultur entspringt, die *in primis* aber nicht ausschließlich poetisch ist und eine unwiederholbare »Geographie« des Gartens geschaffen hat. Es ist an der Geschichte, die vergessenen Wege wieder zu beschreiten.

Am Anfang steht Petrarca. Der Petrarca der *Vita solitaria*, eines bis zum 16. Jahrhundert grundlegenden Textes in der europäischen Kultur. Aber auch *De vita solitaria* legt ein für allemal, zumindest bis zum Ende des Renaissance-Humanismus, ein Lebensmodell fest, das nicht die Einsamkeit bevorzugt, sondern die ausgewählte Gesellschaft an einem natürlichen Ort, an dem sich der Geist in der humanistischen *dignitas* erbauen und schützen kann gegen die Unbill des politischen oder städtischen Lebens. Berühmt ist diesbezüglich eine Begegnung Petrarcas mit Kaiser Karl IV. in Mantua im Jahr 1354, als der Dichter gegen den Kaiser und dessen leidenschaftliche Verfechtung eines aktiven Lebens sein Buch verteidigt und sich auch von den scherzhaften Drohungen Karls nicht einschüchtern läßt, der das Buch verbrennen will, wenn es in seine Hände gelangen sollte[2]. *De vita solitaria* ist jedoch weder eine leidenschaftliche Lobeshymne auf die Freuden des Landes noch eine moralische Abhandlung. Es ist ein Text, der eine privilegierte Situation der Intellektuellen festhält, eine Situation, die später nur mehr in sehr begrenztem Maße nachvollziehbar wird. Der Frieden von Valchiusa, das Haus, der Garten und das Land, die literarische Muße in Gesellschaft von Philippe de Cabassoles sind die äußeren Elemente eines tiefen Bewußtseins des Literaten, der eine für seinen ideologischen, moralischen und religiösen Status unverzichtbare Dimension entdeckt. Die Würde des Menschen wird um so weniger beeinträchtigt, je mehr sie sich an einer von Leidenschaften unberührten Natur erfreuen kann. Die idealen Bewohner der Wälder von Valchiusa und der Hügel von Arquà sind nicht die ausgewählten, seelenverwandten Freunde, sondern die Schatten derer, die täglich mit Petrarca plaudern: die antiken Schriftsteller und die Schriftsteller der jüngeren Tradition des Mittelalters, wie Manlio Pastore Stocchi belegt[3]. Für diese ausgewählte Gemeinschaft verliert die Natur ihre erklärten geographischen und charakteristischen Merkmale, sie kleidet sich statt dessen in ihr ursprüngliches Paradieskleid, wird zum Garten der Worte. In der Neuerschaffung eines Modells der Natur kann Valchiusa auch Verona sein, wie Battisti[4] beweist, oder Arquà, die Natur kann sich nach dem idealen Ort formen, den der *canzoniere* für immer in seinen Versen geschaffen hat. Und das weite Echo dieser Harmonie Natur–Poesie durchzieht wie eine Erleuchtung die Erfahrungen so vieler, die aus dem Ort Garten den idealen Ort für humanistische Gespräche gemacht haben: von Alberti und seinem *De re aedificatoria* oder seiner *Famiglia* über Bembo und seinen *Asolani* bis hin zu den Werken und dem Konzept eines Villa-Tempels Palladios. In dem berühmten Brief Petrarcas an Guido Sette denkt man zunächst an eine intelligente und liebevolle Einladung an den Freund aus Kindheitstagen, zur Villa zu kommen, um die intellektuelle Muße zu genießen, die das einsame Leben – einsam im Sinn von kleiner, aber ausgewählter Gesellschaft – bietet: »[...] audio te nescio quot diebus ruris mei, quod ad fontem Sorgie est, incolam fuisse et curarum tuarum estus loci optimi refrigerio temperasse. Placet consiliumque tum hoc laudo nisi enim me rerum mearum fallit amor et consuetudinis vis antique, vere rus illud locus est pacis, otii domus, requies laborum, tranquillitatis hospitium, solitudinis officina.«[5]

Der »Ort des Friedens«, das »Haus der Ruhe«, der »Hafen der Mühen«, die »Zuflucht der Heiterkeit« und die *solitudinis officina*, ein wohl unvergeßliches Oxymoron aus der Vorstellungswelt der Renaissance. Diese geschäftige Werkstatt der Einsamkeit, Kernpunkt und zentrales Moment im Werk von Marsilio Ficino und Lorenzo, ist nicht

322. *Stefano da Zevio, Madonna im Ro-*
senhaag, Verona, Museo di Castelvec-
chio.
Dies ist eine der berühmtesten Darstel-
lungen eines hortus conclusus, *in der die*
Wiedergabe der hl. Familie, die Engel
und das Reliquiar perfekt das historische
Moment der Natur zeigen, in dem sie
dem Paradies am meisten gleicht: den
ewigen Frühling.

323, 324. *Haus des Petrarca, Arquà*
Petrarca.
Die Natur in Form des Gartens bildet die
vom Fenster aus zu betrachtende ge-
träumte Landschaft. Die letzte Residenz
des Petrarca belegt den ständig vorhan-
denen Wunsch des Dichters, dem Garten
seine Funktion als Paradies des Geistes
zu bewahren, ein Gedanke, der bereits
Mittelpunkt im berühmten Werk De vita
solitaria *war.*

322

von ungefähr mit Bembo vergleichbar und spiegelt sich in der Kultur von Venedig und Florenz wider, wo Petrarcas Lektion von der Natur als Garten in dem Bewußtsein gipfelt, daß die Poesie ein Szenarium haben kann und muß, das einst ein Privileg der Götter war: ihre himmlische Wohnstätte, der Garten. Somit ist die *solitudinis officina* nicht mehr eine elegante Bezeichnung für die Zuflucht auf dem Lande, sondern wird vielmehr mit den komplexen Werten eines neuen Verständnisses der von Menschen bewohnten Natur belegt, einer heiligen Natur – der Garten –, die der Dichtung und der intellektuellen Muße gewidmet ist.

Die Dichtung benötigt ihren eigenen Ort, und dieser Ort kann nur ein Garten sein, ein wahres Paradies, wie es einige Jahre später Leon Battista Alberti ausdrücken wird.

Lesen wir die Verse des Briefes, den Petrarca an Guglielmo da Pastrengo schreibt: Darin ist die Rede von dem Krieg, den Petrarca gegen die Nymphen des Sorga führt, die dem Dichter die Möglichkeit verwehren wollen, einen Ort, einen Garten zu schaffen, an dem er die ausgedienten, alten Musen beherbergen kann, die von den Menschen und den Göttern ausgestoßen wurden. Neben den autobiographischen Hinweisen – die Errichtung eines Gartens, in den man sich zurückziehen kann zum Dichten und Schreiben – enthält die *Epystola* eine zweite, metaphorische Bedeutung: Die Idee vom einsamen Leben an einem der Poesie heiligen Ort, einem realen und metaphorischen Garten, den Petrarca zum Modell für sich (die Landschaft um Parma, als letzte Zuflucht Arquà und Valchiusa) und alle Intellektuellen Europas erhebt, die seinen Spuren folgend das Bewußtsein des Humanismus schaffen werden, welches nicht nur und allein die Entdeckung der *sacrosancta antiquitas* ist, sondern auch ein Raum, ein Ort, der Natur-Garten: »Turbida nos urbis species et dulcis ameni / ruris amor teluerat vitreos invisere fontes / mirandumque caput Sorge, quod vatibus ingens / calar et ingenio generosas admovet alas. / Hic, ubi te mecum convulsa revolvere saxa / non puduit campumque satis laxare malignum, / vernantem variis videas nunc floribus ortum, / natura cedente operi; pars amne profundo / cingitur, at partem preruptis rupibus ambit / mons gelidus calidumque iugis obversus ad austrum. Hinc medio ruit umbra die. Pars nuda tepenti / porta foret zephyro; sed et hinc procul arcet agrestis / murus ab accessu prohibens pecudesque virosque.« (Das gefühllose Leben in der Stadt und die süße Liebe zum freundlichen Land haben in mir den Wunsch geweckt, die klaren Wasser, die wundervolle Quelle des Sorga wiederzusehen, der den Dichtern Sporn ist und ihrem Stern Flügel verleiht. Hier, wo ich mich nicht scheute, die Massen des Berges zu bewegen und umzuwälzen und ein ödes Feld zur Kultivierung geeignet zu machen, könntest du heute einen Garten sehen, in dem die verschiedensten Blumen wachsen, denn die Natur unterstützt unsere Arbeit. Ein Teil wird vom tiefen Fluß begrenzt, einen Teil umgibt mit steilen Felsen der Berg, dessen Rücken gegen Süden blickt; hier steigt gegen Mittag der Schatten rasch herab. Ein ungeschützter Teil wäre Durchzug für den Westwind, doch der wird durch eine Mauer abgewehrt, die Mensch und Tier den Zugang verschließt.)[6]

323

324

Die Natur als *hortus conclusus*, aber nicht mehr in der religiösen, klösterlichen oder symbolischen Bedeutung, die im Mittelalter aus dem Garten das irdische Paradies gemacht hatte, geschützt von den Mauern eines Himmlischen Jerusalem. Der Garten Petrarcas ist der Wohnsitz der Dichtung, jener Dichtung, die das Siegel der *anitquitas* trägt. Aus dem Frieden von Valchiusa, aus dem heiligen Hain, der die Musen beherbergt, schickt Petrarca dem übrigen Europa die neue Botschaft des Humanismus; aus der Betrachtung der Natur in Selvapiana (*Epystole metrice* II, 16) folgt die Rückkehr nach *Africa* und zur großen lateinischen Dichtung; mit dem Bau des Hauses und Gartens in Arquà entsteht das Bewußtsein der neuen Zeit und die Realisierung im Garten des »einsamen Lebens«. Neben den geistigen und ideologischen Dimensionen befaßt sich Petrarca auch mit den irdischen, wie der konkreten Planung seines Gartens. Und wenn der Freund und Schüler Boccaccio zwischen der *Commedia delle ninfe fiorentine* und dem *Incipit* des dritten Tages des *Decamerone* in gewisser Weise vom großen Buch des Pietro de' Crescenzi beeindruckt sein mochte, vor allem was die Definition eines »königlichen« Raumes betraf, so experimentiert Petrarca persönlich mit den Möglichkeiten des Gartens, seiner »Eignung« als neue Wohnstätte für die Dichtung. Bekannt ist der Fehlschlag mit den symbolträchtigen, Liebe und Ruhm darstellenden Lorbeerpflanzen in den petrarkischen Gärten, bekannt ist auch der rege Briefwechsel mit Freunden und Bekannten, die ihm Bäume und Pflanzen für seine Obstgärten in Valchiusa und in Arquà besorgen sollen; aber am kennzeichnendsten sind wohl die Marginalien zu seiner Gärtnertätigkeit in seinen Manuskripten, aus verschiedenen Zeiten stammend und verschiedene Gärten betreffend: die Mailänder Gärten, die Gärten von Padua oder Arquà. Im Jahr 1348, *contra doctrinam Maronis*, versucht er sich mit den Pflanzungen; er hält eine reizende Erinnerung an einen gelungenen Versuch fest: »Decembris 8ª, luna nisi fallor 16ª, tempore tranquillo, hora diei nona, ysopie et roris marini plantulas cum caudicibus terre mandaui, experiendi animo, in ortulo cultiore. Successit bene.«[7]

Schließlich die Anlage des Gartens von Arquà, vom Dichter schriftlich genau festgehalten und vom Freund Lombardo della Seta verfolgt, und der teilweise Erfolg, denn nur die Weinstöcke und die Büsche gedeihen.

Aus diesen Betrachtungen ergeben sich die zweifachen Aspekte der petrarkischen Unternehmung: Auf der einen Seite schaffen die Beobachtung und Liebe zur Natur die Voraussetzungen für eine Umwandlung dieser Natur in ein Paradies des Geistes, andererseits verfügt Petrarca aber auch über das Handwerkszeug für die tatsächliche Anlage von Gärten und die Gestaltung der Landschaft nach den Richtlinien des ästhetischen Gedankens, der im Garten die Möglichkeit findet, den Traum vom »einsamen Leben« zu verwirklichen.

Daß Petrarcas Modell die Gartenidee in Humanismus und Renaissance stark beeinflußt hat, ist die Tatsache. Offen bleibt noch, wie sehr diese Neigung, den Garten in den Ort des intellektuellen und poetischen *loisir* zu verwandeln, die venetischen Humanisten und Schriftsteller im 15. und 16. Jahrhundert erfaßte. Wenn der mächtige Ruf der petrarkischen Unternehmung noch in den Werken des Gartenliebhabers Ugo Foscolo zu spüren ist, so bedeutet dies, daß sich eine Tradition gebildet hat, die das ursprüngliche, einfache Projekt Petrarcas zu retten, zu erhalten und zu verändern verstand. Es wäre jedoch etwas zu schwierig, wollte man beweisen, daß dieser Geist eine Besonderheit der venetischen Kultur und Natur sei; sicher ist, daß Arquà, der Garten und das Haus einen tiefgehenden Einfluß ausübten auf die wichtigsten Persönlichkeiten der venetischen Kultur. Will man nun die direkten Zeugen der Lektion Petrarcas untersuchen, so wie diese zwischen dem 15. und 16. Jahrhundert von den venetischen Intellektuellen aufgenommen wurde, so stellt man sofort fest, daß der »Geschmack«, der Venedig und Venetien kennzeichnet und verbindet, weiterhin an die Trennung zwischen *otium* und *negotium* gebunden ist – nach der klassischen humanistischen Konzeption –, und daß in der Ausübung des *otium* die reale und metaphorische Bedeutung des »einsamen Lebens« voll wiedergegeben wird.

Bereits Puppi verfolgte in seinem 1978 erschienenen, wundervollen Aufsatz[8] nicht nur den roten Faden, der die Errichtung der großen Gärten in Venedig, an der Lagune und insbesondere auf Murano kennzeichnet, sondern unterstützte seine These mit einer Reihe von literarischen Zeugnissen, die wie eine Anthologie der venetischen Kultur der Gärten erscheint: von Leonardo Giustinian zu Navagero, von Bembo zu Aretino, von Andrea Calmo zu Triffon Gabriele, von Gaspara Stampa zu Franceso Marcolini, von Ermolao Barbaro zu Partenio. Der Gotha der venetischen Kultur ist in den Gärten Muranos und der Giudecca versammelt, er macht die Gärten zum bevorzugten Ort für Diskussionen und Dichtungen, und in diesen Gärten aus Stein und Grün, in einem schwindelerregenden Spiel mit Spiegeln und Flächen, spricht er von anderen Wort-Gärten und trägt mit der neuen Mode – der Dichtung im Garten – dazu bei, daß dieses literarische und architektonische, soziale und urbanistische Thema zu einem unauslöschlichen Fixpunkt im kulturellen Bewußtsein Venedigs und Europas wird[9]. Es ist deshalb nicht notwendig, den von Puppi und anderen Vertretern seiner Schule so gut dokumentierten Gedanken[10] hier weiterzuverfolgen; vielmehr sollte man sich mehr den lyrischen und epischen Ergebnissen dieser Begeisterung für den Garten und im Garten widmen und nicht nur ein Zeugnis, sondern auch eine Bestätigung dieses Kreislaufs von Dichtung, Architektur und Garten suchen, von dem wir ja ausgegangen sind.

Bei der Errichtung des Universums im Garten, dem bevorzugten Sitz des humanistischen Dialogs und somit dem Modell einer sozialen Realität, die in der Blütezeit der venetischen Gärten zwischen dem 15. und 16. Jahrhundert konkret wird, beeinflussen auf unterschiedliche Weise zwei Persönlichkeiten zweifellos die Typologie des Renaissance-Gartens: Bembo und der Autor des *Poliphilo*. Bei beiden Schriftstellern taucht Petrarcas Lektion wieder auf, wenn auch abgeschwächt, verändert, mit anderen Modellen verbunden, aber sie ist da – die große Idee vom einsamen Leben in ihrer komplexesten Entwicklung: ein Ort, der – wie im Falle Bembos – *naturaliter* zum bevorzugten Ort des Gesprächs wird oder sich dazu macht und der – für Francesco Colonna – sich allegorisch als der absolute Versuch eines Gartens der Worte darbietet. Wie ich bereits Gelegenheit hatte zu erläutern[11], interpretieren beide Verfasser bei ihren Beschreibungen der Gärten und Villen die Zeichen der Natur als Zeichen der Literatur. Für einen Schriftsteller wie Bembo, der im humanistischen Gedankengut ein klassisches Verhaltensmuster zu entwickeln verstand, muß der Garten in Wirklichkeit und in der poetischen Fiktion zum neuen Paradies des Geistes werden. In seinem Jugendwerk *De Aetna*, in dem sich Bernardo und Pietro unterhalten, erinnert Bembo an das Nonianum, die Villa mit Garten, die von der Familie Bembo zum kulturellen Refugium vor den Lasten der öffentlichen Ämter gemacht wurde[12]. Bereits in jener Schrift entwickelt Pietro Bembo Projekt und Theorie des Humanismus über den Garten, und nicht von ungefähr kann man mit diesem Text die spätere Entwicklung des Gartenthemas in der Kultur des 16. Jahrhunderts (in diesem Fall die venetische) verfolgen, die die Verbindung vermittelt zwischen einer Situation (dem Garten) und einer Formel (dem Dialog) und einen gleichzeitig realen und geistigen Ort dafür schafft: den bevorzugten Sitz für das Gespräch und insbesondere für das Gespräch von Liebenden. Zwischen dem von Bembo in den *Asolani* beschriebenen Garten und dem Nonianum gibt es keinen qualitativen Unterschied, nur eine unterschiedliche Nutzung: öffentlich die eine, privat und »häuslich« die andere. Der Garten ist für Bembo, und nicht nur für ihn, wie ein Paradies des Geistes, die glückselige Wahlheimat, um sich von den Mühen der Politik auszuruhen, aber eingebettet ins soziale Leben. Im Nonianum ebenso wie in den *Asolani* nimmt die These von einer strengen Trennung zwischen *otia* und *negotia* Gestalt an. Wichtig ist noch der Hinweis, daß in den Gärten Bembos von einem Anhaltspunkt ausgegangen wird, der die städtische Residenz oder die Villa des Schriftstellers sein kann, und man dann diesen realistischen Anhaltspunkt weiter ausarbeitet zu einer großen, kulturellen Projektion, die einen Ort – den Garten – verändert, ihn mit symbolhaften Bedeutungen belegt, um ihn zum Emblem einer sozialen, intellektuellen und weltlichen Situation zu machen.

Das gleiche könnte man über den Garten in den *Asolani* sagen und dabei die These des Puppi aufnehmen, mit dem präzisen Bezug auf den Barco der Caterina Cornaro in Altivole[13], aber die *descriptio* kompliziert sich in einer Reihe hochliterarischer Verweise, die die Voraussetzungen dafür schafft, daß der Garten in der Renaissance ein äußerst wichtiges Theaterthema wurde. Als Szene für die Liebesdialoge entzieht sich der Garten des Bembo jedem realistischen Bezug, um sich als Situations- und Verhaltensmodell anzubieten. Mehr noch als in Alberti oder der neuplatonischen Florentiner Kultur zwischen Lorenzo, Marsilio Ficino und Poliziano – von denen Bembo sicher viele Anregungen erhält für die »hohe« Gestaltung seines Gartens – kann man in der Gartenbeschreibung der *Asolani* einen Berührungspunkt zwischen zwei zuvor nicht unbedingt verbundenen Einstellungen erkennen: die Betrachtung des Gartens als das Paradies der Humanisten oder als höfische Szene. Wollte man schematisieren – und das könnte aufgrund des dichten Netzes von Vorschlägen und Verweisen gefähr-

lich sein –, dann könnte man sagen, daß Bembo auf literarischer und ideologischer Ebene versucht, die Prämissen des Boccaccio mit denen Petrarcas zu vereinen. Sicher denkt Bembo an Boccaccio, wenn er seine Beschreibung folgendermaßen beginnt: »Dieser Garten war groß und von wunderbarer Schönheit; neben einer herrlichen Weinlaube, die ihn breit und schattig durchkreuzte, führte ein Weg die Eintretenden in die verschiedenen Teile des Gartens; an den Seiten schloß ein sehr geräumiger und langer Weg, mit lebenden Hecken gesäumt, den Garten gegen außen ab [...], die Hecken waren aus grünem, dichtem Ginster und so hoch, daß sie einem Mann bis zur Brust reichten, doch ließen sie den Blick des Betrachters weit schweifen, zur Ergötzung und Erbauung.«[14] Aber auch an Petrarca erinnert er sich, wenn er, im Gegensatz zum reichen Pflanzenkatalog, der den Garten im *Decamerone* und in der *Commedia delle ninfe fiorentine* erläutert, nur von »grünem Ginster« und vor allem »geschätzten Lorbeerbäumen« spricht: »Auf der anderen Seite die geschätzten Lorbeergewächse, die entlang der Mauer in den Himmel wuchsen und über dem Weg einen hohen Bogen bildeten, dicht und so in ihre Form gebunden, daß kein Blatt es wagte, aus der Ordnung auszubrechen [...], nur von einer Seite des Gartens sieht man zwei weiße Marmorfenster [...], von denen aus man, obwohl die Mauer dicht und hoch war, den Blick über die Ebene richten konnte, über die sie in ihrer Höhe thronten.«[15]

Der Lorbeer, den Petrarca vergebens in seinen Gärten in Valchiusa und Arquà zu pflanzen versuchte und der im Garten des Bembo zu üppig wuchs, besitzt in der ausgewählten Botanik des Bembo all jene methaphorischen und allegorischen Werte, die der Sänger zu Ehren Lauras zu finden hoffte. Aber zu dieser doppelten literarischen Reminiszenz gesellt sich der Hinweis auf den großen Vorhang der Mauer, der durch zwei Fenster unterbrochen wird und sich wie eine *scenae frons* eines imaginären Theaters entfaltet, vor dem im Dialog und mit dem Dialog, für sich allein schon ein Theaterinstrument, das Drama der Dichtung und der höfischen Kunst aufgeführt wird. Wir wollen hier nicht weiter darauf eingehen, daß bei dem Jahrhundertereignis der Geburt des Theaters zwischen dem 15. und 16. Jahrhundert die Gärten als Theaterplatz eine wesentliche Rolle gespielt haben[16]; es genügt ein Hinweis auf den Quasi-Zeitgenossen Odeo Cornaro, den von allen anerkannten Träger einer *forma mentis*, die man ruhig als theatralisch bezeichnen könnte[17]. Ich weiß nicht, ob sich Bembo dieser theatralischen Nutzung des Gartens auf theoretischer oder ideologischer Ebene bewußt war; sicher entsteht das Bewußtsein, wenn der Ort geeignet ist oder geeignet gemacht wird, um eine Dialoghandlung darzustellen und gleichzeitig auch den Rahmen für eine höfische Szene abgibt.

Im Garten der *Asolani* wird der antike *locus voluptatis* der spätgotischen Tradition zum Szenarium höfischer Etikette (man verzeihe den anachronistischen Begriff Etikette): Das Verhalten der Figuren ist bereits typisch für die zukünftige höfische Ordnung; die Materie selbst, der Liebesdialog, erlaubt jenes mögliche Zusammenwirken von Intellekt und Macht, das nur noch wenige Dezennien die ideologische

326

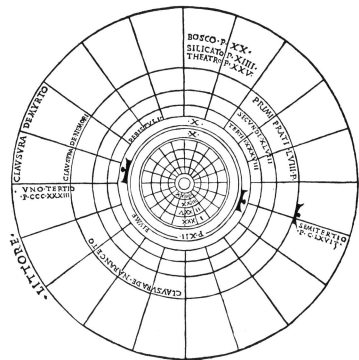

327

Bedeutung des Hofes ausmachen wird. Man denke an die höfische
Erfahrung des *Cortegiano*, aber auch an die Akademien, die der Loggia Cornaro folgen. Nicht von ungefähr übernimmt der Garten mit
seinem Potential als Theater für die Intellektuellen, die im Hof und in
der Akademie den einzigen utopischen Ort im sozialen Gefüge sehen,
eine immer weitreichendere Bedeutung, die in eine höchst metaphorische und formalisierende Realität fällt, wie dies die Errichtung realer
Gärten und Villen ist. Man denke an Maser, an den Ausdrucksreich-
tum seiner Kultur, an die Metapher des Tempels der Kunst; aber oft
sind ausgerechnet die realen Gärten die Herausforderung, und man
kommt, besonders, wenn man von ihnen ausgeht, auf umgekehrtem
Weg zum Garten der Worte. Typisch venezianisch ist die Verbindung
zweier Hauptfiguren des intellektuellen Lebens der Republik Venedig: Marcolini und Aretino. Der Verleger Marcolini hat einen Obstgarten, der nicht nur der Ort für intellektuelle Muße – *otium* – ist,
sondern auch die praktische Realisierung eines bukolischen Projekts
(Arkadien, die unschuldige Natur, der Traum von der Wiedergewin-
nung des verlorenen Paradieses). Die Früchte seines Gartens werden
an Aretino geschickt, der dem Geschenk metaphorisch-ideologischen
Wert beimißt. Die Früchte sind real und imaginär zugleich; der Garten
ist zwar ein Nutzgarten, aber zugleich auch der ideale Ort, an dem die
Früchte der Kultur entstehen, die Marcolini in alle Welt verschickt,
oder besser gesagt an jene Höfe und Gärten[18], wo andere Intellektuelle
sich treffen und im Dialog den Sinn und das Bild der Macht errichten:
»Natürlich, Freund, wenn ich mir an den Kopf schlagen würde – so
wie man jeden Pedanten schlägt –, weil ich meinem Namen den Bei-
name ›göttlich‹ angefügt habe, so würde ich dennoch ohne Zweifel
glauben, wenn nicht zur Hälfte, so doch zu einem Drittel gottähnlich
zu sein, da es ein alter Brauch ist, den Göttern das erste Obst der Ernte
und die jüngsten Tiere der Herde zu opfern; und die unentwegten
Geschenke, die ihr mir bringt, und die nicht nur der Natur, sondern
auch der Kunst entstammen, würden mich in großen Wahn versetzen.«[19]

Über das große Buch des Francesco Colonna, das *Hypnerotomachia
Poliphili*, hat man in den letzten Jahren viel diskutiert: Die verschiedenen Annahmen hinsichtlich der Identität des Verfassers, Mönch aus
San Zanipolo oder Herr aus Palestrina, haben das Interesse für ein
Buch geweckt, das seit den Zeiten der ersten Ausgabe gegen Ende des
15. Jahrhunderts immer wieder als Meisterwerk der Buchmacherkunst
betrachtet wurde und sicher mehr die Kunstgelehrten und Architekten
in seinen Bann gezogen hat als die Italianisten.

Die schwierige Sprache, ein äußerst feines Beispiel für eine Vermi-
schung von griechischen, lateinischen und hebräischen Strukturen in
Grammatik und Syntax, wie Pozzi so glaubwürdig erläutert[20], hat
nichts gemein mit dialektalen Ausdrucksweisen, auch nicht mit speziellen Sprachen wie etwa der »Spitzbubensprache«, sondern beweist
die präzise Absicht, das über Jahrhunderte hinweg als gelehrte Sprache
geltende Latein durch eine Volkssprache zu ersetzen, in einem fun-
kelnden Kaleidoskop von Neologismen und Anleihen an klassische
Sprachen. Von Poliphilos *quête*, von seinem allegorischen und mysti-

schen Traum interessiert uns die Beschreibung des Gartens der Venus, des Ortes also, an dem den beiden jungen Menschen, Poliphilo und Polia, von Amor begleitet, die Erscheinung der Venus widerfährt. Der Garten der Venus ist nicht der einzige, der in *Hypnerotomachia Poliphili* beschrieben wird; andere, weit wunderbarere und seltsamere Gärten trifft man auf der Reise des Poliphilo: Einer ist aus Glas, ein anderer aus Seide, doch es ist der Garten der Venus, der – neben seiner allegorischen und metaphorischen Bedeutung – im 16. Jahrhundert zum Modell für die Gartenbaukunst wird, an welchem sich die großen Vorhaben des intellektuellen Gartenbaus als *iter ad sapientiam* inspirieren werden, deren unerreichtes Beispiel Bomarzo ist. Man kann jedoch, mehr als von den Illustrationen, die nicht Kommentar zum Text, sondern eine parallele Erfahrung darstellen, von dieser schwierigen und manchmal unerträglichen Sprache ausgehen, um festzustellen, daß in dem komplexen, allegorisch-didaktischen Plan der Suche Poliphilos die Gärten, die im Buch erscheinen, nicht so sehr als paradiesische Synthese der Natur interpretiert werden, sondern vielmehr als menschliche Architektur und als Wort zugleich. Der Text Poliphilos kann als der komplexeste und der Utopie des Gartens am nächsten stehende Text betrachtet werden, wobei dieser utopische Garten als architektonisches und poetisches Werk verstanden wird: realer Garten und Garten der Worte. Daß ein Garten der Dichtung als nicht ebenso wichtig erachtet wurde wie ein architektonischer Garten, dafür gibt es zwei Gründe; einer ist kultureller Natur, der andere das Ergebnis eines Anachronismus, da Colonna in seiner Vorwegnahme gewisser Studien mit seinen linguistischen Ideen weniger Erfolg hatte als mit den bildlichen. Die fortschreitende Festigung der Volkssprache im 16. Jahrhundert, nachdem der Vorschlag Pietro Bembos sich durchgesetzt hatte, schließt jeden »Poliphiloschen« Versuch aus, wie Castiglione als erster vermerkt: Der Hof akzeptiert die schwierige Sprache Poliphilos nicht; der hermetische Text findet im 16. Jahrhundert und später kein Gehör, außer in Frankreich, wo er in der Übersetzung viel von seiner Sperrigkeit verloren hat. Doch nach dem Gedanken Francesco Colonnas kann und darf der Garten als paradiesischer Sitz einer Natur *more geometrico demonstrata* nur in einer perfekten Architektur der Worte beschrieben werden. Die wohl radikalste Unternehmung im Werk des Schriftstellers liegt darin, daß er bei der Beschreibung des Gartens nicht dessen metaphorisch-idealen Aspekt hervorhebt – gemäß der großen Tradition vom Paradies auf Erden –, sondern ihn wie ein semantisches Repertoire darstellt, eine Architektur der Worte.

Die Kunst des Francesco Colonna ist es, einen Ort zu beschreiben, indem er nur die geometrischen und mathematischen Daten liefert und mit dem verschwenderischen Gebrauch von Worten seine besonders auf die architektonische Struktur gerichtete Aufmerksamkeit verbirgt. Und wenn die Zeitgenossen oder die Intellektuellen des 16. Jahrhunderts sich der Illustrationen bemächtigten, um sie mit ihren eigenen realisierten Gärten zu vergleichen, dann entging ihnen doch dieser so revolutionäre und zugleich utopistische Aspekt.

Die hellsichtige Verrücktheit, der geometrisch skandierte Rhythmus des Gartens der Venus, die Architektur der Worte, mit der am

329

Ende der Beschreibung die künstliche Prosa des Colonna zum Selbstzweck wird, werden keine Folgen haben. Im 16. Jahrhundert wetteifert die Errichtung der großen Gärten der Renaissance mit der dichterischen *inventio*. Der Manierismus, der den Triumph der Kunst über die Natur bedeutet oder besser des Künstlichen über das Natürliche, nach der schönen These von Battisti[21], und der in der Episode vom Garten der Armida einen europäischen Topos findet, leitet die Hochblüte der italienischen Gärten im 16. und 17. Jahrhundert ein. Einen Widerhall dieser Diskussionen findet man auch in Venetien; die Dichterin Veronica Franco geht vom realen Lob über Fumane aus, »Ort des hervorragenden Herrn Conte della Torre, Verwalter von Verona«[22], und erfaßt die Beziehung zwischen Kunst und Natur, durch die eine neue Art und Weise entsteht, sich der Natur im Garten zu nähern, der ein natürliches Kunstprodukt ist oder die künstliche Natur: »Die Kunst überläßt der Natur nicht den Ruhm / und nicht das Kunstmittel des Gartens, geschmückt / durch Bäume und immergrünes Laubwerk; / über das die Architektur / stolz und hochaufragend / einen Palast errichtet wie einst den der Sonne.«[23]

Wenn zwischen Natur und Kunst nach der neuen Lehre des Manierismus eine Gemeinsamkeit in der Methodologie besteht, so vollzieht sich im Garten die totale Synthese der beiden Momente, die bis dahin auch temporär aufeinanderfolgten. Hier imitiert die Kunst die Natur, und die Natur folgt den Prinzipien der neuen künstlerischen Theorien, mit anderen Worten: Dort, wo die Natur schwach ist, greift die Kunst ein, um zu ergänzen, verbessern, verschönern. Das Kunstmittel ersetzt die Natur, korrigiert sie im Sinn des Wunderbaren, gleichsam als ob die Wahrnehmung der Natur im Garten einmütig den Regeln einer einzigen, immensen Synästhesie gehorche. Allein mit dem Giusti-Garten und dem Arcadia-Garten in Brenta könnte man die Geschichte der venetischen Kultur zwischen Barock und Arkadien schreiben – doch lassen wir eine derartige minutiöse Beschreibung, widmen wir uns dem großen geschichtlichen Bogen. Die Region Venetien verstand es, auf kultureller und poetischer Ebene sowie in der Realisierung der großen Landschaftsgärten, eine grundlegende Interpretation des neuen, aus England importierten Gartenstils zu geben. An der auch vom großen Cesarotti entfachten Diskussion nehmen die Dichter teil, die in Venetien eine praktische Möglichkeit gefunden haben, die aus Frankreich, Deutschland und England einströmenden Ideen in die Tat umzusetzen. Selvazzano, »das grün-wuchernde Poem« von Cesarotti, bildet die Quelle, aus der die Diskussionen über das Primat des Gartens oder der Natur entstehen, so wie die Gärten Jappellis eine unwiederholbare Zeit beenden und der Garten als Paradies des Geistes und der Poesie sich für immer von seinem architektonischen Ebenbild trennt. Danach kommt der Vorschlag Tommaseos, all das für das geschätzte Publikum einzusetzen, was jahrhundertelang der Schutz einiger weniger gegen die Gefahren der Geschichte und des Geschicks war. Der Garten wird öffentlich oder, wie im Fall von Fogazzaro und um einen venetischen Schriftsteller zu nennen, die Idee des Gartens, sein poetischer Ursprung hat nichts mehr gemein mit der Errichtung der Gärten.

330

331

Im Europa von Cesarotti, Pindemonte und Mabil, den Theoretikern eines neuen *Landschaftsgartens*, einer Natur, die den Garten imitiert, und beim bescheidenen Barbieri ist es noch möglich, die poetische Idee des Gartens mit einer anscheinend freieren Struktur zu verbinden, wie die des englischen oder des romantischen Gartens. Aber Garten oder Landschaft? Das ist das Thema der Diskussion, die einige Jahrzehnte lang die venetischen Intellektuellen trennt, wenn es darum geht, sich zwischen Garten und einer den Garten ersetzenden Landschaft zu entscheiden. Zwischen Gefühl und Vernunft entsteht eine kaum zu entwirrende Beziehung, die diese Schriftsteller zu einem subtilen »ich unterscheide« zwingt zwischen dem, was der Garten sein will und den neuen Koordinaten einer Natur, die als Landschaft betrachtet wird.

In den Werken der venetischen Schriftsteller ist das Echo dessen zu spüren, worüber man in Frankreich und Deutschland diskutiert, in den beiden Ländern, die dem englischen Einfluß am stärksten ausgesetzt sind. Und wenn die *Nouvelle Héloïse* der Schlüsseltext ist, um die Kluft zwischen Garten und Natur zu verstehen, so darf doch nicht vergessen werden, daß der von Kant ausgelöste philosophische Streit über die Gültigkeit des ästhetischen Geschmacks und die Thesen Schillers, die zwischen dem englischen Garten als Freiheit der Natur und dem französischen Garten als Freiheit in der Natur unterscheiden, auf unterschiedlichen Wegen in die Schriften der venetischen Intellektuellen Eingang finden, wie Assunto[24] in seinen hervorragenden Analysen dargelegt hat.

So wird Selvazzano der Ort der Erinnerung und erweckt, wie Barbieri sagt, »unbeschreibliche Süße der Gefühle! / Freundschaft, Frömmigkeit, Götter des Ortes, hehre Genien des Herzens! Girlanden und Blumen / schenken euch die gastfreundlichen Musen, / die Grazien, die mit Myrte und Lorbeer / den Wald in unsterbliches Grün tauchen.«[25] Pindemonte dagegen wählt in seinen *Prose e poesie campestri* entschlossen die Landschaft und besingt sie als über jeden Garten erhaben. Hier nimmt die Sprache Pindemontes, sonst getränkt von venetischen Lauten, eine italienische, europäische Färbung an: Die sentimentale Empfindung der »weißen Melancholie« ist die Sprungfeder für jenen äußerst interessanten Text der *Dissertazione su i giardini inglesi e sul merito in ciò dell'Italia*[26]. Darin spricht sich Pindemonte, nach einem Loblied auf den englischen Garten, der auch Thema einer gleichnamigen Abhandlung ist[27], für das landschaftlich Schöne aus, das freier und emotional privilegiert ist gegenüber dem gärtnerischen Schönen. Im Unterschied zu ihm verteidigt Mabil in seinem *Saggio*

sopra l'indole dei giardini moderni[28] den Garten und zitiert nicht von ungefähr Jappelli, der in ihm eine mit der Natur wetteifernde Kultur erkennt. Die Diskussion, die viel umfassender und komplexer ist, als es diese wenigen Zeilen darlegen können[29], schließt mit Barbieri, Cesarottis Nachfolger nicht nur auf dem Lehrstuhl in Padua, sondern auch hinsichtlich seiner Einstellung zur Natur. Barbieri sucht nicht den Garten, der die Natur in ihrer schönen Freiheit imitiert, sondern auf Rousseausche Art eine Natur in Form eines Gartens. Beispiele dafür gibt es viele, aber man denke nur an das kleine Gedicht, das ihn berühmt machte, *Stagioni*, das zwei anderen bekannten und immens erfolgreichen Gedichten ebenbürtig ist, *Les saisons* von Saint-Lambert und *The Seasons* von Thompson. In *Stagioni* wendet sich Barbieri an eine Natur, die zum Garten wird, interpretiert im Sinn eines Paradieses. Interessant ist die Beobachtung, wie dieser Natur-Garten immer durch einen poetischen und kulturellen Filter beschrieben wird: »Dieses glückliche Land [Bassano] hat etwas Anakreontisches und Pindarisches an sich, das schmeichelt und zugleich fesselt.«[30] Eine »eingegartete« Natur also, auch wenn im Fall Jappellis für einen Augenblick die liebenswürdige Satire gegen den Modegarten, ob englisch oder französisch, einem bewundernden Staunen Platz macht: »Im übrigen, wie eine Probe (des englischen Gartens), wenn sie groß und, noch wichtiger, an einem geeigneten Ort angelegt wird, zweifellos ganz wunderbar gelingen kann. Und wir haben ein Beispiel nur wenige Meilen von Padua in einem in diesen Jahren errichteten Garten geschaffen; dank des gemeinsamen Werkes zweier teurer Freunde: des pindarischen Talentes des tüchtigen Architekten Giuseppe Jappelli und des vornehmen Glanzes des gelehrten Cavaliere Antonio Vigodarzere. Dieser Garten liegt bei der kleinen und bescheidenen Villa von Savonara, die durch ihn viel berühmter werden wird. Das Werk ist aller Bewunderung würdig, bietet es doch ein malerisches und poetisches Ganzes, so daß man im Herzen die dankbarste Illusion mit sich nimmt.«[31] Diese »dankbarste Illusion« ist die feinste Bedeutung des Gartens zwischen Poesie und Realität: Zwischen Illusion und Werk nimmt man mit diesen Worten Abschied von einer hohen und jahrhundertealten Tradition des Imaginären. Jener Architekt mit dem »pindarischen Talent« konnte vielleicht zum letzten Mal einem Garten der Worte ein Antlitz geben: Deshalb wird die dem Garten eigene Illusion das Sagen haben, denn der Garten ist »pittoresk« und »poetisch«. So, mit einer Scheidung zwischen Poesie und Kunst-Architektur, endet die Kultur des Gartens in Venetien wie in der Welt: Es beginnt nun die Geschichte des Gartens.

332

333

334

239

Die neugotischen Gebäude sind ein Beleg für die in den Landschaftsgärten so häufigen »Anleihen« an andere Stilepochen. Eine tempelartige Villa bildet den Abschluß eines Gartens, der gegenüber dem klassischen Gedanken den Widerspruch verschiedener Stilrichtungen enthält.

335

336

337

Anmerkungen

1 W. A. McClung, *Dimore celesti. L'architettura del Paradiso*, Bologna 1987.

2 Vgl. E. M. Wilkins, *Vita del Petrarca e la formazione del Canzoniere*, Mailand[2] 1980, S. 188–189.

3 M. Pastore Stocchi, *Introduzione a Opere Latine di Francesco Petrarca*, hrsg. v. A. Bufano, I, Turin 1975, S. 9–30

4 E. Battisti, »Non chiare acque«, in: *Francis Petrarch, Six Centuries Later,* hrsg. v. A. Scaglione, Chicago 1975, S. 305–339.

5 F. Petrarca, »Ad Guidonem Septem, ruralis vite laus«, aus: *Familiarum Rerum libri*, XVII, 5 in: *Epistole di Francesco Petrarca*, hrgs. v. U. Dotti, Turin 1978, S. 398.

6 F. Petrarca, »Ad Guillelmum Veronensem«, aus: Epystole metrice, III, 3, in: *Opere di Francesco Petrarca*, hrsg. v. E. Bigi, Mailand[4] 1968, S. 468–469.

7 Vgl. M. Miglio, Immagine e racconto: note sul giardino in qualche manoscritto italiano (XII–XIV secolo), in: VV, *Il giardino storico italiano*, Florenz 1981, S. 290.

8 L. Puppi, I giardini veneziani del Rinascimento, in: *Il Veltro*, XXII, 1978, 3–4, S. 279–297.

9 Siehe den Band *Umanesimo europeo e umanesimo veneziano*, Florenz 1963.

10 Siehe die Synthese von M. Azzi Visentini, Per un profilo del giardino a Venezia e nel Veneto, in: *Comunitá*, 187, Nov. 1985, S. 258–293, und den wichtigen Band *L'orto botanico di Padova e il giardino del Rinascimento* von Visentini (bes. Kapitel IV: *Daniele Barbaro e il giardino del Rinascimento*), Mailand 1984.

11 G. Venturi, *Picta poesis: ricerche sulla poesia e il giardino dalle origini al Seicento*, in: Versch. Verf., *Storia d'Italia*, Annali 5, *Il paesaggio*, Turin 1982, S. 698.

12 P. Bembo, »De Aetna liber«, in: *Opera*, IV, Venedig 1729, S. 320–328.

13 L. Puppi, Il »barco« di Caterina Cornaro ad Altivole, in: *Prospettive*, 1962, 25, S. 52–64.

14 P. Bembo, *Asolani*, in: *Prose e Rime*, hrsg. v. C. Dionisotti, Turin 1962, Buch I Kap. V. S. 322.

15 Ibidem.

16 In der zahlreichen Bibliographie wesentlich die Arbeit von L. Zorzi, *Il teatro e la cittá*, Turin 1977.

17 Hinsichtlich der Theaterfunktion des Odeo beachte man den schönen Katalog der Ausstellung *Alvise Cornaro e il suo tempo*, hrsg. v. L. Puppi, Padua 1980, bes. die Aufsätze von G. Bresciano Alvarez, »Le fabbriche di Alvise Cornaro«, und von L. Zorzi, »Tra Ruzante e Vitruvio«, S. 36–57 und 94–105.

18 Diesbezüglich beachte man *Ragionamento dell Corti* (1538) von Pietro Aretino, angesiedelt im Garten des Marcolini. Amedeo Quondam weist sehr deutlich auf die szenischen Inhalte dieses Gartens hin, die fast ein Symbol der verlegerischen Arbeit Marcolinis sind, sowie auf die soziopolitischen Inhalte, da der Garten zur Metapher für jenen einzigartigen Ort wird, in dem der Intellektuelle in der ersten Hälfte des 16. Jahrhunderts sich einen utopistischen, befreienden »Ausflug« von der eisernen Bipolarität Hof-Kirche gestatten kann. Zwischen Theater und bürgerlichem Leben bietet sich der Garten des Marcolini in Aretinos Text als der Ort intellektueller Freiheit an. Vgl. A. Quondam, »Nel giardino del Marcolini. Un editore veneziano tra Aretino e Doni«, in: *Giornale storico della Letteratura Italiana*, XCVII, 1980, 497, S. 75–84.

19 P. Aretino, »Lettera XXVII a Francesco Marcolini«, in: *Opere scelte di Pietro Aretino*, hrsg. v. G. G. Ferrero, Turin [2]1970, S. 813.

20 Vgl. G. Pozzi, »Presentazione«, in: F. Colonna, *Hypnerotomachia Poliphili*, Ausg. Padua 1980, II, S. 3–20.

21 E. Battisti, »Natura artificiosa o Natura artificialis«, in: Versch. Verf., *The Italian Garden. First Dumbarton Oaks Colloquium on History of Landscape Architecture*, Harvard 1972, S. 1–36.

22 G. Stampa, V. Franco, *Rime*, Hrsg. v. A. Salza, Bari 1913.

23 Ibidem.

24 Unter den zahlreichen Arbeiten Assuntos über Ästhetik und Philosophie des Gartens beachte man insbesondere: *Stagioni e ragioni nell'estetica del Settecento*, Mailand 1967; *Il paesaggio e l'estetica*, 2 Bde., Neapel 1973; *Filosofia del giardino e filosofia nel giardino*, Rom 1981.

25 G. Barbieri, »L'autunno«, in: *Le stagioni*, Florenz 1828, S. 73.

26 Siehe in: *Operette di varj autori intorno ai giardini inglesi ossia moderni*, Verona 1823, S. 149–175.

27 Siehe in: *Le prose e poesie campestri*, Verona 1823, S. 182–183.

28 In: *Operette di varj autori…*, Zit. S. 65–100.

29 Es sei mir erlaubt, auf meinen Aufsatz »La cultura del giardino all'inglese nel Veneto tra '700 e '800« hinzuweisen, in: *Le scene dell'Eden*, Ferrara 1979, S. 132–159; jetzt in: *Giuseppe Jappelli e il suo tempo*, hrsg. v. G. Mazzi, Padua 1982, S. 331–354.

30 G. Barbieri, *Lettere campestri e altre*, Florenz 1829, S. 11.

31 G. Barbieri, »Il giardino«, in: *Opere*, Mailand 1827, S. 88.

Garten und Pflanzenkunde
Patrizio Giulini

Vorbemerkung

Die meisten Menschen sind der Meinung, daß die Gärten und ihre Pflanzen sich im Laufe der Zeit nur durch die Entwicklung des Geschmacks und der Vorschriften, nach denen sie errichtet bzw. gezogen wurden, verändert haben. Auch wenn diese Meinung durchaus nicht falsch ist, braucht man nur einmal gen Norden oder gen Süden zu reisen, um festzustellen, daß die vom gleichen Erbauer und zur gleichen Zeit entstandenen Parks und Gärten trotz aller Ähnlichkeit in der Ausstattung und der Architektur in ihrer Bepflanzung so unterschiedlich sind, wie sich ihre geographische Lage verändert (sprich Breiten- und Längengrade). Einem aufmerksamen Beobachter wird nicht entgehen, daß die gleiche Art, die sich in einem Garten nur mühsam durchschlägt, keine Kräfte entwickelt und von Parasiten heimgesucht wird, in einem anderen Garten üppig wuchert.

Dieses Grundwissen ist nötig, um zu begreifen, welch großes botanisches Wissen ein in diesem Beruf Tätiger haben muß, will er aus dem Nichts einen Park entwerfen und auch fertig bauen. Die toten und die lebendigen Baumaterialien besitzen völlig unterschiedliche Parameter. Die ersten haben ihre deutlich abgesteckten Grenzen, was die Widerstandsfähigkeit und die Plastizität betrifft, die man mit einer gewissen Erfahrung durchaus berechnen kann, so daß in kurzer Zeit schon aus den Rohmaterialien das gewünschte Objekt erscheint, und zwar genauso, wie man es sich gewünscht hat. Im genauen Gegensatz dazu steht das für die Errichtung eines Parks verwendete lebendige Material; seine Formbarkeit liegt im Innersten verborgen, hängt vom jeweiligen Ort ab und kann nicht gewaltsam beeinflußt werden, will man nicht mit einem Mißerfolg bestraft werden; einem Mißerfolg, der sich im Laufe der Jahre stetig vergrößert, während der Park doch eigentlich immer schöner werden sollte.

Etliche großartige, aber romantisch veranlagte Architekten mußten zu Beginn oder während ihrer ersten Schritte in der Gartenbaukunst diese Erfahrung machen oder sich wenigstens an Botanikexperten wenden. So läßt mich im besonderen die Beziehung zwischen dem berühmten Architekten aus Padua – Jappelli – und dem Präfekten des Botanischen Gartens derselben Stadt – Visiani – behaupten, daß zwischen diesen beiden eine engere und effektivere Zusammenarbeit bestanden haben muß, als dies bis heute aus den Akten und der Geschichte hervorgeht[1]. Obwohl es keine direkten Beweise gibt, ist es doch durchaus möglich, daß der zur Zeit Visianis realisierte südöstliche Teil des Botanischen Gartens in Padua und die angrenzenden Jappelli-Gärten Pacchierotti einer gemeinsamen Idee aus der Beziehung dieser beiden großen, kulturell so unterschiedlichen Menschen entstammen. Entsprechend hält es auch Margherita Azzi Visentini für statthaft, den Namen Jappelli für die Planung gewisser Eingriffe im Botanischen Garten[2] ins Spiel zu bringen.

In der Planung kommt es durch die Entwicklung des Gartens in jener Zeit und durch das größer werdende botanische Wissen der Künstler zu einem kulturellen Fortschritt. Kurz gesagt, man braucht sich nur vorzustellen, wieviel einfacher es ist, krautartige und einjährige Planzen heranzuziehen, bei denen man schon nach wenigen Mo-

naten einen Erfolg erkennen kann, als an Bäume zu denken, die als kleine Pflanzen eingesetzt werden und – je nach Art – erst nach dreißig oder noch mehr Jahren entweder nur einige Quadratmeter abdecken oder eine Fläche von vierhundert und mehr Quadratmetern. Im ersten Fall war eine Korrektur möglich, und man konnte im Jahr darauf die gewünschte Wirkung hervorbringen; im anderen Fall mußte man schon bei der Planung an die Zukunft glauben und konnte sich keine Experimente leisten; ja, das Ergebnis stellte sich meistens erst so spät ein, daß weder Auftraggeber noch Erbauer sich daran erfreuen konnte.

Dieser Wunsch nach größter Vielfalt und einer Art Bühnenbild findet sich ebenfalls bei den nachfolgenden Gartenbaustilen, so daß er zu einem prägenden Faktor wurde.

Nach der fortschrittlichen Einführung neuer Arten, nach Studien der botanischen Systematik und Verbesserung der Baumschulmethoden zur Vermehrung der Pflanzen auf vegetativem Wege führte die Eingewöhnung veredelter Pflanzen aus weit entfernten Gebieten zu künstlichen Kreuzungen. Aufgrund dieser Methode, die jahrhundertelang empirisch, aber erst seit wenigen Jahrzehnten wirklich wissenschaftlich angewendet wird, konnte man Form und Farben der Pflanzen verändern, die Blütezeit verlängern oder eine Zweitblüte innerhalb derselben Jahreszeit erreichen. Auch Aussehen, Farbe und Größe der Blüten konnte man beeinflussen oder auch weniger auffällige Merkmale entweder hinzufügen oder weglassen, so daß sich dem Planenden eine große Auswahl bot und er schließlich Effekte schaffen konnte, die immer mehr einem dauerhaften Bühnenbild glichen.

Schon früher hatte ich Gelegenheit darauf hinzuweisen, daß der Garten ein Element ist, das sich im Dunkel der Zeiten verliert, aber vermutlich auftaucht, noch bevor der Mensch sich an ständigen Wohnsitzen niederläßt. Diese Geburt, oder in diesem Zusammenhang besser: dieses Keimen ist auf die Tatsache zurückzuführen, daß der Mensch beim Eindringen in ein bestimmtes Gebiet Aussehen und Zusammensetzung der Bodenoberfläche verändert. Dies geschah zu Anfang unbewußt, indem er einfach die Samen wegwarf, nachdem er eine Frucht gegessen hatte, später dann mit voller Absicht, wobei er die Pflanzen bevorzugte, die ihm nützlich waren. Ein solcher »Garten« war mit Sicherheit nicht nach ästhetischen Ansprüchen gestaltet, sondern entsprang nur dem Wunsch des Menschen, außerhalb seiner Wohnung etwas zu seinem Nutzen zu besitzen, das sich von der Umgebung deutlich abhob: sozusagen eine Erweiterung seines eigentlichen Lebensraums.

Entsprechende Beispiele lassen sich bei den Nomadenvölkern Afrikas finden, wo man in ganz bestimmten Gebieten Pflanzen entdeckte, die der Mensch mit Sicherheit zu seinem eigenen Nutzen angebaut hatte.[3]

So kann man getrost behaupten, daß die künstliche grüne Umgebung in der Nähe von Wohnstätten schon seit langem existiert, vermutlich schon seit den Anfängen der Menschheitsgeschichte, und daß sie sich gleichzeitig mit den Interessen des Menschen und seinen kulturellen Eroberungen sowie den ökonomischen Erfordernissen entwickelt hat.

Die Anfänge des Gartens im Veneto

Man wird sich rasch bewußt, wie wenig wir darüber wissen, ab welchem Augenblick in der Geschichte des Menschen und seiner Siedlungen wir einen Ort, an dem Pflanzen angebaut werden, im modernen Sinn als »Garten« bezeichnen können und welche Merkmale er besitzen muß, um als solcher angesehen zu werden.

Schon Karl der Große[4] erließ Gesetze zur Festlegung der Arten, die geschützt, bevorzugt und vermehrt werden sollten. Diese auf Autonomie ausgerichtete kulturelle Reife weckt im Hochmittelalter ein anderes, klügeres Denken über das Land. Es wird als Möglichkeit zu überleben angesehen und nicht als zu beraubendes Gebiet.

Beschränkt man sich auf die Gärten im Veneto, so gibt es keinen Zweifel darüber, daß man sofort für das tägliche Leben notwendige Pflanzen anbaute, sobald die kleinen Inseln in der Lagune auf Dauer von »Festlands-Flüchtlingen« bewohnt waren, die dort ihre ersten Niederlassungen errichteten. Nach und nach rang man dem Wasser neues Land ab. Gleichzeitig wuchsen die Gemüsegärten und bereicherten den Speiseplan, der in der Hauptsache aus Fisch bestand. Um die vom Wasser befreite Bodenoberfläche zu vergrößern, verwendete man ein Gitterwerk aus Zweigen von Weiden (Salix, vorwiegend Silberweiden: Salix alba L.), das man auf Erlenstämme (Alnus glutinosa Gaertn. = Schwarzerle) legte, die vertikal in den Boden gerammt wurden; die Löcher verstopfte man mit einer Streu aus Teilen der verschiedenen Flechtwerke sowie Sand oder Schlamm. Das Pflanzenmaterial sammelte man vorwiegend hinter der Lagune, wo das Wasser nicht so salzig war und einen besseren Bewuchs erlaubte, die Zusatzmaterialien indessen entnahm man den Kanälen oder schaffte sie mit dem Schiff von weit entfernten Orten herbei. Die Beschaffenheit von Erle und Weide war mit Sicherheit schon in prähistorischer Zeit bekannt.

Angenommen, etliche der ersten Flüchtlinge gehörten zu der eher wohlhabenden Schicht, so machten Angst, Flucht, Mühsal und die Generationenfolge die Jahrhunderte der wachsenden venetischen Kultur, den Wohlstand und den Prunk der römischen Kultur vergessen, als die Gärten ihre größte Perfektion erreichten. Doch die meisten Flüchtlinge kamen vom nahe an der Lagune gelegenen Land und verstanden einen solchen »Luxus« nicht. Sie retteten nützlichere Dinge und brachten sie mit, etwa die Grundlagen der Landwirtschaft.

Während man in der Lagune das Trinkwasserproblem lösen mußte, Brunnen aushob und Regenwasser in den Zisternen sammelte, mußte man auf dem Festland für eine Landwirtschaft sorgen, die die existentiellen Notwendigkeiten lieferte wie Milch und Mehl (das man vor allem aus Weizen herstellte).

In der Lagune hatte man sich mit den Schwierigkeiten des salzhaltigen Bodens auseinanderzusetzen und mußte ihn urbar machen. Dabei entdeckte man, daß die erhöht liegenden, vom Ufer weiter entfernten Böden weniger Sand, aber mehr Humus enthielten. Sie waren schon vor einiger Zeit aus dem Wasser aufgetaucht und enthielten die besten Grundstoffe für die Landwirtschaft. In diesen Böden hatte die Auswaschung durch Meteoritwasser schon vor langer Zeit stattgefunden, wobei das Chlorid weggeschwemmt worden war. Man stellte sicherlich auch fest, daß es je nach Boden und der Entfernung zum Wasser ganz unterschiedliche Pflanzenarten gab. So konnte das Vorhandensein einiger Pflanzen auf die Qualität des Bodens schließen lassen. Man gewöhnte sich an, jedes natürlich wachsende nahrhafte oder zumindest wohlschmeckende Kraut als Nahrungsmittel zu verwenden. So sammelte man im Frühling die jungen Sprossen von Salzkraut (Salsola soda L.), die reich an Vitamin C sind und ein Gericht durch ihren leicht bitteren Geschmack verbessern können.

In diesem Zusammenhang wollen wir unser eigentliches Thema verlassen und von den Ernährungsgewohnheiten der Menschen damals sprechen, wobei es ziemlich klar ist, daß diese sich sehr von den heutigen unterscheiden, vor allem zu Beginn der Lagunensiedlung. Der Mangel an Stärke- und Zuckerbestandteilen in der Nahrung war erschreckend, auch Fette waren nur selten und vorwiegend tierischen Ursprungs, abgesehen von Spuren im Mehl oder in den Sämereien. Aus diesem Grund kochte man die Speisen in Wasser, Wein oder Essig, und erst als der Handel im Mittelmeerraum zu blühen anfing, konnte man auch Olivenöl hinzufügen.

Vielleicht waren es diese täglich zu machenden Erfahrungen innerhalb einer unwirtlichen Umgebung, die zur Entwicklung des Gemüsegartens beitrugen sowie zu dessen ständig fortschreitender Verwandlung in einen allgemeinen Garten, wodurch nach und nach die wirtschaftlichen Bedingungen verbessert wurden. Auch die Architektur der Stadt hing von diesen Erfahrungen ab. Die Siedlungen erstreckten sich bis zum Wasser, der Hauptverkehrsader, an der man nichts anbauen konnte. Um den Rückfall des Meeresbodens gering zu halten, legte man anfänglich um die Häuser vor allem auf der Meeresseite hohe Staketenzäune aus Sumpf- oder Schilfrohr (Phragmites communis Trin.) an, das man durch die gedrehten Blätter von Rohrkolbengewächsen (Typha latifolia L.)[5] untereinander verband. Als Schutz gegen den Wind ließ man die bereits auf den sandigen Lagunenböden bestehenden Tamariskengewächse (Tamarix gallica L. = Fränkische Tamariske) höher wachsen. Erst in den darauffolgenden Jahrhunderten wurden die Zäune durch hohe Mauern aus gebrannten Ziegeln ersetzt. Die von Jacopo de' Barbari im 16. Jahrhundert geschaffene Ansicht von Venedig zeigt sehr gut die Stadtanlage. Sie war so geschaffen, daß sie sich im Laufe der Zeit durch die stärker werdende Bevölkerungsdichte und die »Eroberung« des Binnenlandes verändern konnte. Alle Reisenden, die nach Venedig kamen, priesen seine Gärten, und viele von ihnen hinterließen in ihren Chroniken wenn auch kurze, so doch immer bewundernde Beschreibungen.[6]

Und noch eines entdecken wir auf de' Barbaris Stadtansicht: Schon damals zeigten die Gärten Venedigs ganz bestimmte Grundzüge. So war der Laubengang bereits ein wichtiges architektonisches Detail der Ausschmückung, aber mehr noch der Funktionalität. Von diesen charakteristischen Elementen wurden die Gärten mit der Zeit von außen überlagert. Um solche kulturellen Übertragungen zu verstehen, darf man nicht vergessen, daß die politische Macht der Serenissima zu bedeutender Größe anwuchs und sie sich auch auf dem Festland behaupten konnte.

339. Jacopo de' Barbari, Plan von Venedig, Ausschnitt mit den Gärten des Castello, 1500. Venedig, Museo Correr. Man kann unter den Pflanzen diejenigen erkennen, die eine Schutzfunktion haben und resistent sind gegen das Salzwasser (Tamarisken): Sie wachsen entlang der

Begrenzungsmauer und an den Palisaden. Einzelne kleine Obstbäume und die im Veneto so häufigen Laubengänge sieht man immer wieder in zahlreichen anderen Gärten. Sie entstammen der klassischen Tradition.

340. Giovan Francesco Costa, Villa Pisani Barbarigo am rechten Ufer der Brenta in Stra gelegen. Die Gravierung lautet: »Delle delicie del fiume Brenta...« (Über die Köstlichkeiten der Brenta). Venedig 1750–62.

Der Garten erstreckt sich zwischen der Villa und dem Fluß. Dieses Landstück hat sich über die Zeiten mit dem Lauf des Flusses verändert, nahm ab oder zu und ist noch immer von den Launen der Brenta abhängig.

339

340

Denken wir ans Mittelalter, so sehen wir dank romantischer Schriftsteller, aber auch etlicher Filme in unserer Fantasie Bilder von Hexen und Zauberinnen, von dunklen, verräucherten Kammern, von stechenden, exotischen Gerüchen und von Getränken, die um so magischer waren, je gräßlicher sie schmeckten. Diese Bilder sind nicht weit entfernt von der Wirklichkeit, was das Hochmittelalter betrifft, vor allem auch wenn wir bedenken, daß das einfache Volk sich ihrer noch heute bedient und an die Heilkraft gewisser Mittel glaubt. Neben einer mystischen Religion mit so subtilen Einflüssen wie Todesangst, Gebet und Strafe, existierte die Macht der Sterne, die sich mit der Religion vermischte.

Man war jedoch bereit, daran zu glauben, daß Schicksalsschläge beeinflußt werden konnten, falls man sich im Laufe der Ereignisse in gewisser Weise einmischte, etwa indem man sich der astralen Prinzipien bediente, die in gewissen Kräutern enthalten sind, den Bewahrern eines positiven Einflusses auf die Sterne, der als »Gegengift« gegen ein ungünstiges Schicksal wirkte.[7] Jede Pflanze ist eine irdische Botschafterin der verschiedenen Stern- und Planetenkonstellationen[8] und deshalb in der Lage, die uns von oben geschickten Übel zu heilen. Aus diesen esoterischen und »übernatürlichen« Gründen, vermischt mit den Erfahrungen positiver Ergebnisse, hatte jeder, der ein Stückchen Land sein eigen nannte, darin auch einen Winkel mit Heilkräutern. Wer Zeit hatte und die nötige Leidenschaft dazu aufbrachte, bewachte die Pflanzen eifersüchtig in geheimen Gärten, deren Ursprünge auf die Klöster zurückzuführen sind. Man hatte Angst, der Pflanzen beraubt zu werden oder durch deren Daseinsbeweis als Magier oder Hexe angesehen zu werden. Man schrieb Name, Herkunft und Anbaumöglichkeiten nieder und zeichnete Aussehen, Blüten und Früchte der Pflanzen. In den alten Zeichnungen ist immer auch ein okkulter Ansatz versteckt.

Venetien hatte viele Pflanzensammler und -kultivatoren[9], unter denen Pietro Antonio Michiel[10] herausragte. Er schrieb im Laufe seines der Botanik gewidmeten Lebens fünf Pflanzenbücher, die uns erlauben, die Herkunft und die Zeit der Einführung zahlreicher exotischer Arten zu bestimmen.

Es war kein Zufall, daß die Gründung der ersten botanischen Gärten in der westlichen Welt das Verdienst zweier Städte war, die Seerepubliken waren oder gewesen waren: Venedig mit seinem Hinterland rund um Padua und Pisa. Vor allem Venedig war so sehr gen Osten gerichtet und an der Einführung neuer Pflanzen in Europa interessiert, daß es bei Candia auf Kreta unter seiner Herrschaft ab 1224 sogenannte Akklimatisierungsgärten besaß. Das Mittelmeerklima von Candia ähnelte dem Klima der Herkunftsländer der Pflanzen und garantierte so optimale Ergebnisse. Nach einer Eingewöhnungszeit kamen die Pflanzen selbst oder ihre Samen von Candia oder Zypern aus nach Venedig. Als die Inquisition in Europa mehr oder weniger überall zum Stillstand kam, war – vor allem in den Seerepubliken und Hafenstädten – der Wissensdrang enorm. Man öffnete sich den aus dem Orient kommenden Neuheiten, wobei das kulturelle Kapital nicht nur bei einigen wenigen Gelehrten vorhanden war, sondern auch

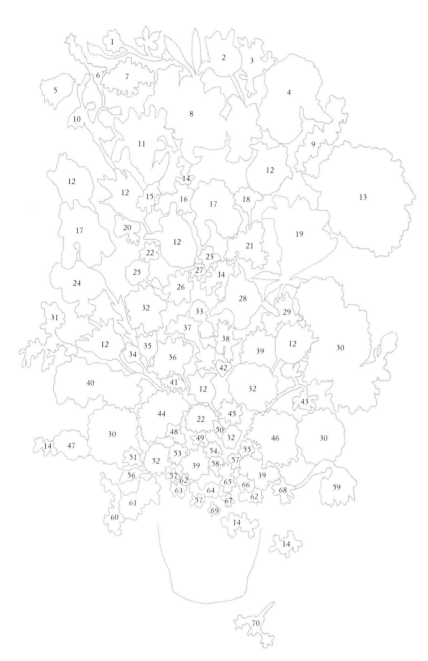

Nr.	Deutscher Name	Botanischer Name, Bemerkungen
1	Hundsrose	*Rosa canina* L.
2	Tulpe	*Tulipa clusiana* DC.
3	Diptam	*cfr. Dictamnus albus* L.
4	Schwertlilie	*Iris germanica* L.
5	Akelei	*Aquilegia vulgaris* L.
6	Glockenblume	*Campanula cfr. caespitosa* Scop.
7	Brennende Liebe	*Lychnis chalcedonica* L.
8	Madonnenlilie	*Lilium candidum* L.
9	Türkenbundlilie	*Lilium martagon* L.
10	Sommer-Knotenblume	*Leucojum aestivum* L.
11	Sibirische Schwertlilie	*Iris sibirica* L.
12	Tulpe	*Tulipa gesneriana* L.
13	Pfingstrose	*Paeonia officinalis* L., volle Blüte
14	Levkoje	*Matthiola incana* R.Br.
15	Narzisse »Biflorus«	*Narcissus biflorus* Curt.
16	Narzisse »Incomparabilis«	*Narcissus incomparabilis* Mill.
17	Schwertlilie	*Iris cengialti* Ambrosi
18	Gartenringelblume	*Calendula officinalis* L.
19	Feuerlilie	*Lilium* cfr. *bulbiferum* L.
20	Krainer Lilie	*Lilium carniolicum* Bernh.
21	Tazette	*Narcissus tazetta* L.
22	Braut in Haaren	*Nigella damascena* L.
23	Narzisse	*Narcissus x odorus* L.
24	Lilie	*Lilium chalcedonicum* L.
25	Anemone	cfr.*Anemone* L. sp. volle Blüte
26	Anemone	*Anemone pavonina* Lam.
27	Kornblume	*Centaurea cyanus* L.
28	Iris	*Iris* cfr. *xiphium* L.
29	Hyazinthe	*Hyacinthus orientalis* L.
30	Zentifolie, Moosrose	*Rosa centifolia*
31	Borretsch	*Borago officinalis* L.
32	Weiße Rose	*Rosa x alba* L.
33	Römische Kamille	*Anthemis nobilis* L. volle Blüte
34	Pfingstrose	*Paeonia officinalis* L.
35	? Tulpe	*? Tulipa* L. sp.
36	Lauch	cfr. *Allium moly* L.
37	Nelke	*Dianthus monspessulanus* L.
38	Narzisse	*Narcissus* cfr. *cyclamineus* Bak.
39	Gartennelke	*Dianthus caryophyllus* L. volle Blüte
40	Garten- oder Kronenanemone	*Anemone coronaria* L. volle Blüte
41	Flieder	*Syringa vulgaris* L.
42	Tränendes Herz	*Dicentra spectabilis* DC.
43	Jonquille	*Narcissus jonquilla* L.
44	Milchstern	*Ornithogalum arabicum* L.
45	Narzisse	*Narcissus* L. sp. volle Blüte
46	Blausternchen	*Scilla peruviana* L.
47	Blausternchen	*Scilla hyacinthoides* L.
48	Maiglöckchen	*Convallaria majalis* L.
49	Schneeglöckchen	*Galanthus nivalis* L.
50	Kleine Traubenhyazinthe	*Muscari* cfr. *botryoides* Mill.
51	Alpenveilchen	*Cyclamen purpurascens* Mill.
52	Sammetblume, Studentenblume	*Tagetes erecta* L.
53	Schleifenblume	*Iberis* L. sp.
54	? Anemone	cfr. *Anemone* L. sp.
55	Immergrün	*Vinca minor* L.
56	Traubenhyazinthe	*Muscari* cfr. *atlanticum* Boiss et Reuter
57	Stiefmütterchen	*Viola tricolor* L.
58	Safrangewächs	*Sternbergia lutea* Ker-Gawl.
59	Schachbrettblume Kiebitzblume,	*Fritillaria meleagris* L.
60	Vergißmeinnicht	*Myosotis* L. sp.
61	Narzisse	*Narcissus* L. sp. volle Blüte
62	Leberblümchen	*Hepatica nobilis* Mill.
63	? Klematis, Waldrebe	*Clematis* L. sp.
64	Trollblume	*Trollius europaeus* L.
65	Buschwindröschen	*Anemone nemorosa* L.
66	Trompetennarzisse, Osterglocke	*Narcissus pseudonarcissus* L.
67	Sumpf-Veilchen	*Viola palistris* L.
68	Alpenveilchen	*Cyclamen hederifolium* Ait.
69	Blausternchen	*Scilla* L. sp.
70	Vergißmeinnicht	*Myosatis* cfr. *sylvatica* Hoffm.

Die Zahlen im oben nachgezeichneten Blumenstrauß beziehen sich auf die Namensliste rechts. Man kann ganz unterschiedliche Blumen erkennen, etwa Tulpen (Nr. 13) und Zentifolien (oder Moosrosen; Nr. 30). Das Fragezeichen weist auf nicht eindeutig zu bestimmende Pflanzen hin; »cfr.« heißt, daß das Bild nicht genügend Hinweise gibt, um eine

Einordnung in eine sichere Systematik vorzunehmen, auch wenn die Art oder Gattung bestimmt werden kann; »sp.« bedeutet, daß die dargestellten Merkmale die Spezies nicht wiedererkennen lassen, und »volle Blüte« will daran erinnern, daß es sich um eine Blume handelt, die man durch Verbesserung der genetischen Anlagen erhalten hat.

341. Jan Bruegel d. Ä., genannt Samt- oder Blumenbruegel: Blumenvase mit Schmuckstücken und Münzen, Anfang des 17. Jahrhunderts. Mailand, Pinacoteca Ambrosiana.

Die getreue Wiedergabe des Motivs ist im Original viel lebendiger als auf diesem Foto. Das Bild in der Ambrosiana, wo auch botanische Forschungen angestellt werden, liefert uns interessante Vergleichsmöglichkeiten mit vielen anderen Werken desselben Malers. So hängt zum Beispiel in den Gallerie Fiorentine (GFS 278995) ein morphologisch sehr ähnliches Bild, das Brigitte Riemens im Ausstellungskatalog Floralia 1988 kommentierte. Der »Wahrheitsgehalt« des Bildes macht es zu einem Dokument und gibt dabei eine künstlerische Extrapolation für ein botanisches Detail von besonderem Interesse: Niemals könnten in einer Vase zur gleichen Zeit blühende Blumen dieser vielen Sorten stehen, denn dafür würde sich die Blütezeit insgesamt über sieben Monate erstrecken. Es ist daher unmöglich, eine ähnliche Komposition tatsächlich zu realisieren.

341

342

343

direkt als politische Macht demonstriert wurde, da man in den botanischen Gärten eine Quelle von Prestige und wirtschaftlicher Potenz
sah. Die botanischen Gärten waren dem Eifer der Bürger zu verdanken, die sich gezwungen fühlten, ihre geheimen Gärten zu verkleinern
zugunsten des wachsenden Einflusses exotischer Pflanzen. Doch es ist
hier noch nicht der Ort, von botanischen oder geheimen Gärten zu
sprechen, denn trotz vieler äußerlicher Aspekte handelte es sich um
Nutzgärten und nicht um Ziergärten, um Orte, an denen das Interesse
an der Zucht seltener Pflanzen vorherrschte und nicht die Ästhetik, die
die Pflanze zum Material für die Formgebung macht und zusammen
mit entsprechenden Farben Gefühle transportiert werden.

Wie wir gesehen haben, macht nicht nur die Gartenkunst ihre Entwicklung durch, sondern auch das pflanzliche Leben hat – mit nur
wenigen Ausnahmen – innerhalb kürzester Zeitspannen eine Zukunft.
Deswegen sind – einerseits wegen der Pflanzen, andererseits wegen
der Veränderung der Landschaft – die Gärten um so weniger wieder-
auffindbar, je mehr man in der Zeit zurückgeht. Die wenigen uns
bekannten sind so stark verändert, daß sie uns im ungewissen lassen.
So sind entsprechende Beschreibungen und Abbildungen – auch wenn
sie nur Teile wiedergeben oder Summarisches – vorzuziehen.

Vom 11. bis zum 15. Jahrhundert

Wir haben nur wenige und lückenhafte Beweise darüber, welche
Pflanzen innerhalb dieses langen Zeitraums in den Gärten angepflanzt
wurden; ja wir wissen noch nicht einmal mit Sicherheit, ob solche
Gärten überhaupt existierten, und nur in wenigen Fällen kennen wir
ihre Lage. Wir können uns auch nur anhand von schriftlichen Unterlagen vorstellen, welche Pflanzen sie enthielten, und ahnen nur ungefähr
ihre Anordnung im Garten und ihre Formgebung. Von bescheidener
Hilfe können uns die Miniaturen und Fresken jener Zeit sein, auch
wenn sie eher summarisch und phantasievoll sind.

Eine große Hilfe ist hier der Dominikanermönch und Patron der
Botanik, *Doctor universalis* Albertus Magnus, Magister in Padua um
1223, der in seinem Werk *De vegetabilibus*[11] über 200 Arten aufzählt
und beschreibt, Pflanzen, die in Europa wuchsen und bekannt waren,
vor allem aus medizinischen und kulinarischen Gründen. Darüber
hinaus stellte er Regeln für die Errichtung von Gärten und Obstgärten
auf. Die Beschreibungen der Pflanzen und ihrer Prinzipien sind so
genau, daß sie uns beinahe immer erlauben, uns über den antiken
Namen der zweiteiligen Nomenklatur zu nähern, welche es seit 1753[12]
jedermann möglich macht, die Pflanzensystematik zu verstehen.

Eine recht gute Orientierungs- und Vorstellungshilfe kann uns das
Liber ruralium commodorum des Bolognesers Pietro de' Crescenzi
sein, der es 1305 Karl II. von Anjou widmete[13]. Der Autor spricht in
diesem Buch über die große Bedeutung der Pflanzenveredelung, nicht
nur, um auf einem einzigen Zweig mehrere veredelte Pflanzen mit
gleichzeitiger Blüte zu erhalten, sondern eher wegen verschiedenfarbi-
ger Blüten. Crescenzi nahm auch eine dort verbreitete alte Kunst wieder auf, die während der römischen Zeit herrliche Dinge hervorge-
bracht hatte: Durch umsichtiges Beschneiden von Bäumen, Hecken,

Laubengängen und Umzäunungen erzielte man Formen, die normalerweise nur mit Hilfe von Steinen, vor allem Marmor, erreicht werden
konnten. Das achte Kapitel beschreibt die Schaffung von Gärten;
darin rekurriert der Autor auf die klassische Kultur, von der er selbst
durchdrungen war, auf die Schriften von Albertus Magnus und dessen
große Erfahrung, die von genauen Angaben zur Anlage solcher Gärten
über ihre ausführlich dargestellten Unterscheidungsmöglichkeiten
reicht bis hin zu Krautgewächsen und Bäumen, die zu kultivieren sich
lohne. Albertus Magnus war es, der de' Crescenzi die klimatischen
Unterschiede zwischen Nord- und Süditalien sowie die Bedeutung
klargemacht hat, die die Sonne bei der Platzwahl für die Pflanzen
spielt.

Bei den einfacheren Gärten sehen wir wohl immer das Bild einer
Klosteranlage mit dem Brunnen in der Mitte[14] vor uns, um den herum
Kräuter und Büsche wachsen. Wo der Platz nicht von Klostermauern
umgeben war, empfahl de' Crescenzi, zur Schaffung von Schatten und
Ruhe Laubengänge mit Weinranken anzulegen oder Obstbäume zu
pflanzen, damit jeder, der sich der Muße *(otium)* hingibt, sich auf
bequemen Sitzmöbeln niederlassen und an der Frische, der Ruhe, den
Gerüchen und Farben sowie am Geschmack der Früchte erfreuen
könne.

Es ist verständlich, daß Pietro de' Crescenzi sich einen eher nützlichen Garten vorstellt, in dem die nur schönen Pflanzen wie Rosen
oder Lilien den aromatischen Kräutern wie Raute, Majoran, Basilikum, Minze, Salbei, Lorbeer sowie Zypressen oder Obstbäumen – wie
Apfel- oder Birnenbäumen – sowie Weinranken Platz machen. Trotzdem ist der reine Obstbaum noch von zweitrangiger Bedeutung.

Auch in ausgedehnteren Gärten sind die in der Hauptsache kultivierten Pflanzen solche, die Früchte tragen. Um die Anbaufläche zu
vergrößern, griff man vorwiegend auf dekorative Kletterpflanzen (Jasmin, Rosen) zurück, mit denen man eine Art Kiosk errichten konnte.
Aber auch solche Gärten waren damals noch eingezäunt und nur wenigen zugänglich.

Das dritte von de' Crescenzi vorgeschlagene Gartenmodell enthielt
– wie auch la Masson[15] beschreibt – einiges aus den Gärten des Königreichs Sizilien und mied gerade die eingeengten Horizonte und die
Begrenzungen des Pflanzenmaterials. Diese Gärten waren gedacht für
Könige und Fürsten; sie befanden sich innerhalb ihrer Territorien und
bildeten einen Teil davon, indem sie sie in eine Landschaft umformten
und diese ergänzten[16]. Darin wurden aus Gärten Parks mit Baumbestand und Wasserläufen, an denen Fischer ihr Auskommen fanden.
Die Wälder waren voller Wild; andere wilde Tiere befanden sich in
Käfigen, die mit Hilfe von Pflanzen – freiwachsenden wie beschnitte-
nen – gestaltet waren und einen wichtigen Teil des *locus deliciarum*
bildeten. In solchen Parks machte man Ausritte und ging zur Jagd.
Befand sich vor dem Palast eine große Wiese, lag der Park hinter dem
Palast, so daß man von seinen Fenstern aus die vielen in ihm lebenden
Vögel beobachten und ihrem Gesang zuhören konnte.

Im Gegensatz zu Albertus Magnus spricht der Autor nicht von
einzelnen Baumarten, die in solchen Parks wuchsen, sondern be-

344. La Barbariga, Stra.
*Das am rückwärtigen Ende des Parks
stehende Schlößchen ist im neugotischen
Stil erbaut und bietet mit seinen Türmchen eine ganz eigene Perspektive. Man
hat den Eindruck, es könnte bewohnt
sein, so klein und düster es auch aussehen
mag. Auf jeden Fall weckt es in uns romantische Gefühle.*

344

schränkt sich darauf, allgemein von »Wald« zu reden. Die wenigen eindeutig genannten Pflanzen beziehen sich nur auf verzierende Arten, die lediglich einen ästhetischen Sinn hatten: Kirschen- und Apfelbäume, immergrüne Bäume wie Pinien, Zypressen, Zitronatbäume (*Citrus*) und Palmen (wobei die beiden letzten nicht in Norditalien wachsen). Doch was die Grundausstattung solcher Parks betrifft, kann de' Crescenzi – ebenso wie seine Nachfolger im Parkbau – nur Hinweise geben auf die in der jeweiligen Region wachsenden Arten, in welcher der Park errichtet werden sollte. Und so können wir aufgrund unserer pflanzengeographischen Kenntnisse leicht Schlüsse ziehen, um welche Bäume es sich handelte. Auch wissen wir dank zahlreicher Belege, daß die ganze italienische Halbinsel und ganz besonders die venetische Ebene[17] früher von großen Wäldern bedeckt waren.

De' Crescenzi vergleicht in seinem Werk einen Naturpark mit dem Konzept der Parks, die man im 18. Jahrhundert englische Gärten nannte, als hätte er sie vorausgeahnt – *ante litteras*. Schon in der zweiten Hälfte des 13. Jahrhunderts bildet sich in der Phantasie des von der klassischen Kultur durchdrungenen de' Crescenzi aufs neue die Idee eines Parks in Form eines abgeschlossenen Raumes. Dieser künstliche Park bestand vor allem aus Arten des jeweiligen Ortsklimas, zu denen jene kamen, die nach der Jahrtausendwende in Europa wuchsen oder während der Klassik eingeführt wurden und an begünstigten Orten in verwilderter Form überlebt hatten. Genau an jenen Orten wurden jetzt diese Pflanzenarten wiederentdeckt und den nunmehr nicht mehr durch Angst und Unwissenheit belasteten Menschen nahegebracht.

Einer dieser Entdecker und Pflanzensammler war Petrarca, der – nach langen Reisen und nachdem er seine klassische Kultur und seine Liebe zu den natürlichen Dingen auf die Mächtigen seiner Zeit übertragen hatte – seinen Hunger nach Natur stillte, indem er neben der Kirche San Valerio in Mailand[18] einen Garten schuf und – immer auf der Suche nach Erholung und Frieden – einen weiteren bei Arquà in den Euganeischen Hügeln.

Uns sind nur wenige Nachweise über jene Gärten erhalten, und auch diese nur bruchstückhaft.[19] Man ließ auf grünen Wiesen Obstbäume wie Apfel-, Birnen-, Pfirsich- und Pflaumenbäume wachsen, aber auch Kräuter wie Andorn, Rosmarin, einen dem Ysop ähnelnden Lippenblütler sowie Lorbeer. Doch es ist ziemlich wahrscheinlich, daß Petrarca seinen Lorbeer, dem er sich besonders widmete, nach klassischer römischer Art beschnitten haben wollte.

Erwähnenswert ist, daß schon Petrarca seine Gärten in zwei Abschnitte teilte: in den *ortus ulterior* und den *ortus citerior,* den jenseitigen und den diesseitigen Garten. Auch beim Park Valchiusa war das der Fall. Jeder der beiden Bereiche wurde auf eine andere Weise genutzt, und wenn in dem einen Teil – der seine Bezeichnung »Garten« eher verdiente – Pflanzen wuchsen, die schön aussahen, blühten und einen süßen Duft verströmten, so befanden sich im weiter entfernt liegenden zweiten Teil – dem »Nutzgarten« – Obstbäume, Weinreben verschiedenster Sorten, Weiden der jeweiligen Gegend oder vielleicht auch Trauerweiden, die man erst kennenlernte, als sie von China nach Europa eingeführt wurden[20]; hier zog Petrarca aber auch Rüben und

345. *Park der Kaiserin, Galleria Veneta. Der Hauptteich ist von erst vor kurzem gepflanzten Koniferen umgeben. Die zusätzliche Bepflanzung mit Nadelhölzern, die im Grunde genommen keinerlei Wert haben, verändert, ja entstellt häufig den eigentlichen Plan und die ursprüngliche Bepflanzung.*

345

*346. Villa Mocenigo, Alvisopoli.
In diesem Park, der gegen Ende des
17. Jh. entstand, fällt eine Platane (Platanus hybrida Brot.) auf. Sie ist schlank,
hoch aufgeschossen und gestutzt und entspricht damit kaum den typischen Merk-
malen dieses Baums. Ihr Wuchs wurde
durch den umstehenden Wald beeinflußt.*

*347. Villa Mocenigo, Alvisopoli.
Die Ansicht im Winter zeigt einige Weiß-
buchen (Carpinus betulus L.). In den
Niederwald hat man ein weitläufiges
Kanalnetz gegraben und einen kleinen
See angelegt, in dessen Mitte sich ein In-
selchen erhebt.*

346

347

348. Villa Mocenigo, Alvisopoli.
Auf einem künstlichen Hügel erhebt
sich eine imposante Steineiche (Quercus
iles L.).

Petersilie und versuchte durch Experimente festzustellen, welche Jahreszeiten und Mondphasen dazu am günstigsten seien.

Aufgrund solcher Grundsätze und wer weiß wie vieler nicht belegter Versuche entwickelte sich die Gartenbaukunst im Veneto. In einem Führer aus dem Jahre 1483[21] beschreibt Sanudo die Lorbeerpflanzen des Petrarca bei Arquà, während er jene der Familie Giusti bei Verona nicht nennt, obwohl er Gast dieser Herrschaften gewesen ist. Die Entstehung dieses Gartens können wir nicht datieren, doch aufgrund zahlreicher Dokumente[22] ist anzunehmen, daß er in der zweiten Hälfte des 15. Jahrhunderts geschaffen wurde. Ziemlich genaue Beschreibungen vom Beginn des 17. Jahrhunderts zeigen allerdings eine Gartenkonstruktion, die eher den toskanischer Lehmeinungen entspricht, wo das abschüssige Gelände den Garten belebt, als den venetischen. In dieser Abhandlung zählen aber scheinbar die vorhandenden Pflanzen mehr als die architektonischen Gegebenheiten und Formen. Dabei bleiben jedoch die Angaben über die Baumarten (Platanen, Zypressen, Aprikosen-, Feigen- und Orangenbäume)[23] sehr zurückhaltend; auch die Kräuterarten sind wenig aussagekräftig, vermutlich weil sie erst nach und nach von den Gärtnern eingeführt und angepflanzt wurden. So sind wir nur notdürftig über diese Zeit, auf die ich mich beziehe, informiert.

Die Zweiteilung der Gärten, die – wie wir erfahren haben – bei Petrarca ihren Anfang nahm, wurde im Veneto während der ganzen langen Zeitspanne vom 16. bis zum 18. Jahrhundert zum wichtigsten Erbteil im Gartenbau.

Vom 16. bis zum 18. Jahrhundert

Viele Autoren betrachten *Hypnerotomachia Poliphili*[24] als ein Werk aus der humanistischen Zeit, weil es von Francesco Colonna im Jahre 1467 beendet wurde; für mein Gefühl jedoch scheint dieser allegorische Roman, vor allem wegen seiner architektonischen Theorien im Zusammenhang mit Gärten, bereits ins 16. Jahrhundert hineinzuleuchten. Er liefert einen Ausgangspunkt für die Wiedergeburt der Gärten. Dank dieses Autors können wir uns zurückversetzen in die ersten italienischen Gärten, als man anstelle des immer gleichen, langsam wachsenden Dauergewächses Buchsbaum anfing, andere Pflanzen anzubauen. Mit ihnen konnte man farblich kontrastierende Bilder schaffen, die aber ständiger Pflege bedurften und alle drei Jahre ausgewechselt wurden. Bei diesen Pflanzen wandte man je nach der geometrischen Form, in welcher sie gedeihen sollten, weiterhin die Kunst des Beschneidens an, ja sie wurde sogar weiterentwickelt.

Die botanischen Elemente werden nun zu mehr oder minder vergänglichen Bauteilen. Die einzelne Pflanze zählt nicht, sondern nur ihre Wirkung im Gesamtzusammenhang: so wie ein einzelner Pinselstrich nicht zählt, sondern nur alle in einem Bild vereinigten. Die Stellung einer jeden einzelnen Pflanze muß so sein, daß die Farben ihrer Blüten und Blätter ein Bild ergeben. Da stehen Veilchen der unterschiedlichsten Farben neben rosafarbenem Eibisch, Akelei, Schwarzkümmelarten und Alpenveilchen; Lippen- und Korbblütler zeigen nicht nur ihre Farben, sondern verströmen auch während des

348

349

Sommers zur Mittagszeit betörende Düfte, man denke etwa an Laven-del, Majoran, Beifuß, Thymian und Raute.

Vor allem der von Francesco Colonna beschriebene Gartentyp wurde wegen seiner Zusammensetzung der verschiedenen Pflanzen für Zentralitalien entworfen und erdacht. Auf dem Flachland des Ve-neto könnten einige der darin vorgesehenen Pflanzen wegen der kalten Winter nicht existieren; doch schon damals mangelte es nicht an alter-nativen, besser angepaßten Pflanzen. Die Gärtner konnten zurück-greifen auf Nelken und Lichtnelken unter den Nelkengewächsen, auf Löwenmaul, Leinkraut, Ehrenpreis und Fingerhut unter den Braun-wurzgewächsen und auf Ranunkel, Anemone, Päonie und Jungfer im Grünen unter den Hahnenfußgewächsen; sie konnten das Vergiß-meinnicht verwenden und erhielten, was Größe und Blütezeit betrifft, wahre Prachtexemplare in einem herrlichen Himmelblau. Begnügte man sich mit einer vergänglichen Blüte während des Frühlings, so griff man zu Rhizom- und Zwiebelgewächsen wie Iris, Narzisse, Hya-zinthe und Tulpe (die schon zu Beginn des 17. Jahrhunderts zu den schönsten Hybriden gehörte, was ihre Farben und die Größe ihrer Blütenblätter betrifft[25]).

Wenn wir die im 16. Jahrhundert bestehende kulturelle, politische, religiöse und kommerzielle Aufbruchsstimmung betrachten, so müs-sen wir uns klarmachen, daß damals die freie Verfügbarkeit von Blu-men und Grünpflanzen nicht als selbstverständlich angesehen wurde. Gleichwohl waren innerhalb kürzester Zeit immer mehr Pflanzen ver-fügbar, so daß man kaum noch einen Überblick hatte und etliche neu eingeführte Arten sich so schnell in Europa vermehrten, daß sie heftig mit den jeweils heimischen Arten konkurrierten und in deren Gebiet auch Schaden anrichteten. Dies machte mit seinen negativen Konse-quenzen zwar den Naturanhängern Sorgen, nicht aber den Züchtern und Gärtnern, die in den folgenden Jahrhunderten immer mehr zur Kultivierung in Baumschulen und ähnlichen Einrichtungen übergin-gen, da sie dank der neuen Arten und dem genetischen Vorrat bei der Produktion und Zucht neuer Varianten aus dem vollen schöpfen konnten.

Wir können uns heute kaum vorstellen, daß unsere Flora früher längst nicht so artenreich war, daß viele der heute schönsten Spezies fehlten und andere kaum in dem Maße in den Gärten vorkamen, wie wir dies von unseren heutigen Gärten gewöhnt sind. In den 250 Jah-ren, die der Entdeckung Amerikas folgten, war Europa jedoch eine Geburtsstätte neuer Grünpflanzen. Diese wurden nicht etwa nur im-portiert, sondern auch durch Kreuzung selbst geschaffen. Während jener Zeit entstanden auch besonders viele Blumenbilder der verschie-densten Maler; man denke nur an die Studien von Michiel (etwa um 1550) und an die Beschreibung des Bartolomeo Clarici[26], die er dem Garten von Valsanzibio widmete, in dem innerhalb eines bestimmten Areals Blütenpflanzen standen, die vorher kein Mensch gesehen hatte.

Die Beschreibung dieses Ortes läßt an ein Treibhaus denken. Solche damals Orangerien genannten Gewächshäuser gab es vor allem im Veneto sehr häufig, als man nämlich anfing, den Hauptweg in einem normalerweise von einer Hecke eingeschlossenen und bewachten Ge-

müsegarten mit Statuen und anderen Gegenständen aus Stein zu schmücken, zu denen auch große Vasen mit Zitronen-, Bitterorangen- und anderen Zitrusbäumen gehörten. Diese bei den Römern schon bekannten und von den Arabern geliebten Arten waren eher an das Mittelmeerklima gewöhnt als an das unsere und mußten den Winter über in entsprechenden Räumen aufbewahrt werden. Die Eingewöhnung dieser baumartigen Sträucher gelang so gut, daß die Veneter ihre Zitronen in die nahe Lombardei exportieren konnten. Dank dieses wichtigen Erwerbszweigs erhielten sich die Gärten selbst.

Abgesehen von diesem praktischen Aspekt bereicherten die schönen Sträucher mit ihren glänzenden Blättern, dem Duft ihrer Blüten und dem Aussehen und der Farbe ihrer Früchte[27] jeden Garten und wurden aus diesen Gründen nicht nur in Obst-, sondern auch in Ziergärten gezogen.

Während sich die mit niederen Pflanzen bewachsenen Flächen allmählich insofern verwandelten, als man von den mehr oder weniger strengen geometrischen Formen wegging und eher weichere, modellierte Formen suchte, durchlief die wirkliche Gartenkunst sehr rasch alle Formen des römischen Kaiserreichs: Figuren in Rundflächen, die man durch den Beschnitt von Buchsbaum, Taxus, Lorbeer und Zypresse (im Veneto sehr selten auch von Myrte) erhielt. Dank dieser Kunst entstand auch das Labyrinth, das bei den Bewohnern von Landhäusern so beliebt war und bezeichnend für die in der Gartenkunst steckende Philosophie. Durch diese verschiedenen Versuche wurden die horizontalen Linien eines Gartens – etwa die Buchsbaumhecken

oder farbenfrohen Pflanzenreliefs – noch unterstrichen durch vertikale Linien, die man erhielt, indem man Sträucher und kleine Bäume nach obenhin spitz zulaufend beschnitt. Sie bildeten die lebenden Modelle für so manchen Hintergrund vieler berühmter Bilder, auf denen die förmliche und geometrische Gestalt der immergrünen Pflanzen auffällt. Im Veneto liebte man es, den Buchsbaum zu kleinen Kugeln zurechtzuschneiden und kleinwüchsigen Bäumen eine viereckige Krone zu geben; ging es um größere Ausmaße und auffälligere Farbkontraste, griff man zum Taxus.

Zieht man die Bilder von Coronelli[28] und Costa[29] zu Rate, so entdeckt man, daß sich im Laufe der Zeit die Gärten in ihrer Form und im Inhalt entwickelten; vor allem ihre Form ist weicher geworden. Doch obwohl der Reichtum auch in den venetischen Gärten größer wurde, geschah dies nicht so schnell wie in den französischen. Die Geradlinigkeit und Nüchternheit der Renaissance wurde mit der Zeit – im 17. Jahrhundert und im Barock – schwerfälliger, obwohl man im Veneto der heimischen Tradition treu blieb, sofern man sich nicht von den französischen Einflüssen der *Rabatten* und geometrischen und schnurgeraden Wasserflächen anziehen ließ. Die Gründe dafür lassen sich sicherlich in der Tatsache suchen, daß es sich bei den neuen Villen fast immer um modernisierte und vergrößerte Landhäuser früherer Zeiten handelte. Diese Bauten verdankten fast in jedem Fall ihre Anlage dem unbeugsamen Lehrsatz des Eintritts über den Wasser- oder über den Landweg. Trotzdem waren die Gärten auf solche Dimensionen beschränkt, die großartige Realisationen unmöglich machten.

351

352

Darüber hinaus hatten die Besitzer Tag für Tag miterlebt, wie die Macht des Seehandels schwächer wurde, und mußten sich gezwunge-nermaßen stärker an Grund- und Bodenerträgen orientieren. So konn-ten sie den weitläufigen französischen Gärten nicht zustimmen.

Diese Unfähigkeit zur Veränderung, die ich lieber traditionsbewuß-tes Persönlichkeitsdenken nennen möchte, konnte keine Krümmung und keinen Knick dulden, auch nicht in hügeligem oder gar gebirgi-gem Gelände; noch weniger waren Landschaftseffekte möglich – wie etwa in der Toskana – oder gar Monumentaleffekte wie in Rom mit seinen großen Terrassen und Aussichtsplätzen.

Mit der einzigen bekannten Ausnahme, dem Garten von Valsanzi-bio, und einer weiteren, andersgearteten, nämlich der nicht mehr vor-handenen Erstbepflanzung des Gartens der Villa Cornaro Revedin Bolasco di Castelfranco Veneto, konnten sich auch die geometrischen und ordentlichen Wasserflächen, die in Frankreich so beliebt waren, im Veneto nicht durchsetzen. Andererseits hatten fast alle Anwesen im Veneto ihre Gewässer, ja sie waren sogar integrierter Teil des Ganzen mit ihren kleinen Molen und Höhlen.

Besonderes Augenmerk verlangt der unter den Gärten des Veneto so gut beschriebene und definierte Nutzgarten, auch wenn er so oft dem romantischen Park Platz machen mußte. Er war im allgemeinen hinter der Villa gelegen und hatte eine längliche Form. Dort, wo es zwei gegenüberliegende Eingänge gab, befand sich der Gemüsegarten am Erdeingang, da er als weniger wichtig angesehen wurde, während die Herrschaft mit dem Boot bis vor die Villa fuhr. Obwohl ein solcher Nutzgarten einem ganz bestimmten Zweck diente, war er trotzdem auch ein Garten, was seine Anlage genauso beweist wie seine architek-tonische und vor allem pflanzliche Ausstattung. *Cardo* und *Decuma-nus* standen neben Lorbeerhecken, Buchsbaum und später auch Ligu-ster – feinsäuberlich beschnitten. An solche Hecken lehnten sich, wie schon erwähnt, Gefäße mit Zitronen-, Orangenbäumen und anderen Zitrusfrüchten[30]; sie wurden zu grünen Muscheln zurechtgeschnitten, in denen sich Büsten, Statuen und andere Steinskulpturen aus Istrien oder Costozza befanden. Auch das Pflanzen von Obstbäumen war geregelt, und zwar so, daß im Frühjahr die Blüten einen besonders schönen Anblick boten.

An der Hausseite oder entlang der Grenze des Nutzgartens verlief mindestens eine Weinrebe. Auch sie war beschnitten, so daß sie eine Art Laubengang ergab, der die Hitze des Sommers milderte und eine letzte Erinnerung an die mittelalterlichen Klöster darstellte. Solche von den Römern ererbten Laubengänge existierten im Veneto schon im Hochmittelalter.

Bis gegen Ende des 18. Jahrhunderts fanden sich an jedem Punkt einer so komplexen Villenanlage höchst interessante Pflanzenarten[31], die entweder bedeutende Zeitgenossen von ihren Botschaftsfahrten mitbrachten oder die man durch enge Handelsbeziehungen mit aus-ländischen botanischen Gärten erhielt. Zum ersten Mal in Italien, ja in ganz Europa, erreichen auch einige Herrschaftshäuser wie die Farsetti di Santa Maria di Sala mit ihren Sträuchern und insbesondere mit den Bäumen das Niveau botanischer Gärten.

353

354. Giovanni Valle, Plan von Padua, Ausschnitt, Stich, 1781. Padua, Museo Civico.
Der Ausschnitt zeigt die Gärten der Papafava von Torresino. Auffällig die zahlreichen beschnittenen Hecken zur Bildung der klassischen Labyrinthe.

355. Flächenplan von Barbariga in Stra, Ausschnitt, 1843.
Die Gestaltung des Parks hat sich praktisch unverändert bis in die Mitte des 20. Jhs. erhalten, wie Luftaufnahmen (IGM) aus dem Jahr 1955 beweisen. Heute sind die geometrischen Baumanpflanzungen im östlichen Bereich so gut wie verschwunden.

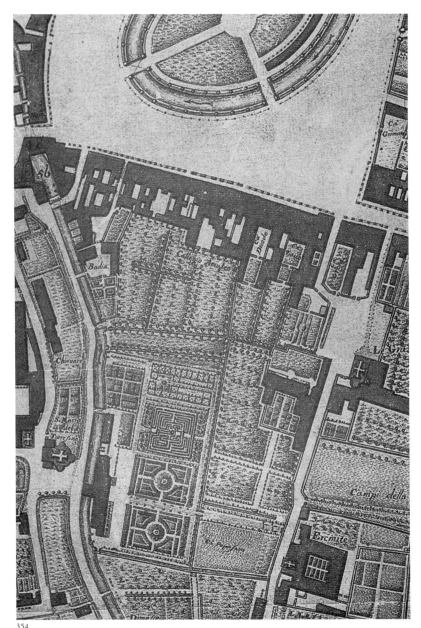

354

Dank der verfügbaren Ikonographie (vor allem der in den Anmerkungen 28 und 29 erwähnten) können wir mindestens ab dem Ende des 17. Jahrhunderts die Existenz eines Parks nachweisen, der uns auf den Bildern wie von einzelnen Anlagen geformt und ohne sichtbare Ordnung zusammengesetzt erscheint, am hinteren Teil des Gebäudes liegt und vorwiegend aus Pyramidenpappeln, Zypressen, Platanen und Trauerweiden zu bestehen scheint. Aufgrund der geringen Sorgfalt, mit der die Pflanzen gezeichnet wurden, kann man die Artenzugehörigkeit leider eher durch ihr allgemeines Erscheinungsbild als durch die Besonderheiten von Blättern und Baumrinde erkennen. Der gesamte damalige Baumbestand kann als eine kleine Brücke angesehen werden zwischen dem fürstlichen Garten des de' Crescenzi und dem gegenstandslosen Park, der gegen Ende des 17. Jahrhunderts im Veneto auftauchte.

Die große Menge an Pflanzen – vor allem die einjährigen und die mit der Gartenschere in Form zu bringenden Pflanzen – mußten Tag für Tag und Saison für Saison von ganzen Heerscharen von Gärtnern versorgt werden; andernfalls drohte alles zu verderben. An diesem Punkt zeigen sich Mängel des Gartenbausystems. Es erlag jener Schwäche, die sich – noch vor dem Zusammenbruch der Serenissima – in der fehlenden politischen Macht zeigte, was erst zu Napoleons Annexionen führte und später zur Machtübernahme Österreichs. In diesen politisch so turbulenten Zeiten gingen die Gärten zusammen mit ihren noch vorhandenen adligen Herren unter – Gespenster, die mit der Zeit dahinschwanden. In vielen Fällen wird beim Wechsel der Grundbesitzer sogar noch etwas nachgeholfen, was die schmerzhafte Zerstörung ihrer Gärten betrifft, nur um – wie einem Phönix aus der Asche – dem englischen Garten Platz zu machen, einer kostspieligen Anlage, die aber weniger Arbeit macht.

Hundert Jahre Romantik

Was wir gewöhnlich als englischen Garten bezeichnen, ist eigentlich ein formloser Garten, was die architektonische Anlage betrifft, aber auch ein romantischer Garten – aufgrund der Gefühle, die er beim Betrachter weckt. Er entstand in Großbritannien – nach einer quasi natürlichen Geburt in diesem waldreichen und leicht hügeligen Land, in dem sich noch römische und vor allem mittelalterliche Reste fanden – machte Furore im Mitteleuropa der ersten Jahre des 17. Jahrhunderts und überquerte die Alpen gegen Ende des gleichen Jahrhunderts.

Der Venezianer Gian Antonio Selva – Architekturprofessor an der Akademie von Venedig – wird nach langen Aufenthalten in England und Frankreich eine Art Stammvater und – direkt oder indirekt – auch Herr und Meister einer ganzen Generation von Gartenbauarchitekten, die lange Zeit im Veneto arbeiten, aber auch in vielen anderen Gebieten, und überall großartige Schöpfungen hinterlassen.

Bei einem Besuch eines Parks lernt man diesen noch lange nicht kennen, man erhält nur einen oberflächlichen Eindruck. Doch bei jedem weiteren Besuch vertieft sich die Kenntnis; und es entsteht von Mal zu Mal eine wachsende Freundschaft. Die Kenntnis seiner Pflanzen ist eine andere Sache: Sie erfordert ernsthaftes Studium und häufig

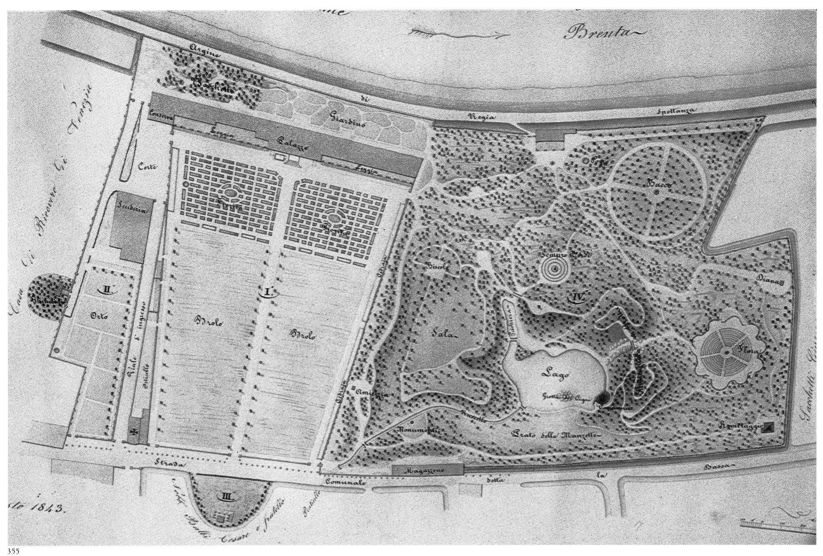

auch die Wiederkehr in einer anderen Jahreszeit, um eine bessere Identifikation zu ermöglichen.

Der vielleicht erste romantische Garten im Veneto, der heute noch existiert, befindet sich bei Alvisopoli in der Nähe von Fossalta di Portogruaro[32]. Es war der Wille von Alvise Mocenigo, dem Begründer dieser landwirtschaftlichen Ansammlung, daß man nach seinen Vorstellungen dem Garten eine perfekte Funktionalität verleihen sollte und daß er – nach dem Fall der Serenissima – zum Sitz der Buchdruckerei Molinat (so genannt nach der Mühle im Park) würde, die während des Risorgimento sehr aktiv war. Der Park liegt hinter der Villa, weist alle Merkmale des 19. Jahrhunderts auf und entstand durch die Eingliederung des Randgebietes eines Niederwalds. Dieser wurde im Inneren völlig neu gestaltet: Man hob einen Kanal aus und schuf einen See mit einer Insel und einer Anlage auf dem so entstandenen Land, legte Hügel an und einen Eiskeller. Der Name des Konstrukteurs ist nicht bekannt, doch es ist offensichtlich, daß es sich um eine sehr einfache Anlageplanung handelte. Im Waldesinneren, vor allem in den in Mitleidenschaft gezogenen Gebieten, wurden Pflanzen eingesetzt, die noch immer an erster Stelle stehen, was Entwicklung und Haltung betreffen: eine Steineiche, eine Deodara- oder Himalajazeder und einige Platanen. Der eigentliche Wald besteht aus natürlichen Grüngewächsen des ortsgebundenen Klimas. Diese Behauptung, die noch nicht von einer Datierung der einzelnen in Frage kommenden Pflanzen bestätigt wurde, basiert auf dem Vorhandensein gekappter Platanen, die offensichtlich mit den schon vorhandenen Pflanzen konkurrierten, und auf der großen Zahl von Stieleichen im Innern des Parks. Stieleichen werden nämlich – übrigens auch heute noch – von Gärtnern und Baumschulen gemieden, denn es dauert mindestens ein Jahrhundert, um wirklich große Exemplare dieser Art zu erzielen[33].

Das Veneto ist reich an romantischen Gärten. Am Ufer der Brenta sind sie nicht nur zahlreich, sondern auch von seltener Perfektion und heute noch – trotz der langen Zeit – in gutem Zustand. Trotzdem existieren die Meisterwerke in diesem Gebiet zum großen Teil nicht mehr. Hier zur Erinnerung einige Ortsnamen, wo solche Gärten liegen: Saonara, Padua, Rosà, Sant'Elena d'Este, Mirano sowie viele Orte in den Provinzen Vicenza, Treviso und Venedig.

Jeder einzelne romantische Garten spiegelt in seinen kompositorischen und stilistischen Vorstellungen die Persönlichkeit des Künstlers und seinen Reifegrad wider[34], und zwar so stark, daß man bei einem unbekannten Konstrukteur und bei fehlenden Planungsunterlagen genügend Hinweise hat, um einem bestimmten Künstler oder einer Schule[35] die »Vaterschaft« zuzuschreiben.

Wie man weiß, ist ein romantischer Garten eine im großen und ganzen informelle, aber nicht unordentliche oder zufällige Baumanlage. Im Fall des Park-Gartens stehen wir von neuem vor der Frage, ob es sich um einen Garten oder einen Park handelt. Was den Waldcharakter betrifft, so sind die wichtigsten Pflanzenelemente die Bäume: Durch sie sehen wir heute noch die Persönlichkeit dessen durchschimmern, der sie auf eine ganz bestimmte Weise angelegt hatte, wohl wissend, wie die Entwicklung vonstatten gehen würde. So muß man hier vor allem von Bäumen sprechen, denn die vergänglichen und in den Händen von Gärtnern formbaren Krautpflanzen bleiben auf Balkone, Fensterbretter und die Beete vor den Häusern beschränkt. Dieses Konzert ist so stimmig, daß in den Jahren 1920 bis 1930 viele – auch ausländische – Gartenarchitekten von den Eigentümern romantischer Gärten gebeten wurden, diese »aufzumöbeln«, indem sie Sträucher um Sträucher hinzufügen sollten, die schon nach wenigen Jahren wieder verschwanden.

Aufgrund besonderer bodenklimatischer Verhältnisse kommt es vor, daß in einem Park eine ganz eigene Pflanze oder Pflanzengruppe wächst, die sich von den anderen unterscheidet. In solchen Fällen handelt es sich meistens um exotische Arten, die innerhalb dieses speziellen Mikroklimas hervorragende Bedingungen für ihre Entwicklung vorfinden. Auf der anderen Seite gibt es Pflanzen, die im Veneto reine Idealbedingungen antreffen und ein kümmerliches Dasein fristen. Ausgehend von dieser Beobachtung können wir feststellen, daß es zwei wegen ihrer besonderen Größe höchst auffällige Baumarten hier praktisch nicht gibt: die Sequoia oder Künstenmammutbaum (*Sequoia sempervirens* Endl.) und – im besonderen – den Riesenmammutbaum (*Sequoiodendron giganteum* Buchh.). Die zweite Art gibt es vor allem deshalb nicht, weil die Bäume tiefe, stark humushaltige saure Böden bevorzugen. Dagegen gibt es zahlreiche andere Arten, die als einzigartig angesehen werden.

Etwas ganz Besonderes ist zum Beispiel der aus Amerika stammende Tulpenbaum (*Liriodendron tulipifera* L.). Auch dieser Baum liebt tiefe, drainierte Böden und kann deshalb in der Tiefebene nur schlecht Wurzeln schlagen. Doch wir finden ein mit 45 Metern Höhe und eineinhalb Metern Umfang außergewöhnliches Exemplar in Cusinati in der Nähe von Rosà an der Straße nach Bassano. Das Grundstück gehört den Nachfahren von Parolini, einem berühmten Botaniker des letzten Jahrhunderts aus Bassano. Er hatte den Park, der heute noch in hervorragendem Zustand ist, entworfen.

Was den Tulpenbaum betrifft, so findet er in der Hochebene von Vicenza günstige Bodenverhältnisse vor. In Bressanvido, im Park der Villa Mezzalira, einem ehemaligen Kloster, existieren zahlreiche riesige Exemplare, die sich auf natürliche Weise selbst vermehren. Dieser Park ist zwar kaum erwähnenswert, was seine Anlagenarchitektur betrifft, da er mit Bäumen vollgestopft ist und kaum Rasenflächen hat, aber andererseits stehen in ihm Bäume, die wegen ihrer Größe und ihres Aussehens auffallen, etwa der Ginkgo (*Ginkgo biloba* L.), zahlreiche Sumpfzypressen (*Taxodium distichum* Rich.) und – bis vor einiger Zeit – einige Spießtannen (*Cunninghamia lanceolata* Hook.), deren Holz eine betörenden Duft verbreitet. Trotz der erwähnten Schwächen haben sich im Lauf der Jahre in diesem Park viele verschiedene Varianten angesiedelt, so daß er als wirklich außergewöhnlich gelten kann.

Die Ulmenunterart *Zelkova crenata* Spach. erreicht in der venetischen Ebene bemerkenswerte Dimensionen, obwohl sie – allerdings weniger stark als unsere heimischen Ulmen – vom Ulmenpilz heimgesucht wird, vor allem wenn sie auf Ulmenstämme gepfropft wird. Dieser Schmarotzerpilz war schuld, daß vor ca. 20 Jahren ein wunderbares Exemplar im Park der Villa Citadelle Vigodarzere – heute Valmarana – in Saonara eingegangen ist. Ein ebenso herrliches zweites Exemplar, das im Villenpark Barbariga in Stra stand, stürzte im Frühjahr 1987 um und starb ab. Die Auszählung der Jahresringe ergab, daß der Baum 1843 gepflanzt worden sein muß. Er hatte eine Höhe von 43 Metern erreicht und einen Durchmesser von 1,70 Meter.

Denken wir an den Judasbaum (*Cercis siliquastrum* L.), so sehen wir relativ kleinwüchsige Bäume vor uns, die nur ein kurzes Leben haben. Im Garten Giacomini – jetzt Romiati –, der vielleicht einzigartigsten der Jappelli-Anlagen, steht allerdings ein über hundert Jahre alter Judasbaum, der sich jedes Jahr mit wunderschönen zyklamroten Blüten schmückt.

Auch die in der Veneto-Ebene gepflanzten Buchen (*Fagus sylvatica* L. und die Varianten *pendula, laciniata, rubra* und *roseomarginata* zeigen hervorragende Ergebnisse. Das vielleicht schönste Exemplar im Veneto ist eine Trauerbuche im Park Papadopoli, jetzt Giol, in San Polo di Piave. In diesem Park stehen übrigens zahlreiche weitere besonders schöne Bäume, etwa die Sumpfzypressen (*Taxodium distichum* Rich.) am Parksee.

Weitere herrlich anzuschauende Sumpfzypressen säumen den kleinen, heute verlandeten See des Parks Papafava in Frassenelle bei Montemerlo. Aufgrund des sauerstoffarmen, wenig durchfeuchteten Bodens ragen überall rund um die Bäume die charakteristischen Luftwurzeln wie Stalagmiten aus dem Wasser.

Auch die Platanen (*Platanus orientalis* L., *Platanus occidentalis* L. und ihre europäischen Kreuzungen *Platanus hybrida* Brot.) erreichen oft eine außergewöhnliche Höhe. Die wohl schönste im ganzen Padua-Gebiet befindet sich mitten im Altstadtkern von Padua in dem kleinen Park der Papafava an der Via Marsala. Dieses Exemplar stammt vermutlich aus der zweiten Hälfte des 18. Jahrhunderts und befindet sich in bestem Zustand, obwohl der Baum während feuchter Frühjahrszeiten immer wieder von Gnomonia, einem Rostpilz, heimgesucht wird. Andere sehr schöne Exemplare, die niemals beschnitten wurden und sich vielleicht deshalb in bestem Zustand befinden, wurden noch vom Vater Pedrocchis gepflanzt und überlebten im Garten Pacchierotti. Sie befinden sich heute im sogenannten »Dreipinienfeld«, zusammen mit sehenswerten Exemplaren der Kalabresischen Kiefer (*Pinus brutia* Ten.), deren lateinischer Name ebenfalls auf ihr Verbreitungsgebiet hinweist.

Besondere Erwähnung verdienen wegen ihrer großen Schönheit als ausgewachsene Bäume die Zedern (*Cedrus libani* Link und *Cedrus deodara* Loud.). Vom ästhetischen Standpunkt her weniger interessant finde ich die Atlaszeder (*Cedrus atlantica* Manetti), deren Krone durch die sehr kurzen Nadeln ziemlich kümmerlich aussieht; aber ich muß erwähnen, daß sie im Veneto den auf so traurige Weise berühmten Winter 1984/85 in recht gutem Zustand überlebt hat. Im übrigen gibt es auch die Variante »blaue Atlaszeder«.

Die Bäume der beiden äußerlich schönen Arten verleihen mit ihrer

356

auffälligen Form jedem Park einen absolut einzigartigen Adel, vor allem wenn sie mitten auf einer Wiese stehen, die ihre Schönheit noch unterstreicht. Dies ist zum Beispiel der Fall bei der Libanonzeder, die sich auf einer Wiese in der Nähe der Brenta im schon genannten Park Barbariga in Stra befindet. Die Libanonzeder ist mit ihrer mehrteiligen Krone ein besonders schöner Baum, der auch die Fassaden der Villen ziert, etwa bei der Villa Manzoni di Noventa Padovana. Diese Funktionen als Kulisse und als Schirm erfüllt auch die Himalajazeder (*Cedrus deodara* Loud.), von der es Beispiele gibt in den Gärten der Villa Nicolussi in Fara Vicentino, des Schlosses Grimani in Montegalda und der Villa Zileri Dal Verme in Monteviale. Ein anderes einzigartiges und ganz besonderes Beispiel für eine Himalajazeder repräsentiert eines der wenigen zufällig überkommenen Exemplare des Werks von Francesco Bagnara in Galliera. Von ihm stammen zum Beispiel die Gärten Papadopoli in Venedig und der Villenpark der Kaiserin, von dem ich hier spreche. Dabei handelt es sich um einen niedrigen Hügel, auf dessen höchstem Punkt eine riesige, von zahlreichen Eiben umgebene Himalajazeder thront. Auch in Rosà, im Garten der Villa Minotto Gregoretti, bietet die Zeder eine großartige Szenerie durch ihr Auftreten innerhalb einer größeren Zederngruppe oder im Zusammenwirken mit Eiben.

Die Roßkastanie (*Aesculus hippocastanum* L.) ist im allgemeinen eine wenig langlebige Pflanze, da der Beschnitt und das Stutzen der Äste ein irreversibler, den Stamm beschädigender Prozeß ist, wodurch der Baum dem Sterben preisgegeben wird; es erfolgt langsam und unerbittlich. Trotzdem gibt es im Garten der Villa Miari de Cumani di Sant'Elena d'Este einige herausragende Exemplare, wo man durch Kernbohrung schon viele Jahre vor der Realisierung des Gartens die Bäume retten konnte und Paoletti sie dann in die Anlage einplante.

Im Park der Villa Revedin Bolasco existiert ein ganz außergewöhnliches Exemplar der Dattelpflaume (*Diospyros lotus* L.), einer aus Fernasien stammenden Pflanze, die im Jahre 1597 nach Europa eingeführt wurde. Der hier genannte Baum fällt vor allem wegen seiner Dimensionen auf, die diese Art bei uns erreichen kann.

Doch nicht immer erhält ein Park sein herrschaftliches Aussehen nur durch die simple und vom Glück begünstigte Gegenwart eines einzigen mächtigen Baumindividuums oder einer seltenen Art. In vielen Fällen sind es auch die Aufteilung der Baum- und Pflanzengruppen und ihre kluge Anordnung oder eine sich hinziehende Baumallee, ein natürlicher Wald oder eine Wiese, deren Weite durch einen Wasserspiegel durchbrochen wird, in dem sich eine einzelne Pflanze spiegelt – sie vermitteln dem Besucher unvergeßliche Eindrücke. In diesen Fällen ist weniger die Pflanze selbst von Interesse, sondern vielmehr ihre charakteristische Gestalt oder die Anordnung der verschiedenen Arten, deren Blätter sich in Farbe und Form unterscheiden und dadurch die gewünschte Wirkung hervorrufen. Dabei hat der Planer solcher Gärten die Farben, Formen und Wirkungen der Pflanzen nur in seiner eigenen Fantasie aufgrund seiner Erfahrungen sehen können. Und selbst wenn er die Anlage noch zu Ende führte, so entwickelte sich das dreidimensionale und lebendige Bild doch erst nach vielen Jahrzehnten.

Anmerkungen

1 Wie die Kommunalakten des Jahres 1839 (Padua, Staatsarchiv, b. 1171) und der Bericht vom 4.4. 1838 der Abordnung zur Ausschmückung von Padua (B.C.Pa., Ms. BP 587/XXXII) bezeugen, gehörten unsere beiden kompetenten Personen zur Kommission für die Probleme, die aufgrund der außergewöhnlichen Entwicklung der Bäume vom Prato della Valle di Padova auftauchten. In der Bibliothek des Orto Botanico (P. Giulini, »Il verde«, in: *Prato della Valle*, hrsg. v. L. Puppi, Padua 1986, S. 294–295) existierten noch die Durchschlagpapiere über den lebhaften Meinungsaustausch sowie die Begegnung bzw. den Zusammenstoß zwischen Jappelli und de Visiani und über die offensichtlich gegenseitige Bekanntschaft, die mich eine Annäherung in ästhetischen und kulturellen Dingen annehmen läßt.

2 M. Azzi Visentini: *L'Orto Botanico di Padova e il giardino del Rinascimento.* Mailand 1984.

3 Das ist z. B. der Fall bei *Calotropis procera* R. BR., einer in Afrika entlang den Karawanenstraßen aufgrund ihrer guten Verkäuflichkeit, ihres Schattens und auch wegen der schönen Blüten sehr verbreiteten Pflanze (L. Senni: *Gli alberi e le formazioni legnose della Somalia,* Ist. Agr. Col. Ital., Florenz 1935). Eine andere in der Nähe fester Siedlungen in Ostafrika häufig vorkommende Pflanze ist *Cissus rotundifolia* Vahl.; diese schattenspendende Kletterpflanze läßt sich mit nur wenigen Eingriffen leicht formen, ist wasserhaltig, hat eßbare Blätter und ist unendlich nützlich für die heimische Medizin (B. Corticelli, P. Giulini, Kayad Mahdi Gheedi, *Piante di uso tradizionale nella veterinaria somala,* 2 Boll. Scient. Fac. Zootecn. e Veter. Un. Naz. Somala 2, 1981. S. 65–71).

4 Karl der Große, *Capitulare de villis.*

5 Diese Gewächse bildeten bis vor wenigen Jahren das unersetzliche Material, um Schatten zu gewinnen und – in der Schreinerei – Dachböden zu bauen, Decken einzuziehen und Balken zu verschalen. Mit der Zeit wurden die von den Blättern befreiten Stengel miteinander verbunden, zunächst – wie man sieht – mit den Blättern von Rohrkolbengewächsen, später mit Schnüren und schließlich mit Eisendrähten. Die Verwendung der Rohrkolbenblätter hat sich bis heute für das Flechten von Stühlen erhalten. Nur zum Teil wurde das Material inzwischen durch Maisblätter ersetzt, nachdem der

Mais nach der Entdeckung Amerikas in Europa bekannt geworden war.

6 G. Damerini, *Giardini sulla laguna,* Bologna 1927.

7 M. Lupo, *L'erbario di Trento. Il manoscritto n. 1591 del Museo provinciale d'Arte,* Trient 1978.

8 AA.VV., *Erbario anonimo del XV secolo,* Venedig 1980.

9 R. de Visiani, *Della benemerenze dei Veneti nella botanica,* Akten R. Ist. Ven. II, 1853–54, S. 63–84.

10 P. A. Michiel, *I cinque libri di piante. Codice Marciano,* Transkription und Kommentar von E. De Toni. Venedig 1940.

11 Albertus Magnus, *De vegetabilibus libri VII,* hrsg. v. E. Meyer, Berlin 1867.

12 Datum, unter welchem Carl von Linné seine *Species plantarum* veröffentlichte und damit eine universale und allgemeinverständliche botanische Systematik schuf.

13 Um die Bedeutung dieses Werkes, das nach Meinung von Masson (s. Anmerkung 15) bis zum Ende des 16. Jahrhunderts als grundlegend angesehen werden muß, zu erklären, müssen zahlreiche Neuauflagen herangezogen werden; die erste von 1471 wurde bei Augusta in lateinischer Sprache herausgegeben (weitere mir bekannte: Florenz 1478, Venedig 1495, 1504, 1511, 1519, 1542, Lipsia 1794–97); sie wurden sukzessive im Jahre 1478 ins Italienische übersetzt (von mir gefunden: Vicenza 1490, Venedig 1536, 1542, 1553, 1561, 1564, Florenz 1605, Neapel 1724, Padua 1745, Bologna 1784, Mailand 1805, Verona 1851–52), ins Französische (Paris 1540), Deutsche (Straßburg 1531, Frankfurt 1583) und Englische.

14 Es ist durchaus möglich, daß diese Angaben von den Venezianern eingefügt wurden bzw. von denen, die nicht von fließenden Gewässern profitieren konnten, um sie als architektonische Elemente zu nutzen. Sie griffen auf den Brunnen im Zentrum des Gartens zurück.

15 G. Masson, *Italian, Gardens,* London 1961.

16 Dies sind die Gründe, die mich davon überzeugen, wie sehr das aktuelle Konzept der historischen Gärten herabgewürdigt wird und wie traurig es ist, diese zu erhalten, ohne auch in die umgebende Landschaft einzugreifen, die inzwischen mit Gebäuden, Fabriken, Industrieanlagen, Wasser- und Gasleitungen verbaut ist.

17 Zu den historischen und sozialen Folgen, die der Fall Roms mit sich brachte, gehörte auch eine dünne Bevölkerungs-

dichte, die in begrenzten Gebieten Landwirtschaft betrieb. Waldgebiete indessen waren sehr viel ausgedehnter, als wir uns dies heute vorstellen können, und hatten gewaltige Ausmaße. Erst im 16. Jahrhundert wurden die Waldflächen kleiner oder bekamen Lücken, und doch gab es bis gegen Ende des vergangenen Jahrhunderts noch weite Waldgebiete im Veneto. Siehe dazu M. F. Tiepolo, *Boschi della Serenissima. Utilizzo e tutela,* Ausstellungskatalog, Venedig 1987.

18 Hier traf am 16. März 1359 Boccaccio ein und hielt die wichtige Wiederkehr für alle Zeiten fest durch die Pflanzung eines Lorbeers und – immer auf der Suche nach Erholung und Frieden – eines weiteren in Arquà in den Euganeischen Hügeln.

19 Dazu kommen gleichlautende Bemerkungen, die Palladio an den Rand eines Manuskripts über die Landwirtschaft geschrieben hat. Sie wurden von P. de Nolhac wiederentdeckt und im Jahre 1887 im *Giornale Storico della Letteratura Italiana,* Band 9, S. 404–414, veröffentlicht.

20 Dies ist jedenfalls eine recht ferne Möglichkeit, denn wenn es sich um die Trauerweide gehandelt hätte, hätte der Dichter eine viel ausführlichere Anmerkung gemacht; aus dieser Bemerkung jedoch spricht seine Enttäuschung über das Mißlingen der Verpflanzung.

21 M. Sanudo, *L'itinerario per la terraferma veneziana nel 1483,* hrsg. v. R. Brown, Padua 1849.

22 Darunter vor allem die recht qualifizierte Schrift von L. Squalerno, genannt *l'Anguillara* (»der Aalförmige«): *Semplici, li quali in più pareri a diversi nobili huomini scritti appaiono* Venedig 1561. In diesem Werk beschreibt der Autor die in diesem Garten vorhandenen wunderschönen Platanen, die vermutlich schon ein Jahrhundert vorher gepflanzt wurden, da er davon spricht, sie zu fällen. Die dendrochronologische Forschung des jetzigen Besitzers, eines Grafen Giusti, könnte Aufschluß über ihr Pflanzdatum geben und damit – wenigstens durch indirekte Beweisführung – das Datum der ersten Anlage des Gartens preisgeben.

23 T. Coryat, »Crudities.« 1611, in: G. Masson, s. Anmerkung 15.

24 F. Colonna, *Hypnernotomachia Poliphili.* Venedig 1499.

25 Einen unwiderlegbaren Beweis dafür liefern die beiden Bilder, die Jan Bruegel, der Samt- oder Blumenbruegel, noch vor 1625 gemalt hat und die heute in der Accademia Carrara in Bergamo zu sehen sind. Auf ihnen zeigt der Maler mit über-

wältigender Detailgenauigkeit nicht nur Insekten, Jasmin, Nelken und Vergißmeinnicht, sondern auch großformatige, ganz sicher durch Kreuzungen erhaltene Tulpen, weiße, rosafarbene und rote Rosen (ebenfalls Hybriden), eine Jungfer im Grünen mit vielen sehr fein gemalten blauen Blütenblättern und vor allem Kapuzinerkresse (*Tropaeolum majus* L.), und zwar von vorn und von der Seite. Sie beweisen, daß diese ursprünglich südamerikanische Pflanze schon zu Bruegels Zeiten in Europa vorhanden war.

26 P. B. Clarici, *Istoria e coltura delle piante,* Venedig 1726.

27 J. C. Volkamer, *Hesperidium Norimbergensium sive de malorum citreorum, Limonium aurantiorumque cultura et usi libri IIII,* Nürnberg 1713; außerdem vom gleichen Autor: *Continuation der Nürnbergischen Hesperidum,* Nürnberg 1714.

28 V. Coronelli, *La Brenta quasi borgo della città di Venezia, luogo di delizie de' Veneti Patrizi,* Venedig (?) 1708–1709.

29 G. F. Costa, *Delizie della Brenta espresse ne' palazzi e casini sopra le sue sponde,* Venedig (?) 1747–60.

30 P. Mometto, »La vita in villa«, in: Storia della Cultura Veneta. Il Settecento, Band 5/1, Vicenza 1985.

31 A. F. Farsetti, *Catalogo delle piante che esistono nel suo giardino nella villa di Sala,* Venedig 1793, oder vom selben Autor: *Elenco botanico del giardino di Sala per l'Anno MDCCXCVI,* Venedig (?) 1796.

32 Heute sind Park und Villa im Besitz des Istituto Autonomo Case Popolari di Venezia, das mir 1984 über die Universität die Aufsicht über den Park übertrug. Kurz danach übergab das IACP den Park der Leitung der regionalen Forstverwaltung, die mich fortan nicht weiter kontaktierte, vielleicht um autonom in der Führung zu sein.

33 Es ist wirklich traurig mitzuerleben, wie Gartenplaner, Eigentümer und Baumschulen diese Baumart trotz ihrer räumlichen und ästhetischen Vorteile vernachlässigen, nur weil sie die Bäume nie ausgewachsen erleben werden.

34 P. Giulini, *Analisi e metodologie per il restauro di un parco storico. Aspetti botanici e correlazioni con le altre competenze.* Akten der Nationalen Tagung »Der öffentliche Gebrauch der Historischen Gärten«, 5. Juli 1986.

35 M. Stefani Mantovanelli, *Ville e Parchi del Comune di Mirano. Itinerari storico-artistici,* Gemeinde von Mirano.

Die Tabelle, die ich als Vervollständigung dieses Werks anfüge, soll vor allem ein Verzeichnis der am häufigsten vorkommenden Arten in den Gärten des Veneto sein. Sie sind in fünf Kategorien eingeteilt, je nach Größe und Habitus in dieser Region: Bäume, Sträucher, Kletterpflanzen, Halbsträucher und Krautartige, Zwiebelgewächse im weitesten Sinn.

Wie ich schon im Text erwähnt habe, ist das Veneto eine ganz besonders begünstigte Landschaft mit bemerkenswerten Klimavariationen. Deswegen enthält das Verzeichnis nicht nur die an das Klima angepaßten Pflanzenarten, sondern auch die im engeren Sinne dem Mittelmeer zugeordneten Pflanzen sowie die Gebirgspflanzen und diejenigen, die in der Nähe großer Gewässer wachsen (Gardasee und Küste), darüber hinaus die feuchtigkeitsliebenden Pflanzen der Tiefebene sowie die kälteliebenden der Vorberge und des Gebirges. Aufgrund dieser unterschiedlichen klimatischen Gegebenheiten darf man nicht davon ausgehen, daß die aufgeführten Arten alle an einem Ort vorkommen. Es gibt jedoch einige Systeme, die uns die Natur gelehrt hat: die Landanhebung und die Verwendung von Sand, um den Pflanzenwurzeln überschüssiges Wasser zu entziehen, aber auch im Gegenteil, um für Bewässerung zu sorgen; die Pflanzung im Schutz eines Bauwerks, im Süden für die wärmeliebenden, im Norden für die kälteliebenden Pflanzen; das Treibhaus für die Pflanzen, die den Winter nicht überstehen würden.

Ich fand es unerläßlich, nicht nur eine nackte Artenliste in alphabetischer Ordnung mit der Zweitbezeichnung nach Linné und der geläufigen Bezeichnung zu liefern, sondern vielmehr eine Liste, in der alle Informationen enthalten sind, dank derer wir sicher sein können, daß die genannten Arten wirklich im Veneto kultiviert wurden und in den dortigen Gärten vorhanden waren (und sind).

Weil im Mittelalter keine genaue Unterscheidung zwischen Nutz- und Ziergarten existierte, mußte ich mich in vielen Fällen entscheiden, ob die jeweilige Art nicht nur eine »schöne« Pflanze war, sondern damals auch den ästhetischen Ansprüchen genügte und ebenfalls den Geruchssinn zufriedenstellte. Dabei kann man natürlich nicht mit den ästhetischen Maßstäben von heute ans Werk gehen, da das Aussehen der Blüten und die Anzahl der wegen ihrer Schönheit gezüchteten Arten so vollkommen verschieden von

den heute in den Gärten kultivierten Pflanzen waren, die für unsere Vorfahren vor zwei- oder dreihundert Jahren eine Überfülle an Wundern darstellen würden.

Was die modernen Zeiten betrifft, so konnte ich mich auf genauere Informationen[a] stützen; für die länger zurückliegenden Zeiten, in denen die Terminologie noch lückenhaft und unbestimmt war und ein Name oft für mehrere Arten galt, mußte ich mich an Botaniker wie De Toni (s. Anmerkung 10) und Saccardo (s. Anmerkung a) halten, um nicht Interpretationsirrtümern zu erliegen; manchmal ließen mich aber sogar diese Texte im ungewissen. So habe ich bei entsprechenden Artbezeichnungen ein sp. (species) hinzugefügt. In anderen Fällen hänge ich ein sp. pl. (species plurimae) an. Um die Liste nicht unnötig lang zu machen, habe ich bei den zahlreichen Arten der gleichen Gattung ein ssp. pl. (sottospecies plurimae) angefügt, und zwar für die Arten mit einer ausgedehnten Kultivation und sehr unterschiedlichem Aussehen.

Karl dem Großen (s. Anmerkung 4) folgend, bin ich auf »Garten-Arten des 9. Jahrhunderts« gestoßen, bei Albertus Magnus (s. Anmerkung 11) auf die des 13. Jahrhunderts, bei Francesco Petrarca (s. Anmerkung 19) stieß ich auf das 14., bei Pietro de' Crescenzi (s. Anmerkung 13) auf das 14. und 15. Jahrhundert, bei Francesco Colonna (s. Anmerkung 24) auf das ausgehende 15., bei dem Venezianer Pietro Antonio Michiel (s. Anmerkung 10), den ich dem Mattiolo vorzog, auf das 16. Jahrhundert, bei Giovanni Battista Ferrari[c] lernte ich das 17. und bei Paolo Bartolomeo Clarici[d] die ersten Jahre des 18. Jahrhunderts[e] kennen. Ich habe mich schließlich aus den Werken von Saccardo und Fenaroli-Gambi (s. Anmerkung a) informiert, wenn es darum ging, ein möglichst genaues Datum anzugeben, zu dem eine Pflanze nach der Entdeckung Amerikas nach Europa gekommen war. Trotz nicht vorhandener Hinweise aus der Antike habe ich die Baum- und Straucharten hinzugefügt, die mit Sicherheit im Veneto von Natur aus wuchsen und wohl auch Eingang in die Gärten gefunden haben, auch wenn sie so bescheiden waren, daß sie von diesen Schriftstellern übergangen wurden.

Dann habe ich eine laufende Vervollständigung der Linnéschen Nomenklatur vorgesehen, wobei ich Bezug nehme auf das Werk Flora d'Italia[f]. Ist die Art nicht angegeben, weil sie für das Gebiet nicht

wichtig genug ist, habe ich mich auf den Index der Kew Gärten von London[g] bezogen.

Bei der Beschäftigung mit der Liste kann man auch die bibliographischen Quellen erkennen, an die ich mich während der Arbeit gewandt hatte.

Wo immer möglich, habe ich sozusagen das Eintrittsdatum einer jeden Art in Europa, in Italien oder im Veneto vermerkt. Maßgeblich ist dabei das Erscheinungsdatum des Textes, auf den ich mich als erstes bezogen habe. So kann man erkennen, daß einige Arten zu völlig verschiedenen Zeiten nach Europa gekommen sind.

In der Liste fehlen schließlich alle Arten, vor allem etliche unter den Halbsträuchern, Krautartigen und Zwiebelgewächsen, deren spezifische Rangstellung unsicher ist. Dies ist der Fall bei Züchtungen, Varietäten und Klonen der Originale und bei nicht festgelegten Kreuzungen, Produkten aus der Vergangenheit und von Urhebern, die keine Niederschriften ihrer botanischen Aktivitäten hinterlassen haben oder deren Dokumente dieser Art mir nicht zugänglich waren. Auch in jüngst vergangener Zeit haben viele Pflanzenzüchter nach der Schöpfung neuer interessanter Gartengewächse die Bezeichnungen der Artenverwandtschaft nicht preisgegeben, um die Exklusivität beim Verkauf zu garantieren. Glücklicherweise gibt es heute ein Patent, das vor »Imitationen« schützt und auf das sich alle Sammler und ernsthaften Blumenzüchter beziehen.

Legende

Wissenschaftlicher Name
Dieser setzt sich zusammen aus der binären Nomenklatur nach Linné sowie der üblichen Namensabkürzung des Gelehrten, von dem die erste vollständige und systematische Beschreibung der Pflanze stammt.

Deutscher Name
Es wurden die deutschen Pflanzennamen aufgenommen, die sich im Sprachgebrauch gebildet und eingebürgert haben. In den Fällen, in denen eine deutsche Bezeichnung unüblich ist, wurde darauf verzichtet.

Einführung
In den Fällen, in denen nicht auf spontan, d. h. auf wildwachsende Arten (spn) Bezug genommen wird, ist die Epoche (prs Prähistorie; etr Etruskische Zeit; röm Römerzeit) aufgeführt, in der die Pflanze eingeführt wurde, oder das Jahrhundert, in dem ein Autor die gezüchtete Art erstmals eingehend beschrieb, beziehungsweise eine dokumentierte Zeitangabe, wann die Pflanze hier erstmals gezüchtet wurde.
Eu = eingeführt in Europa;
It = eingeführt in Italien;
Ve = eingeführt im Veneto.
Die Abkürzung Ve bezieht sich vorwiegend auf die Informationen und Erfahrungen von Michiel aus Venedig (von 1547–1554 auch aus dem Botanischen Garten von Padua), von Anguillara und Dalla Torre (Padua), Pona (Verona), Morosini (Padua), Martini aus der Gegend um Verona, Farsetti aus seinem Garten von Santa Maria di Sala und schließlich aus dem Botanischen Garten von Padua.

Herkunft
Af = Afrika; Am = Amerika; As = Asien; Eu = Europa; M = Mittel, Zentral; O = Ost; N = Nord; S = Süd; W = West; Trop = Tropen. Bei abgegrenzten geographischen Gebieten ist die Gegend angegeben (z. B. Kaukasus); für geographisch kaum bestimmbare Gegenden gilt:
clt = gezüchtet;
end = endemisch (aus einer bestimmten Gegend);
ibr = Hybride (Bastard);
med = Mittelmeerraum; dieser Abkürzung kann eine Himmelsrichtung folgen (z. B. medW = westlicher Mittelmeerraum);

mnt = Gebirgs-; Art mit einem Lebensraum zwischen 1000 und 1900 m ü. d. M.;
Or = Orient (vor allem bezogen auf gemäßigte Zonen Asiens);
pln = Ebene; Arten, die ausschließlich in = 0 – 300 m Höhe vorkommen;
sbm = submontan; Arten, die in Höhenlagen zwischen 300 m und 1000 m heimisch sind;
spn = wildwachsend (Arten, die im Veneto bereits wildwachsend vorkamen);
spn p.p. = wildwachsend *pro parte*, zumindest im Veneto;
trm = thermophil (wärmeliebend); Art, die im Veneto nur unter den günstigsten klimatischen Bedingungen gedeihen kann.

Bezeichnung
Es sind die Namensabkürzungen jener Autoren aufgeführt, von denen die gezüchteten Arten eingehend beschrieben wurden, die deren Gebrauch kannten oder die nach Linné die Informationen für das vorliegende Werk lieferten; mit AF werden jene Quellen bezeichnet, die zwar sicher, aber kaum dokumentiert sind, wie im Falle der Kornelkirsche (Cornus mas L.) im Capodilista-Garten in Padua, von der es heißt, sie sei bereits um 1300 von Giordana Forzaté gepflanzt worden.
AM = Albertus Magnus
CL = Paolo Bartolomeo Clarici
CM = Karl der Große
CO = Francesco Colonna
CR = Pietro de' Crescenzi
FA = Antonio Francesco Farsetti
FE = Giovanni Battista Ferrari
FG = Fenaroli und Gambi
MI = Pietro Antonio Michiel
MT = Pierandrea Mattiolo
PI= Sandro Pignatti
PT = Francesco Petrarca
SA = Pier Andrea Saccardo
Wurde keine Abkürzung eines Autors angegeben, so ist der Verfasser für die Bezeichnung verantwortlich. Bisweilen wurde neben die Bezeichnung noch die Abkürzung descr gesetzt. Sie bedeutet, daß der Autor die Pflanze beschrieben hat, ohne sie selbst gezüchtet oder in natura gesehen zu haben.

Nutzung (Verwendung und Bemerkungen)
Die aufgeführten Arten wurden oder werden gezüchtet, um Verwendung zu finden als:
A = Gewürzpflanze
H = Gartenpflanze

M = Heil- oder Arzneipflanze
O = Zierpflanze für verschiedene Zwecke: Beet, Schnittblume für Vasenschmuck, Gewächshaus, Zimmerpflanze;
T = für technische Zwecke
– = ohne speziellen Nutzen.
Daneben erscheinen bisweilen Abkürzungen in Kleinbuchstaben, um ein bestimmtes Habitat oder das Vordringen der Art näher zu erläutern:
avv = Adventiv; eingeschleppte Art, auf dem Wege, sich wild zu verbreiten;
cln = Klon; Pflanzen, deren Vermehrung nur auf vegetativem Wege erfolgt aufgrund fehlender Reifung des Samens (z. B. Yucca L.), des Vorhandenseins von nur einem Geschlecht (z. B. Salix babylonica L.) oder aus spezifischem technischem Interesse (z. B. Populus x euroamericana Guinier);
cst = Art, die ein Küstenklima bevorzugt;
cv = Sorte, deren Morphologie durch die Kultivierung erhalten wurde;
ibr = Hybride; systematischer Abkömmling aus der natürlichen oder künstlichen Kreuzung von zwei oder mehr Arten;
inf = Unkraut; Art, die sich in einem bestimmten Gebiet stark ausbreitet und die dort bereits vorhandenen Spezies eliminiert oder zumindest stark dezimiert;
ins = gezüchtete und dann verwilderte Art;
nat = naturalisiert; Art, die sich jetzt in natürlichem Gleichgewicht mit den heimischen, wildwachsenden Spezies der entsprechenden Gegend befindet;
nc = nicht kultiviert; Art, die aufgrund bestimmter Bedürfnisse (klimatische Gegebenheiten) nur mit wenig Erfolg in die Gärten des Veneto eingeführt werden konnte;
! = Ungereimtheiten in der Bezeichnung; weist auf variierende Angaben in den bibliographischen Quellen oder eine differierende Meinung des Verfassers hin.
? = die Erkenntnisse sind noch nicht gesichert; eine weitere, profunde Erforschung ist notwendig.

Die Tabelle enthält die Autoren der erwähnten Spezies mit ihren üblichen Namensabkürzungen, Vor- und Zunamen, Lebensdaten sowie ihrer Nationalität und gegebenenfalls der Angabe ihrer ursprünglichen Herkunft

Abk.	Vor- und Zunamen	Lebensdaten		Nationalität
A. B. Jacks.	A. B. Jackson	1876	1947	engl.
Ait.	William Aiton	1731	1793	engl.
Ait. fil.	William Towsend Aiton	1766	1849	engl.
Ambrosi	Francesco Ambrosi	1821	1897	ital.
A. Richard	Achille Richard	1794	1852	frz.
Arn.	George Arnott Walker	1799	1868	schott.
Bak.	John Gilbert Baker	1834	1920	engl.
Batsch	August Johan G. K. Batsch	1761	1802	dt.
Benth.	George Bentham	1800	1884	dt.
Bernh.	Johan Jacob Bernhardi	1774	1850	dt.
Bieb.	F. A. Marschall von Bieberstein	1768	1826	dt.
Blume	Carl Ludwig Blume	1796	1862	dt.
Boiss.	Pierre Edmond Boissier	1810	1885	schweiz.
Bolus	Harry Bolus	1834	1911	engl.
Britt.	Christian Casimir Brittinger	1795	1869	dt.
Brot.	Felix de Avellar Brotero	1744	1828	port.
B. S. P.	Nathanies Lord Britton et al.	1859	1934	engl.
Buchh.	John Theodore Buchholz	1888	1951	nordamerik.
Bunge	Alexander Andrejew. von Bunge	1803	1890	russ.
Burm.	Johannes Burmann	1706	1779	holl.
Burm. fil.	Nicolas Laurens Burman	1733	1793	holl.
Carriére	Elie Abel Carriére	1818	1896	frz.
Cav.	Antonio Jose Cavanilles	1745	1804	span.
C. K. Schneid	Camillo Karl Schneider	1876	1951	dt.
Clairv.	Joseph Phippe de Clairville	1742	1830	schweiz.
Crantz	Heinrich Johan N. von Crantz	1722	1797	österr.
Curt.	William Curtis	1746	1799	engl.
D. A. Webb	David Allardice Webb	1912		ir.
DC.	Augustin Pyramus de Cardolle	1778	1841	schweiz.
D. Don	David Don	1799	1841	engl.
Decne.	Joseph Decaisne	1807	1882	belg.
Desf.	René Louiche Desfontaines	1750	1833	frz.
Desr.	L. A. J. Desrousseaux	1753	1838	frz.
Desv.	Augustin Nicaise Desvaux	1784	1856	frz.
Doug.	David Douglas	1798	1834	schott.
Dum.	Borthelemy C. J. Dumortier	1797	1878	belg.
Dur.	M. C. Durieu de Maisonneuve	1797	1878	frz.
Duroi	Johan Philipp Du Roi	1741	1785	dt.
Ehrh.	Jakob Friedrich Ehrhart	1742	1795	dt. (schweiz.)
Elk.	L. Elkan	1815	1851	
Engelm.	George Engelmann	1809	1884	nordam. (dt. H.)
Florin	Carl Rudolf Florin	1894	1965	schwed.
Fourn.	Eugène Pierre N. Fournier	1834	1884	frz.
Franc.	Adrien René Franchet	1834	1900	frz.
Franco	J. do Amaral Franco	1921		port.
Gaertn.	Joseph Gaertner	1732	1791	dt.
Garcke	Christian August F. Garcke	1819	1904	dt.
G. Don fil.	George Don	1798	1856	engl.
Greene	Edward Lee Greene	1843	1915	nordamerik.
Guinier	Philibert Guinier	1876	1962	frz.
Hance	Henry Fletcher Hance	1827	1886	engl.
Haw.	Adrian Hardy Haworth	1768	1833	engl.

Abk.	Vor- und Zunamen	Lebensdaten		Nationalität
Hayne	Friedrich Gottlob Hayne	1763	1832	dt.
Herrm.	Johann Herrmann	1738	1800	elsäss.
Hoffm.	Georg Franz Hoffmann	1760	1826	dt.
Hoffmgg.	Johann C. Graf von Hoffmannsegg	1766	1849	dt.
Holub	Josef Holub	1930		tschech.
Hook.	Sir William Jackson Hooker	1785	1865	engl.
Hoopes	Josiah Hoopes	1832	1904	nordamerik.
Hort.	»Hortulanorum«, Garten oder Gärtner			
Huds.	William Hudson	1734	1793	engl.
Jacq.	Nikolaus Joseph von Jacquin	1727	1817	österr.
Juss.	Antoine Laurent de Jussieux	1748	1836	frz.
Ker-Gawl.	John Bellenden Ker alias J. Gawler	1764	1842	engl.
K. Koch	Karl Heinrich Emil Koch	1809	1879	dt.
Klatt	Friedrich Wilhelm Klatt	1825	1897	dt.
Koch	Wilhelm Daniel Joseph Koch	1771	1849	dt.
Koerte	Franz Koerte	1782	1845	dt.
O. Kuntze	Carl Ernest Otto Kuntze	1843	1907	dt.
L.	Carl von Linné	1707	1778	schwed.
Lam.	Jean Baptiste A. M. de Lamarck	1744	1829	frz.
Laxm.	Erich Laxmann	1737	1796	russ.
Lem.	Antoine Charles Lemaire	1800	1871	frz.
L.fil.	Carl von Linné filius	1741	1783	schwed.
L'Hèrit	Charles Louis L'Héritier de Brutelle	1746	1800	frz.
Liebl.	Franz Kaspar Lieblein	1744	1810	dt.
Lindl.	John Lindley	1799	1865	engl.
Link	Heinrich Friedrich Link	1767	1851	dt.
Loisel	Jean L. A. Loiseleur-Deslongchamps	1774	1849	frz.
Los.	Francisco Loscos y Bernal	1823	1886	span.
Losinsk	A. S. Losiana-Losinskaia	1903	1958	slaw.
Loud.	John Claudius Loudon	1783	1843	engl.
Lour.	João de Loureiro	1717	1791	port.
Maire	René Charles J. Ernest Maire	1878	1949	frz.
Manetti	Xaverio Manetti	1723	1785	ital.
Marsh.	Humphry Marshall	1722	1801	nordamerik.
Maxim.	Karl Johann Maximovicz	1827	1891	russ.
Medic.	F. K. Medicus (Medikus)	1736	1808	dt.
Michx.	André Michaux	1746	1802	frz.
Miki	Shigeru Miki	1901	1974	japan.
Mill.	Philip Miller	1691	1771	engl.
Miq.	Friedrich Anton W. Miquel	1811	1871	holl.
Moench	Conrad Mönch	1744	1805	dt.
Nutt.	Thomas Nuttall	1786	1859	engl.
Pall.	Peter Simon Pallas	1741	1811	dt.
Parl.	Filippo Parlatore	1816	1877	ital.
Pat.Mey.	Ernest Heinrich F. Meyer	1791	1858	dt.
Pers.	Christiaan Hendrik Peterson	1762	1836	südafr.
Planch.	Jules Émile Planchon	1823	1888	frz.
Poir.	Jean Louis Marie Poiret	1755	1834	frz.

Abk.	Vor- und Zunamen	Lebensdaten		Nationalität
Presl	Karel Bořiwog Presl	1794	1852	böhm.
Raf.	C. S. Rafinesque Schmaltz	1783	1840	nordamerik.
R. Br.	Robert Brown	1773	1858	schott.
Rchb.	Heinrich G. L. Reichenbach	1793	1879	dt.
Reboul	Eugène de Reboul	1781	1851	frz.
Reg.	Eduard August von Regel	1815	1892	dt.
Reuter	George François Reuter	1805	1872	schweiz.
Rich.	Louis Claude Marie Richard	1754	1821	frz.
Roem.	Johann Jacob Roemer	1763	1819	schweiz.
Roth	Albrecht Wilhelm Roth	1757	1834	engl.
Sabine	Joseph Sabine	1770	1837	engl.
Salisb.	Richard Anthony Salisbury	1761	1829	engl.
Santi	Giorgio Santi	1746	1822	ital.
Savi	Gaetano Savi	1769	1844	ital.
Sch.Bip.	Karl Heinrich Schultzenstein	1798	1871	dt.
Schott	Heinrich Wilhelm Schott	1794	1865	österr.
Schousb.	Peder Kofod Anker Schousboe	1766	1832	dän.
Schrad.	Heinrich Adolph Schrader	1767	1836	dt.
Schreb.	Johann Ch. D. von Schreber	1739	1810	dt.
Schroed.	Rudolph Schrödinger	1857	1919	österr.
Schur	Philipp Johann F. Schur	1799	1878	österr.
Schwgg.	August Friedrich Schweiger	1783	1821	dt.
Scop.	Giovanni Antonio Scopoli	1723	1788	ital.
Ser.	Nicolas Charles Seringe	1776	1858	frz.
S. F. Gray	Samuel Frederick Gray	1766	1828	engl.
Sieb.	Philipp Franz von Siebold	1796	1866	dt.
Sieber	Franz Wilhelm Sieber	1789	1844	österr.
Sims	John Sims	1749	1831	engl.
Sm.	Sir James Edward Smith	1759	1828	engl.
Spach	Édouard Spach	1801	1879	frz.
Sprengel	Kurt Polycarp J. Sprengel	1766	1833	dt.
St. Am.	Jean F. Boudon de Saint-Amany	1748	1831	frz.
Steud.	Ernst Gottlieb von Steudel	1783	1856	dt.
Sut.	Johann Rudolf Suter	1766	1827	schweiz.
Sw.	Olof Peter Swartz	1760	1818	schwed.
Sweet	Robert Sweet	1783	1835	engl.
Swingle	Deane Bret Swingler	1879	1944	nordamerik.
Ten.	Michele Tenore	1780	1861	ital.
Thunb.	Carl Peter Thunberg	1743	1828	schwed.
Trevisan	C. A. Trevisan di San Leon	1818	1897	ital.
Turra	Antonio Turra	1730	1796	ital.
Vent.	Étienne Pierre Venentat	1757	1808	frz.
Vill.	Dominique Villars	1745	1814	frz.
Vis.	Roberto de Visiani	1800	1878	ital.
Wallr.	Carl Friedrich Wilhelm Wallroth	1792	1857	dt.
Walt.	Thomas Walter	1740	1789	engl.
Webb	Philipp Barker Webb	1793	1854	engl.
Wendl.	Johann Christoph Wendland	1755	1828	dt.
Wight	Robert Wight	1796	1872	engl.
Willd.	Karl Ludwig von Willdenow	1765	1812	dt.
Wulf.	Franz Xaver von Wulfen	1728	1805	österr.
Zucc.	Joseph Gerhard Zuccarini	1797	1848	dt.

Wissenschaftlicher Name	Deutscher Name	Eingeführt	Herkunft	Bezeichnung	Nutzung
Bäume					
Abies alba Mill.	Weiß- oder Edel-Tanne		sbm, mnt	CR, MI	O
Abies balsamea Mill.	Balsam-Tanne	Eu 1697	AmN	FG	O
Abies cephalonica Loud.	Griechische Tanne	19. Jh.	Griechenland	FG	O
Abies concolor Hoopes	Kolorado-Tanne	Eu 1851	AmN	FG	O
Abies grandis Lindl.	Riesen- oder Küsten-Tanne	Eu 1831	AmN	FG	O
Abies nobilis Lindl.	Edle Tanne	1831	AmNW	FG	O
Abies nordmanniana Spach	Nordmanns Tanne	Eu 19. Jh.	Kaukasus	FG	O
Acer campestre L.	Feld-Ahorn, Maßholder		spn	FG	–
Acer negundo L.	Eschen-Ahorn	Eu 1688	AmN	FG	–inf
Acer pseudoplatanus L.	Berg-Ahorn		sbm	AM	–
Aesculus carnea Hayne	Rotblütige Roßkastanie	nach 1711		FG	O ibr
Aesculus hippocastanum L.	Gewöhnliche Roßkastanie	Eu 1576, It 1565	Eu O	SA	O
Aesculus pavia L.	Pavie	Eu 1711	AmN	FG	O
Alianthus altissima Swingle	Götterbaum	Eu 1760, Ve 1760,	China	SA	–inf
Albizia julibrussin Dur.	Hackendorn?	Eu 1745, It 1749	AsS	SA	O
Alnus glutinosa Gertn.	Schwarz- oder Roterle		spn	AM, CR	–
Araucaria araucana K. Koch	Andentanne	Eu 1795, Ve 1842	Anden	SA	O
Arbutus andrachne L.	Andrachne	16. Jh.	Griechenland	FG	O
Arbutus unedo L.	Erdbeerbaum		med	MI	O
Betula pendula Roth	Gemeine Birke, Warzen-Birke		sbm	AM, MI	M
Broussonetia papyrifera Vent.	Papiermaulbeerbaum	Eu 1750, Ve 1760	AsSO	SA	–inf
Calocedrus decurrens Florin	Flußzeder	Eu 1853	AmNW	FG	O
Carpinus betulus L.	Gemeine Hainbuche		spn		–
Carya illinoensis K. Koch	Pekanuß	18. Jh.	AmN	FG	T,O
Castanea sativa Mill.	Eßbare Kastanie		sbm	CM, AM, CR	nc
Castalpa bignonioides Walt.	Gewöhnlicher Trompentenbaum	Eu 1725, Ve 1760	AmN	SA, FG	–
Cedrus atlantica Carrière	Atlas-Zeder	Eu 1842	AfNW	FG	O
Cedrus atlantica Carrière *v. glauca*	Atlas-Zeder (Glauca)	1850	cv		O
Cedrus deodara G. Don pl.	Deodar-Zeder, Himalaya-Zeder,	1822	Himalaya	SA, FG	O
Cedrus libani A. Richard	Libanon-Zeder	röm?	Or	AM,CR,MT,SA	O
Celtis australis L.	Südlicher Zürgelbaum		spn	MI	–
Celtis occidentalis L.	Nordamerikanischer Zürgelbaum	Eu 1656, Ve 1780	AmN	SA	O
Cercis canadensis L.	Kanadischer Judasbaum	VE 1793	AmN	FA, SA	O
Cercis siliquastrum L.	Gemeiner Judasbaum	röm?	Or	MI	O
Chamaecyparis lawsoniana Parl.	Lawsons Scheinzypresse	1854	AmNW	FG	O
Chamaecyparis pisifera Sieb. et Zucc.	Sawara-Scheinzypresse	Eu 8161, It 1870	Japan	SA	O
Cryptomeria japonica D. Don	Sicheltanne	Eu 1844, Ve 1850	Japan	SA	O
Cunninghamia lanceolata Hook.	Spießtanne	19. Jh.	China	FG	O
Cupressus arizonica Greene	Kalifornische Zypresse	20. Jh.	AmNW	FG	–
Cupressus lusitanica Mill.	Portugiesische Zypresse	16. Jh.	Mexiko?	FG	O
Cupressus sempervirens L.	Echte Zypresse	etr?	Or	AM, CR, CO	O
Cydonia oblonga Mill.	Quitte	prs	Or	CR	H
Diospyros L. sp. (*lotus* L.?)	Dattelpflaume (Lotospflaume)			AM descr	

Wissenschaftlicher Name	Deutscher Name	Eingeführt	Herkunft	Bezeichnung	Nutzung
Diospyros kaki L. fil.	Kakipflaume	Eu 1796, Ve 1842	Japan	SA	H, O
Diospyros lotus L.	Lotospflaume	Eu 1597, Ve 1550	AsO	AM?, MI	H, O
Diospyros virginiana L.	Gewöhnliche Dattelpflaume, Persimone	Ve 1760	AmN	SA	O
Fagus sylvatica L.	Rotbuche		sbm	AM,CR	nc
Fagus sylvatica L. var. *laciniata*	Farnblättrige Buche	20. Jh.			O
Fagus sylvatica L. var. *pendula*	Hänge- oder Trauerbuche	19. Jh.			O
Fagus sylvatica L. var. *roseo-marginata*	Rotbuche, Roseomarginata	20. Jh.			O
Fagus sylvatica L. rubra	Rotbuche, Rubra	19. Jh.			O
Ficus carica L.	Feige	röm?	med	CM, AM, CR	H
Fraxinus americana L.	Weiß-Esche	Eu 1724	AmN	FG	T, O
Fraxinus excelsior L.	Gemeine Esche		sbm	AM	–
Fraxinus ornus L.	Manna-Esche, Blumen-Esche		sbm	CR	M
Fraxinus oxycarpa Bieb.	Schmalblättrige Esche		spn	PI	–
Fraxinus pennsylvanica Marsh.	Rot-Esche	Eu 1783	AmNO	FG	T, O
Ginkgo biloba L.	Ginkgobaum	Eu 1754, Ve 1790	AsO	SA, FG	O
Gleditsia triacanthos L.	Amerikanische Gleditschie	Eu 1712, Ve 1780	AmNO	SA	O nat
Gymnocladus dioicus Koch	Geweihbaum	Eu 1748, Ve 1790	AmN	SA	T, O
Juglans cinerea L.	Butternuß	Eu 1750	AmN	FG	T, O
Juglans nigra L.	Schwarznuß	Eu 1630, Ve 1760	AmN	SA	T, O
Juglans regia L.	Walnuß	röm	Persien	CM, AM, CR	H, O
Liquidambar styraciflua L.	Amerikanischer Amberbaum, Sweetgum	Eu 1681	AmN	FG	M, O
Liriodendron tulipifera L.	Tulpenbaum	Eu 1748, e 1760	AmNO	SA	T, O
Maclura pomifera C. K. Schneid.	Osagedorn	Ve 1842	AmNW	SA	T, O
Magnolia grandiflora L.	Magnolie »Grandiflora«	Eu 1837, Ve 1760	AmNO	SA, FG	O
Magnolia purpurea Curt.	Purpur-Magnolie	Ve 1820	Japan	SA, PI	O
Magnolia yulan Desf.	Yulan-Magnolie	19. Jh.		PI	O ibr
Malus sylvestris Mill.	Holz-Apfel		spn, clt	CM,AM,PT,CR	H
Melia azedarach L.	Zedrachbaum	Eu 1719, It 1550	Himalaya	MT,SA,FG	O
Mespilus germanica L.	Mispel		spn	CM, AM, CR	H
Metasequoia glyptostroboides Miki	Chinesisches Rotholz	1944, Ve 1961	China		O
Morus alba L.	Weißer Maulbeerbaum	Mittelalter	China	MT, SA	T
Morus nigra L.	Schwarzer Maulbeerbaum	röm	Or	CM, AM, CR	H
Olea europaea L.	Ölbaum, Olivenbaum	röm	Or	AM, CR	H
Ostrya carpinifolia Scop.	gewöhnliche Hopfenbuche		spn		–
PALMAE sp. pl.	Palmen			CR descr	O
Paulowina tomentosa Steud.	Paulownie, Blauglockenbaum	Eu 1834, Ve 1850	China	SA, FG	T, O
Photinia serrulata Lindl.	Glanzmispel	Eu 1804, Ve 1842	China	SA	O
Picea canadensis B. S. P.	Kanadische Fichte	Eu 1700	AmN	FG	T
Picea excelsa Link	Excelsa-Fichte, Rottanne		mnt	CR, MI	–
Picea orientalis Carrière	Kaukasusfichte	Eu 1837	Kaukasus	FG	O
Picea pungens Engelm.	Stechfichte	Eu 1861	AmN	FG	O
Pinus L. sp. pl.	Kiefer			AM	T, H
Pinus brutia Ten.	Kalabresische Kiefer	19. Jh.	Abruzzen	FG	O
Pinus cembra L.	Zirbel, Arve		mnt	Am descr	nc

Wissenschaftlicher Name	Deutscher Name	Eingeführt	Herkunft	Bezeichnung	Nutzung
Pinus laricio Poir.	Lärchenkiefer	19. Jh.	Kalabrien	FG	O
Pinus nigra Arn. ssp. *austriaca*	Schwarz-Kiefer		spn	FG	T,O
Pinus peuce L.	Rumelische Kiefer	Eu 1839	Mazedonien	FG	T, O
Pinus pinaster Ait.	Strand-Kiefer	Mittelalter	medW	PI	T, O cst
Pinus pinea L.	Pinie	röm	med	AM, CR	T, H, O cst
Pinus ponderosa Doug.	Gelb-Kiefer	Eu 1847	AmNW	PI	T, O
Pinus strobus L.	Weymouths Kiefer, Strobe	Eu ca. 1790 Ve. 1820	AmN	SA	T, O
Pinus sylvestris L.	Gemeine Kiefer, Föhre		sbm, mnt	AM descr	O
Pinus wallichiana A. B. Jack.	Tränen-Kiefer	Eu 1839	Himalaya	FG	T, O
Platanus hybrida Brot.	Platane	nach 1670	England?	PI	O ibr
Platanus occidentalis L.	Amerikanische Platane	Eu 1636, It 1551	AmN	SA, FG	T, O
Platanus orientalis L.	Morgenländische Platane	röm	EuS, AsW	MI, MT	O
Populus alba L.	Silber-Pappel		spn	AM, CR?	T, O
Populus angulata Ait.	Karolina-Pappel	It 1815, Ve 1820	AmN	SA	O
Populus canescens SM.	Grau-Pappel		spn	AM	O ibr
Populus x euroamericana Guinier	Pappel, »Euroamerikanische Bastarde«	19. Jh.	ibr	FG, PI	T cln ibr
Populus italica Moench	Pappel »Italica«	?	Varietät der Schwarzpappel	PI	T, O
Populus minilifera Ait.	Kanadische Schwarzpappel	It 1806, Ve 1796	AmN	SA	–
Populus nigra L.	Schwarzpappel		spn	CR	T, O
Populus tremula L.	Espe, Zitterpappel		sbm		O
Prunus armeniaca L. cv. pl.	Aprikose	röm	Or	CM?, MT	H
Prunus avium L. cv. pl.	Süß-Kirsche		spn	CM, CR	H, O
Prunus cerasifera Ehrh.	Kirsch-Pflaume	prs	Or	CM	H
Prunus cerasus L. cv. pl.	Sauer-Kirsche	röm	Or	CM, AM, SA	H
Prunus domestica L. cv. pl.	Hauspflaume, Zwetschge	prs	Or	CM, AM, CR	H
Prunus dulcis D. A. Webb	Mandelbaum		med	CM, AM	H
Prunus laurocerasus L.	Lorbeer-Kirsche	Eu 18. Jh., Ve 1591	EusO, AsW	SA	H
Prunus mahaleb L.	Steinwechsel		spn	CM	O
Prunus padus L.	Trauben-Kirsche		spn	CM, Mi	O
Prunus persica Batsch cv. pl.	Pfirsich	röm	Or	CM, PT, MT, CL	H
Prunus virginia L.	Virginische Traubenkirsche	18. Jh.	AmNO	FG	O
Pseudotsuga menziesii Franco	Douglasie	Eu 1827	AmNW	FG	T, O
Pyrus communis L. cv. pl.	Holz-Birne		spn	CM, PT, CR	H
Quercus cerris L.	Zerr-Eiche		trm	CR	O
Quercus ilex L.	Stein-Eiche		med		T, O
Quercus palustris Duroi	Sumpf-Eiche	Eu 1770	AmNO	FG	T, O
Quercus petraea Liebl.	Trauben- oder Stein-Eiche		spn	CR	O
Quercus pubescens Willd.	Flaum-Eiche		spn		T
Quercus robur L.	Stiel-Eiche		spn	AM, CR	T, O
Quercus rubra L.	Rot-Eiche	Eu 1691	AmN	FG	T, O
Robinia pseudacacia L.	Robinie	It 1601, Ve 1662	AmNO	SA, FG	T inf
Salix alba L.	Silber-Weide		spn	CR, PT	
Salix babylonica L.	Chinesische Hängeweide	Mittelalter	Or	PT?	O cln
Salix viminalis L.	Korb- oder Hanf-Weide		spn	CR	T

Wissenschaftlicher Name	Deutscher Name	Eingeführt	Herkunft	Bezeichnung	Nutzung
Sciadopitys verticillata Sieb. et Zucc.	Schirmtanne	19. Jh.	Japan	FG	O
Sequoia sempervirens Endl.	Küstenmammutbaum, Redwood	Eu 1840	Kalifornien	FG, PI	T, O
Sequoidendron giganteum Buchh.	Riesenmammutbaum, Poigtree	Eu 1853	AmNW	FG, PI	T, O
Sophora japonica L.	Schnurbaum, Japanischer Pagodenbaum	Eu 1747, Ve 1812	China	SA	O
Sophora japonica L. var. *pendula*	wie oben: Var. »Pendula«	nach 1747	durch Veredelung		O
Sorbus aria Crantz	Gemeine Maulbeere		spn	MI	–
Sorbus domestica L.	Speierling		spn	CM, AM, PT, CR	H
Sorbus torminalis Crantz	Elsbeere		spn	MI	–
Taxodium distichum Rich.	Sumpfeibe, Sumpfzypresse	Eu 1640, Ve 1812	Florida	SA, FG	O
Taxus baccata L.	Gemeine Eibe		sbm	AM, MI	T,O
Thuja occidentalis L.	Abendländischer Lebensbaum	Eu 1566, It 1701	AmNO	SA, FG	O
Tilia americana L.	Amerikanische Linde	Eu 1752, Ve 1812	AmN	SA, FG	T, O
Tilia cordata Mill.	Winterlinde		spn	AM	M, O
Tilia heterophylla Vent.	Verschiedenblättrige Linde	Ve 1812?	AmN		O
Tilia platyphyllos Scop.	Sommerlinde		spn	AM	M, O
Tilia tomentosa Moench	Silberlinde	Ve 1812	EuSO, AsW	SA	O
Trachycarpus fortunei Wendl.	Hanfpalme	It 1867, Ve 1880	AsE	SA	O
Ulmus americana L.	Weißrüster, Weißulme	Eu1752	AmNO	FG	T, O
Ulmus glabra Huds.	Bergrüster, Bergulme		sbm		O
Ulmus glabra Huds. var. *pendula*	Var. (Pendula)	19. Jh.	ibr durch Veredelung		O
Ulmus minor Mill.	Feldulme		apn	AM, CR,	O
Ulmus pumila Pall.	Sibirische Rüster	Eu 1860	AsN	FG	T, O
Zelkova crentata Sprach.	Zelkove	Eu 1760	Kaukasus	FG	T, O
Sträucher					
Acer monspessulanum L.	Felsenahorn	16. Jh.	med	MI	O
Acer palmatum Thunb.	Japanischer Ahorn	1820	Japan		O
Amelanchier ovalis Medic.	Echte Felsenbirne		spn		O
Amorpha fruticosa L.	Bastardindigo	Eu 1724, Ve 1760	AmN	SA	–
Anagyris foetida L.	Stinkstrauch		spn	MI	–
Anthyllis barba-jovis L.	Jupiters Bart	9. Jh.	med	CM, MI	–
Aralia spinosa L.	Herkuleskeule	It 1793, Ve 1801	AmN	SA	O
Arundinaria pygmaea Miq.	Nakai	Ve w858	Japan	SA	O
Aucuba japonica Thunb.	Aukube	It 1783, Ve 1812	Japan	SA	O
Bambusa mitis Poir.	Bambus	It 1858	AsSO	SA	O
Berberis vulgaris L.	Gewöhnliche Berberitze, Sauerdorn		spn	MI	O
Buddleja davidii Franc.	Schmetterlingsbusch, Sommerflieder	It ca 1850	China	PI	O avv
Buxus sempervirens L.	Gewöhnlicher Buchs, Buchsbaum		med	AM, CO	O
Calcanthus praecox L.	Winterblüte	Ve 1842	Japan	SA	O
Calycotome spinosa Link		16. Jh.	med	MI, CL	O
Carpinus orientalis Mill.	Orientalische Hainbuche	prs	EuO		T
Cephalotaxus drupacea Sieb. et Zucc.	Kopfeibe	19. Jh.	Japan		O
Chamaerops humilis L.	Zwergpalme	Mittelalter	med	CR	O
Citrus aurantium L.	Pomeranze	röm Mittelalter	Or	AM descr, CL	M, O
Citrus deliciosa Ten.	Mandarine	Eu 1828	Or	PI	H,O

Wissenschaftlicher Name	Deutscher Name	Eingeführt	Herkunft	Bezeichnung	Nutzung
Citrus limon Burm. fil.	Zitrone, Sauerzitrone, Limone	Mittelalter	AsSO	CL	H, O
Citrus medica L.	Zitronatzitrone	röm	Or	AM descr, CL	M, O
Citrus trifoliata Raf.	Bitterorange	Eu 1850, Ve 1842	China	SA, FG	O
Clerodendron foetidum Bunge	Clerodendrom	It 1867	China	SA	O
Clerodendron trichotomum Thunb.	Losbaum	in jüngster Zeit	Japan		O
Colutea arborescens L.	Blasenstrauch		trm	MI	–
Cornus mas L.	Kornelkirsche	Mittelalter	sbm	AF	O
Cornus sanguinea L.	Roter Hartriegel		spn		–
Corylus avellana L.	Wald-Hasel		trm	CM, AM, CR	H
Continus coggygria Scop.	Perückenstrauch		spn	MI	–
Crataegus azarolus L.	Azaroldorn, Welsche Mispel	röm	Or	MI	H
Crataegus monogyna Jacq.	Eingriffeliger Weißdorn		spn	MI	O
Deutzia scabra Thunbl	Rauhblättrige Deutzie	It 1840, Ve 1845	Japan	SA	O
Elaegnus angustifolia L.	Schmalblättrige Ölweide	Mittelalter, Ve 1642	AsW	SA	O cst
Elaegnus reflexa Decne.	Ölweide?	Ve 1887	Japan	SA	O
Eriobotrya japonica Lindl.	Japanische Mispel	Eu 1787, Ve 1820	Japan	SA	H, O
Euonymus europaeus L.	Gemeiner Spindelstrauch, Pfaffenhütchen		trm	MI	O
Euronymus japonicus L. fil.	Japan-Spindelstrauch	It 1812, Ve 1820	Japan	SA	O
Frangula alnus Mill.	Kreuzdorn		spn		M
Hibiscus rosa-sinensis L.	Chinesischer Roseneibisch	XIX	AsS		O
Hibiscus syriacus L.	Strauch-Eibisch	Mittelalter?, Ve 1642	China	SA, PI	O
Hippophaë rhamnoides L.	Sanddorn		spn	MI	M cst
Ilex aquifolium L.	Gemeine Stechpalme, Hülse		spn	AM, MI	M
Jasminum fruticans L.	Strauch-Jasmin		Or	MI	O
Juniperus communis L.	Gemeiner Wacholder		spn	AM	H, O
Juniperus phoenicea L.	Purpur-Wacholder		med	MI	H, O
Juniperis sabina L.	Sadebaum, Stinkwacholder		sbm	CM, MI	M
Juniperus virginia L.	Virginische Rotzeder, Virginischer Wacholder	Eu 1664	AmNO	FG	O
Kochia scoparia Schrad.	Besenkraut	It 1532, Ve 1561	AsM	SA	T, O
Koelreuteria paniculata Laxm.	Blasenesche	Eu 1763	AsO	FG	O
Laburnum anagyroides Medic.	Goldregen	16. Jh.	sbm	MI	O
Lagerstroemia indica L.	Lagerstroemia	Eu 1759, Ve 1801	China	SA	O
Lantana camara L.	Wandelröschen	Ve 1704	Brasilien	SA	O
Laurus noblis L.	Lorbeerbaum	röm	medO	CM, AM, PT, CR	O
Ligustrum lucidum Ait. fil.	Japanischer Liguster	Eu 1794	China	FG	O
Ligustrum vulgare L.	Gewöhnlicher Liguster, Rainweide		spn	MI, CL	O
Lonicera alpigena L.	Alpenheckenkirsche	16. Jh.	sbm, mnt	MI	O
Lonicera japonica Thunb.	Japanisches Geißblatt	Ve 1820	Japan	SA	O
Lonicera xylosteum L.	Gemeine Heckenkirsche	16. Jh.	sbm, mnt	MI	O
Magnolia stellata Maxim.	Sternmagnolie	19. Jh.		PI	O ibr
Mahonia aquifolium Nutt.	Gewöhnliche Mahonie	Ve 1842	AmN	SA, PI	O
Medicago arborea L.	Schneckenklee	16. Jh.	med	MI	–
Myricaria germanica L.	Rispelstrauch		pln-mnt		–

Wissenschaftlicher Name	Deutscher Name	Eingeführt	Herkunft	Bezeichnung	Nutzung
Myrtus communis L.	Brautmyrte	röm	med	CO, MI, CL	M, O
Nerium oleander L.	Oleander	röm	med	MI, CL	O
Osmanthus fragrans Lour.	Duftblüte	Eu 1700, Ve 1801	AsO	SA	O
Osyris alba L.	Osyris?	13. Jh.	trm	AM, PT	O
Paliurus spina-christi Mill.	Christdorn	röm	med	MI, MT, FE	H
Philadelphus coronarius L.	Gewöhnlicher Philadelphus	16. Jh.	med	MI	O
Phillyrea augustifolia L.	Schmalblättrige Steinlinde		med		–
Phillyrea latifolia L.	Breitblättrige Steinlinde		med		–
Pinus mugo Turra	Berg- oder Krummholzkiefer		mnt		O
Pistacia lentiscus L.	Mastixstrauch		med	AM descr?, MI	–
Pistacia terebinthus L.	Terpentinpistazie		med		–
Pistacia vera L.	Echte Pistazie		Or	AM descr?, MI	–
Pittosporum tobira Ait. fil.	Klebsame, Tobira	Eu ca. 1600, Ve 1820	AsO	SA, FG	O
Prunus spinosa L.	Schlehdorn, Schlehe		spn	AM	M
Punica granatum L. var. pl.	Granatapfelbaum, Granatbaum		med	AM, CR, CL	M, O
Pyracantha coccinea Roem.	Europäischer Feuerdorn	16. Jh.	Or	MI	O
Rhamnus alaterna L.	Kreuzdorn	16. Jh.	med	PT, MI	O
Rhamnus catharicus L.	Purgier-Kreuzdorn		spn	MI	M
Rhus coriaria L.	Gerbersumach	16. Jh.	med	MI	T
Rhus thyphina L.	Hirschkolbensumach	1629	AmN	FG	O
Ribes nigrum L.	Schwarze Johannisbeere	16. Jh.	sbm, mnt	MI	H, O
Ribes rubrum L.	Rote Johannisbeere		spn	MI	H, O
Salix caprea L.	Salweide		spn		–
Salix eleagnos Scop.	Grauweide		spn		–
Salix pentandra L.	Lorbeerweide		spn		–
Salix purpurea L.	Purpurweide		spn		–
Salix triandra L	Mandelweide		spn		–
Sambucus nigra L.	Schwarzer Holunder		spn	AM	M
Sambucus racemosa L.	Traubenholunder		mnt	MI	–
Solidago gigantea Ait.	Goldrute	It 1812, Ve 1842	AmN	SA	O
Spartium junceum L.	Binsenginster, Spanischer Ginster		med	MI	O
Spiraea japonica L. fil.	Japanischer Spierstrauch	19. Jh.	Japan	PI	O
Spiraea salcifolia L.	Weidenblättriger Spierstrauch	Ve 1798	EuNO	FA, SA	O
Staphylea pinnata L.	Gemeine Pimpernuß	16. Jh.	EuSO	MI	O
Styrax officinalis L.	Storaxbaum		med	Am descr MI	M
Syringa persica L.	Persischer Flieder	It 1724, Ve 1780	Persien	CL, SA, FG	O
Syringa vulgaris L.	Gewöhnlicher Flieder, Garten-Flieder	1565	AsW	MI, PI	O
Tamarix gallica L.	Französische Tamariske		spn	AM	O cst
Thuja orientalis L.	Morgenländischer Lebensbaum	Eu 1752, Ve 1760	AsO	SA, FG	O
Viburnum lantana L.	Wolliger Schneeball		spn	MI	M, O
Viburnum opulus L.	Gewöhnlicher Schneeball		sbm	MI	O
Viburnum tinus L.	»Laurustinus«		med	MI	O
Vitex agnus-castus L.	Mönchspfeffer	röm	Or	AM, MI	M
Yucca aloifolia L.	(aloeblättrige) Yucca, Palmlilie	Ve 1780	AmN	FA, SA	O

Wissenschaftlicher Name	Deutscher Name	Eingeführt	Herkunft	Bezeichnung	Nutzung
Yucca gloriosa L.	Yucca, Palmlilie	It 1635, Ve 1682	AmN	SA	O
Ziziphus jujuba Mill.	Jujube	13. Jh.	med	AM, MI	H, O
Kletterpflanzen					
Asparagus L. sp. pl.	Spargel		spn	AM	M
Bryonia cretica L.	Rote Zaunrübe		spn	MI	M
Clematis flammula L.	Mandel-Waldrebe		spn	MI	O
Clematis vitalba L.	Braunblättrige Waldrebe		spn	MI	O
Clematis viticella L.	Italienische Waldrebe		spn	MI	O
Fallopia convolvulus Holub	Windenknöterich		spn	MI	
Hedera helix L. cv. pl.	Efeu		spn	AM	O
Humulus lupulus L.	Gemeiner Hopfen		spn	AM	M
Ipomoea hederacea Jacq.	Prunkwinde		trm	MI, CL	O
Ipomoea purpurea Roth	Prunkwinde	Ve 1642	AmS	MI, SA	O
Ipomoea quamoclit L.	Prunkwinde	It 1580, Ve 1796	AsO	CL, SA	O
Jasminum grandiflorum L.	(großblütiger) Jasmin	Ve 1590	Malabar	SA	T, O
Jasminum humile L.	»Revolutum«	It 1550, Ve 1565	China?	MI	O
Jasminum nudiflorum Lindl.	Winterjasmin	It 1854, Ve 1858	China	SA	O insv
Jasminum officinale L.	Jasmin	röm?	AsSW	MI	O
Kerria japonica DC.	Kerrie	It 1814	Japan	SA	O
Lonicera caprifolium L.	Jelängerjelieber		spn	MI	O
Lonicera etrusca Santi	Italienisches Geißblatt		med		O
Lonicera flexuosa Thunb.	Japanisches Geißblatt	It 1824, Ve 1868	AsO	SA	O
Lonicera japonica Thunb.	Japanisches Geißblatt	Ve 1820	AsO	SA	O
Lonicera sempervirens L.	Trompeten-Geißblatt	It 1789, Ve 1802	AmN	SA	O
Parthenocissus quinquaefolia Planch.	Wilder Wein	Ve 1642	AmN	SA	O
Parthenocissus tricuspidata Planch.	Dreispitz-Jungfernrebe	Ve 1885	Japan	SA	O
Passiflora caerulea L.	Passionsblume	Ve 1553	AmS, trm	MI, SA	O
Rosa arvensis Huds.	Kriechrose, Feldrose		spn	AM, CL	M
Rosa canina L. cv. pl.	Hundsrose		spn	AM, FE, CL	M
Rosa centifolia L.	Zentifolie, Kohlrose	röm	ihbr	MT	O
Rosa cinnamomea L.	Zimtrose	14. Jh.	sbm	CR	O
Rosa damascena Mill.	»Uralte Kulturrose«	röm	Or	SA	O ibr?
Rosa gallica L.	Essigrose		spn	PI	O
Rosa moschata Herrm.	Moschusrose	Ve 1801	AsM, AfO	SA	O
Rosa pimpinellifolia L.	Bibernelrose, Dünenrose	14. Jh.	sbm	CR, CO, CL	O
Rosa rubiginosa L.	Weinrose, Schottische Zaunrose		trm	CM, AM, CL	O
Rubus L., sp. pl.	Himbeere, Brombeere		spn	AM, FE	M, H
Smilax aspera L.	Rauhe Stechwinde		spn	MI	
Solanum dulcamara L.	Bittersüßer Nachtschatten		spn	MI	
Tamus communis L.	Schmerzwurz	13. Jh.	spn	AM, MI	O
Tecoma grandiflora Lois.	Trompetenblume	18. Jh.	China	SA	O
Tecoma radicans Juss.	Trompetenblume	It 1633, Ve 1812	AmN	FE, SA	O
Tecoma tagliabuana Vis.	Trompetenblume		ibr	SA	O ibr
Vincetoxcum nigrum Moench	Schwalbenwurz	16. Jh.	med	MI	O

Wissenschaftlicher Name	Deutscher Name	Eingeführt	Herkunft	Bezeichnung	Nutzung
Vitis labrusca L.	Fuchsrebe	19. Jh.	AmN	SA	O
Vitis repanda Wight et Arn.			Indien!	AM descr?	
Vitis vinifera L. cv. pl.	Weinstock, Weinrebe	etr	med, Or	AM, CR	H, O nat
Wisteria sinensis Sweet	Chinesische Wistarie	Ve 1842	AsO	SA	O
Halbsträucher und Krautartige					
Acanthus mollis L.	Akanthus	16. Jh.	med	CL, SA	O
Achillea ptarmica L.	Sumpf-Schafgarbe	spn		AM, MT, SA	O
Aconitum napellus L.	Blauer Eisenhut	mnt		AM, MI, CL	O
Aconutum vulparia Rchb.	Gelber oder Wolfs-Eisenhut	mnt		AM	O
Acorus calamus L.	Kalmus	16. Jh.	AsSO	AM?, MI, MT	M, O
Agave americana L.	»Hundertjährige Aloe«	Ve 1561	AmM	SA	O
Ageratum conyzoides L.	Leberbalsam	Ve 1704	AmS	SA	O
Agrimonia eupatoria L.	Kleiner Odermennig	spn		AM, MI	M
Agrostemma githago L.	Konrade	spn		AM, MI	O
Ajuga chamaepitis Schreb.	Gelber Günsel	med		AM, MI	–
Aloë barbadensis Mill.	Echte Aloe	13. Jh.	Af	AM, MI	M, O
Althaea ficifolia Cav.		It 1532	Sibirien	SA	O
Althaea officinalis L.	Echter Eibisch	spn		CM, AM, CO, MI	M, O
Althaea rosea Cav.	Stockmalve, Stockrose	röm	Or	MT, SA	O
Amarantus caudatus L.	Gartenfuchsschwanz	It 1538, Ve 1642	AsS	SA	O
Amarantus trivolor L.	Amarant	IT 1551, Ve 1642	Indien	SA	O
Ammobium alatum R . Br.	Papierknöpfchen, Sandimmortelle	Ve 1842	Neuseeland	SA	O
Anemone coronaria L. cv. pl.	Garten- und Kronenanemone	15. Jh.	AsW	CO, CL; SA	O
Anemone japonica Sieb. et. Zucc.		It 1850	Japan	SA	O
Anemone pavonina Lam. cv. pl.		med			O
Anthericum liliago L.	Traubige Graslilie	med		MI, CL	O
Antirrhinum majus L. cv. pl.	Gartenlöwenmaul	med		MI, CL	O
Apium graveolens L. cv. pl.	Sellerie, Eppich	röm	med	AM	H
Aquilegia L. sp. pl. et cv. pl.	Akelei	spn		CO, MI, CL, SA	O
Argyranthemum frutescens L. Webb et Benth.	Strauchmargerite	It 1806		SA	O
Artemisia abrotanum L.	Eberraute	spn, clt		CM, AM, CO, MI	M
Artemisia absinthium L.	Wermut	röm	Or	AM, CO	M,O
Artemisia dracunculus L.	Estragon, Dragon	EuNO		CM	M, O
Arum maculatum L.	Gefleckter Aronstab	spn		MI	O
Aster amellus L.	Berg- oder Kalkaster	spn		MI	O
Aster cordifolius Mchx.	Aster	Ve fine XIX	AmN	SA	O
Aster novae-angliae L.	Rauhblattaster	Ve 1713	AmN	SA	O nat
Aster novi-belgii L.	Glattblattaster	Ve 1701	AmN	SA	O nat
Aster rotundifolius Thunb.	Rundblattaster	Ve 1780	AfS	SA	O
Aster chinensis L.	Sommeraster	It 1751, Ve 1796	AsO	SA	O
Aster salignus Willd.		18. Jh.	AmN		Oibr
Aster versicolor Willd.					O ibr
Atriplex hortensis L.	Gartenmelde	röm	AsM	CM, AM	H nat
Atropa bella-donna L.	Tollkirsche	spn		MI	M, O

Wissenschaftlicher Name	Deutscher Name	Eingeführt	Herkunft	Bezeichnung	Nutzung
Azalea L. cv. pl.	Azalee	It 1820, Ve 1842	AsSO	SA	O
Ballota nigra L.	Schwarznessel	röm	med	AM	M, A
Balsamita major Desf.	Marienblatt	16. Jh.	AsW	MI	M
Begonia L. sp. pl.	Begonie, Schiefblatt	19.-20. Jh.	As, Am		O
Begonia discolor R. Br.	Begonie	Ve 1820	China Martinique	SA	O
Brassica napus L.	Raps, Kohlrübe	röm	EuN	AM	H
Brassica oleracea L. cv. pl.	Kohl	röm	EuN	CM, AM, SA	H
Brassica rapa L.	Rübenkohl, Rübsen	röm	EuN	AM, SA	H
Calamintha nepeta Savi	Steinquendel		spn	AM, MI	A, O
Calceolaria L. sp. pl.	Pantoffelblume	It 1850	Chile	SA	O
Calendula arvensis L.	Ringelblume		spn	MI, CL	O
Calendula officinalis L.	Gartenringelblume	Ve 1415	ibr	SA	O
Canna indica L.	Blumenrohr	Ve 1553	Indien	MI, CL, SA	O
Carthamus tinctorius L.	Saflor, Färberdistel	12. Jh.	AfN	AM, SA	O
Celosia argentea L.	Celosie	It 1640, Ve 1642	AsSO	MT, SA	O
Celosia cristata L.	»Cristata« – Hahnenkamm	Lt 1532, Ve 1558	AsSO	MI, MT, CL, SA	O
Centaurea L. sp. pl.	Flockenblume		spn p. p.	CM, AM, CO, MI	O
Chrysanthemum carinatum Schousb.		Ve 1801	AfNW	SA	O
Chrysanthemum carneum Steud.		It 1815, Ve 1820	Kaukasus	SA	O
Chrysanthemum coronarium L.			med	MI	O
Chrysanthemum indicum L.	Chrysantheme, Wucherblume	It 1796, Ve 1798	AsO	SA	O
Cochlearia officinalis L.	Gebräuchliches Löffelkraut, Löffelkresse	Ve 1642	EuNW	SA	M
Coix lacryma-jobi L.	Hiobsträne	It 1532, Ve 1642	AfO, AsS	SA	O
Coleus vershaffeltii Lem.		Ve 1860		SA	O
Consolida ajacis Schur	Gartenrittersporn		spn	SA	O
Consolida orientalis Schroed.	Orientalischer Rittersporn		med	SA	O
Consolida regalis S.F. Gray	Feld-Rittersporn		spn	AM, MI, CL	O
Convolvulus sp. pl.	Ackerwinde		spn, clt	AM	O
Convolvulus tricolor L.		It 1633, Ve 1660	med	FE, SA	O
Coriandrum sativum L.	Koriander	röm	med	CM, AM, MT, SA	H
Cosmos bipinnatus Cav.	Schmuckkörbchen, Kosmee	Ve 1798	AmM	FA, SA	O
Danaë racemosa Moench	Alexandrinischer Lorbeer	It 1678, Ve 1713	AsW	SA	O
Dianthus carthusianorum L.	Kartäuser-Nelke		spn	CO	O
Dianthus caryophyllus L.	Gartennelke	13.-15. Jh.	spn	FE, SA	O ibr?
Dianthus plumarius L.	Federnelke		spn	FE, SA	O
Dianthus sinensis L.	Chinesische Nelke	Ve 1713	China	SA	O
Dictamnus albus L.	Diptam		spn	CM, AM, MI, CL	O
Digitalis L. sp. pl.	Fingerhut		sbm, mnt	MI, CL	M, O
Dipsacus L. sp. pl.	Karde		spn	AM	M
Dracocephalum moldavica L.	Drachenkopf	It 1571	As	MT, SA	O
Dracocephalum virginianum L.	Drachenkopf	It 1694	AmMN	SA	O
Epilobium dodonaei Vill.	Rosmarin-Weidenröschen		EuS	MI	O
Erica carnea L.(= Erica herbacea L.)	Schnee-Heide		spn	MI	O
Filipendula vulgaris Moench	Knollen-Spierstaude	16. Jh.	spn, sbm	MI	O

Wissenschaftlicher Name	Deutscher Name	Eingeführt	Herkunft	Bezeichnung	Nutzung
Foeniculum vulgare Mill.	Fenchel		spn	AM	H
Fumaria officinalis L.	Gemeiner Erdrauch		spn	AM	M, O
Gardenia florida L.	Gardenie	Ve 1798	AsSO	Fa, SA	O
Gazania rigens Gaertn.		It 1821, Ve 1842	AfS	SA	O
Gentiana L. sp. pl.	Enzian		sbm mnt	AM	M, O
Gerbera jamesonii Bolus var. pl.	Gerbera	1910	AfS	SA	O
Helianthus annuus L.	Sonnenblume	Ve 1668	AmSM	SA	H, O
Helianthus multiflorus L.	Sonnenblume »Multiflorus«	Ve 1660	AmN	SA	O
Helichrysum orientale Gaertn.	Strohblume	Ve 1713	Kreta?	SA, FA	O
Helichrysum stoechas Moench	Gewöhnliches Sonnengold oder Immortelle		med	MI, CL	O
Hyosciamus niger L.	Schwarzes Bilsenkraut		spn	AM	O
Hypericum androsaemum L.	Johanniskraut		spn	MI, CL	O
Hypericum calycinum L.		Ve 1780	EuSO, AsW	FA, SA	O
Hypericum perforatum L.	Echtes Johanniskraut		spn	AM	O
Hyssopus officinalis L.		sbm		AM, PT, CO	A, O
Impatiens balsamina L.	Gartenbalsamine	It 1532, Ve 1561	Himalaya	MI, CL, SA	O
Impatiens noli-tangere L.	Echtes Springkraut, Rühr mich nicht an		sbm, mnt	MI	O
Inula helenium L.	Alant		spn?, clt	AM, MI	M
Kickxia elatine Dum.	Echtes Tännel-Leinkraut, Pfeilblättriges Leinkraut		med	MI, CL	–
Kleinia ficoides Haw.	Kleinia	Ve 1780	AfS	FA, SA	O
Lavandula angustifolia Mill.	Echter Lavendel	röm	med	AM, CO, MI	A, O
Lavandula dentata L.	Lavendel	It 1623, Ve 1642	Spanien	SA	A, O
Leonotis leonurus R. Br.	Löwenohr	Ve 1516	AfS	SA	O
Leonurus cardiaca L.	Herzgespann, Echter Löwenschwanz	röm?	AsW	CR, PI	M nat
Leonurus marrubiastrum L.	Katzenschwanz		spn	CR	–
Lippia triphylla Kuntze	Zitronenstrauch	It 1793, Ve 1798	AmSW	FA, SA	A, O
Lobularia maritima Desr.	Duftsteinrich	It 1785	med	PI	A, O
Lupinus albus L.	Weißlupine	röm	Or	SA, PI	H, O
Lupinus polyphyllus Lindl.	Staudenlupine	20. Jh.?	AmNW	PI	O
Lychnis chalcedonica L.	Brennende Liebe	It 1553, Ve 1590	AsW, AsO	SA	O
Lychnis coronaria Desv.	Vexiernelke	röm	med	MT, SA	O
Lychnis flos-cuculi L. var. pl.	Kuckucks-Lichtnelke		spn	MI, CL	O
Lychnis rubra Pat. Mey. et Elk. var. pl.		Ve 1703	spn, clt	SA	O
Lycopus europaeus L.	Ufer-Wolfstrapp, Wolfsfuß		spn	MI	O
Malca crispa L.	Malve	Ve 1591	EuN, AsNW	FA, SA	O
Malva neglecta Wallr.	Gänse- oder Wegmalve, Kleine Käsepappel		spn	CM, AM	O
Marrubium vulgare L.	Andorn		spn	AM, PT	M, O
Matthiola incana R. Br. Var. pl.	Levkoje		med	MI, MT, SA	O
Mentha L. sp. pl.	Minze		spn	AM, CR?, MI	A, M
Micromeria juliana Benth. ex Rchb.		med		CM?, MI	A
Monarda didyma L.	Indianernessel	It 1760, Ve 1780	AmN	FA, SA	A
Monarda fistulosa L.	Indianernessel	Ve 1796	AmN	FA, SA	A
Ocimum basilicum L.	Basilienkraut	röm	As Trop	AM, MT, CL	A
Ocimum minus L.		Mittelalter	AsMS	CR, MT, SA	A

Wissenschaftlicher Name	Deutscher Name	Eingeführt	Herkunft	Bezeichnung	Nutzung
Omphalodes linifolia Moench		It 1760, Ve 1796	EuW	SA	–
Ophiopogon japonicus Curt.	Schlangenbart	Ve 1812	Japan	SA	O
Origanum dictamnus L.	Diptamdosten	röm	medM	MT, SA	A
Origanum majorana L.	Majoran	Mittelalter	AsM, AfN	AM, CO, MT, SA	A
Paeonia moutan Sims	Pfingstrose, Päonie	It 1821, Ve 1842	AsNO, Japan	SA	?
Papaver somniferum L.	Schlaf-Mohn	röm	med	CM, AM, MI, CL	M
Pelargonium capitatum Ait.	Pelargonie, »Geranie«	It 1760, Ve 1780	AfS	FA, SA	O
Pelargonium inquinans Ait.	Pelargonie, »Geranie«	It 1760, Ve 1780	AfS	FA, SA	O
Pelargonium odoratissimum Ait.	Zitronenpelargonie	It 1760, Ve 1780	AfS	FA, SA	O
Pelargonium peltatum Ait.	Efeupelargonie	It 1793, Ve 1812	AfS	SA	O
Pelargonium radula L'Herit = radens	Rosenpelargonie	It 1793, Ve 1798	AfS	FA, SA	O
Pelargonium triste Ait.		Ve 1662	AfS	FA, SA	O
Pelargonium zonale L'Herit.	Zonalpelargonie	It 1760, Ve 1780	AfS	FA, SA	O
Perilla frutescens Britt.	»Nankinensis«	It 1712, Ve 1764	Himalaya	FA, SA	A
Petasites fragrans Presl	Pestwurz	Ve 1812	med	SA	–
Petunia nyctaginiflora Juss.	Petunie	Ve 1838	AmSO	SA	O
Petunia violacea Lindl.	Petunie	Ve 1838	AmS	SA	O
Petunia x hybrida Hort.	Petunie			SA	O ibr?
Phaseolus coccineus L.	Feuerbohne, Prunkbohne	Ve 1642	AmM, AmN	FA, SA, PI	O
Physalis pubescens L.	Lampionblume	It 1793, Ve 1812	AmS	SA, PI	?
Polygonum orientale L.	Orientknöterich	Ve 1553	AsSO	MI, SA	O
Portulaca grandiflora Hook.	Portulak	It 1836, Ve 1843	AmS	SA	O
Primula L. sp. pl.	Primel		spn	CO, MI, MT, CL	O
Primula obconica Hance	Becherprimel	Ve 1890	EuW	SA	O
Primula sinensis Sabine		Ve 1860	China	SA	O
Ptarmica vulgaris DC.		It 1539	spn	MT, SA	O
Pulicaria dysenterica Bernh.	Großes Flohkraut		spn	CM	M, A
Pulsatilla montana Rchb.	Kuhschelle, Küchenschelle		sbm	CL	O
Reseda odorata L.	Gartenreseda	It 1760, Ve 1796	AfNO	FA, SA	O
Rosmarinus officinalis L.	Rosmarin	röm	spn	CM, PT, MT	H, O
Rubia tinctorum L.	Krapp	Mittelalter	AsW, AsM	SM, AM	T
Ruscus hypoglossum L.	Mäusedorn	röm	med	MI	O
Ruta graveolens L.	Raute	röm	med	CM, AM, CR, CO	M, O
Salvia splendens Ker-Gowl.	Salbei	It 1829, Ve 1842	AmSO	SA	O
Santolina chamaecyparissus L.	Heiligenkraut	röm	medW	MI, MT, CL, SA	O
Satureja hortensis L.	Echtes Bohnenkraut	röm	spn, clt	CM, AM, MT	O
Scabiosa atropurpurea L.	Purpurskabiose		spn, clt	MI, CL	O
Sedum maximum Sut.	Große Fetthenne		spn, clt.	MI	O
Sedum telephium L.	Purpur-Fetthenne		spn, clt	AM	O
Sempervivum L. sp. pl. ibr. pl.	Hauswurz		clt		O
Sempervivum tectorum L.	Dach-Hauswurz		sbm, mnt	AM	O
Senecio L. sp. pl.	Kreuzkraut, Geiskraut, es existieren die vielfältigsten Arten				O
Senecio angulatus L. fil.		19. Jh.?	AfS	PI	O
Senecio cineraria DC.		Mittelalter	med	SA	O

Wissenschaftlicher Name	Deutscher Name	Eingeführt	Herkunft	Bezeichnung	Nutzung
Senecio petasitis DC.	Kreuzkraut, Geiskraut	19. Jh.?	AmM	PI	O
Silene dioica Clairv.	Rote Lichtnelke		spn	CL	O
Silene pendula L.	Leimkraut	It 1696, Ve 1812	med	SA	O
Solidago canadensis L.	Goldrute	Ve 1713	AmN	SA	O
Spiraea L. sp. pl.	Spierstrauch				O
Spiraea chamaedrifolia L.	zahlreiche Arten und kultivierte Varietäten		spn	SA	O
Spiraea hypericifolia L.		It 1793, Ve 1812	EuSO	SA	O
Spiraea salicifolia L.		VE 1798	EuNO	FA, SA	O
Stachys byzantina Koch	Wollziest, Eselsohren	19. Jh.?	medO	PI	O
Stachys officinalis Trevisan	Heilziest oder Gemeine Betonie		spn	AM	M
Tagetes erecta L.	Studentenblume	It 1532, Ve 1563	AmM	MI, CL, SA	O
Tagetes lucida Cav.	Studentenblume	It 1804, Ve 1812	AmM	SA	O
Tagetes patula L.	Studentenblume	It 1532	AmM	MI, MT, CL, SA	O
Tanacetum parthenium Sch.	Mutterkraut	18. Jh.	EuO, AsW	CL	M,O
Tanacetum vulgare L.	Rainfarn	med	AsW	CM, MI, MT	M, O
Teucrium chamaedris L.	Edel-Gamander		spn	CO	O
Thlaspi praecox Wulf.	Täschelkraut, Hellerkraut	16. Jh.	sbm	MI, CL	O
Thymus L. sp. pl.	Bestimmung gemäß Beschreibungen schwer möglich			AM, CO, MI	O, A
Trigonella caerulea Ser.	Schabzigerklee, Bisamklee	It 1532, Ve 1561	EuMO	MT, SA	H,O
Trogonella foenum-graecum L.	Bockshornklee	röm	AsW	CM, AM, MI, MT	H
Tropaeolum majus L.	Kapuzinerkresse	Ve 1553	AmSW	MI, SA	O
Verbena chamaedryfolia Juss.	Verbene	It 1836, Ve 1842	AmSO	SA	O
Vinca major L.	Großes Immergrün		spn	SA	O
Vinca minor L.	Kleines Immergrün		spn	AM, MI, SA	O
Viola L. sp. pl. et ibr. pl.	Veilchen, Märzveilchen und Stiefmütterchen		spn, ibr	CR, CO, MI, MT	O
Volutaria lippii Maire		Ve 1553	AfN	MI	O
Zinnia elegans Jacq.	Zinnie	Ve 1780	AmM	FA, SA	O
Zwiebelgewächse					
Agapanthus africanus Hoffmgg.	Agapanthus	Ve 1780	AfS	FA,SA	O
Allium L. sp. pl.	Lauch von alters her kultiviert und genutzt		spn, Or	CM, AM, MI	H, O
Amaryllis bella-donna L.	Belladonnalilie	It 1772, Ve 1796	AfS	FA, SA	O
Amaryllis formosissima L.	Jakobslilie	19. Jh.	AmS	SA	O
Anemone coronaria L. var. pl.	Garten- oder Kronenanemone	It 1532	EuSO, AsW	SA	O
Anemone hortensis L.	Herbstanemone	16. Jh.	med	MI, FE, CL	O
Anemone japonica Sieb. et Zucc.	Herbstanemone	It 1850	Japan	SA	O
Anemone pavonina Lam.	Herbstanemone	16. Jh.	med	MI, FE	O
Antholyza aetiopica L.	Chasmanthe	It 1796, Ve 1798	AfS	FA, SA	O
Asphodelus albus Mill.	Weißer Affodill	16. Jh.	sbm	MI, FE, CL	O
Aspidistra elatior Blume	Schusterpalme	Ve 1845	China	SA	O
Biarum tenuifolium Schott		16. Jh.	med	MI	O
Canna indica L.	Blumenrohr	Ve 1551	AsSO	MI, SA	O
Clivia miniata Reg.	Klivie, Riemblatt	19. Jh.	AfS		O
Colchicum autumnale L.	Herbstzeitlose	Ve 16. Jh.	sbm, mnt	MI, FE, CL	O
Colocasia antiquorum Schott	Taro	röm	Or	MI	O

Wissenschaftlicher Name	Deutscher Name	Eingeführt	Herkunft	Bezeichnung	Nutzung
Convallaria majalis L.	Maiglöckchen		spn	MT, SA	O
Corydalis cava Schwgg. et Koerte	Hohler Lerchensporn		spn	CO	O
Corydalis solida Sw.	Fester oder Fingerlerchensporn		sbm	CO	O
Crocus L. sp. pl. et var. pl.	Krokus	16. Jh.	spn, AsW	MI, FE, CL	O
Crocus sativus L.	Safran	röm	med	AM, MI, CL, FE	H, O
Cyclamen persicum Mill.	Persisches Alpenveilchen	Ve 1812	EuSO, AsW	SA	O
Cyclamen purpurascens Mill.	Alpenveilchen	16. Jh.	sbm, mnt	CO, MI, FE, CL	O
Dahlia coccinea Cav.	Dahlie, Georgine	19. Jh.	AmM		O
Dahlia variabilis Desf. cv. pl.	Dahlie	It 1798, Ve 1801	AmM	SA	O
Endymion hispanicus Fourn.		It 1804, Ve 1812	medW	SA, PI	O
Endymion non-scriptus Garcke	Hasenglöckchen	16. Jh.?	EuW		O
Freesia refracta Klatt	Freesie	Ve 1842	AfS	SA	O
Fritillaria imperialis L.	Kaiserkrone	Ve 1553	AsW	MI, FE, CL, FA	O
Fritillaria persica L.		Ve 1553	AsW	MI, CL	O
Galanthus nivalis L.	Schneeglöckchen		spn	MI	O
Gladiolus L. sp. pl. et ibr. pl.	Gladiole	It 1821	AfS	SA, PI	O
Helianthus tuberosus L.	Topinambur, Erdbirne	It 1606, Ve 1662	AmN	SA	O
Hemerocallis fulva L.	Taglilie	It 1563	spn, EuO	CL, SA	O
Hemerocallis lilio-asphodelus L.	Taglilie	It 1550	EuS	CL, SA	O
Hermodactylus tuberosus Salisb.	Wolfsschwerbel	16. Jh.	med	MI	O
Hyacinthus orientalis L.	Hyazinthe	röm	medE	CO, MI, FE, CL	O
Iris L. sp. pl. et var. pl.	Schwertlilie	röm	EuS, med, AsMW		O
Iris ensata Thunb.	Schwertlilie	18. Jh.?	AsMW		O
Iris florentina L.	Schwertlilie	röm?	Or?	CM, AM, CR	M, O
Iris foetidissima L.	Schwertlilie	röm?	med	MI	O
Iris germanica L.	Deutsche Schwertlilie	röm?	ibr?	AM, CR, CL	O
Iris graminea L.	Pflaumeniris		spn	MI	O
Iris pseudacorus L.	Wasser-Schwertlilie		spn	AM, CR	O
Leopoldia comosa Parl.			spn	MI, FE, CL	O
Leucojum aestivum L.	Sommer-Knotenblume	16. Jh.	spn	MI, CL	O
Lilium bulbiferum L.	Feuer-Lilie	15. Jh.	sbm	CO, MI, CL	O
Lilium candidum L.	Madonnenlilie	röm	AsW	CM, AM, CR, CO	O
Lilium martagon L.	Türkenbund-Lilie	16. Jh.?	sbm, mnt	MI?, CL	O
Muscari botryoides Mill.	Kleine Traubenhyazinthe	16. Jh.	med	MI, FE, CL	O
Muscarimia muscari Losinsk.	Traubenhyazinthe	16. Jh.	AsW	MI, FE	O
Narcissus biflorus Curt.		17. Jh.	EuW	FE	O ibr?
Narcissus jonquilla L.	Jonquille	17. Jh.	med	FE	O ibr
Narcissus pseudonarcissus L. ssp. pl.	Gelbe Narzisse	Ve 1553	EuW	MI, FE	O
Narcissus x incomparabilis Mill.		17. Jh.	EuW	FE	O ibr
Narcissus x odorus L.		17. Jh.	EuW	FE	O ibr
Narcissus tazetta L. ssp. pl.	Tazette	Ve 1553	med	MI, FE	O
Nigella damascena L.	Braut in Haaren, Jungfer im Grünen		spn	CM, CO, MI, CL	O
Ophrys sphecodes Mill.	Spinnen-Ragwurz		spn	MI, FE, CL	O
Orchis militaris L.	Helm-Knabenkraut		spn	AM, CL	–

Wissenschaftlicher Name	Deutscher Name	Eingeführt	Herkunft	Bezeichnung	Nutzung
Ornithogalum narbonense L.	Milchstern	16. Jh.	med	MI, FE, CL	O
Ornithogalum umbellatum L.	Dolden-Milchstern		spn	MI, FE, CL	O
Oxalis tetraphylla Cav.	Glücksklee	It 1804, Ve 1812	AmM	SA	O
Oxalis violacea L.	Sauerklee	It 1795, Ve 1801	AmN	SA	O
Paeonia officinalis L. var. pl.	Echte Pfingstrose	röm	spn	AM, MI, CL, FE	O
Pancratium illyricum L.	Pankrazlilie	16. Jh.	Sardinien end	MT, SA	–
Pancratium maritimum L.	Pankrazlilie	16. Jh.	med	MI	O cst
Polyantes tuberosa L.	Tuberose	It 1640, Ve 1702	Java	SA	A, O
Scilla amoena L.	Scilla, Blaustern	It 1696, Ve 1796	AsW?	FA, SA	O
Sternbergia lutea Ker-Gawl.		It 1532, Ve 1553	med	MI, SA	O
Triteleja uniflora Lindl.	Frühlingsstern	It 1867, Ve 1875	AmS	SA	O avv
Tritonia uvaria Ker. Gawl.	Montbretie	It 1793, Ve 1801	AfS	SA	O
Tulipa clusiana DC.	Tulpe	It 1630	AsMW	FE, SA	O
Tulipa gesnerana L.	Tulpe	It 1592	AsMW	FE, SA	O ibr?
Tulipa maleolens Reb.		17. Jh.?	AsM	PI	O
Tulipa oculus-solis St. Am.		It 1822	EuSE, AsW	SA	O
Tulipa praecox Ten.	Frühe Tulpe	17. Jh.?	AsM?	MI, CL, PI	O
Tulipa saxatilis Sieber		17. Jh.?	Kreta	PI	O
Tulipa serotina Reboul	Späte Tulpe	17. Jh.?	?	PI	O avv
Tulipa strangulata Reboul		16. Jh.?	Griechenland	PI	O nat
Tulipa sylvestris L.	Wilde Tulpe	Ve 1553		MI, FE, CL	O
Urginea maritima Bak.		Mittelalter	med	AM, MI, CL	O cst
Zantedeschia aetiopica Sprengel		It 1753, Ve 1780	AfS	SA	O avv

[a] In der Bibliothek des Botanischen Gartens von Padua (coll. BO/15) wird auch ein Katalog der Pflanzen aufbewahrt, die Antonio Francesco Farsetti in seinem Garten in Sala züchtete. Es handelt sich um ein wunderschönes Manuskript in Goldschrift, auf dessen Tittelblatt folgende autographe Notiz von Pier Andrea Saccardo vermerkt ist: »Der Farsetti-Garten in S. Maria di Sala wurde um 1770 gegründet; der vorliegende Katalog geht etwa auf das Jahr 1780 zurück, wenn man davon ausgeht, daß sein Umfang weit geringer ist als bei den nachfolgenden, gedruckten Katalogen.« Sollte der Katalog wirklich auf jenen Zeitpunkt zurückgehen, so verschiebt sich auch das dokumentierte Datum der Einführung einiger Arten nach rückwärts, die durch das »Tor« des Farsetti-Gartens nach Europa gelangten; dazu gehört vor allem die Magnolia grandiflora L; P.A. Saccardo, *Cronologia delle piante da giardino e da campo coltivate in Italia*, Boll. Ufficiale Ass. Ort. Profess. Ital. 1917; L. Fenaroli, G. Gambi, *Alberi*, Trient 1976.

[b] Michiel stammte tatsächlich aus dem Veneto und züchtete den größten Teil der beschriebenen Pflanzen in seinem Garten in Venedig; außerdem heißt es bei G. Marsili, *Notizie inedite de Patrizi veneti dotti nella cognizione delle piante e dei loro orti botanici*, Padua 1840, bezüglich des Manuskripts von Michiel: »Die Zahl der darin enthaltenen Pflanzen übersteigt die Tausend, eine überaus respektable Zahl, die niemand [...] erreichte [...], selbst Mattioli nicht.«

[c] G.B. Ferrari, *Flora ovvero cultura di fiori*, Rom 1638.

[d] P.B. Clarici, *Historia e coltura delle piante*, Venedig 1726.

[e] Im Verlauf meiner Nachforschungen stieß ich auf ein überaus interessantes Vorhaben von Saccardo (P.A. Saccardo, *Progetto di un Lessico dell'antica nomenclatura botanica comparata ed Elenco bibliografico delle fonti relative*, Malpighia 17: 241–279 1903). Dort erwähnt er das Projekt eines Wörterbuchs und auch die entsprechenden Quellen, auf die man zurückgreifen muß, um die alten hochsprachlichen oder mundartlichen Bezeichnungen der in einer Zeitspanne von 1000 und mehr Jahren zitierten Pflanzen mit der entsprechenden Linnéschen Nomenklatur zu versehen; dieses ehrgeizige Projekt wäre ein überaus wertvoller Beitrag zur Geschichte der Botanik gewesen und ein Mittel zur allseitigen Verbreitung der botanischen Kultur.

[f] S. Pignatti, *Flora d'Italia*, Bologna 1982.

[g] J. D. Hooker, *Index Kewensis*, London 1893 mit den nachfolgenden Ergänzungen.

Garten, Landschaft, Territorium
Lia De Benedetti

Wollte man den Zusammenhang zwischen dem Villenkomplex – bestehend aus Herrenhaus und Wirtschaftsgebäuden, Garten, Park und landwirtschaftlichen Flächen – und den morphologischen und funktionellen Strukturen des Territoriums anhand bestimmter Regeln erklären, so wäre das in Venetien ein nahezu unmögliches Unterfangen. Und es gibt gute Gründe dafür.

Der erste und verständlichere Grund ist der, daß Venetien eine weitläufige Region ist und keineswegs homogen, weder in ihrer geologischen Beschaffenheit noch unter dem Aspekt der sozioökonomischen und urbanen Verhältnisse oder der vorhandenen Infrastruktur. Dieser morphologisch extrem unterschiedlichen Beschaffenheit entspricht die klimatische und vegetative Vielfalt, wodurch die jeweiligen Orte »einzigartig« werden und vielerlei Beziehungen zwischen den Ansiedlungen und ihren Standorten entstehen können. Das ist in den dicht besiedelten Gebieten ebenso erkennbar wie in den ländlichen Bereichen, und am deutlichsten vielleicht im Komplex der Villa, der durch die Interpretation als *genius loci* so treffend bestimmt wird.

Tatsächlich betrachtet sich die venetische Villa zum großen Teil als Mittelpunkt und Motor einer auf Landwirtschaft basierenden, regionalen Wirtschaft, so daß sie hinsichtlich Standort und Struktur immer auch durch ihre funktionellen Beziehungen zum Umland geprägt ist.

Und so finden wir neben Villen, die nur für den verfeinerten Genuß ihres Auftraggebers an den lieblichsten Plätzen geschaffen scheinen – ausgestattet mit Loggien, Terrassen und Gärten, eingebettet in eine harmonische Landschaft aus Hügeln und Tälern, mit Ausblicken auf die Ebene, den in der Ferne schimmernden Fluß – auch das solide, erdgebundene landwirtschaftliche Anwesen, das mit den langen Armen seiner Loggien von der Ebene Besitz ergreift und sich seine eigene Landschaft schafft mit Beeten, Alleen, Gärten und Fischteichen. Wenn auch durch die ursprüngliche Bestimmung der Villa sich eine Reihe von genau definierbaren Bautypen und Modellen behauptete, so können wir doch feststellen, daß diese zweckgebundenen Bauten stets harmonisch in die geographische Struktur und die Gegebenheiten des Landes eingefügt wurden. Das zeigt sich in Gebieten, die in unmittelbarer Stadtnähe liegen und mit dieser durch verschiedene Kommunikationswege – Straßen und Flüsse bzw. Kanäle – verbunden sind: Hier findet man die bezaubernden »Lustvillen« (man denke an die Villen entlang den Ufern der Brenta zwischen Venedig und Padua, an die Villen am Terraglio, an die Landvillen vor den Toren Veronas oder in den Euganeischen Hügeln), während in der Ebene und in den Gebieten mit landwirtschaftlicher Nutzung die hauptsächlich zu Produktionszwecken errichteten, äußerst funktionsfähigen und effizienten Komplexe zu finden sind.

Man denke auch an die großartigen Anlagen der Veroneser Villen wie die Villa Pompei Sagramoso von Illasi, die sich weit über die Hügelgebiete erstreckt, ihres feudalistischen Ursprungs eingedenk; oder an die burgähnlichen Villen im Friaul, die von ihren erhöhten Standorten aus das sie umgebende Land zu beherrschen scheinen, ein Eindruck, den man auch von den Villen um Belluno erhält, die eher solide Herrenhäuser als Villen für die Sommerferien sind. Sie verzich-

ten weitgehend auf einen Garten im engeren Sinn und verfügen über eine »Rasenfläche vor dem Haus, einem erhöhten, meist mit niedrigen Mauern umgebenen Gemüsegarten seitlich der Vorderfront«[1]. Das ist sicher durch geographische Gegebenheiten bedingt (Orographie, Höhe, Klima, Temperatur, vorherrschende Anbauarten, Zugänglichkeit des Geländes usw.), aber auch durch historische Ursprünge und kulturelle Einflüsse der verschiedenen Provinzen, die innerhalb weniger Jahre alle unter der politischen und kulturellen Einflußsphäre der Serenissima zusammenkamen. Die Herrschaft Venedigs hat den Gebieten in vieler Hinsicht ihre Eigenständigkeit gelassen, doch sind die Spuren einer klugen und aktiven Politik, in der die Erschließung des Landes und seiner Ressourcen Vorrang hatten, bis heute deutlich sichtbar; die Villen stellen dabei einen nicht unwesentlichen Faktor dar.

Der zweite Grund für die Erklärungsnöte ist die beträchtliche Veränderung der Villen – insbesondere der Gärten – und des umliegenden Territoriums. Diese Veränderung ist nicht nur auf die beim Studium historischer Gärten allseits bekannte Schwierigkeit zurückzuführen, daß Materie vergänglich ist und die wechselnden Besitzer der Villen jeweils ihren unterschiedlichen Geschmack zum Ausdruck brachten. Doch ist dieses Problem in Venetien besonders ausgeprägt, denn hier hatten die Villen eine verhältnismäßig lange Blütezeit, vom 16. bis 20. Jahrhundert, und die vielfach wechselnden Besitzer – vom kultivierten, schöngeistigen Kunstmäzen bis zum landwirtschaftlichen Unternehmer – waren der Grund für die zahlreichen Veränderungen und Umwandlungen der venetischen Gärten. Das Gegenteil zeigt sich bei zahlreichen Villen in anderen Regionen, die Ausdruck der Größe und Macht einer einzigen Familie oder eines Herrschergeschlechts waren, dazu bestimmt, in den heilsamen Stunden der Muße und für die anregenden Feste und Feierlichkeiten einen entsprechenden Rahmen zu liefern.

Die Schaffung dieses Rahmens wurde in anderen Regionen berühmten Künstlern übertragen, die sowohl die Villa als auch insbesondere den Garten gestalteten, dem manchmal eine bedeutendere Rolle zukam als den Gebäuden selbst. Diesem, in geometrisch gegliederte und vielfach geschmückte Räume aufgeteilten Architekturgarten stellt sich nun der venetische Garten entgegen, der durch einen viel sparsameren Gebrauch von Strukturen und Steinbauten gekennzeichnet ist. Dies wiederum macht die mehrfachen Veränderungen möglich, von denen nur wenige Gärten aus der Zeit vor dem 19. Jahrhundert verschont blieben. Erst seit dem 18. Jahrhundert sind uns die Namen der Gartenbauer überliefert. Es handelt sich dabei in den meisten Fällen keineswegs um illustre Persönlichkeiten wie bei den Architekten der Villen, und vielfach ist eine starke Einflußnahme des Auftraggebers zu erkennen. Daraus lassen sich Rückschlüsse auf die »Gartenkultur« des venetischen Auftraggebers und auf seine Person ziehen: ein Unternehmer, für den eine rationelle, zu Produktionszwecken bestimmte Organisation von Räumen kein Problem darstellt, oder das Mitglied einer venezianischen Adelsfamilie, das seine Vertrautheit mit den technischen Verfahrensweisen zur Gestaltung von Erde und Wasser in sei-

Auf Seite 280:
357. Villa Emo, Montecchia.

358. L. Boschetti, Verlauf der Brenta von Taglio Novissimo bis zum Tor von Mira, Relief, 1729. Venedig, Staatsarchiv. Der Standort entlang den Kommunikationsachsen zu den Städten wurde für die Villen häufig bevorzugt ausgewählt. Man beachte in diesem Relief die fortlaufenden Einfriedungsmauern.

359. Villa Emo, Rivella di Monselice. Die Abbildung zeigt einen klassischen venetischen Garten, der sich im Nutzgarten und in der Landschaft mit Mauern, langen Baumreihen, lotrecht verlaufenden Wegen und Fischteichen fortsetzt.

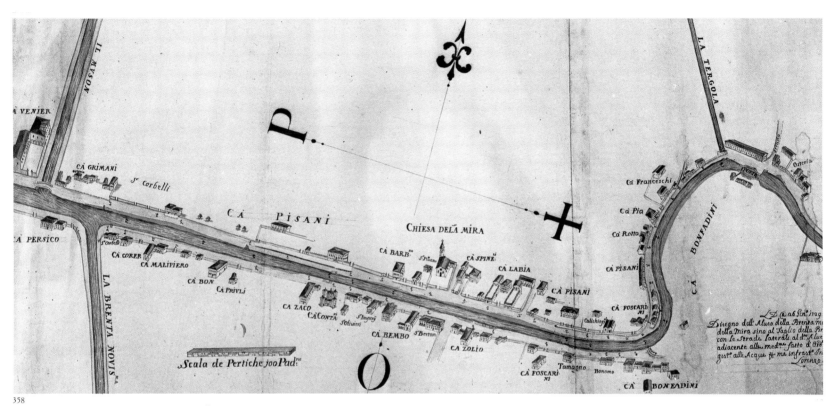

358

nen verschiedenen öffentlichen Ämtern erworben hat. Diese Vermutung findet meiner Meinung nach ihre Bestätigung in der Einfachheit der Anlage, durch die sich die meisten venetischen Gärten auszeichnen; hier geht Funktionalität vor Phantasie und Tradition vor Experimentierfreudigkeit mit neuen, importierten Modellen. Der Garten ist eng mit dem Villenkomplex und seiner Funktion verbunden: Der Vorgarten ist eine Art Filter gegen Straße und Eingang und zeigt sich meist in eher bescheidenen Ausmaßen, sparsam geschmückt, ohne Bäume und in der Regel von einer hohen Mauer mit ein oder zwei Pforten umgeben. Der Garten hinter dem Haus, der Ort für Spaziergänge und beschauliche Gespräche der Herrschaft, ist in der klassischen Periode eine weitläufige, rechteckige, durch Wege aufgeteilte Fläche und führt zum Nutz- oder Obstgarten, manchmal setzt er sich mit doppelten Baumreihen scheinbar unendlich in die umgebende Landschaft fort. Das Wasser spielt eine gewisse Rolle, aber meist wird es in seiner Funktion von der geometrischen Gestaltung der Anlage auf Brunnen oder Spiegelflächen oder Fischbassins beschränkt.[2] Natürlich wird dieses einfache Schema auch oft durchbrochen oder ins Gegenteil verwandelt, wenn z. B. die Villa an einem Fluß oder auf einem Berg oder innerhalb eines Ortes liegt.

Was die Schwierigkeit betrifft, die ursprüngliche Beziehung zwischen Garten und umgebender Infrastruktur zu rekonstruieren, so muß man bedenken, welche enormen Umwandlungen die Region Venetien durch eine weitläufige und sehr gemischte wirtschaftliche Entwicklung erfahren hat. Die kleine und mittelständische Industrie hat

das Handwerk abgelöst, ohne daß jedoch Landwirtschaft oder Handwerk gänzlich beseitigt wurden; die Urbanisierung verlief unregelmäßig und führte zur Zersiedelung. Dort, wo die Villa nahe einem Dorf errichtet worden oder wo sie Mittelpunkt eines bewohnten Gebietes war, fielen Garten, Park und oft auch umgebende Felder wilder Parzellierung und Bauspekulantentum zum Opfer, wenn die Villa nicht rechtzeitig eine rettende Verwendung als öffentliches Gebäude, Rathaus, Schule oder Park fand, was sehr häufig geschah.

Schwerwiegend beeinträchtigt wurde das ursprüngliche Verhältnis zwischen Garten und Landschaft durch die Errichtung, Erweiterung und Begradigung von Straßen. Dem Betrachter ist die Willkürlichkeit nicht verständlich, mit der Straßen angelegt (man denke an den von der Staatsstraße »zerschnittenen« Verlauf der Brenta), Villen von ihren Gärten getrennt und Zugangsstraßen entgegen ihrer perspektivischen und hierarchischen Bestimmung verlegt wurden usw.

Auch die in den Ebenen besonders massive Industrialisierung der Landwirtschaft hat ihren Teil dazu beigeragen. Liest man in alten Grundbüchern und vergleicht die alten Veduten, dann stellt man eine ungeheure Entwertung der landwirtschaftlichen Gebiete fest, die keine Verbindung mehr zum Anwesen selbst haben, wir früher etwa durch lange Alleen (siehe den Stich aus dem 17. Jahrhundert von Desbois über Sant'Anna Morosina) oder durch das Netz von Straßen und Gräben, das Land und Garten in einem geometrischen Muster zusammenfaßte (Darstellung der Villa Sagredo in Marocco in *Istoria e coltura delle piante* von P. B. Clarici, 1726). Der Rückzug der Bäume aus der

359

Landschaft und die Entflechtung des alten Netzes aus Straßen und Gräben, die durch veränderte Besitzverhältnisse und Monokultur zustande kam, die mechanische Nivellierung des Bodens, die modernen Anbaumethoden für alte Kulturpflanzen wie den Wein und die Einführung neuer Pflanzen wie die Sojabohne, die unterschiedliche, strenge *texture*, entstanden durch die Bearbeitung mit Maschinen – dies alles macht es dem heutigen Betrachter schwer, sich einen Garten jenseits der eigentlichen Gartenmauern vorzustellen, wie er weitergeführt wird mit langen Reihen von Alleen und Hecken und Pergolen, wie er übergeht in die Landschaft und sich dort verliert.

Zu diesem Bruch mit dem umliegenden Territorium hat sicher auch eine entgegengesetzte Entwicklung beigetragen, die seit dem 18. Jahrhundert dazu führte, daß in den Gärten und Parks importierte Bäume angepflanzt wurden, einzeln oder in Gruppen, riesige, langlebige, in Form und Ausmaßen fremde Bäume. Dadurch entstand um die Villa herum eine durch Dichte, Farbe und Konsistenz erheblich andersartige Vegetation. Man fragt sich beim Anblick des Gartens der Villa Selvatico in Battaglia, der sich heute so kraß vom flachen Weinanbaugebiet in der Ebene unterscheidet, wie wohl früher die Beziehung war zwischen der phantastischen, unvergleichlichen Villa auf dem Gipfel ihres Hügels und der Ebene, dem Kanal, zu den Zeiten, als die terrassenförmig angelegten Obstbäume und die geometrischen Blumenbeete sich an den Garten schmiegten, durch eine Treppe mit der Villa und ihrer malerischen Vorderfront verbunden.

Eines ist sicher: Wollte man eine Analyse des Verhältnisses zwischen der Makrourbanistik des Territoriums und der Mikrourbanistik der Villa aufstellen, so wäre der Architekt-Urbanist in höchstem Grade versucht, bei dieser Gegenüberstellung von zwei Systemen – denn darum handelt es sich im Grunde – diese in ihre einfachen Elemente wie Straßen, Wohn- und Produktionsgebiete, soziale Bereiche zu zerlegen, um dann die verschiedenen Faktoren wieder zusammenzusetzen und die Daten zu verbinden, bis sie eine sinnvolle Ordnung ergeben. Aber dieser Prozedur steht die Vielfältigkeit der Villen entgegen, das Bewußtsein, daß die Werke des Menschen, besonders die für Wohnzwecke, nicht außerhalb der historischen, durch die Bedürfnisse gegründeten Kriterien betrachtet werden können. Andererseits bedeutet Architektur »den Ort bewohnen«[3]: sich seiner bedienen, ihn nutzen, formen, verändern. Und gerade die Villa – dieses untrennbar verbundene System von offenen und geschlossenen Flächen und Räumen, von Materie und Licht, von Steinen und Pflanzen – stellt ein Thema dar, das Sensibilität und Kreativität des Auftraggebers wie das Ausführen aufs höchste fordert. Sind wir deshalb etwas bescheidener und stellen wir nur beschränkte Vergleiche an; bleiben wir bei den Beispielen und Themen, die es uns ermöglichen, diese Vielfalt an Formen und Originalität näher zu betrachten. Lassen wir also die allgemeinen, zu Beginn erwähnten Faktoren beiseite, ihnen wurden bereits sehr interessante Studien gewidmet, was das Gebiet um Verona betrifft[4].

Aus diesen Studien können wir jedoch einige Aspekte auch auf die Region Venetien anwenden: die Vorliebe für stadtnahe Zonen (aus

360

361

Gründen der Bequemlichkeit und soweit sie ein gutes Klima und
schöne Ausblicke aufweisen, also somit hauptsächlich Hügel und
Flußufer); die Entscheidung für Orte, die mit den landwirtschaftlich
genutzten Gebieten verbunden sind und somit die dafür notwendigen
geomorphologischen und die Wasservorkommnisse betreffenden
Voraussetzungen mitbringen, wodurch gebirgige Zonen ebenso ausgeschlossen sind wie sonnenarme und trockene und viele Jahrhunderte
lang auch die niederen, von Malaria bedrohten Gebiete; die besondere
Bedeutung des Transportproblems und somit die Bevorzugung der
mit Flüssen und Kanälen und/oder mit Straßen gut versorgten Zonen
(am Fuß der Berge oder die Verbindungstäler mit den Städten in der
Ebene); die Tendenz, sich an bereits bestehende Ansiedlungen anzu-
lehnen, die, auch wenn sie nur klein sind, doch Arbeitskräfte und
Dienstleistungen sowie ein meist dichtes Netz kommunaler Straßen
bieten: Ausdehnung, Zusammensetzung und Ursprung der Besitzungen sind weitere entscheidene Faktoren.

Betrachten wir dagegen die Anlage der Gebäude und der offenen
Räume der Villa näher, so können wir – immer unter Berücksichtigung
der einzelnen Fälle – einige Konstanten feststellen.

In der Beziehung der Villa zu einem Fluß können wir zwei grundlegende Arten unterscheiden: die funktionelle und die rein landwirtschaftliche. Es gibt zwei Situationen: Bei der ersten ist der Fluß schiff-
bar, seine Ufer sind bereits begradigt und mit Landungsstegen und
ähnlichen Strukturen ausgestattet, bei der zweiten ist der Fluß noch in
seinem natürlichen Zustand mit Windungen und Nebenflüssen belassen, während die Straße einem eigenen, gesonderten Verlauf folgt. Im
ersten Fall zeigt die am weitesten verbreitete Form einen mehr oder
weniger direkten Zugang von der Uferstraße zur Villa, und der Hof
erstreckt sich, von den Nutzgärten begrenzt, um das Herrenhaus
herum oder auf einer Seite. Auf diese Weise kann auch der Hof vom
Wasser aus erreicht werden, entweder durch die Pforten in der Umfriedungsmauer – die immer vorhanden ist, um Früchte und Gegenstände
zu schützen – oder durch das Tor an einer Seite der Loggia. Der zur
Ruhe und Unterhaltung bestimmte Garten des Eigentümers liegt hinter
dem Herrenhaus in Richtung der Felder, meist schiebt sich noch der
Gemüsegarten dazwischen, wie bei der Villa Foscarini in Pontelongo in
zwei aus dem 17. Jahrhundert stammenden Plänen gezeigt wird[5].

Andere Abbildungen bestätigen uns jedoch auch die Existenz des
zweiten Typs, bei dem der Wasserlauf in das »Geschehen« des Gartens
miteinbezogen wird, der Garten also eine Vorzugsstellung hat gegenüber dem Wasser. Beispiele dafür sind die Villa Corner in Lughignano
di Casale am Sile, die Villa Barbaro in Silea, die berühmte Malcontenta
von Palladio an der Brenta und der bereits erwähnte Stich von Desbois, der den großartigen Garten der Villa Morosini in Sant'Anna aus
dem 17. Jahrhundert zeigt. Hinter dem Haupthaus fließt ein Arm des
Tergola durch das Gebäude und wird dazu benützt um unregelmäßig
geformte Fischteiche zu bilden: Auf dem »freien« Gelände zwischen
den Ufern und der Einzäunung halten sich ungestört exotische Tiere
auf; in der Behandlung von Boden, Vegetation und einigen Details
scheint der Landschaftsgarten bereits vorweggenommen.

362, 363. Villa Selevatico, Battaglia.
Im Vordergrund sind die Weingärten im
Winter und im Sommer zu sehen. Auch
die Industrialisierung des Landes trägt
dazu bei, den von Jappelli 1816 geschaffenen Bezug zwischen Villa, Park und
Landschaft zu zerstören.

362

363

364. Villa Bovelasca Valmarana am Brentakanal.
Auch die Ufer des Brentakanals haben viel erlebt: Abriß von Bauwerken, Erweiterung der Straßen, Veränderungen der Gärten. So ging zum Teil der über den Garten hergestellte harmonische Bezug vieler Villen zur umgebenden Landschaft und zum Fluß verloren.

364

Beide Typen sind am Ufer der Brenta zwischen Venedig und Padua vorhanden. Frühzeitig kontrolliert und mit Schleusensystemen verse- hen, wurde der Fluß ein bevorzugter Transportweg; an seinen Ufern siedelten bereits im 15. Jahrhundert die großen venezianischen Fami- lien, die an der Urbarmachung und Nutzung des umliegenden Landes interessiert waren[6]. Dieser Phase entspricht ein Villentyp, der sich an den Stadtpalast anlehnt und meist direkt an der Straße steht. Das ist innerhalb der Orte am deutlichsten, wo die Häuserreihe kaum durch- brochen wird, der Garten sich hinter dem Haus befindet und vor dem Palast höchstens ein Tor. Eine andere Version zeigt eine kleine Fläche vor dem Eingang, eine bescheidene, halbkreisförmige Erhöhung. In der Regel finden wir einen eingezäunten, symmetrischen Hof mit ent- sprechenden Loggien und dahinter die Wipfel der Gartenbäume. Sel- tener ist die zurückgesetzte Villa, die mit ihren Nebengebäuden eine Art Vorhof bildet. Je mehr jedoch die Ferienvilla an der Brenta durch die Villa zur landwirtschaftlichen Nutzung ersetzt wird, um so cha- rakteristischer wird dieser Vorhof, er erhält architektonische und künstlerische Schmuckelemente und verweist den Garten entschieden auf die Fläche hinter dem Haus. Wenn diese urbane Besiedlung des Flusses auch die Regel war, so daß einige Zeitgenossen von einer Ver- längerung des Canal Grande in Venedig sprachen[7], so waren doch auch die Fälle nicht selten, in denen die Fläche zwischen Palast und Fluß mit kleinen Beeten und gut ausgestatteten Landungsstegen ge- schmückt war, wie die Stiche von Volkamer zeigen[8].

Leider wurde gerade an der Brenta die stärkste Veränderung in der Beziehung zwischen Villa, Straße und Wasser erreicht. Die begradig- ten Ufer, die breite und gradlinige Straße, das dichte Verkehrsaufkom- men, die Veränderungen in den Besitzverhältnissen und der Bestim- mung der Villen sowie die modernen Lebensgewohnheiten haben den liebenswürdigen Gesamteindruck zerstört. Zäune und Hecken ver- wandeln den Raum in armselige Vorstadtgärten, undurchdringliche, immergrüne Bäume sorgen für die Privatsphäre der Besitzer, verber- gen die Struktur der Gebäude und verändern radikal das Aussehen der Höfe.

Die Beziehung zwischen der Villa mit den dazugehörigen Flächen und einer in der Nähe liegenden Stadt ist so komplex, daß eine eigene Untersuchung dafür nötig wäre. Man vergleiche nur das Verhältnis zwischen Garten und Stadt im Falle des Guisti-Gartens und Veronas[9] und im Falle des Gartens Salvi Valmarana und Vicenzas. Vom ersteren haben wir bereits gesprochen; der zweite Fall ist exemplarisch für die Entwicklung des Gebietes vor den Mauern einer mittelalterlichen Stadt[10], wenn einmal die Gründe für eine landwirtschaftliche Nutzung hinfällig geworden sind. Im 17. Jahrhundert wurde tatsächlich ein idyllischer Garten geschaffen, in dem die Mauern und vor allem das Wasser, ursprünglich Elemente des Schutzes und der Verteidigung, große Bedeutung als kompositorisches Element erhielten. Eine radi- kale Umwandlung erfuhr der Garten im frühen 19. Jahrhundert, die privilegierte Lage gleich vor einem der Haupttore der Altstadt war der Grund, weshalb die (durch einen Schulbau reduzierte) Fläche zum öffentlichen Park umgestaltet wurde. Verlassen wir jedoch gleich das

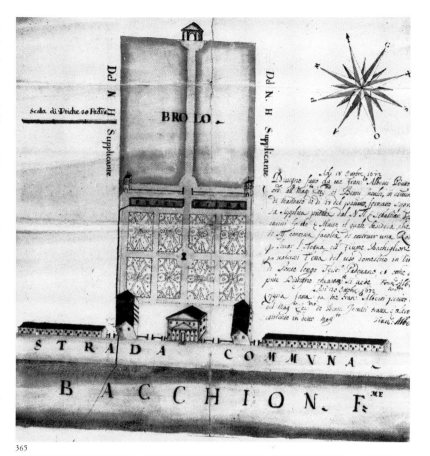

365

366

367. Palazzo Labia in Mira, Stich, aus
J. C. Volkamer, Continuation der Nürnbergischen Hesperidum, *Nürnberg 1714.*
Die Verbindung zwischen der – heute
zerstörten – Villa und dem Fluß wird
durch die prachtvolle Anlage der Loggien, Gästehäuser und Terrassen erweitert, die einen pompösen Eingangshof begrenzen, während sich der Garten selbst
hinter dem Komplex befindet.

368. Giovan Francesco Costa, Palast des
Alessandro Bortoletti, Stich, aus Delle
delicie del fiume Brenta..., *Venedig
1750–62.*
Oft wurde die Villa an der Straße entlang des Brentakanals durch eine kleine,
sozusagen als Filter dienende Fläche vor
dem bereits damals zur »Ferienzeit« sehr

dichten Verkehr geschützt. Heute sind
diese zierlichen Balustraden, die kaum
angedeuteten Terrassen hinter Zäunen,
Hecken und Straßenschildern versteckt
oder präsentierten sich als armselige, mit
phantasieloser Bepflanzung versehene
Vorstadtgärten.

369. Giovan Francesco Costa, Palazzo
Moro in Oriago, Stich, aus Delle delicie
del fiume Brenta..., *Venedig, 1750–62.*
Das außerordentliche continuum des
Brenta-Ufers zeigt weitgehend urbane
Ansichten: Der Garten des Palazzo
Moro in Oriago führt nur durch ein in
die Fassadenreihe eingefügtes Tor auf die
Straße hinaus.

367

Thema des städtischen und öffentlichen Gartens mit all seinen urbanistischen Komplikationen, und kehren wir zurück zum Verhältnis zwischen dem Villenkomplex und den kleinen Ansiedlungen: angefangen
bei den Ansiedlungen, die in Abhängigkeit von der Villa entstanden
sind, wie zum Beispiel Sant'Anna Morosina oder Piazzola sul Brenta,
wo urbane und private Flächen, Gebäude und Gärten Teil einer einheitlichen, funktionellen Organisation sind, bis hin zu den weniger
formal verbundenen wie in Bagnoli und Sopra, wo die Villa Widmann
z. B. das Areal mit einer Reihe von Bauwerken von verschiedenster
Bestimmung bedeckt (Kirche, Palast, Loggia, Kopfteil der Schuppen
bis zum eleganten Brunnen) und dabei einen großartigen urbanen
Effekt erzielt, da der Garten als privater Ort der Muße vollkommen
versteckt ist. Eine noch interessantere und komplexere Situation finden wir an verschiedenen anderen Orten wie Longare und Costozza,
wo Villen unterschiedlicher Bedeutung und Bestimmung eng beiein-
anderstehen und zusammen mit Gärten, Mauern und Nebengebäuden
selbst einen Ort bilden.

Die Analyse könnte man auf das Verhältnis zwischen Villa, Garten
und Umgebung in den verschiedenen Erscheinungsformen ausdehnen: Villa in der Ebene, in hügeligem Gebiet, auf halber Höhe oder auf
der Spitze einer Erhebung; doch eine solche Studie ließe uns nur wenig
Raum für fundierte Erkenntnisse. Eine der Erkenntnisse könnte die
Vorliebe betreffen, die Villa am Fuß eines Hügels anzusiedeln: Dafür
scheint es bestimmte Gründe zu geben, sowohl funktioneller Art (das
Aussparen produktiven Bodens, die Sichtkontrolle über die Besitzungen, die Möglichkeit, das Klima und die Kühle und Frische eines
bewaldeten Höhenzugs hinter dem Haus zu nutzen) als auch visueller
Art (die schöne Aussicht von der Villa aus, die weithin sichtbare Lage
des Anwesens selbst). Ein faszinierendes Beispiel dafür ist die Villa
Barbaro in Maser, wo Palladino beim Vorgarten die einfachsten Elemente einsetzt: mit Rasen bewachsene Abhänge, eine zentrale, leicht
abwärts führende Allee, eine einfache, aber raffinierte Umfriedungsmauer, die umhüllt und gleichzeitig den weiten Raum und die Architektur des Gebäudes enthüllt. Mit einer ähnlich einfachen Mauer verbindet er Garten und umliegende Landschaft, indem er die Mauer um
den Gemüsegarten jenseits der Straße führt und sie dabei zum Halbrund formt, um hier ein imposantes Tor anzubringen, von dem aus
ein von Bäumen gesäumter Weg abgeht, der die Villa in ihrer horizontalen Vollkommenheit bereits von fern ankündigt. Der eigentliche
private Garten, ein kostbares Beispiel immer gültiger klassischer Vorbilder, verbirgt sich hinter dem Haus, dem Fuß des Berges abgerun-
gen.

Weniger häufig finden wir die Villa oder einen Garten auf dem
Gipfel eines Berges oder Hügels (eines der wenigen Beispiele ist die
Villa Trissino, von der später die Rede sein wird). Was die Villa auf
halber Höhe betrifft, so bietet sie manchmal sehr originale Lösungen
in der Nutzung der Höhenunterschiede, wobei eine ganze Villenland-
schaft mit interessanten Ausblicken geschaffen werden kann, doch
meistens werden hier die erprobten Lösungen der Villen am Fuße
eines Berges oder Hügels angewandt.

368

369

370. *Villa Barbarigo, Valsanzibio.*
Der Garten führt durch dieses falsche
Tor zur Straße, das in Wirklichkeit eine
auf zwei Ebenen begehbare architekto-
nische Struktur ist, die wie eine durch-
sichtige Scheidewand zwischen dem au-
ßenliegenden Becken und der den Gar-
ten durchquerenden Wasserachse liegt.

Es sei uns erlaubt, auch einige Betrachtungen über den im allgemeinen als am wenigsten attraktiven Standort anzustellen: die Villa in der Ebene. Lassen wir die Villa als Fürstenhof in der Umgebung von Verona außer acht[11], ebenso wie die Ausnahmen, die ein geschlossenes Modell um den Hof bilden[12], und kehren wir zur typischen Villa wie der von Sant'Anna Morosina zurück, dem Beispiel einer Erbresidenz und eines Produktionszentrums[13]. Führen wir uns einmal den Reiz der umgebenden Landschaft in der Interpretation von Nicolas Cochin – eine mit der detailbesessenen Liebe und der forschenden Phantasie des Landschaftsarchitekten betrachtete Landschaft – vor Augen, wo der Garten mit all seinem blühenden Erfindungsreichtum sich bis in das flache venetische Land erstreckt, mit Hecken, Baumreihen und den langen Linien der in bewegten Reihen aufgebundenen Weinstöcke. Man entdeckt Parallelen entlang der Hauptachse des Gartens, Parallelen zwischen dem Künstlichen und dem Natürlichen, dem Regelmäßigen und dem Phantastischen, zwischen dem Garten und dem umliegenden Land. Dieses Spiel enthüllt uns jedoch nie, wann es die Stadt ist, die ihre Ästhetik dem Land aufzwingt, und wann das Land mit seiner von der Erfahrung geschaffenen Norm die künstliche Natur des Gartens beeinflußt. Die Beziehung des Gartens zum Standort erweist sich also auch in Venetien stärker verstandesmäßig begründet, als es in den »klassischen« Traktaten erscheinen mag. Es existiert ein Leitfaden, nach dem die grüne Architektur und die phantastischen Landschaften gerade dort entstehen, wo der Standort am wenigsten Inspiration bereithält. Das entspricht genau den kulturellen Umwälzungen des 17. und 18. Jahrhunderts und stellt vielleicht ein Verbindungsglied zu den Auseinandersetzungen über »Natur und Künstliches« im ausgehenden 18. Jahrhundert dar, die so lebendig sind in den Überzeugungen von Pindemonte, Mabil und Cesarotti[14]. Jedenfalls sind die von A. Gaspari entworfenen, heute verschwundenen Gärten der Villa Sagredo in Sarmazza, die Landschaft der Villa Farsetti in Santa Maria di Sala, die metaphysischen Räume der Villa Manin in Passariano die möglichen Ausnahmen, wodurch die Regel bestätigt wird. Und die Regel ist der außerordentliche Einklang von Nutzlandschaft und Lustlandschaft, ist die unermüdliche Suche nach neuen, perfekten Lösungen mit den einfachsten und geringsten Mitteln[15], die Suche nach »schönen« Räumen für praktische Funktionen. Somit hat die Suche nach dem Standort Vorrang: Die Position schafft den Garten. Das trifft auch auf die bis ins letzte Detail sorgfältig studierten Gärten wie den Garten der Villa Trissino in Trissino zu: Nicht die von Muttoni erfundene Architektur schafft das Gerüst des Gartens, sondern die mutige Entscheidung für die von der Morphologie des Hügels gebotenen Bedingungen macht aus jedem Detail eine Einzigartigkeit, aus dem Ganzen ein Meisterwerk.

Unter diesem Aspekt der sensiblen Einfügung in die Landschaft kann man unbesorgt verschiedene Beispiele zusammenfassen, wie den Brenzoni-Garten in Punta San Vigilio, den rustikalen Garten der Villa Emo in Fanzolo und den außergewöhnlichen Barbarigo-Garten in Valsanzibio. Wir dürfen den entscheidenden Einfluß der Kultur nicht unterschätzen, aus der diese Werke entstanden sind und die in jedem

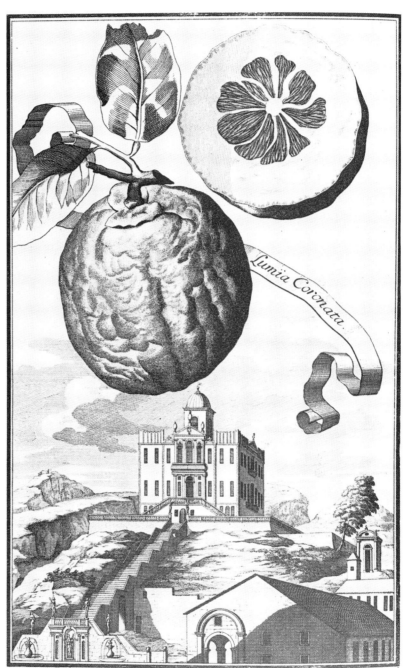

371

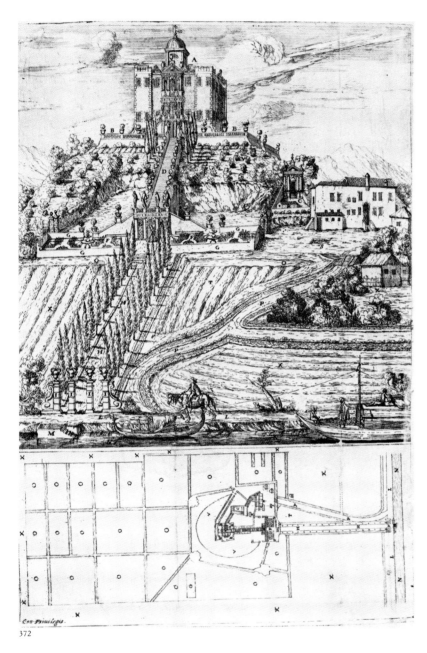

372

einzelnen reflektiert wird, oder den Geist und die Bedürfnisse der
Epoche: Gerade durch die Brille einer bestimmten Kultur erweist sich
der Standort als »der Ort«.

Daher – und keineswegs durch einen unmöglichen Beitrag von Le
Nôtre[16] – erklärt sich der Garten von Valsanzibio, wo das Netz der
rechtwinkligen Achsen sich in eine natürliche, von zwei Seiten begrenzte Senke einfügt und die üblichen perspektivischen Alleen zu
Fluchtlinien in unermeßliche Weiten werden, wobei die gleichen
Komponenten benützt wurden, die in Versailles oder in Vaux-le-Vicomte auf anderer Ebene und mit einem höchst kostspieligen Aufwand an Erdbewegungen eingesetzt wurden. Das Schema ist das zahlreicher zeitgenössischer venetischer Gärten mit der zentralen Allee,
die sich in der Zypressenstraße bis auf den Gipfel des Hügels fortsetzt,
und einer Querachse, die durch eine Sequenz von Fischbassins und
Brunnen gebildet wird. Auch die Asymmetrie zur Hauptachse ist
nicht außergewöhnlich: Was also ist so hinreißend in diesem Garten?
Die für Venetien einzigartige Anordnung der Fischbassins auf verschiedenen Ebenen, die mit Kaskaden und Statuengruppen verbunden
sind, ist sicherlich ein Element, das den Reiz des Gartens begründet.
Aber das andere Element, das man nur vor Ort entdeckt, ist das Gefühl
von Verwirrung und Überraschung, das einen angesichts der unkon-
ventionellen Hierarchien der An- und Ausblicke erfaßt. Sie sind auf
die völlig ungewohnte Beziehung zwischen Gartenanlage und Straße
zurückzuführen. Es gibt keinen direkten Weg von der kommunalen
Straße zu einem axial zur Villa stehenden Portal[17], sondern nur die
seitlichen Zugänge, die bereits im Plan von Cuman[18] sichtbar sind.
Damit wird der Blick von außen auf die Villa als dominierendes Element in der Landschaft verwehrt, trotz der »normalen«, eben domi-
nierenden Position. Noch deutlicher wird das durch das irritierende
Spiel des fingierten Portals, das sich auf die Straße hin öffnet, aber nur
ein visuelles Spiel ist: um von innen die rhythmische Sequenz der
spiegelnden Wasserflächen zu verlängern und um dem Vorübergehen-
den einen flüchtigen Blick auf das kostbare Geheimnis zu gönnen.

Die Umwandlung: zwei Beispiele zur Landschaftsinterpretation
Was uns veranlaßt, die Villa Selvatico in Battaglia als Muster zu nehmen, haben wir bereits gesagt: der Reiz eines *objet à réaction poétique*
in einer von Widerspruch geprägten Situation. Ein Gebäude mit vier
gleichen, mit Loggien geschmückten Fassaden, von Türmen begrenzt.
Die tympanonbekrönte Villa selbst ist ein stimmungsvoller Bau, der
sich hell aus einer dunklen Masse dichter Vegetation erhebt und weithin sichtbar zum Wahrzeichen und Orientierungspunkt der von den
Euganeischen Hügeln begrenzten Ebene wird. Und doch gibt es keine
Möglichkeit, sich dieser Villa zu nähern; jede Beziehung zwischen
Gebäude und Umgebung ist verschwunden. Wer auf der Staatsstraße
fährt, dem bleibt die Villa durch die hohen Mauern lange Zeit vollständig verborgen. Die Straßen führen in weitem Bogen außen herum, das
dichte Gebüsch gibt keinen Zufahrtsweg frei. Von Battaglia kommend, verliert man sich in einem anonymen Villenviertel; zu Beginn
schützt ein grobes Gittertor den asphaltierten Platz vor dem Thermal-

373

komplex des Inps (ital. Nationale Sozialversicherungsanstalt), der sich riesenhaft am Fuß des kleinen Hügels und des Villenparks erstreckt.

Suchen wir die Lösung in der Vergangenheit: Vier Drucke aus einem Zeitraum von etwas mehr als hundert Jahren[19] geben uns die Möglichkeit, die Entwicklung der Villa und ihrer unmittelbaren Umgebung zu verfolgen. Der erste Druck, etwa zwischen Ende des 17. Jahrhunderts und 1714 entstanden, zeigt uns das Bild des steilen, kahlen Berges, auf dem Benedetto Selvatico um 1646 die lange Treppe mit den sieben Absätzen hatte errichten lassen.

In der zweiten Abbildung (ca. Mitte des 18. Jahrhunderts) ist die Villa wohl in ihrer ursprünglichen kompletten Fassung zu sehen: Der Abhang auf der Vorderseite ist mit Bäumen – vermutlich Obstbäumen – bepflanzt, an den Seiten entdeckt man Bäume eines lichten Wäldchens, das sich wahrscheinlich auch über die anderen Abhänge erstreckt[21]. Deutliche Anzeichen für einen landwirtschaftlichen Anbau sind am Fuß der hohen Terrasse sichtbar; Bäume mit spitzen Wipfeln wachsen neben dem obersten Teil der Treppe und an den Seiten der Straße, die vom unteren Garten direkt zum Kanalufer führt; Balustraden und Brüstungen sind mit Topfpflanzen geschmückt. Das umliegende Land ist bewirtschaftet und weist mit dem präzisen Grabensystem und den spärlich wachsenden Bäumen auf die erst vor kurzem durchgeführte Trockenlegung hin[22]. Ein einfacher Karrenweg führt, etwas entfernt von der Zufahrtsallee, in sanfter Kurve vom Landungssteg am Kanal zum Garten und ist wohl als Spazierweg gedacht.

Der dritte Stich entstand gegen Ende des 18. Jahrhunderts und gibt uns nur wenige neue Informationen. Die Nutzgärten sind vollständig vorhanden, während die Vegetation auf dem Hügel sehr spärlich erscheint: Ein Frosteinbruch oder ein Unwetter kann daran schuld sein, es sei denn, das Interesse der Familie Selvatico für die Villa hat in der Zwischenzeit beträchtlich abgenommen, worauf auch der etwas vernachlässigte Charakter des italienischen Gartens hindeutet, in dem die Blumenbeete verschwunden sind. Um die Villa herum zeigt sich Geschäftigkeit: Auf den Wiesen vor den Gartenmauern sind Wäscherinnen mit dem Aufhängen von Wäsche – vielleicht aus dem nahe liegenden Thermalbad – beschäftigt.

Die letzte Ansicht trägt kein Datum, aber Stil und abgebildete Gebäude deuten auf das frühe 19. Jahrhundert hin. Auf dem Hang sind Terrassierungen zu sehen, die auf eine erneute Anlage des Obstgartens nach neuesten agronomischen Erkenntnissen schließen lassen. Künstliche Gewächshäuser dicht an den Stützmauern der Treppe erscheinen mit gotischen Spitzbögen, der untere Garten ist ungepflegt. Zwei im napoleonischen Katasterplan bestätigte Neuheiten fallen auf: die in der heute noch bestehenden Höhe errichtete Mauer und das Verschwinden der axialen Straße.

Dies ist die Situation, die Jappelli vorfand, als er 1816 von Agostino Meneghini[23], der den Thermalbädern neue Bedeutung verlieh, mit der Umwandlung des Hügels in einen »englischen Garten« beauftragt wurde. Leider ersteckt sich der in der Biblioteca Civica aufbewahrte Lageplan nur über ein geringes Umfeld, so daß man Jappellis Bemühungen für eine korrekte wassertechnische Anlage der Thermalseen

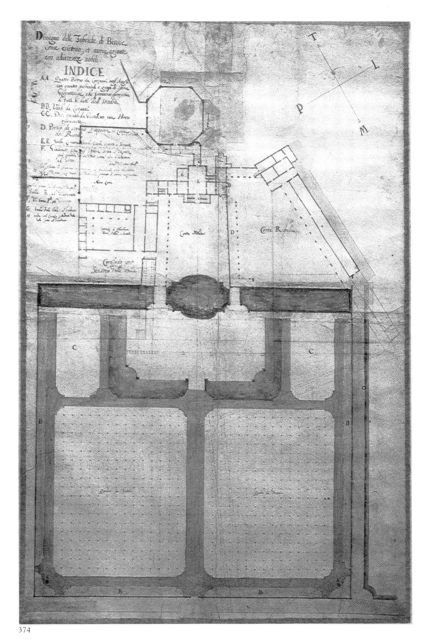

374

im Verhältnis zum umliegenden Grabensystem nicht erkennen kann. Der Zugang erfolgt nun über den Karrenweg, der sich in zwei ringför-mige Wege teilt; einer verläuft am Fuß des Hügels, der andere außer-halb des Wasserlaufs, der die Seen verbindet. Heute reicht das indu-strialisierte, von einer Eisenbahnlinie durchzogene Land dicht bis an die Grenzen des Anwesens, von dem die Zeitgenossen einst sagten, es sei ein Paradies auf Erden.

Unter den auf Meneghini folgenden Eigentümern war es vermutlich die Gräfin Wimpfen, die um 1846 der Villa ihr kulturelles und mondä-nes Leben wiedergeben wollte und sich um die Neugestaltung der Flächen zwischen Garten und Kanal kümmerte. Sie schuf einen tra-pezförmigen Abschnitt, der die perspektivische Achse bis zu einer Rotunde an der Straße am Rand fortsetzte; die österreichischen und italienisch-österreichischen Grundbücher bestätigen die Form und die Bepflanzung als Wiese. Auch der Park erfährt Veränderungen: 1853 erscheinen in den Unterlagen die Gewächshäuser an der Seite des Gartens, eine dichte Bepflanzung mit Nadelgehölzen unterdrückt die Anlage aus dem 17. Jahrhundert, die Jappelli noch respektiert hatte. Doch die einschneidendsten Veränderungen vollziehen sich im umlie-genden Territorium, durch Bodenspekulationen aufgrund des Ther-malbetriebs verursacht. Bereits bei den Erhebungen von 1890 erkennt man die neue Bedeutung des Thermalbades von Sant'Elena, das mit dem Wohngebiet von Battaglia durch eine parallel zur Begrenzung verlaufende, bis zu Rotunde führende Allee (der typische »Spazier-weg«) verbunden ist.

Die Krönung der Veränderungen stellt jedoch die während des Fa-schismus errichtete, monströse Thermalanlage dar, die heute der Inps gehört, wodurch auch die neben den Wirtschaftsgebäuden der Villa befindlichen alten Thermalanlagen in Aussehen und Größe verändert wurden.

Villa Loschi Zileri Dal Verme, heute Motterle, in Biron di Monte-viale, erhebt sich auch heute noch aus einer auf wundersame Weise intakt gebliebenen Ebene. Die morphologischen Bedingungen sind mit denen der Villa Selvatico vergleichbar: Standort ist der Fuß eines isoliert stehenden Hügels, der als letzter Ausläufer der Lessinischen Hügelkette in eine weite, wasserreiche, sich bis zu den fernen Berici-Hügeln erstreckende Senke hineinreicht.

Auch hier berichten die Unterlagen von einer langen Reihe von Besitzern und Bewirtschaftungen, von einer langsamen Veränderung in der Gestaltung der Gebäude und der umliegenden Landschaft. Das ursprüngliche Bild wurde dabei jedoch nicht vollkommen zerstört, und die heutige Erscheinung des Anwesens kann man in gewissem Maße als historisch getreu betrachten. Gehen wir also von dieser ange-nehmen Realität aus und suchen wir die Gründe dafür. Das Land um Biron blieb von einer Urbanisierung weitgehend verschont, sei es we-gen der großen Fruchtbarkeit, sei es wegen seiner Lage: nur wenige Kilometer von Vicenza entfernt und nur über Nebenstraßen erreich-bar, die zu den meist erhöht liegenden Ortschaften führen. So erblickt man, wenn man sich von Süden über die Straße von Creazzo nähert, die eine Fortsetzung des mit jungen Pappeln bestandenen alten Weges

375. Villa Loschi Zileri Dal Verme, Biron
di Monteviale. Der Komplex ist ein deutliches Beispiel dafür, daß eine harmonische Entwicklung unter Beachtung der
bestehenden Verbindungen zwischen
Gebäuden und Umgebung möglich ist.

375

376. Plan des Parks der Villa Loschi Zileri Dal Verme in Biron di Monteviale, in der Villa aufbewahrt; die Zeichnung wird Balzaretti zugeschrieben, 1849.
Der Plan ist ein Beweis für die venetische Form des Landschaftsgartens, bei der die ländliche Natur des umliegenden Territoriums respektiert und »verschönert« wurde.

377. Karte des Hügels der Villa Loschi Zileri Dal Verme, vermutlich aus dem 18. Jh., in der Villa aufbewahrt.
Es sind die bereits vorhandenen Pflanzenkulturen angegeben, die eine sehr gepflegte »heimische« Landschaft erkennen lassen, mit geometrischer Gartenanlage, Wäldchen, Alleen und eingezäuntem Nutzgarten, eingebettet in eine noch sehr »natürliche« Hügellandschaft mit verstreut wachsenden Bäumen.

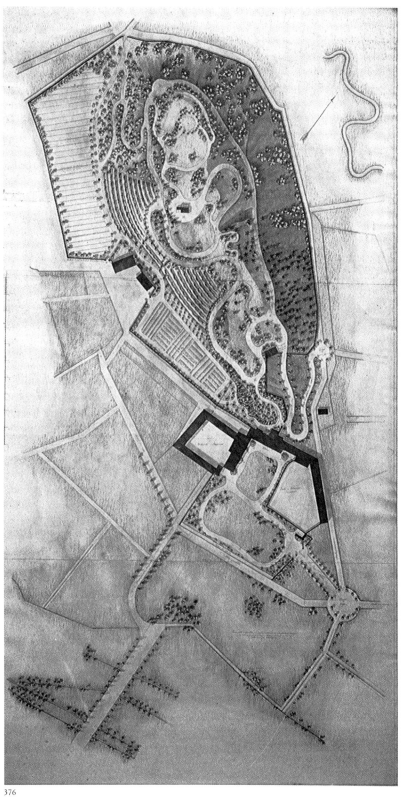

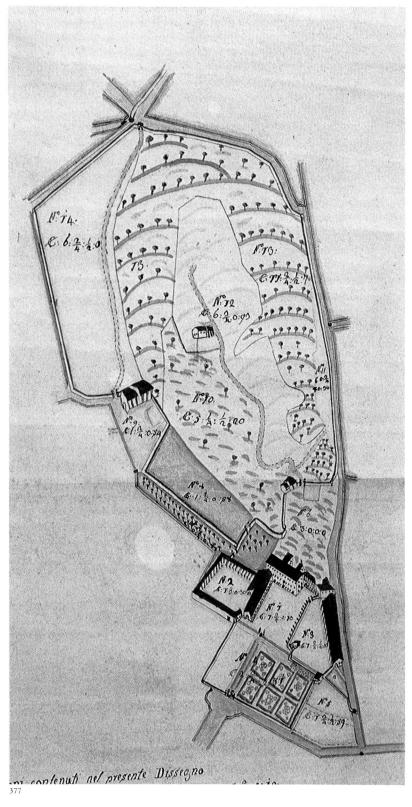

376

377

ist (die alten Bäume fielen dem Baumsterben zum Opfer[24]), das großartige Bild einer Villa, die sich direkt aus den sie umgebenden jahrhundertealten Wiesen erhebt, nur durch eine mächtige, sorgfältig gewählte Baumkulisse von der Umgebung getrennt. Geschaffen wurde diese kluge Anlage, bei der der Garten mit dem umliegenden Territorium verschmilzt und es bereichert, nach der Lehre, die in Venetien von Mabil[25] und 1849[26] von Balzaretti vertreten wurde. Wir wissen nicht, ob die große Tuschezeichnung aus dem 19. Jahrhundert, die in der Villa aufbewahrt wird, den Originalentwurf zeigt; sie entspricht nur zum Teil der tatsächlichen Ausführung, so wie man sie sich nach dem heutigen Aussehen vorzustellen hat.

Unwahrscheinlich ist der Vorschlag eines auf halber Höhe des Berges verlaufenden Spazierweges, während viele andere der zahlreichen, im Entwurf vorgesehenen Lösungen wohl realisiert wurden, angefangen bei den Wegen im Garten vor der Villa bis zur neuen Zufahrtsallee von Osten her. Das Leitmotiv des Entwurfs wurde in allem respektiert: angefangen beim immergrünen Wald auf den Hängen des Hügels – ein dunkler Hintergrund vor der leuchtend hellen Fassade – und den dichten Baumreihen an den Seiten des Gartens bis hin zur Anordnung der Pflanzengruppen auf dem Rasen, dessen Ausdehnung, nach dem Abriß der Einfriedungsmauer, ungestört ist, und zu den die Straße begleitenden Anpflanzungen, die mit der heimischen Vegetation ausgezeichnet harmonieren. Eine ähnlich konsequent in die Landschaft eingefügte Gestaltung zeigt der Berg, dessen morphologische Bedingungen genauso geachtet wurden wie die in geringem Maße bereits existierenden Pflanzenkulturen. Der Verzicht auf »Schmuckelemente« für den Park, wie architektonische oder bildhauerische Kunstwerke, ist konsequent durchgeführt; es fehlt sogar die steinerne Freitreppe, die in einem Entwurf des Muttoni vom hinteren Eingang der Villa ein Stück den Hügel hinaufführt. Zum Glück stimmten die radikalen Vorstellungen des Architekten nicht mit der Mentalität der Familie Loschi überein, die nur wenig von äußerem Prunk hielt, auch wenn sie etwa ein Jahrhundert zuvor die Neugestaltung des zentralen Baukörpers und dessen Dekor bekannten Künstlern übertragen hatte und somit eine gewisse Ähnlichkeit an den ererbten Besitz erkennen ließ[27]. So wurde die Treppe bewahrt, die im Park den logischen architektonischen Gedanken fortsetzt und über die ihr eigene Dynamik die Außenräume des vorderen und hinteren Gartens mit dem lichtvollen, über zwei Stockwerke reichenden Saal verbindet[28].

Das Interesse der Familie Loschi für die Umgebung wird durch eine Reihe von Dokumenten belegt, die in der Villa aufbewahrt sind und mit deren Hilfe wir die verschiedenen Etappen in der Beziehung zwischen Garten und Landschaft und die verschiedenen Nutzungsformen des Bodens nachvollziehen können. Aus der ältesten Karte[29] erhält man Informationen über den Bestand der Besitzungen, über das Netz von Straßen und Wassergräben und die Pflanzenkulturen; wir können daraus auf eine außerordentliche Dauerhaftigkeit schließen und sehen jene berühmte »Trägheit der Agrarlandschaft«[30] bestätigt, die für uns zur wertvollen »Geschichtlichkeit einer Landschaft« wird.

Bestätigt wird diese Landschaft aus grüner Ebene und schmalen

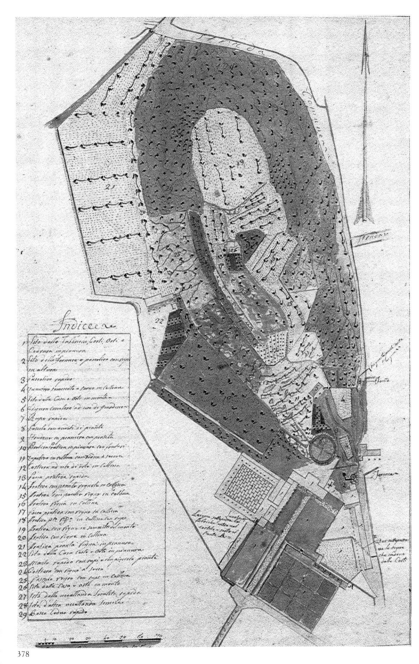

378

379. G. Marchi, Karte mit Teilen der zur
Villa Loschi Zileri Dal Verme in Biron di
Monteviale gehörenden Besitzungen,
1770, in der Villa aufbewahrt.
Deutlich sichtbar ist das rechtwinklige
Bassin, das nach einem ebenfalls in der
Villa aufbewahrten Plan aus dem Jahr
1736 im linken Teil des Gartens errichtet
wurde, heute jedoch nicht mehr existiert.

380. Karte mit den Besitzungen rund um
Villa Loschi Zileri Dal Verme, 1745, in
der Villa aufbewahrt.
Die neu durchgeführten baulichen Veränderungen des Komplexes sind genauestens angegeben, sowie die Anlage des
Vordergartens und die Schaffung der mit
Bäumen bepflanzten Straße, die lotrecht
in das umliegende Land hinausführt.

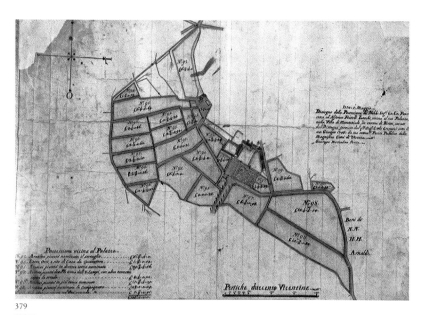

379

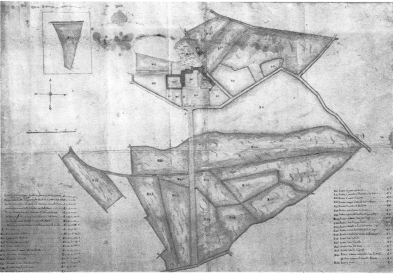

380

Wasserläufen auch durch die wundervolle Generalkarte vom 24. Juli 1745, auf der die nach der baulichen Umstrukturierung so sorgfältig durchgeführten Veränderungen erscheinen.

Besonders deutlich erkennt man die perspektivische Allee, die Um-zäunung des Gartens und das nach einem Entwurf aus dem Jahre 1736 angelegte und in einer Zeichnung von 1770[31] bestätigte Fischbassin (auch wenn es auf zwei anderen Karten nicht erscheint[32]).

Diese beiden aus dem 18. und 19. Jahrhundert stammenden Karten betreffen den Hügel und den Baukomplex und sind mit detaillierten Indices ausgestattet. Auf der ersten Karte sind auch die zum Haus gehörenden Teile eingezeichnet: Der Herrenhof ist vom Garten im italienischen Stil durch einen Graben getrennt, der nach dem Abriß der Umfriedungsmauer zurückgeblieben ist. Bei der Angabe des Gartens findet man einen Hinweis auf ein »Zederngehölz mit dem Haus des Gärtners«; dieses Gehölz existiert noch, nicht jedoch das Gärtner-haus. Darum herum liegt das Land, der »bergige, unbebaute, un-fruchtbare« Teil des Hügels hinter der Villa.

Vollständig ist dagegen die Umzäunung des Hügels (perfekt erhal-ten entlang der Straße) mit zwei Toren – im Süden hinter dem Haus und im Norden an der Gabelung der Straße –, die durch einen Weg mit einem flachen Gebiet verbunden sind, »einem Stück Ackerland, Se-rail« genannt. Diese Bezeichnung scheint sich auf den gesamten einge-zäunten Bereich zu beziehen.

Innerhalb dieses Bereichs finden wir zwei Häuser »für die Be-diensteten«, Teile von »Ackerland« und am zerklüfteten Westhang »gebirgiges Land mit wenig Weideflächen«, das sich an den nordwest-lichen und nordöstlichen Flanken mit »niedrigem Gehölz« forsetzt. Auf der südöstlichen Seite neben dem Herrenhaus befinden sich ge-pflegte, mit Bäumen bestandene Flächen, die vom »kleinen Obstgar-ten« bis zur »Weide mit dem Akazienweg«, die heute wie ein Wiesen-streifen mit Bäumen erscheint, von einer mächtigen Hainbuchenallee gesäumt sind.

Die zweite Karte ist in der Zeichnung und den Angaben (29) ge-nauer und gibt eine Phase wieder, in der die Nutzung des Hügellandes weiter fortgeschritten war: Es erscheinen ein Backofen, kleine Hirse-felder; im Westen wurde ein schmaler Streifen Land erschlossen, um dort Wein auf einem Terrassensystem anzubauen, das die Gestaltung des Parks beeinflussen sollte. Ein großer Teil der Fläche ist für den »Weinanbau« hergerichtet, der Rest ist wie früher »leicht abholzbarer Wald« oder »Ort für durchziehende Vogelscharen«.

Wir haben hier also eine typische landwirtschaftlich genutzte Hü-gellandschaft, in der das Vergnügen des Besitzers innerhalb eines klug organisierten und effizienten Produktionssystems respektiert wird. Wenn das Anwesen von Biron bis heute einen Reiz bewahrt, den nur wenige Parks aus dem 19. Jahrhundert aufweisen können, dann ist das sicher auf diesen »ländlichen Charakter« zurückzuführen, den die Villa nie ganz überwinden konnte – oder meiner Meinung nach nicht überwinden wollte.

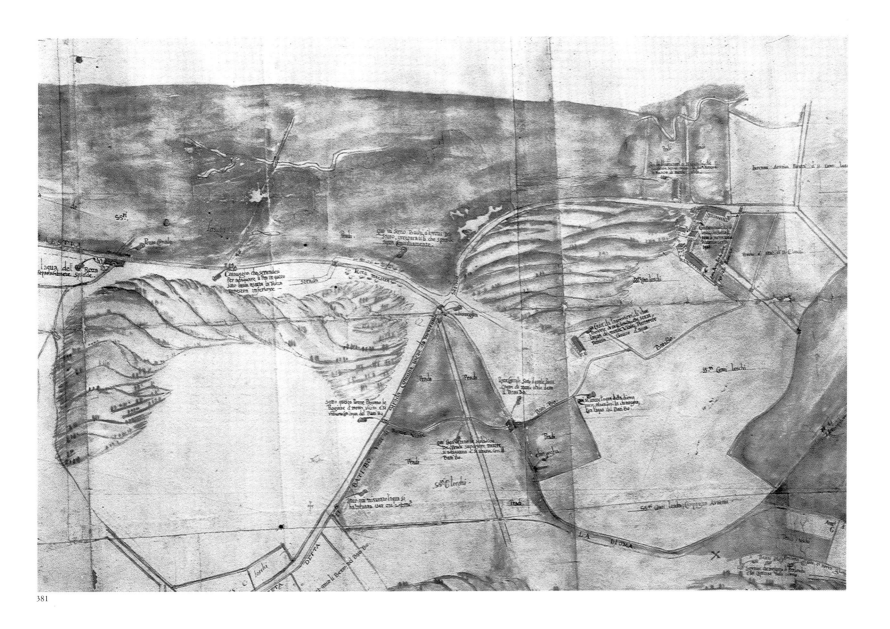

381

382. *Villa Loschi Zierli Dal Verme, Biron di Monteviale.*
Im Vordergarten führt die im Plan des 19. Jhs. vorgesehene Baumkulisse das Auge des Betrachters zu den weiten Wiesen jenseits von Garten und Park.

383. *Villa Trissino, Trissino.*
Der Garten ist ein Beispiel dafür, wie die venetischen Architekten (in diesem Fall Muttoni) sich am genius loci *inspirierten und die morphologischen Merkmale des Standortes zur Errichtung phantasievoller, jedoch nicht störender Bauwerke nutzten.*

382

383

Anmerkungen

1 Vgl. A. Alpago Novello, *Ville della provincia di Belluno, Mailand* ² *1982.*

2 *Vgl. M. Azzi Visentini, »Per un profilo del giardino a Venezia e nel Veneto«, in: Comunità*, 187, Nov. 1985, S. 259-293.

3 Vgl. C. Norberg Schulz, *Genius Loci,* Mailand 1979.

4 Vgl. *La villa nel Veronese,* hrsg. v. G. F. Viviani, Verona 1975; hinsichtlich des Standorts der Villen siehe Essay von E. Turri, »*Geografia delle ville«.*

5 Pläne der Villa Foscarini in Pontelongo: A. S. Ve., B.I.Pd-Polesine, Band 4, 7, 1972 und 7, 5, 1688.

6 Vgl. E. Concina, »*Istituzioni e conoscenza del territorio«,* in: *Brenta: struttura e ambiente,* Mira 1982, und *Ville, giardini e paessaggi del Veneto nelle incisioni dell' opera die Johann Christoph Volkamer, 1714,* Mailand 1979.

7 Vgl. G. Mazzotti, *Ville venete,* Rom ⁵1973.

8 Meine Analyse basiert auf den üblichen, wertvollen ikonographischen Quellen: V. Coronelli, *La Brenta quasi borgo della Città die Venezia luogo di delizie de' Veneti Patrizi delineata e descritta,* Venedig 1709; sowie vor allem das Werk von G. Costa, *Delle delicie del fiume Brenta expresse ne' Palazzi e Casini situati sopra le sue sponde,* Venedig 1750-62, das sich sehr sorgfältig mit der Umgebung befaßt. Die Illustrationen sind, verglichen mit denen Volkamers, besonders aufmerksam gegenüber den »naturalistischen« Aspekten der Umgebung (Volkamer ist vor allem an der Botanik interessiert und befaßt sich hauptsächlich mit den in den Gärten angebauten Zitrusgewächsen) und liefern somit ein Bild von der Originallandschaft der Riviera, die heute vollkommen verändert ist.

9 Siehe die genaue Landschaftsanalyse von M. Azzi Visentini, »*La grotta nel Cinquecento veneto: il giardino Guisti a Verona«,* in Verona in: *Arte Veneta,* XXXIX, 1985, S. 55-64.

10 Die *piarde* sind Flächen zwischen dem Gebäude und einem Wasserlauf, die meist als Nutz- oder Lustgarten angelegt wurden. Bezüglich Vicenza siehe: A. Altissimo, M. Mamoli, »*Il verde urbano, cerniera tra città e campagna, natura e opera dell'uomo«,* in: *Genio rurale,* XLIX, 1986, 6, S. 31-46.

11 Vgl. den ausgezeichneten Aufsatz von L. Puppi, »*Funzioni e originalità tipologica delle ville veronesi«* in: *La Villa nel Veronese,* Zit., und hinsichtlich des Charakters von Garten und Obstgarten siehe

die Aufsätze von C. A. Ruffo und V. Bonuzzi, *ibidem.*

12 Vgl. den Essay v. L. Puppi, *Funzioni e originalità . . . ,* Zit., und M. Azzi Visentini, *Per un profilo del giardino . . . ,* Zit.

13 Vgl. M. Azzi Visentini, »*Note sul giardino veneto: aggiunte e precisazioni«,* in: *Arte Veneta,* mit dem Stich von M. Desbois über eine Zeichnung von N. Cochin, 1683 (Venedig, Museo Civico Correr, Druck Cicogna, B.V., 415) und die von den Gutachtern S. Foin und G. A. Tommadelli 1774 verfaßte Karte (A.S.Ve., B.). Pd-Polesine, Band 1, 8).

14 Vgl. insbesondere G. Venturi, »*La cultura del giardino inglese nel Veneto tra '700 e '800«,* in: Versch. Verf., *Jappelli e il suo tempo,* Padua 1982, I, S. 331-354.

15 Interessante Anregungen findet man im Essay von C. Semenzato, »*Gli spazi esterni e il manierismo die Andrea Palladio«,* in: *Boll. C.I.S.A.,* und in: G. Gollwitzer, »*Interazione fra l'uomo e il paesaggio esemplificata nelle ville venete«,* in: *Boll. C.I.S.A.,* XVIII, 1976, S. 49-63.

16 Die Urheberschaft wurde bereits von Callegari ausgeschlossen in: B. Brunelli, A. Callegari, *Ville del Brenta e degli Euganei,* Mailand 1931. Siehe auch den Aufsatz von B. Aikema, »*A French Garden and the Venetian Tradition«,* in: *Arte Veneta,* XXXIV, 1980, S. 127-137; hier wird der venetische Ursprung betont, vielleicht zu sehr aufgrund einer rein planimetrischen Interpretation.

17 Siehe die vom Gutachter A. Gornizai 1717 ausgeführte Zeichnung (A.S.Ve., B.I. Pd-Polesine, Band 45, 7).

18 Eigentumsplan von Giovanni Francesco Barbarigo, gezeichnet von I. Cuman, 10. September 1678 (A.S.Ve., B.I. Pd-Polesone, Band 19, 1).

19 Die Veduten, die die Villa stets vom gleichen Punkt aus darstellen, sind in chronologischer Reihenfolge abgebildet. Die erste ist die Zeichnung von I. Montalegre für *Continuation der Nürnbergischen Hesperidum* vom J. C. Volkamer, erschienen 1714 in Nürnberg; die zweite, die A. Callegari in seinem Werk *Ville del Brenta . . .* zitiert, erläutert Costas Stil und ist in Venedig im Museo Civico Correr bewahrt, Sammlung Gherro, Band V.P.II, Nr. 24; sie ist die ausführlichste und durch einen Lageplan ergänzt. Die dritte Abbildung ist ein Druck, der ebenfalls von Callegari veröffentlicht wurde (Stich von M. S. Giampiccoli nach einer Zeichnung von V. Orlandini, Ende 18. Jh.). Die vierte ist ein im Museo Civico von Padua aufbewahrter Stich.

20 Hinsichtlich der möglichen Datierung der Zeichnungen siehe »Introduzione« von L. Puppi in: *Ville, giardini e paessaggi del Veneto . . . ,* Zit.

21 Beide Grundbücher, das napoleonische und das österreichisch-italienische, bestätigen einen »starken Schlagwald« an den Süd-, West- und Osthängen.

22 Die Erschließung des ursprünglich sehr sumpfigen Gebiete der Familie Selvatico begann 1557. Für diese und andere Informationen siehe A. Callegari, »*Sant'Elena: Villa Selvatico«,* in: B. Brunelli, A. Callegari, Zit.

23 Vgl. auch B. Mazza, *Jappelli e Padova,* Padua 1978.

24 Im Jahr 1851 ist die Verbindung der Allee mit dem Straßennetz noch nicht hergestellt, wie aus einer in der Villa aufbewahrten Karte über die Besitzungen hervorgeht; 1890 ist die Verbindung jedoch geschaffen, wie die IGM-Tafel beweist.

25 Jedoch mit starker Anlehnung an Pindemonte, nach Interpretation durch G. Venturi im erwähnten Essay.

26 Zuschreibung durch Cevese, der sie auf Rumor zurückführt, in: R. Cevese, *Ville della provincia di Vicenza,* Mailand ²1980.

27 Bezüglich des Projekts der Villa ist Cevese geneigt, sie als Werk Massaris anzuerkennen, wird jedoch von anderen Verfassern widerlegt, die F. Muttoni als Schöpfer bezeichnen. Die Zeichnung der Innenansicht des Saales, von L. Puppi als vermutliches Werk des Muttoni anerkannt, untermauert diese zweite These. Sicher sind der Urheber und das Datum der Fresken auf der großen Treppe und im Mittelsaal: G. B. Tiepolo, 1734.

28 Dies erinnert mich an ein Gesamtprojekt, das Muttoni zugeschrieben wird, dem Cevese ebenso wie Rumor nur den – nicht realisierten – Entwurf des Gartens zuschreibt. Tatsächlich zeigt die in der Villa aufbewahrte Zeichnung sowohl eine Lösung für den unten liegenden Garten als auch für die Erweiterung des Gebäudes und der Treppe; ich halte dies jedoch für einen ersten Entwurf, der durch eine radikale und zugleich realistische Überarbeitung unter Berücksichtigung der hinteren Hänge abgeändert wurde.

29 Es handelt sich um eine Karte mit den Besitztümern, die vom Gutachter Giusto Dante erstellt wurde und, wie er erklärt, zum Teil anhand der Zeichnung von Zuane Briatti vom 22. August 1636 entstanden ist und zum Teil anhand der Zeichnung von Iseppo Cuman vom

2. Oktober 1669. Sie wird wie alle anderen in der Villa selbst aufbewahrt.

30 Vgl. E. Sereni, *Storia del paesaggio agrario italiano,* Bari ²1962.

31 Der von Giuseppe Marchi am 10. Juni 1736 unterzeichnete Entwurf sieht eine Teilung des jenseits der Loggien erweiterten Gartens in zwei symmetrische Abschnitte vor; der linke Teil enthält ein rechtwinkliges Fischbassin. Die Karte, die vom Gutachter Giuseppe Mazzalira am 5. Mai 1770 nach einer Zeichnung von Carlo Cressani vom 20. Juni 1748 erstellt wurde, zeigt höchst genau den Gebäudekomplex und die zugehörigen Flächen, darunter das Fischbassin. Dessen Existenz bestätigt auch die Aussage eines betagten Beschäftigten in der Villa, der berichtet, daß während des Zweiten Weltkrieges eine große Menge an Waffen dort hineingeworfen wurde.

32 Es handelt sich um zwei weitere farbige Karten von gleicher Größe und Anlage, in denen die Bestimmung der auf dem Hügel und in der Nähe der Gebäude befindlichen Ländereien beschrieben wird.

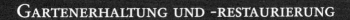

Der Garten in der urbanen und territorialen Planung

Franco Posocco

Das Grün und die territoriale Struktur

In den Siedlungsgebieten, die vom Menschen fortschreitend geordnet und verändert werden, bilden das Grün, d. h. die uns umgebende Natur, sowie die Architektur als Kunsterzeugnis und Gegenpol die Struktur der Umwelt, also die Grundelemente des Raumes, in dem der Mensch lebt.

Die Region Venetien verfügt über keine unberührte Natur mehr, die autonom wäre gegenüber der Gesellschaft; Wälder und Weiden, Gewässer und Lagune können nur noch bestehen, wenn wir sie bewahren und pflegen. Parks und Gärten, ja die gesamte Landschaft, sind nur mehr ein Artefakt.

Das Grün als »strukturelles Bindeglied« zwischen der Natur und dem Menschen, das in unserem Europa das belebende Element in den Siedlungsgebieten darstellt, kann in drei Klassen eingeteilt werden: a) das unter Natur- und Umweltschutz stehende Grün der Wälder und der die menschlichen Ansiedlungen umgebenden Umwelt; b) das Grün der Agrarlandschaften, wo die wirtschaftlichen Aspekte überwiegen; c) das schmückende Grün in den Städten und auf dem freien Land, also die Gärten und Parks, die grünen Denkmäler.

Wenn der ländliche Park das konsequente Ergebnis eines kollektiven Plans ist, einer gesellschaftlichen Kultur, die die Umwelt zu Produktionszwecken benützt, so ist der mit der Stadt verbundene Garten zugleich Schmuck und Ergänzung ihrer Architektur und Strukturen, er verhilft zur Integration in die umgebende Natur.

Unter diesem Aspekt erscheinen der Garten und die Grünflächen im allgemeinen als wesentliches Element in der Gestaltung der Städte, da sie geschaffene Werke sind, die sowohl dem Bereich der Natur angehören als auch dem Bereich der Kunsterzeugnisse, das heißt geschaffen durch Planung von Raum und Funktion. Diese Zweideutigkeit und Vielfältigkeit des Grüns neben der Architektur als Kernstück unserer Städte ist auf die Bestimmung zurückzuführen, die dem Garten und Park von jeher zugeteilt wurde: als einer Gottheit geweihter heiliger Hain oder als der Erinnerung gewidmeter Park, als kulturelles Emblem oder perspektivische Illusion, als »Baum der Freiheit« und somit der Allgemeinheit zugänglicher öffentlicher Garten, ein Beweis für das neue Selbstverständnis des Staates.

Gegenüber dieser reichen Auswahl an Bestimmungen und Bedeutungen, durch die der historische Garten gekennzeichnet wird, erscheint die moderne Urbanistik überraschend arm. Nach der Blütezeit der Gärten, die in den Ansiedlungen des 16. bis 19. Jahrhunderts Villen und Paläste, Plätze und Panoramen schmückten, zeigt sich die moderne Stadt wie in den Gemälden des surrealistischen Malers Giorgio de Chirico: als ein durch planvolle Geometrie und Künstlichkeit gekennzeichneter Ort. Der Bedeutungswandel, der durch die modernen Technologien in der Zeit des Positivismus entstanden ist, und die mit der industriellen Revolution verbundene Expansion der Städte haben vom Ende des 19. Jahrhunderts an bis nach dem Zweiten Weltkrieg dazu geführt, daß das Grün als urbane Komponente immer mehr an den Rand der Bedeutungslosigkeit gedrängt wurde; es wurde zum »Grünstreifen« inmitten der Verkehrsadern, zur »Erholungsgrünfläche« oder zum »Alibigrün« zwischen Wolkenkratzern und Gebäudekomplexen.

Da »Funktionalität« Vorrang hatte, entstanden im Hinblick auf diese »Finalität« die verschiedenen bekannten Grünzonen: Sportanlagen, Kinderspielplätze, öffentliche Grünanlagen usw.

Normen und Bestimmungen

Sucht man in der italienischen urbanistischen Gesetzgebung eine besondere Berücksichtigung des Grüns oder der Gärten in der Stadt, so wird man bald enttäuscht.

Eine solche Berücksichtigung ist weder in den sanitären Bestimmungen zu finden, mit denen man um die Jahrhundertwende die in den Städten errichteten Bauten verbessern und gesünder machen wollte, noch in den Reglementierungen und Plänen, mit denen man die Expansion der Städte lenken wollte[1]. Nicht einmal die Forst-Gesetzgebung befaßt sich damit[2]. Erst in den Bottai-Gesetzen von 1939 taucht der Begriff Park und Garten auf[3], jedoch vor allem im Rahmen ästhetisch-kultureller Betrachtungen.

Es erscheint wohl bedeutsam, daß in Italien, dem Land der Architekturschulen, die Gartenkunst, die Bildung und Komposition der urbanen Ausstattung von anderen, technischen Formen der Planung beiseite geschoben wird; so findet während der Periode des Jugendstils das florale Element seine Ausdrucksform in der Graphik und Plastik und nicht mehr in der Gestaltung von grünen Räumen und Flächen, und in der darauffolgenden rationalistischen Epoche dient es zur einfachen Bepflanzung freier Flächen.

In der vom italienischen Nationalen Institut für Urbanistik in den fünfziger Jahren herausgebrachten Anleitung zur Ausarbeitung von Bebauungsplänen ist nur mehr eine Einteilung von öffentlichen und privaten Grünflächen vorgesehen.

Die Mythen der Effizienz und Funktionalität, so kennzeichnend für die rationalistische Denkweise, drängen so wichtige Aspekte der Gartenarchitektur wie Morphologie und urbane Vervollständigung beseite und machen aus den Gärten einfache Dekorelemente.

Die Tradition des 19. Jahrhunderts, als man Landschaften schuf, die Städte mit Sportanlagen und öffentlichen Parks versah, droht unterzugehen, die Qualität unserer Ansiedlungen mit sich reißend.

Der nach dem Zweiten Weltkrieg einsetzende Bauboom, die geschäftsträchtige Entwicklung unserer Städte, die Invasion durch das Auto werden den mehr als bescheidenen Reichtum an privaten und öffentlichen Grünflächen angreifen; sie werden die Kultur der freien und urbanen Flächen und das Gefühl für urbanen Schmuck unterwandern, die bis zum Ersten Weltkrieg kennzeichnend waren für Italien, eine Fortsetzung der großen Gartenkunst früherer Epochen. Auch in der Region Venetien haben Bauboom und Bodenspekulation einige der wichtigsten Gärten zerstört; dies ist der Fall beim Ponci-Garten in Mestre, beim Garten der Villa Zoppolato am Terraglio, beim Avogadro-Park in Treviso usw.

Die Entfernung vom natürlichen Schmuck und der Verfall der lieblichen Orte haben bereits seit einiger Zeit begonnen. Pietro Porcinai

bemerkte bereits 1942 während seines Vortrags in der Reale Accademia dei Georgofili: »Die großen Gärten sind am Ende, und auch die
kleinen werden aufgeteilt, zerschnitten und zerstückelt, um Häuser
auf ihrem Grund zu errichten.«

Die in jener Periode verübten Verwüstungen und die Angriffe, die
dem Reichtum an Gärten und dem Aussehen der alten Städte zugefügt
wurden, brachten den Protest von Urbanisten auf den Plan wie L. Pic-
cinato, G. Astengo, I. Insolera und L. Benevolo, um nur die bekanntesten zu nennen, die den Verfall der Städte und der räumlichen Qualitä-
ten beklagten.

Doch ihre Aktion, die vor allem auch durch den Vergleich zwischen
der Zahl der öffentlichen Grünflächen in italienischen Städten und den
Großstädten Nordeuropas entstanden war, führte nur zur Festlegung
eines Standards und somit zur Feststellung, welchen prozentualen
Anteil an Grünflächen, an Parkplätzen und anderen Serviceflächen
eine Stadt insgesamt aufweisen muß. So enstanden die Erlasse des
Gesetzes Nr. 765/1967[4] und auch die erste regionale Gesetzgebung des
Veneto[5], die sich zum Ziel machte, die nationalen Standards zu erhöhen und jeder Siedlungseinheit eine Grünfläche zu garantieren.

Kennzeichnend für den Rationalismus war, daß die Natur außer
acht gelassen wurde und die quantitativen Aspekte gegenüber der formalen Qualität den Vorrang hatten, wodurch jede Planung der Ideolo-
gie unterworfen war.

Es verwundert also keineswegs, daß das Regionale Gesetz von Venetien Nr. 52/1978 »die Stadtparks und Anpflanzungen« dem Kompe-
tenzbereich der Forstbestimmungen entzieht und daß man nie von
botanischer Restaurierung spricht, nicht nur als kulturellem Vorhaben, sondern auch als Therapie für die kranke Vegetation.

Bestandsaufnahme
Die Beschreibungen dieses Bandes liefern den Beweis für den typologischen und formalen Reichtum an Gärten, über den die Region Venetien verfügt: Für viele – wie auch für den Autor dieses Kapitels – mag
das eine Überraschung sein.

Fest steht, daß in Venetien seit dem 16. Jahrhundert eine Gartenkultur bestand, die der Gesamtheit von Stadt und Land, Boden und Gewässer eine qualitative Dimension verlieh und das Antlitz der Region
entscheidend prägte, im Einklang mit der Philosophie, den schönen
Künsten und ganz allgemein der venetischen Kultur jener Epoche.

Angesichts dieser Bemerkungen erscheint die Nachlässigkeit uner-
klärlich, mit der dieser Bereich der Kulturgüter behandelt wurde; man
kann wohl von einem mißachteten und unverstandenen Reichtum
sprechen.

Die von Bepi Mazzotti vor fast 40 Jahren durchgeführte Untersuchung der venetischen Villen[6] enthält viele Mitteilungen über
Parks, die den Herrschaftsgebäuden angeschlossen waren, jedoch häufig nur eine unbedeutende Rolle neben der Architektur spielten; es
fehlt das Konzept der grünen Architektur als selbständigem Organismus.

Die damals ausgelöste Pressekampagne zur Unterstützung der Re-

staurierungsarbeiten betraf die Gärten nur in vereinzelten Fällen, so
daß diese weiter verfielen, bis sie zum Teil unrettbar verloren waren.

Die Nutz- und Vergnügungsgärten, die den Villen nicht angeschlossen waren, standen zu keiner Zeit im öffentlichen Interesse.

Der Reichtum an historisch bedeutsamen Gärten in Venetien ist
somit weithin unbekannt und unerforscht, abgesehen von einigen in
jüngster Zeit durchgeführten, auf bestimmte Themen beschränkten
Studien. Deshalb ist eine Bestandsaufnahme und Katalogisierung
mehr als angebracht[7].

Dazu muß jedoch der Garten als eigenständige Kategorie und als
unabhängiges Kulturgut betrachtet werden, auch wenn er oft in un-
mittelbarem Zusammenhang zu anderen Denkmälern steht.

Diese Unterscheidung ergibt sich aus der Natur des Objekts, das
zwar auch ein architektonisches Werk ist, ein Werk des *visual design*
auf urbaner Ebene, jedoch vor allem aus »lebenden Organismen« besteht, aus Natur, und somit den von der Natur und dem Lauf der
Jahreszeiten diktierten Veränderungen unterworfen ist; Fragilität und
Veränderlichkeit sind das Wesen dieser Objekte.

Hier wird die Unterschiedlichkeit und Vielfältigkeit der Materie
deutlich, gleichzeitig erfordert die Gartenkunst jedoch auch die kompliziertesten technischen Verfahren sowie wissenschaftliche Kenntnisse zur Planung und Erhaltung. Die Katalogisierung muß also, neben den üblichen historischen, auch botanische und ökologische Informationen enthalten, über die eine Analyse der lebenden Bestandteile erfolgen kann. Die Kategorie der Gärten erfordert, aufgrund ihrer
unterschiedlichen Bestandteile, außerdem eine typologische Präzisie-
rung.

In dieser systematischen und erschöpfenden Bestandsaufnahme soll
auch unterschieden werden zwischen historischen Gärten und perspektivischen Alleen, zwischen botanischen Gärten und öffentlichen
Parks, zwischen den privaten Nutzgärten der Villen und den großen
botanischen Denkmälern, zwischen Naturparks und Reservaten.

In allen diesen Organismen wird durch die Anwesenheit von Wasser, Fels- und Steinformationen, durch die Morphologie des Bodens
und die besondere Beschaffenheit des Ökosystems zusammen mit den
menschlichen Erzeugnissen eine besondere Welt geschaffen, die erkannt und gedeutet werden soll.

Nur wenn wir uns eine umfassende Erkenntnis über das Grün und
seine strukturellen Merkmale beschaffen, können wir die natürliche
und geschaffene Umwelt verstehen und folglich auch eine bessere urbane und territoriale Planung erreichen, die all das sichtbar macht, was
an verborgenen Werten in unserer Umwelt steckt.

Unter diesem Aspekt erscheint die Aufnahme der historischen Gärten besonders notwendig, d. h. der Gärten, die vor der Einigung Italiens angelegt wurden, jedoch auch der verschiedenen darauffolgenden
modernen »Erzeugnisse« (im umbertinischen Stil, Jugendstil, im Stil
des beginnenden 20. Jahrhunderts usw.), die alle einen unbestreitbaren
Wert besitzen; das Gesetz Nr. 1089 aus dem Jahr 1939 schließt tatsächlich alle Werke, die nicht älter als 50 Jahre sind, als nicht schützenswert
aus.

386

387

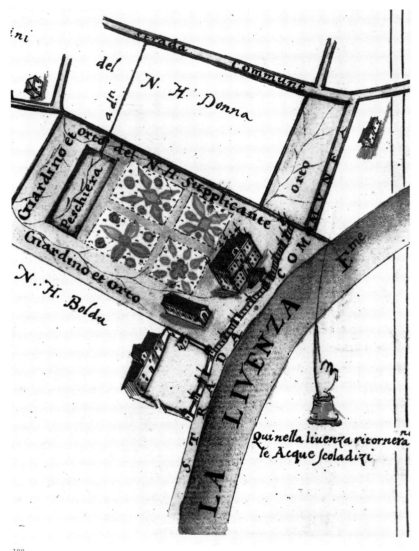

388

Die Dringlichkeit ist nicht so sehr durch die Zerstörungen gegeben als vielmehr durch den Verfall des noch Bestehenden, das eine kluge und einfühlsame Restaurierung benötigt, damit die ursprüngliche Idee wieder ans Licht gebracht wird.

Aber wie viele dieser historischen Gärten und Parks gibt es in Venetien, wie viele dieser öffentlichen und privaten, städtischen oder ländlichen Anlagen, einschließlich der botanischen Gärten und der grünen Architektur in den Städten (ausgenommen die Grünstreifen an den Straßen und die sogenannten Alibi-Grünflächen)?

Es wurde versucht, eine Zahl anhand der in den verschiedenen regionalen Archiven gesammelten Stadtbaupläne zu ermitteln. Diese Methode liefert zwar kein ganz genaues Ergebnis, erscheint aber zuverlässiger als die Methode, die Zahl der Gärten anhand der venetischen Villen zu ermitteln; denn nicht alle Villen verfügen auch über einen Garten, und in vielen Fällen wurde ein bestehender Garten inzwischen zerstört. Gemäß dieser umfassenden Bewertung scheint sich die Zahl der in Venetien vorhandenen historischen Gärten auf rund 2000 zu belaufen, dazu kommen noch rund 2500 Gärten von architektonischem und botanischem Wert, die in den vergangenen 100 Jahren angelegt wurden. Das ist ein erhebliches kulturelles Vermögen, und mindestens 1000 Gärten haben Restaurierungsarbeiten dringend nötig, um als grüne lebende Denkmäler einer großen Kulturepoche weiterbestehen zu können.

Der Garten in der urbanen und territorialen Planung
Die erwähnte Bestandsaufnahme der historischen Gärten ist vor allem ein thematisches Instrument, das die örtliche und zeitliche Festlegung einzelner Epochen ermöglicht; die von der Region erstellten Berichte aus einzelnen Mustergebieten sind ein Beweis für die Bedeutung.

Die in den Archiven der historischen Zentren vorhandenen Atlanten[8] erlauben es, dank ihrer grundbuchamtlichen Objektivität, in jedem Ort und jedem Dorf den Zusammenhang zwischen Villa und Garten, Platz und öffentlicher Anlage, Villa und Allee, Monument und Aussichtsplatz ausfindig zu machen sowie den kompositorischen Wert von Land und Wasser und von visuellen Begleitobjekten, durch die die Gärten mit den architektonischen Strukturen und mit ihrer Umwelt zu einer Einheit zusammengefügt werden.

In der Region Venetien kann man in vielen Ansiedlungen wahre grüne Festungen vorfinden: Man denke an Castello di Godego (Villa – Park – historisches Zentrum – Fluß), an Fonzaso (Villen – Park – Wasser), an Valeggio sul Mincio (Burg – Park – Fluß – Ufer) und neben vielen anderen an den Platz von Bonavigo, von Noventa Vicentina, an die ummauerte Anlage von Rossano Veneto und die hydraulische Anlage von Fratta Polesine, an die Villa Mocenigo (Cordigano, Ortschaft Villa die Villa), wo der stufenartig angelegte Garten noch an den vom Erdbeben zerstörten Palast aus dem 18. Jahrhundert erinnert.

Neben dem bereits erwähnten kartographischen Material der Atlanten und der Karte von der Region[9], die mit ihrem Maßstab 1:5000 sowohl Agrarlandschaften als auch einzelne private und öffentliche Grünanlagen überraschend deutlich erkennen läßt, sollte man auch die

389

390

391. Luftbild des Terraglio auf der Höhe von Mogliano Veneto. Region Venetien, Sekretariat für Landvermessung und Photogrammetrie 127032–127071, freigegeben durch IGMI Nr. 293 vom 11. 11. 83.
Die Villa Melicki, heute Zoppolato, blickte früher direkt zur Straße, von der sie durch eine weitläufige, von einer Allee durchzogene Wiese getrennt war.

391

392

393

394

thematischen Karten benützen, die jeder PRG (Veröffentlichung der Regionalregierung) beigefügt werden[10]. Die Pläne, die anhand einer Analyse der regionalen Gegebenheiten entstehen, nehmen an Zahl rasch zu und dokumentieren die Erkenntnis, daß Grünanlagen und Parks nunmehr zum Objekt gesonderter Erhebungen und systematischer organischer Planung werden sollen.

Eine thematische Karte über Grünflächen erscheint in den Fällen besonders wichtig, in denen diese Flächen ein komplexer und primärer Bestandteil der Ansiedlung sind. Das ist in allen größeren Städten der Fall, aber auch in vielen ländlichen, weitläufigen Gebieten.

Zu den Anlagen in größeren Städten gehören u. a. der Lido von Venedig, der in seinen gut erhaltenen Teilen ein Musterbeispiel für Jugendstilgärten ist; aber auch Vittorio Veneto und Schio weisen noch viele intakte Teile der im vorindustriellen Zeitalter als *garden cities* geplanten Stadtviertel auf.

Zu den betroffenen ländlichen Gebieten gehören die Reihe von Villen und Gärten entlang dem Terraglio mit der Fortsetzung nördlich von Treviso, die Ufer von Brentakanal und -fluß sowie das Ostufer des Gardasees.

So wie der Friedhofspark von San Michele und die Gärten der Biennale die Lagune schmücken, so sind die Herrschaftsparks im Gebiet von Polesine und Piave die weithin sichtbaren Oasen in der grünen Wüste der Agrarflächen.

Ob es sich nun um die venetischen Villen im Pedemonte handelt oder um die dunklen Flecken der Parks im Gebiet Valbelluna, um

Zypressengruppen oder Olivenhaine im Gebiet bei Verona, um dichte Wälder in der Ebene oder botanische Gärten in den Dolomiten (wunderschön der Garten der Vazzoler-Hütte am Fuß des Civetta), der Garten ist immer eine individuelle Ergänzung, und im Fall des Veneto ist er die Vervollkommnung der Städte und des Territoriums[11].

Es ist deshalb wesentlich, daß die verschiedenen Maßnahmen der Erhebung und Bestandsaufnahme von Agrarlandschaften und geschützten Naturflächen jedweder Art, also auch der sogenannten grünen Architektur, ein Ziel verfolgen, nämlich die Abfassung eines »grünen Plans« in jeder Stadt oder Kommune. Ein solcher Plan erweist sich nicht nur als effizientes Instrument zum Schutz des bereits existierenden Bestandes, sondern auch als hilfreiches Mittel bei der Bestimmung und Anlage neuer Grünflächen, so daß eine Verbesserung der Siedlungsgebiete und des Territoriums durch eine kluge Verwaltung des gegebenen und neuen Bestandes an Gärten und Parks gewährleistet ist.

Unter diesem Aspekt erscheinen historische Forschungen sowie botanische Untersuchungen ebenso wesentlich wie die Qualität der Planung.

Der grüne Plan

Das erwähnte Projekt stellt ein urbanistisches Instrument dar, das bei der Durchführung des allgemeinen Bebauungsplanes eingesetzt werden soll.

Das Programm soll das zerstörte Bild der alten historischen Gärten

395

wieder aufrichten, ihrer Bestimmung gemäß, die in vielen Fällen auch eine Bestimmung als öffentlicher Park sein kann, wenn eine Eingliederung in das urbane Gefüge und die neuen sozialen Strukturen möglich ist, oder eine Bestimmung zum privaten, der Öffentlichkeit zugänglichen kulturellen Gut (Villa, Garten), wenn auf diese Weise der ursprüngliche Charakter gewahrt bleibt.

Die Restaurierung dieser Denkmäler einer grünen Architektur muß deshalb in strenger historischer und botanischer Treue erfolgen. Dabei braucht die Rückführung auf eine ursprünglich geplante Konfiguration nur dann berücksichtigt zu werden, wenn die später stattgefundenen Veränderungen eher zufällig waren oder aus einer neuen Vorliebe für exotische Pflanzen, z. B. nach den geographischen Entdeckungen, entstanden sind, also der Mode unterworfen waren und nicht aus einer bewußten Überlegung heraus stattfanden.

Die Eröffnung und Vervollständigung der historischen Gärten in den städtischen und vorstädtischen Bereichen können die urbane Qualität der Stadtzentren und Peripherien deutlich verbessern, besonders wenn sie mit einer Einschränkung des Individualverkehrs und der Errichtung von bepflanzten Fußgängerzonen einhergehen.

Des weiteren führt dies auch zur Anlage neuer Gärten und Grünflächen als notwendiger sozialer Einrichtungen für die Bewohner. Einige der wunderschönen Alleen in unseren Städten, die heute zu armseligen Parkplatzreihen verkommen sind, können somit vor Vandalismus geschützt werden und ihre alte ästhetische Qualität wiederfinden.

Zur Belebung der natürlichen und künstlichen Zusammenhänge für die Wiederherstellung des urbanen Antlitzes, die Verbesserung der Randgebiete und die Pflege der außerurbanen Landschaft tragen auch Gewässer, Hügel, Mauern mit Befestigungen und Gräben bei und viele weitere, natürliche und künstliche Elemente, die alle reich an Vegetation, Baumsubstanz, Gärten und Pflanzungen sind, oft in den für die lokalen Kulturen heimischen Gattungen, die ebenso kennzeichnend sind für den Ort wie die Baumaterialien und die anderen Aspekte der formalen Sprache.

Höchst interessant in dieser Hinsicht sind die häufig vorkommenden, sich stark gleichenden Wiederholungen: die Zypressen im Gebiet um den Gardasee, die mediterranen Ökosysteme am Lido und im allgemeinen an der Küste, die großen Laubbäume entlang den Straßen im Hinterland von Treviso usw. Diese allgemeinen Aspekte des Schutzes und der Regeneration von Grünflächen werden im regionalen Territorialplan für die Koordinierung der Region Venetien sehr aufmerksam und sorgfältig bedacht[12]. Dieser Plan betrachtet die verbesserte Qualität der Umwelt als eines der größten politischen Ziele für die venetische Gesellschaft.

Denn das Grün und die Umwelt gelten immer mehr als Indikatoren für die Qualität eines gesellschaftlichen Lebens, und ihre Gesundheit und Erhaltung werden als Kennzeichen für eine gehobene Lebensqualität betrachtet.

Auf allen Ebenen ist deshalb eine konsequente Politik zur Verbesserung unserer Grünflächen nötig: Auf regionaler Ebene müssen Richtlinien zur Durchführung von Bestandsaufnahmen der weiten Gebiete und zur Erhaltung und Bestimmung der Grünflächen erlassen werden, auf lokaler Ebene müssen die Ausarbeitung und Verwirklichung der Restaurierungsprojekte betrieben werden.

Über eine Beurteilung der Umwelteinflüsse[13], die Einrichtung von Parks und regionalen Naturreservaten[14] und durch eine genaue Einhaltung der neuen Bestimmungen für den Landschaftsschutz[15] können Regional- und Kommunalregierungen die Restaurierung von Territorium und Städten in die Wege leiten, wodurch der für Venetien so charakteristische Bestand an architektonischen und natürlichen Kulturgütern gesichert und erweitert wird.

Am Ende dieser Betrachtungen, die sich wohl als einzige in diesem Band auch mit dem »Grün der Zukunft« befassen und nicht nur mit dem historischen und bereits bestehenden Grün, stellt sich unvermittelt die Frage: Ist die Architektur noch in der Lage, Pflanzen, Blumen, Gewässer und Wälder so anzulegen, daß sie im Wandel der Tage und Jahreszeiten ihr Aussehen bewahren und doch in Form und Dasein immer wieder neu sind?

In dem wundervollen Essay von Manlio Brusantin erscheint der Garten als geistiger Ort, mehr geträumt und gewünscht denn tatsächlich existierend.

Dieses Buch möge ein Anstoß sein zu neuen Formen und Kompositionen, geschaffen aus dem Grün und anderen Elementen der Natur, für die alten und neuen Städte, für das kleine Haus und das weite Land und vor allem dafür, daß die Menschen sich der Natur und der Schönheit gegenüber dankbar erweisen.

Anmerkungen

1 Vgl. Gesetz vom 17. August 1942, Nr. 1150 (Städtebau-Gesetz)

2 Vgl. Kgl. Ges. Erlaß vom 30. Dezember 1923, Nr. 3267 (Neuordnung und Reform der Gesetzgebung für Wald und Hügelland) und die Anwendungsregelung: Kgl. Erlaß vom 16. Mai 1926, Nr. 1126.

3 Paragraph 1 des Gesetzes vom 1. Juni 1939, Nr. 1089, zum Schutz von künstlerisch und historisch interessanten Objekten, unter Absatz 2: »Darin sind auch eingeschlossen: die Villen, Parks und Gärten von künstlerischem und historischem Interesse.«

Paragraph 1 des Gesetzes vom 29. Juni 1939, Nr. 1497 zum Schutz von Naturschönheiten stellt unter Absatz 1 in den Schutz des Gesetzes: »die Villen, Gärten und Parks, die nicht unter die Gesetze zum Schutz von Objekten von künstlerischem und historischem Interesse fallen und sich doch durch ihre ungewöhnliche Schönheit auszeichnen«.

4 Vgl. Ministerialerlaß vom 2. April 1968 über die Begrenzung von Baudichte, Höhe, Entfernung zwischen den Gebäuden, über das Verhältnis zwischen den für Wohn- und Produktionszwecken bestimmten Flächen und den öffentlichen oder für kollektive Zwecke bestimmten Flächen sowie über die öffentlichen Grünflächen und Parkplätze, mit dem Ziel der Schaffung neuer urbanistischer Instrumente oder der Restaurierung der bereits bestehenden, gemäß Paragraph 17 des Gesetzes vom 6. August 1967, Nr. 765.

5 Vgl. Beschluß des Regionalrats vom 29. März 1973, Nr. 21, mit den Richtlinien zur Genehmigung von Stadtbauplänen, der die Standards des Ministerialerlasses vom 2. April 1968 um 50 % erhöht, und das Regionalgesetz vom 2. Mai 1980, Nr. 40 (Normen für Anlage und Verwendung des Territoriums), das in den Paragraphen 26 und 28 ebenfalls die genannten Proportionen zwischen den bebau-baren und den öffentlichen Flächen erhöht.

6 G. Mazzotti, *Le ville venete*, Treviso 1954.

7 Vgl. Erlaß des Staatspräsidenten vom 3. Dezember 1975, Nr. 805 (Organisation des Ministeriums für Kultur- und Umweltgüter).

8 Versch. Verf., *Atlanti dei centri storici delle province del Veneto*, 7 Bde., Venedig 1982–85, 1988.

9 Vgl. Regionalgesetz vom 16. Juli 1976, Nr. 28 (Bildung der Technischen Regionalen Charta).

10 Vgl. Beschluß des Regionalrats Nr. 2705 vom 24. Mai 1983 (Vereinigte regionale Symbolik für die Ausarbeitung der urbanistischen Instrumente).

11 Vgl. Regionalgesetz vom 5. März 1985, Nr. 24 (Schutz und Bebaubarkeit der Agrargebiete); Regionalgesetz vom 27. Juni 1985, Nr. 61 (Normen für Anlage und Verwendung des Territoriums).

12 Das P. T. R. C. wurde mit Beschluß des Regionalrats Nr. 7090 vom 23. Dezember 1986 angewendet; entsprechend wurden folgende Pläne angenommen: a) Plan des Lagunengebiets und des venezianischen Bereichs (Erlaß des Regionalrats 7091, 23. 12. 1986); b) Plan für den Bereich des Grappa-Massivs (Erlaß des Regionalrats 7092, 23. 12. 1986); c) Plan für den Bereich des Po-Deltas (Erlaß des Regionalrats 7093, 23. 12. 1986).

13 Vgl. das Gesetz vom 8. Juli 1986, Nr. 349 (Einrichtung des Umweltministeriums); vgl. Regionalgesetz vom 16. April 1985, Nr. 33 (Normen für den Umweltschutz).

14 Vgl. Regionalgesetz vom 16. August 1984, Nr. 40 (Normen für die Errichtung von Parks und regionalen Naturreservaten).

15 Vgl. das Gesetz vom 8. August 1985, Nr. 431 (dringende Normen für den Schutz von Gebieten von besonderem ökologischem Interesse).

Die Restaurierung des historischen Gartens

Paola Bussadori

Allgemeine Betrachtungen

Wer Gabriele D'Annunzios Roman *Le vergini delle rocce* kennt, wird sich unter anderem auch an die sublime Beschreibung des römischen Ludovisi-Gartens mit seinem Wassertheater erinnern, der im Jahr 1883 aufgrund des Bebauungsplanes aufgelassen wurde.

Geht man heute durch die Straßen des gleichnamigen Viertels, das an der Stelle des ehemaligen Gartens entstanden ist, so wird man immer noch an die ursprüngliche Anlage erinnert. Genauso verhält es sich mit anderen berühmten Gärten in Italien, mit dem Giardino Montalto in Rom, dem Garten der Villa Talon in Casalecchio sul Reno, mit dem Parco Trieste und den Piazza-Gärten in Padua (die aufgelassen wurden, um dort das Viertel der Gartenstadt von Padua zu errichten).

Auf dem vierten Kongreß des Italienischen Nationalen Instituts für Urbanistik, der 1952 in Venedig stattfand, stellte Pietro Porcinai nach Überprüfung des Bebauungsplanes fest, daß keiner der vorgelegten Pläne sich mit Grünzonen befaßte (wie übrigens auch ein Jahr zuvor auf dem Kongreß in Mailand). Die italienischen Städtebaupläne sahen eine umfassende Behandlung des Themas Grünzonen erst ab 1968 vor.

Doch das Problem des historischen, als »grünes Monument« zu schützenden und zu bewahrenden Gartens war von der Vereinigung Italia Nostra bereits im Jahr 1959 während einer bedeutenden Tagung in Mailand erkannt worden. Dabei wurde zum ersten Mal eine Bestandsaufnahme und karteiliche Erfassung der Gärten und Villen vorgeschlagen, man sprach von einer notwendigen Erschließung der Gärten für touristische Zwecke durch Publikationen und Führer, durch Berichterstattung in Radio und Fernsehen. Und man wies auf die Dezimierung der historischen Gärten und Parks hin, die auf die Zerstückelung und Bebauung der jeweiligen Gebiete zurückzuführen ist.

Bei der Ausarbeitung der Baupläne und Bauprogramme und bei den Auflagen für Gärten und Parks waren die Behörden nicht allzu geneigt, die Errichtung von Zonen zur Wahrung und zum Schutz der umgebenden Landschaft vorzuschreiben.

Das Überleben von Gärten und Villen war auch ständig durch wirtschaftliche Schwierigkeiten der Besitzer bedroht, durch die hohen Instandhaltungskosten und die steuerliche Belastung (vor allem durch die Erbschaftssteuern), so daß die Voraussetzungen für eine Erhaltung der Gärten sehr schlecht waren.

Die im Gesetz Scotti-Formica (vom 2. August 1982, Nr. 512) enthaltenen Bestimmungen hinsichtlich Steuererleichterungen für die Besitzer von Kulturgärten von historisch-künstlerischem Interesse (einschließlich Parks und Gärten) sind in ihrer Anwendung sehr kompliziert, da die Bewertungs- und Klassifizierungskriterien für die unter den Schutz dieses Gesetzes fallenden Güter kaum verständlich sind.

Die grünen Monumente in Italien haben bis heute nur in sehr seltenen Fällen den gleichen Schutz genossen, der den architektonischen Denkmälern zugestanden wird.

Die bei den zuständigen Behörden für Denkmalschutz zur Erfassung und Registrierung vorhandenen Kriterien trugen bis Ende der siebziger Jahre die Abkürzung P. V. G. 1976 (Parks, Villen, Gärten), was bedeutete, daß Parks und Gärten bei der Erfassung als eine Einheit

mit der angeschlossenen Villa betrachtet wurden; somit wurde dem »grünen Bereich« nur sehr begrenzte und oberflächliche Aufmerksamkeit geschenkt.

Seit 1984 verwendet man die vom Zentralen Institut für Katalogisierung und Dokumentation erarbeiteten Erfassungsbögen P. G. (Park, Garten) und als Anlage P. G./B (Karteikarte, die sich mit dem spezifischen Erhaltungszustand des betreffenden Gartens oder Parks befaßt).

Die grünen Denkmäler stellen einen kulturellen und landschaftlichen Reichtum dar, der in Italien von der historischen, territorialen Forschung und von der Städteplanung weitgehend unbeachtet, ja mißachtet wurde.

In Veneto wurden in jüngster Zeit mit dem Erlaß des Urbanistikgesetzes (Regionalgesetz vom 27. Juni 1985, Nr. 61), der Genehmigung der für die Abfassung von städtebaulichen Plänen verwendbaren Zeichen und Symbolik (Erlaß der Regionalregierung vom 24. Mai 1983, Nr. 2705), der Anwendung des Koordinierungsplanes der Region und der Genehmigung zur Bestandsaufnahme und Katalogisierung die Grundlagen für eine Kehrtwende gelegt. In der Analyse der verschiedenen Kategorien der Kulturgüter, die sehr erschöpfend aufgeführt werden, fehlt jedoch ein ausdrücklicher Verweis darauf, was als grünes Denkmal betrachtet werden soll.

Zur Rettung der historischen Gärten und Parks sind jedenfalls die angeführten Bestimmungen nicht ausreichend, denn sie können in besonderen Fällen die zur Erhaltung oder Restaurierung dringend notwendigen Maßnahmen verhindern und stark verzögern. Notwendig wäre dagegen die Erarbeitung von Plänen, die nach einem phasenweise arbeitenden Programm die historischen Grünanlagen in der Stadt und in den ländlichen Gebieten behandeln.

In der ersten Phase sollte die Beziehung zwischen dem Garten-Villa-Komplex und der Umgebung untersucht und kartographisch festgehalten werden. Diese Untersuchung kann man über Luftbilder und entsprechende Auswertungen durchführen. Die zweite Phase beinhaltet eine Überprüfung der bereits bestehenden Bestimmungen nach ihrer Schutzfunktion sowie die Kontrolle der administrativen Möglichkeiten.

Die dritte Phase umfaßt die Erfassung und wissenschaftliche Katalogisierung der einzelnen grünen Denkmäler, um somit den Umfang der Arbeiten festzustellen, die im Rahmen der städtebaulichen Pläne zum Schutz, zur Restaurierung und zur Bewahrung der Denkmäler durchzuführen sind.

In der vierten Phase kann man dann die Möglichkeiten einer neuen Nutzung der historischen Grünanlagen als öffentliche Einrichtungen untersuchen.

Die darauffolgenden Maßnahmen haben eine weitere Erschließung und Aufwertung der historischen Grünanlagen zum Ziel, z. B. durch kulturelle Veranstaltungen. Es bleibt jedoch weiterhin das Problem der privaten grünen Denkmäler, zu denen die Behörden keinen Zugang haben. In dieser Hinsicht wäre die Bildung von Interessenverbänden der Besitzer nützlich, die sich gegenseitig bei der Instandhaltung und Verwaltung der Anlagen helfen könnten, eventuell auch

396. *Der Cataio-Park, Detail des unte-*
ren Gartens.

397. *Treves-Garten, Padua.*

398. *Der Trieste De Benedetti-Park,*
Vaccarino.
Nach einem Entwurf von Giuseppe Jap-
pelli 1835 errichtet, erfuhr der Garten
später einige Änderungen, wie die Um-
wandlung des ehemaligen Fischerhäus-
chens in eine moderne Umkleidekabine,
neben einem in den romantischen Park
eingefügten Tennisplatz.

397

gemeinsam eine Öffnung der Anlagen für das Publikum organisieren könnten.

Es laufen bereits zahlreiche Initiativen zur Erhaltung und zum Schutz des historischen Gartens. Mit dem 1983 gegründeten interdisziplinären Komitee zur Untersuchung und Erhaltung der Gärten wollte der Umweltminister bereits die Aufmerksamkeit auf den so sehr vernachlässigten Bereich der historischen Gärten ziehen. Die *Carta del restauro dei giardini storici*, Charta von Florenz genannt, war eine der ersten großen Errungenschaften des Komitees; sie wurde beim sechsten internationalen Kolloquium des ICOMOS über die Erhaltung der historischen Gärten ausgearbeitet (1981).

Einige der wichtigen Erkenntnisse der Charta seien hier kurz aufgeführt: Um schützen und erhalten zu können, muß man Kenntnisse über die Materie haben; eine ununterbrochene und systematische Instandhaltung ist nötig; der Garten darf nicht von seinem Umfeld getrennt werden; eine Aufstellung der verschiedenen Gartenarten im entsprechenden historisch-geographischen Umfeld ist unerläßlich; der Garten soll als eine komplexe Einheit mit allen Entwicklungsphasen betrachtet werden, ohne daß dabei eine der Phasen bevorzugt würde. In Zusammenarbeit mit den zuständigen Denkmalsämtern der Provinzen und Regionen hat das Komitee mit einer Bestandsaufnahme der Parks, Villen und Gärten auf nationaler Ebene begonnen.

Nachdem die gesammelten Daten gespeichert sind, sollte man eine Karte der geschützten Grünflächen erstellen, die im folgenden aufgrund der von den zuständigen Behörden erlassenen Bestimmungen vervollständigt werden kann. Über sein Studienzentrum regte das Komitee eine Untersuchung über die in staatlichem Besitz befindlichen und von den Denkmalsämtern verwalteten Gärten an, um die Probleme der Verwaltung eines jeden einzelnen Gartens kennenzulernen. Neben der Erfassung und Katalogisierung der Gärten zieht man auch die Ausarbeitung von Rechtsbestimmungen über die in den historischen römischen Gärten und Villen erlaubten und nicht erlaubten Maßnahmen und Unternehmungen in Betracht, die auch für die Gärten in anderen Städten gelten sollen (Abstimmung vom 2. September 1983).

Bezüglich der grünen Denkmäler empfiehlt das Komitee, innerhalb der Gärten keine festen Bauten wie Restaurants oder ähnliches zu errichten, sondern bewegliche Bauten wie Kioske an Stellen, an denen Bäume, Wiesen oder Brunnenanlagen nicht gefährdet sind. Die alten Gewächshäuser sollten dort, wo sie vorhanden sind, wieder in Gebrauch genommen und Einzäunungen aus Eisen, Plastik oder Zement rund um die Pflanzenrabatten ausgeschlossen werden. Wachpersonal sollte eingestellt werden, die Gärten sollten nachts geschlossen sein. Motorfahrzeuge, schadenanrichtende Spiele, Veranstaltungen und Feierlichkeiten sollten ebenfalls vermieden werden; Spielzonen und Bereiche für leichte sportliche Betätigung sollten dort angelegt werden, wo sie das Bild des Gartens und seinen Bewuchs nicht stören; fremde, nicht geeignete Pflanzen sollten nicht mehr verwendet werden. Ein Programm zur Instandhaltung der Gärten sollte erarbeitet werden, wie auch ein Plan zur manuellen Reinigung der Baumzonen

398

ohne Einsatz von mechanischen Mitteln; und letztendlich sollten auch die gärtnerischen Arbeiten einem rationellen Organisationsplan unterstellt werden.

Was die Restaurierung betrifft und die Art und Weise, wie sie in anderen europäischen Ländern, z. B. in England, durchgeführt wurde, so verweisen wir auf die Zeitschrift *Landscape Research*, Band 12, Sommer 1987, Nr. 2.

Garten und Park sind, wenn man sie als den architektonischen Strukturen (Villa, Palast, Kastell) untergeordneten Organismus betrachtet, ein aus verschiedenen Einheiten gebildetes komplexes Ganzes. Diese Unterordnung, ja in gewisser Weise Abwertung, hat zur Entstellung und Veränderung der Gärten geführt, zu ihrer Vernachlässigung oder völligen Aufgabe, jedoch auch manchmal zu etwas bizarren Formen der Verwendung. Bei vielen in jüngster Zeit durchgeführten, von privaten oder öffentlichen Auftraggebern veranlaßten Restaurierungen (bei denen immer die architektonischen Elemente Vorrang hatten) wurden Garten und Park von der Villa getrennt behandelt und meist nur mit dem Ziel eines ästhetischen oder praktischen Nutzens wiederhergestellt.

Zweck und Funktion waren die einzigen Kriterien, die von Privaten wie Behörden bei der Neuerschließung von grünen Denkmälern zugrunde gelegt wurden. Es gibt unzählige Beispiele für eine ungeeignete, dem Charakter des jeweiligen Gartens oder Parks unangemessene Restaurierung.

Die Restaurierung des historischen italienischen Gartens

In einem Aufsatz von Camillo Boito, *I nostri vecchi monumenti*, der reich ist an Überlegungen und weitschauenden Hinweisen, finden wir den Kern des Problems. In dem Aufsatz wird betont, daß man bei der Restaurierung unterscheiden muß, ob es sich um Malerei, ein archäologisches oder ein architektonisches Objekt handelt. Ich glaube, hier sollte hinzugefügt werden, daß bei den von Boito angeführten unterschiedlichen Restaurierungsarten der Posten »Restaurierung von grünen Denkmälern« fehlt.

Das ist ein Manko, das in Italien seit jeher bestand und bis heute noch nicht behoben wurde, weder durch methodische noch rationale Eingriffe, ganz zu schweigen von umfassenden wissenschaftlichen Maßnahmen. Und wir können nicht fortfahren, nur die Beispiele des Auslands zu betrachten, denn jedes historische Grün gründet auf seinem eigenen kulturellen und territorialen Umfeld und bedingt somit unterschiedliche Merkmale und Erfordernisse. Man denke z. B. an die kürzlich von dem englischen Landschaftsarchitekten Henry Cocker durchgeführte Restaurierung des historischen Gartens, der zu der aus dem 16. Jahrhundert stammenden Villa Ca' Vendri in Valpantena bei Verona gehört. Der Garten war durch die Ereignisse des letzten Weltkriegs und durch jahrzehntelange Vernachlässigung vollkommen verwahrlost und ist doch ein präzises und individuelles historisches Dokument.

Der italienische Garten hat im Lauf der Jahrhunderte mehrere Veränderungen und Metamorphosen vor allem in seiner pflanzlichen

399

400

Komponente erfahren. Da es sich hier um einen lebenden Organismus handelt, erfordert die Restaurierung und Erhaltung besondere Aufmerksamkeit, nicht nur hinsichtlich der Wahl der Bepflanzung, sondern vor allem bei der Bewahrung der Proportionen und des stilistischen Gleichgewichts.

Die alte kompositorische Harmonie wiederherzustellen erweist sich als schwierig, vor allem wegen der veränderten räumlichen und zeitlichen Verhältnisse; aber eine Interpretation dieser Harmonie nach dialektisch-kritisch-kreativen Kriterien muß wohl versucht werden.

So kann man z. B. bei der Restaurierung eines romantischen Gartens die kompositorische Sprache wiederaufgreifen und sie in neuer, zeitgenössischer Abwandlung neu interpretieren; man kann dabei die Asymmetrien der Linien, der leeren und vollen Räume respektieren, die Kontraste zwischen Licht und Schatten, aber man vermeide Fehler, die aus unüberlegter Planung oder Mißachtung kultureller Gegebenheiten entstehen (wie z. B. durch Einfügung unpassender Elemente). Einige Beispiele hierfür: die kürzlich erfolgte Neuanlage der Straßenseite des romantisch-pittoresken Parks der Villa Giusti in der Nähe von Abano Terme (Padua), wo riesige flache Blumenrabatten mit niedrig wachsenden Pflanzen angelegt wurden, oder der romantische Park Trieste in Vaccarino, in dem ein Tennisplatz eingerichtet und die angrenzende ehemalige Fischerhütte zur modernen Umkleidekabine zweckentfremdet wurde. Der Parco dell'Imperatrice von Galliera Veneta hat, durch den Übergang in verschiedene Besitzerhände, bereits eine Entfernung oder Verringerung seines Sees, der Wasserläufe und zahlreicher Wege erfahren, es wurden unpassende pflanzliche Elemente eingefügt, und jetzt weist er als schreienden Kontrast eine Minigolfanlage auf. Der romantische Park der Villa Comello in Mottinello Nuovo in der Provinz von Padua, wie der vorgenannte ein Werk des Architekten Francesco Bagnara, verfügt nun neben seinen alten Wegen auch über einen sogenannten »religiösen Pfad«.

Ein weiterer wichtiger Aspekt bei der Restaurierung historischer Grünflächen ist die Bedeutung des einzelnen pflanzlichen Elements in der Gesamtstruktur des Gartens oder Parks. Vom einfachen immergrünen geometrischen Gewächs im Garten all'italiana führt die Palette im romantischen Garten zur wildwachsenden, die Farben je nach Jahreszeit wechselnden Vegetation, zu immer neuen Düften und esoterischen Bedeutungen von Baum und Busch; im Jugendstilgarten dann repräsentiert das pflanzliche Element das Lebensgefühl jener Zeit, Gewächse wie Glyzinien, Efeu, Weinlaub und andere Kletterpflanzen werden bevorzugt.

Im modernen Garten dagegen ist der Baum die wichtigste graphische und architektonische Figur, er verleiht dem Garten seine eigentliche Bedeutung, unabhängig von seiner eigenen Vitalität.

Die Bedeutung übergreifender Maßnahmen

Ehe wir mit der Beschreibung der Restaurierungsverfahren beginnen, müssen wir darauf hinweisen, daß alle Stufen (Untersuchung, Studien, Ausarbeitung und Planung der eigentlichen Arbeiten) nicht von einem einzelnen Fachmann durchgeführt werden können; diese Aufgabe

401. Villa Mocenigo, Alvisopoli.
Die im Park stehende Mühle gab dem
Verlagshaus Molinat seinen Namen, das
in der zweiten Hälfte des 19. Jhs. zum
Sprecher der Bewegung des Risorgimento
(Bewegung zur politischen Einigung Ita-
liens im 19. Jh.) wurde. Die Mühle ist

nicht nur ein funktioneller Bau, sondern
stellt auch ein wesentliches Element an
den Grenzen des Parks dar. Bei der Restaurierung eines Parks müssen solche
Elemente in ihrer Position wie auch in
ihrer Form (Zinnen, Fenster usw.) berücksichtigt werden.

401

verlangt vielmehr den Einsatz eines Expertenteams mit all den unterschiedlichen Erfahrungen und Kenntnissen, die ein solches Team zu bieten hat.

Der Grund dafür besteht darin, daß der historische Garten tatsächlich ein vielschichtiges Ganzes ist, d. h. ein Ergebnis aus Werken der Architektur, Botanik, Bühnenbildnerei und Landschaftsbau, und jede Einheit dieses Ganzen ihre eigenen ästhetischen, künstlerischen und kulturellen Werte besitzt. Die übergreifende Methode ist auch dadurch gerechtfertigt, daß durch eine solche Vorgehensweise die Erfahrungen und Erkenntnisse aus den verschiedenen Disziplinen zusammenfließen und sich ergänzen und nicht nur parallel laufen wie z. B. bei der interdisziplinären Methode, bei der man Sektor für Sektor vorgeht.

Dies vorausgesetzt, muß man nun die operativen Phasen festhalten, nach denen bei der Restaurierung eines historischen Gartens vorgegangen werden soll:

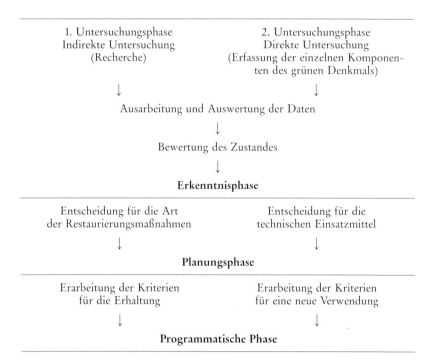

Erkenntnisphase
In dieser Phase soll nicht so sehr das Fehlen oder Vorhandensein eines kulturellen Wertes festgestellt werden, vielmehr untersucht man die Möglichkeiten und Bedeutungen des Gartens, die Grundlage für eine neue Verwendung dieses historischen Zeugnisses und kulturellen Produktes sind. Dazu sind in erster Linie zwei simultan und übergreifend verlaufende Untersuchungen nötig (eine direkte und eine indirekte Untersuchung); in der Interpretation und Auswertung der während dieser Phasen gesammelten Daten erhält man Auskunft über den guten oder schlechten Zustand des grünen Denkmals.

Indirekte Untersuchung
Sie ist die wesentliche Aufgabe des Kunsthistorikers, dessen Erfahrung bei der Forschung in Archiven, bei der Auffindung und Interpretation von Dokumenten eine Rekonstruktion der Entstehungsgeschichte des grünen Denkmals möglich macht. Die historische Forschung stellt deshalb die strukturelle Basis dar für die gesamte Erkenntnisphase, die wiederum die Grundlage für eine angemessene Restaurierung ist.

Somit ist, um einen Überblick über die Entstehungsgeschichte eines grünen Denkmals zu erhalten, die Beschaffung folgender Unterlagen wichtig: a) Bildmaterial wie z. B. historische Karten (Stadtpläne oder Karten von den umliegenden Gebieten), Archivfotos, Luftbilder – auch mit Infrarot aufgenommen –, deren Informationen dazu dienen, ehemalige und heute verschollene bauliche und pflanzliche Anlagen ausfindig zu machen; b) beschreibendes Material aus alten Texten, Monographien usw.; c) historische Grundbücher, auch um die wechselnden Geschicke der verschiedenen Besitzer von Garten und Villa verfolgen zu können; d) historisch- architektonisches Material: Diese Informationen betreffen eventuell vorhandene architektonische Strukturen im Park oder im Garten wie Gewächshäuser, Tempelchen, Nymphäen, *coffee houses* und die hydraulischen Anlagen für die Wasserspiele, Brunnen etc.; e) historisch-botanisches Material.

Diese Forschung dient dazu, die ursprünglich und auch in jüngerer Zeit in den Gärten und Parks eingeführten Elemente kennenzulernen, und soll von einer in der Materie bewanderten Person durchgeführt werden.

Die Untersuchung bildet die Grundlage für die folgenden Verfahren der Datierung und Etikettierung der einzelnen Elemente, die in dem zu restaurierenden Park oder Garten vorhanden sind.

Direkte Untersuchung
Die Untersuchung vor Ort zur Feststellung des aktuellen Zustandes des grünen Denkmals muß von Experten aus jedem wissenschaftlichen Sektor in einer Reihe von Beobachtungen und Informationseinholungen erfolgen: geotopographische, botanische, architektonische und hydraulische Elemente müssen dabei berücksichtigt werden.

Die topographische Untersuchung besteht aus einer morphologischen Analyse des Garten- oder Parkbestands. Dabei muß die Struktur des Gartens ermittelt werden – geometrisch *all'italiana* oder romantisch-englisch – und eventuelle Überlagerungen. Vom technischen Standpunkt aus kann man heute auf zwei Erhebungsmethoden zurückgreifen: a) traditionelle Erhebung durch Einteilung des Gebiets in Sektoren, Absteckung und rastermäßige Wiedergabe auf Flurkarten; b) Erhebung durch Feinmeßgeräte und anschließende Auswertung durch den Computer mit Speicherung der ermittelten Daten. Mit diesen technischen Verfahren können sowohl die Bestandsaufnahme als auch die präzise Lokalisierung der pflanzlichen Komponenten durchgeführt werden.

Die Interpretation und Erfassung der botanischen Komponenten stellen das komplizierteste und vielschichtigste Problem dar. Die

402

403

Materie lebt, sie ist fragil und veränderlich und kann nie ihr ursprüngliches Aussehen wieder annehmen; darin besteht auch der wesentliche
Unterschied in der »Reparatur« eines Gartens und der eines architektonischen Werkes. Eine Pflanze wiederherzustellen oder einen Gra-
steppich ist, wie der Direktor der Abteilung Große Parks der Stadt
Mailand, Franco Agostoni, sagt, ein sehr vergängliches Unterfangen,
denn das Grün verfügt nie über die Festigkeit und Dauerhaftigkeit
einer Mauer, eines Daches oder Bodens.

Die Interpretation der pflanzlichen Komponenten muß einem komplexen Verfahren folgen: 1) Analyse der Luftaufnahmen (schwarz/
weiß, farbig, infrarot, thermographisch) unter folgenden Gesichtspunkten: a) Identifikation des aktuellen Zustands der Anlagen (schw/
w), b) Identifikation der Spuren und Veränderungen (schw/w), Setzung
des Bodens (schw/w), d) Feststellung des Vorhandenseins/Fehlens von
Grundwasser (schw/w, infrarot), e) gärtnerische Hinweise, f) Mengen-
verhältnis zwischen Nadel- und Laubbäumen (infrarot), g) Logik der
Verteilung der pflanzlichen Komponenten (infrarot); 2) Studien auf
Bodenebene unter folgenden Gesichtspunkten: a) systematische Bestimmung der Individuen, b) Altersbestimmung mit Hilfe der Baum-
vermessung bei den wichtigsten Exemplaren oder Gruppen, c) bedeu-
tungsmäßige Bewertung der einzelnen Gewächse nach Alter, Aussehen
und Gattung, d) Feststellung der früheren Umweltbedingungen und
der Wachstumsgeschichte (Veränderungen, Befall von Schädlingen)
anhand von Baummessungen; 3) Studien an den pflanzlichen Objekten,
unter folgenden Gesichtspunkten; a) Feststellung eventueller Krank-
heiten und ihrer Behandlung (Behandlung gegen Schädlingsbefall, Des-
infektion von betroffenen Einzelpflanzen), b) Feststellung von Wachs-
tumsstörungen (aufgrund falscher Anlage, Veränderungen der Boden-
bedingungen, Brand, schlechter Beschneidung), c) Feststellung von
traumatischen Ereignissen (vom schlechten Baumschnitt über meteorologische Störungen bis hin zu individuellen Anomalien).

Die Untersuchung der architektonischen Bestandteile und der eventuell vorhandenen Statuen ist Aufgabe des Architekten, der nach der
von den einschlägigen technischen Verfahren diktierten Methodik
vorgeht.

Es sind planimetrische und perspektivische Erhebungen nötig,
Schnitte durch Mauerwerk und Listen über eventuell vorhandene
konstruktive und dekorative Elemente. Vor allem muß mit Sonden
und Probenentnahmen sowohl bei den Bauwerken als auch bei den
Skulpturen festgestellt werden, wie weit der Verfall durch die zersetzenden Substanzen vorangeschritten ist.

Wenn auch die Mikroflora (Schimmel, Pilz) aufgrund der meist
überdurchschnittlich hohen Feuchtigkeit dieser Orte eine natürliche
zersetzende Substanz darstellt, so ist doch die Umweltverschmutzung
(Staub und Rauch) zur Zeit die gefährlichere Bedrohung für die Objekte. Deshalb wird hier eine chemisch-physikalische Diagnose höchst
nützlich sein.

Die Untersuchung über das Wassersystem betrifft die Versorgung
eines Parks oder Gartens mit Wasser, und zwar unter den Aspekten
stehender Gewässer und fließender Gewässer.

404

405

404. Parco dell'Imperatrice (Park der Kaiserin), Galliera Veneta.
Im Lauf der Zeit wurde der See mehrfach verändert und ist dadurch fast verschwunden.

405. Parco dell'Imperatrice, Galliera Veneta.
Zu sehen sind ein Teil des Gartens und eine jahrhundertealte japanische Sophora.

406. Parco dell'Imperatrice, Galliera Veneta.
Das Archivfoto aus dem Jahr 1900 zeigt einen Teil des Sees mit der Villa im Hintergrund.

406

323

*407. Parco dell'Imperatrice, Galliera Ve-
neta.*

407

408. La Barbarige, Stra.
Blick vom Hauptweg des Parks auf die
Vorderseite der Villa. Der Park wurde
im 18. Jh. errichtet. In den vergangenen
30 Jahren haben die Natur und unüber-
legte Eingriffe des Menschen alles ver-
nichtet, was noch von der ursprünglichen
Anlage im Nordosten der Villa übriggeblieben war.

Im Fall der stehenden Gewässer werden alle Wasserflächen untersucht wie z. B. Becken, Seen, Weiher und Fischbassins; im Fall der
fließenden Gewässer alle mit Motor betriebenen, hydraulischen
Strukturen wie Brunnen, Wasserspiele und Kaskaden. Theoretisch
müßte die Art und Weise, wie diese beiden Wassersysteme miteinander kombiniert und eingesetzt sind, eines der charakteristischen Merkmale für den Stil des Gartens oder Parks darstellen.

Für den romantischen Garten im englischen Stil haben wir das System: See–Kaskade–Fluß–Weiher; für den formalen Garten im italienischen Stil gilt das System Brunnen–Wasserspiele und Fontänen und
ähnliches.

Tatsächlich jedoch finden wir in vielen historischen Gärten und
Parks beide Systeme einträchtig nebeneinander, auch bedingt durch
die im Lauf der Zeit sich wandelnde Mode und die veränderten Besitzverhältnisse.

Was die Kontrolle über den Zustand der Wasserflächen betrifft, so
müssen hier Untersuchungen des Gewässerbodens vorgenommen
werden, um die Dichte des Schlamms und der organischen bzw. anor-
ganischen, verschmutzenden Ablagerungen festzustellen; die Benutzbarkeit des überirdischen oder unterirdischen Kanalisationsnetzes
(etwa ganz oder teilweise verstopft) muß ermittelt werden; dem Ursprung der eventuell auf der Wasserfläche vorhandenen, zersetzenden
Wasserflora muß nachgegangen werden; der Zustand des Uferbe-
reichs von Weihern, Seen und Bassins und die Benutzbarkeit von
Brücken und Stegen muß untersucht werden.

Bei den motorgetriebenen hydraulischen Strukturen ist eine Überprüfung der mechanischen Anlage nötig, die die Fontänen, Kaskaden
und Wasserspiele regelt.

Bewertung des Verfallsgrades des grünen Denkmals

Die Auswertung der Daten und die graphische Darstellung (Flurkarten, Diagramme, Karten über eingetretene Veränderungen und Varia-
tionen) der Ergebnisse aus dieser ersten Phase (1. und 2. Untersuchung) geben Aufschluß über den tatsächlichen Zustand einer jeden
Komponente und des Gesamtkomplexes, so daß eine Liste der dringendsten Eingriffe zur Sanierung und Instandhaltung aufgestellt werden kann.

Die Pflanzensubstanz und besonders die einjährigen Pflanzen sind
am meisten bedroht und bedürfen am dringendsten der Maßnahmen
für Schutz und Pflege.

Eine systematische und präzise Durchführung der Untersuchungen
in der Erkenntnisphase und die genaue Dokumentation der gesammelten Daten sind die Grundlage für eine erfolgreiche Analyse. Die Daten
müssen aus detaillierten, umfassenden, in jüngster Zeit durchgeführten und geprüften Untersuchungen stammen.

Für unsere Zwecke ist die Abfassung folgender Kartogramme wesentlich: a) geomorphologische Karte nach Interpretation von bei
niedriger Flughöhe aufgenommenen Luftbildern, wodurch die geomorphologischen Züge des betreffenden Gebietes und der Verlauf der
Gewässer an der Oberfläche und in der Erde aufgezeigt werden; b)

408

409, 410. Der Lion-Salom-Garten in
Lion di Albignasego.
Einige fingierte Ruinen stellen die malerische Dekoration des Salom-Parks dar,
der ursprünglich in der zweiten Hälfte
des 14. Jhs. angelegt wurde. Der Park
wurde vollkommen aufgegeben, wodurch nicht nur die gesamten Pflanzungen, sondern auch eine holländische
Mühle und eine Grotte zerstört wurden.

409

410

411. Villa Manfrin, Sant'Artemio.
In dem zwischen dem 18. und 19. Jh. angelegten Garten, der später in einen öffentlichen Park umgewandelt wurde,
liegt der Eiskeller.

412. Villa Manfrin, Sant'Artemio.
Ein Teil des Parks wurde zum Fußball-
platz: ein Beispiel für die Verwendung
einer historischen Grünfläche als moderne, urbane Grünfläche, ohne Rück-
sicht auf ihre ursprüngliche kulturelle
und künstlerische Bestimmung.

Vegetationskarte, die nützlich ist, um den botanischen Bestand des Gartens und Parks festzustellen und festzuhalten, vor allem die pflanzliche Typologie und den Grad des Verfalls. Aus dieser General-karte kann man andere erarbeiten, die besonders kennzeichnende Ele-mente hervorheben (Karte mit der ursprünglichen Vegetation, mit den späteren Anlagen, mit den bodenständigen und den eingeführten Pflanzen, Karte mit den Bäumen oder den immergrünen Pflanzen, Karte mit den Bedecktsamern oder den Nacktsamern, Karte mit den von Schädlingen befallenen Bäumen); c) Karte mit den Pflanzenkrank-heiten, um einen Überblick zu erhalten über den Befall mit Parasiten und Krankheitserregern (tierisch und pflanzlich) und deren Verbrei-tung im betroffenen Gebiet; mit Hilfe dieser Karte kann man die Grenzen und den Umfang der geplanten Eingriffe festlegen; d) Karte der architektonischen und dekorativen Komponenten, aus der die Menge und die Typologie der in Park und Garten aufgestellten Ele-mente hervorgeht, sowie ihre genaue Verteilung; e) Karte der Wege und Pfade, die die Entwicklung der ursprünglichen Weganlage doku-mentiert, ihre eventuelle (teilweise oder völlige) Abschaffung und die im Lauf der Jahre erfolgten Veränderungen oder Neuanlagen, die auch sehr oft spontan beim Benützen des Parks oder Gartens entstanden.

Planungsphase
Jede Maßnahme in dieser Phase stellt ein ganz spezielles Verfahren dar, dessen wichtigste Schritte in drei Stufen zusammengefaßt werden kön-nen: a) Versuch, das Problem zu erfassen, d. h. es im wesentlichen zu analysieren, zu diagnostizieren, zu definieren und Lösungen vorzu-schlagen; b) Lösungsmöglichkeiten sind vorhanden, und wenn man Kreativität und Imagination in Anspruch nimmt, kann man sicher mehrere alternierende Lösungen finden; c) man gelangt daraufhin zu einer Bewertung der Situation und zu einer Entscheidung. Das ge-schieht auch in der Phase der Neuplanung bzw. der Bearbeitung des bereits Existierenden: bei der Restaurierung.

In diesem besonderen Fall jedoch ist die Analyse viel genauer, die Synthese der Lösungen besser abgegrenzt, und die Entscheidung un-terliegt vor allem dem Gesichtspunkt des technisch Machbaren. Bei der Restaurierung von grünen Denkmälern ist die zweite Phase ent-scheidend für die Wahl der anzuwendenden Eingriffe. Ein in Verfall befindlicher historischer Park oder Garten weist in den meisten Fällen ein sehr unterschiedliches Bild auf. Die Veränderungen in den einzel-nen die Struktur des grünen Denkmals bestimmenden Komponenten sind stets sehr vielfältig, komplex und von unterschiedlicher Schwere (auch wenn man bei der Vegetation oft einen konstanten Verfall fest-stellen kann).

Wie bedenklich die Situation des grünen Monuments auch sein mag (das gilt auch für die architektonischen Elemente), so muß der Restau-rierungseingriff vor allem darauf abzielen, das Gleichgewicht des Ob-jekts in seinem ganzen Komplex wiederherzustellen, ohne dabei histo-rische oder künstlerische Fehler zu begehen und die Spuren der histo-rischen Vergangenheit auszulöschen.

Das Kulturgut besteht in seiner Gesamtheit immer noch als solches,

411

412

413. Villa Manfrin, Sant'Artemio.
Im Park steht ein Pavillon, der zur Zeit
in erbarmungswürdigem Zustand ist.

auch wenn es in Bruchstücke zerfallen ist; deshalb muß es in seinem eigenen Wert und seiner Ausdruckskraft wiederhergestellt werden.

Für die Restaurierung der pflanzlichen Komponente gibt es von Fall zu Fall eine Reihe von Lösungen: a) Wenn der Baumbestand stark beeinträchtigt ist und die Zeugnisse, auf die man sich berufen kann, nur spärlich Auskunft geben, so empfiehlt sich eine Erneuerung des Bestandes unter Berücksichtigung der kulturellen und ökologischen Gegebenheiten des Umfeldes; diesbezüglich sei der Park Salom in Albignasego in der Provinz Padua genannt, von dem einige hochwertige bauliche Komponenten erhalten geblieben sind, während der ursprüngliche Baumbestand vollkommen verschwunden ist. b) Wenn der Verfall begrenzt und eine konservierende Restaurierung möglich ist, muß man versuchen, die ursprüngliche Form mit Hilfe der noch vorhandenen Proportionen wiederaufzunehmen gemäß den von Patrizio Giulini aufgestellten Anweisungen: Verjüngung, Ausdünnung der bestehenden Substanz, Anlage von neuen Einzelpflanzen; die Eingriffe sollen also in erster Linie konservierend und restaurierend sein, und erst in zweiter Linie denke man an den Anbau neuer Pflanzen. c) Sollte ein noch vorhandener ursprünglicher Baumbestand durch später eingefügte bauliche Komponenten oder unpassende Elemente verunstaltet sein, so muß man sehr vorsichtig entscheiden, um den Kontext des grünen Monuments nicht zu stören.

Bei der Wahl der technischen Mittel verweisen wir auf das neue Modell aus *Capitolato Speciale d'Appalto per le opere concernenti l'architettura del paesaggio* (Submissionsbedingungen für die Werke der Landschaftsarchitektur), das die Beziehungen zwischen Auftraggeber und Ausführendem regelt und die Standards für das Material festlegt.

Programmatische Phase

Die mit der Restaurierung eines historischen Gartens oder Parks beauftragten Experten müssen in ihrem Sanierungsprogramm auch einen Plan berücksichtigen, der die für die gegenwärtige und zukünftige Instandhaltung notwendigen und geeigneten Maßnahmen enthält (siehe Paragraph 2 der Charta von Florenz). Garten und Park müssen vor jedem Ereignis geschützt werden, das sie in ihrem Wesen beeinträchtigen. Die Frage der richtigen Nutzung eines grünen Denkmals nach seiner Instandsetzung oder Restaurierung ist grundlegend für die Zukunft des Monuments.

Das historische Grün kann kein Behälter sein, den man zu Hilfe nimmt, wenn die städtischen Grünanlagen nicht ausreichen, um ihn mit Spiel- oder Sportplätzen zu versehen. Das historische Grün ist ein kulturelles und künstlerisches Produkt, und folglich erträgt es nur Verwendungen im künstlerischen Bereich.

Es mag jedoch bei der Frage der Nutzung auch die Möglichkeit in Betracht zu ziehen sein, daß der historische Park oder Garten ein Ort der künstlerischen, kulturellen und ästhetischen Erziehung sein kann.

Geführte Besuchergruppen könnten in begrenzter Zahl zugelassen werden, nach einem genauen Jahreszeitenplan, der auch eine Periode der Ruhe und Schließung des gesamten Komplexes vorsieht.

Auf diese Art und Weise müssen die bereits laufenden Restaurierungen der öffentlichen Gärten im Veneto durchgeführt werden, und die vom Regionalen Forstamt in die Wege geleiteten konservierenden Arbeiten müssen durch die hier dargelegten spezifisch philologischen, morphologischen und planerischen Arbeiten ergänzt werden.

Bibliographie:
C. Boito, »I nostri vecchi monumenti«, in: *Nuova Antologia*, v. 87, 1886. »Tutela e valorizzazione delle ville e dei giardini italiani«, vierte nationale Versammlung von Italia Nostra, in: *Bollettino*, Nr. 13, Mai/Juni 1959.
C. Brandi, *Teoria del restauro*, Rom 1963.
C. Ceschi, *Teoria e storia del restauro*, Rom 1970.
D. Pasolini dall'Onda, »Restauro del verde storico nella pianificazione del territorio«, in: *Italia Nostra*, Nr. 128, Sept. 1975, S. 30–33.
I. Belli Barsali, »Il restauro di ville e Giardini Storici«, in: *Italia Nostra*, Nr. 199–200, Mai/Juni 1981, S. 15–19
V. Cazzato, »Verso una Carta del restauro dei giardini storici«, in: *Giardini Italiani. Note di storia e di conservazione*, hrsg. v. M. L. Quondam und M. Racheli, Rom 1981, S. 137–144.
F. Negi Arnoldi, »Per una catalogazione del patrimonio storico, architettonico e botanico dei giardini italiani«, in: Versch.

Verf., *Il giardino storico italiano*, Florenz 1981, S. 53–58.
B. Reichlin, F. Reinhart, »Giardino a Biasca. Un restauro«, in: *Lotus International*, Nr. 31, 1981/II, S. 34–36.
G. Viliano, »Parchi e giardini nelle pianificazioni urbanistiche. Il recupero del vecchio e il modello per la realizzazione del nuovo«, in: *Città e Società*, Juni/Juli 1982, S. 17–29.
F. Chiostri, »Problemi di gestione delle aree verdi di interesse storico«, in: *Notiziario AIAP*, Nr. 4/5, 1983, S. 23–26.
G. Ferrara, G. Campioni, »Progetto di conservazione del parco mediceo di Pratolino«, in: ibidem, S. 34–35.
F. Guerrieri, *Dal restauro dei monumenti al restauro del territorio*, Florenz 1983.
A. Maniglio Calcagno, »Giardini storici genovesi: rilievi, analisi e proposte di recupero«, in: *Notiziario AIAP*, Nr. 4/5, 1983, S. 45–50.
R. Assunto, »Contro la massificazione dei giardini«, in: *Città e Società*, Sondernummer Juni/Juli 1984, S. 5–10.

G. Peluzzi, »Rilievo del giardino storico«, in: *Ville Giardini*, Okt. 1984, S. 32–35.
G. C. Rattazzi, »Il giardino e lo spazio dell'amministrazione locale«, in: *Città e Società*, Nr. 3, Juni/Juli 1984, S. 52–55.
L. Sessaro, »Memoria storica e frammenti della città perduta. Alcuni interrogativi a partire dal Parco delle Mura«, in: *Recuperare*, Januar/Februar 1984.
M. Vagnetti, »Protezione e restauro«, in: *AU*, Mai/Aug. 1984, S. 106–110.
S. Varoli Piazza, »Del buon uso dei giardini storici«, in: ibidem, S. 102–105.
M. Catalano, F. Panzini, *Giardini Storici, Teoria e tecniche di conservazione e restauro*, Rom 1985.
P. Bussadori, P. Giulini, »Parco Imperiale di Galliera Veneta. Lettera per un parco«, in: *Il Giardino e la Scena*, Ausstellungskatalog, Castelfranco Veneto 1986, S. 98–99.
M. Minuzzo, »Interventi di restauro dei giardini napoleonici della Biennale«, in: *Le Foreste*, Juli/Aug. 1986, S. 30.
P. Porcinai, »Giardino e paesaggio«, in:

Notiziario AIAP, Nr. 10, Okt. 1986, S. 16–29.
T. Bagnati, R. Lodari, »I giardini del Lago Maggiore: individuazione e tutela di un sistema paesistico«, in: *Il Giardino come Labirinto della Storia*, Berichte der Versammlung, Palermo o. J. (1987), S. 182–183.
I. Belli Barsali, »Problemi di metodo: i recenti studi su ville e giardini romani«, in: ibidem, S. 70–76.
C. Bruschi, V. De Folly d'Auris, M. Mattein, *Capitolato Speciale d'Appalto per le opere concernenti l'architettura del paesaggio*, Mailand 1987.
F. Perego, *Anastilosi, l'antico, il restauro, la città*, Bari 1987.
G. Reggio, »Comunicazione sui giardini storici della Lombardia«, in: *Il Giardino come Labirinto della Storia*, zit., S. 138–142.
L. Scazzosi, M. Azzi Visentini, »The Conservation of Parks and Gardens in Italy«, in: *Landscape Research*, Sommer 1987, Bd. 12, Nr. 2, S. 3–9.

414. Der Cataio-Park, Battaglia, Detail
des Eingangshofes mit der den Fluß Meduacus minor darstellenden Statue, die
zusammen mit der Statue des Meduacus
maior die zur Burg hinaufführende
Treppe flankiert.

414

Bei den Fragmenten von Notarsurkunden, die im Archiv der Cancelleria inferiore lagern und darauf warten, in Ordnung gebracht zu werden, befinden sich auch private Papiere aus der Zeit von 1484–1520, die von der Familie Redaldi gesammelt wurden, vielleicht aus Erbschaftsgründen, und von deren Existenz bereits Cecchetti[1] berichtet hat. Zu diesen Papieren gehören einige Jahresmietverträge von 1505–1517 über zwei Häuschen und einen Garten sowie einen dazugehörigen *ortexello*, einen kleinen Garten, den der Eigentümer für sich reservierte. Das Anwesen lag neben dem Kloster der Observanten von San Giobbe und ist sogar in der Vogelperspektive von de' Barbari zu erkennen: eine Art Botanischer Garten, den der Arzt Benedetto Redaldi – und nach dessen Tod sein Bruder Bernardino – sehr liebte. In den Verträgen ist eine große Vielfalt an Obstbäumen, Gemüsepflanzen und Blumen aufgeführt sowie »Kräuter zum Essen und als Duftkräuter«, die der Mieter sorgfältig zu pflegen hatte, mindestens zweimal pro Woche mußte er den Haushalt des Eigentümers mit den Früchten des Gartens beliefern. Zu den in den Verträgen enthaltenen Ge- und Verboten gehört auch die Bestimmung (aus dem privaten Schriftstück vom 29. September 1506), daß man »in besagtem Garten weder kleine Imbisse noch große Festessen geben darf noch Tänze, Gesang und Instrumentenklang irgendwelcher Art, keine Flöten und Tamburine, keine Zimbeln und Hörner, und daß man keine unredlichen Personen in den Garten führe, und das aus Respekt vor den Patres in der Nachbarschaft, um ihnen kein Ärgernis zu geben und sie nicht zu stören. Bei Nichtbefolgen dieser Anweisungen steht es mir frei, den Vertrag zu lösen.« Der vorwurfsvolle Ton dieser überraschenden Dokumente kann das fröhliche Leben in den venezianischen Gärten und Parks der Renaissance nicht verbergen, das – in vielen Gemälden dokumentiert und idealisiert – am Rande des Krieges geführt wurde, der gerade in jenen Jahren die Republik erschütterte. Wir können noch den Duft der Gärten vernehmen, wenn wir die Dokumente der Klosterbrüder durchstöbern auf der Suche nach schriftlichen Beweisstücken und vor allem nach Bildmaterial, das sicher noch eindrucksvoller ist. Um uns in diesem enormen, historisch geordneten Komplex von Dokumenten zurechtzufinden, in dem die einzelnen Archivabteilungen noch weitgehend ihre ursprüngli-

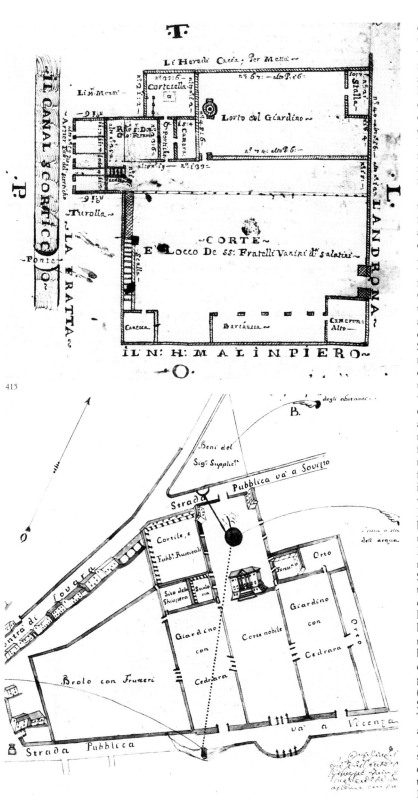

415. Pasqualin Locatelli, Karte eines Eigentums auf dem Platz von Fratta in Polesine, ohne Villa, Zeichnung, 23. Januar 1691, Venedig, Staatsarchiv.

416. Giuseppe Guin und Gerolamo Maffioletti, Plan der Cordellina in Montecchio Maggiore, mit Nebengebäuden, erstellt zur Erteilung einer Wasserkonzession, Ausschnitt, Zeichnung, April 1796. Venedig, Staatsarchiv.

415

416

che Struktur oder die Ordnung beibehalten haben, die ihnen von den alten Bibliothekaren unter Berücksichtigung der noch existierenden Organisationen, Institutionen und Familien gegeben wurde, benötigen wir unweigerlich eine Hilfe, einen Leitfaden; der ist uns gegeben in der Kenntnis der den jeweiligen Ämtern eigenen Befugnisse und Verfahren, der Behörden und Amts- oder Privatpersonen, die sich aus administrativen oder juristischen Gründen mit der Materie befaßten.

Der Forscher, der sich mit dem untrennbaren Zweigestirn Villa/Garten befaßt, oder mit der in Venedig so häufig anzutreffenden Einheit Palazzo/Garten, denkt natürlich sofort an die Archive der Adelsfamilien, in denen er Projekte, Entwürfe und Pläne der schönen Gebäude zu finden hofft, Verträge mit Architekten, Gutachtern und Handwerkern, Buchhaltungsunterlagen und Quittungen, Gutachten und vielerlei andere Dokumente, die parallel auch in den Archiven der Stadt aufbewahrt werden, wie z. B. Testamente, Notarsurkunden, Inventarslisten oder Gerichtsakten. Die in den viele Jahre umfassenden Familienarchiven aufbewahrten Dokumente vermitteln jedoch einen anderen Eindruck als die Papiere aus den öffentlichen Archiven. Als Kuriosum möchte ich einen »Prozeß« anführen (mit diesem Begriff wurde in Venedig sowohl eine Akte als auch ein Verfahren bezeichnet) aus dem Archiv Donà in Riva de Biasio, das zu dem vor kurzem vom Staatsarchiv Venedig aufgekauften Bestand Marcello Grimani Giustinian gehört. Die Akte umfaßt die Jahre 1611–18 und behandelt das Erbe von Giovanni Battista Cavazza, einem Gärtner aus Genua, der im Dienste des Nicolò Donà auf Schloß Montegalda stand; es werden Zitronenwäldchen und Jasmin genannt und einige Gärten[2]. Zu den im Archiv befindlichen Papieren des Hauses Badoer gehört das Gutachten vom 24. Januar 1691, mit dem der Gutachter des Amtes für brachliegende Ländereien, Pasqualin Locatelli, die Güter der Gebrüder Vanini, genannt Salatini, schätzte, die sie in Fratta (Fratta Polesine) hinter dem Damm des Scortico-Kanals besaßen und die sie zur Tilgung einer Schuld an Antonio Pesaro abtraten, der sie im Namen seiner Frau, Andriana Badoer, annahm. Das Schriftstück wird durch einen Lageplan ergänzt; das Eigentum besteht aus vier Werkstätten und anderen Gebäuden, darunter eine Loggia, ein Hof, ein »kleiner Hof« mit

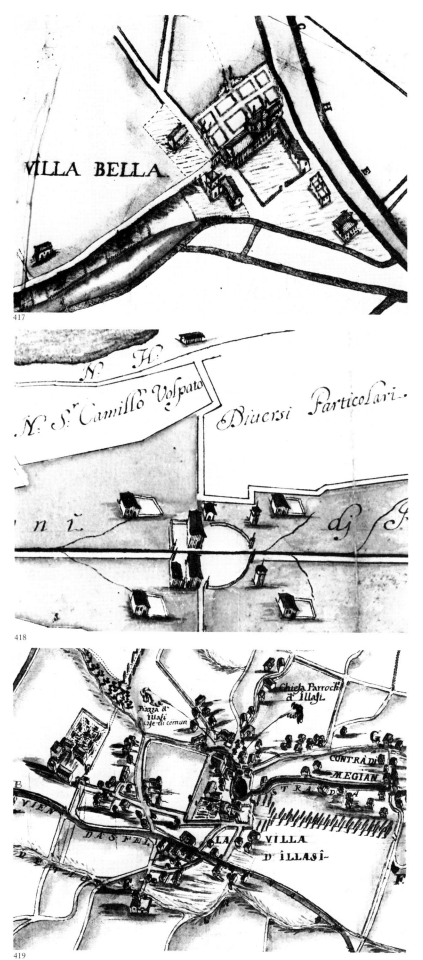

VILLA BELLA

417

N. S.ᵉ Camillo Volpato   Diuersi Particolari

418

Chiesa Parrochᵉ
d'Illasi

Piazza d'
illasi
case di comun

CONTRADᵉ
MEGIAN

LA VILLA
D'ILLASI

419

Brunnen, »der Gemüsegarten und der Lustgarten« mit einem schönen Brunnen[3].

Im Staatsarchiv von Venedig wird den Beständen der Justiz große Aufmerksamkeit gewidmet, besonders jenen Dokumenten, die sich mit der Wasserregulierung des Gebiets (durch das Wasseramt) befassen und mit den Aufgaben der Inspektorenkommission zur Kultivierung brachliegender Ländereien (oder Amt für Brachland, Provveditori sopra Beni Inculti) – ein »obligatorischer Ansatzpunkt für alle Studien über die Gärten der Serenissima«, wie Margherita Visentini bestätigt[4].

Vom Senat der Republik Venedig am 10. Oktober 1556 nach mehreren mißglückten Versuchen eingerichtet, hatte sich diese Kommission das Ziel gesetzt, neue Länder für die landwirtschaftliche Nutzung zu gewinnen. Das sollte durch großartige Trockenlegungs- und Bewässerungsobjekte geschehen, die mit der freiwilligen und zwangsweisen Beteiligung der Eigentümer der in den betroffenen Gebieten liegenden Güter durchgeführt wurden. Mit diesen Maßnahmen wollte man den steigenden Bedürfnissen der Bevölkerung gerecht werden, aber auch die Abhängigkeit von den ausländischen Märkten in der Ernährung und Versorgung reduzieren; außerdem versprach sich die Stadt ein höheres Steuereinkommen[5].

Diese neue Zielsetzung in der Bewirtschaftung des Landes wurde lange Zeit vom Magistrato delle Acque, dem Wasseramt, bekämpft. Das Amt fürchtete die Gefahren und Schäden, die der Lagune entstehen konnten, wenn »aus Wasser Land gemacht« wurde. Die Einrichtung des neuen Wasseramtes ist auch bezeichnend für den Wandel in der Geisteshaltung der Venezianer, die sich vom Meer ab- und dem Festland zuwandten. Die Terraferma bot Investitionsmöglichkeiten für das Kapital, das man sich durch den Handel geschaffen hatte. Der Landbesitz der Familien vergrößert sich, immer zahlreicher werden die Villen der Patrizier- und Adelsfamilien. In der Nähe und im Zusammenleben, in der gegenseitigen Kenntnis voneinander, erwächst ein neues Verhältnis zwischen Herren und Untergebenen, persönliche und familiäre Bindungen werden geknüpft, es bildet sich eine neue großartige Kultur, die Villenkultur.

Die Villa ist nicht nur ein Ort der Erbauung und Erholung, Zeichen von Macht und Reichtum, Ausdruck eines feinen künstlerischen Geschmacks – sie ist vor allem der Mittelpunkt eines landwirtschaftlichen Betriebs, der für die wirtschaftlichen Verhältnisse der Familien eine entscheidende Rolle spielt; deshalb wendet man ihm die gleiche Sorgfalt zu wie der Verwaltung der öffentlichen Güter, des Staates. Zur Villa gehören sowohl architektonische Elemente (Loggien, Kapelle) wie auch offene Flächen: »der Betriebshof, der Obst- und der Gemüsegarten, der Lustgarten«, der sich nicht immer von den Nutzgärten unterscheidet und auch nicht immer Erwähnung findet in den Beschreibungen der Dokumente. In diesen Rahmen fällt auch die Tätigkeit des Amtes für Brachland, das die Dokumente erstellte, die uns heute besonders genau Auskunft geben.

Da nach venezianischem Recht »alle Wasser Eigentum der Domäne sind«, d. h. Staatseigentum – jedenfalls in den Provinzen bis zum Fluß Mincio –, stand es nur dem Wasseramt zu, die verschiedenen Konzessionen zu erteilen, Wasserkonzessionen zur Bewässerung der Felder, zum Betreiben von Mühlen und Werkstätten, für den häuslichen Gebrauch und den Gebrauch in der Villa und im Garten. Die entsprechenden »Abschlüsse« oder »Investituren« sind Grundlagen für heute noch bestehende Rechte und stellen gleichzeitig mit den anderen Dokumenten ein typisches Beispiel für Verwaltungsakte dar, die uns heute noch bei unseren Untersuchungen nützlich sein können.

Das Verfahren begann mit dem »Bittgesuch« an die Inspektorenkommission von seiten der betreffenden Privatperson oder Institution. Nur bei Gesuchen, die den Anbau von Reis betrafen – ein sehr einträglicher Anbau, der sich seit Mitte des 16. Jahrhunderts stark verbreitete und nicht ganz ohne Opposition blieb, denn er entzog der Viehzucht und den anderen landwirtschaftlichen Tätigkeiten wichtiges Land –, mußte man sich an die Signoria der Republik Venedig wenden, den Staatsrat, der die Angelegenheit nach Prüfung an die Kommission weiterleitete. War die Ordnungsmäßigkeit des Gesuchs festgestellt, so beauftragte die Kommission zwei Gutachter, einen ordentlichen, amtlich bestellten und einen außerordentlichen, der meist auf dem Festland lebte, mit der Besichtigung des Ortes und der Abfassung eines getrennten oder gemeinsamen Gutachtens mit graphischer Darstellung (»Zeichnung«),

417. Iseppo Panatta, Darstellung der
Villa Gritti in Villabella di San Bonifacio
mit Garten und Annexen, Ausschnitt,
Zeichnung, Januar 1620. Venedig,
Staatsarchiv.

418. Andrea Tirali und Domenico Pic-
coli, Vermessung der doppelten Villa
Priuli, genannt »la Priula«, am rechten
Ufer des Piave, Ausschnitt, Zeichnung,
Februar 1714. Venedig, Staatsarchiv.

419. Giovanni Battista Pellesina, Darstellung von Illasi mit den beiden Villen
Pompei, jede mit ihrem Garten, Ausschnitt, Zeichnung, 15. September 1766.
Venedig, Staatsarchiv.

420. Giovanni Battista Piavento, Vermessung des Palastes Falier Alcaini zwischen Mestre und Marghera an der
Brenta, Ferienhaus des kaiserlichen Botschafters, Zeichnung, 12. Mai 1785. Venedig, Staatsarchiv.

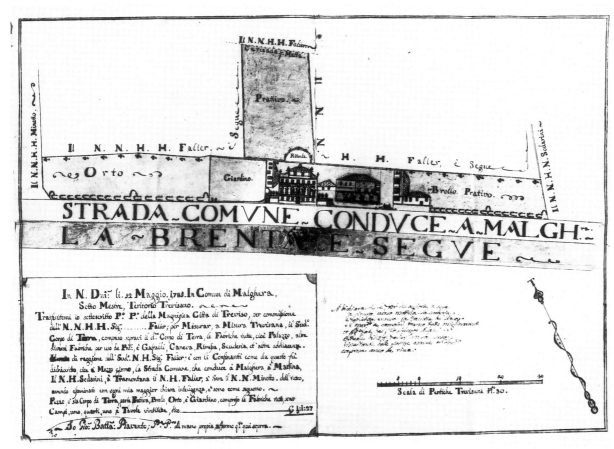

420

und nach Eingriff durch den Menschen.
Es handelt sich in den meisten Fällen
nicht um Dokumente, die aus kulturellen
oder informativen Zwecken hergestellt
wurden, sondern um Beweisstücke, die
bestimmte Daten oder Tatsachen belegen
sollten, meist für ein laufendes Verfahren,
z. B. über die beantragte Abzweigung
von Wasser. Doch da auch Techniker nie
ganz frei sind von ästhetischen Empfindungen, kann ein nüchternes Gutachten
plötzlich zur aufschlußreichen Beschreibung von Natur und Landschaft werden.
Insgesamt sind diese Dokumente somit
eine äußerst wichtige Quelle, reich an Bildern und Überraschungen – sie sollten jedoch mit der nötigen Vorsicht und mit
kritischer Einstellung benützt werden.

Die Villa ist meist, als Plan, Aufriß
oder axonometrisch dargestellt, der
eigentliche Gegenstand des Dokuments.
Doch wird stets, mit ihren Anbauten und
Nebengebäuden, auch der Garten erwähnt; er ist entweder nur in seinen Ausmaßen angegeben oder aber in seiner Anlage genau beschrieben, d. h. mit Wegen
und Rabatten, wir wissen nicht, wie na-
turgetreu, aber sicher dem Geschmack
der Zeit entsprechend. Es können Brunnen erwähnt sein, Pergolen und andere
architektonische Strukturen; nicht fehlen
darf das Fischbecken für die vielen von
der Kirche vorgeschriebenen fleischlosen
Tage. In anderen Fällen sind Villa und
Gärten nur Randerscheinungen, Elemente einer in ihren wesentlichen Zügen
dargestellten Landschaft. Die Karte ist
meist mit Untertiteln und Anmerkungen
versehen, die oft eine knappe Zusammen-
fassung der Gutachterberichte darstellen.
Von den zahlreich zur Verfügung stehenden Exemplaren wähle ich zwei aus.

Im Januar 1620 erstellte der ordentliche
Gutachter Iseppo Panatta ein Gutachten
im Zuge eines Gesuchs für die Genehmigung von Wasser zu Bewässerungszwek-
ken, das von der venezianischen Patri-
zierfamilie der Gebrüder Pietro Gritti
und vom veronesischen Grafen Alberto
Pompei eingereicht worden war. Am
Rande dieses Gutachtens erscheint, in
axonometrischer Ansicht, die majestä-
tische Villa Gritti in Villabella bei San Bonifacio mit all ihren Anbauten; auf der
Vorderseite erstreckt sich ein weitläufiger
Garten mit Rabatten, zu dem man durch
zwei aufwendig gearbeitete Portale Zutritt hat[7].

Der Villa Cordellina Lombardi gewidmet ist eine Zeichnung, die im April 1796
von den Gutachtern Giuseppe Fuin und

die den vorgesehenen Eingriff erläutern
sollte und beweisen mußte, daß das Ge-
wässersystem und die Rechte privater
oder öffentlicher Landbesitzer nicht be-
nachteiligt würden. Auf dieser Grundlage und nachdem die für Einwendungen
vorgesehene Zeit verstrichen war, wurde
die Investitur bewilligt, nach der die entsprechende Steuer entrichtet werden
mußte. Die Investituren wurden dann in
ein Register eingetragen, und die gesamte
Akte wurde in den »Grundbüchern der
Investituren« registriert. Diese Grundbücher waren nach den verschiedenen
Territorien aufgeteilt, sie wurden hinsichtlich Veränderungen und Umschrei-
bungen sogar noch einige Jahre nach dem
Fall der Republik weitergeführt bis zur
Vereinigung mit der Edlen Gesellschaft
für die Belange des Wassers (1798–1803),
die die Investituren in der ersten österreichischen Periode bearbeitete.

Neben der besonderen Serie von Dokumenten Processi, investiture e altri atti
(Prozesse, Investituren und andere Do-

kumente), in denen auch Zeichnungen
enthalten sind, ist die restliche Dokumentation chronologisch und nach Doku-
mententyp geordnet (»Gesuche«,
»Gutachten« usw.), wie in den meisten
venezianischen Behörden üblich. Die
Akten müssen also rücklaufend, entgegen
ihrem Entstehungsverlauf, durchforscht
werden.

Jede Serie kann, zumindest indirekt,
nützliche Elemente für die Untersuchung
der Gärten liefern; Hauptquelle sind jedoch weiterhin die Zeichnungen, die vom
Archiv den Wissenschaftlern seit den frühen fünfziger Jahren zur Einsicht zur Verfügung gestellt wurden. Es war Giuseppe Mazzotti, der die Öffentlichkeit
alarmierte und auf das Problem der Rettung der venetischen Villen hinwies, ein
großartiges kulturelles Vermögen, das
sich in vielen Fällen in erbarmungswürdigem Zustand befand und zum Teil durch
die Intervention Mazzottis gerettet werden konnte. Die Serie der Zeichnungen,
größtenteils nach Territorium aufgeteilt

und ohne bestimmte Ordnung, umfaßt
insgesamt etwa 5000 Stück aus der Mitte
des 16. Jahrhunderts bis zum Ende der
Republik (1797 durch Napoleon), einige
wenige Exemplare stammen aus dem frühen 19. Jahrhundert[6].

Es erübrigt sich, die Bedeutung dieses
Kartenmaterials und des gesamten Materials der venezianischen Behörden hervorzuheben. Eine Bedeutung, die um so
größer ist, als bis zu den napoleonischen
Katastern außer den für andere Zwecke
gedruckten Atlanten keine allgemeine
Kartographie existierte, die das »Festland« im einheitlichen Maßstab wieder-
gab, mit Orientierungspunkten und all-
gemeingültigen Kriterien; es gab nur unzählige Teilkarten in unterschiedlichem
Maßstab und mehr oder weniger umfangreich, von den verschiedensten Ämtern
und Behörden erstellt. Doch trotz ihrer
gelegentlich willkürlichen und uneinheit-
lichen Methodik und Analytik bieten sie
ein aufschlußreiches Bild von Land und
Landschaft im ursprünglichen Zustand

333

421. *Darstellung der Villa Fuginelli in Brembate di Sotto mit den zum Fluß hin absteigenden Gärten, Ausschnitt, anonyme Zeichnung, 1739. Venedig, Staatsarchiv.*

422. *Entwurf für das Kloster der Benediktinerinnen in Santa Croce auf der Giudecca, anonyme Zeichnung, zweite Hälfte 15. Jh. Venedig, Staatsarchiv.*

Girolamo Maffioletti ausgeführt wurde und die eine lange Beschreibung enthält. Der geplante Eingriff bestand darin, »den schwachen Wasserlauf, der von zwei kleinen Brunnen aus der Umgebung von Montecchio Maggiore stammte, zu erfassen« und in einem langen Kanal hinter die Villa zu leiten, jenseits der vor der Villa verlaufenden öffentlichen Straße nach Vicenza, um das Wasser zum Waschen und zum Wohle der Bevölkerung zu benützen. Das »Herrschaftshaus« wird in perspektivischer Ansicht gezeigt, an der einen Seite der »Sitz der Fröhlichkeit« mit den Pferdeställen und dem Gästehaus, an der anderen Seite der Nutzgarten. Vor der Villa öffnet sich der Hof, an dessen Seiten sich jeweils ein Garten mit Zitronenwäldchen befindet, von dem aus man wiederum in einen Obst- und Gemüsegarten und in einen zweiten Nutzgarten gelangt[8].

Nützliche Informationen erhält man jedoch auch aus den geschriebenen Dokumenten. Am 31. Mai 1578 wendet sich Marco Antonio Sarego sehr höflich an die Kommission und bittet um die Investitur eines gewissen »kleinen Brunnens, um [Wasser] zu meinem Ort in Santa Soffia zu leiten, zum Gebrauch in meinem Haus und um meinen Garten zu bewässern«[9]. Es handelt sich um die Palladio-Villa von San Pietro in Cariano.

Am 24. August 1792 bittet Vicenzo Maria Cislago, Eigentümer eines »herrschaftlichen Gebäudes mit Land in der Gemeinschaft Palazzolo in veronesischem Territorium, in dem zwei Gärten zum Gebrauch als Zitronenwäldchen existieren in der Größe von ungefähr einem Drittel eines Campo«, daß ihm zu seiner Beruhigung das Recht zugestanden würde, das Regenwasser zu benützen, »das auf die Straße des oberen Berges fällt, Castello genannt«, und das er in einer eigenen Zisterne sammeln will. Was den Reichtum an Daten über Villen und Gärten betrifft, so kann niemand und nichts mit dem Archiv der Beni Inculti, der Kommission für das Brachland, konkurrieren. Trotzdem sollte man die Archive anderer Behörden und Ämter nicht vernachlässigen, die oft unter anderen Aspekten für Probleme des Gebietes zuständig waren – in erster Linie das Wasseramt, dessen Tätigkeit in der Zeit zwischen dem frühen 16. Jahrhundert und dem Ende des 18. Jahrhunderts zur Produktion zahlreicher Karten und Zeichnungen führte, die sich hauptsächlich mit drei Bereichen befaßten: Lagune, Küsten und Flüsse.

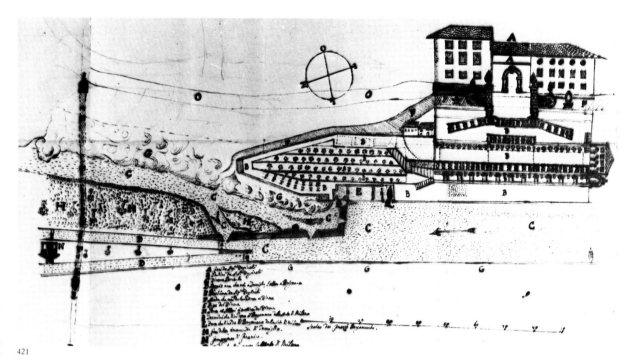

421

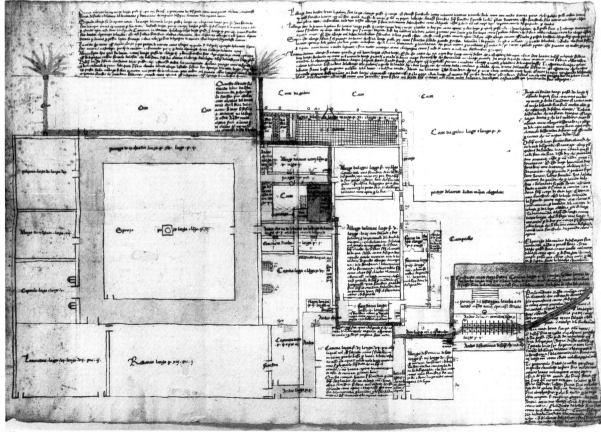

422

Interessant sind für uns auch die Zeichnungen, die trotz ihres technischen Charakters kleinere, weniger ausgedehnte Gebiete mit einigen Details versehen wiedergeben.

In der Karte mit einem Stück des Flußlaufes des Piave unterhalb von Montello, die im Februar 1714 von dem berühmten Architekten Andrea Tirali und von Domenico Vezzi eingereichtes Gesuch zur Ableitung von Wasser aus dem Fluß gezeichnet wurde, sieht man die axonometrische Darstellung der doppelten Villa Priuli, die später Foscarini und zum Schluß Vezzi hieß und heute leider verschwunden ist; sie hieß die »Rotonda«, aufgrund der weiten, halbrunden Fläche vor der Villa, die sehr wahrscheinlich als Garten genutzt wurde[11].

Das Aktenbündel mit der Bezeichnung *Lizenzen zur Haltung von Grundstücken und ähnliches in geschlossenen Orten von 1582 bis 1585* (solche Lizenzen mußten eingeholt werden, um eine unkontrollierte Aufschüttung oder Verstopfung der Lagune zu verhindern) enthüllt zahlreiche Nutzgärten in der Stadt und auf den Inseln, die alle mit Aufschüttungsmaterial entstanden waren. Das Kommissionsmitglied Guglielmo de Grandi begab sich am 21. März 1569 zum Haus des Alvise Mocenigo auf der Giudecca – wo der Prokurator ein Jahr später seine Ernennung zum Dogen erhalten sollte – und stellte fest, »daß jener Garten einen Weg in der Mitte hat, der mit einer Weinpergola bedacht ist, und Mauern auf jeder Seite, die vom Hof bis zur Lagune reichen«[12]. Die Übereinstimmung mit der Vedute de Barbaris ist vollkommen.

Die Inspektorenkommission für die öffentlichen Güter wurde vom Senat 1574 mit der Aufgabe ins Leben gerufen, die Gegensätze über die Rechtsnatur der von der Gemeinschaft in Anspruch genommenen allgemeinen Güter und Rechte zu klären. Diese Güter und Rechte betrachtete die Republik als öffentlich und stellte sie zur Disposition, um der Bevölkerung in den benachteiligten Gebieten zu helfen und Dienste, z. B. bei der Verteidigung des Landes, zu belohnen. Die Mitglieder dieser Kommission oder Prokuratoren erteilten den Gemeinden das Nutzungsrecht für diese Güter, sie bestraften Mißbrauch und Veräußerungen, entschieden bei entsprechenden Rechtsstreitigkeiten und wickelten ab 1646 während des Candia-Krieges den Verkauf zugunsten der Staatskasse

ab. Im Rahmen dieser Kompetenzen und Tätigkeiten wurden beschreibende und graphische Katasterunterlagen gefertigt und Karten der betroffenen Gebiete gezeichnet. Oft handelte es sich dabei nicht um einfache Vermessungsunterlagen, sondern um Zeichnungen im engeren Sinn.

In einer Karte des Gebietes um Illasi mit dem Datum 15. September 1766, vom öffentlichen Gutachter Giovanni Battista Pellesina im Auftrag der Gemeinde gezeichnet, um das Wegesystem zu schildern, befindet sich in der Mitte die sorgfältig ausgeführte axonometrische Darstellung des Ortes mit den beiden Pompei-Villen, von der jede über einen weiten Garten verfügt, einmal neben und einmal hinter dem Gebäude gelegen, das man auf einem langen, von Zypressen gesäumten Weg erreicht[13].

Im Dogenpalast in Venedig wurden im »Zimmer der Grenzen« Dokumente verschiedener Art aufbewahrt, Schriftstücke und Karten, die die Grenzen des Staates und Grenzprobleme betrafen. Unter anderem befand sich dort ein voluminöses Bündel mit Skizzen und Studien von Cristoforo Sorte, dem großen Kartographen aus dem 16. Jahrhundert, die nach seinem Tode gesammelt worden waren und die er zum Teil für private Auftraggeber ausgeführt hatte. Jürgen Schulz hat bereits die Aufmerksamkeit auf dieses Material gelenkt. Beim Durchblättern entdeckt man mehrere Grundrisse und Pläne für Villen, bei denen die Fläche für den Garten bereits vorgesehen ist[14].

Die Beamten der Rason Vecchie, eines Organs alten Ursprungs, hatten die buchhalterische Kontrolle und Verwaltung über die öffentlichen Güter inne, die vermietet oder verkauft wurden, und verfolgten Mißbrauch derselben. Die Ausübung dieser Tätigkeiten verlangte häufig graphische Gutachten, die meist bei den Akten der entsprechenden »Prozesse« aufbewahrt wurden. Erwähnt werden sollte die schöne perspektivische Ansicht des Palastes von Kanonikus Giovanni Antonio und Leonardo Fuginelli am Fluß Brembo bei Brembate di Sotto, an der Grenze zum Staat Mailand, die aus dem Jahre 1739 stammt und zur Akte eines Prozesses gehört, der über die unbefugte Vergrößerung des mit dem Fluß in Verbindung stehenden Fischweihers geführt wurde; die Gärten sind in sanft abfallenden Terrassen angelegt[15].

Im Archiv der Inspektoren für Landbesitz befinden sich neben Zeichnungen

und Schätzunterlagen von Landgütern auch Akten über die Konfiszierung von Gütern, die verurteilten und verbannten Straftätern weggenommen und öffentlich versteigert oder den Opfern der Straftäter als Entschädigung zuerkannt wurden. In der Akte aus dem späten 17. Jahrhundert über die »Angelegenheit der Zuanne Caldogno« findet man eine Kopie der Schätzurkunde von Lucietta Thiene, Witwe des Angelo Caldogno und Vormund der Kinder Zuanne und Marcantonio aus dem Jahre 1676. Darin heißt es unter anderem: »Zugehörig zu Caldogno, Amtsbezirk von Thiene. Ein herrschaftliches Haus mit Hof, Loggia, Ställen und Taubenhaus und mit einem kleinen roten Haus am oberen Ende des Hofes, mit Nutzgarten und Garten mit Obstbäumen«[16].

In dem Verfahren traten auch die Rechtsanwälte der Gemeinde auf. Unter den zu diesem Zweck aufgestellten Inventarlisten erscheint auch die Liste der Güter von Odorico und Onorio Capra vom 17. November 1609 mit einer aufmerksamen und bewundernden Beschreibung der Palladio-Villa Rotonda[17].

Ein wichtiger Bestand für das Studium des privaten Eigentums in Venedig und seiner Entwicklung zu Beginn des 16. Jahrhunderts ist das Archiv der *Dieci Savi alle Decime*[18], der Abgeordneten für die Berechnung der direkten Steuer (»das Zehntel«) auf den Ertrag der Güter, die von den Bewohnern Venedigs (Einrichtungen und Personen) »innerhalb des venetischen Feuers« entrichtet werden mußte, während die Güter der auf dem Festland lebenden, »außerhalb des Feuers« eingetragenen Eigentümer davon ausgeschlossen waren. Die Beträge, *decime* oder *campatici*, also Zehntel, wurden von den Verwaltern der Einkünfte eingezogen. Die Erhebung geschah auf zweierlei Art: durch die *condizion* (Erklärung) des Eigentümers bei jeder Schätzung (1514, nachdem die erste Schätzung aus dem 15. Jahrhundert beim Brand der Rialtobrücke zerstört worden war; 1537, 1566, 1581, 1661, 1711, 1740) und durch die vom Amt mit Hilfe der Kataster durchgeführte Überprüfung, wobei die Kataster von den eigenen Ministern in Zusammenarbeit mit Pfarrern und örtlichen Behörden erstellt worden waren. Erst 1740 wurden auch die Güter »außerhalb des Feuers« in getrennten Registern eingetragen. Es handelt sich dabei immer um reine Schriftstücke ohne jede Skizze oder kartographische Zeichnung, denn

zur Steuererhebung war die Darstellung oder Klassifizierung des Landes nicht nötig. Die Villa, so mächtig sie auch sein mochte, wurde nur mit sehr allgemeinen Worten erwähnt, sowohl vom Eigentümer als auch von der Behörde. »Herrschaftliches Haus mit Garten, Hof und Nutzgarten« lautet eine der geläufigsten Formulierungen; sie ist jedoch wertvoll, um die Existenz des Gebäudes zu einem bestimmten Zeitpunkt zu dokumentieren und manchmal auch die Zeit seiner Errichtung oder Erneuerung, auch der Anbauten, festzulegen, besonders im 16. Jahrhundert, in dem drei »Schätzungen« stattfanden. Fast nie wird der Garten erwähnt, wie es dagegen bei Andrea Corner der Fall ist, der am 26. August 1712 erklärt, daß er in Piombino ein »herrschaftliches Haus mit Gebäuden, Garten, Nutzgarten und Hof [...] besitzt, durch die er jedoch keinen Ertrag erhält, sondern nur große Ausgaben für den Unterhalt hat«[19].

Lange Namenslisten, die mit den Taufnamen begannen, wie es üblich ist in den alten Archiven, führen die einzelnen Posten an; so gibt es das *Buch der Transporte* oder das Buch, das mit Angabe der *condizion*, der Erträge und Einnahmen, beginnt. Dieses ist wiederum im *Buch des Meeres* enthalten, das auch *Million* genannt wird, eine Bezeichnung, die für sich allein schon eine Vorstellung vom Umfang der Serie gibt. Das Buch *Fia* ist vergleichbar mit einem Postenbuch der doppelten Buchführung und beinhaltet die Bewegungen des »geschuldeten Zehntels«, das variabel sein kann, je nach Erwerb und Verkauf von Gütern. Es gibt Verbindungen zu anderen Posten oder Verweisungen auf eine »zusätzliche Erklärung« im Fall von Gütern, die zum ersten Mal »in das Zehntel fallen«, da sie früher eventuell von einer Besteuerung befreit waren oder weil sie »vom äußeren Feuer« kommen. Andere Angaben verweisen auf das *Journal*, in dem alle Anmerkungen in chronologischer Reihenfolge und nicht nach Posten angeführt sind; diese Anmerkungen bieten eine Fülle von Daten, darunter auch die Angabe der Gerichtstitel und der privaten und öffentlichen Urkunden, mit denen der Übergang eines Eigentums erfolgte.

Bis zu den Verordnungen Napoleons aus dem Jahr 1806 verzweigt sich das Notarsarchiv von Venedig in zwei große, parallele Serien: die Serie der Testamente und die Serie der anderen Dokumente jeder Art[20].

Das Testament ist ein Dokument, dem

man sich immer mit einem gewissen Respekt oder mit Scheu nähert, denn darin gibt eine Person ihr Innerstes preis. Auch aus den Bestimmungen über das Vermögen, die ja meist Hauptobjekt eines Testaments sind, kann man immer noch persönliche und familiäre Beziehungen und Situationen ableiten, Gefühle und Empfindungen nachvollziehen. Im Testament des Alvise Mocenigo vom 23. März 1562 ist die Gestalt der geliebten Frau vorherrschend, der gebildeten Loredana Marcello, auf die er sich ständig beruft, auch in der Nachschrift aus dem Jahr 1576, nach ihrem Tod und kurz vor seiner Ernennung zum Dogen. 1562 sagt er unter anderem: »Ich kaufte Haus und Garten auf der Giudecca in ewiger Dankbarkeit für meine Gattin, und da ich sehe, daß sie es sehr liebt, an diesem Ort zu leben (und da mir, wie es mir zusteht, ihre Freude teuer ist), möchte ich, daß sie dort ein Haus und einen Garten hat, wo sie leben kann, wenn sie es wünscht.«[21] Es ist der Besitz auf der Giudecca, den wir bereits kennen.

Die Zahl der Notarsurkunden ist unbegrenzt. Manchmal, z. B. bei Kaufverträgen, kann man kleine Zeichnungen beim Entwurf finden. Am 10. Mai 1785 verkauft Zuanne Falier dem Advokaten Giuseppe Alcaini ein Haus mit Nebengebäuden, zwischen Mestre und Marghera am Brentakanal gelegen, das Alcaini bereits seit 1771 in Erbpacht gemietet hatte. Er ließ bedeutende Arbeiten zur Verbesserung und Verschönerung des Anwesens durchführen, um es seinerseits wieder an den Botschafter Giacomo Durazzo vermieten zu können, wie aus den dem Vertragsentwurf beigefügten Rechnungen und Quittungen hervorgeht, unter anderem von dem Bildhauer Antonio Corte und dem Stukkateur Francesco Re. Zu den Vertragsanlagen gehört auch die Darstellung des »Palastes, verschiedener Gebäude zum Gebrauch durch die Herren und für Gäste, Schuppen, Ställe und andere Bauten«. Die Ansicht trägt das Datum des 12. Mai 1785 und stammt von Giovanni Battista Piavento, einem öffentlich bestellten Gutachter aus Treviso. Das Anwesen erstreckt sich entlang der Straße neben dem Fluß; der Garten liegt deshalb rechts vom Gebäude und setzt sich im großen Nutzgarten fort, umgeben auf einer Seite von Pergolen und auf der anderen von Bäumen. Links befindet sich der »Obstgarten mit Wiesen«[22].

Aus den Mäandern der Gerichtsarchive, besonders der Archive der Zivilge-

richte erster Instanz, nenne ich nur die Serie der *Inventari*, der Inventare aus dem Bestand der *Giudizi di Petizion*, der Petitionsurteile, die aus Erbschafts-, Vormundschafts- und Pflegschaftsangelegenheiten stammen. Von 1580 bis 1797 sind diese Dokumente eine wertvolle Anleitung, mit ihrer Hilfe kann man in die Häuser, Werkstätten und Paläste blicken, sie Zimmer für Zimmer durchwandern, auf diese Weise den Plan der Gebäude erstellen, Einrichtungen begutachten, Schränke und Truhen öffnen, die Titel

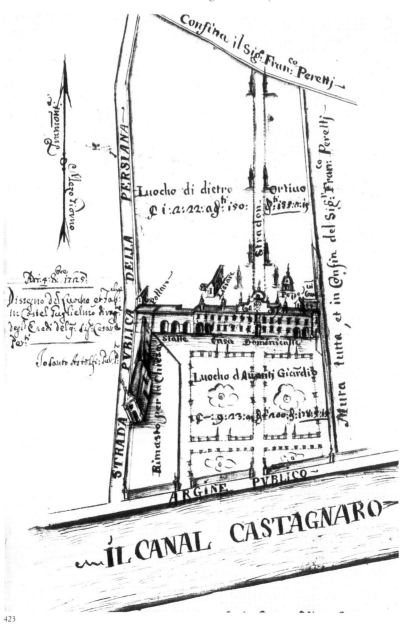

423

von Büchern und Karten lesen, einen Blick auf die Anbauten werfen, kurz – man gewinnt eine Vorstellung davon, wie das Leben in diesen Häusern verlief. In der umfangreichen Inventarsliste der Erbschaft von Marina Sagredo, Witwe von Alvise Andrea Pisani vom Januar 1775, werden unter anderem das »herrschaftliche Haus« in Marocco und in dem »Ort Paese« beschrieben. In Marocco sind »43 Statuen im Garten aufgestellt, auf Podesten aus feinem Stein, nicht eingeschlossen jene der Pilaster oder der

Eckpfeiler auf den Mauern«, und weitere vier »aus feinem Marmor auf Podesten vor dem Palast«; außerdem »167 Zitruspflanzen in Kübeln, mit großen und kleinen Podesten darunter«. In dem Ort Paese gibt es große und kleine Statuen, Geländer und Pergolen aus Eisen, das Zitronenwäldchen und Zitrusgewächse. Vor dem Haus erstreckt sich ein Feld in der Größe eines halben Campo, »gearbeitet in der Form eines Gartens«, dahinter und zu den Seiten zweieinhalb Campi Nutz- und Lustgarten[23].

Im Jahr 1521 gegründet, um den Patriarchen von Venedig in seiner Arbeit mit der Reform der Nonnenklöster zu unterstützen, erstreckte die Kommission für die Klöster ihre Tätigkeit später auch auf die wirtschaftliche Kontrolle der Nonnen- und Mönchsklöster im Staat, um eine korrekte Verwaltung ihres Vermögens zu sichern, ihre Rechte zu schützen und den Abfluß von Kapital ins Ausland, d. h. nach Rom, zu verhindern. Als Anlage zum Brief vom 6. Oktober 1725, der vom Stadtvogt und Bürgermeister von Rovigo an das Amt geschickt wurde und sich mit der Eintreibung der Forderungen der Nonnen von Santa Agata di Lendinara befaßt, findet eine lebensechte Abbildung der Villa Peretti in Castelguglielmo, Ortschaft Le Pioppe, die dem Kloster mitsamt den Nebengebäuden in Zahlung gegeben wurde. Erstellt wurde die Zeichnung vom örtlichen Gutachter Santo Astolfi[24].

Zu dem obengenannten Amt gesellte sich ab 1768 die Kommission *ad pias causas*, zur gesetzlichen Regelung der unveräußerlichen Güter und zur Schließung der Mönchsklöster, die nicht die vorgeschriebene Anzahl von Mitgliedern erreichten, mit Hinblick auf den Verkauf der jeweiligen Immobilien einschließlich der Klostergebäude. In Erwartung der Versteigerungen erstellte man Inventarlisten und Gutachten. Das Gutachten über die Kapuziner von Arzignano, das dem Amt vom Bürgermeister am 8. Januar 1770 übergeben wurde, zeigt den Komplex in axonometrischer Ansicht und als Grundriß und gibt den Obstgarten und den zwischen Kirche und Kloster liegenden *giardinetto*, den kleinen Garten an[25].

Tatsächlich dürfen die Gärten der Klöster nicht vergessen werden, über die man in den entsprechenden Archivbeständen umfangreiches Informationsmaterial finden kann. Ein Projekt über das Kloster der Benediktinerinnen von Santa Croce auf der Giudecca aus der zweiten Hälfte

424. Plan des aufgelösten Klosters der Kapuziner in Arzignano, Ausschnitt, anonyme Zeichnung, 8. Januar 1770. Venedig, Staatsarchiv.

425. Erweiterungsprojekt für den »landwirtschaftlichen Garten« in Padua, Ausschnitt, anonyme Zeichnung (Pietro Arduini?), Spetember 1770. Venedig, Staatsarchiv.

426. Gerolamo Giugni, Darstellung eines Teils des Gartens, der zur Villa des Herzogs von Mantua in Maderno am Gardasee gehört, Ausschnitt, Zeichnung, Oktober 1623. Venedig, Staatsarchiv.

des 15. Jahrhunderts, mit zahlreichen Untertiteln versehen, gibt den Nutzgarten neben dem Kloster an[26].

Seit 1528 führten die »Reformatoren des Studiums« in Padua die Oberaufsicht über die Universität und im folgenden auch über die Ausbildung und das Druckereiwesen. Zu den Karten über den Botanischen Garten und den landwirtschaftlichen Garten, der für Experimente der Öffentlichen Praktischen Landwirtschaftsschule (1761 errichtet und 1765 Pietro Arduini anvertraut) bestimmt war, gehört ein Entwurf für die Erweiterung des landwirtschaftlichen Gartens, der zusammen mit zwei anderen Zeichnungen den Brief Arduinis vom September 1770 begleitet. Die Erweiterung umfaßt das anliegende Stück Land des aufgelösten Klosters von Santa Maria delle Grazie im Stadtteil Vanzo in Padua. Die Zeichnung ist äußerst detailgenau ausgeführt und gibt mit wenigen, aber präzisen Strichen die verschiedenen Arten der Bäume und die unterschiedliche Vegetation wieder[27].

Von den Entscheidungen des Senats sei an diejenige vom 31. Juli 1545 erinnert, die den Bau des ersten Botanischen Gartens in Europa beschloß, der zur Universität gehörte und ein »großartiges Schmuckstück für unser Institut sein wird und viele Studenten anlocken wird«, auch zum Nutzen der Staatskasse. Die inmitten der Stadt gewählte Lage ist ein »Ort der verehrungswürdigen Brüder von Santa Iustina, umgeben von den Wassern und von diesen bestens bedient«[28].

Der Senat erhielt von allen Seiten Nachrichten und Berichte von Botschaftern und »öffentlichen Vertretern« vieler ausländischer Ämter. Am 4. Oktober 1609 schickt Simon Contarini aus Konstantinopel eine Zeichnung der Passionsblume – »eine Blume und eine Frucht, die in Westindien wächst« und die von den Jesuiten mitgebracht wurde, zusammen mit einem in lateinischer Sprache gehaltenen Gesang, der die Leiden Christi beschrieb, wie sie in der bis dahin unbekannten Blume dargestellt werden[29].

Die Villa, die sich Vincenzo I. Gonzaga, Herzog von Mantua, in Maderno in den ersten Jahren des 17. Jahrhunderts errichten ließ, bereitete der Republik Sorgen, aus politischen und militärischen Gründen. 1623 will Herzog Ferdinand einen Schutz für seine Boote im Graben seines am Ufer des Gardasees gelegenen Schlosses errichten. Als Anlage zu Brief Nummer 111, den das Kommissionsmit-

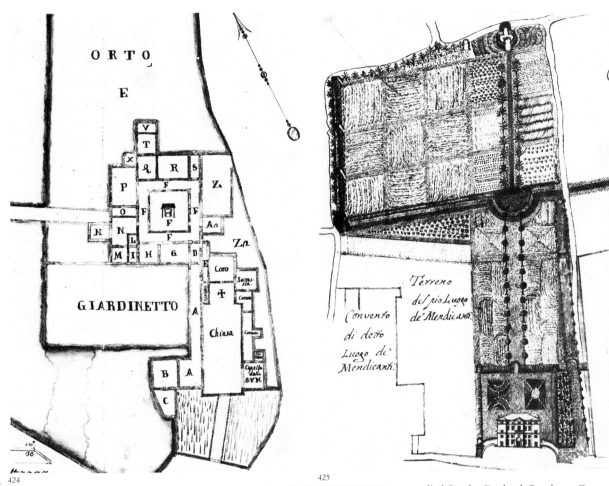

424

425

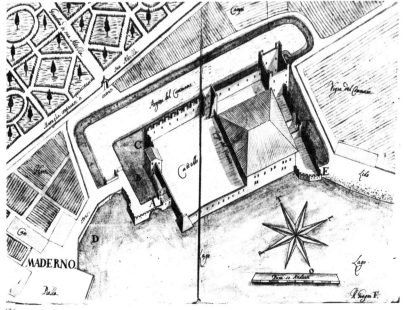

426

glied für das Festland Gerolamo Corner am 11. Oktober aus Brescia schickt, finden wir den positiven Bericht des Gutachters Gerolamo Giugni mit einer axonometrischen Darstellung des Schlosses. Auf dieser Darstellung ist jenseits der am Seeufer entlangführenden Straße ein Teil des »Gartens Seiner Hoheit« zu entdecken[30].

Im Jahr 1706 beabsichtigen die Brüder Antonini die Errichtung einer Reihe von Buden am Rande ihres Gartens, entlang der Porta-Nuova-Straße in Udine, »für Waren in Zeiten von Jahrmärkten«. Sie bitten deshalb darum, wenige Quadratmeter des öffentlichen Grundes in Anspruch nehmen zu dürfen, des »weiten Feldes mit sechzehn Campi, Jahrmarktsgarten genannt«. Im Auftrag des Senats übermittelt Lazarro Foscarini mit Schreiben vom 2. Mai eine von Geometer Giacomo Spinelli erstellte Karte des Ortes[31].

Außer den Archivbeständen sollte auch die *Miscellanea Mappe* erwähnt

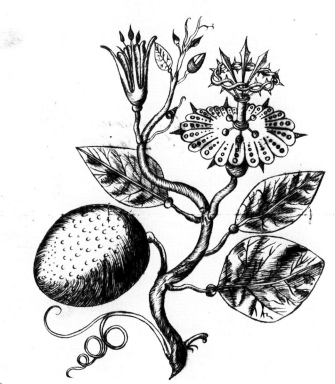

427. Die amerikanische »Passionsblume« mit den Symbolen der Leiden Christi, anonyme Zeichnung, 1609. Venedig, Staatsarchiv.

werden. Ihre rund 1800 Teile unterschiedlichster Provenienz stammen aus dem 16. bis 19. Jahrhundert, meist kann man in ihnen, zumindest theoretisch, die ursprüngliche Lage zurückverfolgen. Ich nenne nur eine Karte der Güter des Nicolò Contarini in Padua und des anliegenden Eigentums Zuliani, von Ingenieur Pietro Naldini am 28. Juli 1633 ausgeführt. Sie zeigt die perspektivische Darstellung zweier Paläste mit Garten, Nutzgarten und anderen Anbauten[32]; im Garten Contarini experimentierte Galileo Galilei 1604 mit seiner hydraulischen Maschine.

Das Jahr 1797, mit dem diese Untersuchungen enden, signalisiert eine schmerzhafte politische Veränderung, unterbricht aber nicht den Fluß der administrativen privaten und öffentlichen Handlungen, die in den Archiven der Notare und der Adelsfamilien dokumentiert sind oder in verschiedenen anderen Archivbeständen. Außerdem muß betont werden, daß der reiche Bestand an schriftlichen und ikonographischen Quellen über das Thema Gärten wie über unzählige andere Themen nicht eine Exklusivität des Staatsarchivs von Venedig darstellt. Alle Archive bergen ähnlich aufschlußreiche und höchst aussagekräftige Dokumente, man muß sie nur zu lesen verstehen, mit Geduld, Phantasie und, ich möchte sagen, mit Liebe.

Anmerkungen

1 Cancelleria Inferiore, *Miscellanea Notai*, B. 6 (im folgenden wird das Staatsarchiv als Quelle nicht genannt, denn alle hier genannten Dokumente stammen aus dem Staatsarchiv). B. Cecchetti, »Il vitto dei Veneziani nel sec. XIV«, in: *Archivio Veneto*, 29, 1885, S. 71–74.
2 Archiv Donà in Riva de Biasio im Archiv Marcello Grimani Giustinian, B. 42.
3 Archiv Badoer, B. 2. Federzeichnung, 230×150 mm, Maßstab nicht angegeben. Die Maße sind Grunddaten für die Höhe. Falls nicht anders angegeben, sind die genannten Zeichnungen auf Papier ausgeführt.
4 »Note sul giardino veneto: aggiunte e precisazioni«, in: *Arte Veneta*, 37, 1983, S. 77.
5 Ich verzichte darauf, die Bibliographie anzugeben, und beschränke mich auf einen Hinweis auf die Arbeiten von S. Ciriacono, »Irrigazione e produttività agraria nella Terraferma Veneta tra Cinque e Seicento«, in: *Archivio Veneto*. V, 112, 1979, S. 73–135; »Scrittori di idraulica e

427
politica delle acque«, in: *Storia della cultura veneta*, 3/II, *Dal primo Quattrocento al Concilio di Trento*, Vicenza 1980, S. 491–512; »Investimenti capitalistici e colture irrigue. La congiuntura agricola nella terraferma veneta (secoli XVI e XVII)« in: *Atti del Convegno »Venezia e la Terraferma attraverso le relazioni dei rettori«, Trieste, 23–24 ottobre 1980*, Mailand 1981, S. 123–158.
6 Die Arbeit mit dem kartographischen Material dieses und anderer Archivbestände wird durch fotografische Reproduktionen erleichtert, die Serie für Serie durchgeführt wurden und auf Mikrofilmen gespeichert sind. Siehe F. Zago, »Corpus cartografico veneziano«, in: *Bollettino della Società Geografica Italiana*, XI, 1, 1984, S. 621–638.
7 Inspektorenkommission für Brachland, *Disegni*, Verona, Band 42, Nr. 4. Federzeichnung mit Aquarell, 3020×1022 mm, Maßstab nicht angegeben. In diesem und den folgenden Zitaten beziehe ich mich auf die Dokumente, ohne die entsprechende Bibliographie anzugeben.

8 Inspektorenkommission für Brachland, *Disegni*, Vicenza, Band 61, Nr. 3. Federzeichnung mit Aquarell, 770×470 mm, vicentinischer Maßstab 60=135 mm.
9 Inspektorenkommission für Brachland, *Processi, Investiture ed altri atti*, Bd. 98.
10 Inspektorenkommission für Brachland, *Suppliche*, Bd. 55.
11 Wasseramtsinspektoren, *Disegni Piave*, Nr. 33. Federzeichnung mit Aquarell, 842×503 mm, Maßstab nicht angegeben.
12 Wasseramtsinspektoren, Bündel 526.
13 Inspektorenkommission für öffentliche Güter, Bd. 208. Federzeichnung auf Papier mit Leinwandverstärkung mit Aquarell, 890×870 mm. Veroneser Maßstab 100=64 mm.
14 Generalintendanz für die Grenzkammer, Bd. 262. Siehe Artikel von J. Schulz, »New Maps and Landscape Drawings by Cristoforo Sorte«, in: *Mitteilungen des Kunsthistorischen Institutes in Florenz*, 20, 1976, S. 107–126.
15 Beamte der Rason Vecchie, Bd. 169,

Bündel 285. Federzeichnung, 535×550 mm, Bergamaskischer Maßstab 90=270 mm.
16 Inspektorenkommission für Landbesitz, Bd. 579.
17 Avogaria di Comun, Bd. 2740.
18 B. Canal, »Il Collegio, l'Ufficio e l'archivio dei Dieci Savi alle Decime in Rialto«, in: Nuovo Archivio Veneto, 16, 1908, S. 115–150, 279–310.
19 Savi delle Decime, B. 291, *Condizioni S. Croce*, Nr. 450.
20 Staatsarchiv Venedig, *Statistica degli atti custoditi nella Sezione Notarile*, hrsg. v. B. Cecchetti, Venedig 1886.
21 *Notarile, Testamenti*, B. 1256, Notar Cesare Ziliol, Nr. 12. Die Serie verfügt über einen Namenskatalog nach Familienname des Erblassers.
22 *Notarile, Atti*, B. 4259, Bund 76, Notar Viovanni Valerio Comincioli. Federzeichnung mit Aquarell, 770×540 mm, Trevisanischer Maßstab 30=210 mm.
23 Petitionsrichter, *Inventari*, Bündel 463/128, Bd. 98, cc. 47v–48, 64r–v. Die Serie verfügt über einen Namenskatalog nach Familienname des Erblassers.
24 Inspektoren für Klöster, B. 5. Federzeichnung mit Aquarell, 385×533 mm.
25 Inspektoren für Klöster und Zusatz, Zeichnung 6. Federzeichnung mit Aquarell, 745×535 mm, Vicentiner Maßstab, Fuß 180=257 mm.
26 Santa Croce della Giudecca, B. 4. Federzeichnung, 790×300 mm, ohne Maßstab.
27 Reformatoren des Studiums von Padua, B. 444. Federzeichnung mit Aquarell, 605×470 mm, Paduanischer Maßstab 140=445 mm.
28 Senato Terra, Reg. 34, cc. 57v–58v.
29 Senat, *Dispacci Costantinopoli*, Bündel 68, c. 157. Federzeichnung, 275×310 mm.
30 Senat, *Dispacci Provveditori da Terra e da Mar*, Bündel 65. Federzeichnung mit Aquarell, 390×290 mm, Maßstab Gehschritte 50=87 mm.
31 Senat, *Dispacci Rettori, Udine*, Bündel 85. Federzeichnung, 300×440 mm, Maßstab Schritte 10=48 mm.
32 *Miscellanea Mappe*, Nr. 245. Federzeichnung mit Aquarell, 475×740 mm, Maßstab ** 40=120 mm.

»Item mattrovo una casa con suo cortivo et bruolo, qual tengo per mio uso, nella villa di...« (Ebenso habe ich ein Haus mit Garten und Nutzgarten, die ich für meinen Gebrauch halte, in der Villa von...). Wenn ein reicher venetischer Patrizier oder ein wohlhabender Geschäftsmann ihre *condizion* (Einkommenserklärung) vor dem Rat der »Dieci Savi alle Decime« abgeben mußten und darin eine Beschreibung wie die oben genannte enthalten war, so kann man die Zeilen manchmal unterschiedlich interpretieren: z. B. als großartige Villa, Werk eines berühmten Architekten, umgeben von einigen Hektar Garten, oder als bescheidenes Haus, nicht besonders aufwendig, mit einigen Blumenrabatten vor und wenigen Hecken an der Seite des Gebäudes. Beide völlig unterschiedlichen Besitztümer haben das gleiche fiskalische Los: das Privileg, von einer Steuer befreit zu sein oder höchstens einen symbolischen Betrag zahlen zu müssen[1]. Das Besteuerungsprinzip der Republik (wie vieler Staaten alter Ordnung) beruhte ausschließlich auf der tatsächlichen Rendite von Immobilien: »Ferienhäuser« und Gärten warfen keine Rendite ab, ja sie bildeten meistens die Quelle für nicht unbeträchtliche Ausgaben – wie die Eigentümer sich gern beklagten in ihrer *condizion* – und wurden deshalb auch nicht besteuert.

Anders die Voraussetzungen des modernen Katasters, wie es sich im Lauf des 18. Jahrhunderts in den meisten europäischen und italienischen Staaten behauptete und im 19. Jahrhundert auch nach Venedig kam. Boden und Gebäude wurden besteuert, nachdem sie auf der Grundlage ihrer Merkmale und der Erzeugnisse geschätzt wurden, die sie in einem durchschnittlichen Jahr erbrachten. Gärten sind also nicht mehr befreit, werden jedoch in den meisten Fällen zusammen mit den Nutzgärten veranlagt, um eine Rendite zu ermitteln, entsprechend dem Ertrag erstklassigen Ackerbodens desselben Steuerbezirks, plus einem Drittel »für den Fall, daß in ihnen das Vergnügen mit dem Produkt verbunden sei, wie für den Fall, daß sie ausschließlich dem Vergnügen dienen«[3], in Beachtung des allgemeinen Prinzips und ohne direkte Absicht, »Luxusgüter« zu besteuern, wie es auf den ersten Blick erscheinen mag.

Zahlreich dokumentieren die Archivbestände und Serien jene komplexen Vorgänge, durch die die Region Venetien mit einem modernen Katastersystem ausgestattet wurde[4]. Es begann während der napoleonischen Besatzung mit der ersten systematischen Vermessung des gesamten Gebietes, wurde dann während der zweiten österreichischen Herrschaft mit der »Klassifizierung« und der Schätzung weitergeführt, um zwischen 1846 und 1852 durch Einbeziehung der Provinzen abgeschlossen zu werden. Immer ist dabei jedoch die Benennung des »Gartens« maßgebend; dadurch ist es uns heute möglich, mit Hilfe dieser sicheren Quelle die Existenz und Ausdehnung eines jeden venetischen Gartens zwischen dem frühen 19. und den ersten Jahrzehnten des 20. Jahrhunderts zu erforschen[5].

Aber mehr noch als durch die beschreibende Dokumentation wird unsere Neugier durch die Katasterkarten geweckt, denn in ihnen wird das Objekt direkt dargestellt. Es handelt sich um drei Serien von Karten, wir werden jedoch nur jene untersuchen, die im Jahr 1807 von der napoleonischen Verwaltung (deren Namen sie noch tragen) in Auftrag gegeben, und diejenigen, die 1817 von den Österreichern veröffentlicht wurden[6]; es sind riesige Karten, im Freien auf der sogenannten prätorianischen Tafel angefertigt, oft ein einziges Blatt pro Gemeinde, im Maßstab 1:2000, die im Staatsarchiv von Venedig für das gesamte venetische Gebiet des Lombardo-Venezianischen Königreichs aufbewahrt werden[7].

Die Landvermesser erhielten genaueste Anweisungen, wie die Zeichnungen ausgeführt sein mußten: Eine nicht in Auftrag gegebene und nicht autorisierte Arbeit wurde nicht vergütet. Für die Gärten und Nutzgärten war eine einfache Kolorierung der Flurkarte mit grüner Farbe vorgesehen. Angesichts dieser Vorschriften erwartet man sich nüchterne, leere und unpersönliche Karten, einige grüne Flecken in Briefmarkengröße, rote Rechtecke für die bebauten Flächen, die »Farbe für das Wasser«, manchmal blau, manchmal grünlich, je nach Auffassung des Geometers, eine »Farbe hellen Staubs« für die öffentlichen Straßen. Die Farben mußten aufgetragen werden, »ehe man die Blätter von der Tafel-Unterlage trennte«[8], also während der unbequemen Arbeit im Freien auf dem Lande.

Die wenigen, aber aufschlußreichen Beispiele[9] auf diesen Seiten sind ausreichend, um uns eines Besseren zu belehren. Es kam oft vor, daß der Geometer sich hinreißen ließ und seinem ästhetischen Geschmack und künstlerischen

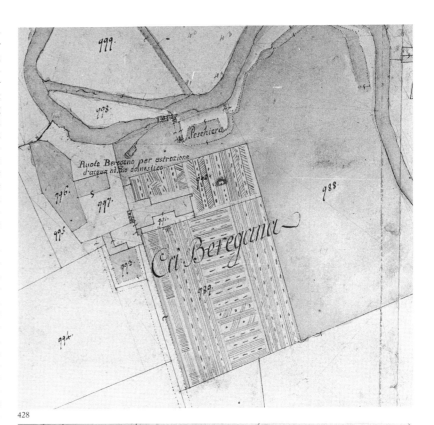

428

429

339

430. Giuseppe Vitali, Plan von Villa und Garten Grimani Morosini, genannt »Ca della nave«, in Martellago, Zeichnung, 1809. Venedig, Staatsarchiv (Kataster, Karte 24, Steuerbezirk Martellago).

431. Antonio Zanchetta, Plan von Villa und Garten Negri in Istrana, Zeichnung, 1810. Venedig, Staatsarchiv (Kataster, Karte 1092, Steuerbezirk Istrana).

432. Bartolomeo Berzetti, Plan von Villa und Garten Maruzzi in Levada di Piombino Dese, Zeichnung, 1810. Venedig, Staatsarchiv (Kataster, Karte 154, Steuerbezirk Levada.) Man beachte den zarten Versuch, die Rabatten und Hecken graphisch darzustellen.

Können Ausdruck verleihen wollte und uns somit Zeichnungen und Karten hinterließ, die bis in die kleinsten Details ausgeschmückt sind oder in ihrer Kolorierung die feinsten Schattierungen und Nuancen aufweisen.

Wenn in einigen Fällen die Abbildungen zweifellos der Phantasie entsprungen oder vom Wunsch nach Verschönerung der Karte diktiert sein mögen, so beweisen doch die vielen anderen Karten in ihrer Unterschiedlichkeit, daß die Darstellungen der Gärten in vielem der Wirklichkeit entsprechen.

In anderen Fällen stößt man auf offensichtliche, wenn auch verzeihliche Verstöße gegen die Regeln: wenn die den bebauten Flächen vorbehaltene rote Farbe sich in einer Gartenkarte mit dem Grün vermischt, fast als ob die Vorstellung von blühenden Blumen geweckt werden sollte (siehe die Karte von San Zenone degli Ezzelini, 1137).

Diese kleine ästhetische Befriedigung eines Geometers hat ihren Ursprung wohl in der Kartographie des 18. Jahrhunderts. Auch wenn wir nichts Genaues wissen über die Geometer und Ingenieure der venetischen Steuerbehörden, so erscheint es uns doch logisch, daß manche von ihnen ihre Tätigkeit oder zumindest ihre Lehrzeit noch in venezianischer Epoche begonnen hatten, als man Karten produzierte, wie sie in diesem Band abgebildet sind, d. h. deren wesentliches Requisit eine angemessene Ausschmückung war. Nun fühlten sich die Kartenzeichner in der ihnen von den *Istruzioni* verordneten Zwangsjacke nicht ganz wohl und suchten ihr durch einige kleine, quasi untergeschobene Ornamente zu entrinnen.

Das legen auch die präzise ausgeführten Bildlegenden nahe, die oft mit nicht üblichen Schnörkeln und Verzierungen geschmückt sind, oder die ausführlichen Anleitungen zum Gebrauch der Karten, oder auch die Tausende von Bäumchen, die Felice Bertoni in vielen Formen und in unendlicher Geduld bei der Vermessung des Waldes von Cansiglio zeichnete[10].

Diese Geometer und Ingenieure sind, wie man sieht, noch der Tradition des 18. Jahrhunderts verhaftet, aber sie sind auch eigene Persönlichkeiten, die sich nicht kritiklos der trockenen Materie des Katasterwesens anpassen. Bekannt ist der Fall einer Karte, die wenige Jahre nach ihrer Erstellung gedruckt wurde – die Karte von Treviso von Bernardo Salo-

moni – und von der zwischen 1824 und 1826 zwei Ausgaben erschienen; sie läßt auf den ersten Blick eine Abweichung von der »napoleonischen« Karte erkennen, die von Salomoni zusammen mit seinem Kollegen Giovanni Battista Gagliardo gefertigt wurde[11].

Eine abschließende Feststellung: Man glaubt manchmal, zwischen den Linien der Katasterkarten ein gewisses befremdetes Staunen zu verspüren, das Befremden der Ingenieure und Geometer, die ihr Leben lang Felder, Hügel und Gewässer vermessen haben und denen nun die schönen Aspekte eines Gartens oder Waldes verschlossen bleiben sollen, nicht nur ihrem Anblick, sondern vor allem auch ihrer täglichen Arbeit. Auch dieses Befremden überträgt sich auf die Karte, zeigt sich in den wenigen zur Verfügung stehenden künstlerischen Möglichkeiten und trägt nicht unwesentlich zum besseren Verständnis der Abbildungen bei, die wir betrachtet haben.

Anmerkungen

1 B. Canal, »Il Collegio, l'Ufficio e l'archivio dei Dieci savi alle Decime in Rialto, Venedig 1909«, S. 29–30, in: *Nuovo Archivio Veneto*, VIII, 1908, T. XVI.

2 R. Zangheri, »I catasti«, in: *Storia d'Italia*, Bd. V, *I documenti*, T. I, Turin 1973, besonders S. 762–768.

3 Staatsarchiv Mailand, *Catasto*, Bd. 7651, Nr. 41, Anweisungen vom 25. Februar 1833, Nr. 9777.

4 Ich verweise für eine komplette Beschreibung des Archivbestandes und für eine kurze geschichtliche Einführung auf meinen Beitrag über das Staatsarchiv Venedig in dem Führer *Guida generale degli Archivi di Stato italiani*. Vgl. A. Da Mosto, *L'Archivio di Stato di Venezia*, Rom 1937–40, Bd. II, S. 74–75. Hinsichtlich der Bildung des Katasters vgl. M. Berengo, *L'agricoltura veneta dalla caduta della Repubblica all'Unità*, Mailand 1963, S. 25–63.

5 Ich hatte gehofft, in diesen Anmerkungen die Ergebnisse einer umfassenden Vermessung der Gartenflächen anführen zu können, durch die Register von *Epilogo del perticato e della rendita*; ich mußte jedoch feststellen, daß in dieser Kartenserie Lust- und Nutzgärten zusammengefaßt sind, da sie steuerlich gleich behandelt werden.

6 Von den anderen Serien auf kleineren und handlicheren Tafeln wurde die erste in Vorbereitung zu den großen Vermes-

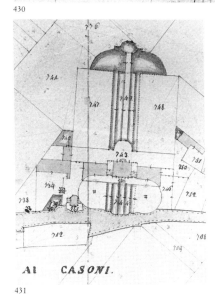
431

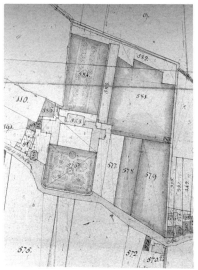
432

433. Giovanni Vanzan Manocchi, Plan von Villa und Garten Negri Miazzi in Mussolente, Zeichnung, 1807–08. Venedig, Staatsarchiv (Kataster, Karte 821, Steuerbezirk Mussolente).
Verschiedene Farben, mehr oder weniger stark aufgetragen, zeigen die Hecken an und beschreiben den unregelmäßigen Bodenverlauf.

434. Angelo De Vincenti, Plan von Villa und Garten in Bure di Sopra (San Pietro in Cariano), Zeichnung, 1815. Venedig, Staatsarchiv (Kataster, Karte 644, Steuerbezirk San Pietro in Cariano).

435. Gaetano Pogliani, Plan von Villa und Garten Perez Pompei (oben) und Carlotti, ehemals Pompei (unten), in Illasi, Zeichnung, 1813. Venedig, Staatsarchiv (Kataster, Karte 595, Steuerbezirk Illasi). Das graphische Motiv mit Quadraten und Kreuzchen in den Flurkarten 869 und 913 (die Gärten betreffend) ist nur als Darstellung der Gewächshäuser zu erklären.

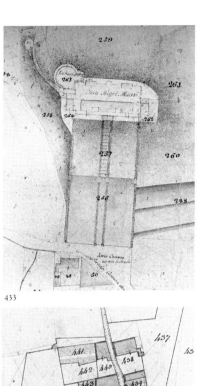

433

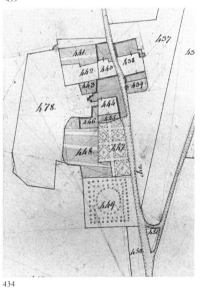

434

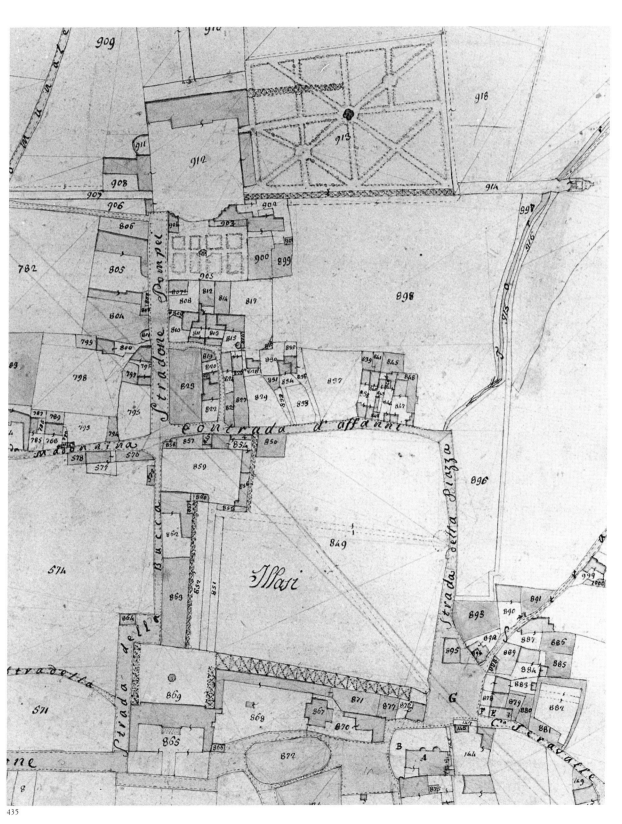

435

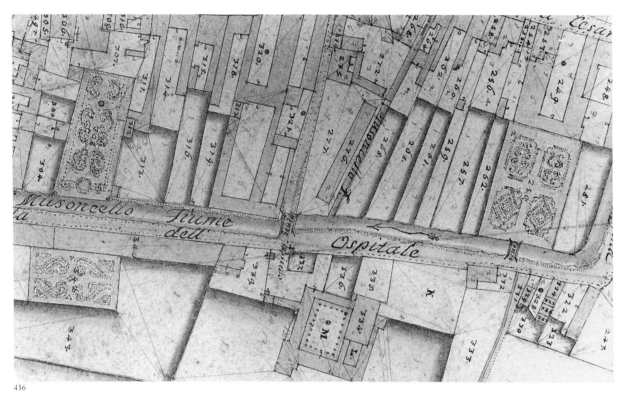

436

sungen von 1826 erstellt, indem man die »napoleonischen« Karten kopierte und aktualisierte; diese Karten wurden dann um 1840/41 wieder berichtigt. Die zweite Serie dagegen geht von der österreichischen Aufnahme 1846–52 aus und enthält Aktualisierungen bis hinein in die zwanziger Jahre unseres Jahrhunderts, als das neue Grundbuch eingeführt wurde. Es erübrigt sich der Hinweis, daß die Darstellungen von Gärten immer seltener werden.

7 Entspricht in etwa den gegenwärtigen venetischen Provinzen plus den Provinzen von Udine und Pordenone.

8 *Istruzioni della Direzione generale del censo ai geometri incaricati della misura dei terreni e formazione delle mappe e dei sommarioni, in esecuzione del r. decreto 13 aprile 1807*, Mailand 1811, besonders S. 17–18.

9 Alle Einzelheiten gehören zur »napoleonischen« Karte des Archivbestands *Catasto* beim Staatsarchiv in Venedig (A.S.Ve.). In den Bildlegenden sind nur die Archivnummern der Karten und die Angabe des Steuerbezirks enthalten.

10 A.S.Ve., *Catasto*, »napoleonische« Karte 1408, Steuerbezirk Tambre.

11 Karte, reproduziert 1975 als Anlage zu G. Netto, *Le piante di Treviso dell'età napoleonica (1790–1826)*, Treviso 1975. G. Netto stellt die Abweichung der gedruckten Karte von der Katasterkarte fest, er erkundigt sich nach den Quellen der Katasterkarte und findet sie wenigstens teilweise in einem Gemälde aus dem 17. Jahrhundert. Die Darstellung einiger Gärten unterscheidet sich in der Katasterkarte und in der gedruckten Karte, während andere identisch sind; das läßt darauf schießen, daß diese der Wirklichkeit tatsächlich entsprechen.

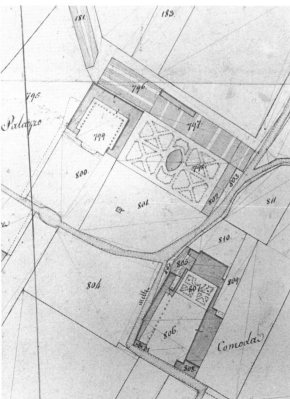

437

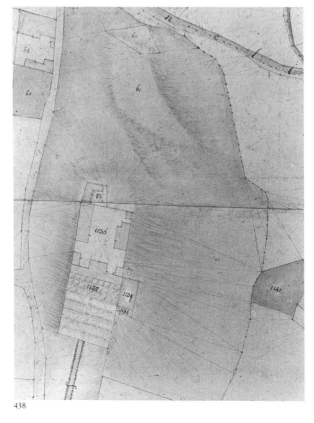

438

Zur Ergänzung der Beiträge von Maria Francesca Tiepolo und Eurigio Tonetti über die Archivquellen, die der Forschung neue Wege eröffnen, möchte ich einige wenige Zeilen über die gedruckten Quellen hinzufügen, die für die Geschichte der venetischen Gärten nützlich sein können und bis heute noch nicht entsprechend ausgewertet wurden, obwohl sie viel leichter zugänglich sind als die Bestände in den Archiven. Unser Bemühen könnte sogar Ausgangspunkt werden für die Schaffung einer – wünschenswerten – Datenbank über die Gärten Venetiens. Beginnen wir bei den architekturtheoretischen Traktaten. Sie befassen sich ganz offensichtlich auch mit den Gärten, denn diese sind eine Art Fortsetzung des Gebäudes, der Villa oder des Palastes im Freien; sie bilden, zumindest bis zum Ende des 18. Jahrhunderts mit der Architektur eine organische, untrennbare Einheit, wie Lionello Puppi in seinem Beitrag deutlich gemacht hat. Leon Battista Alberti, Filarete und Francesco di Giorgio widmen dem Standort, dem Lageplan und der Ausschmückung der Gärten wenige, aber wesentliche Beobachtungen, die, wenn sie auch nicht im venetischen Raum entstanden sind, doch die Produktion der Serenissima beeinflußt haben. Man denke nur an das Projekt des Alvise Cornaro für einen Inselgarten, der in der Lagune von San Marco in Venedig entstehen sollte und sich direkt an eine Idee des Averlino anlehnt[1].

Sebastiano Serlio veröffentlicht in seinem 1537 in Venedig erschienenen *Libro quarto* verschiedene Modelle für Blumenrabatten, die für Padua und viele andere Gärten sowie in italienischen und ausländischen Abhandlungen in unzähligen Varianten wiederaufgenommen werden, von Ferrari zu Boyceau und Dezallier d'Argenville. Serlio präsentiert auch die Zeichnung von zwei Labyrinthen als Modelle für Deckengestaltungen. Die Übertragung des uralten Symbols vom Innenraum in den Außenraum erfolgt unmittelbar danach. Der venezianische Verleger des Bolegneser Baumeisters, Francesco Marcolini, fügt noch einige Anmerkungen an, z. B. über den Garten Cornaro in Padua[2]. Auch die Beobachtungen des Anton Francesco Doni aus der Toskana, der Venetien zu seiner Wahlheimat machte, sollten nicht außer acht gelassen werden. In seinem Werk *Attavanta* beschreibt er um 1550 die humanistischen Eigenschaften des Gartens; in *La villa* greift er dieses Thema wieder

439

auf und schlägt vor, daß in einem idealen Garten, dem Pendant zu einem Palladio-Gebäude, neben den meist bekannten Elementen (Pergolen zum Spazierengehen, Loggien, um in Ruhe und im Schatten speisen zu können, »eine hohe Pergola, dicht und voller edler Weintrauben, in schönem Bogen gewachsen«) auch zahlreiche ungewöhnliche Elemente vorhanden sein sollten.

Am Ende des Gartens schlägt er »einen kleinen Berg« vor, mit vielen und verschiedenen Obstbäumen bewachsen, deren Liste er liefert. Auf dem Berg ein Labyrinth mit einem weithin sichtbaren Brunnen in der Mitte, wo das Wasser sich in eine künstliche Grotte ergießen soll, »ganz aus grobem, bizarr geformtem Stein«, mit komplizierten, steuerbaren

Wasserspielen, um zwei weiter unten liegende Fischbassins mit Wasser zu füllen[3].

Über die Rolle, die Palladio und Vincenzo Scamozzi spielten, haben wir an anderer Stelle dieses Buches schon gesprochen. Eher zufällig, aber deshalb nicht weniger wichtig, sind die Bezüge auf den Garten in den monumentalen Werken Palladios im 18. Jahrhundert in Venetien, von Muttoni bis zu Bertotti Scamozzi, die ebenfalls erwähnt wurden. Von der Vorliebe des Lodoli für die *ars topiaria*, den künstlerischen Baumschnitt, eine etwas eigenartige Leidenschaft für den Begründer des architektonischen Funktionalismus in Venetien, spricht Andrea Memmo[4].

In dem Werk *Principij di architettura civile* liefert Francesco Milizia als erster

eine ausführliche und systematische Abhandlung über den modernen Garten »im englischen Stil«, auch in seinem *Dizionario* kommt er auf dieses Thema zurück[5]. Der von ihm veröffentlichten Ausgabe des Traktats von Vitruv fügt der Trevisaner Quirico Viviani eine detaillierte Abhandlung über antike und moderne Gärten bei und beweist nicht unerhebliche Kenntnis dessen, was jenseits der Alpen gemacht wurde[6].

Auch die Traktate über die Landwirtschaft stellen eine wertvolle Quelle dar. Dieses Genre, das sich direkt an die ersten Ausgaben der *rei rusticae scriptores* anschließt, hatte in Venedig mehr Erfolg als anderswo. Dort war 1472 die Erstausgabe der Schriften von Columella, Varrone und Cato erschienen, die später unzählige Male neu aufgelegt wurden. Vater der modernen Verfasser von landwirtschaftlichen Traktaten ist der Bologneser Pietro de Crescenzi, dessen Werk aus dem frühen 14. Jahrhundert in Italien und jenseits der Alpen in unzähligen Auflagen erschien, zum Teil mit wertvollen Illustrationen. Es sei hier nur die in Venedig 1495 in italienischer Sprache veröffentlichte Ausgabe für Matteo Capacasa erwähnt, die auf der Titelseite in einigen Vignetten Elemente des zeitgenössischen venetischen Gartens enthält.

Die Werke von Alberto Lollio, Francesco Sansovino, Africo Clementi, Marco Bussato, von Bonardo, Barpo und Agostinetti, um nur einige zu nennen, liefern ebenfalls interessante Informationen[7]. Zu den erfolgreichsten Werken gehört *Le vinti giornate dell'agricoltura e de piaceri della villa* von Agostino Gallo aus Brescia, das unter dem ursprünglichen Titel *Dieci giornate* 1565 zum ersten Mal in Venedig erscheint und aufgrund seines Erfolges ständig erweitert wird. Der fünfte Tag in der venezianischen Ausgabe von 1628 behandelt die Kunst, »einen Garten zu machen, das Pflanzen und Schmücken mit vielerlei Arten von Früchten«. Nachdem er sich über die Lage und Größe, die Art des Bodens, die bevorzugte Form, die das Viereck ist, geäußert hat, geht der Autor dazu über, die Aufteilung des Gartens zu behandeln, die »in vier Teilen [erfolgen soll] mit Wegen in der Mitte und Flächen daneben«, auch sollen sie »in verschiedenen Formen geordnet sein, vieles soll zu sehen sein wie duftende Kräuter, Lilien, Rosen und Veilchen in bunten Farben, und er sei nicht weniger geschmückt, wo die Mauern stehen, mit Vasen und Kübeln, in de-

343

440. *Teilansicht des Peristyls mit marmornen Säulen und Bögen, das den inneren Teil des runden Gartens der Venus umgibt, Holzschnitt von Francesco Colonna,* Hypnerotomachia Poliphili, *Venedig, 1499.*
Die Holzschnitte dieses unvergleichlichen Buches stellen die umfangreichste Dokumentation der Elemente des italienischen Gartens im 15. Jh. dar.

441. *H. Schickhardt, Skizze einer Loge zwischen zwei Gärten, in einer Villa bei Venedig, Ende 16. Jh., Stuttgart, Landesbibliothek.*
Der deutsche Architekt befaßt sich ausführlich mit Technik und Materialien, die bei der Errichtung dieses für die Gärten in der Umgebung Venedigs so charakteristischen Elements angewendet wurden, wie im Fall des Palazzo Trevisan in Murano.

442. *Domenico Dalle Greche, Tanne im Zentrum eines quadratischen Labyrinths, mit einer Rosenhecke, Zeichnung, aus P. A. Michiel,* Cinque libri di piante *(blaues Buch). Venedig, Biblioteca Marciana.*
Zahlreiche Tafeln dieses Manuskripts aus der zweiten Hälfte des 16. Jhs. liefern wertvolle Hinweise über die Verwendung von Pflanzen als Gartenschmuck.

443. *Trifone Valmarana, Aquarell-Federzeichnung, 1758. Venedig, Museo Correr (cod. P.D. 466).*

440

nen Nelken, Majoran, Basilikum und andere köstliche und duftende Kräuter gedeihen«. Das alles »umgeben von dichten Hecken […] aus Lavendel, Rosmarin oder Buchsbaum oder andere, ähnliche Sorten [...], so daß kein Blatt sichtbar sei, das nicht der Ordnung folge«. Und letztendlich gibt es »drei kleine Pergolen in Form von Hütchen. Eine in der Nähe der Tür, durch die man eintritt, die anderen an den Seiten und alle drei über dem Weg in der Mitte errichtet und mit den Hecken verbunden, die den Garten abschlossen. Wenn man sich in diesen Pergolen befand, schien es, als wäre man in einer Grotte, die dafür gemacht war, anmutig zu philosophieren«. Und dann noch »Pergolen aus Rosen, Jasmin, Lorbeer oder Myrte«[8].

Hinweise auf die Freuden der Villa, an denen der Garten einen wesentlichen Anteil hat, sind auch in den Publikationen aus dem 16. Jahrhundert enthalten, die Vor- und Nachteile eines der Landwirtschaft gewidmeten Lebens beschreiben, das hauptsächlich auf dem Lande geführt wird, als Gegenpol zu Tätigkeiten wie Handel, Politik, militärische Laufbahnen, die eine ständige Anwesenheit in der Stadt erfordern. Venedig nimmt an diesen Auseinandersetzungen mit interessanten Beiträgen teil, wie z. B. *Lettera di M. Alberto Lollio nella quale ... egli celebra la villa et lauda molto l'agricoltura,* 1544 erschienen.

Die Tradition der Schriften über die Landwirtschaft geht mit dem 16. Jahrhundert jedoch nicht zu Ende. Man denke nur an die Gründung der landwirtschaftlichen Akademien in den wichtigsten Städten Venetiens in der zweiten Hälfte des 18. Jahrhunderts und an die Auswirkungen physiokratischer Theorien in Gärten wie z. B. dem des Angelo Querini in Altichiero. Die Anwendung neuer Methoden und landwirtschaftlicher Techniken, die Rationalisierung in der Bewirtschaftung des Landes, die Ablösung alter Kulturpflanzen durch neue, ertragreichere, das Interesse für Maulbeerbaum und Seidenraupenzucht haben erheblich zur Veränderung der Agrarlandschaft und des Gartens beigetragen. Diese Themen verdienten es, ausführlicher behandelt zu werden, wie auch der Einfluß, den Jagd und Fischereiwesen und andere erholsame Tätigkeiten auf die Gärten ausübten. Bei der Wahl des Standortes, an dem Caterina Cornaro in Altivole ihren Barco errichten wollte, scheint die Anwesenheit der umgebenden, in

Quellen erwähnten, heute jedoch verschwundenen Wälder ausschlaggebend gewesen zu sein; ebenso die Besitztümern der Della Torre in Fumare, während ein erstaunlicher intakter Felsen heute noch den Gipfelpunkt im Garten der Villa Mosconi in Novare bildet.

Ein Kapitel für sich sind die botanischen Schriften, die im 16. Jahrhundert zu einer eigenen Wissenschaft werden, nachdem sie in Nachahmung der antiken Traktate eines Dioskurides, Theophrast und Plinius im Mittelalter in den berühmten Kräutersammlungen eine erste Auferstehung gefeiert hatten. Die Universität Padua ist mit ihrem Botanischen Garten in dieser Entwicklung von entscheidender Bedeutung. Ein Beweis dafür ist das ausgezeichnete Kräuterbuch, das von

441

dem Venezianer Pietro Antonio Michiel verfaßt wurde, der von den Behörden mit der Pflege des Botanischen Gartens betraut worden war. Das Buch blieb Handschrift, es erschien nie im Druck, doch es enthält kostbare Illustrationen von Domenico Dalle Greche, und es versucht, die Flora wissenschaftlich zu katalogisieren und die Pflanzen nach der Art ihrer Wurzeln zusammenzufassen. Besonders interessant für die Geschichte des Gartens ist das »blaue Buch«, in dem die Kommentare zu den einzelnen Pflanzen auch zahlreiche Hinweise auf deren Verwendungsmöglichkeit als Schmuckelement enthalten. Unter anderem findet man eine Tanne, die sich hoch aus dem Mittelpunkt eines Labyrinths aus Buchsbaum erhebt, von Rosenhecken eingesäumt, eine Kletterpflanze, die sich an

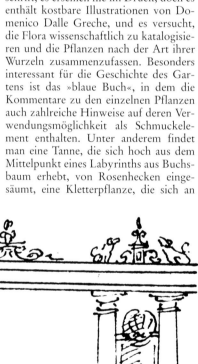

Steinsäulen emporrankt, wie schon Alberti empfohlen hatte, und einen Laubengang abschließt; ein Myrtengewächs im Kübel, gestutzt in Form eines Adlers, ein elegantes Beispiel höchster *ars topiaria,* usw. In diesem Werk erscheinen auch zum ersten Mal einige der erst vor kurzem aus der Neuen Welt eingeführten exotischen Pflanzen[9].

Interessante Werke botanischen Inhalts sind auch die Schriften des Giovanni Pona über die Flora des Berges Baldo und die Werke von Clarici und Brocchi über Blumen und andere, in den venetischen Gärten kultivierte Pflanzen. Unverzichtbare Beweise sind ebenfalls die Kataloge über die in den verschiedenen privaten und öffentlichen Gärten vorhandenen Pflanzen, vom Botanischen Garten und den vielen privaten Gärten in Padua des 16. Jahrhunderts bis hin zu den Gärten der Villa Farsetti in Santa Maria di Sala und den Pflanzen, die 1854 im Garten der Villa Saltore vorhanden waren und die vom Besitzer selbst, Antonio Caccianiga, aufgeführt wurden. Doch dieser Aspekt wurde von Patrizio Giulini bereits eingehend behandelt. Angesichts der Rolle, die das Wasser mit Beginn des 16. Jahrhunderts in den Gärten spielt, können die Schriften über Wasserhydraulik und die dieser Wissenschaft gewidmeten Kapitel in den Architekturtraktaten (vor allem in den Werken von Vitruv, Frontino und Erone) weitere wertvolle Informationen über unser Thema bieten. Die Tatsache unter vielen anderen, daß Ceredi an die Verbesserung erinnert, die Palladio an der alten, *timpano* genannten Maschine angebracht hat, läßt darauf schließen, daß der Baumeister aus Vicenza die komplizierten Mechanismen für die Wasserverteilung der vielen Brunnen in der Villa Maser selbst ausgearbeitet hat[10]. Erst ziemlich spät erscheinen in Venetien spezifisch auf den Garten ausgerichtete Abhandlungen. Am Anfang sind dies noch Neuauflagen bereits existierender ausländischer Werke, wie das Traktat des Mabil von 1801, das auf die von Cesarotti 1792 ausgelöste theoretische Auseinandersetzung folgt und dessen Beiträge, bereits in den Schriften der Universität Padua enthalten, 1817 mit einem langen Vorwort des Verlegers Alessandro Torre wieder veröffentlicht werden. Torre befaßt sich auch mit der Beschreibung der chinesischen Gärten durch Chambers[11] und den Tafeln Grohmanns aus dem Jahr 1805. 1821 erscheint das Werk von Dalla Libera, das die Unternehmungen Jappellis rühmt[12] und die Grundsätze des »modernen« Geschmacks mit Bezug auf konkrete Beispiele verteidigt. Einige venetische Gärten sind in der Anthologie über *I giardini d'Italia* enthalten, die in Mailand zwischen 1834 und 1836 in drei Bänden erscheint. Während die – zumeist fragmentarischen – Beobachtungen von Jappelli nur handschriftlich festgehalten sind, begleitet Antonio Caregaro Negrin die Realisierung seiner konkreten Gärten mit theoretischen Überlegungen und Abhandlungen, die auch in Druck gehen[13].

Die wichtigsten schriftlichen Quellen über die Gärten stellen die Beschreibungen einzelner Komplexe dar; diese Schriften liefern umfassende Informationen über das geschaffene Werk, über Entwurf, Pläne und Durchführung. Sie entstanden aus Freude und Begeisterung über die Leistung und ihr Ergebnis. Solche wertvollen Führer existieren vom Botanischen Garten in Padua (Guazzo, 1546; Porro, 1591, usw.), vom Cataio (Betussi, 1573 und 1669), vom Palast und Garten Giusti in Verona (Pona, 1620), von der Villa Querini in Altichiero (Justina Wynne Rosenberg, 1787) und von der Villa Farsetti in Santa Maria di Sala (De Tipaldo, 1833), außerdem von Prato della Valle, wie Andrea Memmo es sich wünschte (Radicchio, 1786). Der Garten Beregan in Moracchino di Vicenza und die Gärten Farsetti in Sala und Barbarigo in Valsanzibio wurden in Versen des ausgehenden 18. Jahrhunderts anschaulich beschrieben, vom Garten Barbarigo besitzen wir auch ein Album mit Ansichten vom Anfang des 18. Jahrhunderts. Im 19. Jahrhundert erleben wir eine Blütezeit der kurzen, einzelnen Gärten gewidmeten Beschreibungen, nach dem Beispiel anderer Regionen. Zu diesen »Führern« gesellt sich eine weitere Art von Publikationen: die Hochzeitsmitteilungen, die oft auch Auskunft geben über die Schönheit einer Villa und ihres Gartens und über die Familien der Brautleute. Diese Veröffentlichungen mit ihrer sehr begrenzten Auflage sind heute nurmehr schwer zu finden und können auch dem aufmerksamen Auge des geübtesten Forschers entgehen. Aus Begeisterung über Villa und Garten sind noch viele andere Ansichten entstanden, deren Katalog immer noch sehr lückenhaft ist. Lose Blätter oder Alben werden in den meisten großen Bibliotheken in Venetien aufbewahrt, eine sorgfältige Auflistung lieferte sicher höchst unerwartetes Material. Den bekannten Sammlungen des Coronelli,

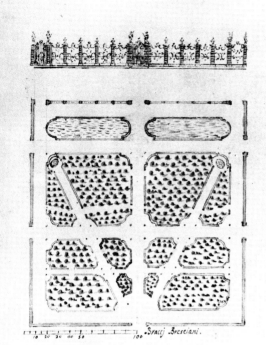

Giardino compartito a Boschetti con Rastrelli di ferro, e due laghetti in capo al medesimo.

442

443

444

445. Ludovico Pozzoserrato, *Bankett am Fluß Epulon*, Treviso, Monte di Pietà. *Pozzoserrato, der häufig Gärten als Sujets, Rahmen oder Hintergrund für seine Bilder benützt, ist eine wertvolle Quelle für die Erforschung der Gärten.*

446. Susanna im Bade, *ein dem Jacopo Bassano zugeschriebenes Bild, Ottawa, National Gallery of Canada. Zahlreich sind die Bilder venezianischer Künstler, in denen ein Garten den Rahmen oder Hintergrund abgibt; sie stellen ein unverzichtbares Quellenmaterial dar für das Studium dieser in ihrer Struktur so fragilen Kunstwerke.*

Volkamer und Costa, den Ansichten aus dem 19. Jahrhundert von Marco Moro, Cechini und Chevalier können Scharen von weiteren Abbildungen hinzugefügt werden. Seit Mitte des 19. Jahrhunderts stellte die Fotografie eine Quelle realistischer Dokumentation dar, die leider bis heute sehr vernachlässigt wurde. Neben den berühmten Fotoateliers von Lotze in Verona und Ferretto in Treviso, denen die Kritik endlich die verdiente Aufmerksamkeit schenkte, haben auch andere, weniger bekannte Ateliers ihre Alben aufbewahrt, eventuell im Familienbesitz, die uns alle eindringlich und detailliert Aufschluß geben über die venetischen Gärten. Führer für Städte und Regionen können ebenfalls wichtige Auskunft geben. Ich erinne an *Salò, e sua riviera*, von Silvano Cattaneo Mitte des 16. Jahrhunderts geschrieben, aber erst zwei Jahrhunderte später veröffentlicht; hier wird der Garten der Villa Brenzone in San Vigilio beschrieben. Erwähnt werden sollten die drei aufeinanderfolgenden Ausgaben von *Venezia* von Sansovino und die Padua-Führer von Rossetti und Selvatico – denen man noch weitere handschriftliche Führer von Padua hinzufügen kann[15] –, der Führer von Murano von Zanetti (1866) und von Mirano von Bonamico (1874); die Werke über Verona von Maffei und Da Persico, über Bassano und Umgebung von Brentari, von Federici, Caccianiga und Semenzi über die Provinz Treviso, von Maccà über die Provinz Vicenza, Gloria schrieb über die Provinz Padua und viele andere mehr. Zu dieser Kategorie gehören auch die *Descrizione di tutta Italia* von Leandro Alberti, Erstausgabe 1550 und dann immer wieder in aktualisierter Version veröffentlicht, ebenso wie *Itinerario* von Francesco Scoto (1600 und folgende Ausgaben). Das gleiche gilt für den Bericht über die Terraferma, den Sanudo im Jahr 1483 auf Anordnung der venezianischen Behörden verfaßte. Neben den schriftlichen Zeugnissen und den jeweiligen Ansichten und Abbildungen stellt auch die urbane Kartographie eine wertvolle Quelle dar. Es soll nur noch einmal daran erinnert werden, daß alles, was wir über die humanistischen Gärten von Murano und der Giudecca wissen, in der Vogelperspektive Jacopo de Barbaris dokumentiert und bestätigt und daß in den Stadtplänen den Gärten stets große Aufmerksamkeit geschenkt wird.

Als Anhang zu den Führern sind die Beschreibungen von Reisenden zu be-

445

446

trachten. Die Pilger, die in Venedig Station machten und auf ihre Einschiffung ins Heilige Land warteten, von Piero Casola bis Felix Faber, haben uns wertvolle Anmerkungen über die Lagunengärten des 15. Jahrhunderts hinterlassen. Wir konnten bei der Karte des Giusti-Gartens die Bedeutung dieser Texte feststellen. Erwähnt sei das Reisetagebuch von Heinrich Schickardt, dem Architekten des Prinzen von Württemberg, den er auf seiner *grand tour* gegen Ende des 16. Jahrhunderts begleitete; er beschreibt in seinem Heft, zusammen mit köstlichen Skizzen, die Spiegelgrotte des Veroneser Gartens und liefert uns damit den einzigen Augenzeugenbericht; er berichtet auch von einer Loggia, die vermutlich in einer typischen Vorstadtresidenz von Venedig den Hof vom Garten trennte; oder denken wir an die Beobachtungen von Tolstoi[16]. Auch das Tagebuch Montaignes darf nicht vergessen werden, der von der Stadt Padua angezogen wurde, und später die Berichte von Goethe, de Brosse und de La Lande.

Episteln und Briefe stellen bedeutsame Dokumentationen dar. Ihnen verdanken wir die Mitteilungen über die Gärten Muranos im 15. Jahrhundert, mit denen sich Lionello Puppi befaßt, und über andere Gärten vom Festland wie jene am Ufer des Gardasees, in Bardolino, die von Pellegrini in einem Brief beschrieben werden[17]. Auch die beiden wichtigen Texte von Tolomci und Annibal Caro über den höchst kunstvollen Einsatz des Wassers in den römischen Gärten des 16. Jahrhunderts verdienen Beachtung. Erst vor verhältnismäßig kurzer Zeit gelang es James Ackermann anhand des Briefes, den Giulia da Ponte di Spilimbergo an Daniele Barbaro 1558 schrieb, das Erbauungsdatum der Palladio-Villa von Maser eindeutig festzulegen, das bis dahin Gegenstand heftiger, aber wenig fundierter Diskussionen war. Die Beschreibung des Brenzone-Gartens durch Aretino und des Projekts von Clérisseau für den Garten von Villa Farsetti in Santa Maria di Sala durch Winckelmann sowie Andeutungen bezüglich dieses Komplexes in der Korrespondenz zwischen Milizia und Temanza sind eine weitere Bestätigung für die Nützlichkeit dieser Quellen.

Biographen und Künstler, angefangen bei Vasari bis zu Dal Pozzo, Zannandreis und Pietrucci, um nur im Raum Verona und Padua zu bleiben, Bücher über Kunstgeschichte, von Ridolfi bis Milizia, und alle Quellen, die für die Kunstge-

schichte nützlich sind, können auch über den Garten und seine Geschichte brauchbare Informationen enthalten; wir wissen, und Gianni Venturi bestätigt es uns noch einmal, daß der Garten ein immer wiederkehrendes Thema in der italienischen Literatur ist und sogar zum absoluten Protagonisten des Textes und der Illustrationen werden kann, wie uns das Werk *Hypnerotomachia Poliphili* mit den wunderbaren Holzschnitten zeigt. Ein letztes Kapitel muß noch erwähnt werden; es beinhaltet außer den Zeichnungen, die im Grunde eher spärlich sind, alles, was die venetische Malerei über Gärten hinterlassen hat, von Carpaccio und Crivelli bis zu Cima da Conegliano, Giambellino, Giorgione, Tizian, Paolo Veronese, die Bassano und die Heerscharen »kleiner« Maler, unter denen sich besonders Pozzoserrato auszeichnet[18], sowie Canaletto, Visentini und Guardi, bis zu Manlio Brusatin in unseren Tagen.

Zur Praxis gehört die Theorie. Ein Beispiel: Paolo Pino setzt in seinem 1548 in Venedig erschienenen Dialog über die Malerei der »Wildheit« der nordischen Landschaft, die sich so gut eignet für ferne Horizonte in den Gemälden, die ordentliche Systematik der italienischen Landschaft entgegen, die der Verfasser »den Garten der Welt nennt«, mit der Bemerkung jedoch, daß er »erfreulicher zu betrachten als zu malen« sei. Gerade die heterogene Beschaffenheit dieser Quellen, ihre schwierige Zugänglichkeit und Interpretation legen eine präzise und soweit wie nur möglich erschöpfende Katalogisierung nahe; man könnte dabei mit einer systematischen Sichtung des handschriftlichen, gedruckten und darstellenden Materials beginnen, das die verschiedenen Bibliotheken in der Region besitzen. Neben den öffentlichen Einrichtungen sollten auch die privaten Sammler ihre alten Fotos und Dokumente, Zeichnungen und Gemälde zur Erfassung zur Verfügung stellen.

Der erste wichtige Beitrag in unserem Jahrhundert zur Geschichte des venetischen Gartens war die denkwürdige Ausstellung, die Luigi Dami (der 1924 das grundlegende Werk *Il giardino italiano* herausgab) 1931 in Florenz organisierte. In der von Adolfo Callegari betreuten Abteilung für die Region Venetien waren viele Ansichten, Gemälde, Zeichnungen und Grundrisse zu sehen, die zum Teil aus Privatbesitz kamen und im Katalog nicht aufgeführt sind[19]. Leider ist heute ein großer Teil dieses Materials nicht mehr auffindbar, wie auch viele andere Exemplare, die später veröffentlicht wurden, ohne daß man ihre Herkunft angegeben hätte. Außerdem verdienten auch viele lokale Initiativen eine größere Aufmerksamkeit, wie z. B. die vor kurzem von Sergio Spiazzi organisierte Ausstellung über San Martino Buon Albergo, die eine Fülle an bisher nicht veröffentlichtem kartographischem Material über die Villa Musella bot; leider erinnert nur ein

447

kleiner Faltprospekt an diese nachahmenswerte Initiative.

Zu den geschichtlichen Quellen der Gärten sollte in diesem idealen »Archiv des venetischen Gartens« auch die von der modernen Technik erstellbare Dokumentation gezählt werden. Das sind neben den Vermessungen besonders auch Querschnitte, vor allem bei den in hügeligem Gelände befindlichen Gärten, die auch oft eine terrassenartige Anlage aufweisen. So können Anlagen wie der Garten Giusti in Verona, Villa Verità in San Pietro di Lavagno, Villa Duodo in Monselice, Villa Allegri Arvedi in Cuzzano, der Garten Barbarigo in Valsanzibio oder die Villen Trissino in Trissino durch genaue wissenschaftliche Studien erschlossen werden. Bertotti Scamozzi hat dies bereits versucht – nur durch seinen Querschnitt der Villa Maser ist die Rolle des Nymphäums für den Garten erkennbar. Die Vermessungen sollten mit Fotos belegt werden; außerdem sollte man auch Luftaufnahmen zur Vervollständigung der Dokumentation heranziehen.

Nur dann, wenn man über geeignete und aufschlußreiche Instrumente verfügt, kann man davon sprechen, die uns überlieferten Gärten Venetiens zu bewahren und sie in einer *Archaeology of gardens*[20] einer historisch-kritischen Analyse zu unterziehen; vielleicht müßte dann auch die Geschichte, so wie wir sie in dem vorliegenden Band dargestellt haben, aktualisiert, erweitert, zum Teil neu geschrieben werden. Doch unser Wunsch zum Abschied ist, daß dieser Band vielleicht das Verdienst für sich in Anspruch nehmen kann, Anreiz und Ausgangspunkt gewesen zu sein für eine längst fällige Studie, die Aufmerksamkeit auf ein höchst fragiles Kunstwerk gelenkt zu haben, das gerade in seiner Fragilität und Vergänglichkeit besonderen Schutzes bedarf.

Anmerkungen
1 Vgl. M. Tafuri, »Alvise Cornaro, Palladio e Leonardo Donà«, in: *Palladio e Venezia*, hrsg. v. L. Puppi, Florenz 1982, S. 9–27.
2 S. Serlio, *Libro Quarto*, Venedig 1537; F. Marcolini, »Proemio«, in: S. Serlio, *Regole generali di architettura... sopra le cinque maniere degli edifici*, Venedig 1544; derselbe, *Il giardino de pensieri*, Venedig 1540.
3 *Le Ville, di Anton Francesco Doni*, hrsg. v. U. Bellocchi, Modena 1969, S. 97–121, 34–37.

4 A. Memmo, *Elementi d'architettura lodoliana*, Zara 1833.
5 F. Milizia, *Principj di architettura civile* (1781), Mailand 1847, S. 282–291; derselbe, *Dizionario delle belle arti del disegno, Bassano 1787*, Kapitel über *Le Nôtre*.
6 Q. Viviani, *Degli edifizi rustici e suburbani e delle loro adjacenze*, Zusatz III zu Buch VI, Udine 1831, S. 113–143; Anlage zu: *L'Architettura di Vitruvio tradotta in italiano da Q. Viviani...*, Udine 1830.
7 C. Beutler, »Un chapitre de la sensibilité collective: la littérature agricole en Europe continentale au XVIe siècle«, in: *Annales E.S.C.*, 28, 1973, S. 1280–1301; P. Lanaro Sartori, »Gli scrittori veneti d'agraria del Cinquecento e del primo Seicento tra realtà e utopia«, in: *Venezia e la Terraferma attraverso le relazioni dei rettori*, Kongreßakten, hrsg. v. A. Tagliaferri, Mailand 1981.
8 A. Gallo, *Le vinti giornale...*, Venedig 1628, S. 123–124.
9 Das Manuskript der *Cinque libri di piante* von Pietro Antonio Michiel, eingeteilt nach Farben (grünes Buch, blaues Buch usw.) ist aufbewahrt bei B.M.Ve. (Ms.It., XXXVI–XXX = 4860–4864); der Text ist vollständig veröffentlicht, von den Illustrationen nur eine Auswahl, hrsg. v. E. De Toni, in Venedig 1940.
10 G. Ceredi, *Tre discorsi sopra il modo d'alzar acque da luoghi bassi*, Parma 1567, S. 17 ff.
11 *Operette di varj autori intorno ai giardini inglesi ossia moderni*, Verona 1817.
12 *Dei giardini, del loro effetto morale e della scelta e coltivazione delle piante pei medesimi*, Mailand 1821.

13 G. Jappelli, *Memorie pel Giardiniere e dell'Agricoltore*, B.C.Pa., Ms. CM 481, Nr. 14; A. Caregaro Negrin, *Dell'arte dei giardini. Parte storica. Discorso letto nell'Ateneo Veneto nell'adunanza 27 giugno 1867*, Vicenza 1868; derselbe, »Dell'arte dei giardini, Parte terza«, Auszug aus: *Atti dell'Accademia Olimpica di Vicenza*, Vicenza 1891; derselbe, *Dell'Arte dei giardini. Parte seconda. Come si fa un giardino pubblico*. Breve sunto della conferenza tenuta all'Accademia Olimpica di Vicenza nella tornata del 13 Febbraio 1891, Vicenza 1893.
14 *Lotze. Lo studio fotografico*, Katalog der Ausstellung, hrsg. v. P. P. Brugnoli, Verona 1984; *I Ferretto fotografi a Treviso 1863–1921*, Katalog der Ausstellung, hrsg. v. A. Prandi und A. Contò, Treviso 1985.
15 In dem von dem deutschen Studenten Gottfried Conratter um das Jahr 1577 verfaßten Führer, der als Handschrift bei der British Library in London (Harl. 3829) aufbewahrt wird, wird in einem Kapitel (ff. 69v–70v) ein zauberhafter Garten in Padua beschrieben, der vielleicht mit dem ehemaligen Garten Cornaro identisch ist, da im Hintergrund die Apsiden der Basilika von Sant'Antonio sichtbar ist.
16 H. Schickhardt, *Tre quaderni con schizzi, annotazioni e disegni (1598, 1599–1600)*, Cod. hist. Q. 148, a,b,c, Württembergische Landesbibliothek, Stuttgart; *Handschriften und Handzeichnungen des herzoglich Württembergischen Baumeisters Heinrich Schickhardt*, hrsg. v. W. Heyd und B. Pfeiffer, Stuttgart 1902, S. 38, 43–44.
17 G. B. C. Giuliari, *Antico giardino sulle sponde del lago a Bardolino sul calare del secolo XVI, Per le nobilissime nozze Giuliari-Revedin*, Verona 1882, und C. A. Ruffo, »I giardini delle ville«, in: *La villa del Veronese*, hrsg. v. G. F. Viviani, Verona 1975, S. 189–190.
18 Vgl. in der umfangreichen Bibliographie, L. Menegazzi, »Ludovico Toeput (il Pozzoserrato)«, in: *Saggi e Memorie di Storia dell'Arte*, 1, 1957, S. 165–223.
19 A. Callegari, »Il giardino veneto«, in: *Il giardino italiano*, Katalog der Ausstellung, hrsg. v. U. Ojetti, Florenz 1931, S. 229–251.
20 Zur Darlegung der Möglichkeiten und dessen, was in England unternommen wird, siehe C. Taylor, *The archaeology of Gardens*, Aylesbury, Bucks., 1983, S. 3–24, und die Bibliographie S. 68–69.

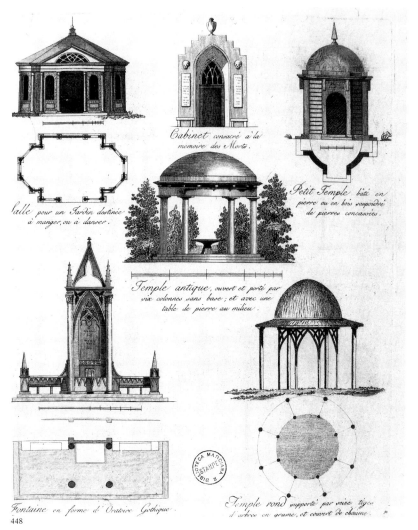

Salle pour un Jardin destinée à manger, ou à danser.

Cabinet consacré à la memoire des Morts.

Petit Temple bâti en pierre ou en bois saupoudré de pierres concassées.

Temple antique, ouvert et porté par six colonnes sans base; et avec une table de pierre au milieu.

Fontaine en forme d'Oratoire Gothique.
448

Temple rond supporté par seize tiges d'arbres en grume, et couvert de chaume.

Personen- und Ortsregister

Gianni Berengo Gardin
Cristiana Moldi-Ravenna
Teodora Sammartini

Die Geheimen Gärten Venedigs

Aus dem Italienischen von Ulrich Keyl
167 Seiten mit zahlreichen Farb- und s/w-Abbildungen
gebunden mit Schutzumschlag

Wer denkt, die »Päpstin aller Städte« gut zu kennen, dem enthüllt
Gianni Berengo Gardin eine unbekannte, zauberhafte Seite der Stadt
in Bildern. [...] Daß der Betrachter hier einen Blick in private
Refugien tun kann, in ein fremden Besuchern sonst unzugängliches
Ambiente, macht ihn ein wenig zum Voyeur, der den Reiz des
Verbotenen genießt.

DIE ZEIT

Eugen Diederichs Verlag

Virgilio Vercelloni

EUROPÄISCHE STADTUTOPIEN

Ein historischer Atlas

Diederichs

Virgilio Vercelloni

Europäische Stadtutopien

Ein historischer Atlas
Aus dem Italienischen von Heli Tortora
208 Seiten mit 96 Farb- und 112 s/w-Abbildungen
Leinen im Schuber

Die Geschichte der europäischen Stadtutopien in Bildern: vom Modell
der griechischen Polis über die Idealstädte der Renaissance bis zu den
urbanistischen Entwürfen der Postmoderne.

*. . . ein großes, vor allem ein ungemein schönes Buch, jedes Bild darin
eine Adresse an die Wißbegier.*

DIE ZEIT

Eugen Diederichs Verlag